Christa Weber

Neue Deutsche Geschichte

Herausgegeben von
Peter Moraw, Volker Press, Wolfgang Schieder

Band 4

Die Neue Deutsche Geschichte

Band 1
Grundlagen und Anfänge
Deutschland bis 1056

Band 2
Aufbruch und Gestaltung
Deutschland 1056–1273

Band 3
Wahlreich und Territorien
Deutschland 1273–1500

Band 4
Reich und Glaubensspaltung
Deutschland 1500–1600

Band 5
Kriege und Krisen
Deutschland 1600–1715

Band 6
Das Reich, Österreich und Preußen
Deutschland 1715–1806

Band 7
Staatenbund und Revolution
Deutschland 1806–1866

Band 8
Machtstaat und Industriegesellschaft
Deutschland 1866–1918

Band 9
Republik und Diktatur
Deutschland 1918–1945

Band 10
West und Ost
Deutschland seit 1945

HORST RABE

Reich und Glaubensspaltung
Deutschland 1500–1600

VERLAG C.H.BECK MÜNCHEN

Umschlagentwurf: Bruno Schachtner, Dachau
Umschlagbild: Medaille von 1521 (Germanisches Nationalmuseum Nürnberg)

Das Umschlagbild zeigt die Rückseite einer im Auftrag des Rats der Reichsstadt Nürnberg gearbeiteten silbernen Dedikationsmedaille für Karl V., von der dem Kaiser anläßlich des Reichstags 1521 eine Reihe von Exemplaren verehrt werden sollte. Nach den Bestimmungen der Goldenen Bulle hätte dieser erste Reichstag des Kaisers in Nürnberg stattfinden müssen; wegen der drohenden Pest wurde dann jedoch Worms zur Stadt des Reichstags bestimmt. Auch die Dedikation der Medaillen an den Kaiser unterblieb; Karl V. hat diese schönste der ihm zu Ehren geprägten Schaumünzen wohl nie gesehen.

Der Entwurf der Medaille stammt von Albrecht Dürer, die Ausführung vermutlich von Hans Krafft d.Ä.; für das heraldische Programm waren Willibald Pirckheimer und Johannes Stabius beratend tätig. Die Vorderseite zeigt das Brustbild des Kaisers von rechts mit Krone, Harnisch und Goldenem Vließ, dazu die Inschrift CAROLUS: V: – RO: IMPER:, auf erhöhtem Rand vierzehn Wappenschilde im wesentlichen spanischer Herrschaften sowie die Säulen des Herkules mit der Devise Karls V. PLUS ULTR[A]. Die – hier abgebildete – Rückseite der Medaille zeigt den doppelköpfigen Reichsadler, auf der Brust einen Heerschild mit dem österreichischen und burgundischen Wappen, im Feld zwischen den Flügeln die Jahreszahl 1521, auf dem erhöhten, profilierten Rand weitere dreizehn spanische Wappen, in der Mitte unten in einem Kranz N[ürnberg]. Die Wappenschilde sind bis heute nicht vollständig identifiziert; ungeklärt ist auch, warum die Medaille in ihrem heraldischen Programm die spanischen Herrschaften Karls V. so auffällig vor den deutschen bevorzugt.

CIP-Titelaufnahme der Deutschen Bibliothek

Neue Deutsche Geschichte / hrsg. von Peter Moraw ... –
München: Beck
NE: Moraw, Peter [Hrsg.]
Bd. 4. Rabe, Horst: Reich und Glaubensspaltung, Deutschland 1500–1600. – 1989

Rabe, Horst:
Reich und Glaubensspaltung, Deutschland 1500 – 1600 /
Horst Rabe. – München: Beck, 1989.
(Neue Deutsche Geschichte ; Bd. 4)
ISBN 3 406 30816 3

Mit einer Karte

ISBN 3 406 30816 3

Gesamtherstellung: C.H. Beck'sche Buchdruckerei, Nördlingen
Printed in Germany

Inhalt

Vorwort

Das vorliegende Buch ist die Kurzfassung einer größeren Darstellung der Geschichte des 16. Jahrhunderts, die demnächst – ebenfalls im Verlag C. H. Beck – erscheinen wird. Ich bin dem Verlag sehr dafür verbunden, daß er mir, nachdem der Umfang des größeren Manuskripts den für die „Neue Deutsche Geschichte" gesetzten Rahmen gesprengt hätte, diese Möglichkeit der Doppelpublikation eröffnet hat.

Die Forschung zur Geschichte des 16. Jahrhunderts hat während der letzten Jahrzehnte vor allem sozialgeschichtlichen Aspekten der Epoche gegolten, daneben – und zumeist im Zusammenhang mit den sozialgeschichtlichen Problemen – dem klassischen, wenngleich neu und umfassender verstandenen Bereich der Verfassungsgeschichte. Ich habe versucht, diese Interessen und die aus ihnen erwachsenen Forschungsergebnisse aufzunehmen und sie – jedenfalls für meine engeren Arbeitsgebiete – weiterzuführen. Daraus haben sich gegenüber früheren Gesamtdarstellungen des Jahrhunderts manche Verschiebungen der Stoffauswahl wie des historischen Urteils ergeben, insbesondere bei der Analyse der vielfältigen Wechselwirkungen, in denen die Reformation wie auch die katholische Reform und Gegenreformation mit den sozioökonomischen und politischen Strukturen, Wandlungen und Brüchen der Zeit standen. Dagegen konnte und wollte ich nicht der neuerdings verbreiteten Tendenz folgen, die großen kirchlichen Positionen und Konflikte der Epoche in bloße ökonomische oder Machtinteressen und Gegensätze gesellschaftlicher Gruppen aufzulösen. Für einen so verstandenen Versuch der „Enttheologisierung" scheinen mir weder theoretische Erwägungen noch auch empirische Evidenzen zu sprechen. Daß die Wiedergabe der innerkirchlichen – auch: der theologischen – Entwicklungen des Zeitalters in der vorliegenden Darstellung einen nicht ganz marginalen Stellenwert beansprucht, ist insofern nicht das Ergebnis naiven Festhaltens an bestimmten Traditionen der Historiographie, sondern das Ergebnis grundsätzlicher methodischer und theoretischer Überlegungen. Ähnliches gilt übrigens auch für die Berücksichtigung der politischen Geschichte, nicht zuletzt: der Außenpolitik; die seit einiger Zeit zu beobachtende Entpolitisierung der Geschichte, etwa im Sinne einer unpolitischen „Alltagsgeschichte", scheint mir überhaupt ein eskapistischer Irrweg zu sein.

Bei der Arbeit an dem Buch ist mir von Freunden, Kollegen und Schülern viel Rat und Hilfe zuteil geworden. Von ihnen seien insbesondere mein Kollege Professor Dr. Volker Press in Tübingen sowie Dr. Heide Stratenwerth, Christine Roll M. A., Bettina Braun M. A., Inge Becher und

Bettina Hamann in Konstanz genannt; die beiden letztgenannten haben die Hauptlast der Arbeit an der Bibliographie getragen. Den Entwurf der Karte hat Helga Fendrich, ebenfalls in Konstanz, gezeichnet; die technische Herstellung des Manuskripts lag in den bewährten Händen von Renate Prinz, die dabei mit mancherlei Tücken der maschinellen Textverarbeitung fertig werden mußte. Ihnen allen danke ich herzlich. Daneben gilt mein besonderer Dank Dr. Ernst Peter Wieckenberg vom Verlag C.H.Beck, der die Entstehung des Buchs jederzeit mit großer Umsicht und viel Verständnis für sachliche wie persönliche Probleme gefördert hat.

I. Deutschland um 1500

Strukturen und Ausgangslagen der Geschichte eines Jahrhunderts

1. Deutschland, das Reich und Europa

a) Deutschland und das Reich

Deutschland – das war, auf seine räumliche Erstreckung gesehen, für die Zeitgenossen des beginnenden 16. Jahrhunderts in erster Linie das Herrschaftsgebiet des Reichs als der umfassenden politischen Organisationsform Deutschlands. Zwar wurde eben jetzt auch ein anderer Begriff von Deutschland entfaltet, der weniger am Reichsgebiet als vielmehr am räumlichen Geltungsbereich von Sprache und Kultur der Deutschen orientiert war; eine solche Orientierung bestimmte z.B. die 1512 erschienene erste Landeskunde Deutschlands, die „Brevis Germaniae Descriptio" des Humanisten Johannes Cochlaeus. Das war aber nicht als Plädoyer für eine unpolitische Kulturnation gemeint, sondern als stolzes Bekenntnis zum deutschen Volk als Kernnation des Reichs – nur eben im Wissen darum, daß der politische Rahmen des Reichs in seinen Grenzlandschaften auch Bevölkerungsgruppen anderer Sprachen und Stämme umfaßte. Diese engere Verbindung von Reich und Nation aber wurde umgekehrt auch für den Reichsgedanken und für die Reichspolitik der Zeit charakteristisch: Seit den 80er Jahren des 15. Jahrhunderts nannte man das Reich, auch in offiziellen Dokumenten, gern das Heilige Römische Reich deutscher Nation, und die Reichsreform des ausgehenden 15. Jahrhunderts hatte geradezu nationalstaatliche Tendenzen – in dem, wenngleich keineswegs konsequenten, Verzicht auf universalistische Ansprüche wie in den Ansätzen zu einer staatlichen Festigung des Reichsverbands. Das hatte Folgen auch für die Kriterien der Reichszugehörigkeit und damit der Reichsgrenzen: Selbst kluge politische Beobachter der Zeit wie etwa die Gesandten Venedigs oder der Kurie gingen in ihrem Urteil über die Reichsgrenzen erheblich auseinander – und diese Diskrepanzen leben bis heute in der Historiographie und der historischen Kartographie fort.

b) Das Reich und seine Grenzen

Die in der Literatur häufig getroffene und gelegentlich beklagte Feststellung des Mangels eindeutiger Reichsgrenzen ist freilich im Grund ein

Anachronismus. Die hier vermißte Eindeutigkeit der Kriterien für die Zugehörigkeit zum Reich wie die Vorstellung eines linear scharfen Grenzverlaufs setzen ja die Modellvorstellung der Gebietssouveränität des modernen Staats als einheitlicher und ausschließlicher oberster Gewalt des Staats über ein Staatsgebiet voraus; das Reich noch der frühen Neuzeit aber war nicht von solcher Art. Zum einen war die Reichsgewalt keine einheitliche Staatsgewalt; vielmehr gab es sehr unterschiedliche ältere und neuere Formen der Begründung wie der Ausgestaltung der Reichszugehörigkeit, sehr unterschiedliche Grade auch der Unterordnung unter die politische Oberhoheit von Kaiser und Reich. Zum andern beanspruchte das Reich auch keine ausschließliche oberste Rechtsgewalt über die zu ihm gehörenden Gebiete und Personen; es war vielmehr durchaus möglich und kam in den Grenzlandschaften häufig vor, daß ein und derselbe adlige Herr ein Lehensmann zugleich des deutschen Königs und eines ausländischen Herrschers war. Je stärker solche Verwerfungen der Herrschaft im Raum die politische Struktur einer Grenzlandschaft bestimmten, desto weniger darf man sich die Reichsgrenze als scharfe lineare Scheide vorstellen. Das schließt natürlich nicht aus, daß es schon von jeher deutliche räumliche Verdichtungen der Herrschaft des Königs und damit der Zugehörigkeit zum Reich gab. Auch die Grundvorstellung einer prinzipiell gebietsbezogenen Herrschaft, wie sie für die neuzeitlichen Flächenstaaten maßgebend wurde, geht in ihren Anfängen bereits auf das hohe Mittelalter zurück. Eben diese räumlichen Verdichtungen von Herrschaftrechten, wie sie das Reich bzw. der deutsche König im Mittelalter geschaffen hatten, waren ein Grundelement der Reichszugehörigkeit noch im 16. Jahrhundert.

Ein Kernbereich dieser Herrschaftsrechte war lehensrechtlicher Art; so erscheint es sinnvoll, das Reich auch in seiner äußeren Gestalt zunächst einmal als Lehensverband, genauer: als Bereich starker räumlicher Verdichtungen von Lehensrechten des Königs, zu erfassen. Dazu kamen jedoch stets auch andere Herrschaften, die, ohne in den Lehensverband des Reichs einbezogen zu sein, doch das Reichsoberhaupt als ihren obersten weltlichen Herrn anerkannten; von den Grenzlandschaften des Reichs galt das um 1500 insbesondere für den livländischen Zweig des Deutschen Ordens mit seinem Herrschaftsgebiet bis hinauf zum Finnischen Meerbusen. In diesem weiteren Sinne nun umfaßte das Reich im Süden das westliche Oberitalien von der Toskana über Mailand und Genua bis zum Herzogtum Savoyen. Im Westen erstreckte es sich von der Schweizer Eidgenossenschaft über die Freigrafschaft Burgund und das Herzogtum Lothringen bis zu den Reichslehen der burgundischen Niederlande im östlichen Flandern. Im Norden gehörte Holstein zum Reich, nicht aber Schleswig – ungeachtet des Prinzips der Unteilbarkeit beider Herzogtümer. Im Baltikum zählten neben den Gebieten des Deutschen Ordens die livländischen Bistümer sowie die Stadt Riga zum Reich; weiter südlich bildeten Pommern, dann das Königreich Böhmen mit seinen Nebenländern Mähren und

Schlesien die Grenzlandschaft gegenüber Polen. Im äußersten Südosten berührte das Reich mit dem Herzogtum Krain die Adria.

In der Grundsubstanz entsprach diese äußere Gestalt des Reichs der mittelalterlichen Trias von Deutschem Reich, Reichsburgund (Arelat) und Reichsitalien, und noch die geistlichen Kurfürsten des 16. Jahrhunderts haben den Titel von Reichskanzlern für die drei Regna geführt. Politisches Gewicht hat als Reichskanzler in unserer Epoche freilich nur mehr der Kurfürst von Mainz als Erzkanzler „per Germaniam" gehabt; die Ämter der Reichskanzler für Italien bzw. für das Arelat waren zu bloßen Titeln geworden. Eben diese Tatsache weist nun aber auch auf weitergehende Diskrepanzen von Anspruch und Realität der Reichszugehörigkeit hin. Die Hoheitsrechte des Reichs kamen ja nur solange und insoweit politisch wirklich zum Tragen, als sie von einer Position realer politischer Macht aus geltend gemacht wurden. Den institutionellen Kern solcher politischer Macht aber bildete – jedenfalls seit den Reformen des ausgehenden 15. Jahrhunderts – die neu geschaffene ständische Ordnung des Reichs, und diese ständische Ordnung blieb im wesentlichen auf das deutsche Reich im engeren Sinne beschränkt.

Die Reichsreform brachte eine deutlich straffere Unterordnung der Glieder des Reichs unter dessen politische Gewalt, selbst wenn diese Gewalt zwischen König und Reichsständen geteilt war. Gerade diese Tendenz stieß indessen schon frühzeitig auf den Widerstand vor allem der großen Territorialherren, die ihre politische Eigenständigkeit zu erhalten und auszubauen suchten, und dieser Widerstand war stark genug, um die Entwicklung des Reichs zu einem modernen Nationalstaat nicht zum Zuge kommen zu lassen oder sie doch alsbald wieder zu blockieren. Vollends eine Reihe peripher gelegener Herrschaften des älteren Reichsverbandes blieb der durch die Reichsreform geschaffenen strafferen politischen Ordnung des Reichs überhaupt und prinzipiell fern – sei es im Willen zu politischer Unabhängigkeit von den neuen Institutionen des Reichs, sei es im politischen Sog starker Nachbarstaaten, vor allem Frankreichs und Polens. Das Reich aber verfügte weder über die Machtmittel noch auch nur über den entschiedenen Willen, diese Abkoppelung von der Entwicklung des Reichs zu unterbinden.

Im folgenden soll die äußere Gestalt des Reichs anhand einiger wichtiger Problemzonen etwas näher erörtert werden, nämlich für Reichsitalien, für die Schweizer Eidgenossenschaft, für die Niederlande und für das Herrschaftsgebiet des Deutschen Ordens.

Zur Zeit der Hohenstaufen hatte das Reich ganz Nord- und Mittelitalien umfaßt, mit Ausnahme nur der Republik Venedig und mit einer Sonderstellung des Patrimonium Petri, das sich als schmaler Riegel von Südwesten nach Nordosten schräg durch die Halbinsel erstreckte. Der Kirchenstaat konnte seine Unabhängigkeit im Kampf mit den Staufern befestigen; die Republik von San Marco aber griff seit dem 14. Jahrhundert auf das Festland über und eroberte sich hier – als terra ferma – ein Gebiet, das sie im Norden zum unmittelbaren Nachbarn der Grafschaft Tirol und des Herzogtums Krain, im Westen des Herzogtums Mailand machte. Reichsitalien umfaßte damit zu Beginn des 16. Jahrhunderts nur mehr den Nordwesten Italiens: Savoyen mit Piemont, die Herzogtümer Mailand, Modena und Parma, die Republiken Genua, Lucca, Pisa, Florenz und Siena. Und die Reichszugehörigkeit auch dieser Gebiete war nur mehr schwach ausgeprägt. Die lehensrechtlichen Bindungen an das Reich waren weithin verkümmert, die ständische Reichsreform sparte die italienischen Lehen von vornherein aus. Mit Ausnahme von Savoyen waren sie weder auf dem Reichstag vertreten noch waren sie in die Kreisverfassung oder in den Landfrieden des Reichs einbezogen, sie unterlagen nicht der Jurisdiktion des Reichskammergerichts und zahlten keine Reichssteuer. Im übrigen trieben sie eine durchaus eigene Politik, nicht selten auch unter Mißachtung ihrer alten Treuepflicht gegenüber Kaiser und Reich. Ihre Möglichkeiten zu einer eigenständigen Gestaltung auch nur der italienischen Verhältnisse waren freilich mangels realer Macht sehr bescheiden; vielmehr sahen sich die oberitalienischen Herrschaften seit dem ausgehenden 15. Jahrhundert in dauernder Abhängigkeit von der Vormachtstellung der Habsburger oder der Valois, deren Auseinandersetzungen ja zum guten Teil ein Streit um Italien waren. In diesen Auseinandersetzungen aber behielten im Endergebnis – nach französischen Erfolgen zu Beginn des Jahrhunderts – die Habsburger die Oberhand, und das bedeutete, daß die noch bestehenden Rechte des Reichs in Italien nicht weiter ausgehöhlt, sondern erhalten, ja: zum Teil neu befestigt und ausgebaut wurden. Allerdings kam diese Refeudalisierung Reichsitaliens weniger dem Reiche selbst als vielmehr dem Hause Habsburg zugute – zunächst, seit der Belehnung des Kaisersohns Philipp mit Mailand 1540, der spanischen Linie des Hauses, im 17. und 18. Jahrhundert dann den deutschen Habsburgern.

Auch in der Eidgenossenschaft waren Entfremdungs- oder doch Verselbständigungstendenzen gegenüber dem Reich schon seit dem hohen Mittelalter wirksam; im 15. Jahrhundert verstärkten sie sich zusehends. Die Gründe dafür lagen zum einen im wachsenden politischen Selbstbewußtsein der Eidgenossenschaft – im Bewußtsein auch der Andersartigkeit der eigenen, republikanisch-genossenschaftlichen Verfassung gegenüber der monarchisch-aristokratischen des Reichs –, zum andern in ständigen territorialpolitischen Auseinandersetzungen mit den Habsburgern; die Spannung mit den Habsburgern, die ja seit 1438 das Reichsoberhaupt stellten, wirkte sich auf das Verhältnis der Eidgenossenschaft zum Reich ungemein belastend aus. Der Konflikt kulminierte im Schweizer oder Schwabenkrieg 1499, in dem König Maximilian von den Eidgenossen schwere Schlappen einstecken mußte. Obwohl kein eigentlicher Reichskrieg, hatte der Schwabenkrieg doch von vornherein grundsätzliche reichspolitische Aspekte und auch Ergebnisse: Der Friede von Basel 1499 gestand nämlich der Eidgenossenschaft ausdrücklich die Nichteinbeziehung unter die durch die Reichsreform neu geschaffenen oder doch neuverfestigten Institutionen der Reichsverfassung zu. Mit diesen Exemtionen sagte die Eidgenossenschaft freilich nicht ihre Reichszugehörigkeit auf; sie hielt vielmehr im Gegenteil daran fest, daß sie bloß ihre alten, vom Reich selbst herrührenden Freiheiten behauptet habe. Und diese Auffassung bestätigte sich in der verfassungsrechtlichen Praxis der eidgenössischen Orte auch in der Folgezeit. Soweit man bisher Rechte und Herrschaften vom Reich zu Lehen getragen hatte, suchte man nach wie vor beim Kaiser um Belehnung nach; bedeutende Städte der Eidgenossenschaft ließen sich, und zwar bis tief ins 17. Jahrhundert hinein, beim Regierungsantritt jedes neuen Kaisers ihre alten kaiserlichen Privilegien bestätigen – nota bene: gegen gutes Geld –; vielerorts handhabte man überdies die Blutgerichtsbarkeit als äußerste Dokumentation obrigkeitlicher Gewalt ausdrücklich und ausschließlich unter Berufung auf kaiserliches Recht. Die Loslösung der Eidgenossenschaft vom Reich im Sinne einer eigenen eidgenössischen Souveränität war ohnehin erst eine Folgeerscheinung des Westfälischen Friedens. Gleichwohl darf das Gewicht der politischen Entscheidung von 1499 doch auch nicht unterschätzt werden: Indem die Eidgenossenschaft sich den Institutionen der Reichsreform entzog, schloß sie sich von der für die ganze weitere Geschichte des Reichs grundlegenden Modernisierung und Konsolidierung der Reichsverfassung aus. Bezeichnenderweise erschienen auch die zur Eidgenossenschaft gehörenden Reichsstädte seit 1531 nicht mehr auf den Reichstagen. Das alles schwächte auf die Dauer auch die alten Bindungen ans Reich und verschärfte überdies die strukturellen verfassungspolitischen Unterschiede hier und dort.

Bei den Niederlanden handelte es sich zu Beginn des 16. Jahrhunderts um einen Teil des Herrschaftsgebiets der burgundischen Herzöge, die seit der zweiten Hälfte des 14. Jahrhunderts einen umfänglichen Länderkomplex zwischen Deutschland und Frankreich unter ihre Herrschaft gebracht hatten. Zum Stammland der Bourgogne hatte schon Philipp der Kühne Flandern und Artois als überwiegend französische, die Freigrafschaft Burgund als deutsches Reichslehen erworben; unter Philipp dem Guten waren durch Kauf, Erbschaft oder pure Gewalt weite Gebiete im Nordosten dazu gekommen, 1443 auch das Herzogtum Luxemburg. Zu einer durchgehenden Verbindung zwischen der nördlichen und südlichen Ländergruppe Burgunds kam es allerdings nicht. Als Karl der Kühne sich um dieses Zieles willen gegen Lothringen wandte, verlor er bei Nancy 1477 Schlacht und Leben. Die Bourgogne und die Picardie fielen in der Folge an Frankreich; der Rest des burgundischen Erbes aber gelangte über Karls des Kühnen Tochter Maria und deren Gemahl, den späteren Kaiser Maximilian I., an die Habsburger, die ihre Herrschaft – in langdauernden Auseinandersetzungen vor allem mit Frankreich – zu behaupten und später, unter Karl V., sogar erheblich zu erweitern vermochten. Das Verhältnis dieser habsburgischen Niederlande zum Reich aber war bei alledem ziemlich unsicher. Zwar handelte es sich hier zum guten Teil um Reichslehen, und Maximilian I. bezog 1512 sogar den Gesamtbestand seiner burgundischen Besitzungen in die von der Reichsreform geschaffenen Institutionen des Reichs ein: Die Niederlande wurden in den Landfrieden des Reichs integriert, zur Zahlung von Reichssteuern verpflichtet und auch in die Organisation der Reichskreise aufgenommen. Indessen gehörten mit dem Artois und Westflandern nach wie vor doch auch französische Lehen zum niederländischen Staatsverband, und die Einbeziehung der burgundischen Niederlande in die Institutionen der Reichsreform wurde in der Praxis kaum mehr als in schüchternen Ansätzen verwirklicht. Daß diese Entwicklung den Wünschen der niederländischen Stände entsprach, ist sicher; aber auch die Habsburger verfochten als Landesherren eher die Selbständigkeit als die Unterordnung der Niederlande gegenüber dem Reich. Die Kehrseite der Medaille war freilich, daß sich das Reich immer weniger zum Schutz der Niederlande gegen Frankreich verpflichtet fühlte, und das war für die Niederlande um so ungünstiger, als die militärischen Kräfte ihrer habsburgischen Landesherren oft auf weit entfernten Kriegsschauplätzen gebunden waren. So hüteten sich denn die Niederländer, ihre Lösung aus dem Reichsverband allzu konsequent zu betreiben; der 1548 abgeschlossene Burgundische Vertrag sollte dann die Reichszugehörigkeit der Niederlande wie ihre Exemtion von der Mehrzahl der Hoheitsrechte des Reichs im einzelnen regeln.

Auch die Zugehörigkeit des Deutschen Ordens zum Reich war nie ganz eindeutig definiert worden; sie ist denn auch bis heute in der Historiographie umstritten. Zwar sollte der Ordensstaat nach der Goldenen Bulle von Rimini 1226 „sub monarchia imperii" stehen, zugleich aber wurde der Hochmeister von allen konkreten Diensten und Verpflichtungen für das Reich eximiert; auch verblieb er außerhalb des Lehensverbandes des Reichs. Überdies gab es konkurrierende Hoheitsansprüche des Papsttums. Als der Orden seit der Wende des 14. Jahrhunderts von Polen-Litauen in seiner Existenz bedroht wurde, hatte das zwar eine Festigung der Bindungen an das Reich zur Folge, aber die von König Sigismund vorgeschlagene Einbeziehung des Ordens in das Lehenssystem des Reichs kam auch jetzt nicht zustande. Immerhin wurde der Hochmeister seitdem zu den Reichsversammlungen eingeladen und schickte seine Gesandten auch wirklich dorthin; 1440 appellierte er in einem Steuerstreit mit den preußischen Landständen an das Hofgericht des Königs, 1475 beteiligte er sich sogar an einer Reichshilfe gegen Burgund. Daß der Orden mit seinen Eroberungen im Westen den Anschluß an das Herzogtum Pommern gefunden hatte, wirkte ebenfalls zugunsten einer engeren Bindung an das Reich. In genau entgegengesetzter Richtung aber wirkte die Expansionskraft Polen-Litauens, und die erwies sich in zwei großen Kriegen zu Beginn und um die Mitte des Jahrhunderts als überlegen. Zwar der Erste Thorner Friede von

1411 brachte dem Orden noch keine dauernden Gebietsverluste; jedoch ging in der Folge das erst wenige Jahrzehnte zuvor an den Orden gelangte Schamaiten und mit ihm die Landverbindung zwischen dem südlichen, preußischen, und dem nördlichen Teil des Ordensgebiets – im heutigen Litauen, Lettland und Estland – wieder verloren. Der Zweite Thorner Friede von 1466 zerriß dann mit der Abtretung Pommerellens sowie der Gebiete um Marienburg und Elbing die so wichtige Landverbindung auch zwischen Preußen und dem Reich; zudem wurde die räumliche Geschlossenheit des preußischen Ordensgebiets durch den Verlust des Ermlandes und des Kulmerlandes schwer beeinträchtigt. Vor allem aber sollte nach dem Frieden von 1466 auch das dem Orden verbleibende Gebiet in Zukunft einen „unteilbaren Körper" mit Polen bilden. Der Hochmeister erkannte den polnischen König als seinen Oberherrn nächst dem Papst an; jeder künftige Hochmeister sollte einen persönlichen Eid auf den Friedensvertrag schwören. Daß damit die Bindungen des Ordens nicht nur an den Papst, sondern auch und erst recht an Polen enger wurden als an das Reich, steht außer Frage. Indessen kam es seit dem Ende des Jahrhunderts zu einer erneuten Gegenbewegung. 1498 und wieder 1511 wählte der Orden mit Friedrich von Sachsen und Albrecht von Brandenburg-Ansbach deutsche Fürstensöhne zu Hochmeistern, und diese verweigerten mit Erfolg jenen Eid auf den Vertrag von 1466 und erst recht die Huldigung für den polnischen König. Auf dem Reichstag zu Worms 1509 appellierte der Hochmeister überdies persönlich an das Reich um Schutz gegen Polen. Die Rückendeckung von Kaiser und Reich war allerdings nur halbherzig: Maximilian handhabte die Unterstützung des Ordens schon bald nur mehr als ein Druckmittel, um Polen im Streit um die ungarisch-böhmische Thronfolge zum Einlenken zu bewegen; die Masse der Reichsstände aber war viel zu sehr mit sich selbst beschäftigt, um sich mit Entschiedenheit für den Orden zu engagieren. Von einer Einbeziehung der preußischen und baltischen Gebiete des Ordens in die Reichsreform war erst recht kaum die Rede. Die Reichszugehörigkeit des Ordens hing also schon um die Jahrhundertwende nur mehr an dünnen Fäden, und auch die sollten, jedenfalls was Preußen anging, mit der Säkularisierung des preußischen Ordensgebiets zum weltlichen Herzogtum unter polnischer Lehenshoheit 1525 zerrissen werden.

c) Dynastische Interessen als Triebfedern der Außenpolitik

Die europäischen Staaten des 16. Jahrhunderts waren in ihrer großen Mehrheit erbliche Monarchien, und das war auch für die Außenpolitik von prinzipieller Bedeutung. Die großen politischen Verschiebungen der europäischen Staatenwelt der Epoche waren zumeist überhaupt Konsequenzen dynastischer Entscheidungen und Ereignisse, vor allem: erbrechtlich legitimierter Thronfolgen; die Vorbereitung und diplomatische Absicherung, notfalls auch die kriegerische Durchsetzung dynastisch begründeter Herrschaftsansprüche waren ein Hauptgegenstand der europäischen Politik. Dieser Bedeutung des dynastischen Elements entsprach des weiteren, daß gerade in der Außenpolitik die Fürsten selbst eine maßgebende Rolle spielten. Zwar standen sie zumeist Ständen gegenüber, die die Krongewalt mehr oder weniger beschränkten oder doch kontrollierten, vor allem über die Bewilligung von Steuern, aber auch über die Zustimmung zu Gesetzen und anderen wichtigen politischen Akten, nicht zuletzt: zu Entscheidungen über Krieg und Frieden. Die außenpolitischen Initiativen aber kamen doch in der Regel von den Fürsten, und bei ihnen lag auch die praktische Handhabung der Außenpolitik. Bezeichnenderweise war die gerade jetzt stark ausgebaute Diplomatie durchweg eine Angelegenheit der Fürsten – sehr im Gegensatz z.B. zur Finanzverwaltung, die weithin von den Ständen beherrscht wurde.

Die außenpolitischen Erfolge oder Mißerfolge eines erblichen Fürsten waren nun freilich in aller Regel zugleich Erfolge oder Mißerfolge seines Landes selbst. Gerade in der Außenpolitik bestand ja eine sehr unmittelbare Parallelität der Interessen der erblichen Dynastien und ihrer Länder; wenn z.B. der französische König die Herrschaft über das Herzogtum Burgund verlor oder behauptete, so war das ein Verlust oder Gewinn nicht nur für sein fürstliches Haus, sondern zugleich für Frankreich. Und gerade in Westeuropa kam dazu noch eine wachsende Identifikation von Dynastie und Nation: Franz I. oder Heinrich II. waren nicht nur Könige Frankreichs aus dem Hause Valois, sondern in sehr lebendig empfundener Weise auch Könige der Franzosen. Entsprechendes ließe sich von den Tudors in England, vom Katholischen Königspaar und – seit der Spätzeit Karls V. – auch von den Habsburgern in Spanien sagen. Und selbst von Rußland gilt, wenngleich auf ganz anderen sozialen und verfassungspolitischen Grundlagen, Analoges: Rußland war in eminenter Weise politisch im Zaren verkörpert; die Politik des Zaren, auch seine Außenpolitik, war sozusagen ohne Rest russische Politik, und das galt auch vice versa.

Im Heiligen Römischen Reich deutscher Nation aber war die Situation ganz anders. Das Reich war ein Wahlreich; die Interessen der königlichen Dynastie waren keineswegs zwingend mit denen des Reichs identisch. Im Gegenteil mußte das dynastische Interesse des Königs in erster Linie auf eine Vermehrung seiner Hausmacht abzielen, und das konnte durchaus im Widerspruch zu den Interessen des Reichs stehen. Zwar fehlte es nicht an politischen Feldern, auf denen Reichs- und Hausmachtinteressen des Königs einander verstärkten; das gilt zu Beginn des 16. Jahrhunderts etwa für die Italienpolitik Maximilians, auch für seine Bemühungen um die böhmische Krone. Aber es gab eben doch auch immer wieder erhebliche Spannungen zwischen den dynastischen und den Reichsinteressen des Königs, und zumeist folgte das Reichsoberhaupt – Maximilian I. nicht anders als Karl V. oder dessen Nachfolger – bei solchen Diskrepanzen seinen dynastischen Interessen. Dazu kam noch, daß die konkreten Hausmachtinteressen der Habsburger des 16. Jahrhunderts gutenteils außerhalb des Reichs lagen: Weder Ungarn noch das Herzogtum Burgund, weder die Seeherrschaft im Mittelmeer noch etwa gar die amerikanischen Reiche der kastilischen Krone gingen das Reich ja sehr viel an. So war es nicht erstaunlich, daß das Reich in Gestalt der deutschen Reichsstände der Außenpolitik seiner habsburgischen Herrscher zumeist nur zögernd und unwillig folgte oder solche Gefolgschaft überhaupt verweigerte, selbst wenn die dynastischen Ziele dieser Politik mit den Reichsinteressen koinzidierten. Anderseits galt aber auch für das Reich der Primat der Krongewalt in der Außenpolitik; eigene außenpolitische Initiativen sind von den Reichsständen jahrzehntelang kaum entfaltet worden. Erst die neu entstehenden konfessionellen Konflikte des Jahrhunderts sollten diese Konstellation verändern: Die Politisierung des religiösen Konflikts führte folgerichtig zu einer gewissen Konfessionalisierung auch der Außenpolitik; das französische Bündnis der deutschen Protestanten – zunächst des Schmalkaldischen Bunds, dann des Fürstenbunds von 1552 – ist dafür das wichtigste Beispiel. Jedoch standen auch diese Beziehungen der Protestanten zu den Franzosen noch lange unter kräftigen reichspolitischen Vorbehalten; vor allem die antihabsburgischen Kriegsbündnisse der Franzosen mit den Türken seit den 30er Jahren führten immer wieder zur Distanzierung der deutschen Protestanten von Frankreich. So blieb die Außenpolitik des Reichs im 16. Jahrhundert im wesentlichen dynastische Politik des habsburgischen Kaiserhauses, in deren Schlepptau, wenngleich nicht immer ganz auf Kurs zu halten, das Reich sich bewegte. Die Interessen und Desinteressen dieser habsburgischen Politik haben deshalb die Entscheidungen der Epoche für die äußeren Verhältnisse des Reichs maßgebend mitbestimmt.

d) Spannungsfelder der europäischen Außenpolitik

Die für die deutsche Geschichte des 16. Jahrhunderts wichtigsten Probleme und Konflikte der äußeren Staatenbildung Europas hatten drei Schwerpunkte: zum einen den Kampf um die Vorherrschaft in Italien, zum andern die Neugestaltung der Herrschaftsverhältnisse in Ostmitteleuropa – insbesondere in den Gebieten des Deutschen Ordens, in Böhmen und Ungarn –, zum dritten die Türkenabwehr.

Der Kampf um Italien. Um die Mitte des 15. Jahrhunderts war eine langdauernde Epoche des Kampfs der größeren italienischen Staatengebilde um die Vorherrschaft auf der Apenninen-Halbinsel zu Ende gegangen. Zuletzt hatten sich in diesem Kampf vor allem Venedig und Mailand, das damals unter den Visconti den Höhepunkt seiner politischen und kulturellen Bedeutung erlebte, gegenüber gestanden. Das Aussterben der Visconti – seit 1450 regierten in Mailand die Sforza – und der gleichzeitige Aufstieg der

Medici in Florenz, die um ihrer kommerziellen Interessen willen mit kriegerischen Auseinandersetzungen nur wenig im Sinne hatten, machten den Weg frei für einige Jahrzehnte vergleichsweise friedlichen Gleichgewichts zwischen den fünf größeren Staaten, die das damals entstehende italienische Staatensystem ausmachten. Neben Venedig, Mailand und Florenz gehörten dazu der Kirchenstaat und das Königreich Neapel; letzteres, das seit dem Untergang der Staufer unter der Herrschaft der Anjou gestanden hatte, war in den 30er Jahren des 15. Jahrhunderts von Aragón erobert worden und wurde seit 1458 von einer Nebenlinie des aragonesischen Königshauses regiert. Neben diesen fünf Staaten der italienischen Pentarchie spielte noch Genua eine erhebliche, wenngleich sozusagen passive Rolle in der italienischen Staatenwelt des 15./16. Jahrhunderts. Abgesehen von seinen weitreichenden Handels- und Kapitalbeziehungen lag seine Bedeutung vor allem in seinem Schiffsbau und in seiner tüchtigen Flotte: Die Stadt hatte nahezu das Monopol für die Lieferung oder auch Vermietung größerer Kriegsflotten. Genua konnte jedoch dieses Monopol den eigenen politischen Interessen kaum jemals dienstbar machen; vielmehr stand die Stadt, fast dauernd durch interne Parteikämpfe erschüttert, in aller Regel unter dem maßgebenden Einfluß einer auswärtigen Macht. Im 15. Jahrhundert war das für gewöhnlich Mailand; mit der Herrschaft über Mailand selbst bestimmten seit Ausgang des Jahrhunderts dann zumeist außeritalienische Mächte die Geschicke Genuas.

An sich gehörte zu den Zielen des italienischen Staatensystems im 15. Jahrhundert nicht nur die Sicherung einer friedlichen Balance zwischen den Staaten der Apenninen-Halbinsel, sondern in eins damit auch die Sicherung der Unabhängigkeit der Pentarchie gegenüber Ein- und Angriffen außeritalienischer Mächte. Diese vielberufene „Freiheit" Italiens blieb indessen stets unsicher. Neapel und Sizilien waren dynastisch mit der Krone Aragón verbunden; im Norden gehörte Asti den Orléans, die überdies immer wieder Ansprüche auf Mailand geltend machten; die Anjou hatten den Verlust Neapels nicht verwunden. Die Habsburger hatten ihre Herrschaft mit Triest, der Grafschaft Görz und Südtirol weit über die Alpen nach Süden vorgeschoben; die Lehensrechte des Reichs, deren politische Reaktivierung ja durchaus im Bereich realer Möglichkeiten stand, umfaßten praktisch den ganzen Nordwesten Oberitaliens, übrigens auch einen erheblichen Teil des venetianischen Festlandbesitzes. Angesichts der inneren und äußeren Konsolidierung der großen europäischen Monarchien war mithin der Unabhängigkeit der italienischen Staatenwelt keine günstige Prognose zu stellen; über kurz oder lang stand das Eingreifen einer der interessierten Mächte in Italien zu erwarten, und daraus konnte kaum etwas anderes entstehen als eine europäische Auseinandersetzung um die Vorherrschaft auf der Apenninen-Halbinsel.

In der Tat wurde der Kampf um die Vorherrschaft in Italien – und damit nicht zuletzt um den beherrschenden Einfluß auf das Papsttum – zu einem der großen Konflikte der europäischen Politik des 16. Jahrhunderts. Die Geschichte dieser Auseinandersetzungen war jahrzehntelang durch rasch wechselnde, oft verwirrende Bündniskombinationen der beteiligten Mächte bestimmt – Lehrbeispiele einer wenig skrupelhaften Staatsräson, der Niccolo Macchiavelli zur gleichen Zeit die Theorie schrieb. Die eigentlichen Kontrahenten des Streits aber waren, zunächst jedenfalls, Frankreich und Spanien – genauer: die unter dem Katholischen Königspaar Ferdinand und Isabella vereinigten Reiche der Kronen Kastilien und Aragón, die eben jetzt zu einem spanischen Staat zusammenzuwachsen begannen. Mit der Erbfolge des Kaiserenkels Karl in den Niederlanden (1506), in Spanien (1516) und schließlich auch im Kaisertum (1519) wurde der Kampf um Italien dann zum Konflikt der Häuser Valois und Habsburg um die europäische Vorherrschaft.

Den Auftakt des Streits bildete der Zug Karls VIII. von Frankreich nach Neapel 1494/95. Für dieses Ausgreifen nach Italien waren die erbrechtlichen Ansprüche der Anjou ein wichtiges Motiv; daneben spielten der Gedanke der Vorbereitung eines Kreuzzugs, sogar die Idee einer Erneuerung der imperialen Tradition Karls des Großen eine Rolle. Das Unternehmen war diplomatisch gut vorbereitet und führte zunächst auch militärisch zum Erfolg. Im Februar 1495 zog Karl VIII. in Neapel ein, einen Monat später war das ganze Königreich ohne ernsthafte Gegenwehr in seiner Hand. Der Gegenschlag der italienischen und nun eben auch der interessierten europäischen Mächte blieb freilich nicht lange aus. Noch im Frühjahr 1495 kam eine Heilige Liga zustande, der neben dem Papst, Venedig und Mailand auch König Maximilian und Spanien angehörten. Es erwies sich sehr rasch, daß Frankreich nicht imstande war, seine süditalienischen Eroberungen zu behaupten oder auch nur die ständige Verbindung zwischen Neapel und Frankreich zu sichern. Karl VIII. konnte sich zwar nach Frankreich durchschlagen, mußte aber 1497 einen Waffenstillstand schließen, der den status quo ante wiederherstellte.

Der Waffenruhe von 1497 war keine lange Dauer beschieden. Als 1498 Ludwig XII. aus dem Hause Valois-Orléans als Nachfolger des kinderlosen Karl VIII. auf den französischen Thron gelangte, nahm er sogleich – in Erneuerung alter Ansprüche des Hauses Orléans – den Titel eines Herzogs von Mailand an und fiel bereits im Jahre darauf mit einem überlegenen Heer in das Herzogtum ein. Ludovico el Moro, der seine Herrschaft über Mailand erst wenige Jahre zuvor durch eine Belehnung von Reichs wegen hatte legitimieren können, mußte im April 1500 kapitulieren und wurde als Gefangener nach Frankreich gebracht, wo er einige Jahre später starb. Mailand aber wurde unter Mißachtung seiner lehensrechtlichen Bindungen an das Reich konsequent in den französischen Staat eingegliedert. Nach diesem raschen Erfolg griff Ludwig XII. wiederum auch auf Neapel aus. Schon die Unternehmung gegen Mailand war durch Absprachen mit mehreren europäischen Mächten abgesichert gewesen. Im Blick auf Neapel folgte nun ein förmliches Kriegsbündnis mit dem Papst und König Ferdinand von Aragón, und zwar mit dem Ziel der Eroberung und Aufteilung des Königreichs unter Spanier und Franzosen; der Lohn des Papstes sollte in Territorialgewinnen des Kirchenstaats in der Romagna bestehen. Tatsächlich kam es 1501 zu einem Zweifronten-Angriff auf das Königreich Neapel, das denn auch alsbald zusammenbrach. Zu einer Realisierung jener Teilungspläne jedoch kam es nicht; vielmehr versuchten seit 1502 Franzosen wie Spanier, je für sich die Alleinherrschaft im Lande zu erringen. Dabei zogen die Franzosen erneut den kürzeren: Im Waffenstillstand von 1504 behaupteten sie zwar den Besitz von Mailand, mußten aber die spanische Herrschaft über Neapel anerkennen, das fortan als eigenes Vizekönigreich – neben dem Vizekönigreich Sizilien – unmittelbar der Krone Aragón unterstand.

An sich wäre wohl denkbar gewesen, daß sich damit ein neues, nun freilich von außen bestimmtes, Gleichgewicht der Kräfte in Italien hergestellt hätte: ein Gleichgewicht nämlich zwischen Frankreich im Norden und Spanien im Süden der Halbinsel. Daß eine solche Lösung nicht dauerhaft befestigt werden konnte, lag vordergründig an inneritalienischen Auseinandersetzungen – vor allem zwischen Rom und Venedig –, die sehr bald zu erneuten Einmischungen auch der außeritalienischen Mächte führten. Der tiefere Grund für die schweren Kämpfe der Folgezeit lag jedoch in der zunehmenden Konfrontation zwischen den Häusern Valois und Habsburg, in der auch der ältere spanisch-französische Konflikt aufging. Die maßgebenden Ausgangsdaten für diese Konfrontation bestanden zum einen in der von Maximilian I. angestrebten Neubelebung der alten Reichsrechte in Italien, zum andern aber und vor allem in der dynastischen Verbindung der Habsburger mit dem spanischen Königshaus, durch die Doppelhochzeit nämlich von Maximilians einzigem Sohn Philipp dem Schönen und dessen Schwester Margarete mit den spanischen Königskindern Juan und Juana (1496/97). Daß diese dynastische Verbindung binnen weniger Jahrzehnte zur Vereinigung der österreichischen Erblande, der burgundischen Niederlande und der spanischen Reiche unter habsburgischer Herrschaft führen würde, zeichnete sich bereits um die Jahrhundertwende ab: mit der Geburt des späteren Kaisers Karls V. nämlich (1500) aus der Ehe Philipps des Schönen mit Juana, die infolge früher Todesfälle in der spanischen Königsfamilie zur Thronerbin der spanischen Reiche aufgerückt war. Damit kündigte sich eine folgenreich veränderte Konstellation der europäischen Mächte an, vor allem eine fast völlige Einkreisung Frankreichs durch die habsburgische Macht. Der französische König hatte dem kaum etwas anderes entgegenzusetzen als den Ausbau seiner Herrschaftspositionen in Italien, zunächst: in Oberitalien; das aber konnte kaum anders als auf Kosten der habsburgischen und Reichsinteressen in diesem Raum geschehen. Hier waren offensichtlich schwere Konflikte vorprogrammiert, und diese Konflikte mußten noch unerbittlicher werden, wenn etwa der Kaiserenkel und Erbe der spanischen Kronen Karl auch noch auf den Kaiserthron gelangte. Die fünf großen Kriege Karls V. mit Franz I. bzw. Heinrich II. von Frankreich um die Vorherrschaft in Oberitalien, die in der deutschen und europäischen Geschichte der Reformationszeit eine so wichtige Rolle spielen sollten, beruhten mithin auf Grundkonstellationen, die sich schon zu Beginn des Jahrhunderts herausgebildet hatten.

Habsburger und Jagiellonen in Ostmitteleuropa. Kaum weniger wichtig als die italienische Konfliktzone der europäischen Außenpolitik war deren ostmitteleuropäisches Spannungsfeld. In ihm stand zu Beginn des 16. Jahrhunderts neben der Zukunft des preußischen Ordenslandes vor allem die künftige Herrschaft über Ungarn und die Länder der Krone Böhmen zur Entscheidung; für Preußen und Böhmen ging es dabei zugleich – de jure oder doch de facto – um ihre Zugehörigkeit zum Reich. Das damit gegebene Reichsinteresse wurde von König Maximilian jedoch nur insoweit wahrgenommen, als es sich mit dem habsburgischen Hausmachtinteresse deckte. Dieses Hausmachtinteresse ließ Maximilian mit Energie und Ausdauer nach der böhmischen – und eben auch nach der ungarischen – Krone streben; das zeitweilige Engagement des Königs für das preußische Ordensland hatte dagegen im wesentlichen nur den Sinn, Polen-Litauen in der Auseinandersetzung um die Thronfolge in Böhmen und Ungarn unter Druck zu setzen.

Die Haltung Polen-Litauens war nun freilich für alle wichtigen politischen Fragen Ostmitteleuropas von maßgebender Bedeutung. Seit der Mitte des 15. Jahrhunderts befand sich das Doppelreich auf einem Höhepunkt seiner Machtstellung; es erstreckte sich von der Düna im Norden bis zum Schwarzen Meer im Süden, von Posen im Westen bis zum Dnjepr im Osten. Seit dem Eindringen von Humanismus und Renaissance entfaltete zumindest der polnische Reichsteil auch eine bedeutende kulturelle Attraktivität. Damit verband sich ein ganz außerordentliches Maß an politischen Freiheiten – Freiheiten allerdings im wesentlichen bloß des Adels und auch nicht ohne die Gefahr politischer Anarchie. Diese Gefahr konnte jedoch vorerst noch im Zaum gehalten werden; das 16. Jahrhundert, zumindest bis zum Aussterben der Jagiellonen (1572), war so etwas wie eine goldene Zeit Polen-Litauens.

Zu Beginn des Jahrhunderts sah sich Polen-Litauen – abgesehen von der Regelung mancher offenen Fragen im Verhältnis der beiden Teilreiche zueinander – vor vier Hauptproblemen seiner äußeren Staatenbildung, nämlich 1. der Durchsetzung der polnischen Hoheitsansprüche gegenüber dem Deutschen Orden, 2. der Friedenssicherung im Südosten gegen die Osmanen und deren Vasallen am Schwarzen Meer, 3. dem Schutz Litauens gegen weitere Gebietsverluste an Moskau und 4. der Realisierung der jagiellonischen Thronansprüche auf Böhmen und Ungarn. Dabei zeichnete sich für das Verhältnis zum Deutschen Orden bereits deutlich eine Lösung im Sinne der polnischen Interessen ab, und auch die Abwehr der Osmanen konnte bald nach der Jahrhundertwende durch ein neues System der Grenzsicherung – eine Kombination fester Grenzplätze mit sehr beweglichen, aus der Grenzbevölkerung rekrutierten Reitertruppen, den sogenannten Kosaken – auf eine recht solide Basis gestellt werden. Dagegen war und blieb die Expansion des Großfürstentums Moskau eine dauernde Bedrohung Polen-Litauens. Bereits Großfürst Iwan III. (1462 – 1505), der sich selbst als Zar aller Russen, wenn nicht gar als eigentlichen Herrn der gesamten Christenheit verstand, brachte einen Teil der Ukraine und Weißrutheniens unter seine Herrschaft, dazu Stadt und Land Novgorod, den wichtigsten Bündnispartner Polen-Litauens im Nordosten; die in den 80er Jahren des 15. Jahrhunderts einsetzende Reihe der Kriege zwischen Polen-Litauen und Moskau – jahrzehntelang immer nur durch unsichere Waffenstillstände unterbrochen – führte zu weiteren Gebietsverlusten im Osten des Doppelreichs. Dieser moskowitische Druck engte die politische Handlungsfähigkeit Polen-Litauens auch im Westen empfindlich ein; bezeichnenderweise knüpfte schon Maximilian I. diplomatische Verbindungen mit dem Zaren an, um im böhmisch-ungarischen Thronfolgestreit auf den polnischen König Druck auszuüben.

In diesen Thronfolgestreitigkeiten nun, deren Ausgang wiederum über Grundfragen der politischen Gestaltung Ostmitteleuropas bis ins 20. Jahrhundert hinein entschied, führten beide konkurrierende Dynastien – Jagiellonen wie Habsburger – ihre Ansprüche letztlich auf Kaiser Sigismund zurück, der ja mit der Krone des Reichs auch die Kronen Ungarns und Böhmens auf sich vereinigt hatte; das bessere Recht der einen oder anderen Dynastie hing von der umstrittenen Frage des weiblichen Thronfolgerechts ab. Daneben aber beanspruchten in Böhmen wie in Ungarn – gerade angesichts des Streits der auswärtigen Dynastien – die Stände ein eigenes Wahlrecht, vor allem zugunsten eines nationalen Königtums, und setzten sich damit zunächst auch durch: in Böhmen mit der Wahl Georg Podiebrads, des Führers der böhmischen Utraquisten, in Ungarn durch die Erhebung des Matthias Corvinus, der in der Folge ein – wenngleich nur kurzlebiges – Großreich in Südosteuropa zusammenbrachte. Zwar gelang es Kaiser Friedrich III. im Vertrag von Wiener Neustadt 1463, mit Corvinus ein ungarisches Doppelkönigtum zu vereinbaren; überdies sollte der Habsburger, falls Corvinus kinderlos stürbe, auch dessen Königserbe antreten; die folgenden schweren Auseinandersetzungen Kaiser Friedrichs mit Matthias Corvinus und auch die ablehnende Haltung der Mehrheit der ungarischen Magnaten gegenüber dem Habsburger ließen den Vertrag jedoch schon bald undurchführbar werden. Dafür gelang es den Jagiellonen nach dem Tode Podiebrads 1471, ihre Thronansprüche in Böhmen durchzusetzen; die böhmischen Stände wählten den polnischen Königssohn Wladislaw zum neuen König. Knapp 20 Jahre später folgten sogar die Ungarn dem böhmischen Beispiel: Als 1490 Matthias Corvinus starb, entschlossen sich auch die Ungarn zur Wahl Wladislaws.

Es konnte wohl so scheinen, als wäre damit der Thronfolgestreit um Böhmen und Ungarn auf der ganzen Linie zugunsten der Jagiellonen entschieden. Indessen war die Herrschaft Wladislaws doch fortdauernd innen- wie außenpolitisch bedroht – zeitweise trat sein eigener Bruder in Ungarn als Gegenkönig auf –, und so suchte er schon bald die Verständigung mit seinem habsburgischen Konkurrenten: Im Vertrag von Preßburg (1491) übernahm und bestätigte er die Abmachungen von Wiener Neustadt – Doppelkönigtum und Erbeinung für Ungarn –; zusätzlich wurde die Erbeinung auf Böhmen erstreckt. Da die Ehe Wladislaws mit Beatrix von Neapel kinderlos geblieben war, ließ der Vertrag die Thronfolge der Habsburger in beiden Reichen sogar in greifbare Nähe rücken; mit alledem hatten sich die dynastischen Perspektiven überraschend und grundlegend verschoben. Eine definitive Entscheidung war der Vertrag von Preßburg freilich noch immer nicht. Zum einen blieb es noch lange Zeit höchst unsicher, ob die Habsburger in dem – immerhin erwartbaren – Fall des kinderlosen Todes Wladislaws ihre erbrechtlichen Ansprüche gegenüber den Ständen Böhmens und Ungarns wirklich würden durchsetzen können; zum andern erwies sich einige Jahre später, daß auch die dynastische Rechnung noch offenstand: Im Jahr 1500 nämlich erreichte König Wladislaw vom Papst die Annullierung seiner Ehe und heiratete kurz darauf die mit dem französischen Königshaus verwandte Anne de Foix. Wenn aus dieser neuen Ehe des alten Königs noch ein Thronfolger hervorging, so konnte die Erbeinung des Preßburger Vertrags leicht zur Makulatur werden. Die künftige politische Gestalt Ostmitteleuropas war mithin zu Beginn des 16. Jahrhunderts noch durchaus offen.

Die Expansion der Osmanen. Der zu Beginn des 14. Jahrhunderts noch ganz unbedeutende Staat der Osmanen in Kleinasien war im Laufe weniger Generationen zu einer Großmacht herangewachsen, die die politische Ordnung des Abendlandes bis in ihre Grundfesten erschütterte. Nachdem die Osmanen um die Mitte des 14. Jahrhunderts die Dardanellen überschritten hatten, war schon ein Jahrzehnt später Adrianopel gefallen; bis zum Ende des Jahrhunderts hatten die Türken auch die meisten serbischen Fürstentümer und Bulgarien in ihre Hand gebracht. Unter Mehmed II., dem „Eroberer", war seit 1451 eine zweite große osmanische Expansionswelle gefolgt: 1453 war Konstantinopel erobert worden; in den 60er Jahren hatten die Türken große Teile von Bosnien und Albanien unterworfen. Seit 1469 bereits waren die österreichischen Herzogtümer Krain, Kärnten und Steiermark den gelegentlichen Streifzügen leichter türkischer Reiterei ausgesetzt gewesen. Der dritte gewaltige Expansionsstoß der Osmanen folgte dann seit dem 2. Jahrzehnt des 16. Jahrhunderts; unter Sultan Suleiman II. (1520 – 1566) wurden die Türken vollends zu einer unmittelbaren Gefahr für das Reich – und sollten es bis zum beginnenden 18. Jahrhundert bleiben.

Der Konflikt mit den Türken trug stets, und zwar auf beiden Seiten, Züge eines Religionskriegs. Im Abendland gab es schon seit dem ausgehenden 14. Jahrhundert immer erneute Projekte eines Türkenkreuzzugs, und gerade um die Wende des 15. Jahrhunderts spielten derartige Projekte in den Planungen nahezu aller großen europäischen Mächte eine nicht unerhebliche Rolle. Das religiöse Element des Konflikts verstärkte sich sogar noch. Angesichts der zunehmenden Bedrohung durch die Osmanen – und damit durch den Islam – wurde der Türkenkrieg immer weniger als Kreuzzug im herkömmlichen Sinne, d.h. als Verteidigung bestimmter, konkret verletzter Rechte der Christenheit, verstanden denn als umfassender Glaubenskrieg. Auf osmanischer Seite aber führte der universale Geltungsanspruch des prophetischen Gesetzes mit innerer Notwendigkeit zum Anspruch auf die Weltherrschaft, und das bedeutete in der Praxis: permanenten „Heiligen Krieg". Gerade die Osmanen des 16. Jahrhunderts haben sich, wie die Kalifen der Frühzeit des Islams, durchaus als „Schwert Gottes" gefühlt, und zwar in dynastischer Exklusivität. Nur sie, die Osmanen, glaubten sich zur Weltherrschaft im Namen Allahs berufen; politische Konkurrenz, auch von seiten anderer islamischer Staaten, war deshalb ebenso ein Kriegsgrund wie die permanente Weigerung der Ungläubigen, den wahren Glauben anzunehmen. Anderseits bedeutete der Anspruch auf die Universalität des Islams nicht etwa die Verpflichtung zur zwangsweisen Islamisierung der unterworfenen Völker. Vor allem die Juden und Christen, deren Offenbarungsschriften ja schon von Mohammed und den Kalifen als heilige Bücher – nur eben noch ohne die abschließende Krönung durch den Koran – anerkannt worden waren, konnten ihre Religion als „Schutzbefohlene" der Muslime grundsätzlich beibehalten und genossen sogar eine gewisse Autonomie. Gerade die Osmanen haben dieses Institut der „Schutzbefohlenen" recht pragmatisch gehandhabt, nicht zuletzt deshalb, weil nach islamischem Recht von den Schutzbefohlenen erheblich höhere Steuern eingezogen werden konnten als von den Muslimen. Und trotz der prinzipiellen Friedlosigkeit zwischen der Welt des Islams und der Welt der Ungläubigen – letztere hieß in der islamischen Rechtssprache bezeichnenderweise dar al-harb, „Welt des Kriegs" – waren doch auch auf staatlicher Ebene von jeher gewisse Abmachungen mit den Ungläubigen nicht ganz ausgeschlossen, wenngleich immer nur sehr vorläufig und unter dem Vorbehalt islamischer Opportunitäten. Eine solche Bereitschaft zu vertraglicher Regelung der gegenseitigen Beziehungen aber bestand erst recht bei den christlichen Staaten. Schon nach den mittelalterlichen Rechtstraditionen der christlichen Welt war der Unglaube der Muslimen ja an sich weder ein Kriegsgrund noch auch nur ein grundsätzliches Hindernis für eine rechtliche Regelung der Beziehungen hinüber und herüber gewesen; auch in der politischen Praxis hatte man immer wieder versucht – und sei es nur aus dem Interesse an einem funktionierenden Handel mit dem Orient –, zum Abschluß von Verträgen mit den Muslimen zu gelangen. Seit dem ausgehenden 15. Jahrhundert nahm diese Bereitschaft der christlichen Mächte zu völkerrechtlichen Verträgen mit den Osmanen sogar noch zu und gewann zugleich eine neue Qualität. Ungeachtet nämlich der weitverbreiteten Verschärfung des Konflikts mit den Türken zu einem Glaubenskrieg begannen jetzt einige der christlichen Mächte Europas, das Bündnis mit den Türken zu suchen, um den Expansionsdrang der Muslime für ihre eigenen machtpolitischen Ziele innerhalb der christlichen Staatenwelt nutzbar zu machen. Daß selbst der Papst – nun freilich der ohnehin wenig skrupelhafte Alexander VI. – im Kampf gegen die Franzosen 1495 die Unterstützung des Sultans zu erkaufen suchte, ist für diesen Wandel ungemein bezeichnend. Die neue Staatsräson der europäischen Mächte begann unverkennbar, die alte Gemeinsamkeit der res publica christiana zu paralysieren.

2. Bevölkerung und Wirtschaft

a) Demographische Strukturen und Konjunkturen: Von der Stagnation zur Expansion

Die Erforschung der Bevölkerungsgeschichte des 16. Jahrhunderts steht vor großen und zum Teil überhaupt unausräumbaren Schwierigkeiten der Quellenlage. Die Zeit kannte keine umfassenden Bevölkerungsstatistiken, und soweit man bestimmte Bevölkerungsteile überhaupt zahlenmäßig erfaßte, geschah dies nicht aus dem Interesse an demographischen Strukturen und Wandlungen, sondern aus handfesten, zumeist fiskalischen Motiven. Die mit Abstand wichtigsten demographischen Quellen der Zeit sind bezeichnenderweise Steuerlisten; daneben können herrschaftliche Einkunftsverzeichnisse, gelegentlich auch städtische Proviantierungslisten und ähnliche Verwaltungsakten herangezogen werden. Der methodische Weg von diesen Verzeichnissen und Listen zu einer Erfassung der quantitativen Strukturen der Bevölkerung und ihrer Konjunkturen ist schwierig und oft genug unsicher; bei allen Angaben über die Bevölkerungszahlen der Epoche muß diese Unsicherheit immer mitgedacht werden.

Das Heilige Römische Reich deutscher Nation – einschließlich der Schweizer Eidgenossenschaft und der Niederlande, aber ohne Reichsitalien – dürfte um 1500 eine Bevölkerung von gut 16 Millionen Menschen gehabt haben, von denen etwa zwei Millionen in den Niederlanden, noch einmal gut zwei Millionen in Böhmen und seinen Nebenländern, 550000 bis 600000 in der Schweiz lebten. Das war nahezu ein Viertel der gesamten europäischen Bevölkerung; von den anderen europäischen Ländern kam Frankreich mit wohl 15 bis 16 Millionen Einwohnern der Bevölkerungszahl des Reichs sehr nahe. Die Bevölkerungsdichte des Reichs war im Westen höher als im Osten, wies aber im übrigen – in Abhängigkeit vor allem von der Bodenbeschaffenheit und der wirtschaftlichen Struktur der einzelnen Regionen – große Unterschiede auf. In gewerbe- und städtereichen Landschaften etwa der Niederlande erreichte die Bevölkerungsdichte mit 70 oder mehr Einwohnern pro km^2 Spitzenwerte, wie sie das zeitgenössische Europa sonst nur in den alten Städtelandschaften Oberitaliens aufzuweisen hatte; die durchschnittliche Bevölkerungsdichte des Gesamtreichs mag bei gut 20 Einwohnern pro km^2 gelegen haben. Das Reich war damit siedlungsmäßig vergleichsweise gut erschlossen und bot zugleich noch erhebliche Landreserven für einen Zuwachs der Bevölkerung; allerdings lagen diese Landreserven vor allem im Norden und Osten, während der dichter besiedelte Westen und Süden des Reichs – jedenfalls bei gleichbleibender landwirtschaftlicher Produktivität – eher an die Grenzen des Nahrungsspielraums stoßen mußte.

Das Reich zählte rund 5000 Städte. Das war ein erstaunliches Ergebnis der mittelalterlichen Städtepolitik; die Zahl der Städte Mitteleuropas sollte in der Neuzeit kaum noch zunehmen. Ihre Einwohnerzahlen waren freilich von denen des 19./20. Jahrhunderts noch weit entfernt. Bei nahezu 90 Prozent von ihnen handelte es sich um Kleinstädte mit weniger als 2000 Einwohnern, umgekehrt erreichten wohl nur wenig mehr als 40 Städte eine Bevölkerungszahl von mehr als 10000 Menschen; die größten von ihnen – mit mehr als 25000 Einwohnern – waren Köln, Prag, Nürnberg, Augsburg, Lübeck und Danzig, dazu eine Reihe von Städten der weit urbanisierten Niederlande, insbesondere Gent, Brügge, Ypern, Brüssel und Antwerpen. Antwerpen wuchs in den folgenden Jahrzehnten überhaupt zur zweitgrößten europäischen Stadt nördlich der Alpen heran, nur Paris hatte stets noch mehr Einwohner. Die meisten der an Bevölkerungszahl bedeutendsten Städte Europas fanden sich ohnehin noch lange in den alten Städtelandschaften im Süden des Kontinents; mit Ausnahme von Paris, London und – etwas später – Antwerpen lagen alle europäischen Städte mit mehr als 50000 Einwohnern in Italien oder Spanien. Und auch der Grad der Verstädterung des Reichs insgesamt stellte mit etwa 25 Prozent im europäischen Vergleich nur einen Mittelwert dar. Im übrigen fehlte es in Deutschland an der klaren ökonomischen und politischen Vorzugsstellung einer Stadt, wie sie insbesondere Paris für Frankreich oder auch London für England innehatten.

Neben der geringeren Bevölkerungsdichte und Verstädterung gab es auch noch andere, elementarere Unterschiede der demographischen Verhältnisse damals und heute. Die wichtigste dieser Andersartigkeiten bestand in der bei weitem höheren Sterblichkeit des 16. Jahrhunderts, in der für jeden Einzelnen nahezu ständig präsenten Gefahr des Todes. Die Medizin kannte gegen viele Krankheiten keine wirksame Abhilfe, und manche gerade der schweren Krankheiten – Ruhr, Blattern, Typhus, Virusgrippen, vor allem aber die furchtbare Geißel der Pest – wüteten im Abstand von nur wenigen Jahren oder gar Monaten in Form verheerender Epidemien, die die Sterbeziffern auf ein Mehrfaches – im Fall der Pest: auf das Zehn- bis Zwanzigfache – der normalen Werte hinaufschnellen ließen. Besonders betroffen waren dabei stets die ohnehin Schwachen, vor allem also – neben den wenigen sehr alten Menschen – die Kinder, am meisten die Säuglinge. Wenn das durchschnittliche Lebensalter der Menschen in jener Zeit kaum mehr als 30 Jahre betrug, so war das in erster Linie eine statistische Folge der ungemein hohen Säuglings- und Kindersterblichkeit; allenfalls die Hälfte aller Neugeborenen erreichte das Erwachsenenalter, bei etwas günstigeren Verhältnissen in den gehobenen Schichten. Merklich besser stand es um die Lebenserwartung der Erwachsenen; ein Lebensalter von 60 oder mehr Jahren war keine Seltenheit. Indessen galt ein Mann in den Fünfzigern doch schon als alt, in den Sechzigern als Greis, und vor allem: Auch die Erwachsenen in ihren besten Jahren lebten doch in dichter Nähe zum Tode. Sie sahen jedes zweite ihrer Kinder vorzeitig sterben, jeder zweite von ihnen verlor den Ehepartner nach weniger als zehnjähriger Ehedauer, und überhaupt jeder von ihnen befand sich in nahezu ständiger Unsicherheit des eigenen Lebens.

Der hohen Sterblichkeit der Zeit entsprach eine nicht minder hohe Geburtenrate. Sie lag mit jährlich 30 bis 40 pro Tausend der Bevölkerung etwa doppelt so hoch wie in den mitteleuropäischen Ländern um die Mitte des 20. Jahrhunderts; nach großen Epidemien stieg sie gar auf 50 oder 60 pro Tausend an und glich damit die eingetretenen Bevölkerungsverluste in oft erstaunlich kurzer Zeit wieder aus. Bezieht man die Geburtenziffern auf die einzelnen Ehen, so ergibt sich, daß auf jede biologisch vollständige Ehe – bei der also beide Ehepartner bis zum Ende der Fruchtbarkeit der Frau lebten – durchschnittlich etwa sechs Geburten entfielen. Allerdings wurden die meisten Ehen schon vorzeitig durch den Tod eines der Ehepartner aufgelöst; so lag die durchschnittliche Geburtenzahl aller Ehen – der vollständigen wie der unvollständigen – beträchtlich niedriger, nämlich zwischen 4,5 und 5, und wegen der hohen Kindersterblichkeit lag auch die durchschnittliche Familiengröße – die Zahl also der lebenden Eltern und Kinder – deutlich unter 5. Gewiß gab es Familien mit 8 und 10 Kindern, aber das waren doch Ausnahmen, die nur in reichen und hochgestellten Familien etwas häufiger vorkamen. Die durchschnittliche Familie des 16. Jahrhunderts wie überhaupt der vorindustriellen Zeit, jedenfalls in Mittel- und Westeuropa, war also beileibe keine „Großfamilie“ – übrigens auch nicht im Sinne einer Mehrgenerationenfamilie, in der die Großeltern mit der Kernfamilie aus Eltern und Kindern einen Haushalt formiert hätten; grundsätzlich bildete die Kernfamilie jeder Generation einen eigenen Haushalt, zu dem außer Eltern und Kindern zwar das Gesinde sowie das berufliche Hilfspersonal des Hausherrn gehörten, aber gerade nicht die Großeltern oder Geschwister der Eltern.

Ungeachtet der hohen Geburtenraten, in deren Konsequenz trotz der hohen Kindersterblichkeit mehr als die Hälfte der gesamten Bevölkerung aus Kindern bestand, nutzte die Gesellschaft der Zeit ihre biologischen Möglichkeiten der Reproduktion bei weitem nicht aus – auch dies übrigens eine gemeineuropäische Erscheinung, und im Gegensatz zu den meisten außereuropäischen Gesellschaften. Die Geburtenregelung war aber noch keine innereheliche Familienplanung im modernen Sinne des Worts; die Beschränkung der Geburtenzahl war vielmehr eine Folge der von der Gesellschaft erzwungenen Heiratsrestriktionen. Heiraten durfte grundsätzlich nur, wer über ein hinreichendes Einkommen zur Einrichtung und Aufrechterhaltung eines eigenen Haushalts verfügte; das aber traf – abgesehen von den wenigen Angehörigen gehobener freier Berufe – im wesentlichen nur auf selbständige Landwirte, Kaufleute und Handwerksmeister zu, und deren Zahl regulierte sich nach den ökonomischen Strukturen und Konjunkturen. Wenn nicht gerade eine besonders günstige Konjunktur die Gründung neuer landwirtschaftlicher oder Handwerksbetriebe nahelegte, mußte mithin jede heranwachsende Generation mit der Heirat warten, bis die ältere Generation ihre berufliche Position räumte, und vielen Menschen blieb die Möglichkeit einer Eheschließung überhaupt versagt. Eine gewisse Milderung dieser Restriktionen ergab sich immerhin für die seit dem 15. Jahrhundert neu aufkommende Schicht gewerblicher Lohnarbeiter in Stadt und Land, deren Einkommen zur Not eine Familie ernähren konnte; doch fiel deren Anteil an der Gesamtbevölkerung um 1500 noch nicht sehr ins Gewicht.

Die hohe Konstanz der demographischen Strukturen schloß nachhaltige Veränderungen in den Bevölkerungszahlen nicht aus, und gerade das beginnende 16. Jahrhundert war durch einen säkularen Umschwung der Bevölkerungskonjunktur gekennzeichnet. Das späte Mittelalter war die Zeit eines tiefen Bevölkerungseinbruchs und einer nachfolgenden, langanhaltenden Bevölkerungsstagnation gewesen. Die um die Mitte des 14. Jahrhunderts über Europa hereinbrechende Pestwelle hatte die europäischen Völker rund ein Drittel, in manchen Regionen über die Hälfte ihrer Menschen gekostet, und von diesen Verlusten hatten sie sich über ein Jahrhundert lang nicht erholt, mit einschneidenden Folgen für die Wirtschafts- und Sozialgeschichte der Zeit. Seit dem ausgehenden 15. Jahrhundert aber begann die Bevölkerung wieder zu wachsen, in engem Zusammenhang vor allem mit der Erholung der Landwirtschaft: Die Zunahme der Bevölkerung führte zu verstärkter Nachfrage nach agrarischen Produkten; in der Folge zogen die Agrarpreise an; das ließ die Erweiterung oder Neugründung bäuerlicher Betriebe rentabel werden und wirkte so wiederum als Wachstumsanreiz für die ländliche Bevölkerung. In der Agrarbaisse des Spätmittelalters verfallene Höfe wurden neu aufgebaut, wüst gewordene Böden neu in Kultur genommen; das Land begann sich sichtbar mit Menschen zu füllen. Im einzelnen wird man für die Datierung dieses demographischen Umschwungs wie für seine Ausmaße zu Beginn des 16. Jahrhunderts mit erheblichen regionalen Unterschieden zu rechnen haben. An der Grundtatsache der Trendumkehr ist aber kein Zweifel, und auch daran nicht, daß die um 1500 deutlich zu beobachtende Bevölkerungsvermehrung, wenngleich mit allmählich abnehmenden Zuwachsraten, das ganze 16. Jahrhundert hindurch anhielt – eine demographische Hausse, deren Bedeutung für die deutsche Wirtschafts- und Sozialgeschichte der Epoche nicht leicht zu überschätzen ist.

b) Ökonomische Strukturen und Konjunkturen: Der säkulare Umschwung der Agrarkonjunktur und die Blüte des deutschen Frühkapitalismus

Die Landwirtschaft. Deutschland stand um 1500 am Ende einer langen Agrardepression, einer langdauernden Baisse vor allem des Ackerbaus. Bevölkerungsrückgang, Schwächung der Nachfrage nach den Erzeugnissen des Ackerbaus, Sinken der Getreidepreise bei gleichzeitigem Lohnanstieg – das waren die Grundfaktoren dieser Baisse. In der Folge wurden ertragsschwächere Äcker nicht mehr bebaut, zahlreiche Höfe und schließlich ganze Dörfer aufgegeben; die verlassenen Äcker wurden zur Weide, zum Busch, schließlich zum Wald. Besser war immerhin die Situation der Viehwirtschaft: Wegen der hohen Löhne in Stadt und Land gab es eine lebhafte Nachfrage nach den – an sich ja teureren – Produkten der Viehwirtschaft; das ausgehende 15. Jahrhundert war die Zeit eines Fleischverzehrs, wie er bis heute nie wieder erreicht worden ist. Der Fleischbedarf überstieg sogar die Liefermöglichkeiten der deutschen Landwirtschaft; so entfaltete sich ein weiträumiger Viehhandel mit Dänemark und – vor allem – mit Ungarn, Polen und Rußland.

Von der Depression des Ackerbaus betroffen waren nicht so sehr die kleinen, mehr oder weniger der Selbstversorgung dienenden Bauernhöfe als vielmehr die größeren, für den Markt produzierenden Betriebe, deren Kauf- oder Pachtsummen vom letzten Viertel des 14. bis zum Ende des 15. Jahrhunderts nicht selten auf ein Drittel oder Viertel der Ausgangswerte fielen. In ganz besonderer Weise betroffen aber waren die adligen und geistlichen Grundherren, und zwar selbst dann, wenn sie nicht als eigenwirtschaftende Landwirte die Märkte belieferten, sondern bloß von den Abgaben ihrer Bauern lebten: Um nämlich die überhaupt verbliebenen Bauern auf dem Land zu halten, mußten sie vielfach ihre traditionellen grundherrlichen Ansprüche zurücknehmen, und die Bauern ließen sich diese Reduktion ihrer Abgaben mit Brief und Siegel bestätigen. Mitunter gelang es den Grundherren zwar, ihre alten Ansprüche zu behaupten oder gar deren Steigerung durchzusetzen und so die Folgen der Agrarbaisse auf ihre Bauern abzuwälzen; so entstand in einigen Regionen Süd- und Westdeutschlands die sogenannte jüngere Leibeigenschaft. Indessen war eine solche Entwicklung in den alten Siedlungsgebieten des Reichs doch eher die Ausnahme. Anders war die Situation dagegen im Bereich der Gutsherrschaft im Osten des Reichs, die gegenüber ihren Bauern von vornherein über sehr viel stärkere Herrschaftsrechte verfügte als die Grundherrschaft im Westen. Das schlichte Entlaufen der Knechte und Mägde war freilich auch hier zunächst kaum zu unterbinden, wenn man ihnen nicht höhere Löhne zahlte; diese Lohnsituation und erst recht die Schwäche der Nachfrage bescherten doch auch der ostdeutschen Gutswirtschaft mit ihrer durchgängigen Abhängigkeit vom Ackerbau – insbesondere vom Anbau des Roggens, der von den kaufkräftigen Städtern weniger geschätzt wurde als der Weizen – eine empfindliche Baisse.

All diese Erscheinungen bestimmten weithin noch zu Beginn des 16. Jahrhunderts das Bild der deutschen Landwirtschaft; gleichwohl waren die Zeichen eines säkularen Umschwungs der Konjunktur unverkennbar. Auch diese Trendumkehr hing aufs engste mit dem Umschwung der Bevölkerungskonjunktur zusammen. Nach der langen Stagnation des Spätmittelalters begann die Bevölkerung wieder zu wachsen; in der Folge erhöhte sich die Nachfrage nach Getreide. Der damit gegebene Produktionsanreiz wirkte sich, wie zumeist in der Landwirtschaft, nur verzögert aus, die Erweiterung der Produktion hielt also mit der steigenden Nachfrage nicht Schritt; die Preise begannen zu steigen. Die Entwicklung wurde noch dadurch verstärkt, daß infolge der Bevölkerungsvermehrung und der daraus resultierenden Zunahme des Arbeitskräfteangebots die Reallöhne zu sinken begannen: Damit ging die Zeit des extrem hohen Fleischverzehrs allmählich zu Ende; die Nachfrage verlagerte sich vom teuren Fleisch wieder stärker auf die billigeren Erzeugnisse des Ackerbaus und trug damit zusätzlich zur Erholung der Getreidepreise bei, während die Fleischpreise hinter dieser Entwicklung deutlich zurückblieben.

Mit der Agrarkonjunktur änderte sich auch die Bodennutzung in prinzipieller Gegenläufigkeit zur Entwicklung des Spätmittelalters. Wiesen und Buschland, zum Teil auch der Wald, wurden erneut unter den Pflug genommen, die Landwirtschaft begann wiederum, in ungünstigere Lagen vorzudringen. Allerdings ergingen gerade seit dem ausgehenden 15. Jahrhundert in rasch zunehmender Zahl landesfürstliche oder auch grundherrliche Forstordnungen, die den Waldbestand vor erneuter Rodung wie vor unkontrollierter Entnahme von Bau- und Brennholz schützten, vielfach aber auch die übliche Waldweide durch Ziegen, Schafe und Schweine untersagten oder doch einschränkten. Dahinter stand, vor allem in gewerbereichen Regionen, die Sorge vor einer zu weit gehenden Ausbeutung des Waldes; dazu kam das Interesse von Landesherren und Adel am Verkauf des Holzes auf eigene Rechnung sowie an ungeschmälerten Möglichkeiten der Jagd. Für die Landwirtschaft hatten diese Forstordnungen zur Folge, daß die in der spätmittelalterlichen Agrardepression verwaldeten Gebiete nur zum Teil wieder zu Ackerland gemacht werden konnten, daß der Landesausbau im übrigen aber auf ungünstigere Böden und Lagen abgedrängt wurde, deren Bewirtschaftung stets krisenanfällig blieb.

Neben der neuerlichen Ausdehnung der Ackerflächen provozierte der Umschwung der Agrarkonjunktur auch eine gewisse Intensivierung der Landwirtschaft: eine Zunahme der im Rahmen der Fruchtwechselwirtschaft feldmäßig angebauten Fruchtarten, insbesondere von Hackfrüchten, auch von Futterpflanzen, dazu eine verbesserte Düngung. Solche Formen intensiver Landwirtschaft mit regelmäßigem Vier- oder Fünffelderfruchtwechsel beschränkten sich indessen noch lange auf das Umfeld der größeren Städte oder auf im Ganzen bereits stark verstädterte Landschaften wie z.B. Teile Sachsens und der Rheinlande oder – vor allem – der Niederlande. Von diesen „Intensitätsinseln" (Irsigler) abgesehen blieb – wie schon im späten Mittelalter – die verbesserte Dreifelderwirtschaft mit zweimaligem Pflügen der Brache und, soweit möglich, zusätzlicher Düngung das maßgebende Modell der Landwirtschaft; unter ungünstigen Boden- und Lagebedingungen, etwa in den Mittelgebirgsregionen, kam man nicht einmal über eine Zweifelderwirtschaft oder gar eine unregelmäßige Feld-Gras-Wirtschaft hinaus.

Wenn die Agrardepression des späten Mittelalters vor allem die für den Markt produzierenden Höfe getroffen hatte, so kam jetzt auch die Umkehr der agrarischen Konjunktur vor allem diesen Betrieben zugute. Unter ihnen aber spielten die ostelbischen Gutswirtschaften von Holstein bis ins Baltikum hinauf eine besonders wichtige Rolle. Das hatte vor allem drei Gründe. Zum einen handelte es sich hier seit jeher um vergleichsweise große Betriebe, die in der Zeit der spätmittelalterlichen Wüstungen noch erheblich gewachsen waren; das so dazu gewonnene Ödland konnte jetzt unter den Pflug genommen werden. Zum zweiten profitierte die Gutswirtschaft des Nordostens – ganz abgesehen von der durch den allgemeinen Bevölkerungsanstieg ausgelösten Steigerung der Nachfrage nach Getreide – von dem massierten Bedarf der großen Gewerberegionen im Nordwesten des Kontinents; die hochentwickelte intensive Landwirtschaft dieser Regionen befriedigte zwar den gehobenen Bedarf der städtischen Bevölkerung – an Milch, Butter, Gartenfrüchten – sehr erfolgreich und gewinnträchtig, überließ aber die Deckung des Grundbedarfs an Getreide großenteils dem Import, und zu dessen wichtigsten Lieferanten wurden die ostelbischen Gutsbetriebe. Zum dritten schließlich kam der Gutswirtschaft des Ostens auch – und erst recht – in der beginnenden Agrarhausse zugute, daß sie zugleich eine Gutsherrschaft war, die ihre Bauern von langer Hand in immer stärkere Abhängigkeit gebracht hatte und auf diesem Wege jetzt noch weiter fortschritt; bereits seit dem ausgehenden 15. Jahrhundert durften die gutsuntertänigen Bauern ihr Land nur mit ausdrücklicher Bewilligung der Gutsherren verlassen. Die sozialgeschichtlichen Aspekte dieser Gutsherrschaft werden später noch zu erörtern sein; hier kommt es nur darauf an, daß die ostelbischen Gutsbetriebe mit vergleichsweise niedrigen

Arbeitskosten kalkulieren konnten. Gleichwohl wird man die durchschnittliche wirtschaftliche Lage der ostelbischen Güter nicht überschätzen dürfen. Ungeachtet ihrer beträchtlichen Ackerfläche von zumeist mehr als 100 ha ließ die zumeist geringe Intensität ihrer Bewirtschaftung doch nur recht bescheidene Erträge zu, und selbst die aktive Beteiligung der Gutsherren am Kornhandel auf Kosten der städtischen Kaufleute verbesserte die Situation nicht grundlegend. Anders sahen die Verhältnisse nur dann aus, wenn Böden und Verkehrslage eine intensivere Landwirtschaft zuließen. Das galt vor allem für die Gutswirtschaft des holsteinischen Adels, dessen Mitglieder über den Anbau von Getreide hinaus in großem Umfang Ochsen und Schweine mästeten und auf dieser Grundlage auch in den Handel und das Gewerbe vorstießen, schließlich sogar zu den wichtigsten Finanziers in Norddeutschland wurden.

Das Gewerbe; Zunft- und Verlagswesen. Das spätmittelalterliche Gewerbe erlebte keine derart tiefgreifenden und langdauernden Konjunktureinbrüche wie die Landwirtschaft; abgesehen von einer Depressionsphase in den ersten Jahrzehnten des 15. Jahrhunderts überwiegen durchaus Nachrichten über Blüte und Wachstum, und diese Konjunktur setzte sich auch im 16. Jahrhundert fort. Die Zahl der Betriebe der führenden Branchen des Textil- und Metallgewerbes wuchs; neue, stärker spezialisierte Berufe entstanden, technische Innovationen schufen die Voraussetzungen für eine enorme Ausweitung der Produktion oder überhaupt für die Herstellung neuer Produkte. Dabei hatte das Gewerbe seinen Sitz nach wie vor zumeist in den Städten und war zünftisch organisiert; auch die neu entstehenden Gewerbe wurden zumeist wie selbstverständlich in Zünfte zusammengefaßt. Die Zünfte sorgten für die Qualität der handwerklichen Arbeit wie für die wirtschaftliche Sicherstellung ihrer Mitglieder gegen innerstädtische oder fremde Konkurrenz, nicht selten auch gegen Forderungen von Gesellenbruderschaften nach höheren Löhnen oder kürzerer Arbeitszeit. Überdies bildeten die Zünfte in vielen Städten zugleich militärische und politische Organisationen – vielfach waren sie Wahlgremien für den Stadtrat –, und auch das gesellschaftliche, ja: selbst das kirchliche Leben der Handwerker spielte sich weithin im Rahmen der Zünfte ab.

Daneben gewann freilich – wiederum gerade in der Metall- und Textilindustrie und erst recht im Berg- und Hüttenwesen – die Konkurrenz eines nicht zünftischen und überdies ländlichen Großgewerbes an Bedeutung. An sich war der Gegensatz zwischen zünftischem Stadt- und nichtzünftischem Landgewerbe nicht neu. Nur hatten sich in diesen Auseinandersetzungen bisher zumeist die Städte durchgesetzt; das wurde jetzt anders. Für die Metallindustrie, insbesondere für das Hüttenwesen, war die Wahl ländlicher Standorte ohnehin vorgegeben – schon wegen der notwendigen Nähe zum Bergbau wie wegen der Verfügbarkeit von Brennholz, Kohle und Wasserkraft, auch wegen der betriebsbedingt hohen Feuergefahr. Gerade die deutsche Metallindustrie aber nahm im späten 15. und beginnenden 16. Jahrhundert einen enormen Aufschwung; in der Produktion und Verarbeitung sowohl von Eisen als auch von Edelmetallen rückte das Reich in einer geradezu hektischen Konjunktur an die Spitze der europäischen Länder. Dabei kam ihm seine vorzügliche Ausstattung mit Rohstoffen, insbesondere mit Silbererzen, zugute. Die geographischen Schwerpunkte der Eisengewinnung lagen in der Oberpfalz, in Innerösterreich und im Siegerland. Kupfer und Silber wurden vor allem in Tirol und im Gebiet um Mansfeld abgebaut und verhüttet – das waren überhaupt die beiden bedeutendsten Kupferreviere Europas –; dazu kamen Böhmen und Sachsen sowie der Harz. Auch an Wäldern zur Gewinnung von Holzkohle fehlte es nicht. Allerdings führte der sehr hohe Energieverbrauch namentlich der Eisenhütten in manchen Regionen bereits zur Übernutzung des Waldes. Hier, zuerst wohl im Siegerland, ging man deshalb zu gezielter Aufforstung mit rasch wachsenden Niederwaldbeständen über, die bereits nach knapp 20 Jahren wieder geschlagen werden konnten; das waren die sogenannten Hauberge.

Die Erfolge des deutschen Berg- und Hüttenwesens der Zeit beruhten auch auf seinem hohen technischen Standard. Deutsche Bergingenieure waren in aller Welt gesuchte Spezialisten; das zuerst 1530 erschienene große Werk „De re metallica libri XII“ des sächsischen Arztes und Bergfachmanns Georg Agricola, das den bis dahin erreichten Stand der Mineralogie wie der Berg- und Hüttentechnik zusammenfaßte, wurde für Generationen zum führenden Lehrbuch des Fachs.

Bergwerke und Hütten waren große, technisch komplizierte Anlagen, deren Einrichtung und Betrieb den Einsatz großer Kapitalien erforderte. Dieses Kapital konnte je länger desto weniger von den Gewerken selbst bzw. von den Rad- und Hammermeistern der Hütten aufgebracht werden. Als Kapitaleigner und -geber begegnen deshalb in zunehmendem Maße die Territorialherren, die ohnehin über das Bergregal verfügten und damit auch am Ertrag der Bergwerke beteiligt waren, daneben reiche Adlige, vor allem aber die Gesellschaften großer Kaufleute. An sich waren die Kaufleute zunächst viel mehr am gewinnträchtigen Metallhandel interessiert als am Betrieb der Bergwerke und Hütten selbst, zumal deren Erträge starken, konjunkturbedingten Schwankungen unterworfen waren. Auf die Dauer war jedoch der Metallhandel nur zu behaupten oder gar auszubauen, wenn man sich mit umfänglichen Darlehen oder Beteiligungen, durch die Organisation der Rohstoffbeschaffung und des Absatzes oder überhaupt durch Übernahme der Unternehmensleitung der Bergwerke und Hütten selbst engagierte. Dem folgte mit einiger Konsequenz die Beteiligung auch an großen Betrieben der Weiterverarbeitung, insbesondere der Münzstätten, und dies alles wurde schließlich zur Grundlage eines Kreditgeschäfts von europäischem Zuschnitt und gewaltigen – übrigens: keineswegs risikolosen – Chancen des Profits wie des ökonomischen und politischen Einflusses. Von zünftischen Bindungen war bei alledem nicht mehr die Rede.

Die großen Betriebe des Berg- und Hüttenwesens machten nicht nur gewaltige Konzentrationen von Kapital erforderlich, sie führten auch zu bislang unerhörten Massierungen von Arbeitskräften. In den großen Bergwerken der Zeit arbeiteten oft mehrere Tausend Knappen und noch einmal so viele Hilfskräfte; dazu kamen die in den benachbarten Hüttenbetrieben beschäftigten Leute. Auch bei diesen Arbeitskräften des Berg- und Hüttenwesens handelte es sich durchweg nicht mehr um zünftisch organisierte Handwerker, sondern um eine – jedenfalls in dieser Massierung – neue Schicht besitzloser Lohnarbeiter, deren Lebensumstände unter mancherlei Aspekten bereits denen der Arbeitermassen der Frühindustrialisierung des 18./19. Jahrhunderts entsprachen. Hierher gehört schon die latente Gefährdung des Arbeitsplatzes wegen konjunktureller Schwankungen oder auch wegen der Erschöpfung einzelner Erzgruben; hierher gehört des weiteren – als Folge der Unsicherheit der Arbeit – die geringe Seßhaftigkeit der Arbeiter. Stereotyp sind auch die Klagen über zu lange Arbeitszeit, ungenügenden Lohn und – mit besonderer Erbitterung – über den sogenannten Pfennwerthandel, eine Art Trucksystem, das offenbar vielfach eine Quelle skrupelloser Bereicherung der Unternehmer darstellte. Es kann deshalb nicht wundernehmen, daß gerade im Berg- und Hüttenwesen schon frühzeitig Arbeitskämpfe von mitunter großer Härte ausbrachen; die Quellen berichten von organisierter „Unlust" zur Arbeit, d.h. Streiks, auch von Gewalttätigkeiten – das Bündnis der Bergknappen mit den Aufständischen des Bauernkriegs von 1524 bis 1526 kündigte sich von langer Hand an. Wie weit jene Arbeitskämpfe die Lage der Arbeiter wirklich verbesserten, ist schwer zu beurteilen und in der Forschung umstritten. Sicher ist immerhin, daß die Knappschaften der Bergleute eine Reihe wirtschaftlicher und sozialer Sicherungen – nicht zuletzt: Vorkehrungen des Arbeitsschutzes – durchsetzten, die, oft durch landesfürstliche Bergordnungen sanktioniert, überhaupt die Anfänge eines eigentlichen Arbeitsrechts in Deutschland darstellten.

Ein etwas anderes Bild als das Hüttenwesen bietet das weiterverarbeitende Metallgewerbe, das seinen Sitz überwiegend noch in den Städten hatte und dort von selbständigen Meistern im Rahmen einer zünftischen Gewerbeverfassung betrieben wurde. Dieses weiterverarbeitende Gewerbe war vom Niederrhein und Schwarzwald im Westen bis nach Böhmen im Osten geographisch weit gestreut. In seinen wichtigsten Zentren aber, namentlich in Nürnberg und der Oberpfalz, tendierte die Entwicklung wiederum deutlich zum nichtzünftischen Großgewerbe in der Organisation des Verlagswesens: Der einzelne Handwerker kaufte sein Rohmaterial nicht selbst ein, sondern bekam es von seinem Verleger „vorgelegt", und der Verleger besorgte auch den Absatz des fertigen Produkts. Gelegentlich handelte es sich bei den Verlegern selbst um Handwerker, vor allem solche, die im

Falle einer weit vorangetriebenen Arbeitsteilung am Ende des Arbeitsprozesses standen und deshalb schon traditionell mit dem Absatz des Produkts befaßt waren. Zumeist aber waren es wiederum Kaufleute, die auf Grund ihrer überlegenen Kenntnis der Rohstoff- wie der Absatzmärkte – unter Umständen: weit entfernter Auslandsmärkte –, aber auch auf Grund ihrer Kapitalkraft in der Lage waren, großgewerbliche Verlage der Metallverarbeitung aufzuziehen. Daß sie dabei nicht selten in Konflikte mit den Zünften gerieten, kann nicht überraschen; in diesen Konflikten aber konnten sich die Zünfte um so weniger durchsetzen, als es auf dem Lande eine zunehmende Nachfrage nach Arbeitsplätzen gab, die praktisch nur von einem großgewerblichen Verleger zu befriedigen war.

In noch stärkerem Maße war das Verlagswesen für das Textilgewerbe bestimmend. Die traditionellen Schwerpunkte der Wolltucherei lagen in den südlichen Niederlanden sowie am Mittelrhein und in Hessen; daneben gab es eine Fülle kleinerer regionaler Verdichtungen der Tuchmacherei, z.B. in Gestalt der schwäbisch-bayerischen Lodenherstellung. Die herkömmlichen Zentren der Leinenindustrie lagen in den Flachsanbaugebieten Westfalens und Niedersachsens sowie am Bodensee und in Oberschwaben; daneben gewann jetzt das Leinengewerbe Sachsens und Schlesiens an Bedeutung, und zwar im wesentlichen unter dem Einfluß oberdeutscher Kaufleute und Verleger. Dabei wurden die Erzeugnisse der mittel- und ostdeutschen Leinwandproduktion zur Veredlung – zum Bleichen und erst recht zum Färben – noch lange nach Oberdeutschland, vor allem nach Nürnberg, transportiert; erst ganz allmählich machte sich das sächsische und schlesische Leinengewerbe von dieser Abhängigkeit frei. Ein weiterer und wichtiger Zweig der Textilindustrie war die Barchentweberei im nördlichen Oberschwaben mit den Zentren Augsburg und Ulm. Die als Rohmaterial für den Barchent benötigte Baumwolle wurde über Venedig importiert, die fertigen Stücke gingen großenteils in den Export, vielfach in die ärmeren Regionen Osteuropas, die sich die teureren flandrischen oder englischen Wolltuche nicht leisten konnten. Die Barchentweberei war mithin in besonderer Weise auf den Fernhandel und damit auf die großen Kaufleute angewiesen, und so ist es nicht erstaunlich, daß auch hier das Verlagswesen dominierte.

An sich war das Verlagswesen mit einem kapitalkräftigen und marktkundigen Unternehmertum an der Spitze überall da sinnvoll und an sich auch den Handwerkern willkommen, wo es um die Produktion von Massenkonsumgütern für entfernte Märkte ging – insbesondere, wenn umgekehrt auch die Rohstoffe importiert werden mußten – oder wo es den Handwerkern selbst an Kapital für die Ausstattung technisch anspruchsvoller Betriebe fehlte. Im einzelnen war das Verlagsgewerbe – im Metallgewerbe wie in der Textilindustrie, im Holzgewerbe wie im Buchdruck – freilich recht unterschiedlich ausgestaltet, und dabei fehlte es auch nicht an schlimmer Ausbeutung. Insbesondere in wirtschaftlich strukturschwachen Regionen und erst recht bei zunehmender Bevölkerung waren die von den Verlegern gezahlten Entgelte nicht selten zu dürftig, als daß sie für den Lebensunterhalt einer Familie ausgereicht hätten – was dann praktisch zu Frauen- und Kinderarbeit führte, die ja bis in die Gegenwart hinein ein charakteristisches Merkmal des Heimgewerbes geblieben ist. Und auch wenn es nicht zu solcher Ausbeutung kam, bedeutete die verlegerische Trennung des Handwerks vom Marktgeschehen für den Handwerker doch eine Verengung nicht nur seines wirtschaftlichen Tätigkeitsbereichs, sondern seiner gesamten sozialen Existenz – ein „Verkümmerungsprozeß" (Lütge), der ebenfalls für weite Teile des Handwerks langdauernde Folgen gehabt hat.

Der Handel; das oberdeutsche Großkapital. Das ausgehende Mittelalter war eine Zeit kräftiger Expansion des Handels, vor allem des Fernhandels mit Massengütern der agrarischen und gewerblichen Produktion, und diese Expansion hielt auch im 16. Jahrhundert an. Mit der guten Konjunktur des städtischen und ländlichen Gewerbes wuchs dessen Bedarf an Rohstoffen, die zum Teil auf weit entfernten Märkten, auch außerhalb des Reichs, erworben werden mußten; gleichzeitig wuchsen die Quantitäten der gewerblichen Erzeugnisse, für deren Absatz in nah und fern zu sorgen war. Überdies nahm – insbesondere in den Gewerbezentren des europäischen Nordwestens, bald aber auch in Südeuropa, vor allem in Spanien – die Nachfrage nach Getreide aus den Agrargebieten Nordosteuropas zu.

Was zunächst die Rohstoffversorgung des Gewerbes anging, so wurde der Flachs für das deutsche Leinengewerbe zu einem nicht unerheblichen Teil aus Osteuropa eingeführt; auch das Wollgewerbe kam mit den einheimischen Rohstoffen nicht aus, sondern importierte Wolle aus England, Spanien und – donauaufwärts – vom Balkan. Erst recht war die aufblühende schwäbische Barchentproduktion auf Baumwolle aus Süditalien, ja sogar aus dem Vorderen Orient angewiesen; der Import ging zum Teil den Landweg über die Alpen, zum Teil den Seeweg durch das Mittelmeer und den Ostatlantik in die niederländischen Häfen und von dort rheinaufwärts. Zu diesen Rohstoffimporten kam der Handel mit Rohstoffen und Halbfertigprodukten innerhalb des Reichs selbst, auch hier nicht selten über weite Strecken. So wurden in Nürnberg steirisches Eisen, Kupfer aus Thüringen und Messing aus dem Aachener Raum verarbeitet; beträchtliche Teile der ost- und mitteldeutschen Leinenproduktion wurden zur Veredlung nach Oberdeutschland geliefert. Der aus dem Waid gewonnene blaue Farbstoff ging aus Thüringen ins ganze Reich; der Krapp, die sogenannte Färberröte, kam vor allem aus Schlesien.

Ebenso weiträumig wie die Rohstoffversorgung war der Absatz der gewerblichen Erzeugnisse organisiert. Die Bodenseeleinwand wurde rheinabwärts und weiter auf dem Seewege oder auf dem Landwege über Lyon in den Mittelmeerraum, in erster Linie nach Spanien, gehandelt; das oberschwäbische Barchentgewerbe exportierte nach Ost- und Südosteuropa;

Nürnberger Metallwaren fanden ihren Absatz selbst im Vorderen Orient und in Afrika. Im übrigen wurden natürlich auch Fertigwaren des ausländischen Gewerbes importiert, vor allem das qualitativ unerreichte flandrische und englische Tuch – letzteres zum Teil aus spanischer Wolle verarbeitet –, dazu Seiden und andere Luxuswaren, namentlich aus italienischer Produktion.

Neben den Rohstoffen und Erzeugnissen des Gewerbes bildeten Nahrungs- und Genußmittel ein wichtiges, mengenmäßig überhaupt das bedeutendste Handelsgut der Zeit, und auch hier nahm gerade der Fernhandel einen kräftigen Aufschwung. Am eklatantesten war dieser Aufschwung im Getreidehandel zwischen den ostelbischen Agrargebieten und den nordwesteuropäischen Gewerberegionen. Zum Handel mit Brot- und Futtergetreide kam der umfangreiche und immer noch steigende Viehimport aus Dänemark und Osteuropa, der den hohen Fleischbedarf der städtischen Bevölkerung decken half, des weiteren der Handel mit Fischen, die von den Küsten bis tief ins Binnenland hinein verfrachtet, ja sogar nach Polen und Oberitalien exportiert wurden. Im übrigen wurden Fisch und Fleisch gern durch Pökeln oder Einsalzen haltbar gemacht, und so stieg auch der Bedarf an Salz; allein in Köln wurden pro Jahr etwa 600000 bis 700000 Zentner verbraucht. Dieser Bedarf wurde für Süddeutschland vor allem aus dem Salzburger Land, daneben durch die Salinen von Schwäbisch Hall befriedigt, während im Norden die ergiebigsten Stätten der Salzgewinnung um Lüneburg lagen. Insbesondere die norddeutsche Salzgewinnung reichte aber nicht aus; der überschießende Bedarf wurde durch das an der französischen Atlantikküste gewonnene, überdies preisgünstigere Seesalz gedeckt. Dieser Importhandel mit der Bai von Bourgneuf, die sogenannten Baienfahrten, war ein wichtiger Handelszweig der Hanse.

Die Hauptstränge des großen europäischen Handels der Zeit bestanden zum einen im Warenaustausch zwischen dem agrarischen Nordosten Europas und den Gewerberegionen im Nordwesten des Kontinents, zum andern im Handel zwischen Südeuropa und Mittel- bzw. Nordeuropa einschließlich des Orienthandels. Hier wie dort spielten deutsche Kaufleute eine wichtige, zum Teil führende Rolle.

Der Warenverkehr zwischen dem Nordwesten und dem Nordosten Europas führte im wesentlichen durch Nord- und Ostsee, und dieser Seehandel lag zu einem erheblichen Teil in der Hand hansischer Kaufleute. Der Städtebund der Hanse erstreckte sich von der Zuidersee im Westen über Bremen und Hamburg, Lübeck – den Vorort der Hanse –, Stralsund und Danzig bis nach Riga und Reval; dazu kamen zahlreiche Städte bis tief ins Binnenland wie z. B. Köln, Braunschweig und Magdeburg. Die wichtigsten auswärtigen Niederlassungen der Hanse waren Brügge und London im Westen, Bergen im Norden und Novgorod im Nordosten; diese Kontore umspannten den Haupthandelsraum der hansischen Kaufleute. Sie vermittelten vor allem die Naturalien der Länder des Ostens – Pelze und Holz, Wachs, Pech und Teer, dazu in wachsenden Mengen das Getreide der ostelbischen Gutsbetriebe – gegen die gewerblichen Erzeugnisse und Genußmittel des Westens: vor allem hochwertige Tuche und Metallwaren, aber auch Salz und Wein.

Die maßgebende Stellung der Hanse im Ost-West-Handel war um 1500 allerdings nicht mehr unangefochten, und zwar vor allem wegen der zunehmenden Gegenwirkungen staatlicher Wirtschaftspolitik in West- wie in Osteuropa. Die Hanse als lockerer Städtebund hatte dem langfristig nur wenig entgegenzusetzen, zumal da sie am Reich kaum politischen Rückhalt fand. Nach mancherlei schweren Beeinträchtigungen des Kontors in Novgorod schon seit den 70er Jahren des 15. Jahrhunderts ließ Zar Ivan III. die dortige Niederlassung der Hanse 1494 überhaupt schließen; in der Nord- und Ostseeschiffahrt aber sah sich die Hanse einer wachsenden Konkurrenz englischer und vor allem niederländischer Kaufleute ausgesetzt, die sich der energischen Unterstützung ihrer Regierungen erfreuten. Schon bald überstieg die Flottenkapazität der Niederländer die der Hanse; die Niederländer, nicht die hansischen Kaufleute, wurden die eigentlichen Träger und Nutznießer der gewaltigen Expansion des Nord-Ostseehandels im 16. Jahrhundert.

Im Gegensatz zu den Kaufleuten der Hanse nahmen die oberdeutschen Handelsherren seit dem späteren 15. Jahrhundert einen steilen Aufstieg; sie wurden für einige Jahrzehnte zu den erfolgreichsten Kräften der europäischen Wirtschaft überhaupt. Ihr Hauptinteresse galt dem anderen großen Strang des europäischen Warenverkehrs: dem Nord-Süd-Handel, insbesondere dem Italienhandel. Im Austausch gegen Metall- und Textilwaren wurden Seide und andere feine Stoffe, auch Baumwolle aus Italien wie aus dem Orient nach Mittel- und Nordeuropa gehandelt, dazu Gewürze und Luxuswaren aller Art. Neben dem gewinnträchtigen Italienhandel standen die Handelsverbindungen der Oberdeutschen mit Ungarn und Polen im Osten, mit Frankreich und – über Lyon oder über Genua – mit der Iberischen Halbinsel im Westen. Über Lissabon gewannen führende oberdeutsche Kaufleute, vor allem die Fugger und Welser, Verbindungen zu den atlantischen Inseln und auf dem neuentdeckten Seeweg um Afrika herum bis nach Ostindien; über Sevilla griff man wenig später auf die Westindischen Inseln aus. Die wirtschaftliche Bedeutung des Amerika- und Asienhandels war allerdings für Deutschland wie überhaupt für Europa im frühen 16. Jahrhundert noch sehr bescheiden, zumindest mengenmäßig mit den innereuropäischen Warenströmen kaum zu vergleichen. Die Gewichte haben sich hier erst allmählich verschoben; vollends die Verlagerung der Schwerpunkte des europäischen Handels in die Länder Westeuropas – der vielberufene „Wandel der Weltlage" als Folge der überseeischen Entdekkungen – ist erst seit dem ausgehenden 16. Jahrhundert nachhaltig in Gang gekommen.

Der Aufstieg der deutschen Großkaufleute hing sehr eng mit der zeitgenössischen Blüte des deutschen Gewerbes zusammen. Das expandierende Großgewerbe der Textil- und Metallindustrie bedurfte des marktkundigen und zugleich kapitalkräftigen Großkaufmanns für die Versorgung mit Rohstoffen bzw. Halbfertigfabrikaten wie für den Absatz seiner Produkte über oft weite Entfernungen; ja: es waren weithin gerade die großen Kaufleute, die die Expansion der Gewerbe allererst initiierten. Der Umfang dieser Vorhaben überstieg schon bald die persönliche und finanzielle Leistungsfähigkeit des einzelnen Kaufmanns; so wurde die Handelsgesellschaft zur wichtigsten Unternehmensform des großen Handels. Dieser Schritt zur Vergesellschaftung, und zwar auf Dauer, nicht bloß für einzelne Geschäfte, war nicht selbstverständlich und wurde z.B. von den Kaufleuten der Hanse im Interesse der herkömmlichen Selbständigkeit des Einzelnen nur sehr zögernd beschritten. Daß die Gesellschaft mit ihrer Bündelung von Kapital und Arbeitskraft dem Einzelkaufmann in den wichtigsten Belangen des großen Handels überlegen war, steht aber außer Frage, und so war es ein wesentliches Element des Erfolgs der oberdeutschen Kaufleute, daß gerade sie sich – gutenteils nach italienischen Vorbildern – in solchen Handelsgesellschaften organisierten. Dabei handelte es sich zumeist um Familiengesellschaften; wir sprechen noch heute einfach von den Fuggern, Welsern, Höchstettern, Paumgartnern, Imhof und Tuchern, wenn wir eigentlich die Handelsgesellschaften von Mitgliedern dieser Familien meinen. Nicht selten taten sich aber auch Kaufleute verschiedener Familien, mitunter aus verschiedenen Orten, zusammen. Im übrigen gab es auch Beteiligungen von Gesellschaftern mit beschränkter Haftung und ohne Verpflichtung zu persönlicher Mitarbeit; damit konnten beträchtliche Kapitalien mobilisiert werden, die sonst wirtschaftlich kaum produktiv geworden wären.

Zur Konzentration des Kapitals in den Handelsgesellschaften kam deren effektive Organisation, auch sie zumeist in Fortbildung italienischer Vorbilder. In diesen Zusammenhang gehörte schon die räumliche Gliederung des Unternehmens in eine Zentrale und eine mehr oder minder große Zahl ständiger auswärtiger Faktoreien und Agenturen; im Falle der Fugger umspannte dieses Netz fester Niederlassungen ganz Europa von Sevilla bis nach Hermannstadt in Siebenbürgen, von Neapel bis nach London, Reval und Narva. Des weiteren gehört hierher eine respektable Rationalisierung der Geschäftsvorgänge, z.B. in Form der doppelten Buchführung sowie regelmäßiger Inventuren und Bilanzen, desgleichen die Ausarbeitung genauer Kalkulationen. Im Bereich des Kreditwesens entsprach diesem Streben nach Rationalisierung und Effizienz die zunehmende Verwendung des Wechsels: Als ein abstraktes, also von dem zugrundeliegenden Schuldgeschäft unabhängiges Zahlungsversprechen eignete sich der Wechsel, auch wenn man das Indossament noch nicht kannte, vorzüglich als Kreditpapier wie zur kurzfristigen Wertanlage.

Gerade für die bedeutendsten Handelsgesellschaften der Zeit galt des weiteren, daß sie nicht beim Handel, schon gar nicht beim Warenhandel, stehenblieben. Zum einen nämlich beteiligten sie sich in großen Stil an den führenden Branchen des Gewerbes, vor allem an den Unternehmen der Edelmetallgewinnung und -verarbeitung; zum andern und in engem Zusammenhang damit drangen sie in den Geldhandel vor und wurden auf diesem Wege zu den maßgebenden, wirtschaftlich wie politisch höchst einflußreichen Bankiers der Epoche. Im Blick auf diese Ballung wirtschaftlicher Macht spricht man vom „Frühkapitalismus" der großen Handelsherren der oberdeutschen Städte; der Augsburger Jakob Fugger „der Reiche" war der bedeutendste und im Prinzipiellen zugleich ein sehr typischer Vertreter dieses oberdeutschen Handelskapitalismus.

1459 geboren und als jüngster Sohn der Familie zunächst für den geistlichen Stand bestimmt, wandte er sich nach dem frühen Tod des Vaters und eines der älteren Brüder der Kaufmannschaft zu und wurde nach Jahren der Ausbildung in Deutschland und Italien bereits 1485 Leiter der Innsbrucker Niederlassung des Hauses Fugger. Das war das Ausgangsdatum für eine rasch zunehmende, schließlich monopolartige Konzentration des Tiroler Silber- und Kupfergeschäfts in den Händen der Fugger; auch das Tiroler Münzwesen geriet völlig unter ihre Kontrolle. Eine wichtige Voraussetzung für diese wirtschaftlichen Erfolge bildeten die zielstrebig aufgebauten Beziehungen der Fugger zu den Habsburgern, zunächst zu Herzog Sigmund von Tirol, dann aber und vor allem zu dem Kaisersohn Maximilian; seit der Nachfolge Maximilians im deutschen Königtum 1493 gewann das Bündnis der Fugger mit den Habsburgern europäische Maßstäbe. Mit Unterstützung Maximilians und dank enger Geschäftsbeziehungen zu der Krakauer Kaufmannsdynastie Thurzo gewannen die Fugger jetzt den Zugang auch zu dem reichen ungarischen Bergwesen; dazu kamen umfängliche Geldgeschäfte mit der Kurie. Als Maximilian 1498 die Fugger zu einem Kupfersyndikat mit den konkurrierenden Augsburger Firmen der Gossembrot und Paumgartner drängte, weil er sich davon finanzpolitische Vorteile versprach, konnte sich Jakob Fugger diesem Ansinnen nicht entziehen, ließ dann aber die Preise des Syndikats durch seine ungarischen Geschäftsfreunde solange konsequent unterbieten, bis die Partner aufgaben, um sich nicht zu ruinieren; am Ende war die Stellung der Fugger auf dem Kupfermarkt stärker denn zuvor. Seit 1502 war Jakob Fugger der eigentliche Leiter der Gesamtfirma, die seitdem eine immer stärkere Wirksamkeit auch im Welthandel – insbesondere durch die Finanzierung des Pfeffermonopols der portugiesischen Krone – wie auf der höchsten Ebene der europäischen Politik entfaltete: 1503 bereits bei der Wahl Papst Pius' III., fortdauernd durch die Finanzierung der Politik Maximilians I. und später auch Karls V.; 1514 wurde Jakob Fugger als erster deutscher Kaufmann in den Grafenstand erhoben. Die letzten Lebensjahre Fuggers waren durch mancherlei Schwierigkeiten mit der Wirtschaftspolitik der deutschen

Reichsstände und vor allem der ungarischen Regierung belastet; dafür intensivierte sich die Kooperation mit der spanischen Krone, die dem Hause Fugger Anfang 1525 die Liegenschaftspacht der großen spanischen Ritterorden, der „Maestrazgos", überließ. Als Jakob Fugger am 30. Dezember 1525 starb, betrug das Vermögen der Gesellschaft ungefähr zwei Millionen Gulden, von denen er selbst kaum weniger als 1,8 Millionen verdient hatte. Über seiner wirtschaftlichen und politischen Bedeutung darf im übrigen sein soziales Engagement nicht vergessen werden; die „Fuggerei", eine noch heute bestehende, wohldurchdachte Stiftung zugunsten alter Augsburger Bürger, war und ist ein eindrucksvolles Zeugnis solchen Engagements.

Die wirtschaftliche Machtstellung der frühkapitalistischen Kaufleute ging nicht selten mit der Verdrängung der kleineren gewerblichen oder Handelskonkurrenten und in manchen Branchen, vor allem im Metallhandel, auch mit einer Preisdiktatur der großen Gesellschaften einher. Dieser rigorose Einsatz wirtschaftlicher Macht forderte eine zunehmende öffentliche Kritik heraus, die sich alsbald nicht nur gegen den Mißbrauch wirtschaftlicher Macht durch die Gesellschaften, sondern gegen deren Existenz überhaupt richtete. Daß dabei die ökonomische Zweckmäßigkeit der Zusammenfassung bedeutender Kapitalien wie die Notwendigkeit eines ausgebildeten Kreditwesens zumeist verkannt wurden, ist sicher und wurde schon von der Antikritik wirtschaftskundiger Zeitgenossen überzeugend dargelegt. Daß sich jene Kritik politisch im Endergebnis nicht durchzusetzen vermochte, hatte seinen Grund aber nicht in besserer ökonomischer Einsicht, sondern in dem politischen Bündnis des Frühkapitalismus mit den stets kreditbedürftigen Fürsten, vor allem – aber keineswegs ausschließlich – mit den Habsburgern. Die Empörung weiter Bevölkerungskreise über die „Monopolien" blieb deshalb Jahrzehnte hindurch ein Grundthema sozialen und politischen Protests im Reiche.

3. Die ständische Gesellschaft in Beharrung und Wandel

a) Die Stände als gesellschaftliche Gruppen der beginnenden Neuzeit.

Die wichtigste Gliederung der deutschen Gesellschaft an der Schwelle zur Neuzeit war die in Stände. Die Zeit selbst hielt die Tatsache dieser ständischen Ordnung für nahezu selbstverständlich. Was freilich ein Stand eigentlich war, was ihn zum Stand machte und was die einzelnen Stände voneinander unterschied – darüber herrschte schon bei den Zeitgenossen überraschend wenig Klarheit, und auch der nachlebende Sozialhistoriker hat damit seine Probleme. Zum einen nämlich wies die ständische Gliederung, die sich im Laufe des späteren Mittelalters allmählich verfestigt hatte, zu Beginn der Neuzeit noch mancherlei Offenheiten und Unabgeschlossenheiten auf; zum andern kam es eben jetzt neben der fortschreitenden Verfestigung und Abschließung der Stände voneinander bereits wieder zu neuen Öffnungen und Durchbrechungen dieser Gliederung. Die Gesellschaft der Epoche wies mithin sehr unterschiedliche und mitunter widersprüchliche Tendenzen ihrer Entwicklung auf; das erschwert seit jeher das Verständnis der Dinge.

Wenn das frühe 16. Jahrhundert von gesellschaftlichen Gruppen als Ständen sprach, so geschah dies in einem keineswegs einheitlichen Sprachgebrauch. Geläufig war zwar die Kennzeichnung insbesondere des Adels, des Bürgertums und der Bauern als je eigener Stände, aber sie alle konnten doch auch wieder als ein Stand – nämlich: als weltlicher Stand – dem Klerus als eigenem Stand gegenübergestellt werden, oder der Klerus galt als erster Stand, dem der Adel als zweiter, die Bürger als dritter und vielleicht sogar die Bauern als vierter Stand folgten. Gemeinsam war allen diesen Vorstellungen immerhin, daß es in der Gesellschaft unterschiedliche Aufgaben für je unterschiedliche Gruppen der Gesellschaft, eben die Stände, gebe. Eine solche Aufgaben- und damit Funktionsbestimmtheit der Stände ließ jeden Stand als notwendig und unverzichtbar erscheinen, hinderte aber deutliche Rangabstufungen zwischen den Ständen nicht; namentlich der Vorrang des Adels, insbesondere des hohen Adels, war nahezu unbestritten.

Die Geschlossenheit, freilich auch die Unbeweglichkeit traditionaler Gesellschaften pflegt sehr wesentlich auf der Kongruenz ihrer Gruppierungen nach Rechtsstellung, Geburt und Beruf zu beruhen. Von einer solchen Kongruenz kann für die Geschichte des Reichs an der Wende des Mittelalters jedoch nur mit großen Einschränkungen gesprochen werden. Am ehesten läßt sich die ständische Gliederung einigermaßen trennscharf noch als Rechtsordnung beschreiben. Daß der Adel nur von seinesgleichen gerichtet werden durfte, daß für den Bürger zumeist städtisches, für den Bauern dörfliches Recht galt, daß für den Klerus grundsätzlich das Personenrecht des corpus juris canonici maßgebend war – das alles stand einigermaßen fest. Die konkrete Ausgestaltung des ständisch gebundenen Rechts wies freilich in sich enorme Abstufungen und Spannungen auf; auch fehlte es nicht an mancherlei Randunschärfen in der rechtlichen Abgrenzung der Stände voneinander – gelegentlich zwischen Adel und Bauerntum, häufiger noch zwischen Klerus und Bürgertum; die Städte bemühten sich durchweg, das Sonderrecht wenigstens des städtischen Klerus möglichst weit zurückzudrängen und insofern ihre Kleriker zu Bürgern zu machen.

Noch sehr viel weniger fest war die Bindung des Standes an die Geburt. Die Zugehörigkeit zum Klerus konnte ja ohnehin nicht durch die Geburt, sondern nur durch das Sakrament der Weihe begründet werden; aber auch die weltlichen Stände waren doch nicht einfach Geburtsstände. Zwar wurde ein Kind adliger Eltern als Adliger, ein Bürgerkind als Bürger geboren. Aber daneben gab es eine nicht unerhebliche soziale Mobilität, die die geburtsständische Ordnung durchbrach. So waren die Städte wegen ihrer ungünstigen Bevölkerungsbilanz stets auf den Zuzug vom Lande angewiesen, wenn sie ihre Einwohnerzahl halten oder gar vermehren wollten, und jeder Neubürger erwarb mit seinem Zuzug in die Stadt – genauer: mit der Leistung seines Bürgereids – eine neue ständische Qualität. Aber auch die Zugehörigkeit zum Adel war nicht ausschließlich durch die Geburt bestimmt: Unter der Voraussetzung einer adligen Lebensführung, die freilich einen nicht ganz unbeträchtlichen Grundbesitz voraussetzte, war für reich gewordene Bürger ein Aufstieg in den Adel ohne prinzipielle Widerstände möglich – wie denn auch umgekehrt das Absinken aus dem Adel als Folge unstandesgemäßen Lebenswandels, wegen Verschwendung oder „Mißheirat", gelegentlich vorkam. Auch die eben jetzt verstärkt einsetzenden Nobilitierungen hoher bürgerlicher Beamter der entstehenden fürstlichen Staatsverwaltung gehören in diesen Zusammenhang. Bei alledem wird man die soziale Mobilität der Epoche wiederum nicht überschätzen dürfen. Der bei weitem größte Teil der Bevölkerung verblieb eben doch lebenslang in dem Stande, in den er hineingeboren war. Die der Guts- oder Leibherrschaft unterworfenen Teile des Bauerntums mußten überdies gerade seit dem ausgehenden Mittelalter einschneidende rechtliche Restriktionen ihrer Freizügigkeit und damit auch ihrer sozialen Mobilität hinnehmen.

Die ständische Ordnung war auch nur partiell eine berufsständische Ordnung. Die große Gruppe der Ackerbürger, die seit jeher zum typischen Bild kleinstädtischer Gesellschaften gehörte, vereinigte bürgerlichen Status und bäuerliche Tätigkeit; gerade umgekehrt verhielt es sich mit den Landgewerbetreibenden, die als Angehörige der dörflich-bäuerlichen Bevölkerung ihren Lebensunterhalt ganz oder teilweise der Tätigkeit im Gewerbe verdankten, zunehmend in Abhängigkeit von städtisch-bürgerlichen Verlegern. Gerade die Ausbreitung dieses ländlichen Verlagsgewerbes, insbesondere der Textil- und Metallindustrie, ließ die berufsständische Sonderung zwischen Stadt und Land, zwischen Bürgern und Bauern immer mehr zurücktreten. Und schließlich bot auch der Adel der Epoche ein berufsständisch keineswegs sehr geschlossenes Bild. Vor allem hatte der Adel seine traditionelle Aufgabe des rechtlichen und militärischen Schutzes des Landes zunehmend an die Territorialfürsten verloren und begann eben erst, sich im militärischen und Verwaltungsdienst der Landesherren oder auch des Kaisers Ersatz zu suchen – unter schmerzlicher Preisgabe manch herkömmlicher Unabhängigkeit und überdies, jedenfalls was die Verwaltungsstellen angeht, in mannigfacher Konkurrenz mit einer neu aufkommenden Elite bürgerlicher Juristen im Fürstendienst. In den großräumigen Herrschaftsgebieten des Ostens aber war schon seit geraumer Zeit neben jene ursprüngliche Aufgabe von Schutz und Schirm und gutenteils auch an deren Stelle die agrarische Eigenwirtschaft des Adels einschließlich des Handels mit den erwirtschafteten agrarischen Produkten getreten – letzteres durchaus auf Kosten des städtisch-bürgerlichen Handels. Daß es dem ostelbischen Adel gelang, diese Gutswirtschaft und -herrschaft als speziell adeliges Privileg zu erhalten, bedeutete dann freilich eine neue Verfestigung berufsständischer Strukturen dieses Adels.

b) Die engeren Lebensgemeinschaften; die Stellung der Frau

Der Begriff des Standes meint stets eine Gruppe der Gesamtgesellschaft. Gerade dieses gesamtgesellschaftliche Moment der ständischen Ordnung scheint freilich für das Selbstverständnis der Menschen noch des 16. Jahrhunderts von erst nachgeordneter Bedeutung gewesen zu sein. Selbst für die Angehörigen des Adels waren dessen engere soziale Gruppierungen – die einzelnen Adelsgeschlechter, die Turniergesellschaften, auch die Gemeinschaft der Zugehörigkeit zu bestimmten fürstlichen Lehenshöfen – fortdauernd mindestens ebenso wichtig wie die Zugehörigkeit zum Adel überhaupt. Erst recht verstand sich der Bürger in erster Linie als Bürger seiner Stadt, nicht als Bürger an sich; die einzelne, konkrete Stadt galt ihren Bürgern als ihr eigentlicher Lebensraum, und zwar bis in ihre religiöse Existenz hinein, als „Corpus christianum im Kleinen" (Moeller). Vollends bei den Bauern scheint das Bewußtsein einer räumlich übergreifenden ständischen Gemeinsamkeit nur erst schwach ausgebildet gewesen zu sein; noch der große Aufstand von 1524 bis 1526 sollte nicht zuletzt an der Unfähigkeit der Bauern scheitern, ihre lokalen und regionalen Sonderinteressen hinreichend zu bündeln.

Der in alledem maßgebende, erst allmählich sich abschwächende Vorrang der engeren Lebensgemeinschaften war zum guten Teil einfach eine Folge der noch immer sehr beschränkten Möglichkeiten überregionaler Kommunikation. Die Wege waren schlecht; Reisen dauerten lange und waren gleichermaßen beschwerlich wie gefährlich; eine übergreifende Öffentlichkeit der Publizistik stand erst in ihren Anfängen; regelmäßig erscheinende Zeitungen gab es nicht. Reisende Kaufleute und durchziehende Handwerksgesellen waren nach wie vor die wichtigsten Vermittler von Neuigkeiten; die maßgebenden Kommunikationszentren waren überall – abgesehen von den Messen und Märkten – die Gasthäuser. Der Vorrang der engeren Lebensgemeinschaften beruhte jedoch nicht nur auf der Dürftigkeit der räumlich übergreifenden Kommunikation, sondern auch auf dem Reichtum der in diesen Lebensgemeinschaften zusammengefaßten und geordneten Lebensverhältnisse. Das Dorf, die Stadt, die Kaufmannsgilde oder Handwerkerzunft, ja selbst das einzelne „Haus" – vom Hof des Fürsten bis hinunter zum Handwerkerhaushalt oder Bauernhof – umgriffen prinzipiell das ganze Leben der Menschen, nicht bloß einzelne Ausschnitte ihrer wirtschaftlichen, politischen oder geistigen Existenz. Daraus ergab sich eine gewisse Autarkie, die die gleichzeitige Zugehörigkeit zu größeren gesellschaftlichen Gruppen als vermittelt und weniger wichtig erscheinen ließ.

Im Verhältnis der Geschlechter zueinander waren die Männer in vieler Beziehung gegenüber den Frauen bevorrechtigt; vor allem germanische Traditionen wirkten hier kaum gebrochen fort, durch manche Lehren der Kirche noch verfestigt und zugespitzt. Daß die Frau als natürliches Wesen schwächer und von geringerer Vollkommenheit sei als der Mann, war allgemeine Überzeugung; deshalb stand die Frau auch unter der „Munt", der Schutzherrschaft, des Vaters bzw. des Ehemannes, der ihre Vertretung vor Gericht wahrzunehmen hatte und auch über ihr Vermögen verfügte. Allerdings bedurfte er dafür, wenigstens für die Verfügung über Liegenschaften, nach den meisten Güterrechtssystemen der Zustimmung der Frau. Witwen und unverheiratete Frauen, die in einem eigenen Haushalt lebten, galten in aller Regel überhaupt als rechtlich voll handlungsfähig. Von praktisch nicht geringerer Bedeutung war, daß das in die eheliche Gütergemeinschaft eingebrachte Vermögen jedes Ehegatten bei seinem Tode ausschließlich dem Überlebenden zufiel, gleich ob Mann oder Frau – „längst Leib, längst Gut", wie das Rechtssprichwort formulierte; die Kinder, selbst die erwachsenen Söhne, mußten also beim Tode des Vaters zugunsten der Mutter zurückstehen. Im übrigen war die Ehefrau – ungeachtet der Munt ihres Mannes – für den Bereich der täglichen Geschäfte des Hauses zu selbständigem und rechtsverbindlichem Handeln befugt. Diese sogenannte Schlüsselgewalt konnte in größeren Haushalten einen beträchtlichen Umfang erreichen und griff sehr häufig weit in die berufliche Sphäre des Mannes über. Von da lag dann auch eine berufliche Arbeitsteilung nicht fern, etwa in der Art, daß die Meister städtischer Handwerksbetriebe den Ladenverkauf ihrer Waren im wesentlichen ihren Ehefrauen überließen, während sie sich selbst ganz auf die Produktion konzentrierten, d.h. praktisch: in ihrer Werkstatt blieben. Aus Kaufmannsfamilien ist überdies bezeugt, daß die – z.B. anläßlich der großen Messen – auf Reisen gehenden Kaufleute ihre Ehefrauen mit ihrer Vertretung beauftragten; auch diese Zeugnisse atmen den Geist einer Zusammenarbeit, die über den bloßen Gehorsam der Frau gegenüber den Weisungen des Mannes weit hinausging. Gewiß lagen die wichtigsten Entscheidungen auch in diesen Verhältnissen letztlich und rechtsverbindlich beim Ehemann; gleichwohl war schon der rechtliche Spielraum der Frauen des Zeitalters, namentlich in größeren städtischen Haushalten, beträchtlich größer als gemeinhin im Bürgertum des 19. und frühen 20. Jahrhunderts, in dem die Ehefrauen nun wirklich weithin auf den außerberuflichen Bereich des Hauses beschränkt waren.

Auch eine selbständige berufliche Tätigkeit in Handel und Gewerbe, verbunden zumeist mit der Mitgliedschaft in einer Zunft oder Gilde, war den Frauen grundsätzlich nicht versagt. Doch darf der Umfang solcher Selbständigkeit von Frauen im Berufsleben nicht überschätzt werden. Wenn in Köln zwischen 1437 und 1504 nicht weniger als 116 selbständige Seidenmacherinnen mit 765 Lehrtöchtern tätig waren und einige der im

Kölner Textilgewerbe tätigen Frauen sich sogar zu erfolgreichen Verlegerinnen aufschwangen, so waren das ganz exzeptionelle Verhältnisse; in den Gewerben vieler anderer Städte gab es überhaupt keine selbständig tätigen Frauen. Auch die Weiterführung eines Betriebs nach dem Tode des Ehemanns scheint vor allem der Versorgung der Witwe gedient zu haben – in der Regel wohl mit dem konkreten Ziel einer baldigen Wiederverheiratung –, ohne voll anerkannte Position der Witwe in der Zunft. Im Handel aber brachten es die Frauen nur selten über einen kleinen Krämerladen hinaus; die beachtliche Stellung einiger Frauen im Kölner Weinhandel der Zeit war wiederum nur eine Ausnahme. Darüber hinaus kann kaum zweifelhaft sein, daß die Zünfte in wirtschaftlichen Krisenzeiten ihre Schutzfunktion zugunsten ihrer weiblichen Mitglieder sehr viel lascher wahrnahmen als gegenüber den männlichen Zunftmeistern. Dabei mag das soziale Motiv mitgespielt haben, daß die männlichen Handwerksmeister regelmäßig – und anders als wohl die meisten weiblichen Mitglieder der Zünfte – eine Familie zu ernähren hatten; am Faktum der stärkeren sozialen Unsicherheit der Frauen auch in den Zünften änderte das jedoch nichts.

Im übrigen unterschied sich die Stellung der Frau natürlich auch und sehr wesentlich nach ihrem Stand. Wenn die große Mehrheit der Frauen des Zeitalters in gewiß oft drückender persönlicher und sozialer Abhängigkeit lebte, so konnten hochgestellte Frauen – Fürstinnen etwa und besonders die Fürstenwitwen – mitunter sehr bedeutende soziale und politische Positionen bekleiden, etwa im Rahmen der Vormundschaft für einen unmündigen Thronfolger oder auch als Regentinnen für den abwesenden Herrscher; so hat die Regierung der habsburgischen Niederlande vom Tode Philipps des Schönen bis in die Zeit des niederländischen Aufstands hinein zumeist in der Hand verwitweter Fürstinnen aus dem Hause Habsburg gelegen.

c) Die einzelnen Stände

Der Adel. Ungeachtet seines kaum bestrittenen gesellschaftlichen Vorrangs war der Adel an der Schwelle zur Neuzeit eine keineswegs sehr einheitliche soziale Schicht. Zwischen einem Kurfürsten von Sachsen oder Herzog von Bayern einerseits, einem kleinen fränkischen Ritter oder pommerschen Landjunker anderseits lagen Welten, und zwischen diesen Extremen gab es eine Fülle von Abstufungen gesellschaftlichen Ranges. Diese Rangunterschiede waren eine in der Zeit und vom Adel selbst lebhaft empfundene gesellschaftliche Realität. Bezeichnender Ausdruck solchen Bewußtseins waren die Regeln über das Konnubium, also darüber, welche Heiratsverbindungen als standes- und ranggemäß zu gelten hatten. Überdies war ein einmal gewonnener Rang in der Adelshierarchie keineswegs für alle Zukunft garantiert, sondern konnte von Generation zu Generation verlorengehen, falls die einzelne Familie oder gar der einzelne Adlige den Ansprüchen der Standesgenossen in der Landschaft nicht entsprach – bis hin zum Verlust des Adels für die Abkömmlinge aus einer Mißheirat mit einer Bürgerstochter.

Die Rangabstufungen des Adels waren in den einzelnen Regionen Deutschlands nicht einheitlich und lagen auch nicht überall fest. Immerhin setzte sich doch jetzt nahezu überall, im Anschluß an alte Rangabstufungen der Lehenspyramide, die Dreigliederung in (1) Fürsten, (2) Grafen und Herren und (3) Ritter durch; der alte, an sich ebenfalls lehensrechtlich begründete Unterschied zwischen Grafen und Herren dagegen verlor sich mit dem Aufstieg der großen Mehrheit beider Adelsgruppen zur Landeshoheit. Zwischen den Grafen und Herren einerseits, den Rittern anderseits bestanden noch einige Jahrzehnte hindurch relativ enge Verbindungen – auch des Konnubiums –, doch ließ jener Aufstieg der Grafen und Herren zur Landeshoheit die Zäsuren gegenüber den Rittern schärfer werden. Daneben spielte die Frage der Reichsunmittelbarkeit eine wichtige Rolle: Der reichsunmittelbare Adel, der nur den Kaiser als Herrn über sich anerkannte, hatte den Vorrang vor dem landsässigen, der unter einem Landesherrn stand. Die soziale Geographie des Adels läßt hier ein deutliches West-Ost-Gefälle erkennen. In Franken und Schwaben, im Elsaß und am Rhein nämlich vermochten sich neben den Grafen und Herren auch die Ritter der Herrschaft der Landesfürsten zu entziehen und sich, wenngleich noch jahrzehntelang nicht ungefährdet, als reichsunmittelbare Ritterschaft zu behaupten; in den weiträumigen Territorien des Ostens dagegen, auch in den österreichischen Erblanden, verfestigte sich die Landsässigkeit nicht nur der Ritterschaft, sondern auch der Grafen und Herren. Freilich spielte gerade für den Adel der österreichischen Erblande die Frage der Reichsunmittelbarkeit wegen der faktischen Personalunion zwischen Kaisertum und Landesherrschaft eine vergleichsweise geringere Rolle; der österreichische Adel fühlte sich kaum weniger „reichsunmittelbar" als die Herren und Ritter im Westen des Reichs, ja: der Glanz des Kaiserhofes stärkte noch sein Selbstbewußtsein. Dazu kam, daß der österreichische Adel, vor allem im Osten der Erblande, vielfach über einen Landbesitz verfügte, dessen Ausmaß einer regulären Reichsgrafschaft im Altreichsgebiet kaum nachstand, und natürlich war auch diese Größe des Besitzes ein stets wichtiges Element adligen Prestiges.

Der deutsche Adel der Epoche war durch alle Rangabstufungen hindurch ein im wesentlichen ländlicher Adel. Seine wichtigste Existenzgrundlage bis hinauf zu den fürstlichen Landesherren lag im agrarischen Bereich, in der Herrschaft über das Land und über die das Land bebauenden Menschen. Überdies lebte der Adel – anders als in Italien, dessen Adel durchweg ein Stadtadel war – in seiner großen Mehrheit noch selbst auf dem Land. Eine Folge dieser ländlichen Existenz war, daß der größte Teil des Adels mit der in den Städten konzentrierten Kunst und Literatur nur in loser Berührung stand. Zwar fehlte es nicht ganz an kunstsinnigen Adelshöfen, aber für gewöhnlich spielten die Freuden der Jagd und der Tafel im Leben des Adels eine bei weitem größere Rolle als Wissenschaft und Literatur, Bildende Kunst und Musik. Ein weltoffener und bildungsbeflissener Adliger wie der aus einer alten steirischen Familie stammende Sigismund von Herberstein, der später zwei habsburgische Gesandtschaften nach Moskau leitete und mit seinen 1549 publizierten Reiseberichten zum erstenmal solide Informationen über Rußland nach Deutschland vermittelte, mußte sich in seiner Jugend wegen seiner Studien – und besonders wegen seiner Bemühungen um die slawischen Sprachen – viel unverständigen Spott und Hohn von seinen Standesgenossen gefallen lassen. Immerhin konnte der Adel sich je länger desto weniger der Einsicht verschließen, daß die Führungsstellen in Gerichten und Verwaltung von Reich und Territorien einen gewissen Fundus „gelehrter" Kenntnisse – vor allem des römischen Rechts – verlangten; wollte man diese Führungspositionen nicht den karrierebewußten bürgerlichen Juristen überlassen, mußte man sich selbst um eine entsprechende Bildung bemühen. Damit gewannen Schule und Universität eine wachsende Bedeutung für den Adel, und in der Folge begann sich die Einstellung des Adels zum geistigen Leben überhaupt ins Positive zu verändern.

Die adlige Herrschaft über das Land und die das Land Bebauenden wies sehr unterschiedliche Ausprägungen auf, und zwar mit deutlichen regionalen Schwerpunkten. Der wichtigste dieser Unterschiede war der zwischen Grund- und Gutsherrschaft; westlich der Elbe herrschte die Grundherrschaft vor, östlich davon die Gutsherrschaft.

Für die innere Struktur der Grundherrschaft war das Nebeneinander sehr verschiedener Herrschaftsrechte bezeichnend. An sich umfaßte die Grundherrschaft als eine Art Obereigentum am bäuerlichen Besitz nur das Recht auf Abgaben und Leistungen als Entgelt für die Überlassung von Grund und Boden. Mit einiger Regelmäßigkeit aber waren damit auch Rechte der Gerichtsbarkeit, eine oft weitgespannte Polizeigewalt, dazu kirchliche Rechte wie vor allem – als Überrest früherer Eigenkirchenherrschaft des Adels – der Patronat, in einigen Regionen auch Rechte der Leibherrschaft verbunden. Eine solche Verbindung war jedoch nicht notwendig; es war deshalb durchaus möglich, daß in ein und demselben Dorf Grund- und Leibherrschaft, Gericht und Patronat in verschiedenen Händen lagen. Zwar fehlte es nicht an Bestrebungen zu räumlichen Konzentrationen der Grundherrschaft wie auch zu ihrer festeren Verbindung mit anderen Formen der Herrschaft, aber diese sogenannte Territorialisierung der Grundherrschaft war um 1500 noch bei weitem nicht abgeschlossen. Im übrigen stand der Grundherrschaft ein nicht unbeträchtlicher Komplex bäuerlicher Selbstverwaltungsrechte im Dorf gegenüber; sie erstreckten sich namentlich auf die Organisation der ländlichen Arbeit im Rahmen der Dreifelderwirtschaft, auf die dörfliche Allmende, auch auf die Mitwirkung im Schultheißengericht und – manchenorts – bei der Pfarrerwahl.

Um 1500 war die ökonomische Situation des grundherrlichen Adels noch maßgeblich von der Agrarbaisse des späten Mittelalters geprägt. Die adligen Herren – wie übrigens auch die klösterlichen Grundherrschaften – hatten sich vielfach gezwungen gesehen, ihre grundherrlichen Ansprüche zurückzunehmen, um die Bauern auf dem Lande zu halten, und nicht einmal das hatte die Aufgabe vieler Höfe und damit den Wegfall der Leistungen aus diesen Höfen an die Grundherren verhindern können. Die ihnen verbliebenen Leistungen aber – überwiegend Naturalabgaben, zumeist in Form bestimmter Anteile an der Ernte – waren überdies durch den Verfall der Getreidepreise entwertet worden. So lag um 1500 der Lebensstandard des durchschnittlichen Landadels deutlich unter dem des wohlhabenden Bürgertums. Mit dem Umschlagen der Agrarkonjunktur begannen sich die Verhältnisse für den Adel zwar wieder zu bessern; doch brauchte die Neubesetzung bäuerlicher Stellen ihre Zeit, und die Rücknahme der den Bauern in der großen Baisse zugestandenen Minderungen ihrer Abgaben und sonstigen Leistungen war überhaupt nur schwer oder gar nicht durchzusetzen. Gerade deshalb versuchten die Grundherren jetzt um so rigoroser, die herkömmlichen, aber rechtlich weniger gesicherten bäuerlichen Nutzungen der Gewässer und des Waldes zu ihren eigenen Gunsten einzuschränken. Auch das stieß freilich auf den zunehmenden, erbitterten Widerstand der Bauern. Insbesondere die kleineren Bauern und sonstigen Angehörigen der dörflichen Unterschicht, die selbst kein Getreide auf den Markt brachten und deshalb nicht von den allmählich anziehenden Getreidepreisen profitierten, waren ja dringend auf den freien Fischfang, auch auf die Nutzung des Waldes als Viehweide oder zur Gewinnung von Bau- und Brennholz angewiesen. Die ökonomische Bedrängnis der Grundherrschaft zog mithin gefährliche soziale Spannungen der Agrarverfassung nach sich.

Anders lagen die Verhältnisse im Bereich der ostelbischen Gutsherrschaft. Grundlage dieser Gutsherrschaft war ein vergleichsweise umfänglicher Landbesitz, der von den Gutsherren seit jeher selbst bewirtschaftet wurde; überdies lagen – abgesehen von wenigen Rechten landesherrlicher Oberhoheit – grundsätzlich alle Herrschaftsrechte des Gutsbezirks in der einen Hand des Gutsherrn. Weniger krisenanfällig als die kleinen bäuerlichen Betriebe, wurden diese Gutsherrschaften zu den eigentlichen Erben der großen Wüstungen des Spätmittelalters und in der Folge zu den Hauptnutznießern des wachsenden Getreideimportbedarfs der nordwesteuropäischen Gewerberegionen. Das dem Getreidebau günstige Klima, dazu die guten Verkehrsmöglichkeiten auf Oder und Weichsel eröffneten den ostelbischen Gutsbetrieben bis hinauf ins Baltikum beträchtliche Exportchancen, und diese Chancen wurden von dem Adel voll wahrgenommen. Das noch immer wüst liegende Land wurde unter den Pflug genommen, weitere Vergrößerungen des Gutsbesitzes erfolgten auf Kosten des bäuerlichen Landes, das zu immer ungünstigeren Bedingungen ausgetan und schließlich sogar selbst zum eigenbewirtschafteten Gutsland geschlagen wurde. Gleichzeitig mußten die Gutsuntertanen erhebliche Erhöhungen ihrer Dienstpflichten hinnehmen – Arbeitskräfte waren noch immer knapp –, und als sie dem Zwang zu diesen Fronen, Hand- und Spanndiensten durch Abwanderung zu entgehen suchten, setzte der Gutsadel das Prinzip der Schollenpflichtigkeit seiner Untertanen durch: Die abhängige bäuerliche Bevölkerung verlor ihre Freizügigkeit und damit ein wesentliches Stück ihrer persönlichen Freiheit; die Gutsuntertanen wurden zum Zubehör des Guts, das mit diesem verkauft, verpfändet und übereignet werden konnte.

Dieser ganze Prozeß der Ausbildung der ostelbischen Gutswirtschaft und -herrschaft war zu Beginn des 16. Jahrhunderts zwar noch nicht abgeschlossen; insbesondere die Expansion vom Ödland auf bäuerlich bewirtschaftetes Land, das sogenannte Bauernlegen, erfolgte in größerem Umfang wohl erst seit der Jahrhundertmitte. Gleichwohl waren ihre wesentlichen Elemente bereits um 1500 klar erkennbar, und mit ihnen der grundsätzliche Dualismus adliger Guts- und Grundherrschaft in Deutschland: Wenn der grundherrliche Adel im Altreichsgebiet zumeist in erheblichen ökonomischen Schwierigkeiten steckte, so stand der ostelbische Gutsadel als eigenwirtschaftender Agrarproduzent und -exporteur ganz auf der Sonnenseite der aufgehenden Agrarkonjunktur – nicht zuletzt allerdings auf Kosten einer die gewöhnlichen Verhältnisse der Grundherrschaft weit übersteigenden Belastung der abhängigen bäuerlichen Bevölkerung. Zudem waren die Herrschaftsrechte des ostelbischen Gutsadels viel exklusiver als diejenigen der Grundherrschaft.

Auch die Intensität der Gutsherrschaft konnte nun allerdings nicht darüber hinwegtäuschen, daß der Adel der Epoche im Osten wie im Westen einen erheblichen Teil seiner politischen Aufgaben, die im Grunde allererst seinen sozialen Vorrang legitimierten, verloren hatte. Seit dem 15. Jahrhundert verdrängten die Landesherren den Adel immer stärker aus dessen herkömmlichen eigenständigen Funktionen der Rechts- und Friedenswahrung; selbst die Fehde als klassisches Mittel der Rechtswahrung des Adels wurde zugunsten der territorialen, zum Teil auch der Reichsgerichtsbarkeit, unterdrückt. Hand in Hand damit ging der militärische Funktionsverlust des Adels: Angesichts der Überlegenheit des Söldnerwesens mit seinen Möglichkeiten der Massierung von Infanterie und leichter Reiterei, angesichts auch der neuaufkommenden Feldartillerie spielte das traditionelle Aufgebot schwerbewaffneter, aber wenig beweglicher, auf den Einzelkampf ausgerichteter Lehensritter eine immer geringere Rolle. Dieser Wegfall grundlegender gesellschaftlicher Funktionen bedeutete für den Adel – im Westen: zusätzlich zu den ökonomischen Problemen – eine tiefgreifende politische Krise, und diese Krise wurde noch dadurch verstärkt, daß die Landesfürsten beträchtliche Anstrengungen unternahmen, den Adel ihrer Länder in ihre Landesherrschaft zu integrieren und damit vom Reich zu mediatisieren. Selbst im Westen und Südwesten des Reichs, wo sich der Adel auf lange Sicht der Landesherrschaft zu entziehen vermochte, stand dieses Ergebnis um 1500 doch noch keineswegs fest; zu einer verfassungspolitischen und -rechtlichen Konstituierung der Reichsritterschaft als eigener, reichsunmittelbarer Gruppe des Adels neben den hochadligen Landesfürsten kam es überhaupt erst seit den 40er Jahren des Jahrhunderts.

Als ein Ausweg zur Sicherung der eigenen politischen Existenz bot sich der korporative Zusammenschluß der Ritter und anderer kleiner reichsfreier Herren an. Die wichtigste dieser Adelskorporationen war die Rittergesellschaft mit Sankt Jörgen-Schild in Schwaben. Bereits zu Beginn des 15. Jahrhunderts gegründet, wurde sie gegen Ende des Jahrhunderts zu einer nicht unbedeutenden politischen Kraft im deutschen Südwesten; seit 1488 gehörte sie zum Schwäbischen Bund und war damit zwar nicht eine Institution der Reichsverfassung, aber doch an der wichtigsten territorial übergreifenden politischen Organisation Südwestdeutschlands beteiligt. Die Organisation der Einung hat in manchem das Vorbild der späteren Verfassung der Reichsritterschaft abgegeben; von erheblicher unmittelbarer Bedeutung war, daß die Bundesbriefe der Gesellschaft ihren Mitgliedern die Fehde untereinander verboten und stattdessen schiedsgerichtliche Entscheidungen verbindlich machten.

Der bündische Zusammenschluß der Ritter genügte freilich auf die Dauer nicht, um die politische Autonomie der Ritterschaft zu sichern, schon gar nicht, um den einzelnen Rittern ihre wirtschaftliche Existenzgrundlage zu garantieren. Auch der Versuch mancher Herren des Adels, sich mit aggressiv geführten Fehden auf Kosten von Reichsstädten und kleineren geistlichen Herrschaften zu bereichern oder gar neuen politischen Spielraum zu gewinnen, gelang nur in Ausnahmefällen; Götz von Berlichingen war noch im ersten Viertel des 16. Jahrhunderts ein solcher erfolgreicher Fehdeunternehmer, zeitweise auch Franz von Sickingen. Nur zu oft dagegen endeten solche Versuche in bloßem Raubrittertum und schadeten bloß dem Ansehen des Adels.

Wollte der niedere Adel politisch und sozial überleben, mußte er sich wohl oder übel an mächtigere politische Potenzen anlehnen – die Reichsritter vor allem an den Kaiser, der landsässige Adel an die Landesfürsten. Gerade die Landesfürsten aber gingen darauf um so lieber ein, als ihnen wegen der traditionellen lokalen und regionalen Herrschaftspositionen des Adels an dessen Loyalität gelegen war. In der Tat gewann der Adel nach den schweren Funktionsverlusten des ausgehenden Mittelalters jetzt gerade im Rahmen des Fürstenstaats neue politische Führungspositionen – im Heerwesen vor allem, etwas später auch in der landesherrlichen Verwaltung. Anknüpfungspunkte der Entwicklung lieferten vor allem die traditionell weitgespannten Lehensbeziehungen zwischen dem Adel und den Landesherren; zum wichtigsten Ort der Integration des Adels in den Fürstenstaat aber wurde der Fürstenhof – als Instrument des Fürsten zur Einbindung des Adels mitsamt seinen lokalen Verflechtungen in das Territorium, zugleich aber auch als Ort adliger Repräsentation und Einflußnahme. Besonders weitreichende Wirkungen dieser Art entfaltete der Kaiserhof, und zwar nicht nur für den Adel der österreichischen Erbländer, sondern auch für die reichsunmittelbaren Ritter – ja selbst für die Grafen und Herren – des deutschen Südwestens; die politische Klientel der Habsburger auch unter diesen Reichsunmittelbaren formierte sich nirgendwo sonst so wirkungsvoll wie am Hofe des Kaisers.

Am schnellsten ging die Neuorientierung des Adels im Heerwesen vonstatten. Die schweren Niederlagen der Ritterheere des 15. Jahrhunderts waren den adligen Herren eine gründliche Lektion gewesen; sie stellten sich auf die neue Kriegstechnik um und gewannen – allerdings in Konkurrenz mit Männern bürgerlicher oder bäuerlicher Herkunft – als Söldnerführer aufs neue maßgebende Bedeutung. Dabei waren sie zumeist auch die Organisatoren der Landsknechtsheere, die sie in großer Selbständigkeit kommandierten, und nicht selten lag sogar die Finanzierung der Landsknechte im wesentlichen in ihrer Hand. Das war ein gleichermaßen anspruchsvolles wie risikoreiches, bei kriegerischen Erfolgen allerdings auch einträgliches Geschäft, und alles zusammen verlieh ein erhebliches soziales Prestige. Georg von Frundsberg war eine der frühesten und zugleich die wohl eindrucksvollste Gestalt aus der Reihe dieser neuen adligen Söldnerführer.

Etwas langsamer vollzog sich das Eindringen des Adels in den Verwaltungsdienst des aufstrebenden Fürstenstaats. Der Aufbau der neuen staatlichen Verwaltung verlangte einen geschulten juristischen Sachverstand, über den die Adligen zunächst kaum verfügten; auch stand die landesherrliche Verwaltung von vornherein in mancher Konfrontation mit den herkömmlichen eigenständigen Herrschaftspositionen des Adels im Lande. Es waren deshalb zum guten Teil gerade nicht Angehörige des Adels, sondern bürgerliche Juristen, die vom Landesherrn in seine Verwaltung gezogen wurden und dort ihren sozialen Aufstieg suchten. Dabei blieb es aber nicht. Der Adel begann, seine Söhne – auch wenn sie nicht für eine geistliche Laufbahn bestimmt waren – in Schulen und Universitäten zu schicken, damit sie dort die fachlichen Grundkompetenzen für den Dienst in der Verwaltung erwarben; die Universitätsmatrikeln schon des beginnenden 16. Jahrhunderts zeigen einen beachtlichen und rasch wachsenden Anteil adliger Studenten der Rechtswissenschaft. Dazu kam die enge Verbindung der entstehenden landesherrlichen Zentralverwaltung zum fürstlichen Hof; die wichtigsten Hofämter waren ja vielfach zugleich die maßgebenden Ämter der Zentralverwaltung. Am Hof aber war der Vorrang des Adels unbestritten, und so wurden gerade die Spitzenstellen der Verwaltung weithin aus der adligen Klientel des Landesfürsten besetzt. Unterhalb dieser obersten Ebene freilich vollzog sich das Vordringen des Adels in die fürstliche Verwaltung nur sehr allmählich; vorläufig blieben hier die bürgerlichen Juristen zumeist noch in der Vorhand.

Schließlich spielte für die Sozialstruktur des Adels auch die Kirche eine erhebliche, und zwar im wesentlichen: stabilisierende Rolle. Zwar hatten sich die Klosterreformen des 15. Jahrhunderts nicht zuletzt gegen das Überwiegen adliger Standesinteressen in den geistlichen Institutionen gerichtet, und in der Folge war es auch zu einer gewissen Verbürgerlichung insbesondere der reformierten Männerklöster gekommen. Immer noch aber boten Klöster, Chorherrenstifte und Domkapitel reiche Möglichkeiten zur Versorgung der nichterbenden Söhne und Töchter des Adels, und überall dienten diese kirchlichen Gemeinschaften – jedenfalls auch – der Sicherung und Vertiefung der familiären Beziehungen des Adels im größeren regionalen Rahmen. Darüber hinaus waren mit der Mitgliedschaft in Stiften, Klöstern und Domkapiteln vielfach Positionen politischen Einflusses verbunden. Namentlich die Bedeutung der immer exklusiver aus dem Adel besetzten Domkapitel ist in diesem Zusammenhang hoch zu veranschlagen, vor allem wegen ihres Rechts zur Wahl des Bischofs – zumeist aus den eigenen Reihen –; die Bischofswahlen waren immer wieder ein besonders wirksames Mittel zur Verschiebung der politischen Gewichte im regionalen Rahmen oder gar auf Reichsebene. Es war deshalb auch nicht verwunderlich, daß manche Landesfürsten große Anstrengungen unternahmen, für die Besetzung der Bistümer ihres Herrschaftsbereichs anstelle des Wahlrechts der Domkapitel ein eigenes landesherrliches Nominationsrecht durchzusetzen. Das ist ihnen indessen nur für eine Reihe ost- und südostdeutscher Bistümer gelungen; im übrigen behaupteten die Domkapitel – und damit im wesentlichen: der Adel – das Wahlrecht und die damit verbundene Möglichkeit politischen Einflusses und Aufstiegs. Auf einem anderen Blatt stand freilich, daß die sozialen und politischen Interessen des Adels mit den geistlichen der Kirche nach wie vor in mancherlei Spannungen standen: Je stärker deshalb die Kirche mit der Forderung nach innerer Reform konfrontiert wurde, desto mehr mußte auch das Verhältnis des Adels zur Kirche in die Schußlinie der Kritik geraten. Jene Reformforderungen aber wurden schon seit Jahrzehnten immer entschiedener und lauter geltend gemacht; insofern stand auch die den Adel stabilisierende Funktion der Kirche schon Jahrzehnte vor der Reformation in Frage.

Das Bürgertum. Seit den Anfängen des deutschen Städtewesens hatte es einen ständigen Zuzug vom Lande in die Stadt gegeben. Im 15. Jahrhundert hatte diese Wanderungsbewegung, bedingt durch die Diskrepanz zwischen der überwiegend guten Konjunktur der städtischen Gewerbe und der fortdauernden Agrarbaisse, in manchen Regionen geradezu die Dimension einer Landflucht angenommen, aber auch in der Folge blieb die Wanderungsbilanz der Städte gegenüber dem Land deutlich positiv. Die Gründe für diese Wanderungsbereitschaft lagen denn auch nicht bloß in bestimmten Konstellationen der wirtschaftlichen Konjunktur; vielmehr bot die Stadt ihren Bewohnern strukturelle Lebensbedingungen, die sie dem platten Lande in vieler Beziehung überlegen machten. Das gilt schon für die ökonomischen Strukturen: Das Gewerbe und vor allem der Handel als typisch städtische Wirtschaftszweige boten bessere, raschere Aufstiegschancen als die Agrarwirtschaft, jedenfalls für die Masse der grund- oder gutsherrschaftlich gebundenen Bauern; auch lag der städtische Lebensstandard im Durchschnitt stets deutlich über dem ländlichen. Dazu aber kamen andere Vorzüge der bürgerlichen Existenz. Vor allem waren die Städte von jeher, wenngleich gerade im ausgehenden Mittelalter die obrigkeitlich-herrschaftlichen Züge des Stadtregiments sich beträchtlich verstärkten, ein bevorzugter Raum persönlicher Freiheit und genossenschaftlicher Selbstbestimmung. Und sie waren überdies die kulturellen Zentren der Nation, und das wirkte sich auch auf die Breite der Stadtbevölkerung aus; das in den Städten bei weitem bessere Angebot an Schulen, mitunter auch für Mädchen, gehört ebenso in diesen Zusammenhang wie die Stiftung zahlreicher Predigtstellen durch städtische Bürger – die Bürger wünschten über die Vermittlung des Heils durch das Sakrament hinaus auch dessen Auslegung durch die Predigt; sie wollten nicht mehr bloß empfangen, sondern auch verstehen. Aus alledem erwuchs ein hohes städtisch-bürgerliches Selbstgefühl, am ausgeprägtesten natürlich in den ökonomisch wie politisch und kulturell führenden Reichsstädten, die überdies als Tagungsort der Reichstage immer wieder die Rolle von Gastgebern für Kaiser und Fürsten zu übernehmen hatten. Und dieses Selbstgefühl reichte bis weit in den kirchlichen Bereich hinein. Die großen Pfarrkirchen des späten Mittelalters, die bis in unser Jahrhundert das Stadtbild so vieler deutscher Städte bestimmt haben, waren ein bezeichnender Ausdruck dieser selbstbewußten städtischen Kirchlichkeit, der die Kirche weniger als weltumspannende Größe denn vielmehr als sakrale Überhöhung der eigenen Stadt erschien.

Über solchen Grundgemeinsamkeiten dürfen freilich sehr gewichtige soziale Unterschiede innerhalb der Stadtbevölkerung, grundlegende Differenzen auch zwischen Städten unterschiedlicher politischer und wirtschaftlicher Struktur nicht übersehen werden.

Vor allem wies die Stadtbevölkerung weite Abstufungen des gesellschaftlichen Status auf. Zunächst einmal gab es in vielen Städten eine deutlich abgegrenzte Oberschicht mit Spitzenpositionen des Vermögens wie der Rechtsstellung und des politischen Einflusses, zumeist auch der Bildung. Den Kernbereich dieser Oberschicht bildete zumeist eine Gruppe traditionell führender Geschlechter der Stadt, das Patriziat. Kaufmännischer oder auch adliger, insbesondere ministerialischer, Herkunft, lebten diese Familien seit jeher vom Grundbesitz oder Handel und verfügten daraus regelmäßig über die bedeutendsten Einkommen und Vermögen in der Stadt. Ursprünglich waren sie es auch gewesen, die allein die Mitglieder des Rats und damit die politische Leitung der Bürgerschaft gestellt hatten. Das hatte sich allerdings im 14./15. Jahrhundert insofern geändert, als damals die in Zünften organisierte Handwerkerschaft in vielen Städten – zunächst und vor allem in Oberdeutschland – ihre Beteiligung am Stadtregiment durchgesetzt hatte. Aber auch in der Folge und selbst da, wo die Zünfte über die Mehrheit der Ratssitze verfügten, behaupteten die alten Geschlechter oft erhebliche politische und soziale Privilegien, insbesondere bei der Besetzung der führenden Ämter der Stadt – nicht zuletzt deshalb, weil sie mehr Zeit hatten, sich um die städtischen Angelegenheiten zu kümmern, als die Handwerksmeister. Zur Verteidigung dieser Privilegien aber schloß sich das Patriziat gesellschaftlich zunehmend von der übrigen Stadtbevölkerung ab. Man gründete exklusive Herrentrinkstuben, erschwerte die Neuaufnahme von Patriziern, beschränkte das Konnubium streng auf seinesgleichen und suchte verstärkt den gesellschaftlichen Anschluß an den Landadel der näheren und weiteren Umgebung. Im großen ganzen hat diese Politik durchaus Erfolg gehabt; das Patriziat vermochte seine ökonomische und politische Führungsstellung weithin zu behaupten oder gar noch weiter zu festigen. Allerdings hatte diese gesellschaftliche Exklusivität auch sehr problematische Konsequenzen. Eine erste derartige Problematik lag schon in der Gefahr des schlichten Aussterbens städtischer Patriziate, die sich der Aufnahme neuer Familien widersetzten; in der Tat ist das Patriziat z.B. in Basel, Hildesheim und Münster auf diese Weise völlig untergegangen. Dazu kam das Bestreben zahlreicher patrizischer Geschlechter nach adliger Lebensführung, praktisch: das Drängen dieser Familien in den Landadel, häufig unter Aufgabe der Tätigkeit im Handel zugunsten eines grundherrschaftlichen Rentnerdaseins; auch diese „Verjunkerung" hat in nicht wenigen Städten zum völligen Verschwinden des Patriziats geführt. Und schließlich bedeutete die zunehmende Abschließung des Patriziats vieler Städte eben auch den Ausschluß wirtschaftlich aufsteigender Familien von den politischen und gesellschaftlichen Spitzenpositionen der Stadt; daraus erwuchsen tiefgehende Spannungen und mitunter auch gefährliche offene Konflikte.

Im Rang deutlich unterhalb der Oberschicht des Patriziats, aber doch wieder deutlich über der Menge der armen Bevölkerungsgruppen ohne volles Bürgerrecht, standen die in Zünften organisierten Handwerker. Die Stadtgeschichtsforschung hat sie deshalb gelegentlich als städtische Mittelschicht definiert. Man darf sich aber auch dieses Zunftbürgertum nicht als sehr homogene Gruppe gleichen Ranges vorstellen. Vielmehr unterschieden sich die Zünfte ganz erheblich, vor allem nach dem Vermögen ihrer Mitglieder und oft auch nach ihren politischen Rechten, z.B. nach der Zahl der von ihnen zu besetzenden Ratssitze, und auch innerhalb der Zünfte gab es große Unterschiede des gesellschaftlichen Ansehens. Im einzelnen hing hier viel von der Wirtschaftsstruktur der Stadt, natürlich auch von der Tüchtigkeit des einen oder anderen Meisters ab. Generell aber gilt, daß Vermögen, politischer Einfluß und überhaupt gesellschaftlicher Rang um so höher waren, je mehr ein Meister bzw. eine ganze Zunft über das Handwerk hinaus zur Beteiligung am Handel oder gar am Geldgeschäft vorgestoßen waren. Allein auf diesem Wege eröffnete sich, wenn überhaupt, auch die Chance sozialen Aufstiegs in die städtische Oberschicht.

Zum Zunftbürgertum im weiteren Sinne gehörten auch die Gesellen und Lehrlinge des Handwerks. Anders als die Meister aber waren sie nicht Bürger „zu vollem Recht"; weder hatten sie Sitz und Stimme in den Zünften selbst noch auch ein – aktives oder gar passives – Wahlrecht zum Rat der Stadt. Wenn und solange es sich bei der Lehrlings- und Gesellenzeit nun bloß um eine Ausbildungsphase handelte – überdies blieben die Gesellen während ihrer Wanderschaft ja nicht lange in einer Stadt –, entstanden aus dieser Minderberechtigung kaum große Probleme. Nun hielt aber eine Vielzahl von Zünften, um ihre Mitglieder vor allzu harter Konkurrenz zu schützen, die Zahl ihrer Handwerksbetriebe in der Stadt bewußt klein. Auch der ausgelernte Geselle konnte sich deshalb noch lange nicht als Handwerksmeister niederlassen; er mußte vielmehr warten, bis ein Betrieb, regelmäßig durch den Tod des Meisters, frei wurde, und auch dann gelang der Eintritt ins Meistertum, zumal für einen Stadtfremden, oft nur über die Ehe mit der Witwe des alten Meisters. Einem zunehmenden Teil der Gesellen aber gelang es überhaupt nicht, einen eigenen Betrieb zu gründen oder zu übernehmen; damit sanken sie zu qualifizierten Lohnarbeitern herab. In der Abwehr dieser Entwicklung kam es zur Gründung selbständiger Gesellenbruderschaften, und punktuell vermochten die Gesellen ihre Situation immerhin zu verbessern. Eine grundsätzliche Wende aber erreichten sie nicht, und dies um so weniger, als die politischen Gewalten bis hinauf zum Reichstag ihnen keine Rückendeckung gaben, sondern die Organisationen der Gesellen und deren Aktivitäten als aufruhrverdächtig bekämpften.

Noch einmal unter den Gesellen stand die Menge der bloß angelernten oder überhaupt ungelernten Arbeiter und Arbeiterinnen des Gewerbes, der Hilfspersonen des Handels – Träger, Packer, Wieger, kleine Schreiber –, das häusliche Gesinde, schließlich am untersten Ende der Skala die Verarmten, Arbeitsunfähigen, Bettler. Ungeachtet der auch unter ihnen noch beträchtlichen Unterschiede können sie alle als Unterschicht der städtischen Gesellschaft angesehen werden, zumeist ohne Bürgerrecht, erst recht ohne politischen Einfluß, ohne Ausbildung, ohne nennenswertes eigenes Vermögen.

Die erhaltenen Steuerlisten der Zeit erlauben es, die Verteilung der bürgerlichen Vermögen und damit einen Kernaspekt der städtischen Sozialstruktur genauer zu erfassen. Dabei zeigt sich, daß die kleineren Ackerbürgerstädte zumeist eine recht ausgeglichene Verteilung der Vermögen auf insgesamt bescheidenem Niveau aufwiesen. Etwas anders war die Situation schon in vielen der mittleren Gewerbestädte. Zwar gab es auch hier zumeist noch eine relativ breite Mittelschicht des zünftischen Gewerbes in auskömmlichen Lebensverhältnissen, aber der Anteil der Reichen einerseits, der Armen anderseits war doch erheblich größer, und die Diskrepanzen verstärkten sich seit der Wende des 15. Jahrhunderts sogar noch. Ihre schärfste Ausprägung schließlich erfuhr diese Tendenz zur sozialen Polarisierung in den großen, vom Frühkapitalismus bestimmten Exportgewerbe- und Fernhandelsstädten Oberdeutschlands mit Augsburg an der Spitze. So gehörten in Augsburg schon um 1475 nicht weniger als 86,5 Prozent der Steuerzahler zur niedrigsten Steuerklasse. Ihnen standen 8,5 Prozent Reiche gegenüber, die über den bei weitem größten Teil des Gesamtvermögens in der Stadt verfügten; die mittlere Vermögensgruppe machte gerade noch 5 Prozent aus. In den folgenden Jahrzehnten wuchs der Anteil der Besitzlosen und Armen in Augsburg sogar auf über 90 Prozent an. In ähnlicher Weise verschärften sich die sozialen Unterschiede in den Bergstädten, und hier mit besonderer Deutlichkeit als Folge der zunehmenden Trennung von Kapital und Arbeit: Die Blüte des deutschen Silber- und Kupferbergbaus seit dem späteren 15. Jahrhundert setzte den Einsatz erheblichen Kapitals voraus, das die selbst noch mitarbeitenden Gewerke und Hauer je länger desto weniger aufbringen konnten. Sie sanken zumeist zu bloßen Lohnarbeitern ab, während sich das Kapital zunehmend bei den Handelsgesellschaften des Frühkapitalismus konzentrierte. Besser ausgeglichen waren die Verhältnisse, jedenfalls noch um die Jahrhundertwende, in den Hansestädten Norddeutschlands; langfristig allerdings machte sich auch dort eine Polarisierung der Sozialstruktur bemerkbar.

Nun wird man sich vor einer sozialkritischen Überinterpretation der städtischen Steuerlisten hüten müssen. Von den Bürgern, die hier zur niedrigsten Steuergruppe gezählt oder gar als „Habnits" bezeichnet wurden, nannten viele durchaus ein kleines Vermögen ihr eigen und konnten sich, jedenfalls in Zeiten guter Konjunktur, sehr wohl selbst erhalten; das gilt insbesondere für die kleinen Zunfthandwerker, die steuerlich zumeist sehr niedrig veranlagt waren. In Krisenzeiten allerdings, und zwar schon bei hohen Getreidepreisen als Folge von Mißernten, waren viele von ihnen nicht mehr imstande, sich und ihre Familien zu ernähren, und es bedurfte spektakulärer öffentlicher Hilfsaktionen, um Hungerkatastrophen abzuwenden oder doch zu mildern. In Nürnberg wurden während der großen Hungersnot von 1501 bis 1503 einmal an einem einzigen Tage 13000 Laib Brot an die Notleidenden verteilt. Und schließlich lag ein erheblicher Teil der Habnits – für Augsburg schätzt man: wenigstens 25 Prozent der Gesamtbevölkerung – in seinem Einkommen eben doch dauernd unter dem Existenzminimum und war also auf die ständige Hilfe seiner Mitbürger angewiesen.

In der Tat haben die Städte der Epoche beträchtliche Anstrengungen unternommen, ihre Armen regelmäßig zu versorgen; die Jahrzehnte des ausgehenden 15. und beginnenden 16. Jahrhunderts sahen die Anfänge und rasche Entfaltung einer organisierten kommunalen Fürsorge. Der Umfang des Armutsproblems aber führte zugleich zu grundsätzlichen Wandlungen gegenüber dem mittelalterlichen Almosenwesen: Vor allem galt die neue städtische Fürsorge nicht mehr jeder Form von Armut, sondern nur mehr der unverschuldeten; der arbeitsfähige, „starke" Bettler sollte arbeiten, nicht betteln. Um dieses Prinzip zu verwirklichen, bedurfte es freilich eingehender Kontrollen, und genau diese behördliche Kontrolle der Armen war denn auch das zweite Grundmerkmal, durch das sich die neue Fürsorge der Stadt vom mittelalterlichen Almosenwesen unterschied. Daß solche Kontrollen wie überhaupt die Bürokratisierung des Almosens in der Gefahr standen, die Menschen- und Christenwürde der Armen zu verletzen, war hellsichtigen Kritikern der Zeit durchaus bewußt; indessen gab es für die Städte hier kein Zurück mehr. Im übrigen konnte die städtische Fürsorgepolitik immer nur einige konkrete Notsituationen, sozusagen Symptome der Armut mildern; am Grundphänomen der Armut beträchtlicher Bevölkerungsteile vor allem der großen Gewerbestädte vermochte sie nichts zu ändern.

Die Bauern. Für die bäuerliche Sozialstruktur des beginnenden 16. Jahrhunderts waren drei Komponenten von prägender Bedeutung: zum ersten die Agrarverfassung, vor allem das Verhältnis der Bauern zu ihren Grund- oder Gutsherren, aber auch die Ausgestaltung der dörflichen Selbstbestimmung in Verwaltung und Gericht, zum zweiten die säkularen demographischen und ökonomischen Konjunkturen, insbesondere der Umschlag der spätmittelalterlichen Agrarbaisse zur Hausse des 16. Jahrhunderts, zum dritten die Einwirkungen des sich formierenden frühmodernen Staats, vor allem der zur Staatlichkeit drängenden fürstlichen Landesherrschaft.

Was zunächst die Agrarverfassung angeht, so waren die Grundherrschaft einerseits, die Gutsherrschaft anderseits für die bäuerliche Bevölkerung von ebenso grundlegender Bedeutung wie für den Adel.

Die ostelbische Gutsherrschaft unterschied sich von der Grundherrschaft durch die weitgehende Einbeziehung der bäuerlichen Bevölkerung als Arbeitskräfte in die gutsherrliche Eigenwirtschaft auf der Rechtsbasis der Schollenbindung der Gutsuntertanen, des weiteren durch die Vereinigung der Rechte aus dem Obereigentum am Boden mit der niederen Gerichtsbarkeit und der Polizeihoheit in der einen Hand des Gutsherrn und schließlich durch die weitgehende Zurückdrängung der bäuerlich-genossenschaftlichen Selbstverwaltung. Unter all diesen Aspekten bedeutete die Gutsherrschaft eine intensivere Form der Herrschaft über die bäuerliche Bevölkerung als die Grundherrschaft; gemeinsam aber war beiden Formen der Agrarverfassung, daß Grund und Boden nicht der freien Verfügung des Bauern unterstanden, daß seine Rechte am Boden vielmehr in mannigfacher Weise durch Verfügungsbeschränkungen, Abgaben und Dienste eingeschränkt und gebunden waren. Daneben gab es jedoch durchaus auch ein freies Bauerntum. Das gilt insbesondere für die späten Rodungsgebiete im

Norden und Süden: an der Nordseeküste wie für Teile des Schwarzwalds, der Schweiz, Südbayerns und Tirols – bezeichnenderweise durchweg Landschaften, in denen das Bauerntum auch politisch eine erhebliche Rolle spielte. Aber auch in Regionen vorherrschender Guts- oder Grundherrschaft fehlte es nicht an bäuerlichem Eigenbesitz. Hierher gehören z.B. die sogenannten Schlichten Zinsgüter Thüringens und Sachsens oder die Kölmischen Güter in Ost- und Westpreußen; das „Schlesische Eigen", auch das „Burgrecht" in Österreich kamen dem vollen Eigentum zumindest sehr nahe. Für oberschwäbische Gebiete hat man einen Anteil von 30 bis 40 Prozent bäuerlichen Eigenbesitzes am Gesamtbestand der Höfe nachgewiesen; für das Allgäu gar zwischen 60 und 70 Prozent – hier allerdings standen die Bauern weithin unter der Leibherrschaft geistlicher oder weltlicher Herren, deren Belastungen sich von denen der Grundherrschaft mehr dem Rechtsgrunde nach als in ihren praktischen Auswirkungen unterschieden; ja: diese Lasten waren mitunter noch drückender als die der Grundherrschaft andernorts.

Überhaupt hat man es bei der Agrarverfassung der Zeit mit einer Fülle sehr unterschiedlicher Erscheinungen zu tun. So hat F. Lütge allein für das Altreichsgebiet fünf regionale Hauptformen der Grundherrschaft und daneben noch eine Reihe landschaftlich enger begrenzter Sonderformen herausgearbeitet; aber auch die ostelbische Gutsherrschaft trug von Ostpreußen über Böhmen bis ins östliche Österreich ein recht unterschiedliches Gepräge. Die Fülle dieser Unterschiede kann hier jedoch auf sich beruhen.

Von den praktischen Konsequenzen der unterschiedlichen Herrschaftssysteme war zunächst die Regelung des bäuerlichen Erbrechts von Bedeutung, und schon bei diesem Grundproblem unterschieden sich Grund- und Gutsherrschaft wiederum auf charakteristische Weise. Während nämlich im ostelbischen Bereich unter dem Druck der Gutsherrschaft der erbliche Besitz immer mehr zur Ausnahme, der unerbliche, sogenannte lassitische Besitz zur Regel wurde, verlief die Entwicklung im Altreichsgebiet genau umgekehrt: Hier hatten sich die Grundherren in der großen Agrarbaisse des späten Mittelalters gezwungen gesehen, den Bauern ihre Güter auf Erbzins auszutun oder doch in anderer Weise die Erblichkeit der bäuerlichen Besitzrechte anzuerkennen, und diese Entwicklung war auch in der Folge nicht wieder umzukehren. Wie die freien Bauerngüter galten auch die Bauernhöfe unter der Grundherrschaft fortan – und weithin bis heute – als Familiengut, das der einzelne Bauer nur als ein Glied in der bodenständigen Geschlechterfolge seiner Familie bewirtschaftete.

Auch wenn man die verwirrende Fülle der Abgaben und Leistungen, der persönlichen und sachlichen Beschränkungen der Bauern genauer ins Auge faßt, erweist sich die Lage der bäuerlichen Bevölkerung unter der Gutsherrschaft wiederum als besonders ungünstig. Hier kumulierten in der Regel die Lasten aus Grund- und Leibherrschaft, hier gab es die aufs höchste gesteigerten Dienstpflichten, hier allein waren die persönlichen Bindungen des Bauern bis zur Schollenpflichtigkeit, bis zum Verlust der Freizügigkeit vorangetrieben. Ob man diese ostdeutsche Gutsuntertänigkeit als Leibeigenschaft bezeichnen kann und soll, ist umstritten, und gewiß ist zu konstatieren, daß die Leibeigenschaft polnischer und erst recht russischer Gutsuntertanen noch schärfer ausgeprägt war – diese galten schließlich überhaupt nur mehr als Sache, die man nach Belieben kaufen und verkaufen konnte. Indessen waren diese Unterschiede doch nur graduell; auch die deutschen Gutsuntertanen konnten als Zubehör des Guts jedenfalls mit diesem und sehr wohl gegen ihren Willen veräußert werden. Das schloß freilich gewisse Fürsorgepflichten des Gutsherrn gegenüber seinen Untertanen nicht aus; im Gegenteil galt der Gutsherr besonders in Notsituationen als hilfsverpflichtet, z.B. zur Stellung von Saatgut nach Mißernten, von Bauholz nach Brandfällen, und gelegentlich mag sich zwischen Gutsherren und -untertanen auch eine von beiden Seiten als nicht unwürdig empfundene patriarchalische Wirtschafts- und Lebensgemeinschaft entfaltet haben. Die Gefahr schlimmer Ausbeutung aber war doch immer gegeben, und oft genug war solche Ausbeutung auch die Praxis, zumal da die landesfürstliche Gewalt gerade im Osten noch lange Zeit zu schwach war, um eine wirksame Politik des Bauernschutzes betreiben zu können. Daß es auch im ostelbischen Gebiet Regionen geringerer Belastungen gab, soll bei alledem nicht geleugnet werden – ganz abgesehen von der auch hier fortbestehenden erheblichen Zahl freier Bauerngüter.

Im Bereich der Grundherrschaft war die Situation der Bauern insgesamt – bei gewaltigen Unterschieden von Region zu Region, mitunter auch von Hof zu Hof – weniger drückend. Zwar mußten auch den Grundherren mancherlei Natural- oder Geldabgaben geleistet werden, dazu kam die Verpflichtung zu Hand- und Spanndiensten. Vielfach aber hatten sich die Grundherren auch bei diesen Abgaben und Leistungen in den Zeiten der spätmittelalterlichen Agrardepression zu erheblichen Zugeständnissen bequemen müssen, die sich jetzt nicht wieder rückgängig machen ließen. Am ehesten gelang es den Grundherren noch, die – bislang oft nicht genau fixierten – Besitzwechselabgaben zu steigern; daraus konnten erhebliche Zusatzbelastungen der bäuerlichen Wirtschaft erwachsen.

Ein wesentlicher Grund dafür, daß die Bauern in der Auseinandersetzung um die grundherrlichen Abgaben und Dienste ihre Position weithin behaupten konnten, lag in der Aufsplitterung der Herrschaft. Oft standen sich ja in einem Dorf zwei oder mehrere Grundherren gegenüber, und nicht selten lag die Gerichts- und Polizeihoheit noch einmal in anderer Hand. Das machte einen Druck, wie ihn die Gutsherren des Ostens in der Konzentration ihrer Herrschaftsrechte ausüben konnten, unmöglich. Natürlich blieb den Grundherren diese strukturelle Schwäche ihrer Herrschaft – übrigens auch gegenüber den aufstrebenden landesfürstlichen Gewalten – nicht verborgen, und so bemühten sie sich bereits seit dem

15. Jahrhundert, ihre grund- und gerichtsherrlichen Rechte durch eine gezielte Kauf- und Tauschpolitik räumlich zu konzentrieren. Je mehr dieser Prozeß der Territorialisierung der Grundherrschaft zu seinem Ziel gelangte, desto schwieriger wurde es für die Bauern, ihre im Spätmittelalter gewonnene besitzrechtliche Stellung zu bewahren, desto härter wurden die Auseinandersetzungen zwischen Bauer und Herrschaft. Zu Beginn des 16. Jahrhunderts war diese Entwicklung in vollem Gange.

Neben der Grundherrschaft und zum Teil mit ihr verquickt, gab es auch im Westen des Reichs Formen der Leibherrschaft mit erheblichen Belastungen der ihr unterworfenen bäuerlichen Bevölkerung. Zwar waren die Ansprüche aus den älteren Formen der Leibeigenschaft längst auf bloße Rekognitionsgebühren zusammengeschrumpft, die den bäuerlichen Etat nicht ernsthaft belasteten und schon gar nicht als sozial diffamierend empfunden wurden. Indessen gab es seit dem späteren Mittelalter doch auch Versuche geistlicher wie weltlicher Herren, die Leibherrschaft neu zu beleben und auszubauen, und insbesondere in Oberschwaben und im Oberrheingebiet hatten diese Versuche auch einigen Erfolg. Dabei spielte für die Herren – abgesehen vom Interesse an gesteigerten Abgaben und Leistungen ihrer Untertanen – das politische Ziel eines Ausbaus der Leibherrschaft zu einer umfassenden Gerichts-, Polizei- und Steuerhoheit eine maßgebende Rolle; in den Zusammenhang dieser Zielsetzung gehörte, daß man die Leibherrschaft – nicht anders als die Grundherrschaft – räumlich zu konzentrieren suchte, um so territorial geschlossene Bezirke der Leibherrschaft, der Endabsicht nach: geschlossene Territorien unter einer Herrschaft landeshoheitlicher Qualität, zu schaffen. Auch dieser Prozeß der Territorialisierung der Leibherrschaft war um die Jahrhundertwende in vollem Gange. Die Belastungen und Einschränkungen der Bauern aber durch diese „jüngere Leibeigenschaft“ waren beträchtlich. Schon die übliche Todfallabgabe des sogenannten Besthaupts, also: des besten Stücks Vieh im Stall, stellte für eine kleinbäuerliche Wirtschaft mit allenfalls zwei oder drei Kühen ja eine existenzgefährdende Belastung dar. Überdies setzten die Herren weithin die Verpflichtung ihrer Bauern durch, sich selbst mitsamt ihren Familien und Vermögen unter keine andere Herrschaft zu begeben – in praxi eine Einschränkung der Freizügigkeit, die der Schollenpflichtigkeit ostdeutscher Gutsuntertanen nicht viel nachstand. Dazu kam das Verbot der „ungenossamen“ Ehen, d.h. der Ehen mit anderen als Leibeigenen des gleichen Herrn; selbst der alte Rechtsgrundsatz des schwäbischen Landrechts, nach dem die Kinder dem Stand der Mutter folgten, wurde durch das Prinzip ersetzt, daß die Kinder aus ungenossamen Ehen in jedem Fall der „ärgeren Hand“ folgten, also auch als Kinder einer freien Mutter unter Leibherrschaft gerieten. Daß gerade diese Rechtsminderungen als sozial diffamierend empfunden wurden, kann nicht wundernehmen; die Regionen der jüngeren Leibeigenschaft waren denn auch – bis hin zum Bauernkrieg – Kernzonen bäuerlicher Unruhen.

Zu den aus der Grund- und Leibherrschaft entspringenden Verpflichtungen kamen noch andere Lasten, die die Bauern drückten: vor allem der Zehnte, der als sogenannter Großzehnt vom Getreide, als Kleinzehnt von Gartenfrüchten und Kleinvieh zu leisten war. Ursprünglich eine kirchliche Abgabe, war der Zehnte im Laufe des Spätmittelalters weithin in weltliche Hände gelangt – an die Grundherren oder auch an den Landesherrn – und belastete den bäuerlichen Etat um so empfindlicher, als die geistlichen und weltlichen Zehntherren eine beträchtliche Erfindungsgabe entwickelten, um auch solche landwirtschaftlichen Produkte dem Zehnten zu unterwerfen, die, wie z.B. das Großvieh, ihm traditionell nicht unterlagen. Überdies wurden die seit dem Beginn des 16. Jahrhunderts häufiger werdenden Reichs- und Landessteuern von den Ständen immer ausschließlicher auf die Untertanen umgelegt; auch das steigerte die Gesamtbelastung der bäuerlichen Wirtschaft empfindlich.

Versucht man die materiellen Belastungen der Bauern insgesamt, also einschließlich der Steuern und Zehnten, quantifizierend zu erfassen, so ergeben sich aus den in der Forschung bislang erschlossenen Informationen weit divergierende Zahlen, die von weniger als 15 bis über 50 Prozent der bäuerlichen Einkommen reichen. Die Durchschnittsbelastung der Höfe mag bei etwa 30 Prozent gelegen haben; doch hat dieses arithmetische Mittel wegen der starken Streuung der Werte ein nur begrenztes Interesse. Um so wichtiger ist das in vielen Landschaften deutliche Gefälle zugunsten der größeren Höfe: Die kleineren Betriebe waren in aller Regel relativ höher belastet als die größeren – ganz entsprechend übrigens dem städtischen Steuerwesen, das vielfach ja ebenfalls eine negative Progression vorsah. In der sozialen Realität bedeutete dieses Gefälle, daß eine Vielzahl kleiner Bauern selbst in guten Erntejahren kaum in der Lage war, irgendwelche Rücklagen zu bilden, in schlechten Jahren aber sehr rasch an die Grenzen des Existenzminimums geriet.

Gerade die aus dem Gefälle der Feudallasten erwachsenden Probleme wurden nun noch dadurch verschärft, daß die Bauern erhebliche Einschränkungen ihrer herkömmlichen Rechte freier Nutzung des Waldes wie der Seen und Bäche hinnehmen mußten. Dabei kam der Grundherrschaft, besonders was die Wälder betraf, vielfach die Parallelität ihrer Interessen mit Forderungen der Landesherren zugute – Forderungen sowohl zum Schutz des von Raubbau bedrohten Waldes als auch im Interesse an einer möglichst ungestörten adligen Jagd; bezeichnenderweise ging die Untersagung des bislang kostenlosen und unkontrollierten Holzeinschlags in den Wäldern durchweg mit dem Verbot der bäuerlichen Jagd auf Hochwild, gelegentlich sogar auf Niederwild, einher, und die Verletzung gerade dieses Verbots wurde mit drakonischen Strafen an Leib und Leben bedroht. Alle diese Einschränkungen des herkömmlichen Gemeingebrauchs an Wäldern und Gewässern waren empfindlich, und alle trafen wiederum besonders die bäuerlichen Klein- und Kleinstbetriebe, dazu die unterbäuerliche

Schicht derer, die gar kein eigenes Land besaßen, sondern allenfalls ein oder zwei Stück Vieh, für deren Aufzucht sie neben den Wiesen der Almende die herkömmliche Waldweide kaum entbehren konnten, ganz abgesehen vom Bedarf an Bau- und Brennholz aus dem Wald. Auch daß Fische vielerorts nun nicht mehr frei gefangen werden durften, sondern vom Grundherrn gekauft werden mußten, stellte besonders für die sozial Schwachen eine arge Verschlechterung dar. Die Folgen für die dörfliche Wirtschafts- und Lebensgemeinschaft wogen schwer; das Dorf geriet zunehmend unter den Druck sozialer Gegensätze innerhalb der bäuerlichen Bevölkerung.

Neben den herrschaftlichen Komponenten der Agrarverfassung dürfen freilich auch die genossenschaftlichen Strukturelemente der bäuerlichen Gesellschaft nicht unterschätzt oder gar übersehen werden. Zwar die ostelbische Gutsherrschaft ließ solchen genossenschaftlichen Elementen kaum einen Raum; im Westen des Reichs aber gab es überall dörfliche Institutionen bäuerlicher Selbstverwaltung mit zum Teil weitreichenden Kompetenzen: von der Mitwirkung im dörflichen Niedergericht über die – mitunter recht komplizierte – Organisation des Arbeitsablaufs der Dreifelderwirtschaft oder der Nutzung der Almende bis hin – jedenfalls nicht ganz selten – zur Wahl des Pfarrers. Und diese Institutionen genossenschaftlicher Selbstbestimmung funktionierten auch als Vertretung der Bauern gegenüber der Herrschaft, mitunter sogar als Prozeßgegner in rechtlichen Auseinandersetzungen, die bis vor die Landesherren oder vor die höchsten Gerichte des Reichs getragen wurden. Allerdings ist nicht zu verkennen, daß diese dörfliche Selbstverwaltung gerade seit dem ausgehenden Mittelalter mehr oder minder rigoros eingeengt wurde, und zwar vor allem durch die innere Expansion der territorial-staatlichen Herrschaft; auch das war ein immer wiederkehrender Gegenstand bäuerlichen Protests bis hin zum Bauernkrieg.

Neben den Strukturen und Wandlungen der Agrarverfassung kam der Bevölkerungs- und Wirtschaftsentwicklung der Zeit für die bäuerliche Sozialstruktur maßgebende Bedeutung zu. Wichtig war hier vor allem der Umschlag von der Bevölkerungsstagnation und Agrarbaisse des späten Mittelalters zur Bevölkerungs- und Agrarhausse des 16. Jahrhunderts. Die Zunahme der Bevölkerung und die wachsende Nachfrage nach landwirtschaftlichen Produkten führte zum Landesausbau, zur Rekultivierung wüst gewordenen Landes, auch zu neuen Rodungen; mit den Preisen für die landwirtschaftlichen Produkte, nicht selten sogar schneller als diese, stiegen die Bodenpreise; die sich daraus ergebenden Kreditchancen wurden für die Neugründung einer Vielzahl bäuerlicher Betriebe genutzt, die ihrerseits wiederum den ländlichen Bevölkerungsüberschuß aufnahmen. Das Dorf füllte sich mit Leben, mit wirtschaftlicher Aktivität, und allem Anschein nach kam dieser Aufschwung zunächst allen dörflichen Schichten zugute, zumal auch die in der Zeit des spätmittelalterlichen Arbeitskräftemangels auf dem Lande erheblich gestiegenen Arbeitslöhne noch bis in die zwanziger Jahre des 16. Jahrhunderts hinein auf ihrem hohen Niveau verharrten. Indessen machten sich schon frühzeitig auch problematische Konsequenzen des Konjunkturumschwungs bemerkbar. Zum einen waren es doch von allem Anfang an nur die größeren, in erheblichem Umfang für den Markt produzierenden Betriebe, die wirklich in den Nutzen der steigenden Getreidepreise kamen; zum andern zeigte sich, jedenfalls in Regionen schon traditionell dichter Besiedlung, daß der Bevölkerungszuwachs nur begrenzt durch den Landesausbau aufzufangen war. So kam es – vor allem in Realteilungsgebieten – zu einer unguten Zunahme bäuerlichen Klein- und Kleinstbesitzes oder – in Gebieten vorherrschenden Anerbenrechts – zur Polarisierung der dörflichen Gesellschaft in wenige reiche Vollbauern einerseits, eine wachsende Schicht unterbäuerlicher Hilfskräfte und armer Landgewerbetreibender anderseits. Der säkulare Umschwung der Agrarkonjunktur führte mithin nicht nur zur Steigerung bäuerlichen Wohlstands, sondern auch und in zunehmendem Maße zu einer Verstärkung der sozialen Probleme auf dem Dorf.

Was schließlich die Einwirkungen des sich ausbildenden Fürstenstaats der Epoche auf die bäuerliche Sozialstruktur angeht, so gab es hier wiederum, und zwar diesmal auf Grund der regional unterschiedlichen Verfassungsentwicklung im Reich, sehr prinzipielle Unterschiede. In den stärker geschlossenen Territorien des Nordens, aber auch in Hessen oder Bayern, wurde die Intensivierung der staatlichen Gewalt der Landesherren im wesentlichen in Auseinandersetzung mit den grund- bzw. gutsherrschaftlichen Ständen durchgesetzt, und dieser Vorgang war bis um die Jahrhundertwende zumeist schon so weit vorangeschritten, daß die Landesherren in den Konflikten zwischen Grundherrschaft und Bauern schiedsrichterliche oder sonst streitentscheidende Funktionen an sich ziehen konnten. In solchen Streitigkeiten ergriffen die Fürsten nicht selten für die Bauern Partei; die Anfänge einer gezielten Bauernschutzpolitik reichen in Nordwestdeutschland bis ins 15. Jahrhundert zurück. Dabei ging es den Fürsten vor allem um die Erhaltung der bäuerlichen Steuerkraft, auf die der frühmoderne Staat je länger desto weniger verzichten konnte; daß zugleich damit die soziale Position der ständischen Grundherren beschnitten wurde, war ein vielfach gern verfolgter Nebenzweck. Die unmittelbaren Einwirkungen der landesfürstlichen Gewalt auf das bäuerliche Sozialleben blieben dagegen gerade in diesen weiträumigen Territorien noch geraume Zeit sehr bescheiden – ganz zu schweigen von den ostelbischen Gebieten, in denen die Landeshoheit der Fürsten gegenüber der Gutsherrschaft ohnehin weit zurücktrat. Ganz anders lagen die Verhältnisse dagegen im politisch kleinräumigen Südwesten des Reichs mit seiner vielfach verzögerten Ausbildung territorialer Staatlichkeit. Die Territorialbildung vollzog sich hier weithin im unmittelbaren Gegenüber des zur räumlichen Konzentration und Konsolidierung seiner Herrschaftsrechte strebenden

Grund- und Leibherrn mit seinen Bauern, und folgerichtig waren auch die Auseinandersetzungen der Bauern mit ihrer Herrschaft zum guten Teil zugleich Auseinandersetzungen mit der sich konsolidierenden Territorialgewalt. Soziale und politische Konflikte kumulierten hier und verschärften sich gegenseitig; auch hier hat man es mit einer typischen Ausgangslage schon des Bauernkriegs zu tun.

d) Randgruppen der Gesellschaft

Noch die armen und ungebildeten, minderberechtigten und politisch einflußlosen Unterschichten in Stadt und Land mitsamt den zahlreichen Bettlern der Zeit waren als Glieder der ständischen Gesellschaft akzeptiert; sie waren „ehrliche Leute". Daneben aber gab es Randgruppen, die in ihrer sozialen Existenz partiell oder überhaupt auf Ablehnung stießen: die „unehrlichen Leute", dazu die Zigeuner und die Juden.

Die „Unehrlichkeit" war grundsätzlich keine moralische, sondern eine soziale Kategorie; sie meinte nicht die moralische Verwerflichkeit einer Person oder Gruppe, sondern den Status geminderter Ehre und damit eingeschränkter Zugehörigkeit zur Gesellschaft. Dabei beruhte die Zuschreibung von Unehrlichkeit mitunter auf wenig rationalen Vorstellungen. So galten Henker und Abdecker, weil sie mit Leichen zu tun hatten, als unehrlich und waren vom gesellschaftlichen Leben in Dorf und Stadt weithin ausgeschlossen. Wenn dagegen in vielen Landschaften die Müller als unehrliche Leute angesehen wurden, so deshalb, weil sie in dem – nun freilich moralischen – Verdacht standen, die Bauern beim Mahlen des Getreides zu betrügen. Noch einmal anders stand es um die Unehrlichkeit der fahrenden Leute, der umherziehenden Kleingewerbetreibenden also wie etwa der Kesselflicker, aber auch der Spieler, Gaukler und Musikanten, die von Markt zu Markt zogen und ihre Künste zeigten. Bei ihnen war es der Mangel an Seßhaftigkeit und damit an gesicherter, kontrollierbarer Unterordnung unter die Normen der Gesellschaft, die zu ihrer Abdrängung an den Rand sozialer Existenz führten.

Gleich ein ganzes Bündel von Motiven führte zur Diskriminierung der Zigeuner, die seit dem 15. Jahrhundert vom Südosten her in das Reich einwanderten. Sie hatten sich ursprünglich gern als Nachfahren uralter christlicher Geschlechter und Verfolgte um des Glaubens willen ausgegeben; als der Betrug aufflog, wandelte sich das anfängliche Mitleid der Bevölkerung in Ablehnung und Haß. Die ethnische, auch die sprachliche Fremdartigkeit der Zigeuner, ihre Nichtseßhaftigkeit, auch die Undurchsichtigkeit ihres Erwerbslebens und der daraus genährte Verdacht ständiger Kriminalität kamen hinzu; seit dem Akutwerden der Türkengefahr wurden die Zigeuner wegen der fortdauernd engen Verbindung mit ihren unter osmanischer Herrschaft lebenden Sippen der Spionage für die Türken bezichtigt. Schon in den ersten Polizeiordnungen deutscher Territorien zu Beginn des 16. Jahrhunderts finden sich Mandate, durch die den Zigeunern der Aufenthalt im Lande verboten wurde; spätere Ordnungen erklärten sie geradezu für vogelfrei. Daß sie trotzdem, wenngleich gewiß in geringer Anzahl, weiter ihr Dasein fristen konnten, verdankten sie im Grund nur der Schwäche der Staatsgewalt, die bis auf weiteres – jedenfalls in den kleinen und Zwergterritorien des Reichs – nicht in der Lage war, derartige Mandate wirklich durchzusetzen.

Den Juden schließlich kam schon nach der herkömmlichen Auffassung der Kirche nur eine Position geminderten Rechts am Rande der christlichen Gesellschaft zu. Seit Augustinus galt das Judentum als „Magd" oder „Sklavin" der Christenheit; erst am Ende der Zeiten werde die Synagoge von ihrer Verblendung frei werden, dann freilich im Bekenntnis zu Jesus Christus auch in die volle Gemeinschaft des neuen Gottesvolks eingehen. Eine solche Auffassung vertrug sich nicht mit einer blutigen Verfolgung der Juden, wohl aber mit einer diskriminierenden Ausgestaltung jenes Knechtschaftsverhältnisses und auch mit einer weitgehenden Ausgrenzung der Juden aus der Gesellschaft. Tatsächlich ist die päpstliche Politik des späteren Mittelalters gegenüber den Juden vor allem von solchen Diskriminierungs- und Ausgrenzungstendenzen bestimmt gewesen. Die Realität der jüdischen Existenz war freilich noch viel schlimmer: Sie war schon seit dem 11. Jahrhundert – in Deutschland wie überhaupt in Europa – von immer wiederkehrenden Pogromen bestimmt, denen Hunderte von jüdischen Gemeinden und Zehntausende von jüdischen Menschen zum Opfer fielen. Die Gründe dafür lagen in einem Syndrom tiefsitzender Fremdheiten, unter denen der Glaubensfeindschaft eine gewissermaßen rationalisierende, scheinbar auch legitimierende Funktion zukam. Daneben standen wirtschaftliche Gründe, insbesondere die – durch die Unsicherheit der Verhältnisse bedingten und durch die christlichen Obrigkeiten gebilligten, für die Schuldner gleichwohl ruinösen – Zinsforderungen jüdischer Geldverleiher in Höhe von jährlich 33 Prozent und mehr, gelegentlich wohl auch der pure Neid auf wirtschaftlich erfolgreiche Juden. In England und Frankreich gab es im späten Mittelalter überhaupt keine Juden mehr, in den Städten und Territorien des Reichs wechselten Zeiten relativer Toleranz mit Jahren schlimmer Verfolgung oder Vertreibung. Seit dem ausgehenden 14. Jahrhundert setzte sich die Nichtduldung der Juden vor allem in den Reichsstädten immer ausschließlicher durch; an der Wende des 15. Jahrhunderts waren es nur mehr einige wenige Reichsstädte – vor allem Frankfurt/Main, Worms, Regensburg –, die noch Juden in ihren Mauern duldeten. Und auch auf territorialer Ebene begann die Praxis der Judenvertreibung zu grassieren. Die Juden wurden zunächst aus den Städten auf das Land, dann aus den größeren Territorien in kleinräumige Herrschaften abgedrängt, die – wie gegenüber den Zigeunern – nicht über eine hinreichende Polizeigewalt verfügten, um eine Ausweisung der Juden zu erzwingen. In solch kleinen Herrschaften spielten sich mitunter sogar erträgliche

Verhältnisse ein; bezeichnenderweise hatten jüdische Kaufleute hier nicht selten die Funktion von Finanzberatern des Landesherrn inne – Vorläufer der so einflußreichen Hoffaktoren des 17. und 18. Jahrhunderts. Unsicher und gefährdet aber blieb ihre Existenz auch hier. So verließ ein großer Teil der deutschen Juden das Reich überhaupt und ging – vor allem – nach Polen-Litauen, dessen Adel der jüdischen Einwanderung wegen der wirtschaftlichen Tüchtigkeit der Juden zumeist, jedenfalls bis auf weiteres, keine Hindernisse in den Weg legte. Auf dem Weg in den Osten nahmen die Juden ihre Sprache, ein Gemisch aus Hebräisch und Mittel- bzw. Frühneuhochdeutsch, mit; dieses „Jiddisch" ist bis in unser Jahrhundert ein grundlegendes Element des osteuropäischen Judentums geblieben und erst mit dem Holocaust untergegangen.

4. Die politische Verfassung. Reich, Territorien und Reichsstädte

a) Grundstrukturen der politischen Verfassung und ihrer Wandlungen zu Beginn des 16. Jahrhunderts

Die politische Ordnung Deutschlands unterlag an der Wende des Mittelalters zur Neuzeit einer tiefgreifenden Umstrukturierung. Sie bestand in einer bisher unbekannten Zusammenfassung und Vereinheitlichung der überkommenen Herrschaftsrechte, aber auch in deren Erweiterung, vor allem im Zugriff auf immer weitere Lebensbereiche der Gesellschaft; zum wichtigsten Instrument dieser Umstrukturierung wurde die fürstliche und städtische Verwaltung. Im Grunde war das nichts anderes als ein Schritt auf dem Wege zu moderner Staatlichkeit, zum „institutionalisierten Flächenstaat" der Neuzeit (Th. Mayer). Die Anfänge dieses Wegs reichten tief ins Mittelalter zurück, und an sein Ziel kam er in Deutschland erst nach dem Ende des alten Reichs zu Beginn des 19. Jahrhunderts; die Jahrzehnte an der Wende des Mittelalters zur Neuzeit stellten jedoch eine besonders wichtige Phase dieses Modernisierungsprozesses dar. Das darf freilich nicht so verstanden werden, als hätten die Staatsmänner der Zeit – oder auch nur die weitestschauenden unter ihnen – das Ziel der Schaffung eines solchen modernen Staats fest im Auge gehabt und ihr politisches Handeln darauf abgestimmt. Es waren vielmehr praktische Notlagen und Bedürfnisse, die die maßgebenden Entscheidungsprozesse vorantrieben; daß damit entscheidende Schritte zur Ausbildung moderner Staatlichkeit getan wurden, zeigt sich erst im langfristigen historischen Rückblick.

Am wichtigsten war vielleicht, daß man jetzt zur Vorstellung einer einheitlichen, die Vielfalt alter und neuer Herrschaftsrechte bündelnder Staatsgewalt gelangte; auf der politischen Ebene der Territorien wurde dafür der Begriff der „Landeshoheit" geläufig. Im Prinzip lief diese Vorstellung zugleich auf eine Monopolisierung der öffentlichen Gewalt hinaus; deren praktische Konsequenz aber bestand in der Ausscheidung fremder – geistlicher wie weltlicher – Herrschaftsrechte aus dem Lande wie in der Unterwerfung oder doch Verdrängung konkurrierender Machtträger im Lande selbst. In der Tat kam es seit dem Beginn des 16. Jahrhunderts zunehmend zu politischen Flurbereinigungen, insbesondere zwischen benachbarten Landesherrschaften oder auch Reichsstädten; man begann, genauere Grenzverläufe festzulegen, die Vorstellung einer staatlichen Gebietshoheit verfestigte sich. Noch wichtiger, freilich auch schwieriger, war die Zurückdrängung der herkömmlichen Träger eigenständiger Herrschaftsgewalt im Lande. Hier kam es zu langwierigen und mitunter harten Auseinandersetzungen, auch zu empfindlichen Rückschlägen. Der Monopolisierung öffentlicher Gewalt blieben insofern ziemlich enge Grenzen gezogen, und das sollte das ganze Jahrhundert hindurch so bleiben; die Machtmittel selbst bedeutender Landesherren waren noch lange Zeit zu schwach, um die traditionellen Herrschaftspositionen auf regionaler und lokaler Ebene auszuschalten oder auch nur entbehrlich machen zu können – von der Konkurrenz des politischen Ständewesens ganz zu schweigen. Vollends in der Verfassung des Reichs selbst kam die Tendenz zur Konzentration politischer Herrschaft wegen des Dualismus von Kaiser und Reichsständen kaum zum Zuge.

Zur Vereinheitlichung und Monopolisierung der öffentlichen Gewalt kam die innere Expansion des sich formierenden Staats. Über die traditionellen Aufgaben der Rechts- und Friedenswahrung hinaus wurde jetzt der „gemeine Nutzen" zur politischen Leitvorstellung, in dessen Zeichen grundsätzlich alle Lebensbereiche der Gesellschaft der Fürsorge und Herrschaft des Staats unterworfen werden konnten. Charakteristischer gesetzgeberischer Niederschlag dieser neuen Tätigkeit des Staats waren die sogenannten Polizeiordnungen, die zu Beginn des 16. Jahrhunderts von ad hoc-Regelungen im Umfang weniger Artikel sehr rasch zu voluminösen Akten der Gesetzgebung anwuchsen; bereits die erste Reichspolizeiordnung von 1530 umfaßte über einhundert, zum Teil recht ausführliche Paragraphen. An eine Durchsetzung der Normen dieser Gesetzgebung wie überhaupt des politischen Willens der Staatsgewalt war freilich nur mit Hilfe einer funktionsfähigen Verwaltung zu denken; eben deshalb gehörte auch der Ausbau der Verwaltung zu den Grunderscheinungen des Verfassungslebens der Epoche. Zum wichtigsten Personal dieser neuen Verwaltung, insbesondere der landesfürstlichen Zentralverwaltungen, wurden akademisch gebildete Juristen zumeist bürgerlicher Herkunft, deren Stellung bereits wesentliche Merkmale des neuzeitlichen Berufsbeamtentums aufwies.

Die langfristige und tiefgreifende Wandlung vom personenrechtlich orientierten Herrschaftspluralismus des Mittelalters zum souveränen Flächenstaat der Neuzeit war zumeist von Auseinandersetzungen zwischen dem König bzw. dem Landesfürsten einerseits, den Reichs- und Landständen anderseits begleitet oder vollzog sich überhaupt in Form dieser Auseinandersetzungen. Dabei haben sich die Stände vorerst – wenngleich mit erheblichen Unterschieden im einzelnen – durchaus behauptet, ja: das politische Ständewesen, die politische Organisation also der Reichs- und Landstände, gelangte im 16. Jahrhundert überhaupt auf den Höhepunkt seiner Bedeutung. Eben hierin liegt ein zweites grundlegendes Strukturelement der politischen Ordnung Deutschlands in unserer Epoche.

Die Wurzeln dieses politischen Ständewesens lagen zum einen in der seit jeher wirksamen Bindung der fürstlichen, auch der königlichen Herrschaft an den prinzipiellen Konsens der Großen des Landes. Diese „meliores et majores terrae", wie sie schon ein Reichsspruch von 1231 nannte[1], hatten sich freilich zunächst mehr oder minder ausschließlich aus dem Adel rekrutiert; seit dem ausgehenden Mittelalter gesellten sich aber auch der Klerus und die Städte, gelegentlich sogar die Bauern, hinzu. Ohne ihre finanzielle Hilfe wäre die fällige Modernisierung der politischen Ordnung nicht möglich gewesen; die dafür erforderlichen Verfahren der Steuerbewilligung leiteten unmittelbar zur politischen Organisation des Ständewesens – vor allem: zu den Landtagen – hinüber. Daneben gab es jedoch noch eine andere Wurzel des politischen Ständewesens, nämlich die seit dem hohen Mittelalter vielfach bezeugten Einungen, in denen sich Gruppen des Adels und des Klerus, aber auch der Städte zusammengeschlossen hatten, um – nicht selten in weitgespanntem regionalen Rahmen – den Landfrieden oder überhaupt die eigene politische Existenz gegenüber machthungrigen Nachbarn zu sichern. Auch diese Einungen boten Anknüpfungspunkte für die Organisation des politischen Ständewesens; zudem blieb das Ziel der politischen Existenzsicherung, das schon zu jenen Einungen geführt hatte, auch in den neuen Formen des Ständewesens lebendig, in deutlicher Frontstellung nicht zuletzt gegen die expandierende Fürstenmacht.

Freilich hatte die Verfestigung der politischen Organisation des Ständewesens von Anfang an auch mit innerständischen Problemen zu tun. Die ökonomischen und sozialen Unterschiede zwischen den verschiedenen Ständen waren schon im späteren Mittelalter so groß geworden, daß es sich als zunehmend schwierig erwies, über die divergierenden Interessen der einzelnen Gruppen hinaus das gemeinsame Interesse, auch gegenüber den Fürsten, zu mobilisieren. Im Gegensatz zu dem organisatorisch ziemlich einfachen Miteinander von Klerus, Adel und Städten in den Landfriedensbünden des 13. und noch des 14. Jahrhunderts war deshalb im Ständewesen des späten 15. und erst recht des 16. Jahrhunderts eine gemeinsame Willensbildung nur mehr auf den komplizierten Wegen eines rechtlich genau geregelten Ausgleichs der Einzelinteressen der verschiedenen Stände und Ständegruppen möglich. So war das Verfahren der Landtage wie des Reichstags grundlegend von der Notwendigkeit der Auseinandersetzung und des Kompromisses nicht nur zwischen Fürst und Ständen, sondern auch zwischen den Ständen selbst bestimmt. Die daraus resultierende Umständlichkeit des Verfahrens schwächte die Handlungsfähigkeit nicht nur der Stände in Reich und Territorien, sondern auch des Reichs und der Territorien selbst.

In der Auseinandersetzung zwischen Fürst und Ständen waren es zumeist die Fürsten, die die Modernisierung der politischen Ordnung vorantrieben. Aber auch die Stände hatten daran durchaus ihren Anteil, nicht zuletzt durch ihre vielfach bezeugte und nachdrückliche Forderung nach einer geordneten Verwaltung insbesondere der Staatsfinanzen; in nicht wenigen deutschen Territorien gehen überhaupt schon die Anfänge der Zentralverwaltung auf das Verlangen der Stände zurück. Darüber hinaus aber darf auch die – im ganzen gewiß vorherrschende – retardierende Rolle der Stände im Prozeß neuzeitlicher Staatsbildung nicht einfach als Ausdruck kurzsichtigen Eigennutzes der Stände diffamiert werden. Die neuere Ständeforschung hat nämlich sehr deutlich gemacht, daß die Stände der frühen Neuzeit gerade mit ihrem Widerstand gegen die fortschreitende Expansion und Intensivierung der fürstlichen Staatsgewalt die wichtigsten Träger politischer Freiheit gewesen sind – in Deutschland wie in Europa, und zwar auch in Krisenzeiten, wenn der Ruf nach Ordnung gemeinhin sehr viel lauter ertönte als der Ruf nach Freiheit. Daß diese Freiheit nicht so sehr die Freiheit des Individuums im Sinne liberaler Grundrechte war als vielmehr eine ständisch abgestufte und zumeist korporativ eingebundene Freiheit, ist gewiß richtig; über solchen Unterschieden darf jedoch die Kontinuität des Protests gegen das Machtmonopol des neuzeitlichen Staats nicht auseinandergerissen werden.

Die Grundrichtung der verfassungspolitischen Entwicklung hin zu neuzeitlicher Staatlichkeit wie die ständestaatlichen Elemente der politischen Ordnung Deutschlands entsprachen ziemlich genau den Grundlinien der inneren Staatsbildung, wie sie seit dem späteren 15. Jahrhundert auch für eine Vielzahl anderer europäischer Länder, namentlich für die Länder Westeuropas, maßgebend waren. Dagegen unterschied sich die politische Ordnung Deutschlands durch ein drittes grundlegendes Strukturelement in charakteristischer Weise von der verfassungspolitischen Entwicklung aller anderen europäischen Länder: durch die politische Konkurrenz nämlich von Reich und Territorien, die beide in sich ständestaatlich organisiert, zugleich aber durch die reichsständische Stellung der Territorialfürsten auf sehr komplexe und spannungsvolle Weise miteinander verbunden waren. Auf der Verfassungsebene des Reichs standen die Landesherren – zusammen mit den Reichsstädten – als Reichsstände dem Kaiser gegenüber; auf der Verfassungsebene der einzelnen Territorien aber repräsentierten sie selbst die fürstliche Gewalt, die ihrerseits die Landstände zum politischen Gegenüber hatte. Aus dieser Zweistufigkeit der ständestaatlichen Ordnung Deutschlands ergaben sich mancherlei Gemeinsamkeiten der Verfassung des Reichs einerseits, der Territorien anderseits; so ist etwa das Verfahren des Reichstags nicht selten zum Vorbild der Landtage in den Territorien geworden. Noch wichtiger aber waren die Unterschiede hier und dort –

vor allem die Tatsache, daß die Territorien auf dem Wege zur Modernisierung ihrer politischen Ordnung im Sinne neuzeitlicher Staatlichkeit größere und dauerhaftere Fortschritte machten als das Reich. Die großen Herren des Reichs, die der Reichsgewalt – vor allem den Rechten des Königs – von jeher enge Grenzen gezogen hatten, sorgten auch jetzt, im Rahmen der neuen ständischen Ordnung und unter Ausnutzung ihrer reichsständischen Rechte, für die Fortdauer des Herrschaftspluralismus im Reich, während sie zugleich die Vereinheitlichung und Stärkung ihrer Landesherrschaft nach Kräften vorantrieben. Zwar fehlte es bei den Reichsständen nicht ganz an Bestrebungen zu einer Stärkung auch der Reichsgewalt – freilich mit dem Ziel einer maßgeblichen Beteiligung der Reichsstände selbst an dieser Reichsgewalt –, und im Zuge der Verfassungsänderungen des ausgehenden 15. und beginnenden 16. Jahrhunderts haben diese Bestrebungen auf der Grundlage politischer Kompromisse zwischen Königtum und Ständen auch zu einigen dauerhaften Erfolgen geführt: zur Festigung des Reichstags als obersten, im Prinzip souveränen Entscheidungsgremiums, zur Neubelebung einer höchsten Reichsgerichtsbarkeit in Gestalt des Reichskammergerichts, zur grundsätzlichen Durchsetzung der Steuerpflicht jedes Reichsstands, auch zur Einrichtung der Reichskreise als Kristallisationskernen einer Art von Provinzialverwaltung des Reichs. Zu weiteren und entscheidenden Schritten einer Modernisierung des Reichs kam es jedoch nicht – die politischen Eigeninteressen der großen Reichsstände ließen nicht nur dem König, sondern auch den Institutionen einer „ständischen Reichsreform" nur bescheidene Spielräume für eine effektive Stärkung der Reichsgewalt.

b) Die Verfassung des Reichs

Die Reichsverfassung des 16. Jahrhunderts beruhte zum guten Teil unmittelbar auf den Strukturveränderungen der sogenannten Reichsreform, die im ausgehenden 15. und beginnenden 16. Jahrhundert die in der Folge wichtigsten Institutionen der Reichsverfassung tiefgreifend umformte oder überhaupt neu schuf. Daneben aber blieben wichtige ältere Verfassungstraditionen lebendig, auch sie freilich in mannigfacher Wandlung begriffen. Vor allem die verfassungspolitische Stellung des Kaisers beruhte fortdauernd zu einem nicht geringen Teil auf solchen älteren Rechtsschichten der Reichsverfassung.

Einen deutlichen Hinweis auf das Fortwirken älterer, mittelalterlicher Traditionen gibt schon der Doppeltitel des Reichsoberhaupts als deutschen Königs und römischen Kaisers; das durch die päpstliche Krönung vermittelte Kaisertum der deutschen Herrscher ging ja schon auf den Erwerb der Kaiserkrone durch Otto I. 962 zurück. In der politischen Doktrin des Mittelalters waren die Rechte und Pflichten des römischen Kaisers gerade im Unterschied zu denen des deutschen Königs scharf herausgearbeitet worden, vor allem mit der Tendenz, dem Kaisertum – und nur ihm – universalistische Funktionen gegenüber den anderen Königreichen des Abendlandes wie gegenüber der Kirche zuzuschreiben. Das bedeutete indessen noch keineswegs eine Beschränkung des Königtums auf Deutschland; neben Deutschland gehörten vielmehr auch Burgund und das sogenannte Reichsitalien in den Amtsbereich des Königs, und in der Betonung gerade der Ansprüche auf Italien haben die deutschen Könige seit Heinrich IV. auch den Titel eines Romanorum Rex geführt. Bis zum Ende des Mittelalters allerdings verlor das Reich außerhalb Deutschlands so viel an realer politischer Herrschaft, daß die Vorstellung von den tria regna des Königs verblaßte. Und auch der durch die päpstliche Krönung vermittelte universale Charakter des Kaisertums trat allmählich in den Hintergrund; Maximilian I. verzichtete schließlich überhaupt auf die Kaiserkrönung durch den Papst.

Mit alledem verloren die verfassungsrechtlichen Unterschiede zwischen Kaisertum und Königtum viel von ihrer früheren Bedeutung. An der Doppelung dieser höchsten Würden des Reichs aber hielt man fest, und eine praktisch sehr bedeutsame Konsequenz daraus war die Möglichkeit der Wahl eines Königs noch bei Lebzeiten des Kaisers. Der solcherart vivente imperatore gewählte König, der den Titel eines römischen Königs führte, galt nämlich als designierter Nachfolger des Kaisers, bei dessen Tod er ungeachtet der noch ausstehenden Kaiserkrönung unmittelbar in die volle Regierung des Reichs folgte; das Rechtssprichwort formulierte: „Wenn der Kaiser stirbt, setzt sich der römische König in den Sattel“[2]. Die Institution des römischen Königs, genauer: der Wahl des römischen Königs zu Lebzeiten des Kaisers, war mithin ein wichtiges Instrument der Reichsverfassung zur Verhinderung von Thronvakanzen und Thronkämpfen; zugleich gab sie dem regierenden Herrscher die Möglichkeit des Einflusses auf die Wahl seines Nachfolgers und schränkte so in praxi die Wahlmöglichkeiten der Kurfürsten ein. Eben deshalb verwundert es nicht, daß es seit dem Ende der Staufer nur mehr ausnahmsweise zu solchen Wahlen zu Lebzeiten des Kaisers kam. Den Herrschern aus dem Hause Habsburg gelang es jedoch, das Verfahren erneut zu praktizieren und üblich zu machen.

Die Möglichkeit der Wahl des römischen Königs vivente imperatore änderte nichts an der grundlegenden Tatsache, daß das deutsche Reich von jeher ein Wahlreich war und es auch im 16. Jahrhundert wie überhaupt bis zu seinem Ende blieb, ungeachtet der regelmäßig wiederkehrenden Wahl von Mitgliedern des Hauses Habsburg zum Reichsoberhaupt. Die grundlegende Bedeutung dieser Tatsache bestand zum einen darin, daß die Kurfürsten, denen nach der Goldenen Bulle von 1356 das alleinige aktive Wahlrecht zustand, die Wahl eines Kandidaten von Bedingungen abhängig machen konnten; seit der Wahl Karls V. 1519 wurden diese Bedingungen in förmlichen Wahlkapitulationen verbrieft. Zum andern machte das Fehlen einer erblichen Thronfolge das Problem der kaiserlichen Hausmacht erst so fatal, wie es wirklich war – als Problem nämlich politischer Zielkonflikte des Kaisers selbst: Er mußte als Chef des Hauses Habsburg neben den Reichsinteressen ja zugleich und legitim auch die politischen Interessen der Casa d'Austria wahrnehmen, und diese beiden Interessen liefen keineswegs stets parallel. Dieser latente Widerstreit zwischen Reichs- und dynastischen Hausmachtinteressen war ein stets wirksames Ferment aller kaiserlichen Politik, und in der Regel entschied sich der Kaiser im Konfliktsfall zugunsten seiner Dynastie, gegen das Reich.

Die wesentlichen Bestimmungen für die Königswahl standen bereits in der Goldenen Bulle von 1356, die deshalb auch stets zu den Grundgesetzen des Reichs gezählt wurde. Danach war wahlberechtigt ausschließlich der enge Kreis der Kurfürsten – sie hießen „Kurfürsten" gerade um dieses ihres Rechts zur „Kür" des Königs willen –; die Wahl erfolgte mit der Mehrheit der Stimmen. Zu den Kurfürsten gehörten die Erzbischöfe von Mainz, Trier und Köln sowie als weltliche Herrscher der Herzog von Sachsen, der Markgraf von Brandenburg sowie der Pfalzgraf bei Rhein, dazu der König von Böhmen. Die böhmische Kur wurde allerdings – wie schon bei der Königswahl Maximilians 1486 – nach 1519 das ganze 16. Jahrhundert hindurch nicht mehr ausgeübt, wie denn überhaupt die Zugehörigkeit des böhmischen Königs zum Kreis der Kurfürsten, z. B. auch auf den Reichstagen, ruhte. Das war ein deutlicher verfassungspolitischer Ausdruck der seit den Tagen Karls IV. weit fortgeschrittenen Entfremdung Böhmens vom Reich, die erst seit der habsburgischen Thronfolge in Böhmen 1526 und auch dann nur in einer sehr langfristigen, bis ins 18. Jahrhundert reichenden Entwicklung rückgängig gemacht werden konnte.

Der Kernbereich der Herrschaftsrechte des Königs war seit staufischer Zeit lehensrechtlicher Art; es waren die Rechte, die aus der Stellung des Königs als obersten Lehensherrn des Reiches flossen. Der größte Teil aller Reichsfürsten trug seine Herrschaft unmittelbar vom König zu Lehen, und wie sie war auch die Vielzahl der ihnen nachgeordneten Lehensträger dem König zu lehensrechtlicher Treue verpflichtet. Beim Tode jedes Lehensherrn wie jedes Lehensmannes mußte die Belehnung erneuert werden, jedesmal wurde auch der lehensrechtliche Treueschwur erneuert. Man wird die fortdauernde Bedeutung dieser lehensrechtlichen Oberhoheit des Königs nicht unterschätzen dürfen. Daß der König als oberster Lehensherr zugleich auch oberster Richter in Lehenssachen war, gab ihm bei lehensrechtlichen Konflikten zwischen den Fürsten und deren Lehensleuten – mithin für einen bedeutenden Teil der politischen Auseinandersetzungen in den Ländern überhaupt – nicht geringe Einflußmöglichkeiten; die Verweigerung der Belehnung durch den König oder auch die Drohung mit einem Felonieprozeß wegen Untreue des Lehensmanns waren überdies gefährliche politische Waffen. Trotzdem ist nicht zu leugnen, daß die politische Funktion des Lehensrechts und mit ihr die Stellung des Königs als obersten Lehensherrn schon im späteren Mittelalter viel von ihrer früheren

Bedeutung verloren hatten und daß dieser Aushöhlungsprozeß auch in der frühen Neuzeit nur partiell aufgehalten oder gar in seiner Tendenz umgekehrt werden konnte. Wenn etwa das spätmittelalterliche Königtum in Frankreich die Einbehaltung frei werdender Lehen zugunsten der Krone durchsetzen und damit sich selbst eine ständig breiter werdende Machtbasis schaffen konnte – das war der entscheidende Vorgang im Aufstieg des französischen Königtums im späten Mittelalter überhaupt –, so war die lehensrechtliche Position der deutschen Könige schon längst zu schwach, um eine solche Sammlung und Konzentration der im Lehensrecht institutionalisierten Herrschaftsrechte zustandezubringen; im Gegenteil verfestigten sich hier die Herrschaftsrechte gerade der großen Lehensträger zur einheitlichen Staatsgewalt der Landeshoheit.

Eine eigene Bedeutung kam der – außerhalb des Lehensrechts stehenden – Herrschaft des Königs über die königlichen bzw. Reichsstädte zu. Zwar hatten die königlichen Städte seit dem Ende der Staufer eine wachsende politische Eigenständigkeit errungen; zusammen mit einer Reihe fürstlicher und bischöflicher Städte, die die Herrschaft ihres Stadtherrn hatten abschütteln können, nannten sie sich nun Reichsstädte, und zumindest die größeren unter ihnen beanspruchten nach innen und außen eine politische Selbständigkeit, die derjenigen der fürstlichen Landesherren kaum mehr nachstand. Indessen klafften hier zwischen Anspruch und Wirklichkeit doch erhebliche Widersprüche. Insbesondere im Fall innerstädtischer Streitigkeiten – im 14. und frühen 15. Jahrhundert vor allem im Zusammenhang der Zunftkämpfe – griff der Kaiser immer wieder in das politische und gesellschaftliche Leben der Städte ein, und selbst an einschneidenden Verfassungsänderungen durch kaiserlichen Oktroi fehlte es nicht. Diese verfassungspolitische Linie des späteren Mittelalters setzte sich im 16. Jahrhundert durchaus fort; der berüchtigte Verfassungsoktroi Karls V. in den oberdeutschen Reichsstädten nach dem Schmalkaldischen Krieg war überhaupt die umfänglichste verfassungspolitische Intervention des Reichsoberhaupts, die die Reichsstädte jemals erfuhren.

Neben den älteren Elementen der Reichsverfassung und sie überlagernd, wurden seit der Wende des 15. Jahrhunderts die institutionellen Ergebnisse der sog. Reichsreform für die politische Ordnung des Reichs maßgebend.

Begriff und historische Bedeutung der Reichsreform unterliegen seit einigen Jahren einer recht strittigen wissenschaftlichen Diskussion. So hat sich insbesondere H. Angermeier gegen das Verständnis der Reichsreform als eines Ansatzes zu staatlicher Verdichtung der Reichsverfassung gewandt und stattdessen die mittelalterlichen, verfassungspolitisch „konservierenden" Elemente der Reichsreform hervorgehoben, zugleich freilich ihren zeitlichen Rahmen vom beginnenden 15. Jahrhundert bis zum Augsburger Religionsfrieden von 1555 ausgeweitet; P. Moraw dagegen hält schon den Begriff der Reichsreform für ungeeignet, um die verfassungspolitischen Strukturveränderungen des Reichs an der Schwelle zur Neuzeit, und zwar in ihrer historischen Tragweite wie in ihrer konzeptionellen Offenheit, ja: Uneinheitlichkeit, angemessen zu bezeichnen. Die mit alledem in Gang gekommene Diskussion hat jedoch bislang nicht zu einer neuen, allgemein anerkannten Sicht der Dinge geführt. Im Folgenden wird deshalb am Begriff der Reichsreform wie an ihrer herkömmlichen Datierung auf die Regierungszeit Maximilians I. festgehalten; die alte Frage, ob und inwieweit die Reichsreform – gewollt oder ungewollt – die politische Ordnung des Reichs im Sinne neuzeitlicher Staatlichkeit modernisiert hat, dürfte ihre wissenschaftliche Relevanz ohnehin behaupten.

Die wichtigsten Ergebnisse der Reichsreform, die auf den Reichstagen der Regierungszeit Maximilians I. zustande gebracht wurden, waren 1. die institutionelle Festigung des Reichstags als des obersten gesetzgeberischen und politischen Beschlußorgans des Reichs, 2. die Erneuerung des Reichskammergerichts als obersten Organs der Rechtsprechung, 3. die Errichtung der Reichskreise als dezentralisierter Verwaltungsorgane des Reichs auf landschaftlicher Ebene sowie 4. die Einführung einer Reichssteuer zur Finanzierung der Institutionen des Reichs, auch: des Reichsheeres. Dazu kam 5., freilich nur in einer Phase harter außenpolitischer Bedrängnis des Königs, die Etablierung eines Reichsregiments als eines überwiegend ständisch organisierten Regierungsgremiums, in dem der König kaum mehr als die Rolle eines Primus inter pares spielte. Mit alledem sicherten sich die Reichsstände neben der Krongewalt bestimmenden Einfluß auf die Reichspolitik, und so war es kein Wunder, daß schon Maximilian selbst immer wieder versuchte, die neugeschaffenen Verfassungsorgane zu umgehen, sie zumindest aber in ihren Kompetenzen zu beschneiden oder auch konkurrierende, eindeutig von der Krongewalt bestimmte Institutionen zu schaffen. In der Tat gelang es ihm sehr bald, das ärgerliche Joch des Reichsregiments wieder abzuschütteln; auch die institutionelle Verfestigung des später so bedeutenden Reichshofrats als obersten, von den Ständen völlig unabhängigen kaiserlichen Gerichts ging schon auf Initiativen Kaiser Maximilians zurück. Im übrigen aber behaupteten sich die Institutionen der ständischen Reichsreform durchaus; sie wurden für das 16. Jahrhundert wie überhaupt bis zum Ende des alten Reichs zu dessen maßgebenden Verfassungsorganen neben dem Kaiser.

Die institutionellen Wurzeln des Reichstags lagen zum einen im königlichen Hoftag, der freilich im 15. Jahrhundert seine frühere Bedeutung weitgehend verloren hatte, zum andern und vor allem in der mehr oder minder institutionalisierten Funktion der Kurfürsten in der Leitung des Reichs: „Der Reichstag – das waren zunächst die Kurfürsten“ (Moraw)[3]. Ihnen kristallisierten sich bis zum Ende des 15. Jahrhunderts die Gesamtheit der geistlichen und weltlichen Fürsten, die Grafen und Herren und schließlich auch die Reichsstädte an – aus im einzelnen sehr unterschiedlichen Gründen mit sehr unterschiedlichem Gewicht ihrer Beteiligung, aber doch mit dem Ergebnis einer deutlich verbreiterten und organisatorisch verfestigten Mitwirkung an der Regierung des Reichs. Dieser Prozeß der Verbreiterung und Verfestigung wurde im Zusammenhang der ständischen Reichsreform entscheidend vorangetrieben. Auf den Reichstagen des ausgehenden 15. Jahrhunderts gelangte die Reform zum klaren Bewußtsein ihrer selbst; Hand in Hand damit ging die Institutionalisierung des Reichstags als ihres wichtigsten politischen Instruments. Freilich formierten sich die Reichsstände dabei als sehr unterschiedliche Gruppen mit weit divergierenden politischen Interessen, und das bestimmte sehr wesentlich nicht nur die Gliederung, sondern auch das Verfahren des Reichstags. Sein grundlegendes Organisationsprinzip bestand nämlich im Nebeneinander dreier ständischer Kurien, deren Kooperation miteinander wie mit dem Kaiser durch ein ausgeklügeltes, auch umständliches Verfahren der Sicherung wie des Ausgleichs der widerstreitenden Interessen geregelt wurde.

Als vornehmste dieser Kurien galt der Kurfürstenrat. Ihm gehörten alle Kurfürsten des Reichs mit Ausnahme des böhmischen Königs an. Die Beschlüsse des Gremiums bedurften der Stimmenmehrheit seiner anwesenden Mitglieder oder deren Vertreter; jeder von ihnen führte eine Stimme. Da ohne die Zustimmung des Kurfürstenrats kein Reichsbeschluß zustandekommen konnte, wog die Stimme jedes einzelnen Kurfürsten auf dem Reichstag schwer. Neben ihrem Königswahlrecht war diese Position der Kurfürsten auf den Reichstagen der deutlichste Ausdruck – und zugleich ein sehr wirksames Instrument – ihrer verfassungspolitischen Präeminenz im Reich, auf deren Erhaltung sie denn auch mit Zähigkeit bedacht waren. Sonst wirkte die Parität der geistlichen und weltlichen Mitglieder des Kurfürstenrats politisch eher ausgleichend – eine Tendenz, die um die Jahrhundertmitte durch die Herausbildung einer konfessionellen Parität der geistlichen und weltlichen Kurfürsten noch an Bedeutung gewinnen sollte.

Wenn das Kurfürstenkolleg schon in der Goldenen Bulle von 1356 einen gewissen Abschluß seiner Institutionalisierung erreicht hatte, so ging die Verfestigung der Fürsten zu einem politischen Stand des Reichs erst auf das spätere 15. Jahrhundert zurück, und zwar als Mittel zur Interessenwahrung gegen den Kaiser einerseits, gegen das ältere und mächtigere Kurkollegium anderseits. In einer für oppositionelle Sammlungsbewegungen typischen Manier schlossen sich die Fürsten jetzt nicht nur untereinander, sondern auch mit den – ihnen lehensrechtlich nahestehenden – Grafen und Herren des Reichs sowie mit den nichtgefürsteten Reichsprälaten zu gemeinsamem Handeln auf den Reichsversammlungen zusammen, und dieser Zusammenschluß blieb für die Reichstagsverfassung dauernd maßgebend; der Fürstenkurie des Reichstags gehörten bis zum Ende des alten Reichs stets auch die Grafen und Herren sowie die Reichsprälaten an. Allerdings gab es hier gewaltige Unterschiede der politischen Rechte: Nach einigen Unsicherheiten und Schwankungen in den ersten Jahrzehnten des Fürstenrats bürgerte sich das Prinzip ein, daß zwar jedes der rund 70 fürstlichen Mitglieder des Gremiums eine eigene „Virilstimme" führte, daß aber die Gesamtheit der nahezu 120 Grafen und Herren wie auch der mehr als 70 nichtgefürsteten Reichsprälaten auf je eine oder – später – zwei „Kuriatstimmen" beschränkt waren. Im übrigen hatten in der Fürstenkurie – anders als im Kurfürstenrat – die Geistlichen stets eine klare Mehrheit, vor allem wegen der Vielzahl der Reichsbischöfe, die ja sämtlich im Fürstenrat Sitz und Stimme hatten. Auch das war eine für die Geschichte der Glaubensspaltung in Deutschland folgenreiche Konstellation. Die Mehrheit der Geistlichen im Fürstenrat bedeutete ja zugleich eine fortdauernde Majorität der Katholiken; da aber für Beschlüsse des Reichstags die Zustimmung auch der Fürstenkurie erforderlich war, konnte es von Reichs wegen – ganz abgesehen von der Haltung des Kurfürstenrats oder gar des Kaisers – kaum jemals zu Entscheidungen zugunsten der Reformation kommen.

Was schließlich die Reichsstädte angeht, so war deren Stellung auf den Reichstagen noch lange Zeit unsicher und umstritten. Daß sie sich – zuerst auf dem Reichstag von Frankfurt/Main 1489 – als geschlossenes Kollegium formierten, bedeutete noch keineswegs die Anerkennung des Städterats als einer gleichberechtigten Ständekurie; die Stellungnahme der Städte wurde von den Kurfürsten und Fürsten durchweg als unverbindliches votum consultativum betrachtet. Das wurde von den Städten, die ursprünglich weniger aus eigenem Antrieb als auf Betreiben des Königs bei den Reichsversammlungen erschienen waren, zunehmend als diskriminierend empfunden – nicht zuletzt angesichts ihres unverhältnismäßig hohen Beitrags zu den finanziellen Lasten des Reichs. Gerade diese fiskalische Benachteiligung der Städte aber ließ sich von seiten der oberen Stände durch den Ausschluß der Städte von der verbindlichen Willensbildung des Reichstags sehr bequem aufrechterhalten, und die großen Herren dachten gar nicht daran, auf diese Bequemlichkeit zu verzichten. Nicht einmal das konfessionelle Bündnis der reichsstädtischen Mehrheit mit den evangelischen Kurfürsten und Fürsten der Reformationszeit sollte an dieser Diskriminierung der Städte und damit des Bürgertums durch Adel und Klerus etwas Grundlegendes ändern.

Die Einberufung des Reichstags erfolgte durch ein kaiserliches Ausschreiben, das auch die Hauptagenden des Reichstags aufführte. Die formelle Leitung der Reichstagsgeschäfte einschließlich der Organisation der gesamten Kommunikation zwischen den Reichstagskurien, einschließlich auch der Formulierung der förmlichen Beschlüsse des Reichstags, lag dann beim Kurerzkanzler, also dem Erzbischof von Mainz. Trotzdem hatte der Kaiser auch auf dem Reichstag eine klare Prärogative. Bei ihm allein lag die Gesetzesinitiative, und kein Beschluß des Reichstags – selbst wenn alle Reichsstände sich einig waren – kam ohne seine Zustimmung zustande. Umgekehrt gab es freilich auch keinen Reichstagsbeschluß gegen die

Mehrheit des Kurfürsten- oder auch nur des Fürstenrats; schon der Fürstenrat konnte sich allerdings einem übereinstimmenden Votum des Kaisers und des Kurfürstenrats nur schwer entziehen. Im übrigen waren manche Probleme der Reichstagsverfassung, und zwar auch solche von prinzipieller Bedeutung, noch jahrzehntelang umstritten. Das gilt – abgesehen von der Stellung der Reichsstädte auf den Reichstagen – insbesondere für die Frage der Zulässigkeit unmittelbarer Verhandlungen des Kaisers mit den einzelnen Ständekurien, aber auch für die Zusammensetzung und das Verfahren interkurialer Ausschüsse des Reichstags; derartige Ausschüsse brachten immer wieder die Gefahr – oder auch: die Chance – mit sich, die in der Reichstagsverfassung fixierten Gewichte der politischen Kräfte im Reich ohne großes Aufheben zu verschieben.

Die Sachkompetenz des Reichstags war nirgends definiert und praktisch so gut wie unbegrenzt. Die Zuständigkeit für die Bewilligung von Reichssteuern bildete den harten Kern dieser Kompetenzen. Damit verbanden sich das Recht der Legislative des Reichs, Befugnisse der Aufsicht über Reichsverwaltung und -justiz, nicht zuletzt das Recht zu religionspolitischen Beschlüssen. Gravamina gegen die römische Kurie mit Beschwerden über die kuriale Finanz- und Verwaltungspraxis beschäftigten die Reichstage schon Jahrzehnte vor der Reformation; in den 20er Jahren sollte der Reichstag geradezu die Rechte eines Nationalkonzils beanspruchen. Und über seine einzelnen Kompetenzen hinaus war der Reichstag überhaupt das wichtigste politische Forum Deutschlands, in den Worten Leopold von Rankes: „Die Einheit der Nation fand in diesen Versammlungen ihren lebendigen Ausdruck. In den Grenzen des Reichs konnte nichts Bedeutendes vorkommen, was man nicht hier in Erwägung genommen, nichts Neues sich erheben, was sich nicht hier hätte durchsetzen müssen“ [4].

Im Gegensatz zu der im Reich kaum bestrittenen Sachkompetenz des Reichstags war die Verbindlichkeit seiner Beschlüsse für die einzelnen Reichsstände nicht über allen Zweifel erhaben. Jedenfalls gab es keine ausdrückliche verfassungsrechtliche Fixierung des Majoritätsprinzips für die Beschlüsse des Reichstags, und das insoweit geltende Gewohnheitsrecht schloß jedenfalls nicht aus, daß einzelne Stände oder Ständegruppen aus wichtigen Gründen durch eine förmliche Protestation einem Mehrheitsbeschluß des Reichstags die Folge verweigerten. Indessen war die politische Autorität des Reichstags doch so groß, daß es nur in ziemlich seltenen Ausnahmefällen zur offenen und förmlichen Geltendmachung solcher Vorbehalte kam. Viel fataler als derartige offene Widersprüche und Vorbehalte war deshalb, daß das Reich nur in Ansätzen über eine eigene Verwaltung verfügte, mit deren Hilfe die Entscheidungen des Reichstags zuverlässig und prompt hätten durchgesetzt werden können. Die Durchführung der Reichstagsbeschlüsse lag im wesentlichen bei den einzelnen Reichsständen und blieb dort nicht selten im Konflikt mit den politischen Eigeninteressen der Reichsstände stecken – ganz abgesehen davon, daß viele der kleineren Reichsstände noch lange Zeit selbst nicht über eine Verwaltung verfügten, die es vermocht hätte, den Beschlüssen des Reichstags bis ins einzelne Nachachtung zu verschaffen.

Neben dem Reichstag war das Reichskammergericht die wichtigste auf die Reichsreform zurückgehende Institution der Reichsverfassung. Das Hauptziel der Neugründung bestand in der Sicherung des Landfriedens, und zwar vor allem im Hinblick auf die Streitigkeiten zwischen Reichsunmittelbaren, d.h. zwischen solchen Streitgegnern, die selbst unter keiner reichsständischen Jurisdiktion standen – die Auseinandersetzungen und Fehden dieser großen Herren waren für das Land ja ohnehin viel gefährlicher als mancherlei kleine Landfriedensbrüche sozial deklassierter Raubritter. Als höchstes Gericht des Reichs stellte das Kammergericht in gewisser Weise eine Erneuerung des alten, seit geraumer Zeit in Verfall geratenen königlichen Hofgerichts dar; folgerichtig galt von allem Anfang an und bis zum Ende des alten Reichs der Kaiser und nur er als Gerichtsherr des Kammergerichts. Anderseits aber wurde 1495 gerade die für das Hofgericht konstitutive Verbindung des Gerichts mit dem Hofe gelöst: In seiner Zusammensetzung, mit seinem festen Gerichtsort wie in seinem Verfahren stand das Kammergericht fortan durchaus selbständig neben dem Hof, und für die personelle Besetzung des Gerichts erlangten überdies die Stände ein weitgehendes Mitbestimmungsrecht. Zwar der Gerichtsvorsitzende, der sogenannte Kammerrichter, dem u.a. die einflußreiche Verteilung der Geschäfte sowie die Zusammensetzung der Senate oblag, wurde vom Kaiser nach dessen freier Wahl ernannt; für die große Mehrheit der eigentlichen Urteiler des Gerichts aber, der sogenannten Assessoren, hatten die Reichsstände ein Präsentationsrecht. Damit wurde das Gericht dem Einfluß des Königs auf seine Rechtsprechung weitgehend entzogen. Ob sich der König damit auf die Dauer abfinden werde, war freilich zunächst noch sehr unsicher – ebenso unsicher war, ob umgekehrt nicht die Stände versuchen würden, das Gericht politisch für sich in Dienst zu nehmen. Daß in der Folge, wenngleich nicht ohne harte Auseinandersetzungen, die Unabhängigkeit der Rechtsprechung des Gerichts von König und Ständen durchgesetzt werden konnte, war ein rechtspolitischer Erfolg von hoher Bedeutung.

Die Zuständigkeit des Kammergerichts galt in erster Instanz für alle Landfriedensbrüche, für Mißachtung der Reichsacht oder der Reichsgesetze, für fiskalische Angelegenheiten des Reichs sowie für Klagen aller Art gegen Reichsunmittelbare, auch für Fälle der Rechtsverweigerung bzw. -verzögerung; darüber hinaus war das Kammergericht Appellationsinstanz gegen zivilrechtliche Urteile der landesfürstlichen und reichsstädtischen Gerichte sowie der adligen Schiedsgerichte, die in der Folge freilich ohnehin zugunsten des Kammergerichts verschwanden. Zusammengenommen bedeutete das eine empfindliche Begrenzung justizieller Selbständigkeit der Reichsstände, und vor allem die größeren unter ihnen beschwerten sich denn auch des öfteren über diese Beeinträchtigung ihrer Landeshoheit in Sachen der Justiz – ein sehr bezeichnender Beleg dafür, daß die Institutionen der ständischen Reichsreform nicht einfach den partikularistischen Eigeninteressen der Reichsstände dienten, sondern sehr wohl auch die Kompetenzen des Reichs gegen jene Eigeninteressen stärkten. Allerdings verfügten nicht wenige der großen Landesfürsten, namentlich die Kurfürsten, ohnehin über Appellationsprivilegien, durch die der Instanzenzug zum Kammergericht ausgeschlossen wurde.

Schon nach der Ordnung des Kammergerichts von 1495 sollte die eine Hälfte der Assessoren rechtsgelehrt, die andere von Adel, zumindest aus der Ritterschaft sein. Diese Vorschrift war ein Kompromiß im Kampf um die Rezeption des römischen Rechts: Während nämlich das herkömmliche, freilich arg zersplitterte deutsche Recht von Laienschöffen gehandhabt werden konnte, bedurfte die Anwendung des an den italienischen Universitäten des späten Mittelalters wissenschaftlich durchgeformten und für die zeitgenössische Praxis aufbereiteten römischen Rechts akademisch gebildeter Juristen; gerade diese neue Rolle der Akademiker, die ja zumeist sogar bürgerlicher Herkunft waren, stellte einen Kernpunkt des Streits um die Rezeption des römischen Rechts dar. Das Kammergericht hat dann seinerseits erheblich zur Durchsetzung der Rezeption beigetragen. Nach der Ordnung von 1495 sollte es zwar nur dann den „gemeinen Rechten“, d.h. dem römischen und kanonischen Recht, folgen, wenn bewiesene und vernünftige deutsche Rechtsgewohnheiten dem nicht entgegenstünden. Die Ansprüche an diesen Beweis der Gültigkeit des herkömmlichen Rechts wurden indessen bald so hoch geschraubt, daß der ursprüngliche Grundsatz der bloßen Subsidiarität des römischen Rechts sich in sein Gegenteil verkehrte; insbesondere für das ungeschriebene Gewohnheitsrecht war jener Geltungsbeweis ja oft nur schwer zu erbringen. Solchem raschen Bedeutungszuwachs des römischen Rechts für die Judikatur des Gerichts entsprach die zunehmende Tendenz zur wissenschaftlichen Vorbildung aller Assessoren: Schon die Kammergerichtsordnung von 1521 schrieb vor, daß auch die adligen Assessoren „nach Möglichkeit“ rechtsgelehrt sein sollten, und ein paar Jahrzehnte später galt die wissenschaftliche Ausbildung überhaupt als zwingende Voraussetzung für das Amt der Assessoren.

Die Rezeption des römischen Rechts durch das Kammergericht hat für die meisten deutschen Territorien und Städte als Vorbild gewirkt, nicht zuletzt natürlich wegen der Funktion des Kammergerichts als Appellationsgericht. Und selbst in solchen Territorien oder Städten, in denen größere Teile des älteren deutschen Rechts neben dem römischen in Geltung blieben, veränderte sich der Umgang auch mit dem traditionellen Recht; überall machten sich, ganz abgesehen vom Einfluß einzelner Bestimmungen des römischen Rechts, dessen rationalisierende und systematisierende Tendenzen bemerkbar. Das bedeutete eine gewisse Vereinheitlichung des deutschen Rechtslebens und insofern auch einen Gewinn an Rechtssicherheit. Die mit dem römisch-rechtlichen Verfahren regelmäßig einhergehende Verlängerung der Prozeßdauer machte freilich gerade diesen Gewinn an Rechtssicherheit großenteils wieder zunichte. Überdies blieb das römische Recht dem einfachen Volk weithin fremd. So ging die Beteiligung des Volks an der Gerichtsbarkeit zurück; sie mußte im 19. Jahrhundert in den Schöffengerichten erst mühsam neu belebt werden, und bis heute ist die Rechtsfremdheit des Volkes ein besonderes und besonders ungutes Kennzeichen gerade der deutschen Rechtsgeschichte.

Ein weiterer kritischer Punkt der Wirksamkeit des Kammergerichts und vielleicht sein schwerster Mangel überhaupt, der nun freilich nicht mit der Rezeption zusammenhing, sondern nur eine Ausprägung eines Grundgebrechens der gesamten Reichsverfassung darstellte, war schließlich das Fehlen einer zuverlässigen Exekution seiner Urteile. Für die Durchsetzung der Entscheidungen des Gerichts waren im wesentlichen die einzelnen Reichsstände zuständig, und deren politische Opportunitäten standen mit der Reichsjustiz nur allzu oft in Widerspruch. Bessere Möglichkeiten eröffneten sich immerhin mit der Einrichtung der Reichskreise, die nach unsicheren Anfängen um 1500 binnen einiger Jahrzehnte zu nützlichen Institutionen der Rechts- und Friedenswahrung des Reichs auf landschaftlicher Ebene wurden. Den Mangel einer schlagkräftigen Exekutive des Reichs sollten freilich auch die Reichskreise nicht wirklich beheben können; gegenüber den großen Flächenterritorien im Norden und Osten des Reichs vermochten sie sich ohnehin kaum zu entfalten.

Im späteren Mittelalter hatte sich die Schere zwischen Einnahmen und Ausgaben des Reichs weit geöffnet. Einerseits war das Reichsgut, dessen Einkünfte in früheren Zeiten die Ausgaben des Reichs einigermaßen gedeckt hatten, größtenteils in die Hände der Reichsfürsten übergegangen, anderseits wuchs der Finanzbedarf des Reichs enorm an. Vor allem die neuen Söldnerheere verschlangen ein Vielfaches der Summen, die man für die früheren Heere der – sich selbst ausrüstenden und unterhaltenden – Ritter gebraucht hatte; dazu kamen noch die hohen Kosten für die neu aufkommende Artillerie. Die für die Friedenssicherung des Reichs nach innen anfallenden Belastungen waren demgegenüber eher bescheiden; immerhin waren selbst die schon um 1500 für das Kammergericht aufzubringenden 10000 Gulden pro Jahr ein Betrag, der die dem Reich insgesamt zufließenden herkömmlichen Einkünfte – aus Stadt- und Judensteuern, Zöllen, Gerichtsgebühren – deutlich überstieg. Die Erschließung neuer Finanzquellen war mithin unerläßlich, und dafür kam in erster Linie die Einführung einer Reichssteuer in Betracht. Zwar für die Unterhaltung des Reichsheeres ging man zunächst – neben oder anstatt einer solchen Geldsteuer – auch den Weg einer Verpflichtung jedes Reichsstands zur eigenständigen Stellung und Besoldung einer bestimmten Zahl von Reitern und Fußknechten; als Berechnungsgrundlage dafür diente eine Matrikel, in der das Kontingent jedes Reichsstands für den traditionellen Romzug des Kaisers, den sogenannten Römermonat, festgelegt war. Diese Praxis unmittelbarer Truppenstellung durch die Reichsstände war jedoch zu umständlich, um sich auf Dauer behaupten zu können; so wurde auch die Finanzierung des Reichsheeres immer ausschließlicher auf die Basis einer Reichssteuer gestellt.

Für die Art dieser Reichssteuer gab es nun eine sehr prinzipielle und folgenreiche Alternative, die Erhebung nämlich als sogenannter Gemeiner Pfennig oder als Umlage auf Grund einer Geldmatrikel. Der Gemeine Pfennig – das Wort „gemein" bedeutete hier soviel wie „allgemein" – war eine von jedem Reichsuntertan zu zahlende, wenn auch nach Stand und wirtschaftlichem Vermögen gestaffelte Steuer, die – so jedenfalls nach der Vorstellung des Reichstags von 1495 – durch eigene Steuerbeauftragte des Reichs auf der Basis der einzelnen Pfarreien eingenommen werden sollte. Die Erhebung der Steuer auf Grund einer Reichsmatrikel dagegen verpflichtete bloß die Reichsstände, die Fürsten also mit ihrem Kammergut, und zwar im Verhältnis der in der Matrikel für jeden einzelnen Reichsstand festgelegten Geldbeträge, ganz entsprechend also der Mannschaftsmatrikel des Römermonats. Beide Steuersysteme standen jahrzehntelang miteinander in Konkurrenz. Diese Konkurrenz war, zumindest auf den ersten Blick, erstaunlich; denn der Gemeine Pfennig hatte für die Reichsstände ja nicht nur den unmittelbaren Vorteil, ihr eigenes Vermögen weniger zu belasten als die Umlage nach der Matrikel, sondern versprach als allgemeine Steuer aller Reichsuntertanen auch den größeren Ertrag; noch in den 40er Jahren des 16. Jahrhunderts hielt man den Gemeinen Pfennig zur Finanzierung „großer" Reichshilfen für das geeignete Instrument. Diesen Vorteilen standen jedoch gravierende Nachteile gegenüber. In manchen Territorien bedurfte die Besteuerung der Untertanen, auch wenn es sich dabei um eine Reichssteuer handelte, einer eigenen Zustimmung der Landstände; das machte die Bewilligung des Gemeinen Pfennigs zu einer umständlichen und zeitraubenden Prozedur. Des weiteren waren die für den Gemeinen Pfennig grundlegenden Daten – Zahl und Vermögen der Untertanen – für eine Vielzahl von Territorien höchst unsicher; der Ertrag des Gemeinen Pfennigs war also kaum vorab zu berechnen, eine vorausschauende Planung so gut wie unmöglich. Auch brachte die Staffelung des Gemeinen Pfennigs nach der Ertragskraft des Vermögens große Probleme der steuerlichen Bewertung des Vermögens mit sich. Vor allem aber erschien den Reichsständen, zumindest den größeren unter ihnen, die Erhebung einer Reichssteuer unmittelbar von ihren Untertanen – und nun etwa gar durch eigene Steuerbeamte des Reichs – als Beeinträchtigung ihrer Landeshoheit, die sie je länger desto weniger hinzunehmen bereit waren. All diese Probleme entfielen im Steuersystem der Matrikel, als deren einziger Nachteil mithin nur die höhere Verpflichtung der Reichsstände selbst gegenüber dem Reich verblieb. Auch dieser Nachteil wurde jedoch ausgeräumt, und zwar einfach dadurch, daß sich die Reichsstände das Recht vindizierten, ihre an das Reich zu zahlende Steuer auf ihre Untertanen abzuwälzen. Bis dieser Anspruch wirklich durchgesetzt werden konnte, vergingen freilich noch Jahrzehnte.

c) Die Territorien

Die für das 16. Jahrhundert typische Tendenz zur Intensivierung wie zur Ausweitung der öffentlichen Gewalt trat in der territorialen Verfassungsgeschichte besonders deutlich zutage. Träger und Nutznießer dieser Entwicklung waren durchweg die fürstlichen Landesherren, und zwar zumeist in offenem oder latentem Konflikt mit den Ständen ihres Landes, die das Anwachsen staatlicher Macht in den Händen des Fürsten im Interesse ihrer herkömmlichen eigenen und eigenständigen Rechtsgewalt im Lande zu retardieren suchten. Über diesem Konflikt darf freilich nicht übersehen werden, daß die landesfürstliche Gewalt fortdauernd auf die Stände angewiesen blieb; der Landesherr bedurfte wie eh und je des grundsätzlichen Konsenses, der Absicherung seiner Herrschaft durch die Großen des Landes. Diese komplementären Funktionen der Stände wurden besonders in Krisenzeiten der Landesherrschaft aktualisiert, etwa bei Regierungsunfähigkeit des Landesfürsten oder Unmündigkeit des Thronfolgers – in diesen Fällen kam es nicht selten zu ständischen Vormundschaftsregierungen –, aber auch bei Landesteilungen oder anderen politischen Entscheidungen von existentieller Bedeutung. Seit dem ausgehenden Mittelalter gewann daneben die finanzielle Absicherung der landesfürstlichen Herrschaft durch die Stände maßgebende Bedeutung. Die herkömmlichen Einkünfte der Landesfürsten aus Domänen und Regalien konnten die wachsenden Ausgaben für Hof, Heer und Verwaltung je länger desto weniger decken; es lag nahe, ja: es blieb gar nichts anderes übrig, als das Land selbst – besonders die finanzkräftigen Städte, aber auch den Klerus, namentlich die reichen Klöster – um mehr oder minder regelmäßige Hilfe, praktisch: um Steuern anzugehen. Gewiß gab es Landesherren, die über reiche eigene Einkünfte, sogenannte Kameraleinkünfte, verfügten, etwa aus Flußzöllen wie die rheinischen Kurfürsten, aus Bergrechten wie die Kurfürsten von Sachsen auf der Grundlage des sächsischen Kupfer- und Silberbergbaus oder auch aus dem Salzregal, das vor allem Bayern und Österreich beträchtliche Einnahmen verschaffte. Auch hier aber genügten diese Kameraleinkünfte der Landesfürsten auf die Dauer nicht zur Finanzierung der Staatsaufgaben; in der großen Mehrheit der Territorien mußte ohnehin bereits um die Wende des 15. Jahrhunderts der größere Teil des Haushalts aus Steuern bestritten werden. Das bedurfte freilich nach alter, noch lange ungebrochener Rechtsüberzeugung des Einverständnisses der Betroffenen; die daraus resultierende Notwendigkeit von Verhandlungen mit einer Fülle von Institutionen und Personen wurde überhaupt zu einem wesentlichen

Impuls der institutionellen Verfestigung des politischen Ständewesens, vor allem der Landtage. Wenn früher die Gewährleistung der fürstlichen Herrschaft durch deren adlige Lehensleute genügt hatte – im wesentlichen: auf den Hoftagen der Fürsten –, so wurde jetzt die Beteiligung auch des Klerus und der Städte unabdingbar. An die Stelle des Hoftags des Fürsten mit seinen adligen Lehensleuten trat der Landtag mit den sich formierenden politischen Ständen des Landes.

Regelmäßig waren die Landtage in Kurien organisiert, am häufigsten in einem Dreikuriensystem von Klerus, Adel und Städten. Daß die Geistlichen auf den Landtagen eine eigene Kurie bildeten, entsprach gemeineuropäischen Verhältnissen; die Zusammenfassung geistlicher und weltlicher Fürsten im Kurfürsten- bzw. Fürstenrat des Reichstags war demgegenüber ja eine Ausnahmeerscheinung der europäischen Verfassungsgeschichte, die ihre sehr spezifischen Wurzeln im ottonischen Reichskirchensystem hatte. Gegenüber der Praxis der Hoftage bedeutete die Notwendigkeit des interkurialen Konsenses auf den Landtagen formell eine Minderung des politischen Gewichts des Adels. Doch behauptete der Adel auf den Landtagen in aller Regel einen deutlichen politischen Vorrang vor den anderen Ständen – insbesondere gegenüber den Städten, von denen oft sogar nur einige wenige überhaupt eingeladen wurden. Der Grund für diesen Vorrang des Adels lag im wesentlichen in seiner traditionellen, zumeist lehensrechtlich begründeten Herrschaftsstellung im Lande; daneben darf jedoch die Bedeutung der fortdauernden Nähe des Adels zum Fürsten – ganz konkret: am Hofe, der sein adliges Gepräge durchaus bewahrte – nicht unterschätzt werden.

Im übrigen gab es von Territorium zu Territorium, von Landschaft zu Landschaft mannigfache, mitunter tiefgreifende Unterschiede des politischen Ständewesens. So bildete sich in den großen Territorien des Ostens – in Kurbrandenburg und Kursachsen wie in Böhmen und in den östlichen der österreichischen Erblande – neben der Ritterkurie eine eigene Herrenkurie aus. Das entsprach dem hohen sozialen Rang dieser reichen und mächtigen „Herren“, der dem Status reichsunmittelbarer Grafen sehr nahe kam; es verstärkte zugleich das Gewicht des Adels insgesamt im politischen Ständewesen dieser Länder. Nur im Osten gab es freilich auch Bischöfe, die landsässig geworden waren und den geistlichen Kurien der Landtage besonderes Gewicht verliehen. Umgekehrt fehlte es nicht ganz an Territorien, in denen sich gar kein politisches Ständewesen formierte. Zu ihnen zählten – mangels hinreichender sozialer Substanz für eine solche Ständebildung – eine Vielzahl kleinräumiger Herrschaften namentlich im Südwesten des Reichs, aber auch einige geistliche Fürstentümer und vor allem die Kurpfalz; die pfälzischen Kurfürsten stützten sich fortdauernd auf ein Satellitensystem adliger Lehensleute, das über die räumlich stark zerklüfteten kurpfälzischen Territorien weit hinausreichte. Ein Mindestmaß an politischer Kommunikation der Fürsten mit ihren Untertanen gab es indessen überall. In den ständelosen geistlichen Fürstentümern – z.B. in Konstanz, Speyer, Worms und Eichstätt – übernahmen zumeist die Domkapitel quasiständische Funktionen; anderswo stand den Landesherren eine ständisch nicht ausdifferenzierte, im wesentlichen bäuerliche „Landschaft“ gegenüber, so z.B. in der Landvogtei Schwaben und in einigen anderen geistlichen und weltlichen Kleinterritorien in Südwestdeutschland, auch in der Fürstprobstei Berchtesgaden. Diese Landschaften waren freilich organisatorisch nur wenig verfestigt; die meisten von ihnen erwachten wohl überhaupt nur in Zeiten gefährlicher Krisen zu wirklichem Leben. Wiederum waren die Bauern auch auf gut funktionierenden Landtagen einiger Territorien vertreten, im Norden z.B. in Ostfriesland, im Süden des Reichs in Vorderösterreich und Tirol, auch in Vorarlberg, im Fürstbistum Basel, in den badischen Herrschaften und zeitweise auch in Salzburg. Auf prinzipiell anderen Verfassungsstrukturen beruhte dagegen die maßgebende Rolle der Bauern in den Schweizer Landgemeinden, deren korporativ-bündische Ordnung vom Stimmrecht jedes einzelnen Genossen in der Gemeinde ausging – ganz ähnlich übrigens wie die Universitas Dithmarschen im äußersten Norden Deutschlands: Im 15. Jahrhundert gelegentlich ausdrücklich als Reichsstand anerkannt, wurde die Dithmarscher Bauernrepublik erst um die Mitte des 16. Jahrhunderts von Holstein unterworfen und in ihrer herkömmlichen politischen Struktur vernichtet.

Der Kernbereich der Aufgaben und Kompetenzen der Stände lag von vornherein und auf die Dauer im Finanzwesen des Territoriums: in der Bewilligung, zumeist aber auch in der Verwaltung der Steuern; nur wenige der Landesherren verfügten bereits über eine hinreichend ausgebaute Finanzverwaltung, um die Dinge selbst in die Hand nehmen zu können. In manchen Territorien mutet dieses ständische Finanzwesen geradezu wie ein großes Kreditunternehmen mit dem Landesfürsten als Hauptschuldner an. Daß die Stände mit Hilfe ihrer finanzpolitischen Befugnisse eine im ganzen recht wirksame Kontrolle des fürstlichen Herrschaftsgebarens ausgeübt haben, steht außer Frage; man braucht nur die Landtagsrezesse der Zeit anzuschauen, um eine beeindruckende Vorstellung davon zu erhalten, wieviel an kleinen und großen Mißständen und Beschwernissen im Land durch die Stände zur Sprache gebracht und durch Verhandlungen mit dem Landesherrn abgestellt worden ist – ganz abgesehen von der vielfach recht erfolgreichen Wahrung traditioneller Freiheiten und Herrschaftsrechte der Stände im Land. Zu einer dauernden aktiven Beteiligung der Stände an der Regierung kam es freilich nur ausnahmsweise; die eigentlich politisch gestaltenden Kräfte der Territorien waren doch die Landesherren – bei allen Unterschieden der politischen Potenz wie des politischen Bewußtseins, die es gewiß auch bei ihnen gab.

Das Streben nach einer möglichst weitgehenden Zusammenfassung aller Herrschaftsrechte in der Hand des Landesherrn bedeutete zum einen die Zurückdrängung konkurrierender Machtträger des Landes selbst, zum andern die Verdrängung fremder Herrschaftsrechte aus dem Land, der Tendenz nach: die Herstellung eines geschlossenen Flächenstaats, eines territorium clausum. Beide Ziele waren nur langfristig zu erreichen, und zu Beginn des 16. Jahrhunderts standen die Landesherren erst am Anfang dieses Wegs. Die traditionelle Eigenständigkeit einer Vielzahl von Trägern politischer und Rechtsmacht im Lande fand im politischen Ständewesen bis auf weiteres einen recht wirksamen Rückhalt, und auch die Verdrängung fremder Herrschaftsrechte stieß auf viele Hindernisse. Zwar wurden jetzt viele der herkömmlichen Gemeinherrschaften zweier oder mehrerer Landesherren über ein Gebiet aufgelöst, politische Enklaven sowie einzelne Hoheitsrechte fremder Herren im Lande durch Kauf oder Tausch oder auch durch mehr oder minder rechtswidrige Usurpation beseitigt, die traditionellen Wegezölle durch territoriale Gebiets-, d.h. Grenzzölle ersetzt. Überhaupt wurden zunehmend genauere Grenzverläufe der Territorien festgelegt und in der Landschaft kenntlich gemacht. Indessen waren das alles doch erst Anfänge der Ausbildung neuzeitlicher Gebietssouveränität; die durchgehende Geschlossenheit der Länder im Sinne des territorium clausum ist ja überhaupt erst ein Ergebnis der napoleonischen Politik gewesen.

Das langfristig wichtigste Moment der Zunahme staatlicher Herrschaftsgewalt der Landesherren bestand in der Einbeziehung immer weiterer Lebensbereiche unter die kontrollierende und gestaltende Gewalt des Fürstenstaats. Über die Wahrung von Frieden und Recht weit hinausgehend setzte sich die Idee des gemeinen Nutzens als Leitprinzip der Politik durch, und die Landesherren nahmen die Fürsorge für dieses bonum commune alsbald und mit Erfolg für sich selbst in Anspruch. Auf dieser Grundlage erwuchs binnen weniger Jahrzehnte aus sehr bescheidenen Anfängen eine ausgedehnte territoriale Gesetzgebung, zumeist unter dem Titel von Landes- oder auch Polizeiordnungen. Ein häufiger Schwerpunkt gerade der frühesten dieser Polizeiordnungen bestand in der Festschreibung der herkömmlichen Standesunterschiede in der Kleidung und beim Aufwand für Familienfeste; die landesherrliche Gesetzgebung trug insofern ein sozial recht konservatives Gepräge. Die Tatsache aber, daß die Landesherren überhaupt derartige Kleidungs- und Festesvorschriften erließen, war ein revolutionärer Schritt auf dem Wege zu einer ins Leben der Einzelnen eingreifenden inneren Expansion der fürstlichen Herrschaft. Und andere Teile dieser frühen Sozialpolitik zielten auch inhaltlich durchaus auf Veränderungen der Gesellschaft ab, nicht zuletzt durch die – im wesentlichen den Reichsstädten nachgebildete – Organisation einer neuartigen Armenfürsorge.

Jene innere Expansion der landesfürstlichen Herrschaft, ihre Auffüllung mit staatlicher Substanz wäre schließlich ohne den Ausbau und die behördliche Verfestigung der landesfürstlichen Verwaltung nicht möglich gewesen, ja: diese Entwicklung der Verwaltung war selbst ein Grundelement der entstehenden territorialen Staatlichkeit an der Schwelle zur Neuzeit.

Der Auf- und Ausbau dieser Territorialverwaltung nahm seinen Ausgang vom fürstlichen Hof, der als einigermaßen festgefügter organisatorischer Komplex von Personen, Ämtern und Sachmitteln beim Fürsten für die Ausbildung zentraler Verwaltungsbehörden einen natürlichen Kristallisationskern bildete; insbesondere standen mit den bereits vorhandenen Hofämtern besoldete, finanziell gesicherte Stellen zur Verfügung, deren Aufgaben sich leicht durch Verwaltungsfunktionen ergänzen oder überhaupt neu bestimmen ließen.

Daß die Behördenentwicklung der frühneuzeitlichen Territorien ihren Ausgang vom fürstlichen Hof nahm, bedeutete gleichzeitig, daß diese Entwicklung von oben nach unten ging. Nach der Ausbildung der fürstlichen Zentralverwaltung kam es nur zögernd zum Aufbau eigener fürstlicher Mittelbehörden – sofern die Größe des Territoriums solche Mittelbehörden überhaupt erforderte. Auf der Ebene der Lokalverwaltung aber blieb es weithin überhaupt bei den herkömmlichen, personell und sachlich gering ausgestatteten, mitunter in Personalunion wahrgenommenen Ämtern der Rechtspflege, Polizei und Finanzverwaltung, die erst ganz allmählich unter straffere Kontrolle der fürstlichen Zentralbehörden gebracht werden konnten. Nicht selten fehlte es sogar an einem das ganze Territorium umspannenden Netz landesherrlicher Lokalverwaltung; so zerfiel das Kurfürstentum Brandenburg um 1500 in städtische, gutsherrliche und fürstliche Domänenbezirke, und nur die letzteren hatten überhaupt fürstliche Amtleute über sich. Doch waren die Verhältnisse sehr unterschiedlich; das Herzogtum Württemberg z.B. war schon im 15. Jahrhundert durchweg in landesfürstliche Ämter gegliedert, deren recht effektive Organisation selbst den Städten des Landes kaum eine bevorrechtigte Stellung ließ.

Die wichtigste Behörde der territorialen Zentralverwaltung war überall der fürstliche Rat; die Errichtung dieses Ratsgremiums als ständiger Regierungsbehörde bedeutete den ersten entscheidenden Schritt auf dem Wege zur Ausbildung einer neuzeitlichen Verwaltung. Die Vorgeschichte des landesherrlichen Rats reicht weit ins Mittelalter zurück; schon seit dem 13. Jahrhundert ist in den Quellen gelegentlich von fürstlichen consiliarii die Rede, und in der Folge wurden Amt und Titel der landesherrlichen Räte zumindest in den größeren Territorien zur geläufigen Erscheinung. Erst seit dem späteren 15. Jahrhundert aber kam es zu jener behördlichen Verfestigung und Ausgestaltung der Institution, durch die sie – unter Ausbildung nahezu aller Grundelemente neuzeitlicher Verwaltung – zum effektiven Machtinstrument des Fürstenstaats wurde. Die Bezeichnungen für diese zentralen Ratsgremien waren nicht einheitlich; neben dem wohl häufigsten Terminus „Hofrat" begegnen auch die Bezeichnungen „Regiment", „Regierung" oder „Ratsstube". Am frühesten, nämlich bereits 1469, wurde ein solcher fürstlicher Rat in Kurköln eingerichtet; bis zum Beginn des 16. Jahrhunderts verfestigte sich die neue Institution dann auch in einer Vielzahl anderer Territorien: in Tirol, in Württemberg, in Kursachsen, in

Bayern. Zumeist ging die Einrichtung des Rats auf die Initiative des Landesherrn selbst zurück; gelegentlich waren es aber auch die Stände, die – vor allem bei Regierungsunfähigkeit oder Mißwirtschaft des Landesherrn – die Einsetzung „geordneter Räte" verlangten; dies galt z.B. gerade für Kurköln, desgleichen für Tirol und für Württemberg. In diesen Fällen, wenn also die Errichtung des Rats auf ständische Forderungen zurückging, setzten die Stände vielfach auch die Besetzung des Rats mit einheimischen Räten durch, häufig mit Repräsentanten der Stände selbst, gelegentlich – als „Landrat" – in offener Konkurrenz zu den vom Landesherrn an den Hof gezogenen Räten. Das bedeutete natürlich eine besonders wirksame Verlängerung des ständischen Einflusses in die Landesregierung hinein, und eben deshalb haben die Landesherren, sobald sich nur die Gelegenheit dazu bot, diesen Einfluß der Stände wieder auszuschalten gesucht, in der Regel mit Erfolg; zu einer ständischen Mitregierung durch den Landrat ist es nur ausnahmsweise, am ehesten noch bei Sedisvakanzen geistlicher Fürstentümer, gekommen. Die Kompetenzen des Rats variierten im einzelnen; auch scheinen bestimmte Agenden – etwa der Justiz oder des Finanzwesens – vielfach nur von einzelnen Räten, nicht vom Plenum des Rats bearbeitet worden zu sein. Daß gleichwohl eine Fülle wichtiger Angelegenheiten der Landesregierung im Rat behandelt und entschieden wurde, steht außer Zweifel. An sich galt der Fürst selbst als Vorsitzender des Rats. Der wachsende Umfang der Geschäfte führte jedoch sehr bald dazu, daß der Landesherr einem Großteil der Sitzungen nicht selbst präsidierte; an seine Stelle trat, und zwar nicht bloß ad hoc, sondern auf Dauer, ein eigener Ratspräsident, etwa der Obersthofmeister oder der Kanzler. Gleichzeitig wurde der Rat aus einer bloß beratenden zu einer beschließenden Behörde; schon die österreichische Hofordnung von 1498 sah vor, daß der Hofrat nur in Angelegenheiten hoher politischer Bedeutung oder im Falle zwiespältiger Voten der Ratsmitglieder die Entscheidung des Fürsten anzurufen habe. Anderseits behielt sich der Landesherr besonders gravierende Entscheidungen insbesondere der Außen- und Finanzpolitik regelmäßig selbst vor; die landesfürstliche Regierung war insofern niemals ausschließlich eine Regierung aus dem Rat, sondern immer auch – in freilich unterschiedlichem Umfang – ein persönliches Regiment des Landesherrn. Im übrigen kam es in einer Reihe größerer Territorien schon frühzeitig zur Ausgliederung oder Neueinrichtung zentraler Ratsgremien neben dem Hofrat; in Landesherrschaften von bescheidenerem Zuschnitt blieb der Hofrat jedoch das ganze Jahrhundert hindurch die einzige „moderne", mehr oder weniger durchbürokratisierte Behörde.

Daß die landesherrliche Zentralverwaltung zum wichtigsten Machtinstrument des entstehenden Fürstenstaats werden konnte, hatte seinen Grund vor allem in der allmählichen Realisierung einer Reihe neuer Prinzipien ihrer Rekrutierung wie ihrer Arbeitsweise – Prinzipien, die seitdem und bis heute zum Grundbestand einer effektiven Verwaltung gehören.

Ein erstes solches Prinzip bestand schon in der Professionalisierung der Verwaltung: Verwaltung wurde zum Beruf, und zwar in der Regel zum alleinigen Beruf der mit ihr Betrauten, die sich deshalb ganz auf ihr Geschäft konzentrieren konnten. Mit dieser Professionalisierung ging – zweitens – die gehörige Sachkompetenz des Verwaltungspersonals auf Grund einer entsprechenden Ausbildung Hand in Hand. Solche Ausbildung konnte im Dienst der Verwaltung selbst, vor allem aber und insbesondere für die höheren Ränge der Verwaltung durch ein juristisches Studium erworben werden. Zum personellen Kern der fürstlichen Verwaltung wurden so die Juristen, die kraft ihrer Schulung am römischen Recht in besonderer Weise befähigt waren, die herkömmlichen Herrschaftstrukturen zu rationalisieren und im Dienst des Landesherrn zu intensivieren. Ihrer sozialen Herkunft nach handelte es sich bei diesen „gelehrten" Räten vor allem um Bürgersöhne, die auf dem Weg über ein juristisches Studium den sozialen Aufstieg suchten und fanden. Anderseits vergaben die Landesherren die Spitzenpositionen ihrer Verwaltung gern an Angehörige ihrer adligen Klientel im Lande, und diese Praxis gewann noch an Bedeutung, seitdem der Adel mehr und mehr dazu überging, seine Söhne zum – juristischen – Studium zu schicken und damit den Qualifikationsvorsprung der bürgerlichen gelehrten Räte wettzumachen. In den weiteren Zusammenhang dieser Professionalisierung der fürstlichen Verwaltung gehörten übrigens auch die – bezeichnenderweise: durchweg fürstlichen – Universitätsgründungen seit dem späteren 15. Jahrhundert: Freiburg/Br. (1457), Ingolstadt (1472), Tübingen (1477), kurz nach der Jahrhundertwende dann Wittenberg (1502) und Frankfurt/Oder (1505). Neben der Erhöhung des fürstlichen Prestiges ging es bei diesen Universitätsgründungen durchweg und sehr wesentlich darum, landeseigene Ausbildungsstätten für den Nachwuchs der landesherrlichen Verwaltung zu schaffen. Ganz entsprechend übernahmen die Universitäten der Folgezeit, namentlich in den protestantisch werdenden Territorien, die Ausbildung der künftigen Pfarrer des Landes.

Ein weiteres wichtiges Prinzip der neuen Verwaltung bestand in der grundsätzlich ausschließlichen Verpflichtung der landesherrlichen Beamten auf ihren fürstlichen Dienstherrn – häufig in der Form des Verbots, von irgendeinem anderen als dem Landesherrn selbst Vergütungen oder Geschenke entgegenzunehmen. Ungeachtet solcher Exklusivbestimmungen wird man freilich mit der fortdauernden Wirksamkeit politischer und sozialer Klientelverhältnisse innerhalb der Verwaltung selbst zu rechnen haben; schon der Eintritt in die landesfürstliche Verwaltung, erst recht die weitere Karriere hingen in der Regel von der Förderung durch einen höheren Beamten ab, der sich durch solche Förderung zugleich eine Art Hausmacht innerhalb der Verwaltung schuf. Daß solche Klientelverhältnisse mit jener Ausschließlichkeit der Bindung an den Landesherrn in Konflikt geraten konnten, liegt auf der Hand; der frühe Fürstenstaat konnte jedoch mangels hinreichender eigener Organisation des Ausbildungs-, Prüfungs- und Laufbahnwesens seiner Beamtenschaft auf das Funktionieren jener Klientelverhältnisse noch gar nicht verzichten.

Der Professionalisierung im grundsätzlich ausschließlichen Dienst des Landesherrn entsprach schließlich auch der Ausbau des Besoldungswesens, und zwar nicht mehr auf lehensrechtlicher Grundlage, sondern in Form von Sachbezügen und Geldvergütungen aus der landesherrlichen Kasse; auch die Anfänge eines Pensionswesens lassen sich feststellen. Die Vergütung der niederen Verwaltungsposten war sehr kärglich, die der fürstlichen Räte oder gar des Kanzlers aber zumeist recht ordentlich, mitunter sogar großzügig – eine Anerkennung der Bedeutung dieser Männer für den entstehenden Fürstenstaat, zugleich aber auch ein unabdingbares Zugeständnis im Interesse der Bindung dieser hohen Beamten an den Landesfürsten.

Für die Organisation der Verwaltung selbst war zunächst schon das Prinzip ihrer Dauerhaftigkeit und Stetigkeit von grundlegender Bedeutung: Der fürstliche Rat und ihm folgend die anderen Ratsgremien der Zentralverwaltung waren ständige Behörden, die täglich von früh bis spät – in zehn- bis zwölfstündiger Arbeitszeit – ihre Geschäfte zu erledigen hatten. Zur Effektivität der Verwaltung gehörte des weiteren ein geregeltes Verfahren mit hinreichend bestimmten Kompetenzen und Aufgaben, auch mit klaren Anweisungen für den Ablauf der Geschäfte, nicht zuletzt mit einer weitgehenden Schriftlichkeit der Amtsvorgänge – erst mit den landesherrlichen Behörden des späten 15. und 16. Jahrhunderts begann in Deutschland eine wirklich bedeutende Schriftlichkeit der Verwaltung.

Ein weiteres Grundelement der landesfürstlichen Verwaltung bestand im Prinzip der Kollegialität. Während an der Spitze des Staats allein der Fürst entschied, war die Verwaltung auf allen überhaupt vorhandenen Stufen grundsätzlich kollegial organisiert und entschied mit der Mehrheit ihrer Mitglieder. Der Grund dafür bestand nicht zuletzt in der Vorstellung, daß Kollegialität gegenseitige Kontrolle bedeute und deshalb geeignet sei, Amtsmißbrauch und Korruption zu verhindern. Und solche Vorsorge gegen Amtsmißbrauch war gewiß nötig und wichtig – nicht nur, weil trotz zunehmender Schriftlichkeit die Selbstkontrolle der Verwaltung der Entwicklung ihrer Macht deutlich hinterherhinkte, sondern auch deshalb, weil es noch lange Zeit erst schüchterne Ansätze einer Verwaltungsgerichtsbarkeit gab, die als Rechtsbehelf gegen Übergriffe der Verwaltung hätte angerufen werden können.

Zu den Grundzügen der inneren Staatsbildung der deutschen Territorien um die Wende des 15. Jahrhunderts gehörte schließlich auch die Intensivierung des landesherrlichen Kirchenregiments.

Ein erstes wichtiges Element dieses vorreformatorischen landesherrlichen Kirchenregiments bestand in der Verstärkung des Einflusses der Landesherren auf die Besetzung kirchlicher Ämter, insbesondere durch die zielbewußte Vermehrung der landesherrlichen Patronate über die Pfarrstellen des Landes. Des weiteren wurden die Klöster und Stifte durch den Ausbau und die Umgestaltung der traditionellen Schirmvogtei des Landesherrn unter Kontrolle gebracht; Abtsstellen und Stiftspfründen mußten überhaupt vielfach dazu herhalten, die Beamten der neuen landesfürstlichen Verwaltung – übrigens auch: die Professoren der neugegründeten Universitäten – zu versorgen. Schwieriger war es dagegen, auf die Besetzung auch der Bistümer bestimmenden Einfluß zu gewinnen. Immerhin gelang es den großen Landesherren im Osten und Südosten des Reichs, für eine ganze Reihe von Bistümern ihres Machtbereichs auf Kosten der an sich wahlberechtigten Domkapitel vom Papst das Nominationsrecht zu erlangen; zumeist wurden diese Bischöfe auch in ihrer weltlichen Herrschaft der landesfürstlichen Hoheit untergeordnet.

Neben der Stellenbesetzung war die Gerichtsbarkeit ein Hauptfeld landesherrlicher Machterweiterung. Das Interesse der Landesherren lag hier vor allem in der Einschränkung der räumlichen und sachlichen Zuständigkeit der geistlichen Jurisdiktion zugunsten der eigenen Gerichtsbarkeit. Traditionell gab es ja einen weiten Bereich von Rechtsstreitigkeiten, für deren Entscheidung der geistliche Richter – in der Regel der bischöfliche Offizial – entweder allein oder konkurrierend mit dem weltlichen Richter zuständig war, und selbst wenn beide Gerichtsbarkeiten zur Wahl standen, wandten sich die Leute gern an den Offizial; das Verfahren vor dem geistlichen Richter war nämlich dem weltlichen Verfahren in mehr als einer Hinsicht überlegen, nicht zuletzt wegen der sicheren Vollstreckung der Urteile des Offizials auch über die Grenzen des weltlichen Territoriums hinaus, notfalls mit Hilfe von kirchlichen Strafen wie Bann und Interdikt. Die weltlichen Landesherren gingen dagegen mit allen Mitteln an, bis hin zur Androhung von Strafen für Leib und Leben der Boten des geistlichen Gerichts; die Überlegenheit des Verfahrens vor dem geistlichen Richter konnte freilich erst allmählich ausgeglichen werden.

Ein drittes wichtiges Element des vorreformatorischen landesherrlichen Kirchenregiments bestand im Zugriff auf die kirchlichen Finanzen. Die landesherrliche Besteuerung der Geistlichen wurde zur Regel; nicht selten ließen sich die Landesherren sogar den kirchlichen Zehnten abtreten. Die Erlaubnis zur Verkündung von Ablässen wurde in aller Regel nur erteilt, wenn dem Landesherrn selbst ein kräftiger Anteil an den Erträgen des Ablasses zugestanden wurde; viele Ablässe wurden überhaupt zur Finanzierung von Vorhaben der weltlichen Obrigkeit ausgeschrieben, die – wie etwa Brücken- und Straßenbauten – mit geistlichen Zwecken kaum noch etwas zu tun hatten.

Bei alledem fehlte es manchen Landesherren freilich weder an persönlicher Frömmigkeit noch an Fürsorge für die kirchliche Devotion in ihrem Lande, z.B. durch die Pflege der Landesheiligtümer oder auch durch die Anordnung von Prozessionen und Bittmessen. Und auch für die Notwendigkeit kirchlicher Reformen hatten manche Landesherren Sinn. Bis weit in die Reformationszeit hinein waren es überhaupt weltliche Landesfürsten, die dieser innerkirchlichen Reform die kräftigsten Impulse gaben. Daß sie sich dabei, z.B. um verwahrloste Klöster zur Ordnung zurückzuführen, notfalls auch der Zwangsmittel ihrer weltlichen Herrschaft bedienten, entsprach weitverbreiteten Grundsätzen über die Aufgaben der weltlichen Obrigkeit für den Fall des Versagens der kirchlichen Instanzen. Das landesherrliche Kirchenregiment evangelischer Obrigkeiten, wie es sich seit der Mitte der 20er Jahre des 16. Jahrhunderts auszubilden begann, war mithin – auf das Verhältnis von geistlicher und weltlicher Obrigkeit gesehen – nur eine besonders charakteristische Ausprägung von Verhältnissen, wie sie bereits Jahrzehnte zuvor durchaus üblich geworden waren.

d) Die Reichsstädte

Die Zahl der Reichsstädte des beginnenden 16. Jahrhunderts betrug ungefähr 65; die Unsicherheit der Zahl resultiert daraus, daß eine ganze Reihe von Reichsstädten von ihren alten Stadtherren oder von mächtigen benachbarten Territorialfürsten in ihrer Reichsunmittelbarkeit angefochten war. Mehr als 30 Reichsstädte gehörten zum Schwäbischen Kreis, weitere 10 lagen im Elsaß; der Südwesten des Reichs war mithin die eigentliche Reichsstädtelandschaft Deutschlands.

Das wichtigste Regierungsorgan aller Reichsstädte war der seit dem Ende des 12. Jahrhunderts aufgekommene Stadtrat, an dessen Spitze seit dem 14. Jahrhundert zumeist ein oder zwei Bürgermeister standen; die heutigen Stadträte der früheren Reichsstädte sind damit die ältesten weltlichen Verfassungsinstitutionen Deutschlands überhaupt. Die Ratsverfassung war nun von jeher durch die Spannung zwischen genossenschaftlichen und herrschaftlichen Tendenzen bestimmt, und das galt nicht nur für die dauernden Spannungen zwischen reichsstädtischer Selbstverwaltung und königlichen Herrschaftsrechten in der Stadt, sondern auch für die innerstädtischen Verfassungsstrukturen. So lag das Ratsregiment ursprünglich zumeist in der Hand einiger weniger führender Familien der Stadt. Insbesondere die Zunftkämpfe des 14. und frühen 15. Jahrhunderts führten dann aber zu einer bedeutenden Stärkung der politischen Partizipation der Bürgerschaft: In vielen Städten vor allem Oberdeutschlands wurde die soziale Basis des Rats erweitert; zugleich fixierte man kurze Wahlperioden, verbot die Wiederwahl amtierender Räte und sah sogar die direkte Wahl von Räten und Bürgermeistern durch die Gesamtheit der Bürgerschaft vor. Schon bald kam es jedoch zu einer Reaktion zugunsten herrschaftlicher und oft genug auch oligarchischer Prinzipien. Zwar saßen nun in vielen Städten auch Angehörige der Zünfte im Rat – manchmal überhaupt nur sie –, aber ihre Herrschaft war kaum weniger obrigkeitlich und von der Bürgerschaft abgehoben als diejenige vieler patrizischer Stadtregimente.

Wenn etwa in den Zunftkämpfen des 14./15. Jahrhunderts vielerorts ein eigener, sogenannter Großer Rat für die Entscheidung besonders wichtiger Angelegenheiten und zur Kontrolle des älteren, jetzt zumeist „Kleiner Rat“ genannten Ratsgremiums geschaffen worden war, so wurden die Kompetenzen dieses Großen Rats, in dem die städtische Bürgerschaft sehr viel breiter vertreten war, schon bald wieder weit zurückgedrängt; ja: die wichtigsten Regierungsaufgaben gingen zumeist sogar auf ein neugeschaffenes, engstes Gremium der sogenannten „Geheimen“ über, die selbst gegenüber dem Kleinen Rat nur beschränkt rechenschaftspflichtig waren. Auch das Wahlrecht der Bürgerschaften wurde vielfach ausgehöhlt oder machte überhaupt wieder der Kooptation der Ratsmitglieder Platz. Zugleich aber bauten die reichsstädtischen Obrigkeiten ihre Gesetzgebung und Verwaltung zielstrebig aus und unterwarfen damit immer weitere Bereiche der bürgerlichen Lebensführung ihrer Kontrolle. Die ursprünglich knappen Marktordnungen als Ausdruck der städtischen Satzungsgewalt des Rats wuchsen sich zu umfangreichen Regelungen aus, mit deren Hilfe der Rat eine ins einzelne gehende Gewerbepolitik, eine ständige Kontrolle der städtischen Verteidigungsbereitschaft, eine auf kommunaler Basis organisierte Armenfürsorge, überhaupt: eine genaue Aufsicht über so gut wie alle Bereiche des bürgerlichen Lebens handhabte, nicht zuletzt auch ein kräftiges stadtherrschaftliches Kirchenregiment. Mit alledem wurde die Menge der einzelnen Bürger – von den unterbürgerlichen Schichten der Handwerksgesellen und -lehrlinge, Arbeiter und Dienstboten ganz zu schweigen – immer mehr zum bloßen Objekt der Ratsherrschaft. Daß der Rat seine Bürger seit dem 15. Jahrhundert zunehmend als „Untertanen“, sich selbst aber als „Herren“ zu titulieren begann, wirft auf diese Verstärkung der herrschaftlichen Strukturen in der spätmittelalterlichen Stadtverfassung ein bezeichnendes Licht. Allerdings löste auch diese Entwicklung wiederum Gegenkräfte aus: Schon die 70er und 80er Jahre des 15. Jahrhunderts, erst recht die ersten Jahrzehnte des 16. Jahrhunderts sahen in manchen Städten eine neue Welle von politischem Partizipationsstreben der Bürgerschaft. In vielen Städten wurden jetzt bürgerschaftliche Ausschüsse zur Kontrolle des Rats, insbesondere zur Kontrolle des obrigkeitlichen Finanzgebarens, eingesetzt; gelegentlich, vor allem unter dem verschärfenden Druck sozialer Spannungen, führten die Auseinandersetzungen sogar zur Neuformierung des Rats unter Beteiligung breiterer Schichten der Stadtbevölkerung. Man wird die langfristigen Auswirkungen dieser genossenschaftlichen Welle städtischer Verfassungspolitik zwar gewiß nicht überschätzen dürfen; sie ebbte im Laufe des Jahrhunderts auch deutlich ab. Daß aber am Vorabend der Reformation in vielen deutschen Städten ein kritisches Potential politischen Partizipationswillens der Bürger lebendig war, steht außer Zweifel.

Im übrigen gab es unter den Reichsstädten stets ganz erhebliche Unterschiede der Verfassung wie der politischen Bedeutung. So scheinen z. B. die oberschwäbischen Städte fortdauernd stärker genossenschaftliche Strukturen bewahrt zu haben als die Reichsstädte anderer Landschaften; schon von Nürnberg als der wichtigsten der fränkischen Reichsstädte gilt das Gegenteil. Manche Reichsstädte wie z.B. Nürnberg, Straßburg, Ulm, Schwäbisch Hall oder Rottweil verfügten zugleich über eine erhebliche Territorialherrschaft, deren Struktur sich nur graduell von derjenigen einer fürstlichen Landesherrschaft unterschied. Selbst so bedeutende Reichsstädte wie Augsburg oder Köln aber hatten nahezu keinen Territorialbesitz außerhalb ihrer Mauern, und andere – wie z.B. Wimpfen – mußten es sich gar gefallen lassen, daß die Geleitsreiter benachbarter Fürsten bis auf ihren Marktplatz ritten. Der völligen Unabhängigkeit mancher Reichsstädte vom ehemaligen Stadtherrn standen andernorts dauernde Auseinandersetzungen um einzelne, auch wichtige Herrschaftsrechte in der Stadt gegenüber. Manche Reichsstädte gerieten sogar von neuem unter landesfürstliche Stadtherrschaft, so z.B. Trier und Mainz, die sich im 15. Jahrhundert ihrer bischöflichen Herrschaft erneut unterwerfen mußten. Überhaupt gab es manche Städte, deren Status als Reichsstadt lange Zeit hindurch nicht eindeutig geklärt, sondern umkämpft war. Das gilt z.B. für Braunschweig, das schließlich doch den Herzögen untertan blieb; das gilt auch für Soest, das im 15. Jahrhundert die kurkölnische Stadtherrschaft abschüttelte, dafür aber im Endergebnis an seinen ursprünglichen Bundesgenossen, den Herzog von Jülich-Kleve-Berg, fiel. Im übrigen gab es unter den Reichsstädten selbst mancherlei politische Klientelverhältnisse, so etwa zwischen Nürnberg und den kleineren fränkischen Reichsstädten. Dazu kamen natürlich Unterschiede der Bevölkerungszahl und Wirtschaftsbedeutung der Reichsstädte. Den Großstädten Nürnberg, Augsburg und Köln mit 30000 und mehr Einwohnern stand ja auch unter den Reichsstädten eine Vielzahl von Kleinstädten gegenüber, deren Bevölkerungszahl kaum jemals über 2000 hinausging und die auch in ihrer Wirtschaftskraft weit hinter manchen landesherrlichen Städten zurückblieben. Der Ballung von Wirtschafts- und Finanzkraft in den großen Reichsstädten hatte dagegen so leicht niemand etwas entgegenzusetzen. Daß Nürnberg, Ulm oder Köln mit einer nicht geringeren Reichssteuer belastet waren als selbst die größten Territorien des Reichs – mit Ausnahme lediglich des österreichisch-burgundischen Länderkomplexes –, ist dafür ein sprechender Beleg, auch wenn man in Rechnung stellt, daß die auf dem Reichstag maßgebenden oberen Stände gerade den Reichsstädten besonders hohe Steuern aufzubürden suchten. Eben diese politische Diskriminierung der Reichsstädte in der Reichstagsverfassung war freilich ihrerseits symptomatisch: In ihrer politischen Bedeutung standen die Reichsstädte hinter den fürstlichen Territorien doch deutlich zurück, und der innere Machtgewinn der Territorien ließ diese Diskrepanz noch ständig größer werden.

5. Kirche und geistiges Leben am Vorabend der Reformation

a) Reformstreben und Reformbedürftigkeit der Kirche

Die deutsche und europäische Welt des ausgehenden Mittelalters war voll von Reformrufen und -aktivitäten. Kaiser und Stände rangen miteinander um die Reform des Reichs, Territorien und Städte bemühten sich um die „Reformation“ ihrer herkömmlichen Rechtsordnungen, an den Universitäten stritt man um Reformen des Studiums – vor allem jedoch rief alle Welt nach einer gründlichen Reform der Kirche, und zwar „an Haupt und Gliedern“. Worin lag nun aber die Reformbedürftigkeit der spätmittelalterlichen Kirche? Die Antwort ist bis heute in der Forschung nicht ganz unbestritten – vor allem, weil und soweit diese Antwort durch Kriterien mitbestimmt wird, die, wie schon der Kirchenbegriff selbst, bis heute zwischen den Konfessionen umstritten sind. Die protestantische Historiographie hat bis in unser Jahrhundert hinein das Spätmittelalter immer wieder als eine Zeit schlimmer Zersetzung und Zerrüttung der Kirche, als eine Zeit der Verdunklung des wahren Wortes Gottes verstanden; die katholische Geschichtsschreibung hat demgegenüber stets den Reichtum spätmittelalterlicher Frömmigkeit betont, der erst und gerade durch die Reformation zerstört worden sei. Nachwirkungen solcher Polemik und Apologetik sind bis heute spürbar; doch hat eine geduldige, den wissenschaftlichen Maßstäben historischer Kritik verpflichtete Forschung und Geschichtsschreibung – ungeachtet jener grundsätzlichen konfessionellen Dissense – zu einer weitgehenden Annäherung der Urteile hüben und drüben geführt. Auf protestantischer Seite sind unabhängige Geister wie Jacob Burckhardt schon seit dem späteren 19. Jahrhundert zu einer allmählich unbefangeren Würdigung spätmittelalterlicher Kirchlichkeit gelangt. Auf katholischer Seite bedeutete die zweibändige Darstellung der „Reformation in Deutschland“ durch Joseph Lortz (1939/40) dann den entscheidenden Schritt; in diesem Buch wurde zum ersten Mal von berufener katholischer Seite anerkannt, daß das Grundanliegen der Reformation, daß ihr Protest berechtigt gewesen wäre, selbst wenn sie – wie Lortz meinte – in der Trennung von der römischen Kirche dann einen verhängnisvoll falschen Weg ging. Hinter Lortz' kritische Thesen ist ernstzunehmende katholische Geschichtsschreibung seitdem nicht mehr zurückgefallen; im Gegenteil finden sich gerade bei neueren katholischen Autoren ungemein kritische Analysen und Urteile über die Zersetzung der spätmittelalterlichen Kirche.

Wenn die Reformbewegungen der Epoche nach einer durchgreifenden Reform der Kirche an „Haupt und Gliedern“ verlangten, so lag der Akzent dabei durchaus auf dem Worte „Haupt“. Gemeint war die dringende Reform des Papsttums, und in der Tat kann am inneren Zerfall, namentlich an der tiefgreifenden Verweltlichung, dieser höchsten Institution der Kirche im ausgehenden Mittelalter kein Zweifel sein.

In den Zusammenhang solcher Verweltlichung gehörte bereits die Herrschaftsstellung des Papstes als Herr des Kirchenstaats, als welcher er in die politischen Verhältnisse des italienischen und europäischen Staatensystems tief verstrickt war. Diese politischen Bindungen waren schon an sich problematisch; seit Beginn des 16. Jahrhunderts führten sie überdies dazu, daß die Päpste in den Streit der Häuser Valois und Habsburg um die Vorherrschaft in Europa involviert wurden. Die daraus resultierenden politischen Abhängigkeiten hinderten das Papsttum während entscheidungsträchtiger Jahrzehnte daran, seine geistliche Führungsaufgabe in der Kirche mit der nötigen Entschiedenheit wahrzunehmen.

Zu solcher Verstrickung in weltliche Politik kam eine nicht minder tiefgreifende Verweltlichung, ja Amoralisierung des Papsttums in Lebensführung und Amtsauffassung. Die Renaissancepäpste haben ihr hohes Amt ungeniert in den Dienst ihrer Familieninteressen gestellt; ihre Nepotenwirtschaft war notorisch. Bereits Sixtus IV. (1471 – 84) schreckte im Kampf um die Festigung der päpstlichen Herrschaft im Kirchenstaat nicht vor dem Versuch eines politischen Mordes an Lorenzo de'Medici zurück; Alexander VI. (1492 – 1503) und seine Familie, die Borgia, haben den Stuhl Petri vollends mit Mord und Unzucht befleckt, von subtileren Vergehen wie Simonie und Pfründenschacher ganz zu schweigen. Vielleicht noch schlimmer war die innere Zersetzung des obersten Amts der Kirche unter dem vergnügungssüchtigen und frivolen Mediceer Leo X. (1513 – 1521), auch wenn ihm die entsetzlichen Laster des Borgiapapstes abgingen; die Leichtfertigkeit seiner Amtsführung ist in hohem Maße für den Protest Luthers von 1517 und für die Ausweitung der causa Lutheri zur Kirchenspaltung mitverantwortlich gewesen. Sein Nachfolger Hadrian VI. (1522 – 1523), unter dessen – freilich allzu kurzem – Papat die Forderung der Kirchenreform zum ersten Mal an der Spitze der Kirche selbst ernsthaft gehört wurde, hat in kritischem Rückblick auf die Regierungszeit seiner Vorgänger festgestellt, das Laster sei so selbstverständlich geworden, daß die damit Befleckten nicht einmal mehr den Gestank der Sünde wahrgenommen hätten.

Ein spezifisches und sehr neuralgisches Element der Verweltlichung des Papsttums war schließlich der Fiskalismus der Kurie. Daß die Regierung der Kirche Geld brauchte, war unvermeidlich, und zumindest akzeptabel war wohl auch, daß sie deshalb Gebühren für kirchliche Amtshandlungen erhob. In keiner Weise zu vertreten aber war die Unverhältnismäßigkeit der fiskalischen Forderungen der Kurie, die ihr mit Recht – gerade in Deutschland – den Vorwurf hemmungsloser Ausbeuterei eintrugen; nicht zu vertreten war auch das Zurücktreten, wo nicht gar das völlige Verschwinden des geistlichen Sinns und Zwecks der kurialen Geldforderungen. Für die Erlangung aller bedeutenderen kirchlichen Ämter mußten gewaltige Summen nach Rom entrichtet werden, für eine Vielzahl von Ämtern stand der Kurie überdies das Einkommen des ersten Amtsjahres zu; das waren die besonders verhaßten Annaten. Dazu kam, daß so gut wie jeder Dispens von ansonsten zwingenden Regeln des kirchlichen Rechts erlangt werden konnte, wenn man nur genug zahlte; insbesondere der Dispens vom Verbot der Pfründenhäufung wurde so zu einer sprudelnden Einnahmequelle der Kurie. Daß in diesem Klima der Vermischung von Geistlichem und Geldangelegenheiten das uralte kirchenrechtliche Verbot der Simonie nicht respektiert wurde, versteht sich; Rom wurde zu einem Ort ausgedehnten Pfründenschachers. Vollends das Ablaßwesen wurde immer stärker von den fiskalischen Zielen der Kurie bestimmt. Ganz besonders galt das von den großen Ablässen anläßlich der sogenannten Jubeljahre, die seit 1450 in 25jährigem Abstand gefeiert wurden, und entsprechend auch für den seit 1506 verkündigten Jubelablaß zugunsten des Baus der Peterskirche. Die Grundproblematik des Ablasses – die Erteilung kirchlicher Gnaden gegen Geld – wurde hier noch dadurch verschärft, daß mit der Vollmacht zur Erteilung des Ablasses als des Erlasses kirchlicher Sündenstrafen in theologisch wenig klarer Weise die Vollmacht zur Lossprechung von allen Sünden verbunden und obendrein auf die Verstorbenen ausgedehnt wurde. Die nahezu unvermeidliche Folge bestand in einer schlimmen Verwirrung zumindest der einfacheren Geister, die sich daran gewöhnten, die Geldleistung als Hauptsache der Sündentilgung anzusehen. Im übrigen ließ sich das Papsttum, gerade im Zusammenhang mit dem Ablaßwesen, auch tief auf fragwürdige Geschäftsbeziehungen mit den Exponenten des Frühkapitalismus ein, ja: es trat selbst, nämlich für das im Kirchenstaat gefundene Alaun, als Monopolist auf den europäischen Märkten auf.

Nicht viel und manchmal überhaupt nicht besser als um das Papsttum stand es um den Klerus, den hohen wie den niederen, den Säkular- wie den Ordensklerus.

In seinen oberen Rängen war er – wie das Papsttum selbst – durch eine tief problematische Verbindung geistlicher und weltlicher Rechte und Pflichten gekennzeichnet. Gemeint ist die gerade für Deutschland typische Institution des geistlichen Fürstentums, wie es aus dem ottonischen Reichskirchensystem entstanden war und in den katholisch bleibenden Ländern des Reichs bis zum Beginn des 19. Jahrhunderts bestehen bleiben sollte. Diese Vereinigung geistlicher und weltlicher Rechte in einer Hand bedeutete stets und unvermeidlich eine Gefährdung gerade der geistlichen Belange. Ein Bischof, der zugleich Reichsfürst und Landesherr war und die daraus resultierenden politischen Aufgaben auch nur mit einiger Sorgfalt wahrnahm – und genau das war im Machtkampf der territorialen Gewalten eine Forderung der schieren Selbsterhaltung –, konnte kaum anders, als seine geistlichen Pflichten zu vernachlässigen. Die Verweltlichung der spätmittelalterlichen Kirche hatte gerade hier Ursachen, die weit in die

Jahrhunderte zurückreichten – Ursachen zudem, die nur durch tiefe Eingriffe in die Reichsverfassung zu beseitigen gewesen wären.

Zur Problematik der Verbindung von geistlichen und weltlichen Aufgaben und Rechten im Amt der geistlichen Fürsten kamen ungute Verschiebungen im Verständnis des kirchlichen Amtes selbst. An sich war für das kirchliche Amt nach kanonischem Recht die untrennbare Verbindung von officium und beneficium, von persönlich verpflichtendem Amt und nutzbarem Recht als wirtschaftlicher Grundlage der Lebensführung, maßgebend. Seit geraumer Zeit aber und zunehmend trat nun das Element des Amts ganz hinter das der Pfründe zurück. Eine besonders verderbliche Ausprägung dieses Pfründedenkens bestand darin, daß hohe Geistliche wie einfache Pfarrer ihre Amtsverrichtungen gern durch Stellvertreter, im Fall der Pfarrer: durch zumeist rohe, ungebildete und miserabel bezahlte Vikare, wahrnehmen ließen. Für die Niederlande hat man berechnet, daß zwischen 30 und 50 Prozent der Pfarreien von solchen Vikaren und nicht etwa von den Pfarrern selbst versorgt wurden; die Pfarrer lebten häufig auch gar nicht in ihrer Gemeinde, sondern am Ort einer anderen von ihnen besetzten Pfründe.

Überhaupt waren die Pfründenhäufungen ein weiteres, schlimmes Phänomen der Verkümmerung des kirchlichen Amts. Die Vereinigung von mehreren Bistümern oder Abtsstellen in einer Hand war keine Seltenheit, die Kumulation niederer Pfründen noch viel häufiger. Ein als Pfründenjäger besonders eifriger niederländischer Kardinal besaß über 100 Benefizien in nicht weniger als 26 Diözesen mit einem Jahreseinkommen von über 26000 Gulden; der Kardinal Matthäus Lang von Wellenburg, vertrautester Rat Kaiser Maximilians und seit 1519 Erzbischof von Salzburg, soll aus seinen vielen geistlichen und weltlichen Pfründen in Deutschland, Frankreich, Italien und Spanien bereits um 1515 pro Jahr über 50000 Gulden bezogen haben. Dieses Vorwiegen des Pfründegedankens wurde noch dadurch verstärkt, daß der Adel Versorgungsbedürfnisse seiner nachgeborenen Söhne bzw. unverheirateten Töchter bevorzugt über kirchliche Pfründen zu befriedigen suchte. Das war ein Grund übrigens auch dafür, daß bedeutende Pfründen, wie etwa zahlreiche Stellen in Domkapiteln oder in Chorherrenstiften, in zunehmendem Maße dem Adel vorbehalten blieben. In Köln war bereits um 1474 der Nachweis von 32 turnierfähigen Ahnen für den Eintritt ins Domkapitel erforderlich, und auch andernorts wuchs die adlige Exklusivität der Kapitel und Stifte. Die geistlichen Interessen der auf diese Weise versorgten Damen und Herren aber wurden im allgemeinen mit Inbesitznahme der Pfründe nicht lebhafter, als sie es zuvor gewesen waren.

Zu alledem kamen offenkundige geistliche und moralische Defekte in weiten Teilen des Weltklerus wie bei den Ordensleuten. Die Skala dieser Defekte reichte von bedenklichen Lockerungen der Klosterzucht über den weitverbreiteten Konkubinat der Geistlichen, der von allzu vielen Obrigkeiten eher als ergiebige Quelle von Strafgeldern denn als ernsthaft zu bekämpfender Mißstand angesehen wurde, bis hin zur notorischen Geldgier vieler Angehöriger des geistlichen Standes, auch des Pfarrklerus, der sich durch neue Zehntforderungen oder durch willkürliche Erhöhungen der Stolgebühren zu bereichern suchte – ganz zu schweigen von der oft beklagten Trunksucht und Rauflust der Geistlichen, die ihren weltlichen Zeitgenossen darin offenbar kaum nachstanden.

Daß es neben alledem auch intakte Klöster, verantwortungsvolle Priester und Bischöfe und lebendige geistliche Gemeinschaften gab, die sich bezeichnenderweise selbst durchweg als Elemente der Reform verstanden, soll damit nicht geleugnet werden. Zu nennen sind hier namentlich die Observanten-Zweige der Bettelorden – Observanten deshalb, weil sie sich auf die uneingeschränkte Einhaltung der ursprünglichen Ordensregeln verpflichtet hatten –, des weiteren die von dem Kloster Bursfeld bei Göttingen ausgehende und nach ihm benannte benediktinische Reformkongregation, der sich bis 1530, also bis in die Reformationszeit hinein, nahezu 100 – vornehmlich norddeutsche – Benediktinerabteien anschlossen. Zu diesen monastischen Reformimpulsen kamen andere, die auch den Säkularklerus und die Laien ergriffen, vor allem die von den Niederlanden ausgehende Frömmigkeitsbewegung der Brüder vom Gemeinsamen Leben, dazu die aus dem Hussitentum erwachsenen Gemeinden der Böhmischen Brüder. Auch darf die Rolle reformfreudiger Landesherren und städtischer Obrigkeiten nicht übersehen werden, die jene Reformbewegungen, häufig gegen reformunwillige Widerstände in der Kirche selbst, tatkräftig förderten. Vermutlich haben gerade die weltlichen Obrigkeiten mit ihren Reforminitiativen vor der Reformation mehr an innerkirchlichen Reformen auf den Weg gebracht als alle kirchlichen Institutionen zusammengenommen. Als Gesamtbilanz von Mißständen und Reformen muß aber doch festgehalten werden, daß die Bereiche intakter kirchlicher Verhältnisse – intakt nach den Maßstäben der mittelalterlichen Kirche selbst – nicht die Regel waren, sondern die Ausnahme, Inseln in einem Meer von Krisenerscheinungen.

b) Frömmigkeit am Ende des Mittelalters

Die Krise der spätmittelalterlichen Kirche war um so gravierender, als offenkundig viele Menschen der Zeit von einer sehr lebhaften Frömmigkeit beseelt waren und von da aus wachsende Ansprüche an die Kirche stellten.

Die sozusagen expandierende Frömmigkeit der Zeit kam schon in der gewaltigen Vermehrung der Gottesdienste, insbesondere der Seelenmessen zugunsten Verstorbener, dazu der Marien- und Heiligenandachten, zum Ausdruck. Allein am Allerheiligenstift in Wittenberg, der Schloßkirche Kurfürst Friedrichs des Weisen von Sachsen, feierten seit 1508 nicht weniger als 64 Priester jährlich nahezu 9000 Messen; am Dom zu Meißen, der Schloßkirche der mit den sächsischen Kurfürsten auch in kirchlichen Dingen rivalisierenden Herzöge von Sachsen, bestand seit 1480 gar ein „ewiger Chor", in dem von 14 Kanonikern und einer Fülle geistlicher Hilfspersonen ständig, Tag und Nacht, Litaneien und Offizien gesungen wurden. Im „heiligen" Köln wurden zur gleichen Zeit in elf Stiften, 22 Klöstern, 19 Pfarrkirchen und rund 100 Kapellen täglich über 1000 Messen gelesen; in anderen Bischofsstädten, an anderen großen Kollegiatstiften und Pfarrkirchen sah es ähnlich aus.

Ein Großteil dieser Gottesdienste ging auf besondere Stiftungen zurück, aus denen die messelesenden Altaristen bezahlt wurden. Wer es sich aber leisten konnte – und das galt zunehmend nicht nur für Angehörige des Adels, sondern auch für die reicheren Bürger der Städte – stiftete zur Meßpfründe gleich noch einen eigenen Altar; die reich ausgestatteten, künstlerisch oft vorzüglichen spätgotischen Altäre unserer Kirchen verdanken ihre Existenz zumeist derartigen Stiftungen. So wuchs mit den Gottesdiensten auch die Zahl der Altäre und erst recht der Meßpfründen: In Breslau z.B. gab es zu Beginn des 16. Jahrhunderts an der Elisabethkirche 47 Altäre mit 122 Altaristen, in St. Magdalenen wirkten zur gleichen Zeit 114 Altaristen an 58 Altären. In kleineren Städten waren die Verhältnisse natürlich bescheidener; immerhin hat man auch für die knapp 30 oberschwäbischen Stadtpfarreien des Bistums Konstanz um 1500 über 400 Kaplaneien, Frühmeß- und Altarpfründen festgestellt.

Die gesteigerte Nachfrage nach den Gnadenschätzen der Kirche kam auch im Aufblühen des Heiligen- und Reliquienkults sowie in der Zunahme der Wallfahrten zum Ausdruck. Wichtigste Gnadenorte in Deutschland waren Aachen und Trier – hier wurde 1512 zum ersten Mal der Heilige Rock ausgestellt –, das hessische Marburg mit den Gebeinen der heiligen Elisabeth, daneben das bayerische Altötting sowie Vierzehnheiligen in Oberfranken; in der Schweiz war Maria Einsiedeln der bedeutendste Wallfahrtsort. In Aachen wurden ausgangs des 15. Jahrhunderts an einem einzigen Tage einmal 142000 Pilger gezählt; binnen 14 Tagen kamen hier Geldspenden von 85000 Gulden zusammen. Manche Landesfürsten, vor allem die Kurfürsten und Herzöge von Sachsen sowie der Erzbischof von Mainz, brachten förmliche Reliquiensammlungen gewaltigen Umfangs zusammen; diese „Heiltümer" wurden regelmäßig auch dem Volk zugänglich gemacht und gewannen damit die Funktion von Landesheiligtümern.

Auch der enorme Erfolg der großen Ablaßkampagnen der Zeit gehört in diesen Zusammenhang. Gewiß nahm der Ablaß gerade im späteren 15. und beginnenden 16. Jahrhundert – vor allem mit der geflissentlichen Verwischung des Unterschieds zwischen Sündenvergebung und Erlaß der kirchlichen Sündenstrafen – eine im ganzen verhängnisvolle Entwicklung. Darüber darf jedoch das grundlegende Verlangen nach kirchlichen Gnaden nicht übersehen werden, das die Menschen zu den Ablaßpredigern strömen ließ. Und Großveranstaltungen waren jedenfalls die wichtigeren Ablaßkampagnen allemal: Im Gefolge des Kardinals Peraudi waren 1489/90 in

Nürnberg nicht weniger als 43 Priester damit beschäftigt, die Beichte zu hören und Absolution zu erteilen. Im übrigen wissen wir, daß gerade die Ablaßpredigten – einmal abgesehen von der Werbung für den Ablaß selbst – durch eindringliche Schilderungen des Leidens Jesu und des Mitleidens der Maria gekennzeichnet waren; man wird nicht anzunehmen haben, daß es den Ablaßpredigern und ihren Hörern durchweg nur um Geld und billige Gnaden gegangen wäre.

Ein weiterer Bereich, in dem die Frömmigkeit des ausgehenden Mittelalters in sehr eindrucksvoller Weise tätig wurde, war der der kirchlichen Liebestätigkeit, der Armen- und Krankenpflege. Zahllose Stiftungen für Hospitäler und Armenherbergen, für Waisen- und Findelhäuser entstanden, dazu kam eine erstaunliche Almosenbereitschaft gegenüber den Bettlern an den Türen der Kirchen und auf den Straßen und Plätzen. Vielfach überstiegen die Stiftungen den wirklichen Bedarf für Kranke und Alte bei weitem; namentlich die städtischen Spitäler sind deshalb oft zu sehr großen Vermögen gekommen und haben – gelegentlich nicht ohne Druck der weltlichen Obrigkeiten – die Funktion städtischer Banken und Kreditinstitute übernommen. Die Kehrseite der Medaille bestand in dem Mißbrauch, der von arbeitsscheuen Elementen mit der frommen Hilfsbereitschaft getrieben wurde. Dieser Mißbrauch hat dann auch wesentlich dazu beigetragen, daß der traditionell positiven Bewertung des Bettels – als Möglichkeit und Anreiz nämlich zu verdienstlichem Almosengeben – allmählich der Boden entzogen wurde. Man begann, verschuldete und unverschuldete Armut zu unterscheiden und dem „starken" Bettel, d.h. der Bettelei Arbeitsfähiger, den Kampf anzusagen. Die praktische Durchsetzung solcher Unterscheidungen bedurfte freilich der Organisation und Kontrolle des gesamten Armenwesens, und so kam es, zuerst in den großen Reichsstädten, seit dem späteren 15. Jahrhundert zu den Anfängen einer straff obrigkeitlich organisierten kommunalen Armenfürsorge.

Die kirchliche Liebestätigkeit der Zeit wurde nicht selten von halbgeistlichen Bruderschaften getragen, wie denn überhaupt das Bruderschaftswesen zur Pflege frommer Stiftungen seit der zweiten Hälfte des 15. Jahrhunderts eine ungeheuere Popularität erlangte. Nahezu jeder Heilige hatte seine eigenen Bruderschaften, und umgekehrt gab es kaum eine Zunft oder Gilde oder einen sonstigen sozialen Verband, die nicht ihren Altar und ihren Heiligen gehabt hätten. Besonders beliebt waren solche Bruderschaften, durch die sich Laienbrüder bzw. -schwestern mit Klöstern verbanden und damit die Teilhabe an den guten Werken der Mönche und Nonnen erwarben, dazu das Recht auf klösterliche Seelenmessen und Totenfürbitten. Vor allem die Bettelklöster haben solche Bruderschaften initiiert und damit die Bindung der Laien an die Kirche mannigfach verstärkt.

Des weiteren war die steigende Nachfrage nach der Predigt wie nach anderen Formen kirchlicher Volksunterweisung ein typischer Zug der Frömmigkeit des ausgehenden Mittelalters. Die Predigt wurde traditionell besonders von den Bettelmönchen gepflegt, daneben gewannen die Ablaßpredigten eigene Bedeutung; vor allem aber wurden in den Städten, häufig auf Grund bürgerlicher Stiftungen, eigene Prädikanten berufen – im Unterschied zu den Pfarrern zumeist ohne Priesterweihe, eben nur für die Predigt, nicht für die Sakramentenspendung zuständig, dafür aber sehr oft gründlicher gebildet, nicht selten auf Grund eines mehr oder minder ausgiebigen Studiums. Die Menschen der Zeit, namentlich die städtischen Bürger, erwarteten von der Kirche nicht mehr nur die sakramentale Vermittlung des Heils, sondern auch dessen Auslegung im Sinne einer expliziten Lebens- und Weltorientierung. Gleichwohl behauptete sich in der Kirche selbst der Vorrang der Sakramentenspendung vor der Predigt; die mit den Prädikaturen institutionalisierte Trennung beider Funktionen hatte deshalb nicht nur ihre theologischen Probleme, sondern führte vielfach auch zu erheblichen Spannungen zwischen Pfarrern und Prädikanten. Als wichtigste Formen der Volksunterweisung neben der Predigt sind zu nennen: eine Fülle bildlicher Darstellungen, namentlich auf den vielen neugeschaffenen Altären der Zeit, eine rasch wachsende erbauliche Literatur – Messeerklärungen, Stundengebete, sonstige Andachtsbücher und Beichtspiegel, nicht zuletzt die geistlichen Spiele mit burlesken Zügen, die sich mitunter zu tagelangen Volksfesten mit Hunderten von Darstellern auswuchsen.

Daß auch diese Expansion der kirchlichen Frömmigkeit des ausgehenden Mittelalters nicht frei war von problematischen Zügen, ist unbestreitbar. Die Stiftung von Altären diente gewiß oft und vor allem anderen der Erhöhung des Sozialprestiges der eigenen Familie; die rasche Vermehrung der „Spezialheiligen“ als Helfer in bestimmten Nöten spiegelte einen naiven Egoismus, mitunter wohl auch einen kaum verhüllten Aberglauben; ähnliches gilt vom Wallfahrtswesen, das überdies immer wieder vom Umschlagen in religiösen Massenwahn bedroht war; vollends im Ablaßwesen kam es zu bedenklichen Ausdünnungen der geistlichen Substanz. Die Reihe solch kritischer Beobachtungen ließe sich leicht verlängern; schon die Kritik der Humanisten und dann der Reformatoren hat diese und andere Schwachstellen schonungslos aufgedeckt. Über solcher Kritik darf jedoch ein anderes nicht übersehen werden: Seit der Spätantike nämlich und bis heute hat es wohl keine Epoche der europäischen Geschichte gegeben, in der eine solche Intensität des Fragens nach dem letzten Sinn menschlicher Existenz lebendig war wie im ausgehenden Mittelalter. Nicht zuletzt die tiefe Betroffenheit durch Tod und Gericht, von der die Altarbilder und Totentänze der spätmittelalterlichen Kirchen, die Fülle der Seelenmessen wie die Bußpredigten der Zeit oder auch die Andachtsbücher mit ihren immer wiederkehrenden Variationen der Ars moriendi Zeugnis geben, spricht hier eine deutliche Sprache. Der Tod wurde vor allem als Ende aller Möglichkeiten verstanden, die eigene gottgewollte Existenz zu finden oder zu verfehlen; vom Gericht erwartete man, daß dieses Finden oder Verfehlen mit der Konsequenz ewiger seliger Gottnähe oder verworfener, höllischer Gottferne offenbar werde. Noch Luthers bohrende Frage nach der Gerechtigkeit Gottes gehört durchaus in diesen Zusammenhang – als Beleg freilich auch dafür, daß die spätmittelalterliche Theologie und Kirche gegenüber jener Intensität und Radikalität der Sinnfrage nur unzureichend gerüstet war. Ernstere Naturen waren hier von Verzweiflung bedroht; bei weniger differenzierten Geistern aber mochte die fromme Angst wohl umschlagen – in die Anhäufung von Ablässen und Reliquien, in ein Wallfahrtswesen mit massenpsychotischen Zügen, in massiven Aberglauben, nicht zuletzt: in den Hexenwahn; der berüchtigte „Hexenhammer" des Dominikanerinquisitors Heinrich Institoris wurde zuerst 1487 in Straßburg gedruckt.

Der Hexenglaube war ein Syndrom zum Teil sehr alter Elemente des Volksaberglaubens mit Ketzervorstellungen der mittelalterlichen Kirche. Zu jenen uralten Elementen des Volksaberglaubens gehörte die Furcht vor magischem Schadenszauber, aber auch das Phantasiegebilde fliegender weiblicher Nachtgespenster, und zwar nicht nur einzelner, sondern ganzer Hexengeschwader; dazu kam die Vorstellung vom Geschlechtsverkehr zwischen Menschen und – zu Dämonen umgedeuteten – heidnischen Göttern. Seit dem 14. Jahrhundert hatten diese Wahngebilde in das mittelalterliche Ketzerbild Eingang gefunden; seitdem glaubte man weithin, daß Ketzer einen widergöttlichen Pakt mit dem Teufel schlössen und sich nächtens an entlegenen Orten mit ihresgleichen und Dämonen zu makabren Orgien träfen. Damit waren alle Momente auch des Hexenglaubens beisammen, der in der Folge für mehr als zwei Jahrhunderte zur Voraussetzung der Hexenverfolgungen wurde: Teufelspakt und -buhlschaft, Schadenszauber und Hexentanz. Daß es auf Grund solcher Vorstellungen tatsächlich zu Hexenverfolgungen größeren Umfangs kam, hatte allerdings noch zwei zusätzliche Ursachen. Zum einen nämlich wurde von entscheidender Bedeutung, daß die Kirche des Spätmittelalters bis hinauf zum Papst ihre frühere Ablehnung von Grundelementen des Hexenwahns als heidnischen Aberglaubens aufgab und die neuentstandene Hexenlehre mitsamt der Forderung nach Ausrottung der Hexen bekräftigte; der „Hexenhammer" war ja nichts anderes als ein offiziöses, durch die Autorität einer Papstbulle bestätigtes Handbuch der Hexenverfolgung für Inquisitoren und weltliche Obrigkeiten. Zum andern gehörte zu den Voraussetzungen der großen Hexenprozesse die Durchsetzung des Inquisitionsprinzips im Strafrecht, d.h. des Grundsatzes, daß die strafprozessuale Verfolgung von Straftaten von Obrigkeits wegen zu erfolgen habe, also nicht bloß auf Klage und Beweis einer geschädigten Person hin, wie es dem Strafrecht des deutschen Mittelalters geläufig gewesen war. Daß der Inquisitionsprozeß um die Wende des 15. Jahrhunderts noch wenig verbreitet war und erst auf Grund der Autorität der Peinlichen Halsgerichtsordnung von 1532 allmählich zu allgemeiner Geltung gelangte, war deshalb ein wichtiger Grund dafür, daß die großen Wellen der Hexenprozesse in Deutschland erst in der zweiten Jahrhunderthälfte einsetzten.

c) Tendenzen der Säkularisierung in Theorie und Praxis. Der Humanismus

Ein wenig zugespitzt könnte man sagen, daß die Grundtendenz des kirchlichen Lebens am Vorabend der Reformation in der Verweltlichung der Kirche einerseits, in der Verkirchlichung der Welt anderseits bestanden habe. Luther sollte dann gegen beide Richtungen dieser Entwicklung Front machen; nichts anderes war der Kern seiner Lehre von den zwei Reichen oder Regimenten. Aber auch schon vor der Reformation gab es gegenläufige Tendenzen. Zu ihnen gehörten natürlich alle Bestrebungen einer innerkirchlichen Reform, die die Kirche zugunsten ihrer eigentlichen geistlichen Aufgabe aus ihren weltlichen Verstrickungen zu lösen versuchten. Zu diesen gegenläufigen Tendenzen gehörte aber auch die allmähliche Loslösung wichtiger Teile des individuellen wie des gesellschaftlichen Lebens von der Autorität der Kirche. Von den Zeiten der Christianisierung an war die Kirche die eigentliche Lehrmeisterin der germanischen Völker gewesen, denen sie auch die überhaupt erhalten gebliebenen Bildungsgüter der Antike überliefert hatte; Jahrhunderte hindurch hatten die Kleriker praktisch über ein Bildungsmonopol verfügt, und die kirchliche Autorität war für nahezu alle Lebensbereiche maßgebend gewesen. Das begann sich seit dem späteren Mittelalter zu ändern. Der mittelalterliche Mensch erfuhr – und schuf selbst – in zunehmendem Maße Wirklichkeiten, die nicht von der Kirche autorisiert waren, und nahm damit immer weitere Bereiche seiner persönlichen und sozialen Existenz in eigene Verantwortung.

Wichtige Voraussetzungen für diesen langfristigen Prozeß der Säkularisierung legte die spätmittelalterliche, an sich noch ganz auf die Theologie ausgerichtete Philosophie, genauer: deren Schulrichtung des Nominalismus, die sich seit dem 14. Jahrhundert in der Mehrzahl der Universitäten durchsetzte. Ohne hier den Nominalismus und seine Ursprünge im sogenannten Universalienstreit der mittelalterlichen Philosophie des näheren erörtern zu können, sei doch wenigstens auf die folgenreichsten seiner Prinzipien hingewiesen. Sie bestanden zum einen in der grundsätzlichen erkenntnistheoretisch begründeten Trennung der Bereiche von Vernunft und Offenbarung, zum andern in der – ebenso grundsätzlichen – Bindung aller weltlichen Wissenschaft an die konkrete Erfahrung. Mit diesen Prinzipien haben die in der Geistesgeschichte oft unterschätzten nominalistischen Philosophen die Lösung der neuzeitlichen Wissenschaften von der Herrschaft der Theologie vorbereitet und zugleich der Entwicklung der empirischen Wissenschaften kräftige Impulse vermittelt.

Auch außerhalb der spätmittelalterlichen Schulphilosophie hatte der Prozeß der Säkularisierung bis zum Beginn des 16. Jahrhunderts wichtige Ergebnisse gezeitigt. Vor allem die Entfaltung moderner Staatlichkeit, aber auch die Entwicklung der frühkapitalistischen Geld- und Kreditwirtschaft vollzogen sich ja durchaus unabhängig von jeglicher kirchlicher Autorisierung, gutenteils sogar in offenem oder latentem Konflikt mit Ansprüchen der Kirche. Dazu kamen die großen Veränderungen des Weltbildes als Folge der überseeischen Entdeckungen – 1492 entdeckte Kolumbus Amerika, 1498 fand Vasco da Gama den Seeweg um Afrika herum nach Indien –; dazu kam des weiteren die Übernahme und Fortbildung zahlreicher wissenschaftlicher, vor allem aber literarischer und künstlerischer Neuansätze der italienischen Renaissance. Dabei spielte eine Teilerscheinung der Renaissance, nämlich der Humanismus, für die deutsche Geschichte der Jahrzehnte um 1500 eine besonders wichtige Rolle.

Angesichts der Schwammigkeit des heutigen Humanismusbegriffs tut man gut daran, das historische Phänomen des Renaissancehumanismus vorab etwas genauer zu definieren. Die dafür erforderlichen Abgrenzungen sind in der Forschung nicht ganz unbestritten; doch hat sich weithin, vor allem dank der Arbeiten von P.O. Kristeller, eine Begrifflichkeit durchgesetzt, die das Verständnis des Humanismus eng an dessen Selbstverständnis im 15. und 16. Jahrhundert anbindet. Als Humanist hatte demnach zu gelten, wer sich den „studia humanitatis" widmete, d.h. den fünf Wissenschaften der Grammatik, der Rhetorik, der Poetik, der Geschichte und der Ethik; diese Wissenschaften nämlich, so meinten die Humanisten, seien in besonderer Weise geeignet, den Menschen in seinem Menschsein zu vervollkommnen und zu bereichern. Solche Grundorientierung an den humaniora mitsamt ihrem unverkennbaren pädagogischen Impuls war zugleich von einer Geschichtsauffassung getragen, nach der die studia humanitatis in der Antike in vorbildlicher Weise gepflegt, dann aber vernachlässigt, ja: vergessen worden seien, bis der Humanismus sie endlich neu entdeckt habe und nun zu neuer Blüte bringe. Genau dieser Bereich der humaniora war es deshalb recht eigentlich, für den sich die Humanisten im Rückgriff auf die ursprünglichen Quellen um die Rezeption der Antike bemühten; Hand in Hand damit kam es zur inhaltlichen Aneignung antiker Ideale der Lebensführung. Von diesen Grundlagen aus hat das wissenschaftliche und Bildungsinteresse des Humanismus dann auch auf andere Wissens- und Lebensbereiche ausgegriffen, insbesondere auf die Jurisprudenz; für die Naturwissenschaften dagegen dürfte der spezifische Beitrag des Humanismus – nach freilich nicht einhelliger Forschungsmeinung – eher bescheiden gewesen sein.

Entstehung und Ausbildung des Humanismus standen in seinem Ursprungsland Italien in engem Zusammenhang mit der Blüte des Städtewesens. Ökonomisch frühzeitig weit fortgeschritten und aus den politischen und gesellschaftlichen Bindungen des Feudalismus sich lösend, sprengten die Gesellschaften der italienischen Stadtstaaten auch den traditionellen Bildungskanon und suchten in der Antike das Vorbild – und die Legitimation – der eigenen politischen und sozialen Existenz. In abgeschwächter Weise dürfte das auch für den Humanismus nördlich der Alpen zutreffen; für Deutschland gilt jedenfalls, daß der Humanismus weitgehend eine städtische – und das hieß hier zugleich: bürgerliche – Angelegenheit war. Seine Leit- und Legitimationsfunktion für die Stadtgesellschaft war in Deutschland freilich bei weitem nicht so ausgeprägt wie in Italien; die Bürgerschaften der deutschen Städte verstanden sich bis tief in die Neuzeit hinein viel stärker als Teil des corpus christianum, das der Legitimation aus humanistischem Geiste nicht bedurfte.

Ohnehin trug der Humanismus als Sozialgebilde mancherlei besondere Züge, die mit dem Etikett „bürgerlich" nur unzureichend erfaßt werden. Hierher gehört insbesondere, daß der Humanismus für seine Jünger weithin ein Vehikel sozialen Aufstiegs bedeutete. Die Lebensgeschichte des deutschen „Erzhumanisten" Conrad Celtis (1459 – 1508), der es vom armen Wanderpoeten zum illustren Haupt des Wiener Collegium poetarum et mathematicorum brachte, ist dafür nur ein besonders frühes und bekanntes Exempel; ihm könnten zahlreiche Beispiele anderer Humanistenbiographien an die Seite gestellt werden, und zwar keineswegs nur Literaten- oder Gelehrtenbiographien, sondern auch – und vor allem – die Lebensgeschichten vieler Humanistenjuristen, die gerade über ihre humanistische Bildung in die Führungsstellen der fürstlichen Verwaltung aufstiegen. Daneben öffneten sich freilich auch längst arrivierte städtische Oberschichten dem Humanismus. Die herausragenden Gestalten eines solchen großbürgerlichen Humanismus in Deutschland waren Willibald Pirckheimer in Nürnberg (1470 – 1530) und Conrad Peutinger in Augsburg (1465 – 1547). Beide Männer standen mitten im politischen und wirtschaftlichen Leben ihrer Stadt: Pirckheimer als Ratsherr und Diplomat, auch als Truppenführer, Peutinger als Ratssyndikus und politisch erfolgreicher Vertreter der Handelsinteressen seiner Vaterstadt auf den Reichstagen, auch als scharfsinniger Analytiker der Wirtschaft seiner Zeit. Zugleich aber bildeten beide Männer den Mittelpunkt des Humanismus wie überhaupt des kulturellen Lebens ihrer Stadt: Pirckheimer als vielseitiger Herausgeber und Übersetzer, insbesondere von griechischer Literatur ins Lateinische, als geselliger Gastgeber und Besitzer einer wertvollen Bibliothek, die allen Humanisten zu freier Benutzung offenstand, nicht zuletzt als Freund und Förderer seines Nürnberger Mitbürgers Albrecht Dürer, Peutinger aber als ein für seine Zeit hervorragender Kenner antiker Inschriften und als leidenschaftlicher Sammler von Münzen, Statuen und Vasen, dem selbst Kaiser Maximilian zuweilen einen „Sack mit heidnischen Pfennigen"[5] übersandte; auch die von Celtis entdeckte älteste Karte Deutschlands, eine römische Straßenkarte, gelangte in Peutingers Besitz und ist bis heute als „Tabula Peutingeriana" mit seinem Namen verbunden geblieben.

Ein weiteres sehr spezifisches Merkmal des Humanismus bestand in der Kommunikation der Humanisten untereinander. Wo es irgend anging, suchten sie den mündlichen Austausch in eigenen Gesprächskreisen, die solcherart zum mehr oder minder institutionalisierten Mittelpunkt des Humanismus in der Stadt oder auch in der Region wurden. Zugleich aber suchte und pflegte man die Verbindung mit seinesgleichen, vor allem natürlich mit den großen Autoritäten des Humanismus, auf nationaler, ja: europäischer Ebene – wenn es sich machen ließ, auf Reisen und also wiederum im mündlichen Gespräch, ansonsten aber und daneben durch ausgedehnte briefliche Korrespondenzen. Es war gerade diese Korrespondenz, die sehr wesentlich den weiträumigen Zusammenhalt der Humanisten sicherte und darüber hinaus – in Ergänzung der durch den Buchdruck publizierten humanistischen Literatur – zur Identität des Humanismus über seine lokalen und regionalen Zentren hinaus beitrug.

Eine Besonderheit gerade des deutschen Humanismus ergab sich des weiteren daraus, daß Bildung und Wissenschaft in Deutschland viel ausschließlicher als in Italien an die Universitäten gebunden waren, an denen überdies die Theologie eine dominierende Rolle spielte. Gewiß gab es auch in Deutschland Humanistenkreise außerhalb der Universitäten, so z.B. in Augsburg um Peutinger, in Nürnberg um Pirckheimer, in Basel um den Buchdrucker Johann Amerbach, gelegentlich auch im Rahmen eines kulturell besonders aufgeschlossenen Fürstenhofs wie etwa in Heidelberg unter dem Mäzenat des pfälzischen Kanzlers und Bischofs von Worms Johann von Dalberg. Sollten die studia humanitatis indessen breitere Wirkung gewinnen, so mußten sie an den Universitäten und gegen deren traditionellen, stark scholastisch gefärbten Studienbetrieb durchgesetzt werden. Das führte, zumal da hier berufliche Existenzmöglichkeiten auf dem Spiele standen, zu teilweise sehr harten Auseinandersetzungen und auch – bezeichnenderweise nur in Deutschland – zu dem Versuch, die studia humanitatis in Konkurrenz zur Universität zu institutionalisieren; genau dies war der Sinn des Collegium poetarum et mathematicorum, das 1501 auf Anregung des Konrad Celtis und unter Förderung Maximilians I. in Wien gegründet wurde. Der Gründung war zwar keine Dauer beschieden, das Wiener Collegium ist alsbald nach Celtis' Tode eingegangen. An den Universitäten aber haben die Humanisten, jedenfalls in der Umgestaltung des Grundstudiums der artes liberales, vielerorts reüssiert; die Einrichtung eigener Professuren für Poetik oder für griechische bzw. sogar hebräische Sprache gab ihnen auch eine dauernde wirtschaftliche Absicherung.

In Wien selbst war nach Celtis' Tod der Franke Johannes Cuspinian (1473–1529) das unumstrittene Haupt der Humanisten. Ein umfassend gebildeter Mann – poeta laureatus und Doktor der Medizin, Historiker und Geograph, Professor der Rhetorik und Poetik –, spielte er auch politisch eine beachtliche Rolle, vor allem als kaiserlicher Rat und Diplomat im Dienste Maximilians I. Die Beziehung zum Kaiser beschränkte sich aber nicht auf den diplomatisch-politischen Bereich; vielmehr sind Cuspinian und überhaupt die Wiener Humanisten des beginnenden 16. Jahrhunderts ganz entscheidend durch die Persönlichkeit und die Ideen Maximilians geprägt worden. Sein ritterliches Selbstverständnis, verbunden mit einem ins Große strebenden dynastischen Ehrgeiz, dazu die neubelebten Traditionen des Kaisertums bis zurück zu den römischen Imperatoren gaben den Humanisten wesentliche Impulse und Themen – ganz abgesehen von Maximilians Mäzenatentum, das die Gelehrten und Künstler der Zeit in den Dienst der kaiserlichen Reputation zu stellen suchte. Daß die Humanisten ihrerseits hofften und erwarteten, Kaiser Maximilian werde mit Hilfe der „neuen Bildung" die großen Zeitprobleme der Kirche wie der deutschen Nation lösen, war freilich illusionär – eine spezifisch humanistische Form romantischer Verklärung des Kaisertums, wie sie ja auch sonst weit verbreitet war.

Viele der deutschen Humanisten – weit über den Wiener Humanistenkreis hinaus – waren von einem lebhaften Nationalgefühl beseelt. Die italienischen Humanisten pflegten aus ihrer Verachtung der Barbarei nördlich der Alpen keinen Hehl zu machen; in der Abwehr dieser Mißachtung betonten die deutschen Humanisten die kulturellen Leistungen gerade des eigenen Volks und taten viel, um diese Leistungen auch in der Vergangenheit aufzuspüren und gebührend ans Licht zu stellen. Bereits Konrad Celtis fand jene älteste Karte Deutschlands, die als Tabula Peutingeriana bekannt geworden ist; Celtis war es auch, der die – 1455 als Handschrift in einem Kloster in Löwen entdeckte – „Germania" des Tacitus im Druck herausgab und Roswitha von Gandersheim als „deutsche Sappho" der literarischen Öffentlichkeit bekanntmachte; seine kulturgeschichtliche Beschreibung deutscher Landschaften und Städte, die „Germania illustrata", blieb freilich bloßer Entwurf. Neben und nach Celtis war es vor allem der Elsässer Humanistenkreis um Jakob Wimpfeling in Schlettstadt (1450–1528), der sich in patriotischer Begeisterung der deutschen Geschichte zuwandte. Neben Johannes Cuspinian in Wien hat Beatus Rhenanus, der wohl bedeutendste Kopf unter diesen elsässischen Humanisten, der deutschen Historiographie zuerst ein quellenkritisches Bewußtsein vermittelt.

Allen Richtungen des deutschen Humanismus schließlich war deutlich, daß die entscheidenden Fragen der Zeit im kirchlich-religiösen Bereich lagen; zu einer klaren Bestimmung seines Verhältnisses zur Kirche gelangte der deutsche Humanismus jedoch bis zur Jahrhundertwende nicht. Insbesondere hat wohl keiner der frühen deutschen Humanisten die revolutionären Konsequenzen einer sinngebenden Weltorientierung außerhalb der Kirche zu Ende gedacht – ganz zu schweigen von einem gemeinsamen und einheitlichen Bewußtsein dieser Möglichkeit und ihrer Probleme. Statt dessen suchte jeder von ihnen auf eigene Weise, die Spannungen zwischen christlicher und antik-heidnischer Bildungswelt zu lösen: „eine religiös oberflächliche Natur wie Conrad Celtis durch einen kaum verhohlenen Paganismus, ein 'scholastischer' Humanist wie Wimpfeling durch die entschiedene Hinwendung zur alten Kirche, ein resignierter Skeptiker wie Mutian durch die bewußte Trennung von Leben und Denken, ein Träger vornehmer Gelehrsamkeit wie Pirckheimer durch die gelassene Hinnahme der ‚doppelten Wahrheit' von Glauben und Wissen" (Skalweit)[6]. Eine deutlichere Klärung der Positionen und Fronten des Humanismus erfolgte dann erst am späten Vorabend der Reformation – durch Erasmus' von Rotterdam Programm der „Philosophia Christi" einerseits, durch die in aggressive Antikirchlichkeit umschlagende Polemik der Dunkelmännerbriefe und Ulrichs von Hutten anderseits.

II. Ereignisse und Entscheidungen des Jahrhunderts

1. Das Reich unter Maximilian I. (1500–1519)

a) Die äußeren Verhältnisse: Italien, das burgundische Erbe und die habsburgische Thronfolge in Spanien, Böhmen und Ungarn

Die Außenpolitik Maximilians I., in der Literatur mitunter als sprunghaft und konzeptionslos kritisiert, war grundlegend und dauerhaft durch das Interesse an der Sicherung und Vermehrung der habsburgischen Hausmacht – und in diesem Rahmen auch an der Wahrnehmung der Reichsinteressen – bestimmt. Auch der überraschende Wechsel der außenpolitischen Bündnisse des Königs war von dieser Zielsetzung geleitet und im einzelnen durch die ihrerseits rasch wechselnden Bündniskonstellationen der europäischen Mächte des beginnenden 16. Jahrhunderts veranlaßt; der gewiß unruhigen und in manchem sprunghaften Persönlichkeit Maximilians dürfte dabei eine nur untergeordnete Bedeutung beizumessen sein.

Die außenpolitischen Hauptinteressen Maximilians lagen zum einen in Oberitalien, wo sich allmählich der für das weitere 16. Jahrhundert maßgebende Konflikt zwischen den Häusern Valois und Habsburg herauskristallisierte. Ein zweiter Schwerpunkt seiner Außenpolitik bestand in der Sicherung des niederländisch-burgundischen Erbes gegen die Franzosen. Zum dritten verfolgte er mit Hartnäckigkeit die Thronfolgeansprüche seines Enkels Karl, des späteren Kaisers Karl V., in Spanien; viertens schließlich ging es Maximilian – in relativer Unabhängigkeit von den ihrerseits eng miteinander verschlungenen Entwicklungen in Süd- und Westeuropa – um die Durchsetzung der habsburgischen Thronansprüche auf Böhmen und Ungarn.

Die Italienpolitik Maximilians I. war durch sehr unterschiedliche Ziele bestimmt. Zum einen ging es dem König darum, nach Rom zu ziehen und dort die Kaiserkrönung durch den Papst zu erlangen; mit diesem Motiv einer Konsolidierung seiner universalen Herrschaftsansprüche eng verbunden war die Absicht der Vorbereitung eines großen Türkenkreuzzugs, durch den er an der Spitze der europäischen Fürsten die Muslime aus Europa zu vertreiben hoffte. Dazu kam das Vorhaben einer Neubelebung der reichsrechtlichen Ansprüche in Oberitalien, namentlich auf das reiche Mailand, und schließlich fehlte es auch nicht am Ziel territorialpolitischer Expansion, insbesondere auf Kosten Venedigs.

Der erste wichtige Akt der Italienpolitik Maximilians war seine Heirat mit Bianca Maria Sforza, der Nichte des Gewalthabers von Mailand Ludovico Sforza (1494). Der Hintergrund dieser Ehe bestand auf seiten des Sforza in dem Interesse einer besseren Legitimierung seiner Herrschaft über Mailand. Die Sforza waren ja nach dem Aussterben der Visconti durch eine Art militärischen Handstreichs in den Besitz Mailands gelangt, und Kaiser Friedrich III. hatte sich stets geweigert, sie von Reichs wegen mit Mailand zu belehnen. Daß in Frankreich mit Ludwig von Orléans – dem späteren König Ludwig XII. – ein Abkömmling der Visconti zur Thronfolge anstand, machte jenen reichsrechtlichen Legitimationsmangel für Ludovico el Moro besonders empfindlich und gefährlich. So kam es zur Einigung mit Maximilian: Der Sforza wurde in aller Form mit Mailand belehnt; Maximilian erhielt Bianca zur Frau und mit ihr den Zugang zum mailändischen Kapital. Dieses Kapital aber – die Mitgift Biancas und zusätzliche mailändische Kredite – sollte nach den Vorstellungen Maximilians den finanziellen Grundstock für einen großen Türkenkreuzzug bilden. Genau darin lag überhaupt der ursprüngliche politische Sinn der mailändischen Heirat für Maximilian; dazu kam natürlich die Hoffnung, einen verläßlichen Bundesgenossen für die habsburgischen und Reichsinteressen in Oberitalien zu gewinnen.

Das Projekt des Türkenkreuzzugs konnte nicht realisiert werden. Weder die anderen europäischen Staaten noch auch die deutschen Reichsstände waren bereit, sich für das Unternehmen zu engagieren; der Einfall Karls VIII. von Frankreich in Italien 1494 – übrigens seinerseits mit dem Fernziel eines Türkenkreuzzugs – schuf überhaupt eine neue Situation. Italien selbst wurde jetzt das Feld der Auseinandersetzungen, und als Gegner rückten für Maximilian die Franzosen, daneben die Venezianer, an die Stelle der Osmanen.

In diesen Auseinandersetzungen nun konnte Maximilian, in aller Regel von den Reichsständen nur dürftig unterstützt, keine sonderlich eindrucksvolle Rolle spielen. Die in Italien politisch wie militärisch dominierenden Mächte waren Spanien und Frankreich; nicht einmal den Venezianern war Maximilian gewachsen, wenn er nicht über potente Bündnispartner verfügte. So bestand die Italienpolitik des Königs gutenteils darin, sich den wechselnden Bündniskonstellationen der anderen Mächte anzupassen, so gut es eben ging, und dabei zu versuchen, den eigenen politischen Zielen wenigstens ein Stück näher zu kommen. Die Erfolge dieser Politik ließen freilich sehr zu wünschen übrig. So gehörte Maximilian 1495–97 mit dem Papst, Spanien, Venedig und Mailand zur Heiligen Liga gegen Karl VIII. von Frankreich, ohne doch – abgesehen von der vorläufigen Sicherung der Sforza in Mailand – irgendwelche Vorteile aus dem Krieg ziehen zu können. Noch ungünstiger war die Bilanz des nächsten, durch den Einfall Ludwigs XII. in Italien ausgelösten Kriegs (1499–1504). Durch die französische Diplomatie ziemlich isoliert, hatte Maximilian auch militärisch mit dem Ausgang des Kriegs nur wenig zu tun; die Entscheidung fiel vielmehr im Kampf zwischen Franzosen und Spaniern, und das politische Ergebnis des Kriegs bestand im Gleichgewicht der spanischen Herrschaft über Süditalien einerseits, der französischen in Oberitalien anderseits – letztere auf Kosten vor allem alter Lehensrechte des Reichs. Zwar sagte Ludwig XII. im Frieden von Blois mit Maximilian 1504 gegen die Belehnung mit Mailand, in dessen Besitz er sich seit 1500 ohnehin befand, die Verheiratung seiner Tochter Claudia mit Maximilians Enkel Karl zu; für den Fall, daß Ludwig ohne Söhne bleiben werde, sollte das Paar Mailand, dazu das Herzogtum Burgund und obendrein die Bretagne erhalten. Der französische König dachte aber gar nicht daran, seine Verpflichtungen aus dem Vertrag wirklich zu erfüllen: Kaum daß er außenpolitisch ein wenig Luft bekommen hatte – vor allem durch eine gewisse Annäherung an Spanien –, verheiratete er Claudia an seinen Neffen und Nachfolger Franz von Angoulème. Schon vorher, im Schweizer- oder Schwabenkrieg von 1499, war auch Maximilians Versuch, die Eidgenossen wieder in eine nähere Verbindung zum Reich zu zwingen und damit den Franzosen das Reservoir der Schweizer Söldner wegzunehmen, kläglich gescheitert.

Neue Chancen schienen sich Maximilian immerhin einige Jahre später, diesmal gegen Venedig, zu eröffnen. Zwar nahm ein gesonderter Feldzug gegen die Venezianer im Frühjahr 1508 wiederum einen für Maximilian sehr ungünstigen Verlauf. Seit dem Herbst des Jahres aber kam es zu einer größeren Liga gegen Venedig, der außer dem Papst und Maximilian selbst auch Spanien und Frankreich angehörten; der französische König war durch das erneute Versprechen der Investitur mit Mailand gewonnen worden. Nach beträchtlichen Anfangserfolgen vor allem des französischen Heeres erlahmte die Kriegführung der Verbündeten jedoch sehr bald. Schon 1509 lag die militärische Last des Bündnisses im wesentlichen allein auf Maximilian, und dem fehlte es wie stets an Geld und Truppen, um sich gegenüber den Venezianern durchzusetzen. Dazu kam, daß Papst Julius II. angesichts der Gefahr einer weiteren Stärkung der französischen Position in Oberitalien 1510 das Bündnis überhaupt sprengte, mit Venedig Frieden schloß und zur Befreiung Italiens von den Franzosen aufrief. Bis zum Ende des Jahres 1511 erwuchs daraus eine große antifranzösische Koalition. Ihr gehörten – neben dem Papst selbst – die Schweizer Eidgenossen an, die jetzt eine eigene Vorherrschaft in Oberitalien zu begründen suchten, dazu Spanien, England und selbst Venedig. Wollte Maximilian nicht ins außenpolitische Abseits geraten, so blieb ihm kaum etwas anderes übrig, als auch seinerseits den Krieg mit Venedig abzubrechen und sich an dieser neuen Allianz zu beteiligen; deren antifranzösische Stoßrichtung entsprach freilich ohnehin den längerfristigen Interessen des Kaisers, namentlich wegen Mailands. In der Tat gelang es den neuen Verbündeten, die Franzosen 1512 aus Italien zu verdrängen. Das bedeutete allerdings nicht, daß Maximilian die Herrschaft oder doch eine gesicherte Oberhoheit über Mailand zurückerlangt hätte; vielmehr gerierten sich jetzt die Schweizer, die die Entscheidungsschlacht von Novara gegen die Franzosen gewonnen hatten, als die Herren Mailands und restituierten die Sforza aus eigener Machtvollkommenheit, ohne Rücksicht auf Kaiser und Reich. Obendrein zerfiel die antifranzösische Liga von 1510/11 sehr rasch; die Venezianer standen seit 1513 überhaupt auf französischer Seite. 1515 gelang es dann dem jungen französischen König Franz I., die Schweizer bei Marignano vernichtend zu schlagen und Mailand wiederum in französische Hand zu bringen. Ein letzter Versuch Maximilians, den Dingen eine für ihn günstigere Wendung zu geben, scheiterte erneut am Mangel finanzieller Ressourcen: Wieder einmal ohne Geld zur Besoldung seiner Truppen, mußte er vor dem entscheidenden Sturm auf Mailand umkehren; sein Heer löste sich meuternd auf, er selbst schlug sich mit knapper Not nach Tirol durch. So mußte er froh sein, beim Friedensschluß Ende 1516 wenigstens ein paar Grenzstreifen im Süden Tirols – die sogenannten Welschen Confinen – sowie eine Abrundung des habsburgischen Anteils an der Grafschaft Görz im äußersten Südosten des Reichs zu erlangen. Das Problem der Vorherrschaft über Italien aber schien – wie ansatzweise schon 1504 – durch das Gleichgewicht zwischen der spanischen Herrschaft im Süden und der französischen im Norden des Landes gelöst zu sein. Die Thronfolge von Maximilians Enkel Karl in den burgundischen Niederlanden (1506), in den spanischen Königreichen (1516), nach Maximilians Tod auch – zusammen mit seinem Bruder Ferdinand - in den österreichischen Erblanden und schließlich im Kaisertum (1519) sollte den Habsburgern dann freilich eine Machtstellung verleihen, der gegenüber die französische Position in Italien trotz hartnäckiger Gegenwehr nicht zu behaupten war.

Von größerem unmittelbarem Erfolg als die Italienpolitik Maximilians war sein Kampf um die Erhaltung des burgundischen Erbes der Habsburger. Der Hauptnutznießer der Katastrophe Karls des Kühnen bei Nancy 1477 war Frankreich gewesen: König Ludwig XI. hatte die Grafschaften Boulogne und Artois, vor allem aber das alte Herzogtum Burgund für die französische Krone erlangt. Und damit nicht genug: Unmittelbar nach Nancy hatten die Franzosen sogar die Freigrafschaft Burgund in ihre Hand gebracht, ohne sich groß um deren lehensrechtliche Zugehörigkeit zum Reich zu kümmern. Maximilian – Witwer der frühverstorbenen burgundischen Erbtochter Maria und Regent für seinen noch unmündigen Sohn Philipp, dazu seit 1493 deutscher König – hatte dann aber doch die Franche Comté als burgundisches Erbe für die Habsburger und zugleich in ihrer Reichszugehörigkeit zurückgewinnen können (Friede von Senlis 1493), und auch sonst gelang es ihm, wenigstens ein weiteres Ausgreifen der Franzosen auf burgundisches Gebiet zu verhindern. Allerdings kam es immer wieder, natürlich auch als Folge der italienischen Konflikte Maximilians mit den französischen Königen, zu politischen und militärischen Auseinandersetzungen um die beiderseitigen Hoheitsrechte in den Grenzlandschaften, insbesondere in Flandern und im Artois; darüber hinaus ließen die Franzosen keine Chance aus, auch andere territoriale Konkurrenten der Habsburger, vor allem Herzog Karl von Geldern, nach Kräften zu unterstützen. Diese fortdauernden Spannungen und Kämpfe aber waren für Maximilian umso unangenehmer, als die niederländischen Stände in ihren außenpolitischen Optionen tief gespalten waren.

Die Wurzeln dieser Spannung reichten bis in die Zeit des Hundertjährigen Kriegs zwischen England und Frankreich zurück. Die burgundischen Herzöge hatten damals versucht, den großen Konflikt durch wechselnde Bündnisse mit den verfeindeten Mächten im Interesse der eigenen Machterweiterung auszunutzen. Im einen wie im andern Fall aber hatte jeweils ein Teil der niederländischen Stände unter dieser Politik zu leiden: die in den nördlichen Provinzen gesessenen unter der Störung des Handels mit England, die in den burgundisch-französischen Grenzlandschaften beheimateten durch die französische Bedrohung ihrer Herrschaften. Der daraus erwachsene Gegensatz einer „französischen" und einer „englischen" Partei der niederländischen Stände blieb auch unter Maximilian virulent. So konnte Maximilian in seinen Auseinandersetzungen mit Frankreich nie auf die geschlossene Unterstützung der Niederländer rechnen; sein Sohn Philipp der Schöne, der von 1494 bis zu seinem Tode 1506 das Land regierte, neigte sogar selbst der französischen Partei zu. Die große antifranzösische Koalition von 1512, der auch England angehörte, verschärfte die Spaltung der Stände von neuem; Maximilians Tochter Margarete, die seit 1507 die Regentschaft der Niederlande führte, konnte sich je länger desto weniger im Lande durchsetzen.

Die Lösung dieser bedrohlichen Probleme konnte nur im Versuch eines innen- wie außenpolitischen Ausgleichs bestehen. Zum Exponenten dieser politischen Richtung aber wurde jetzt, und zwar im Gegensatz zu den Wünschen Maximilians, der Kaiserenkel Karl, der nach seiner Volljährigkeitserklärung 1515 selbst die Regierung der Niederlande antrat, beraten vor allem von seinem Großkämmerer, dem Herrn von Chièvres. Die Bereitschaft des jungen Fürsten zu äußerer Neutralität und innerem Ausgleich wuchs noch, als mit dem Tode Ferdinands von Aragón Anfang 1516 die spanische Thronfolge akut wurde, deren Durchsetzung Karls persönliche Anwesenheit in Spanien erforderlich machte. So kam es im August 1516 mit Franz I. auf der Basis des status quo zum Friedensvertrag von Noyon; einige Monate später schloß sich auch Maximilian dem Frieden an. Der Vertrag erfüllte seinen Zweck für die Habsburger durchaus: Die inneren Verhältnisse der Niederlande beruhigten sich, und Karl konnte sich die spanischen Kronen durch entschlossenes Zugreifen sichern. Auf lange Sicht gesehen, war der Vertrag von 1516 freilich auch für die Niederlande nur eine Interimslösung; der säkulare Konflikt der Häuser Valois und Habsburg stand erst noch bevor.

Die Thronfolge der Habsburger in den spanischen Reichen, die zum Kern der habsburgischen Weltstellung im 16. Jahrhundert werden sollte, hatte ihre dynastische Grundlage in der Doppelheirat Philipps des Schönen mit Juana, einer Tochter des Katholischen Königspaars, und Don Juans, des spanischen Thronfolgers, mit Maximilians Tochter Margarete (1496/97). Durch den frühen Tod Juans und kurz darauf auch seiner nächstältesten Schwester, der in zweiter Ehe mit dem portugiesischen König Manuel verheirateten Isabella, und deren Söhnchen rückte Juana als drittes Kind des Katholischen Königspaars bereits 1498 zur Thronfolgerin der spanischen Reiche auf, und als sie ihrem habsburgischen Gemahl Philipp im Jahre 1500 einen Sohn Karl gebar, stand dessen Thronfolge nicht nur in den österreichischen Erblanden und – als Enkel Marias von Burgund - in den burgundischen Niederlanden, sondern auch in den spanischen Königreichen zu erwarten.

Nun war das eine dynastische Konsequenz, die beim Zustandekommen der Heiratsabsprachen von 1495 kaum abzusehen gewesen war. Das Katholische Königspaar hatte mit der Doppelheirat zwar seine Beziehungen zu den Habsburgern dauerhaft absichern wollen; eine habsburgische Thronfolge aber war keineswegs beabsichtigt gewesen. Viel eher dachte man – für den Fall eines vorzeitigen Todes des Thronfolgers – an eine dynastische Verbindung Spaniens mit Portugal, wie das auch weitverbreiteten Wünschen im Lande selbst entsprach. Nur der dynastische Zufall von Tod und Überleben entschied zugunsten der Habsburger. Die politische Durchsetzung dieser Thronfolge war denn auch keineswegs problemlos. Angesichts der schon früh sich abzeichnenden Geisteskrankheit Juanas hatte Isabella von Kastilien in ihrem Testament bestimmt, daß ihr Gemahl, König Ferdinand, die Regentschaft in Kastilien führen solle, bis Juanas Sohn und Erbe Karl mündig geworden wäre und selbst die Regierung übernehmen könnte. Daß es Philipp dem Schönen nach Isabellas Tod (1504) gelang, mit Unterstützung eines Großteils des kastilischen Adels sich selbst anstelle Ferdinands zum Regenten Kastiliens zu machen, ja: daß er zusammen mit Juana im Sommer 1506 von den kastilischen Cortes als rechtmäßiger König des Landes anerkannt wurde, bedeutete nur vordergründig eine Stärkung der habsburgischen Ansprüche. Zum einen nämlich bewog dieser Affront den alten König, die Vereinigung Kastiliens und Aragóns wieder in Frage zu stellen: Noch 1506 schloß er eine neue Ehe mit Germaine de Foix, einer Nichte des französischen Königs; ein Sohn aus dieser Ehe wäre nach katalanischem Erbrecht zur Thronfolge in Aragón berufen gewesen. Zum andern machte die Herrschaft Philipps in Kastilien, so kurz sie war – Philipp starb ja bereits im September 1506 –, den höchst unerfreulichen Eindruck schamloser Günstlingswirtschaft und Ausbeutung des Landes; das verstärkte die alten Vorbehalte gegen eine habsburgische Thronfolge in gefährlicher Weise. Es war deshalb nicht verwunderlich, daß Maximilian mit seinem Versuch, nach dem Tode Philipps nun selbst die Regentschaft für Juana bzw. für Karl in Kastilien zu übernehmen, keinen Erfolg hatte; die Regentschaft ging jetzt doch auf König Ferdinand über, der sie bis zu seinem Tode 1516 wahrnahm. Der Regentschaftsstreit mit Maximilian verbitterte jedoch jahrelang die Gemüter und entschärfte sich erst, als sich herausstellte, daß ein 1509 geborener Sohn der Germaine de Foix nicht lebensfähig war und weitere Nachkommen aus ihrer Ehe mit Ferdinand nicht zu erwarten standen. König Ferdinand fand sich jetzt mit der Thronfolge Juanas und ihres habsburgischen Sohnes Karl nicht nur in Kastilien, sondern auch in Aragón ab; Maximilian verzichtete seinerseits auf alle Ansprüche einer Mitregentschaft in Kastilien.

Nochmals eine gefährliche Klippe der habsburgischen Thronfolge in Spanien bedeutete schließlich das letzte Testament König Ferdinands, das – angesichts der nur de facto, nicht de jure feststehenden Regierungsunfähigkeit Juanas – deren Sohn Karl bis auf weiteres nur zum Regenten der spanischen Reiche bestimmte; diese Regelung hätte leicht zum Ansatzpunkt neuer Opposition werden können. Jetzt aber setzte sich der junge Fürst selbst mit raschem und entschlossenem Handeln durch: Er beanspruchte für sich – in Gemeinschaft mit seiner Mutter – die Königswürde in Kastilien und Aragón und brachte diesen Anspruch 1517/18 persönlich, wenngleich mit maßgeblicher Unterstützung des einflußreichen Kardinals Cisneros, bei den Ständen der spanischen Königreiche zur Anerkennung. Juana galt zwar weiterhin als Königin; bis zu ihrem Tode – erst 1555! – trat Karl also nicht in die alleinige Vollgewalt der königlichen Rechte in Spanien ein. Politische Bedeutung hatte diese staatsrechtliche Klausel indessen nicht mehr; die habsburgische Thronfolge war vollzogen.

Noch viel unsicherer als die spanische Thronfolge war um die Jahrhundertwende die Thronfolge der Habsburger in Böhmen und Ungarn. Zwar war der habsburgisch-jagiellonische Streit um die beiden Kronen im Vertrag von Preßburg 1491 vorläufig in der Weise beigelegt worden, daß der hier wie dort regierende König Wladislaw II. für den Fall seines Todes ohne männliche Nachkommen die Nachfolge Maximilians in beiden Reichen zugestand. Ob eine solche Thronfolge aber bei den böhmischen und ungarischen Ständen durchgesetzt werden könnte, ob das polnische Königshaus der Jagiellonen die Vereinbarungen Wladislaws im Ernstfall respektieren würde, ob es schließlich auch nur bei der – zunächst allerdings wahrscheinlichen – Kinderlosigkeit Wladislaws bleiben würde, war noch keineswegs ausgemacht. In der Tat wurde schon die letztere Voraussetzung der habsburgischen Thronfolge in den ersten Jahren des neuen Jahrhunderts fraglich. Wladislaw ließ die – wohl nie vollzogene – Ehe mit seiner ersten Gemahlin im Jahre 1500 annullieren und heiratete 1502 die mit dem französischen Königshaus verwandte Anne de Foix, die ihm im Jahre darauf ein erstes Kind gebar – allerdings keinen Sohn, sondern eine Tochter, die den Namen Anna erhielt; aber die Geburt auch eines Sohnes rückte damit doch in den Bereich des Wahrscheinlichen. Als dann eine schwere Krankheit Wladislaws 1505 die Nachfolgefrage akut werden ließ, zeigte sich des weiteren, daß – jedenfalls in Ungarn – die habsburgische Thronfolge auch bei den Ständen des Landes auf größte Schwierigkeiten stoßen würde; ein ungarischer Reichstag im Oktober des Jahres lehnte ausdrücklich und in deutlicher Wendung gegen die Habsburger jede Thronfolge eines Ausländers ab. Das brachte Maximilian nun freilich in Harnisch. Er beharrte nicht nur auf seinen erbvertraglichen Ansprüchen, sondern traf zu deren Durchsetzung auch recht entschiedene militärische Vorbereitungen, mit finanzieller Hilfe sogar des Reichs. Das machte Eindruck, und zwar zunächst auf den alten Wladislaw selbst. Er knüpfte insgeheim Verhandlungen mit Maximilian an, und diese Verhandlungen führten im März 1506 zu einem Vertragswerk, durch das die habsburgischen Erbansprüche bestätigt und außerdem zwei habsburgisch-jagiellonische Heiraten vereinbart wurden: zwischen der kleinen Anna von Ungarn nämlich mit einem der Enkel des Kaisers und einem eventuellen, noch ungeborenen ungarischen Thronfolger mit Maximilians Enkelin Maria. Als Maximilian dann militärisch gegen die ungarischen Magnaten vorging, fanden sich auch diese zum Einlenken bereit; die Geburt eines ungarischen Thronfolgers Ludwig im Sommer 1506, die eine habsburgische Thronfolge zwar nicht ausschloß, aber doch einigermaßen unwahrscheinlich machte, erleichterte ihnen das Nachgeben.

Allerdings wurde jetzt auch noch der Widerstand des polnischen Königshauses akut. Der polnische König Sigismund nämlich, der jüngere Bruder Wladislaws, machte von neuem die jagiellonischen Erbansprüche geltend, und dieser polnische Druck verstärkte sich noch – jedenfalls hinsichtlich Ungarns –, als Sigismund 1512 die Schwester Johann Zapolyas, eines der führenden ungarischen Magnaten, heiratete und solcherart jagiellonische und nationalungarische Interessen miteinander verknüpfte. Aber Maximilian wußte auch diesem Widerstand erfolgreich zu begegnen, und zwar durch die Intensivierung seiner Kontakte zu den traditionellen Gegnern Polens, dem Deutschen Orden und Rußland. Diese Flankendrohung war Sigismund so unangenehm, daß er auf dem Fürstentag zu Wien 1515 der grundsätzlichen Erneuerung des Vertrags von 1506 mitsamt seinen Erbansprüchen zustimmte; zum Gemahl der ungarischen Königstochter Anna wurde jetzt Maximilians Enkel Ferdinand bestimmt. Dafür verzichtete Maximilian auf die weitere Unterstützung der Gegner Polens; was den Deutschen Orden anging, akzeptierte er die Oberhoheit Polens über Preußen und damit dessen Verlust für das Reich. Im übrigen war natürlich auch jetzt noch keineswegs abzusehen, ob die habsburgische Thronfolge in Böhmen und Ungarn wirklich eintreten werde; der frühe Tod des jungen Königs Ludwig 1526 war ja wiederum nur einer jener dynastischen Zufälle, die dem Aufstieg des Hauses Habsburg so oft zugute kamen.

b) Königtum und Stände im Streit um die Reichsverfassung. Maximilian und das Kaisertum

Grundsätzlich war die Reichsreform, die auf dem Reichstag von Worms 1495 einen ersten Höhepunkt erreicht hatte, ein gemeinsames Anliegen von König und Ständen. Die Notwendigkeit eines dauernden Landfriedens – die Beseitigung vor allem des Fehderechts –, die Notwendigkeit auch eines funktionierenden höchsten Reichsgerichts und einer hinreichenden Exekutive zur Durchsetzung der Urteile des Gerichts wie überhaupt zur Wahrung des Landfriedens, die Notwendigkeit schließlich einer Finanzierung der Aufgaben des Reichs durch eine Reichssteuer – all das war prinzipiell anerkannt, und auf dieser Grundlage hatten sich König und Stände auf eine Reihe grundlegender und konkreter Reformbeschlüsse geeinigt. Die 1495 gefundenen Kompromisse ließen freilich noch viele Probleme offen, und zwar nicht so sehr deshalb, weil man diese Probleme noch nicht voll erkannt hätte, sondern weil es neben jener Gemeinsamkeit des Reformanliegens doch auch tiefgreifende Interessengegensätze zwischen König und Ständen gab. Die Auseinandersetzung über diese Gegensätze – in Wechselwirkung insbesondere mit den Problemlagen der Außenpolitik – gab der Reichspolitik in den ersten Jahren des 16. Jahrhunderts das Gepräge; als eigentlicher Gegenspieler des Königs erscheint der Erzkanzler und Kurfürst von Mainz, Berthold von Henneberg (gest. 1504). Im Mittelpunkt des Konflikts stand zunächst das Erste Reichsregiment (1500–1502).

Schon auf dem Reichstag von Worms 1495 war das Projekt eines solchen Reichsregiments ventiliert worden. Von ständischer Seite war damals der Vorschlag eines aus den Ständen formierten Reichsrats präsentiert worden, der die königliche Regierungsgewalt empfindlich eingeengt hätte; nach Maximilians Gegenentwurf wäre das Regiment umgekehrt ein bloßes Beratungsgremium des Königs gewesen, das die Vorbereitung und Durchsetzung der königlichen Entscheidungen hätte erleichtern sollen. Ein Kompromiß über diese gegensätzlichen Konzeptionen hatte sich nicht erzielen lassen; das Projekt des Reichsregiments war vorläufig fallengelassen worden. Im Jahre 1500 aber brachten es die Stände erneut auf den Tisch, und zwar in einer für Maximilian außerordentlich prekären politischen Gesamtsituation. Mit dem Verlust Mailands an die Franzosen nämlich und der Niederlage im Schweizer Krieg hatte der König schwere Rückschläge erlitten, die nicht nur seine Autorität im Reich und in Europa empfindlich beeinträchtigt, sondern auch seine finanziellen Mittel völlig erschöpft hatten. So blieb ihm nichts anderes übrig, als einen Reichstag einzuberufen und um Reichshilfe zu ersuchen; die Stände aber machten ihre Hilfe von verfassungspolitischen Zugeständnissen abhängig – vor allem eben von der Einsetzung eines Reichsregiments, und zwar durchaus nach den Vorstellungen der Stände, über die man schon 1495 verhandelt hatte.

Für die Zusammensetzung des neu formierten Regimentskollegiums waren in erster Linie ständische Gruppierungen maßgebend, wie sie auch die Zusammensetzung des Reichstags bestimmten. So gehörten dem Gremium neben den sechs Kurfürsten – Böhmen war nicht berücksichtigt – je ein weltlicher und geistlicher Fürst, ein Prälat, ein Graf und zwei Reichsstädte an; dazu kam je ein Vertreter der österreichischen und der burgundischen Erblande. Daneben aber suchte man auch dem Prinzip einer Repräsentation der verschiedenen Landschaften des Reichs Rechnung zu tragen. So gliederte man das Reich unter Ausklammerung der Kurfürstentümer und der habsburgischen Erblande in sechs Reichskreise, die ebenfalls je einen Vertreter in das Regiment zu entsenden hatten. Der König bzw. sein Statthalter sollten zwar den Vorsitz führen, im übrigen aber auf die Rolle eines primus inter pares beschränkt sein. Das Regiment bekam seinen ständigen Sitz in Nürnberg, wohin auch, in gewollt enger Anlehnung an das Regiment, das Reichskammergericht verlegt wurde. Das in alledem deutliche ständische Übergewicht war um so gravierender, als die Kompetenzen des Regiments sich auf nahezu alle entscheidenden Fragen der inneren wie der äußeren Politik erstreckten – auf die Verfügung über die Reichssteuer wie auf den Oberbefehl über das Reichsheer oder auf den diplomatischen Verkehr mit auswärtigen Mächten.

Die Regimentsordnung von 1500 konnte freilich nur in Ansätzen – und auf Dauer überhaupt nicht – in politische Realität umgesetzt werden. Maximilian war keineswegs bereit, sich mit dieser Degradierung seines Königtums abzufinden, und auch die Reichsstände, namentlich die größeren unter ihnen, fanden sich durch das Regiment in der Wahrnehmung ihrer Partikularinteressen behindert. Das Regiment selbst verfügte schon gar nicht über die Autorität, ja: nicht einmal über ein hinreichendes Selbstbewußtsein, um sich im Reich kraftvoll durchzusetzen. Die Gelder zur Unterhaltung des Regiments gingen nur zögernd ein, und das Regiment tat wenig, um auch nur diesen Mißstand auszuräumen; so war das Gremium für gewöhnlich nur schwach besetzt – eine denkbar ungünstige Basis für eine tatkräftige Politik gegenüber dem König wie gegenüber den Ständen. Nicht einmal seine satzungsgemäßen Befugnisse bei der Verfügung über die Reichssteuer wagte das Regiment wahrzunehmen, und eigene politische Konzeptionen entwickelte es schon gar nicht. Bereits im Sommer 1501 wurde immer deutlicher, daß das Regiment mit der Aufgabe der Regierung des Reichs völlig überfordert war; das Pendel schwang zugunsten der monarchischen Gewalt zurück. Binnen weniger Monate gelang es Maximilian, das Regiment Schritt um Schritt auszumanövrieren. Durch eine eigenmächtige Verständigung mit Ludwig XII. von Frankreich gewann er seine außenpolitische Handlungsfähigkeit zurück; dann weigerte er sich, die fällige Neuernennung eines Statthalters für das Regiment vorzunehmen, und entsandte nicht einmal mehr seinen eigenen österreichischen Vertreter in das Gremium; bereits im März 1502 konnte er es wagen, dem Erzkanzler das große Regimentssiegel abzufordern und die wenigen noch in Nürnberg verbliebenen Regenten nach Hause zu schicken. Daß Berthold von Henneberg es bei papiernen Protesten beließ und schließlich nur mehr versuchte, mit Hilfe des Kurvereins eine neue Opposition gegen den König aufzubauen, war ein deutliches Zeichen für die Selbstaufgabe des Regiments. Die Auslieferung des Siegels zögerte sich noch bis zum Januar 1503 hin; damit war dann aber der Versuch einer ständischen Regierung des Reichs endgültig gescheitert.

In der Folge gelang es Maximilian, den mit dem Sturz des Reichsregiments erzielten Autoritätsgewinn weiter auszubauen, vor allem durch seine erfolgreiche Intervention im bayerisch-pfälzischen Erbfolgestreit (1503–1505).

Im Dezember 1503 war Herzog Georg der Reiche von Bayern-Landshut gestorben, ohne daß ein Sohn für die Thronfolge bereitgestanden hätte. So hatte Herzog Georg testamentarisch seine Tochter Elisabeth und deren Gemahl Ruprecht, den Sohn des Kurfürsten Philipp von der Pfalz, zu Alleinerben eingesetzt. Damit freilich hatte er nicht nur ältere Erbrechte seiner oberbayerischen Vettern, der Herzöge Albrecht und Wolfgang von Bayern-München, verletzt, sondern auch gegen das Reichsrecht verstoßen; denn zumindest für einen Teil des Erbes war nach dem Lehensrecht des Reichs die weibliche Erbfolge ausgeschlossen. Aus dieser Rechtslage wie aus der Gefahr einer süddeutschen Vormachtstellung der Kurpfalz ergab sich eine natürliche Interessengemeinschaft zwischen den Münchner Herzögen und König Maximilian, und dieser handelte unverzüglich. Er erklärte Georgs Testament für ungültig, belehnte statt dessen die Münchner Herzöge und setzte in Landshut bis zur endgültigen Regelung des Streitfalls eine vorläufige Regierung ein; zudem initiierte er Verhandlungen, bei denen er selbst als Schiedsrichter fungierte. Zwar scheiterte diese Vermittlung, als Pfalzgraf Ruprecht im April 1504 zur Gewalt griff und Landshut überfiel; der damit eröffnete Krieg dauerte ein ganzes Jahr und verwüstete große Teile Süddeutschlands. Über den Ausgang des Kriegs aber entschied wiederum Maximilian, zuletzt durch die spektakuläre Einnahme der starken Festung Kufstein, und daraufhin konnte der König auch seinen Schiedsspruch durchsetzen. Die Bayernherzöge erhielten mit den südlich der Donau gelegenen Teilen Niederbayerns den größten Teil des Erbes; doch wurde für die Kinder des inzwischen verstorbenen Pfalzgrafen Ruprecht aus den bayerischen Gebieten nördlich der Donau ein neues Territorium – die sogenannte Junge Pfalz, das Fürstentum Pfalz-Neuburg – geschaffen und damit ein allzu großer Machtzuwachs des Herzogtums Bayern verhindert. Maximilian selbst sicherte sich Kufstein, Rattenburg sowie einige weitere kleinere Herrschaften, die er freilich zur Bezahlung der Kriegskosten sogleich wieder verpfänden mußte.

Maximilian war klug genug, sein neu gewonnenes Prestige im Reich nicht durch den Versuch einer erneuten grundlegenden Umstrukturierung der Reichsverfassung – jetzt in monarchischem Sinne – zu gefährden. Statt dessen setzte er auf einen verfassungspolitischen Ausgleich mit den Ständen; daß Berthold von Henneberg Ende 1504 gestorben war, erleichterte diese Politik auf beiden Seiten. Zwar schlug Maximilian auf dem Reichstag zu Köln 1505 noch einmal eine Regimentsordnung vor, mit der er zu seinen Vorstellungen von 1495 zurücklenkte; als sich die Stände jedoch weigerten, das Projekt auch nur zu beraten, insistierte der König nicht auf seinem Vorschlag. Die verfassungspolitische Grundentscheidung des Kompromisses zwischen königlicher und Ständegewalt war damit bestätigt worden und sollte auch in der weiteren Regierungszeit Maximilians prinzipiell nicht mehr in Frage gestellt werden. Im einzelnen blieb freilich manche wichtige Frage der Reichsverfassung in der Schwebe; die politischen Möglichkeiten des Königs und damit die Möglichkeiten einer kraftvollen und einheitlichen Reichspolitik hingen wie eh und je von der Hausmacht des Königs und von seiner Fähigkeit ab, die politischen Konstellationen der Reichsstände untereinander in seinem Sinne zu nutzen.

Die heftigen verfassungspolitischen Auseinandersetzungen, die die Reichspolitik des beginnenden Jahrhunderts beherrschten, ließen auch das Reichskammergericht nicht unberührt. Auf der einen Seite suchten die Stände das Gericht völlig unter ihren Einfluß zu bringen; daß der Reichstag von 1500 das neu errichtete Reichsregiment zur Aufsichtsbehörde des Kammergerichts bestimmte, war dafür bezeichnend. Auf der anderen Seite suchte jedoch auch Maximilian seine Stellung als oberster Richter im Reiche zu verstärken, so etwa – vor allem in den ersten Jahren – durch Einmischung in laufende Verfahren des Gerichts, durch eigenmächtige Ernennungen von Assessoren sowie durch die Inanspruchnahme einer konkurrierenden Gerichtsbarkeit für seinen Hofrat oder gar durch die Neubelebung des alten Hofgerichts. Selbst aus seiner Absicht, das Kammergericht bei nächstbester Gelegenheit überhaupt wieder an seinen Hof zu ziehen, machte Maximilian keinen Hehl.

Natürlich waren derartige Auseinandersetzungen der Tätigkeit und dem Ansehen des Gerichts nicht förderlich. Überdies bedeutete das Ausbleiben der für die Unterhaltung des Gerichts bestimmten Gelder eine mehrfach wiederkehrende Gefährdung seiner Existenz überhaupt. Trotzdem und trotz aller Mängel des Verfahrensrechts, die von allem Anfang an zu schwer erträglichen Verzögerungen der Prozesse führten, vermochte sich das Kammergericht durch seine Rechtsprechung binnen weniger Jahre doch so viel Ansehen zu erringen, daß seine Fortdauer und auch die grundsätzliche Unabhängigkeit seiner Justiz vom Hof wie von den Ständen immer weniger in Frage gestellt wurden. Wenn es zu Zeiten des Reichsregiments so ausgesehen hatte, als sollte das Kammergericht zu einem Organ der Stände werden, wenn umgekehrt seit 1502 König Maximilian weitreichenden Einfluß auf das Gericht gewonnen hatte, so kam es in der Folge –

vor allem auf dem Konstanzer Reichstag von 1507 – in den wichtigsten Streitfragen zu tragfähigen Kompromissen. Freilich trat nach der Beilegung der großen Konflikte zwischen königlicher und ständischer Gewalt die Abneigung vieler großer und kleiner Herren gegen jede Form effektiver Reichsgewalt nur um so deutlicher zutage: in der fortdauernd weitverbreiteten Unlust zur finanziellen Unterhaltung wie im offenen Widerstand mancher Reichsfürsten gegen die Rechtsprechung des Gerichts, namentlich in ihren Streitigkeiten mit dem niederen Adel um dessen Unterordnung unter die fürstliche Landeshoheit. Daß in den letzten Monaten der Regierungszeit Kaiser Maximilians, seit Juni 1518, die Zahl der bei Gericht anwesenden Assessoren mangels Besoldung das für einen Urteilsspruch erforderliche Quorum nicht mehr erreichte, machte sehr deutlich, daß das Kammergericht – ungeachtet seiner prinzipiellen Anerkennung von allen Seiten – noch immer kein selbstverständlich funktionierendes Organ der Reichsverfassung war.

Ein besonders neuralgischer Punkt der Reichsverfassung war stets die Exekution der Urteile des Kammergerichts wie überhaupt die „Handhabung Friedens und Rechtens", wie es damals hieß. Nach der Regimentsordnung von 1500 wären diese Aufgaben und Rechte grundsätzlich in den Kompetenzbereich des Reichsregiments gefallen. Das Regiment sah sich aber nicht in der Lage, diese Kompetenz wirklich wahrzunehmen; es blieb also praktisch bei der Hilfsverpflichtung der einzelnen Reichsstände, und die war namentlich dann so gut wie wirkungslos, wenn es sich bei dem Beklagten oder Landfriedensbrecher selbst um einen mächtigen Reichsstand handelte. Schon 1501 wußte das Reichsregiment keinen anderen Ausweg aus seinen Verlegenheiten, als sich bei dem Legaten Peraudi um die Hilfe der geistlichen Jurisdiktion zur Durchsetzung von Recht und Frieden im Reich zu bemühen. Eine solche Aufwertung von Bann und Interdikt stand freilich zu den Vorstellungen wenigstens der weltlichen Reichsstände, die in ihren eigenen Herrschaftsgebieten die geistliche Jurisdiktion seit langem zurückzudrängen suchten, in krassem Widerspruch; die auf Wunsch des Regiments tatsächlich ergangene Bulle „Considerantes" des Legaten blieb denn auch wirkungslos.

Eine Lösung des Problems bahnte sich auf ganz anderen Wegen an, gleichsam im Windschatten der verfassungspolitischen Auseinandersetzung zwischen Krongewalt und Ständen: in der Entwicklung der Reichskreise nämlich, die aus sehr bescheidenen Anfängen zu wichtigen Institutionen der politischen Ordnung des Reichs wurden.

Die Reichskreise gingen aus Ansätzen schon der mittelalterlichen Landfriedensbewegung hervor, die darauf abzielten, größere, landschaftlich zusammengehörige Gebiete zur Friedenssicherung zu vereinigen. Eine brauchbare Realisierung erfuhren diese Ansätze jedoch erst jetzt; es bedurfte des Impulses der Reichsreform, um der fortschreitenden Staatswerdung der Territorien eine Verfestigung auch der politischen Ordnung des

Reichs auf landschaftlicher Ebene – eine Art von „Provinzialbildung“ (K. S. Bader) – entgegenzusetzen.

Zuerst begegnen die Reichskreise in der Regimentsordnung des Jahres 1500, und zwar vor allem in der Funktion von Wahlbezirken für das Reichsregiment. Da ein Teil der Mitglieder des Reichsregiments unmittelbar von den Kurfürsten ernannt werden sollte, blieben jedoch die kurfürstlichen Gebiete – wie übrigens auch die habsburgischen Erblande – außerhalb der Kreisverfassung. Die Kreise umfaßten also zunächst nur einen Teil des Reichsgebiets, und gerade nicht die Herrschaftsgebiete der wichtigsten Reichsfürsten; auch waren ihre Kompetenzen mager und unsicher – um so unsicherer, als sie im wesentlichen an der Existenz des umstrittenen Reichsregiments hingen. Es wäre von daher nicht erstaunlich gewesen, wenn die Reichskreise mit dem unrühmlichen Ende des Reichsregiments ebenfalls beseitigt worden wären. Das geschah jedoch nicht, im Gegenteil. Wenn die Reichskreise im Jahre 1507 die Kompetenz erhielten, einen Teil der Assessoren des Reichskammergerichts zu benennen, so war das freilich noch kaum ein Fortschritt über die Regelung von 1500 hinaus. Eine grundsätzliche Wende aber brachte der Reichstag von Köln im Jahre 1512. Zum einen wurden jetzt auch die kurfürstlichen Gebiete mit Ausnahme Böhmens sowie die habsburgischen Erblande und sogar das Herzogtum Savoyen in die Kreisverfassung einbezogen; zum andern aber und vor allem wurden die Reichskreise mit der Handhabung des Landfriedens wie mit der Exekution der Urteile des Reichskammergerichts betraut. Das war für alles weitere von grundlegender Bedeutung: Am Landfrieden lag jedermann, und auch die Notwendigkeit, die Durchsetzung des Landfriedens nicht einfach den einzelnen Reichsständen oder ständischen Sonderbünden zu überlassen, sondern hierfür von Reichs wegen eine gewisse Organisation zu schaffen, lag am Tage. Daß gerade die Reichskreise 1512 zu dieser Organisation wurden, verankerte ihre Existenz in der Reichsverfassung und schuf zugleich die Voraussetzung für künftige Erweiterungen ihrer politischen Funktionen. Diese breitere Wirksamkeit kam dann freilich erst in einer jahrzehntelangen Entwicklung zustande. Auch blieb die politische Bedeutung der Reichskreise – jedenfalls im Osten des Reichs – gegenüber den großen Territorien stets ziemlich eng begrenzt.

Neben den außenpolitischen Konflikten und dem Streit mit den Reichsständen um die Reichsreform – und mit diesen Auseinandersetzungen eng verbunden – stand der Kampf Maximilians um die römische Kaiserkrönung. Die auf die päpstliche Krönung gegründete kaiserliche Monarchie sollte die Stellung des Reichsoberhaupts gegenüber den Reichsständen stärken; auch hätte die Krönung durch den Papst die Wahrnehmung der Interessen Maximilians in Italien gewiß erleichtert. Der immer wieder geplante Romzug ließ sich indessen nicht realisieren. Maximilian war nicht stark genug und wurde von den Reichsständen zu wenig unterstützt, um sich gegen den Widerstand Frankreichs oder auch nur Venedigs in Italien durchsetzen zu können. Dazu kam, daß auch das Papsttum den Romzugsplänen Maximilians mit nur wenig Begeisterung, seit 1506 überhaupt mit kaum verhüllter Obstruktion, begegnete; Julius II. wollte seine neugewonnene Position in der italienischen Staatenwelt nicht durch eine allzu deutliche, in ihren politischen Zielen eigenständige Präsenz des deutschen Königs in Italien gefährdet sehen.

Angesichts dieser Haltung des Papsts hat Maximilian auf dem Konstanzer Reichstag 1507 die Möglichkeit erwogen, auf dem damals bevorstehenden neuen Italienzug sich selbst zum Papst und Kaiser zu machen. Daß ein solcher Versuch am Widerstand der Kirche wie auch der europäischen Mächte gescheitert wäre, ist sicher. Es kam indessen gar nicht erst zur Probe aufs Exempel, weil die Venetianer dem König erfolgreich den Weg nach Rom verlegten. Statt dessen ließ sich Maximilian am 4. Februar 1508 im Dom zu Trient zum „Erwählten Römischen Kaiser“ ausrufen. Der verfassungsrechtliche und auch der politische Sinn des feierlichen Akts war nicht eindeutig und sollte es nach Maximilians Willen wohl auch gar nicht sein; vor allem blieb durchaus offen, ob es sich bei der Trienter Proklamation nicht doch nur um eine Etappe auf dem Weg zu einer späteren Krönung durch den Papst handelte. Anderseits war die Zeremonie der Kaiserproklamation der traditionellen Kaiserkrönung doch dermaßen angenähert worden, daß sie durchaus als Alternative zur päpstlichen Krönung verstanden werden konnte; Maximilian selbst rechnete wohl auch schon mit der definitiven Unmöglichkeit von Romzug und Kaiserkrönung. So dokumentierte der Festakt im Trienter Dom – ungeachtet der schließlich erteilten Zustimmung Julius’ II. – doch eine unverkennbare Distanzierung des Kaisertums vom Papsttum, und zwar nicht zuletzt unter nationalen Vorzeichen: Daß die Kaiserproklamation in Trient und also auf Reichsboden stattfand, war alles andere als ein Zufall des königlichen Itinerars.

Zumindest zeitweise war Maximilian sogar bereit, die Loslösung des Kaisertums und mit ihm des Reichs von der römischen Kirche noch sehr viel weiter voranzutreiben. Wenn der Kaiser es auch nach 1507 immer wieder einmal für möglich hielt, kraft regulärer Wahl durch die Mehrheit der Kardinäle zum Papsttum zu gelangen, so war das zwar gewiß eine Illusion. Keineswegs so unrealistisch aber waren Maximilians Pläne, sich von den Kardinälen des von den Franzosen initiierten schismatischen Konzils von Pisa 1511 zum Papst wählen zu lassen; Ludwig XII. jedenfalls ließ dem Kaiser sein Einverständnis mit einem solchen Coup signalisieren. Dabei bestand das für Maximilian maßgebende Motiv im Grunde nur in der Absicht, sich die finanziellen Ansprüche des Papsttums gegenüber der deutschen Kirche zu vindizieren, um so seiner ständigen Geldnot mit einem Schlage ein Ende zu machen. Daß Maximilian um dieses fiskalischen Ziels willen ein Schisma in Kauf zu nehmen, ja: aktiv zu unterstützen bereit war, ließ freilich die Bindungen seines Kaisertums an die römische

Kirche noch sehr viel brüchiger erscheinen als die Kaiserproklamation von 1508. Bezeichnenderweise waren es denn auch viel weniger Gewissensskrupel als Gründe eines handfesten politischen Kalküls, die Maximilian schließlich von seinen Absichten auf das Papsttum abbrachten – vor allem nämlich die Einsicht, daß seine französischen Bündnispartner ihn, wenn er sich nur weit genug vorgewagt hätte, mit Sicherheit im Stich lassen und solcherart politisch isolieren würden, um ihre eigene Position in Italien desto ungestörter ausbauen zu können.

Die in Trient 1508 dokumentierte Verselbständigung des Kaisertums gegenüber Rom ist in der Folge erst mit der Thronerhebung Ferdinands I. 1558 weitergeführt worden; die Papstwahlpläne Maximilians I. blieben vollends eine Episode. Die Bedeutung der Trienter Kaiserproklamation darf gleichwohl nicht unterschätzt werden – nur lag sie weniger in ihren unmittelbaren politischen Konsequenzen als vielmehr darin, daß sie überhaupt neuen Konzeptionen des Kaisertums und damit auch des Reichs den Weg bereitete.

c) Die Fürstenpolitik Maximilians. Scheitern der Nachfolgeregelung und Tod des Kaisers

Die Reichsverfassung sicherte dem Reichsoberhaupt nur geringe Möglichkeiten einer eigenständigen politischen Wirksamkeit; die reicheren Entwicklungsmöglichkeiten boten sich durchweg den Reichsständen, vor allem den großen Territorialfürsten. Im Falle Maximilians hatten die immer wiederkehrenden außenpolitischen Zwangslagen und Bedrängnisse des Kaisers zusätzliche Einengungen seines politischen Spielraums im Reich zur Folge. Daß es Maximilian in der zweiten Hälfte seiner Regierungszeit gleichwohl gelang, die Position des Königtums in Deutschland zu festigen, hatte seinen entscheidenden Grund in seiner Fähigkeit, sich und seiner Dynastie eine beträchtliche Anhängerschaft unter den Reichsständen zu gewinnen, die sich dem König verpflichtet fühlte und seine Politik zu unterstützen bereit war. Dabei bediente sich Maximilian in genauer Kenntnis der komplexen politischen Konstellationen im Reich sehr unterschiedlicher Mittel zur Erreichung seiner Ziele.

Eines der wichtigsten Mittel dieser Art war die Heiratspolitik des Königs. Heiraten waren ja das wichtigste Instrument zur Begründung von Erbansprüchen, auch als Vehikel sozialen Aufstiegs und Prestigegewinns. Maximilian nutzte das – ganz abgesehen von seiner erfolgreichen dynastischen Politik auf der europäischen Ebene – mit Virtuosität, z. B. durch die Verheiratung seiner eigenen Schwester Kunigunde mit Herzog Albrecht von Bayern und der aus dieser Ehe entsprossenen Töchter, also der Nichten des Kaisers, in die Fürstenhäuser von Württemberg, Pfalz-Neuburg und Brandenburg-Ansbach. Dazu kam die Vermittlung zahlreicher vorteilhafter Ehen zugunsten von Angehörigen des niederen Adels oder sogar bürgerlicher Familien, die in seinem Dienst Karriere gemacht hatten und die er sich nun durch diese Heiraten zusätzlich verpflichtete.

Ein weites Feld direkter und indirekter Einflußnahme bot sich dem König auch bei der Besetzung geistlicher Stellen, insbesondere in den Domkapiteln. Wo immer es möglich war, verschaffte Maximilian den Söhnen ihm nahestehender oder von ihm umworbener Adelsfamilien Domherrenstellen. So verpflichtete er sich diese Familien zu Dank und stärkte zugleich seinen Einfluß in den jeweiligen Domkapiteln, die ja – vor allem in ihrer Funktion als Wahlkörper bei den Bischofswahlen – reichspolitisch von erheblicher Bedeutung waren. Nicht zuletzt über die Domkapitel erreichte Maximilian denn auch, daß so mancher Bischofsstuhl mit einem ihm genehmen Mann besetzt wurde. Die beiden auf den Tod Bertholds von Henneberg folgenden Wahlen des Mainzer Erzbischofs, Kurfürsten und Erzkanzlers sind dafür ein wichtiges Beispiel; insbesondere der aus einer Kraichgauer Ritterfamilie stammende Uriel von Gemmingen (1508–1514) war eine stets zuverlässige Stütze der kaiserlichen Politik im Reich. In Trier hatte Maximilian schon 1503 mit Erfolg seinen Verwandten Jakob von Baden begünstigt und damit nicht nur sein gutes Verhältnis zur markgräflichen Familie befestigt, sondern zugleich einen folgenreichen Stimmungswandel des Kurfürstenkollegs zu seinen Gunsten vorbereitet. Sein besonderes Augenmerk richtete Maximilian darüber hinaus und stets auf die süddeutschen, in Reichweite Österreichs gelegenen Bistümer. So gelang es ihm, seinen engsten Berater, den Augsburger Patriziersohn und Bischof von Gurk, Matthäus Lang von Wellenburg, zum Koadjutor und Nachfolger des Erzbischofs von Salzburg zu machen.

Weitere Möglichkeiten zu politischer Einflußnahme, ja überhaupt: zur politischen Integration der Großen des Landes, eröffneten sich dem König durch seinen Hof. Zwar konnte er sich nicht denselben Prunk leisten wie etwa der französische König; aber es gab doch eine Fülle von Anlässen – Fürstenhochzeiten, Verleihungen von Fahnenlehen, feierliche Abschlüsse wichtiger Verträge –, bei denen sich Maximilian mitsamt seinem Hof wirkungsvoll in Szene zu setzen wußte. Auch seine Inanspruchnahme von Literatur und Bildender Kunst diente gutenteils der höfischen Repräsentation, wenngleich ihre Propagandawirkung weit über den Hof hinauszielte. Vollends die Turniere und Jagden des Königs waren mitunter Ereignisse von europäischem Rang. Mit alledem bot Maximilian insbesondere dem Adel des Reichs den Rahmen einer weitgespannten Kommunikation, aus der eine Fülle engerer politischer oder gar familiärer Verbindungen erwuchs. Überdies gelang es Maximilian, eine Vielzahl ehrgeiziger Söhne des Adels, die an seinen Hof drängten, mit klug verteilten Belohnungen und Auszeichnungen, mit Stellen im militärischen und Hofdienst und mit ehrenvollen Sonderaufträgen dauerhaft an sich zu binden. An die Grenzen seiner Klientelpolitik stieß der König freilich des öfteren, wenn es um seine außenpolitischen Projekte ging – auch für die innenpolitischen Parteigänger des Kaisers überwogen die Risiken und Kosten der Außenpolitik Maximilians die erwartbaren Gewinne doch so sehr, daß sie hier sehr oft nicht mitzuspielen bereit waren.

Gegen Ende seiner Regierungszeit war es Maximilians wichtigstes Bestreben, noch zu seinen Lebzeiten die Wahl seines Enkels Karl zum römischen König und Nachfolger zu sichern. Vorwiegend zu diesem Zweck berief er 1518 einen Reichstag – seinen letzten – nach Augsburg ein. Auch hier konnte sich Maximilian auf seine sorgsam aufgebaute Klientel stützen. Allerdings waren seine Beziehungen zu Kurfürst Friedrich dem Weisen von Sachsen, die in den 90er Jahren sehr eng gewesen waren, im Laufe der Zeit ziemlich abgekühlt, und der Trierer Kurfürst stand gar in engen Beziehungen zu Franz I. von Frankreich, der jetzt als Konkurrent um die Nachfolge im Kaisertum auftrat und mit gewaltigen finanziellen Zuwendungen bei den Kurfürsten auf Stimmenfang ging. Immerhin gelang es Maximilian, noch während des Reichstags wenigstens fünf der sieben Kurfürsten verbindlich für die Wahl seines Enkels zum römischen König zu gewinnen. Bevor jedoch die fortgesetzten Bemühungen um die sächsische und trierische Stimme – und auch um die Überwindung des Widerstands der Kurie gegen eine Nachfolge des Kaiserenkels und Königs von Spanien – zum Erfolg gebracht werden konnten, starb Maximilian am 12. Januar 1519 in Wels. Damit wurden alle Wahlabmachungen hinfällig; der Wahlkampf entbrannte in aller Schärfe von neuem. Und damit nicht genug: Daß Maximilians Testament für die österreichischen Erblande eine Erbfolge seiner Enkel Karl und Ferdinand vorgesehen hatte, ohne doch irgendwelche Bestimmungen für eine gemeinsame Regierung oder für eine Erbteilung zu treffen, ließ auch für die Thronfolge in den Erblanden manche Unsicherheiten erwarten.

d) Soziale Unruhen in der Spätzeit Maximilians

Die Spannungen im Gefüge der Agrarverfassung, verschärft durch die langanhaltende Agrarbaisse des späteren Mittelalters, hatten schon seit langem in Deutschland wie überhaupt in Europa zu bäuerlichen Unruhen und Aufstandsbewegungen geführt, und deren Folge riß auch im beginnenden 16. Jahrhundert nicht ab; die grundlegenden Konflikte hatten mittlerweile ja eher noch zugenommen, vor allem im Zusammenhang des Ausbaus territorialer Staatlichkeit. Um die Jahrhundertwende erhoben sich die Bauern in einigen Landschaften der Schweiz, im Zürcher Gebiet vor allem und dann in Solothurn; längst rumorte es auch in den Herrschaftsgebieten des Fürstabts von Kempten. 1514 kam es in Württemberg zum Aufstand des Armen Konrad.

Gleichermaßen gegen die Intensivierung der herzoglichen Herrschaft wie gegen die im Lande sozial und politisch maßgebende Schicht der sogenannten Ehrbarkeit gerichtet, traf der Aufstand des Armen Konrad auf insofern geschwächte Gegner, als der Herzog und die Stände des Landes ihrerseits in schweren verfassungspolitischen Streitigkeiten miteinander lagen. Gerade die doppelte Stoßrichtung der Erhebung hatte allerdings zur Folge, daß der Herzog und die Landstände ihre Konflikte im Tübinger Vertrag vom 8. Juli 1514 beilegten und sich zum gemeinsamen Kampf gegen den Armen Konrad zusammenschlossen; der Aufstand brach denn auch bald zusammen. Der eigentliche Gewinner der ganzen Auseinandersetzung aber war die württembergische Ehrbarkeit, und zwar vor allem wegen ihres verfassungspolitischen Erfolgs gegenüber Herzog Ulrich; der Tübinger Vertrag begründete nämlich ein gesichertes Mitspracherecht der württembergischen Stände in der Regierung des Herzogtums und wurde damit zum eigentlichen Grundgesetz Altwürttembergs.

Nahezu gleichzeitig mit dem Aufstand des Armen Konrad, 1513 und wieder 1517, kam es auch im Breisgau und am Oberrhein zu bäuerlichen Unruhen. Ihr Führer war Joß Fritz, der schon zu Beginn des Jahrhunderts im Gebiet von Speyer einen – damals durch Verrat gescheiterten – Aufstand organisiert hatte; zu seinem Programm gehörte nicht nur die Beseitigung der herkömmlichen Abgaben und Dienste der Bauern, sondern auch die Aufteilung des Kirchenguts sowie die Abschaffung der fürstlichen Territorialherrschaft zugunsten des Kaisers. Die Empörung wurde wiederum entdeckt und unterdrückt, ehe sie noch zu vollem Ausbruch gelangte; ihre Programmatik aber blieb im Südwesten des Reichs virulent. In Tirol schließlich konnte der Unmut des Gemeinen Mannes in Stadt und Land, auch der Bergleute, 1510 nur durch erhebliche Zugeständnisse der Landesherrschaft auf einem großen Landtag aufgefangen werden; 1516 wurde sogar eine vom Landtag bewilligte Steuer auf breiter Front verweigert. Vollends nach dem Tode Kaiser Maximilians 1519 griffen hier bauernkriegsähnliche Verhältnisse um sich, die nur mühsam unter Kontrolle gebracht werden konnten.

Die Ziele der Bauern in diesen Unruhen waren für gewöhnlich keineswegs revolutionär; im Gegenteil ging es ihnen zumeist gerade um die Erhaltung oder Wiederherstellung der herkömmlichen Verhältnisse; sie verstanden ihren Kampf als einen Kampf um das „alte Recht". Allerdings fehlte es, wie namentlich das Beispiel des Joß Fritz zeigt, doch nicht ganz an weitergreifenden Vorstellungen, nicht einmal an sozialrevolutionären Ideen. Solche Ideen einer völligen Umgestaltung von Kirche und Gesellschaft waren nun freilich nicht mehr durch den Rückgriff auf das alte Recht zu legitimieren; an seine Stelle oder doch daneben trat – wie schon im englischen Bauernaufstand von 1381 und dann bei den Hussiten – die Berufung auf das „göttliche Recht". Namentlich diejenigen bäuerlichen Aufstandsbewegungen, die den Bundschuh zu ihrem Symbol erkoren – im Elsaß 1493, im Fürstbistum Speyer 1502, dann im Breisgau und am Oberrhein 1513 bzw. 1517 – suchten ihre Legitimation in einem solchen göttlichen Recht. Die inhaltliche Unbestimmtheit dieses Begriffs erlaubte nahezu beliebige Ausdeutungen und machte ihn zugleich in besonderer Weise geeignet, die regionalen und ständischen Besonderheiten des alten Rechts zu überwinden; bezeichnenderweise kam es erst unter dem Vorzeichen des göttlichen Rechts zu räumlich übergreifenden Aufstandsbewegungen, unter Einbeziehung auch städtischer Unterschichten. Darüber hinaus aber machte der Rekurs auf die göttliche Autorität die im Namen des göttlichen Rechts erhobenen Forderungen juristisch und auch moralisch so gut wie unangreifbar. Wenn überhaupt ein Schlagwort geeignet war, revolutionäre Kräfte zu entfesseln, so war es gewiß dieser schillernde Begriff des göttlichen Rechts.

Neben den bäuerlichen Erhebungen und zum Teil auch im Zusammenhang mit ihnen kam es in einer Vielzahl von Städten zu gefährlichen Unruhen. Sie erfaßten einen Großteil des Reichsgebiets westlich der Elbe von Deventer im Norden bis nach Konstanz im Süden, von Lüttich im Westen bis nach Regensburg im Osten, also weit über die Regionen der Bauernaufstände hinaus. Den Höhepunkt dieser Welle bürgerlicher Unruhen bildeten die Jahre 1509 bis 1514; damals waren an die 30 Städte betroffen. In seinem Kern richtete sich der bürgerliche Protest hier fast durchweg gegen die Finanzpolitik der regierenden Geschlechter in den Städten, insbesondere gegen das Ungeld, das man eingeführt hatte, um die steigenden Ausgaben der Städte – nicht zuletzt für die kostspielige Modernisierung der städtischen Verteidigungsanlagen gegen die neu aufgekommene Artillerie – abzudecken. Als Verbrauchssteuer auf zahlreiche Güter des täglichen Lebens traf das Ungeld die ärmeren Bevölkerungsschichten weit härter als die wohlhabenden; so gewann der Steuerprotest vielerorts das Gepräge eines Aufstands nicht nur gegen das Regiment des Rats, sondern auch gegen die Reichen der Stadt. Daß die von den Aufständischen erzwungene Offenlegung der städtischen Finanzen vor der Gemeinde nicht selten betrügerische Machenschaften zutage förderte, gab den Protesten neue Nahrung. Am Ende setzten die Aufständischen in der Regel ein erweitertes Kontroll- oder auch Mitbestimmungsrecht der Gemeinde im Finanzwesen der Stadt durch. Die seit langem intensivierten herrschaftlichen Tendenzen der Stadtverfassung wurden damit an einer wichtigen Stelle nachhaltig retardiert; umgekehrt gewann das alte bürgerliche Prinzip genossenschaftlicher Mitbestimmung kräftigen Auftrieb.

e) Humanismus und Kirche am Vorabend der Reformation

Um die Jahrhundertwende gab es im Verhältnis des deutschen Humanismus zur Kirche sehr unterschiedliche Positionen, von denen freilich kaum eine wirklich konsequent durchdacht war. Vor allem der Spannung zwischen christlichem und heidnisch-antikem Menschenbild wurde man sich erst allmählich bewußt; ob und in welcher Weise die Bildungswerte der klassischen Antike mit denen der mittelalterlichen Kirche ausgeglichen werden könnten, war vollends eine offene Frage. Daß die führenden Gestalten des deutschen Humanismus zumeist nicht bereit waren, ihre humanistischen Überzeugungen ohne weiteres der kirchlichen Autorität zu opfern, war immerhin erkennbar; hier standen mithin grundsätzliche Auseinandersetzungen zu erwarten – und dies um so mehr, als umgekehrt den kirchlichen Autoritäten die Hochschätzung des Humanismus für außerchristliche Literaturen und Kulturen oder gar Religionen ziemlich verdächtig vorkam. Diese klerikale Grundeinstellung wie umgekehrt das kirchenkritische Selbstbewußtsein des deutschen Humanismus fanden in dem berühmten Streit des Johannes Reuchlin mit dem getauften Juden Pfefferkorn und der Universität Köln ihren klassischen Ausdruck.

Der 1455 geborene Reuchlin hatte sich frühzeitig und mit hartnäckiger Gründlichkeit um das Studium nicht nur des Griechischen, sondern auch des Hebräischen bemüht; er war so der erste Gräzist Deutschlands und überdies der erste Hebraist des europäischen Humanismus geworden. Nun erging 1509 auf Betreiben des konvertierten Juden Pfefferkorn aus Köln ein kaiserliches Mandat, das die Juden zur Auslieferung ihrer gegen die Christen gerichteten Bücher verpflichtete. Über der Frage einer Ausdehnung dieses Mandats auf das gesamte jüdische Schrifttum kam es zum Konflikt. Reuchlin nämlich, um ein Gutachten ersucht, sprach sich für die Einziehung lediglich der offenkundig antichristlichen Schmähschriften aus. Die philosophischen und naturwissenschaftlichen Bücher der Juden dagegen seien religiös indifferent; der Talmud enthalte neben manchen Seltsamkeiten viel Gutes; vollends die biblischen Handschriften und Kommentare der Juden seien für das Verständnis der Heiligen Schrift unentbehrlich; nur ein Esel könne für ihre Vernichtung plädieren. In dem damit eröffneten – zunächst bloß literarischen – Streit nahm sich die Kölner Theologische Fakultät der Sache Pfefferkorns an und erklärte eine Reihe von Thesen Reuchlins für häretisch, was Reuchlin seinerseits veranlaßte, in einer neuen Streitschrift gegen die „Böcke“ und „Säue“ der „vor Alter kindisch gewordenen Universität“ zu polemisieren[7]. Der daraufhin eingeleitete Ketzerprozeß endete nach jahrelangem Hin und Her im Jahre 1520 – damals schon unter dem Eindruck der beginnenden Reformation – mit der Verurteilung Reuchlins zu ewigem Schweigen in der Streitsache. Aber schon Jahre zuvor hatten die Humanisten den Streit zum Anlaß eines literarischen Frontalangriffs auf die Scholastik genommen: Unter dem Titel „Epistulae virorum obscurorum“ („Dunkelmännerbriefe“) erschienen 1515/17 zwei Sammlungen von fingierten Briefen an Ortwin Gratius, das Haupt der Kölner Theologen, die mit glänzender Satirik die wissenschaftliche Unzulänglichkeit, dazu die moralische Fragwürdigkeit, namentlich die grenzenlose Eitelkeit der Jünger der Scholastik, aufs Korn nahmen. Das Verfassergeheimnis der Dunkelmännerbriefe blieb gewahrt; vermutlich geht ihr erster Teil auf Crotus Rubeanus und einige andere Mitglieder des Erfurter Humanistenkreises um Konrad Mutian zurück, während der zweite Teil mit seiner scharf antirömischen Wendung vor allem aus der Feder Ulrichs von Hutten stammte, der damit die Reihe seiner Invektiven gegen das Papsttum und gegen die weltlichen Ansprüche der Kirche eröffnete. Wenn der Streit Reuchlins mit den Kölner Theologen ursprünglich ein Kampf um die Freiheit der Wissenschaft von klerikaler Bevormundung gewesen war, so gaben die „Epistulae virorum obscurorum" die mittelalterliche Theologie überhaupt und mit ihr die Kirche der Lächerlichkeit preis; damit wurden kaum mehr überbrückbare Gräben aufgerissen.

Neben solcher Verschärfung der Gegensätze kam es nun aber gerade in Deutschland auch zu einer besonders engen Verbindung, ja: Verschmelzung von Humanismus und Christentum, und zwar im Werk und unter dem Einfluß des Erasmus von Rotterdam.

Erasmus wurde, vermutlich 1466, als illegitimes Priesterkind in Rotterdam geboren. Von Haus aus in dürftigen Verhältnissen und frühzeitig Vollwaise, hatte er das Glück, bei den Brüdern vom Gemeinsamen Leben in Deventer aufgenommen zu werden und dort eine gründliche Erziehung zu erfahren – in der bewußt schlichten, allen scholastischen Spitzfindigkeiten abholden Frömmigkeit der devotio moderna, zugleich aber in der Bildung an den lateinischen Autoren der Antike. Die Doppelung von Christentum und Antike, die die Jugendbildung des Erasmus bestimmte, wurde für sein ganzes weiteres Leben und Denken maßgebend, ja: ihre Vertiefung und reiche Ausgestaltung ist das eigentliche Lebenswerk des Erasmus gewesen.

Von 1495 bis 1499 studierte Erasmus an der Sorbonne in Paris; dann ging er nach England, wo ihn John Colet in Oxford auf die Lebensaufgabe eines Neubaus der Theologie auf biblischer Grundlage stieß. Es folgten mehrfache Aufenthalte in den Niederlanden, in Frankreich, wiederum in England, dazwischen 1506 bis 1509 eine Reise nach Italien, seit 1514 dann auch häufigere Aufenthalte in Süddeutschland. Seit 1521 lebte Erasmus in Basel, das er jedoch 1529 – nach Einführung der Reformation in Basel - verließ, um sich in Freiburg/Br. niederzulassen. 1536 ist er, wieder in Basel, gestorben. Im zweiten und dritten Jahrzehnt des Jahrhunderts war Erasmus so etwas wie eine europäische Institution, und zwar nicht nur wegen seiner Gelehrsamkeit, sondern auch wegen seiner theologischen und kirchlichen Position, deren Grundlinien er schon 1502 in seinem „Enchiridion militis christiani" („Handbüchlein des christlichen Streiters") dargelegt hatte. Die Erasmianer verehrten den großen Humanisten zugleich als Autorität der kirchlichen Erneuerung, der Wiederherstellung des ursprünglichen Christentums.

Natürlich war auch für Erasmus der Rückgang auf die antiken Quellen eine bare Selbstverständlichkeit. Dabei widmete er sich jedoch nicht nur den klassischen Texten der heidnischen Antike, sondern auch – und mit eindringlicher Bemühung schon um die Edition der Quellen – den Schriften der Kirchenväter, der „christlichen Klassiker der Antike" (Buck). Vor allem aber drang er zur Heiligen Schrift, insbesondere zum Neuen Testament, selbst vor: Sein „Novum Instrumentum“ von 1516 stellte die erste im Druck veröffentlichte, auf den Methoden der philologischen Kritik beruhende Ausgabe des griechischen Neuen Testaments dar. In der das Werk einleitenden Ermahnung an den Leser bekannte sich Erasmus, die Idee der studia humanitatis theologisch überhöhend, zu der Auffassung, daß für die Wiederherstellung und Bildung der wahren Natur des Menschen die Beschäftigung mit der christlichen Heilslehre unerläßlich sei; zugleich aber gelte – und damit begründete Erasmus in der Widmungsvorrede an Papst Leo X. seine Edition überhaupt –, „daß jene Heilslehre viel reiner und lebendiger aus den Quellen selbst geschöpft wird als aus Tümpeln oder abgeleiteten Bächen“[8]. Als Kern der biblischen Heilslehre betrachtete Erasmus das im Grunde sehr einfache, wenngleich schwer zu erfüllende Gebot eines aufrichtig sittenreinen, vom Geist der Liebe geleiteten Lebens: Nicht auf theologische Spekulationen und auf äußerliche Zeremonien komme es an, sondern allein auf die praxis pietatis, wie die Christus gelehrt habe. Dementsprechend war Christus für Erasmus weniger der Versöhner der Menschheit mit Gott am Kreuz als vielmehr – in Vollendung der antiken Ethik – der große Lehrer des Menschengeschlechts in Weisheit, Tugend und Frömmigkeit; die „Philosophia Christi“ sei es, die den Menschen zu seiner vollen Würde bilde.

Die Kehrseite dieses Entwurfs bestand auch bei Erasmus in einer deutlichen Kirchen- und Zeitkritik – geistvoll, oft ironisch, mitunter stichelnd, nicht selten auch verletzend, aber nie grobschlächtig, durchgehalten auch gegen harsche Gegenwehr der Betroffenen. Solche Kritik galt der Dummheit und Sittenlosigkeit der Zeitgenossen aller Stände, insbesondere der Unbildung und den moralischen Defekten der Klosterleute wie überhaupt des Klerus, dem Formalismus scholastischer Theologie, allen Formen törichten Aberglaubens und geistlosen Zeremonienwesens, aber auch der Theorie und Praxis kirchlicher oder staatlicher Ketzerverfolgung; Erasmus fragte sich und seine Leser mitunter, ob die Kirche nicht vielleicht einigen Ketzern mehr verdanke als manchen Märtyrern.

Bei alledem stellte Erasmus die institutionellen und dogmatischen Grundlagen der mittelalterlichen Kirche nicht in Frage. Es war deshalb auch nur konsequent, daß er sich zu Beginn der 20er Jahre nicht nur von Ulrich von Hutten distanzierte, sondern – angesichts der reformatorischen Bewegung und der sich vertiefenden Kirchenspaltung – auch immer entschiedener für die alte Kirche Partei ergriff. Gleichwohl zielte sein christlicher Humanismus doch auf einschneidende Reformen in Theologie und Kirche ab, und zwar sehr wesentlich unter Berufung auf die Autorität der Heiligen Schrift; das bedeutete – gewollt oder ungewollt – eine gefährliche Schwächung der bestehenden kirchlichen Autoritäten, die der Reformation den Weg bereiten half. Und darüber hinaus: Der Erasmianismus war wie der Humanismus überhaupt in seinem Programm wie in der Zusammensetzung seiner Anhängerschaft eine vornehmlich laikale Bildungs- und Reformbewegung, die sich dem Klerus bis hin zu den Professoren der theologischen Fakultäten durchaus überlegen fühlte. Wenn der Klerus der mittelalterlichen Kirche auf Grund seines Bildungsmonopols jahrhundertelang der anerkannte Lehrer des Kirchenvolks in geistlichen und weithin auch in weltlichen Angelegenheiten gewesen war, so begann sich dieses Verhältnis auch bei den Erasmianern in sein Gegenteil zu verkehren; der Klerikalismus der mittelalterlichen Kirche geriet ins Wanken.

f) Die Anfänge Martin Luthers und der Reformation

Martin Luther wurde am 10. November 1483 in Eisleben geboren. Sein Vater hatte im Berg- und Hüttenwesen des Mansfelder Kupferschiefer-Reviers einen respektablen Aufstieg vom einfachen Berghauer zum selbständigen Hüttenmeister geschafft; die Mutter stammte, jedenfalls nach der hier wohl zuverlässigsten Überlieferung, aus einem geachteten Bürgerhaus der Stadt Eisenach.

Der berufliche Aufstieg des Hans Luder – die Änderung des Familiennamens in die uns geläufige Form geht erst auf Martin Luther selbst zurück – war nicht frei von Risiken und Rückschlägen. Aus Mangel an Eigenkapital nämlich war Vater Hans, nicht anders als die Mehrzahl der Hüttenmeister überhaupt, für die Ausstattung seiner Schacht- und Hüttenbetriebe auf Kredite angewiesen, und die kamen zumeist von mächtigen Handelsgesellschaften, die auch den Vertrieb des Rohkupfers besorgten. Das schuf gefährliche Abhängigkeiten, die schon bei kurzzeitigen Konjunkturschwankungen, wie sie auf dem überhitzten Edelmetallmarkt jener Jahrzehnte nicht selten vorkamen, existenzbedrohend werden konnten. Auch Hans Luder hat diese Schattenseiten frühkapitalistischer Wirtschaft erfahren müssen. Bis zur Jahrhundertwende und noch einmal im zweiten Jahrzehnt des 16. Jahrhunderts war er hoch verschuldet und zu eiserner Sparsamkeit, auch in der Fürsorge für seine zehnköpfige Familie, gezwungen; selbst die Gefahr wirtschaftlichen Zusammenbruchs war wohl nie ganz ausgeräumt. Dieser harte, wenngleich im Ergebnis erfolgreiche Kampf des Vaters um die berufliche und soziale Existenz hat Martin Luthers frühe Lebenserfahrungen nachdrücklich geprägt; in den späteren Erinnerungen an das Elternhaus treten vor allem dessen karge und harte Züge hervor. Freilich gab es in Luthers Elternhaus nicht nur Arbeit und Schläge, sondern auch Gesang und Spiel, und die Härte und Strenge der Erziehung, die der junge Martin erfuhr, war gutenteils einfach zeitüblich. Der Versuch, Luthers Werdegang wesentlich von einem früh angelegten Konflikt mit dem Vater her zu deuten, hat vollends keine hinreichende Grundlage in den Quellen.

Ein wichtiges Element der Fürsorge des Vaters bestand darin, daß er, der selbst nie eine Schule besucht hatte, seinem Ältesten eine ordentliche Ausbildung zuteil werden ließ. Vermutlich seit 1491, vielleicht schon früher, ging Martin zur Mansfelder Stadtschule, die er wenigstens sechs Jahre lange besuchte; 1497/98 wurde er für ein Jahr auf die Domschule nach Magdeburg geschickt, wo er im Konvikt der Brüder vom Gemeinsamen Leben wohnte; von da siedelte er für noch einmal drei Jahre an die renommierte Lateinschule nach Eisenach über, wo er in den frommen und zugleich gebildeten Patrizierhäusern der Schalbe und Cotta Gastfreundschaft genoß.

Nach allem was wir wissen, hat der junge Martin Luther – wie viele Schüler vor und nach ihm – die Schule nicht sonderlich geliebt, sondern eher gefürchtet und manchmal wohl auch gehaßt; so oder so aber hat ihm die Schule eine für ihre Zeit solide Grundausbildung vermittelt: vor allem natürlich eine gründliche Kenntnis der lateinischen Sprache als Grundlage allen höheren Wissens der Zeit, aber doch auch eines Grundkanons der damals bekannten lateinischen Literatur der heidnischen und christlichen Antike. Irgendwelche herausragenden Bildungserlebnisse, durch die Martin Luther in besonderer Weise auf seine spätere Wirksamkeit vorbereitet worden wäre, lassen sich in seiner schulischen Erziehung freilich nicht ausmachen; anscheinend hoben sich die Schulen von Mansfeld, Magdeburg und Eisenach – bei erheblichen Rangunterschieden im einzelnen – noch weniger vom Zeitüblichen ab als das Elternhaus.

Im Jahr 1501 bezog Luther die Universität Erfurt, eine von den Bürgern der Stadt getragene Gründung schon aus der ersten Phase deutscher Universitätsgründungen (1392), an der Wende des 15. Jahrhunderts eine hochgeachtete Stätte der Wissenschaft. Wie jeder Studienanfänger hatte er zunächst die sieben artes liberales zu studieren: Grammatik, Logik und Rhetorik – das „Trivium" zur Vertiefung des auf der Schule Gelernten –, sodann Arithmetik, Geometrie, Musik und Astronomie – das zumeist weniger gründlich betriebene „Quadrivium". Erst wer diese artes liberales erfolgreich absolviert hatte, konnte von der „Artistenfakultät" zur Juristischen, Medizinischen oder Theologischen Fakultät überwechseln und das eigentliche Fachstudium aufnehmen. Im Rahmen des Artistenstudiums nahm traditionell die Beschäftigung mit philosophischen, insbesondere logischen und erkenntnistheoretischen, Problemen breiten Raum ein; Aristoteles bzw. die Hauptwerke der mittelalterlichen Aristotelesrezeption bildeten dafür den Leitfaden. Zugleich wurden bestimmte Argumentationsformen eingeübt, die die Scholastik schon des hohen Mittelalters ausgebildet hatte, z.B. die Form der Disputation. Zwar verlor dieser herkömmliche Zuschnitt des Artistenstudiums gerade jetzt unter dem Einfluß des Humanismus einiges von seiner Allgemeinverbindlichkeit, und auch in Erfurt gab es bereits zu Luthers Studienzeit immerhin humanistische Vorlesungen über klassische lateinische Literatur. Aber das war doch nicht mehr als ein Zusatzangebot für besonders Interessierte; im Kern behaupteten sich hier vorerst doch die älteren Traditionen des Artistenstudiums. Und das war auch für Luthers Studium bestimmend: Er scheint zwar gelegentlich auf jenes freiere Bildungsangebot der Humanisten eingegangen zu sein und von daher wohl auch manche Bereicherung empfangen zu haben – die Dichtungen Vergils und Plautus' begleiteten ihn später sogar ins Kloster –; einen eigentlich bestimmenden Einfluß aber hat der Humanismus der Erfurter Studienzeit auf ihn anscheinend nicht ausgeübt.

Der große Schulstreit der spätmittelalterlichen Philosophie hatte natürlich auch Erfurt nicht unberührt gelassen. Wie an so vielen anderen Universitäten der Zeit hatte sich hier der Nominalismus des Wilhelm von Occam durchgesetzt, und zwar in der Gestalt, die ihm der einflußreiche Tübinger Philosoph und Theologe Gabriel Biel gegeben hatte. Das Erfurter Artistenstudium des beginnenden 16. Jahrhunderts trug also – so wenig es auch bei den Nominalisten an dialektischem Wortgeklingel fehlte – ein recht modernes, weltoffenes Gepräge, und Luther blieb davon nicht unberührt. Ungeachtet seiner Kritik an bestimmten theologischen Positionen Occams und der „Schule" hat Luther von sich selbst noch 1520 gesagt, er habe den Occamismus völlig in sich „eingesogen"[9]. Nicht nur seine kritische Einstellung zu den überkommenen Lehrautoritäten der Kirche, sondern auch die für seine Theologie grundlegende Trennung von Vernunft und Offenbarung dürften gutenteils nominalistische Wurzeln haben. Daß diese Erbstücke des Nominalismus im Gesamtzusammenhang der späteren Theologie des Reformators eine ganz eigenständige Verwendung erfuhren, ist freilich ebenso wenig zu bestreiten; überhaupt hat ja die Untersuchung möglicher Einflüsse auf Luthers Denken dessen originäre Kraft nur um so deutlicher hervortreten lassen.

Zu Beginn des 16. Jahrhunderts pflegte man das Studium im Alter von 15 oder 16 Jahren zu beginnen; eine frühreife Gestalt wie Melanchthon war mit 17 Jahren bereits Magister artium. Luther bezog die Universität erst in diesem Alter, absolvierte sein Studium der artes liberales dann aber sehr zügig: Bereits im Herbst 1502 erwarb er das Bakkalaureat, im Januar 1505 bestand er – mit glänzendem Erfolg – die Magisterprüfung. Das bestandene Examen wurde tüchtig gefeiert, mit Fackelzug, Festschmaus und Musik, wie es sich gehörte und wie Luther es liebte. Und Vater Hans war stolz auf seinen Ältesten, den er nun nicht mehr duzte, sondern mit dem höflicheren „Ihr" anredete.

Des Vaters Pläne für den Sohn reichten allerdings über das Artistenstudium weit hinaus. Martin sollte Rechtswissenschaft studieren und als solcherart „gelehrter Jurist", womöglich gar als Doctor utriusque juris, den sozialen Aufstieg des Vaters vollenden. In der Tat begann Luther im Mai 1505, wiederum in Erfurt, das Studium der Jurisprudenz. Aber schon wenige Wochen später wurde diese Entscheidung durch eine ganz andere revidiert, die seinem Leben überhaupt eine völlig neue Richtung gab: Auf dem Rückweg von einem Besuch der Eltern in Mansfeld nach Erfurt geriet er am 2. Juli 1505 auf freiem Felde nahe dem Dorf Stotternheim in ein schweres Gewitter; ein Blitz schlug neben ihm ein und warf ihn zu Boden;

in Todesangst rief er die heilige Anna, die Schutzpatronin der Bergleute, an: „Hilf du, Sankt Anna, ich will ein Mönch werden".

Man wird für sicher halten dürfen, daß dieses Gelübde nicht als etwas völlig Unerwartetes, Fremdes in Luthers Leben einbrach, sondern daß Luther, wie so viele Menschen seiner Zeit von der Frage nach seiner Würdigkeit vor Gott bewegt, schon zuvor die Möglichkeit des Eintritts in ein Kloster bei sich erwogen hatte. Gleichwohl hatte er das Gelübde in einer akuten Notsituation, ja: in Todesangst geleistet; das stellte die bindende Kraft des Gelübdes in Frage. Luther prüfte diese Frage in den nächsten Tagen sorgfältig und erbat dazu auch den Rat seiner alten Erfurter Lehrer, deren Votum freilich nicht einheitlich ausfiel. Dann entschied er sich für die strengere Meinung – sehr wohl wissend, was er mit dem Eintritt ins Kloster aufgab, und in offenem Konflikt mit dem Vater, der plötzlich alle seine Lebenspläne für den Sohn zerstört sah und das Gelübde überhaupt für ein Blendwerk des Teufels hielt. Am frühen Morgen des 16. Juli 1505 nahm Luther vor der Pforte des Klosters der Augustiner-Eremiten von den weinenden Freunden Abschied und bat um Aufnahme in den Orden.

Die Erfurter Augustiner-Eremiten gehörten zum Observantenzweig ihres Ordens und waren für die Strenge ihrer Ordenszucht bekannt. Diese strenge Askese war es aber nicht allein, die Luther gerade das Kloster der Augustiner-Eremiten wählen ließ. Dazu kam vielmehr, daß es bei den Erfurter Augustinern eine Art Ordenshochschule gab, an der überdies die gleiche philosophisch-theologische Richtung der via moderna tonangebend war wie an der Erfurter Artistenfakultät, von der Luther herkam. Und das war für ihn um so wichtiger, als er davon ausgehen konnte, ja: mußte, daß seine Ordensoberen ihn – schon wegen seiner Vorbildung und seines glänzenden Magisterexamens – zum Studium der Theologie bestimmen würden. Der Eintritt ins Kloster war mithin gewiß eine tiefe Zäsur in Luthers Leben, aber es fehlte doch auch nicht ganz an Kontinuitäten.

In der Tat scheinen die Erfurter Ordensoberen Bruder Martin von vornherein oder doch sehr bald für eine wissenschaftliche Laufbahn vorgesehen zu haben. Der formellen Aufnahme in den Orden mit Ablegung der Profeß, wohl im Spätsommer oder Herbst 1506, folgte bereits am 3. April 1507 die Priesterweihe. Unmittelbar darauf, mit dem Sommersemester 1507, nahm Luther das Theologiestudium auf und erfüllte die in ihn gesetzten Erwartungen durch geradezu stürmische Fortschritte: Daß er es in wenig mehr als fünf Jahren bis zum Doktor und Professor der Theologie brachte, war eine ganz ungewöhnliche Leistung, auch wenn er sich dabei der entschiedenen Förderung seiner akademischen Lehrer erfreute.

Der bedeutendste dieser Förderer, der auch als Seelsorger für Luther wichtig werden sollte, war Johann von Staupitz, ein in der Ordenshierarchie der Augustiner einflußreicher Mann. Er war Provinzial der sächsischen Provinz des Gesamtordens, die den größten Teil Norddeutschlands umfaßte, zugleich Generalvikar der zu einer eigenen Kongregation zusammengefaßten reformierten Klöster des Ordens für ganz Deutschland. An der 1502 neu gegründeten Universität Wittenberg bekleidete er – zusätzlich zu seinen Ordensämtern – die biblische Professur. Offenbar frühzeitig auf Luther aufmerksam geworden, berief er ihn im Herbst 1508 nach Wittenberg. Luther sollte hier, wie schon zuvor im Erfurter Generalstudium, ein philosophisches Lektorat versehen, dessen Besetzung nach den Wittenberger Universitätsstatuten den Augustinern zustand, zugleich aber und vor allem unter den Augen Staupitz' sein theologisches Studium vorantreiben. Bereits im Frühjahr 1509 erwarb Luther in Wittenberg den – ersten – theologischen Grad eines Bakkalaureus biblicus, ein halbes Jahr später wurde er Bakkalaureus sententiarius; mit dem Erwerb dieses Grades war die Verpflichtung verbunden, Vorlesungen über die „Sentenzen" des Petrus Lombardus, die grundlegende Dogmatik des Spätmittelalters, zu halten.

Noch im Herbst 1509 freilich wurde Luther in seinen Erfurter Konvent zurückgerufen. Die Erfurter fürchteten wohl und gewiß nicht ohne Grund, daß sie Luther ganz an die Wittenberger verlieren könnten, und im übrigen brauchte man ihn wirklich: Jedenfalls war es gerade Luther, der – zusammen mit einem anderen, uns unbekannten Ordensbruder – im Auftrag des Erfurter Konvents 1510/11 nach Rom ging, um sich beim Ordensgeneral für den Fortbestand der weitgehenden Selbständigkeit der Reformkongregation innerhalb des Gesamtordens einzusetzen. Der an sich durchaus reformfreundliche Ordensgeneral Aegidius von Viterbo sah – in Übereinstimmung übrigens mit Staupitz als dem Generalvikar der deutschen Reformkongregation – in dieser Sonderstellung der Observanten eine Gefährdung der Einheit des Ordens; einige „renitente" Klöster der Observanz, nicht zuletzt der Erfurter Konvent, widersetzten sich diesem Kurs jedoch, weil sie dadurch die eigene Reform bedroht sahen. Luthers Romreise brachte den Erfurtern, wie ohnehin zu erwarten, keinen Erfolg; im Gegenteil: Luther selbst änderte auf Grund seiner römischen Erfahrungen seinen ordenspolitischen Standpunkt und riet zur Aufgabe der Renitenz. Die daraus erwachsenden Spannungen innerhalb des Erfurter Konvents fanden damit ihr Ende, daß Staupitz im Herbst 1511 Luther erneut nach Wittenberg versetzte; daß einige Monate später das Kapitel der deutschen Reformkongregation Luther zum Subprior des Wittenberger Konvents bestellte, bestätigte diese Entscheidung und machte sie praktisch unwiderruflich.

Der Sinn und Zweck dieser Personalpolitik des Generalvikars erschöpfte sich freilich nicht in der Bereinigung der unerfreulichen Konfliktsituation in Erfurt; vielmehr wollte Staupitz angesichts seiner kräftezehrenden Ämter im Orden seine – den Augustinern zur Besetzung zustehende – Professur der biblischen Theologie in Wittenberg aufgeben und glaubte in Luther den bestmöglichen Nachfolger gefunden zu haben. Luther selbst wehrte sich zunächst gegen diese Pläne, der Generalvikar beharrte jedoch auf seinem Vorhaben und setzte es durch. Im Oktober 1512 wurde Luther zum Doktor der Theologie promoviert; beinahe gleichzeitig folgte er Staupitz in die biblische Professur nach, die er von da an bis zu seinem Lebensende versah.

Die erhaltenen eigenhändigen Manuskripte und studentischen Nachschriften schon der frühen Vorlesungen Luthers lassen deutlich erkennen, mit welcher Intensität er sich um das Verständnis der biblischen Texte und um die Vermittlung dieses Verständnisses an seine Studenten bemühte. Zu diesen Beanspruchungen aus dem Lehramt aber kamen wachsende Verpflichtungen auch in seinem Orden. Jenes Kapitel der Kongregation vom Mai 1512, durch das er zum Subprior des Wittenberger Konvents bestellt worden war, hatte zugleich bestimmt, daß er alsbald nach seiner Promotion die Leitung des auch in Wittenberg mit dem Kloster verbundenen Generalstudiums übernehmen sollte. Im Mai 1515 wurde er darüber hinaus zum Distriktsvikar gewählt; er bekam damit die Aufsicht über zehn, später sogar elf Klöster der Kongregation, auch über seinen alten Erfurter Konvent. Luther hat diese Ordenspflichten wie sein akademisches Lehramt gewissenhaft wahrgenommen: in genauer Kenntnis und Respektierung der Ordensregel, in freundlicher Bestimmtheit in kleinen und großen, materiellen und geistlichen Angelegenheiten – mit den Worten eines modernen katholischen Kirchenhistorikers: „als schlechthin vorbildlicher Mönch und Vorgesetzter der ihm unterstellten Konvente und Mitmönche“[10]. Nach alledem schien abzusehen, daß bald weitere, größere Aufgaben im Orden auf Luther zukommen würden; eine bedeutende Laufbahn in der römischen Kirche schien sich abzuzeichnen.

Daß es nicht dazu kam, daß Luther vielmehr zum Todfeind der römischen Kirche wurde und daß mit seinem Wirken die Einheit der mittelalterlichen Kirche zerbrach – das lag, unbeschadet des Mitwirkens vieler anderer Faktoren bis hin zu den politischen und sozialen Strukturen der Epoche, im wesentlichen an sehr persönlichen Problemen: an den Anfechtungen Martin Luthers nämlich, in denen ihm die Kirche nicht die Hilfe zu geben vermochte, die zu geben sie doch beanspruchte. Solche Anfechtungen, die Angst vor dem richtenden Gott, standen wohl schon hinter dem Entschluß zum Eintritt ins Kloster, legten sich aber auch im Kloster nicht, sondern verschärften sich sogar noch. Je aufrichtiger Luther sein Gewissen prüfte, je begieriger er die Gnadenmittel der Kirche in Anspruch nahm, desto ungewisser wurde ihm das Heil seiner Seele. Luther scheint diese Anfechtungen mit fürchterlicher Intensität erfahren zu haben. Er hat das später einmal so beschrieben: „Ich kenne einen Menschen, der versichert hat, daß er diese Strafen öfters erlitten habe; sie hätten zwar nur sehr kurze Zeit gedauert, sie seien aber so schwer und so höllisch wie keine Zunge es sagen, keine Feder es schreiben, kein Unerfahrener es glauben könne... Hier erscheint Gott schrecklich zornig und mit ihm zugleich die gesamte Schöpfung... In diesem Augenblick kann die Seele (es ist merkwürdig zu sagen) nicht glauben, daß sie jemals erlöst werden könne; nur daß sie noch nicht die volle Strafe spürt"[11].

Neben der immer wiederkehrenden Intensität dieser Anfechtungen war für Luther besonders bezeichnend und zugleich überaus folgenreich, daß er sie auch theologisch rückhaltlos reflektierte. Wenn das Bekenntnis der Heiligen Schrift und der ganzen Kirche zu Christus als dem Heil der Welt angesichts seiner Anfechtungen nicht bloß eine Quelle der Verzweiflung sein sollte – wie war dann die Schrift, wie die Lehre der Kirche zu verstehen? Luther hat über solchen Reflexionen ein zunehmend kritisches Verhältnis zu großen Teilen der scholastischen Lehrtraditionen gewonnen, nicht zuletzt gegenüber seinem „Meister" Occam, dessen Behauptung der Fähigkeit des natürlichen Menschen zu wahrer Gottesliebe er schon frühzeitig als bloße Illusion verwarf. Anderseits gewann der Kirchenvater Augustinus mit seiner Betonung der allein und aus Gottes ewigem Ratschluß selig machenden göttlichen Gnade für ihn große Bedeutung. Johann von Staupitz, dessen Theologie und Frömmigkeit stark von Augustinus geprägt waren, hat wohl gerade von da aus Luther auch als Seelsorger beistehen können; Luther hat später sogar geäußert, es sei eigentlich Staupitz gewesen, der ihn zur Erkenntnis des Evangeliums gebracht habe. Noch wichtiger aber wurde die mit seinem Lehramt verbundene Bemühung um die Heilige Schrift. Die dabei zutage tretenden Diskrepanzen zwischen Schrift und Tradition führten ihn zur Forderung des eindeutigen Vorrangs der Schrift als Autorität der Lehre und des Lebens der Kirche, und indem er sich selbst an diese Forderung hielt, legte er in den großen biblischen Vorlesungen der Jahre 1513 bis 1518 die dauernden Fundamente seiner reformatorischen Theologie. Der innerste Kern dieser Theologie lag zum einen im Eingeständnis der Unfähigkeit des Menschen zur Erfüllung der Gebote Gottes aus wahrer, unverfälschter Gottesliebe, zum andern aber im Bekenntnis zum gekreuzigten Christus als dem im Glauben ergriffenen einzigen Heil des Menschen: „Scriptura non debet aliter gedeut werden quam quod homo nihil sit et solus Christus omnia" („Die Schrift darf nicht anders gedeutet werden als so, daß der Mensch nichts sei und allein Christus alles")[12]. Luther arbeitete diesen Kern seiner Theologie vor allem in der exegetischen Bemühung um die Briefe des Apostels Paulus aus, die Neuentdeckung des paulinischen Verständnisses der Gerechtigkeit Gottes war dabei für ihn von zentraler und befreiender Bedeutung.

Luther hat selbst, wiederum in einem späten Rückblick, geschildert, wie ihn diese Neuentdeckung aus seiner Verzweiflung über die Gerechtigkeit Gottes befreite, die er bis dahin – mit der scholastischen Tradition – als „aktive", nämlich: die Sünder strafende Gerechtigkeit verstanden hatte: „Da erbarmte sich Gott meiner. Tag und Nacht war ich in tiefe Gedanken versunken, bis ich endlich den Zusammenhang der Worte beachtete: ‚Die Gerechtigkeit Gottes wird in ihm (im Evangelium) offenbart, wie geschrieben steht: Der Gerechte lebt aus dem Glauben'. Da fing ich an, die Gerechtigkeit Gottes als eine solche zu verstehen, durch welche der Gerechte als durch Gottes Gabe lebt, nämlich aus dem Glauben. Ich fing an zu begreifen, daß dies der Sinn sei: Durch das Evangelium wird die Gerechtigkeit Gottes offenbart, nämlich die passive, durch welche uns der barmherzige Gott durch den Glauben rechtfertigt, wie geschrieben steht: ‚Der Gerechte lebt aus dem Glauben'. Da fühlte ich mich wie ganz und gar neu geboren, und durch offene Tore trat ich in das Paradies selbst ein"[13].

Der genaue biographische Ort dieses „Turmerlebnisses" ist schwer auszumachen; auch seine Datierung – auf 1514/15 oder erst auf das Frühjahr 1518 – ist umstritten. Diese Unsicherheit hat ihre Gründe vor allem darin, daß die Tragweite des neuen Verständnisses der Gerechtigkeit Gottes sich für Luther selbst erst ganz allmählich erschloß, und zwar im Zusammenhang auch anderer theologischer Bemühungen und Einsichten, nicht zuletzt in der Auseinandersetzung um den Ablaß seit 1517. Die Ausbildung der reformatorischen Theologie Luthers beruhte insofern auf einem längerdauernden – und wohl auch nicht restlos aufzuklärenden – religiösen Erfahrungsprozeß, in dem die Entdeckung des paulinischen Sinns der justitia Dei nur ein, wenngleich ein besonders wichtiges Element bedeutete.

Luthers reformatorisches Bekenntnis zum „Christus solus", vor allem das an Paulus neu gewonnene Verständnis der im Glauben ergriffenen, den Sünder gerecht machenden Gerechtigkeit Gottes allein aus Gnaden, hatte erhebliche und kritische Konsequenzen für weite Bereiche der Theologie wie überhaupt des kirchlichen Lebens: ganz unmittelbar für die Lehre von den guten Werken, für die Auffassung vom Gnadenschatz der Kirche, für die so geläufige Vorstellung von der Verdienstlichkeit des mönchischen Lebens, aber darüber hinaus auch für die Sakramente der Buße und des Altars, ja für den gesamten sakramentalen und Rechtsbau der mittelalterlichen Kirche. Einige dieser Konsequenzen hat Luther bereits in diesen frühen Jahren ausgearbeitet, ohne sich dabei jedoch in prinzipiellem Gegensatz zur Kirche zu fühlen – die kirchensprengende Wirkung seiner Theologie ist ihm selbst wie den meisten seiner Zeitgenossen erst ganz allmählich aufgegangen. Der Konflikt mit der alten Kirche entzündete sich denn auch an einem Einzelproblem, das theoretisch von nicht allzu großem Belang, dafür aber von immenser praktischer Bedeutung war: an der Frage des Ablasses nämlich, und zwar an einem ganz bestimmten Ablaß.

Es ging um die Wahl Albrechts von Brandenburg, des jüngeren Bruders Kurfürst Joachims von Brandenburg, zum Erzbischof von Mainz und damit zum Primas der deutschen Kirche und Erzkanzler des Heiligen Römischen Reichs deutscher Nation – eine Wahl, durch die die Brandenburger ihre Machtstellung in Mitteldeutschland entscheidend zu verstärken gedachten. Die Wahl eines Erzbischofs durch das Domkapitel mußte von Rom bestätigt werden, und Rom verlangte dafür jeweils 14000 Gulden – etwa den 50fachen Betrag des Jahresgehalts, das ein akademisch gebildeter

Jurist in leitender Stellung einer fürstlichen Verwaltung der Zeit erhielt. Nun waren in Mainz binnen weniger Jahre mehrere Bischofswahlen erforderlich geworden, und so äußerte das Domkapitel den Wunsch, der neue Erzbischof möge die nach Rom zu zahlenden Gelder selbst aufbringen. Dazu kam, daß Albrecht bereits Erzbischof von Magdeburg und Administrator von Halberstadt war. Wollte er zudem noch Erzbischof von Mainz werden, bedurfte er dafür eines päpstlichen Dispenses, und für diesen Dispens berechnete die Kurie weitere 10000 Gulden. Da der Brandenburger zwar grundsätzlich bereit, aber nicht ohne weiteres in der Lage war, diese erheblichen Summen zu zahlen, machte die Kurie ihm das Angebot, er möge den sogenannten Petersablaß, aus dessen Erträgen der Neubau von Sankt Peter in Rom finanziert wurde, für acht Jahre in seinen Herrschaftsgebieten verkündigen lassen; dann dürfe er die Hälfte der einkommenden Gelder für sich verwenden. Allerdings sollten jene 24000 Gulden für die Kurie sofort fällig werden; so bedurfte Albrecht eines Kredits, der in dieser Höhe gar nicht so leicht aufzutreiben war. Da sprangen – praktischerweise wiederum gleich auf Vermittlung der Kurie – die Fugger ein und streckten dem Brandenburger, natürlich gegen gute Zinsen, das Geld vor. Das weitere Geschäft wurde dann so abgewickelt, daß Beauftragte des Hauses Fugger mit den Ablaßpredigern im Lande umherzogen und die Hälfte der täglich einkommenden Ablaßgelder sofort kassierten, während die andere Hälfte in Raten nach Rom abgeführt wurde. Diese Verbindung von Politik, Geldgeschäften und Frömmigkeit war ein ausgemachter Skandal, und der wurde dadurch noch schlimmer, daß die Ablaßprediger, um nur recht viele Ablaßbriefe zu verkaufen, die durch ihre Ablässe vermittelten Gnaden nicht selten skrupellos übertrieben. Das gilt auch für den Dominikaner Johann Tetzel, der seit Anfang 1517 im Bistum Halberstadt und im Stift Magdeburg umherzog. Das berüchtigte Verslein „Wenn das Geld im Kasten klingt, die Seele aus dem Fegefeuer springt" ist zwar für Tetzels Ablaßpredigt nicht sicher bezeugt, dürfte aber in der Tendenz auf ihn wie auf andere Ablaßprediger zutreffen. Überdies unterschied selbst die erzbischöfliche Instruktion für die Ablaßprediger nicht sauber zwischen der Vergebung der Sünden und dem Nachlaß der von der Kirche auferlegten Sündenstrafen; schon damit konnte bei Leichtgläubigen wohl der Eindruck erweckt werden, daß das ewige Heil des Menschen käuflich wäre.

Luther bekam mit dieser Ablaßpredigt – er selbst empfand sie geradezu als eine Verwüstung der Gewissen – sehr unmittelbar als Seelsorger zu tun; nicht wenige seiner Beichtkinder nämlich liefen über die nahe Grenze in magdeburgisches Gebiet, um dort die preiswerten Ablaßgnaden zu erwerben. Zugleich aber fühlte er sich als akademischer Lehrer der Theologie betroffen und herausgefordert, vor allem durch die fragwürdigen Formulierungen der Ablaßinstruktion. So bat er Erzbischof Albrecht von Mainz durch einen Brief vom 31. Oktober 1517 nachdrücklich, jene „Instructiones confessorum" zurückzuziehen und gründlich zu korrigieren; eine entsprechende Eingabe sandte er dem – örtlich zuständigen – Bischof von Brandenburg. Zugleich oder wenig später regte er eine akademische Disputation über die anstehenden Probleme an; als Grundlage für eine solche Disputation machte er 95 Thesen über den Ablaß, die er den Schreiben an die Bischöfe beigelegt hatte, auch öffentlich bekannt. Ob diese Bekanntmachung bereits am 31. Oktober 1517 und in der symbolträchtigen Form des Anschlags der Thesen an das Portal der Wittenberger Schloßkirche erfolgte, ist nicht sicher; möglicherweise ist Luther überhaupt erst an die Öffentlichkeit gegangen, als seine kirchlichen Oberen nicht auf seine Kritik reagierten. Unbestritten aber ist, daß die mit der Publikation der Thesen angesprochene Öffentlichkeit zunächst nur eine akademische Öffentlichkeit sein sollte; Sprache, Stil und Form der Thesen waren ganz auf ein akademisches Publikum berechnet. Ebenso wenig revolutionär war, jedenfalls auf den ersten Blick, auch der Inhalt der Thesen. Zwar kritisierten sie den marktschreierischen Mißbrauch der Ablässe und damit des Bußsakraments, verblieben aber mit dieser Kritik wie in ihren positiven Aussagen im Rahmen der kirchlichen Ordnung, unter ausdrücklicher Anerkennung insbesondere der päpstlichen Autorität. In diesem Rahmen allerdings machten sich doch auch zukunftsträchtige Neuorientierungen bemerkbar. So erinnerte die 26. These sehr entschieden an die Grenzen der päpstlichen Schlüsselgewalt, die 62. These definierte den Gnadenschatz der Kirche schlicht als „das heilige Evangelium der Herrlichkeit und Gnade Gottes“[14].

Die tatsächliche Wirkung der Thesen war ohnehin eine ganz andere als die eines bloß akademischen Aktes. Die Disputation kam nicht zustande; dafür gingen die Thesen wie ein Lauffeuer durch ganz Deutschland. Binnen weniger Wochen wurden sie in einer Vielzahl von Drucken, auch in deutscher Übersetzung, verbreitet; der Buchdruck erwies sich als ungeahnt wirksames Werkzeug der öffentlichen Meinung. Luther selbst war von diesem publizistischen Erfolg seiner Thesen gar nicht erbaut, zumal er sie ja keineswegs für theologische Laien geschrieben hatte. Die öffentliche Meinung war aber nicht zurückzuholen. So entschloß sich Luther, den Kern seiner Thesen in einen deutschsprachigen Sermon umzugießen – das war der Sermon von Ablaß und Gnade aus dem Frühjahr 1518 –, und dessen publizistischer Erfolg überstieg den der 95 Thesen noch bei weitem: Binnen zwei Jahren wurden von diesem Sermon in 25 Nachdrucken ca. 60000 Exemplare verkauft. Offenbar hofften viele Menschen der Zeit, daß die Bußtheologie Luthers – über eine Reform des Ablaßwesens weit hinaus – den Weg zu der ersehnten, tiefgreifenden Neuorientierung der Kirche und ihrer Heilsbotschaft öffnen werde. Die sogleich aufflammende öffentliche Diskussion über die Thesen galt denn auch kaum den speziellen Problemen der Ablaßtheologie; an ihre Stelle rückten alsbald allgemeinere Fragen der Sakramentslehre, vor allem aber Fragen nach dem Recht des Papsttums und nach der Autorität der Heiligen Schrift gegenüber allen – auch kirchlichen – Menschensatzungen.

Bei alledem fehlte es natürlich nicht an Gegnern Luthers. Der von Luther so hart attackierte Tetzel suchte sich zu wehren, so gut es eben ging, und fand dabei immerhin die Unterstützung des in literarischen Fehden erprobten Konrad Koch, gen. Wimpina, von der Universität Frankfurt/Oder. Dann waren es vor allem die Dominikaner, die – ohnehin in alten Rivalitäten mit den Augustinern stehend – gegen den Wittenberger Front machten. Während Luther auf dem Kapitel seines Ordens zu Heidelberg im April 1518 noch Gelegenheit erhielt, die übliche öffentliche Disputation zu halten und dabei die Grundlinien seiner Theologie vorzutragen, formierte sich bereits eine ziemlich festgeschlossene Front der Dominikaner gegen ihn. Vor allem Johannes Eck, Theologieprofessor in Ingolstadt, nicht weniger scharfsinnig als Luther selbst, mit glänzendem Gedächtnis begabt und ein gefürchteter Disputator, stieg jetzt in die Arena; ihm wurde die Bekämpfung Luthers und der Reformation überhaupt zur Lebensaufgabe.

Das Bestreben der Gegner Luthers, ihn zum Ketzer zu machen, war ein Vorhaben nicht bloß der theologischen Diskussion. Vielmehr bemühte man sich schon sehr bald, ihn durch einen förmlichen Ketzerprozeß zu vernichten. Tetzels Hoffnung, seinen Widersacher binnen weniger Wochen auf dem Scheiterhaufen brennen zu sehen, war zwar eine Illusion, und eine törichte obendrein; im Juni 1518 aber kam es doch, vermutlich wiederum auf Betreiben vor allem der Dominikaner, zur Eröffnung des Prozesses in Rom. Noch im gleichen Monat erstellte der päpstliche Hoftheologe Prierias ein – obzwar ziemlich oberflächliches – Gutachten, das den Verdacht der Ketzerei gegen den Beschuldigten erhärtete. Bereits Anfang August wurde Luther über den Kardinal Cajetan, der damals als päpstlicher Legat am Reichstag zu Augsburg teilnahm, eine Vorladung nach Rom zugestellt; einige Wochen später forderte ein päpstliches Breve den Kardinallegaten sogar auf, den als notorischen Ketzer erkannten Mönch verhaften zu lassen und bis zum förmlichen Abschluß des Verfahrens in sicherem Gewahrsam zu halten.

Dazu kam es nun freilich doch nicht. Kurfürst Friedrich der Weise von Sachsen nämlich, der Landesherr Luthers, war keineswegs gesonnen, sein berühmtes Landeskind aufgrund eines Ketzerprozesses, den er für fragwürdig und jedenfalls für nicht abgeschlossen hielt, ohne weiteres auszuliefern. Er drang vielmehr darauf, daß zunächst einmal Cajetan selbst Luther verhören möge – vermutlich in der Hoffnung, daß ein persönliches Gespräch des theologisch hochgebildeten und gewissenhaften Kirchenfürsten mit Luther den Weg zu einer Beilegung des Streits weisen werde. Wirklich ließ sich die Kurie auf diese Initiative des Kurfürsten ein, freilich weder aus kirchenrechtlichen noch etwa gar aus theologischen Gründen, sondern aus Gründen allein der großen Politik. Das wichtigste Ziel der Kurie in diesen Monaten bestand nämlich darin, die Wahl des Kaiserenkels, des jungen Königs Karl von Spanien, zum Nachfolger im Kaisertum zu unterbinden.

Um dieses Ziels willen bemühte sich die päpstliche Diplomatie sehr aufmerksam um gute Beziehungen zu den deutschen Kurfürsten, unter denen Friedrich der Weise eine hervorragende Stellung einnahm; die Pflege dieser guten Beziehungen war der Kurie jedenfalls sehr viel wichtiger als der Ketzerprozeß gegen Luther. Das Verhör vor Cajetan kam also im Oktober 1518 in Augsburg tatsächlich zustande. Es führte jedoch nur zu einer Vertiefung der Gegensätze. Der Kardinal fand seinen schon vor dem Verhör formulierten Verdacht bestätigt, daß Luther letztlich darauf aus sei, eine neue Kirche zu bauen. Luther selbst aber, nach Wittenberg zurückgekehrt, appellierte im November 1518 vom Papst an ein allgemeines Konzil und bekannte damit öffentlich, daß er – sehr im Gegensatz zu den Ansprüchen der Kurie – die päpstliche Autorität in Glaubensfragen derjenigen eines allgemeinen Konzils unterordnete; im stillen bedrängte ihn schon der Verdacht, daß der Papst der Antichrist wäre.

Der ungute Ausgang des Verhörs vor Cajetan wie auch die Konzilsappellation Luthers hatten zunächst keine, jedenfalls keine kirchenrechtlichen Folgen, und dies wiederum wegen der schwebenden Nachfolge im Kaisertum. Im Januar 1519 starb Kaiser Maximilian, ohne daß es ihm gelungen war, bei Lebzeiten die Nachfolgefrage zu lösen. Aufs dringendste daran interessiert, den spanischen König und Herrn der burgundischen und österreichischen Erblande nicht auch noch zum Kaisertum gelangen zu lassen, bemühte sich die Kurie jetzt noch aufmerksamer um Kurfürst Friedrich als schon im Jahre zuvor, schließlich sogar mit dem Ansinnen, er, der Kurfürst, möge sich selber für eine Kandidatur zur Verfügung stellen. Daß die damit zugleich in Aussicht gestellte Bereitschaft Roms, einen der Freunde des Kurfürsten zum Kardinal zu machen, sich wirklich auf Luther bezog, wie es der – allerdings ziemlich geschwätzige – Nuntius Karl von Miltitz andeutete und wohl auch wirklich meinte, ist nicht sehr wahrscheinlich, wenngleich wiederum auch nicht undenkbar; von dem Ketzerprozeß gegen den gefeierten Professor der Universität Wittenberg, der Lieblingsschöpfung Friedrichs des Weisen, war jedenfalls bis auf weiteres nicht die Rede.

Die theologische Auseinandersetzung in Deutschland kam freilich währenddessen nicht zur Ruhe; sie erreichte im Gegenteil in der Leipziger Disputation Luthers mit Eck im Sommer 1519 einen Höhepunkt. Ursprünglich war als Gegner Ecks für dieses Streitgespräch nur Luthers Wittenberger Universitätskollege Andreas Bodenstein von Karlstadt vorgesehen, der sich nach anfänglichen Bedenken ganz auf die Seite Luthers geschlagen und von sich aus eine publizistische Fehde gegen Eck eröffnet hatte. Im Grunde ging es Eck aber um Luther als seinen eigentlichen Gegner, und auch dieser selbst brannte auf die unmittelbare Konfrontation. So war dann das Streitgespräch mit Karlstadt nur ein Vorspiel zu der mehrtägigen und vor großem Publikum geführten Disputation zwischen Luther und Eck (vom 4. bis 16. Juli 1519). Neben der Lehre von Sünde und

Buße wurde die Frage der kirchlichen Autorität zum Hauptthema des Streits. Luther selbst hatte bereits im Frühjahr 1519 die These aufgestellt, daß die päpstliche Suprematsgewalt über alle anderen Kirchen nur aus den „schrecklichen" päpstlichen Dekretalen der letzten 400 Jahre bewiesen werden könne. Das aber war eine These, die der Sache nach schon 1415 – damals in Auseinandersetzung mit Johannes Hus – vom Konstanzer Konzil verurteilt worden war. Eck zögerte denn auch nicht, Luther als einen Verteidiger des kirchenfeindlichen „Böhmen" zu denunzieren. Damit aber verschob sich die Diskussion auf die Problematik der konziliaren Autorität, und Luther schreckte nicht davor zurück, jetzt auch den Konzilien die Irrtumsfreiheit aus göttlichem Recht abzusprechen; gerade das Konstanzer Konzil habe zu Unrecht einige Sätze des Johannes Hus verurteilt, die sehr wohl in der Heiligen Schrift begründet wären. Daß diese ausdrückliche Relativierung der höchsten kirchlichen Autoritäten und damit zugleich der kirchlichen Tradition eine veritable Ketzerei darstellte, war kaum in Abrede zu stellen; die Argumentation und Strategie Ecks hatte sich insofern durchaus bewährt. Zugleich aber bedeutete dieses Ergebnis der Leipziger Disputation eine weitere Verschärfung der Gegensätze, die es beiden Seiten für die Zukunft so gut wie unmöglich machte, den eigentlichen Anliegen der jeweils gegnerischen Seite gerecht zu werden, ja: sie überhaupt noch einigermaßen unverzerrt wahrzunehmen. Die Auseinandersetzung Luthers mit der alten Kirche wurde seitdem zu einem Kampf auf Leben und Tod.

2. Reich und Reformation in den ersten Jahren der Regierung Karls V. (1519–1526)

a) Kaiserwahl und europäische Politik Karls V. bis zum Scheitern des Friedens von Madrid 1526

Der Versuch Kaiser Maximilians, noch zu Lebzeiten seinem Enkel Karl die Thronfolge im Reich zu sichern, war mißlungen; beim Tode des alten Kaisers im Januar 1519 war die Nachfolgefrage also offen. Das war an sich nicht irregulär; das deutsche Königtum war ja ein Wahlkönigtum. Das Umsichgreifen von Unruhen und Gewalttaten nach dem Tode Maximilians zeigte aber sehr rasch, wie gefährlich die Vakanz der königlichen Autorität im Reiche, wie dringlich deshalb die Wahl eines handlungsfähigen Nachfolgers war. Gleichwohl verging nahezu ein halbes Jahr, bis die Wahl wirklich zustande kam. Der Grund dafür lag darin, daß die Thronfolge von 1519 Gegenstand sehr harter und hartnäckiger Auseinandersetzungen war – ein Teil der Auseinandersetzungen nämlich der Häuser Habsburg und Valois um die europäische Vorherrschaft; als Bewerber um die Kaiserkrone standen sich der junge Habsburger Karl und König Franz I. von Frankreich gegenüber.

An sich lag es für die Kurfürsten nahe, einen Habsburger zu wählen, und als ältester männlicher Sproß der Dynastie kam dafür in erster Linie der Kaiserenkel Karl in Betracht. Dafür sprachen nicht nur gewisse geblütsrechtliche Traditionen der deutschen Königswahlen, dafür sprach auch das politische Gewicht der Habsburger im Reich. Allerdings war der junge Karl nicht nur ein mächtiger Reichsfürst unter anderen, sondern als Herzog von Burgund und König der spanischen Reiche einschließlich der süditalienischen Königreiche Neapel und Sizilien eine politische Potenz ganz anderer Größenordnung, dessen wichtigste Machtzentren überdies gutenteils außerhalb des Reichs lagen. Im Falle seiner Wahl drohte deshalb ein Übergewicht der monarchischen Gewalt, wie es das Reich seit Jahrhunderten nicht gekannt hatte – ein Übergewicht, das der ständischen Verfassungsstruktur des Reiches rasch gefährlich werden konnte. Außerdem war abzusehen, daß als Folge einer Wahl des Habsburgers der alte Gegensatz zwischen Frankreich und Spanien neu aufbrechen und mit neuer Gewalt auch das Reich einbeziehen werde. Die Wahl des französischen Königs, der nun freilich überhaupt nicht zu den Reichsfürsten gehörte, mochte demgegenüber zumindest weniger konfliktsträchtig erscheinen.

Der Wahlkampf war fieberhaft und wurde von einer lebhaften Propaganda begleitet. Namentlich die habsburgischen Publizisten suchten dabei mit dem Hinweis auf die Abstammung Karls aus „edelstem deutschen Blut" an das Nationalgefühl der Deutschen zu appellieren – merkwürdig genug angesichts der burgundischen Erziehung, der französischen Muttersprache und der universalistischen Ziele des Habsburgers, aber offenbar keineswegs wirkungslos; eine national gestimmte Sympathie für das „edel Blut Carolus" blieb weit über die Wahl von 1519 hinaus ein kräftiger Einschlag im Gewebe der öffentlichen Meinung Deutschlands[15].

Auch an machtpolitischen Demonstrationen fehlte es nicht. So intervenierte der seit langem zur französischen Klientel gehörige Herzog Karl von Geldern in der sogenannten Hildesheimer Stiftsfehde, die damals große Teile Niedersachsens beunruhigte, und verschaffte damit der französischen Partei in Nordwestdeutschland einen nicht gering zu schätzenden militärischen Rückhalt. In Süddeutschland aber war Herzog Ulrich von Württemberg ein entschiedener Parteigänger des französischen Königs – ein Parteigänger freilich, dessen Option dem Franzosen im Endergebnis mehr schadete als nützte.

Der 1487 geborene Ulrich hatte sich schon bald nach seiner frühen Regierungsübernahme 1503 durch zügelloses Machtstreben wie durch persönliche Rücksichtslosigkeit und Gewalttätigkeit hervorgetan. Zugleich lag er in heftigen und hartnäckigen Auseinandersetzungen mit den Ständen seines Herzogtums. Als er 1515 einen seiner Hofleute, den Ritter Hans von Hutten, wegen eines – nie voll geklärten – Liebes- und Ehrenhandels auf der Jagd ermordete, drohte ihm ein Todesurteil des kaiserlichen Hofgerichts. Kaiser Maximilian fand sich indessen bereit, die Sache „hingelegt sein zu lassen", wenn Ulrich die Regierung seines Landes für sechs Jahre einem Regentschaftsrat überließe – was der Herzog zwar versprach, dann aber nicht hielt; im Gegenteil ließ er die Führer der württembergischen Ehrbarkeit, die er im Komplott mit dem Kaiser glaubte, gefangennehmen und als Majestätsverbrecher hinrichten. Zudem suchte Ulrich jetzt verstärkt das Bündnis mit allen Gegnern der Habsburger: insbesondere mit den Eidgenossen, aber eben auch mit dem französischen König. Als er 1519, beim Tode Maximilians, die Gelegenheit gekommen glaubte, sich der Reichsstadt Reutlingen zu bemächtigen und sie seinem Territorium einzuverleiben, hatte er den Bogen freilich überspannt. Der Schwäbische Bund stellte ein Heer gegen den notorischen Landfriedensbrecher ins Feld, und dem hatte Ulrich um so weniger entgegenzusetzen, als auch die Eidgenossen ihm ihre Unterstützung entzogen. Er mußte fliehen, der Schwäbische Bund besetzte das Land und nahm es unter Sequester. Überdies zögerten die Habsburger nicht, die nach der Vertreibung Herzog Ulrichs frei gewordenen Truppen des Schwäbischen Bundes für sich selbst anzuwerben; der aus der württembergischen Unternehmung folgende Prestigegewinn der Habsburger wurde so für entscheidungsträchtige Monate durch eine erhöhte militärische Präsenz in Oberdeutschland noch gesteigert.

Neben Diplomatie, Propaganda und militärischer Potenz spielte bei den Wahlverhandlungen das Geld eine entscheidende Rolle. Schon der alte Maximilian hatte im Mai 1518 den Enkel in Spanien belehrt, daß „viel Geld", nach Möglichkeit: bares Geld, erforderlich sein werde, um die französische Konkurrenz auszustechen[16]. Das war eine realistische Einschätzung. Wenn sich im Wahlkampf von 1519 schließlich nicht die französische, sondern die habsburgische Thronkandidatur durchsetzte, so hatte das seinen Grund sehr wesentlich darin, daß die von den Habsburgern angebotenen Summen – im Grunde nichts anderes als Bestechungsgelder – im Endergebnis höher waren als die der Gegenseite. Die Gesamtkosten der Wahl für die Habsburger sind auf über 850000 Gulden zu beziffern; davon entfiel rund die Hälfte auf Gratifikationen für die Kurfürsten und deren Räte. Daß dieses gewaltige finanzielle Engagement der Habsburger überhaupt möglich wurde, war gutenteils das Werk Jakob Fuggers des Reichen, der selbst über die Hälfte der Wahlkosten flüssig machte und damit den Weg für die Kredite auch anderer Kaufleute bereitete. Wenn der Fugger einige Jahre später an Karl V. schrieb, es liege am Tage, daß „Eure Kaiserliche Majestät die Römische Krone ohne meine Mithilfe nicht hätte erlangen können"[17], so war das die schmucklos formulierte Wahrheit. Auch die Hilfe der Fugger hätte freilich nicht zum Zuge kommen können, wenn nicht die Habsburger selber, wenn nicht vor allem der junge König Karl von seinen spanischen Reichen aus die Verhandlungen seiner Wahlkommissare und Gesandten in Deutschland mit all ihren enormen Zusagen immer wieder gedeckt und vorangetrieben hätte. Die Wahl von 1519 war insofern, durch den ganzen unerfreulichen Wust des Bestechungspokers hindurch, letztlich doch das Ergebnis eines klaren und entschiedenen politischen Willens des künftigen Kaisers.

Die Einzelheiten der Wahlverhandlungen auf ihren verschiedenen Ebenen der europäischen und Reichspolitik können hier auf sich beruhen. Im Frühsommer 1519 zeichnete sich der Erfolg der habsburgischen Kandidatur immer deutlicher ab; der späte Versuch der Kurie, anstelle des französischen Königs den Kurfürsten Friedrich von Sachsen zur Kandidatur gegen den Habsburger zu bewegen, scheiterte; am 28. Juni wählten die Kurfürsten – sechs von ihnen in Person, der böhmische König durch seine Gesandten – den Enkel Maximilians zum König und „Erwählten Römischen Kaiser".

Die verfassungsrechtliche Stellung des Reichsoberhaupts war im frühen 16. Jahrhundert bei weitem nicht erschöpfend geregelt; eben deshalb hatte ja auch im Vorfeld der Wahl Karls V. die Sorge der Reichsstände vor einem drohenden Übergewicht des Kaisers aufgrund der gewaltigen Ressourcen seiner Hausmacht eine so große Rolle gespielt. Eben diese Offenheit der verfassungspolitischen Situation gab freilich auch die Möglichkeit, im Rahmen der Wahlverhandlungen auf eine verbindliche Fixierung – vor allem: Begrenzung – der Regierungsrechte des Kaisers hinzuwirken. Ihr verbindliches Ergebnis fanden diese Bemühungen in einer sogenannten Wahlkapitulation, die der Neugewählte in feierlicher Form verbriefte. Nach Form und Inhalt ist dieses Wahlversprechen von 1519 sehr bald eine Art von Reichsgrundgesetz geworden, kaum weniger gewichtig als die Goldene Bulle von 1356.

Die Bestimmungen der Wahlkapitulation von 1519 lassen sich – wenigstens grob – in drei Gruppen einteilen, von denen die erste eine Reihe wichtiger Regierungsrechte des Königs an die Mitwirkung der Reichsstände oder doch der Kurfürsten band, die zweite den Einfluß außerdeutscher Interessen und Kräfte der kaiserlichen Politik auf das Reich zu unterbinden oder doch zu beschränken suchte; dazu kamen drittens einige inhaltlich konkretisierte politische Absichtserklärungen. So wurden der Abschluß auswärtiger Bündnisse, auch die Verpfändung von Reichsgefällen, an die Zustimmung der Kurfürsten geknüpft; sogar die Wiedererrichtung eines Regiments, „wie vormals bedacht und auf der Pan gewest", wurde ins Auge gefaßt. Der Kaiser sagte zu, nach Möglichkeit in Deutschland selbst zu residieren; die Reichs- und kaiserlichen Hofämter sollten ausschließlich mit geborenen Deutschen besetzt werden, in Reichsangelegenheiten, jedenfalls in den deutschsprachigen Gebieten des Reichs, nur die lateinische oder deutsche Sprache zugelassen sein. Die Ausschreibung von Reichstagen an Orte außerhalb des Reichsgebiets wurde ausgeschlossen; der Einsatz fremden Kriegsvolks im Reich sollte nur mit Bewilligung der Reichsstände, wenigstens aber der Kurfürsten, erlaubt sein – es sei denn, daß der Kaiser „von des Reichs wegen" oder das Reich selbst angegriffen würden. Ein eigener Paragraph verpflichtete den Kaiser, sich beim Papst für eine

Reduzierung der finanziellen Ansprüche Roms gegenüber den Gliedern des Reichs zu verwenden, ein anderer, die großen Handelsgesellschaften mit Rat der Reichsstände abzuschaffen[18].

Die genaue Analyse der Wahlkapitulation zeigt, daß viele ihrer Bestimmungen dehnbar oder aber realitätsfremd waren. Die kaiserliche Politik der Folgezeit hat es denn auch verstanden, solche Unzulänglichkeiten der Abmachungen von 1519 in ihrem eigenen Interesse auszunutzen. In ihren verfassungspolitischen Grundlinien aber ist die Wahlkapitulation vom Kaiser doch nicht nur in der konkreten Wahlsituation anerkannt, sondern auch in der Folge respektiert worden. Die grundlegenden Kräfteverhältnisse des Reichs, wie sie sich seit der Jahrhundertwende als vorläufiges Ergebnis der Reichsreform herausgebildet hatten, wurden insofern durch die Kaiserwahl von 1519 nicht umgestürzt, sondern bestätigt. Sie bildeten – ungeachtet der mit dem Glaubensstreit aufbrechenden prinzipiellen Gegensätze im Verständnis des Reichsrechts – den erstaunlich festen politischen Rahmen der dramatischen Geschichte Deutschlands in den folgenden Jahrzehnten.

Um so kräftiger veränderte die Kaiserwahl von 1519 die Konstellationen der großen Politik.

Karl V. verstand das Kaisertum als eine universalistische Ordnungsmacht der abendländischen Christenheit über allen Einzelstaaten, mit der Aufgabe der Abwehr der Ungläubigen wie der Friedenswahrung nach innen, mit Verantwortung auch für die Erhaltung und Reform der Kirche. Daß für die Wahrnehmung dieser Aufgaben die moralische Autorität des Kaisertums allein nicht ausreichen werde, stand freilich außer Zweifel; das Kaisertum bedurfte überlegener politischer Macht. Vor allem der Piemontese Mercurino Gattinara, der als Großkanzler des jungen Kaisers auf dessen politisches Denken tiefen Einfluß ausübte, hat diese realistische Notwendigkeit immer wieder betont; das dominium mundi, die Weltmonarchie, die er seinem jungen Herrn als politisches Ziel wies, trug durchaus – auch – machtpolitische Züge.

In Gattinaras Konzept der „Monarchia" spielte Italien eine Schlüsselrolle. Reich an Menschen, an Wirtschaftskraft und an kultureller Ausstrahlung, schien ihm Italien das wichtigste Entscheidungsfeld der großen Politik. Wenn es dem Kaiser gelang, hier zu maßgeblichem Einfluß zu kommen – nach Möglichkeit: unter Schonung des Selbstgefühls der Italiener –, dann war ihm die politische Präponderanz in Europa so gut wie sicher. Die Pläne des Großkanzlers und dann eben auch des Kaisers selbst beschränkten sich jedoch nicht auf diese italienischen Ambitionen. Zum einen wollte man das aus dem burgundischen Herrschaftskomplex 1477 an Frankreich gefallene Herzogtum Burgund zurückgewinnen, dazu die französischen Lehensrechte in Flandern und über das Artois abschütteln; zum andern sollte Frankreich die Provence als altes Reichslehen, das Languedoc als früheres aragonesisches Lehen herausgeben. Die Realisierung dieser Ziele hätte die Hegemonie des Hauses Habsburg in Europa für lange Zeit außer Frage gestellt. Auf der anderen Seite aber war Franz I. keineswegs bereit, irgendwelche Schmälerungen seiner Herrschaft und der Stellung Frankreichs in Europa hinzunehmen – im Gegenteil ganz darauf bedacht, die Niederlage bei der Kaiserwahl wieder wettzumachen. Weite Teile Oberitaliens, vor allem Mailand, befanden sich seit seinem glänzenden Sieg über die Schweizer bei Marignano 1515 ohnehin in seiner Hand, und er dachte gar nicht daran, diese Position zu räumen; statt dessen erhob er Ansprüche auf Neapel und auf die 1512 an Spanien verlorengegangenen Teile des Königreichs Navarra. Auch auf französischer Seite waren offensichtlich hegemoniale Absichten lebendig.

Im Frühjahr 1521 wurde klar, daß der Krieg unvermeidlich war. Schon im Jahr zuvor hatte sich Karl V. die politische Rückendeckung Heinrichs VIII. von England für die Auseinandersetzung mit Frankreich verschafft; jetzt gelang es der kaiserlichen Diplomatie, den Papst zu einer Offensivallianz gegen die Franzosen und deren Verbündete in Italien zu bewegen. Nachdem zuerst Henri d'Albret, der im französischen Exil lebende König von Navarra, mit Hilfe französischer Truppen in Navarra eingefallen war, ohne jedoch seine Anfangserfolge länger als ein paar Wochen behaupten zu können, begannen in der zweiten Jahreshälfte die eigentlichen Kriegshandlungen zwischen den Hauptkontrahenten, und zwar gleichzeitig in der Champagne und in Oberitalien. Im November trat der englische König dem kaiserlich-päpstlichen Kriegsbündnis bei.

Der Krieg verlief zunächst für die Franzosen wenig glücklich. Bis zum Mai 1522 geriet ganz Oberitalien in die Hände der kaiserlichen Truppen; in Mailand wurde die Herrschaft der Sforza als Lehensleuten des Reichs restituiert. Wenig später ließ sich der mächtigste Vasall des französischen Königs, Herzog Karl von Bourbon, mit den Kaiserlichen in hochverräterische Verhandlungen ein, um ein eigenes Reich im Süden Frankreichs zu gründen. Die Aufstandspläne Bourbons scheiterten allerdings kläglich; Herzog Karl mußte im Herbst 1523 zum Kaiser fliehen, dem er nun als Heerführer diente. Noch wichtiger war, daß die italienischen Staaten, vor allem Venedig und der Papst, sich immer deutlicher auf die Seite Frankreichs schlugen; in der öffentlichen Meinung der Apenninenhalbinsel wuchs ein antihabsburgischer Patriotismus heran, der die Italienpolitik Karls V. schwer belastete. Zudem hatten die Franzosen jetzt auch militärisch einige Erfolge zu verzeichnen: Eine englische Invasion in der Picardie blieb bald stecken; der Einfall eines kaiserlichen Heeres unter Pescara und Bourbon in die Provence scheiterte im Sommer 1524 vor Marseille; zeitweise vermochten die Franzosen sogar den größten Teil Oberitaliens wieder unter ihre Kontrolle zu bringen. Die Entscheidung des Kriegs aber fiel dann doch zugunsten der Kaiserlichen: Am 24. Februar 1525, dem Geburtstag des Kaisers, schlugen die spanischen und deutschen Fußtruppen der Habsburger die schwere Reiterei der Franzosen bei Pavia vernichtend; Franz I. selbst geriet in kaiserliche Gefangenschaft.

Die Bedingungen des Friedens von Madrid (Januar 1526) blieben hinter den extremen, von Gattinara auch jetzt nachdrücklich verfochtenen Zielen der europäischen Politik Karls V. zurück; doch mußte Franz I. das Herzogtum Burgund restituieren und definitiv auf Mailand, Genua und Neapel sowie auf die französischen Lehensrechte in Flandern und Artois verzichten. Der Kaiser selbst verstand diesen Frieden als Versöhnungsfrieden, der einem gemeinsamen Kampf gegen Türken und Lutheraner den Weg bereiten sollte; daß er seine Schwester Eleonore dem französischen König zur Ehe versprach, war ein zusätzlicher Ausdruck dieses Versöhnungswillens. Freilich erwies sich diese Absicht, wie Gattinara richtig vorausgesehen hatte, sehr rasch als illusionär, der Friede als undurchführbar. Die monarchische Staatsräson wie das nationale Selbstgefühl der Franzosen wurden durch die Friedensbedingungen allzu tief verletzt; überdies stieß die mit dem Friedensschluß sich abzeichnende habsburgische Hegemonie in Europa auch außerhalb Frankreichs auf Widerstand. Franz I. erklärte den Friedensvertrag alsbald nach seiner Freilassung für erzwungen und ungültig. Bereits im Mai 1526 gelang es ihm, mit Papst Clemens VII., Venedig, Florenz – dort regierten die Medici, die Familie des Papstes – und selbst Mailand eine Offensivallianz gegen den Kaiser zusammenzubringen; schon vor dem Abschluß dieser „Heiligen Liga" von Cognac hatte er sich mit England verständigt. Der Krieg begann von neuem, ein Ende war nicht abzusehen – und dies um so weniger, als erhebliche Kräfte der Habsburger nun auch im Osten, durch den Abwehrkampf gegen die Türken, gebunden wurden. In eben diesem Sommer des Jahres 1526 nämlich drangen die osmanischen Truppen vom Balkan her tief nach Ungarn vor und wurden zu einer akuten Bedrohung des Reichs, vor allem natürlich der österreichischen Erblande der Habsburger.

b) Kaiser, Reich und Religion 1519–1522

Am 28. Juni 1519 hatte die Kaiserwahl stattgefunden, schon am 6. Juli war die Wahlnachricht am spanischen Hofe in Barcelona eingetroffen. Bis zur Krönung in Deutschland aber vergingen noch über fünfzehn Monate. Es war nicht ganz einfach, bei den spanischen Cortes die für die kostspielige Reise nach Norden erforderlichen Gelder aufzutreiben; überdies nahm der Kaiser seinen Weg über England, um mit dem englischen König das Kriegsbündnis gegen Frankreich zu verabreden. In Deutschland ließ man den Kaiser das lange Ausbleiben aber nicht entgelten. Die Krönung Karls V. in Aachen am 22./23. Oktober 1520 wurde überaus festlich begangen. Die vom Humanismus geprägte Berichterstattung über die Krönung war von nationaler Hochstimmung und großen Hoffnungen für die Zukunft getragen.

Dazu kam, daß seit der Kaiserwahl auch die Hausmachtstellung der Habsburger in Deutschland noch einmal eine beträchtliche Verstärkung erfahren hatte, nämlich durch den Erwerb Württembergs. Beim Schwäbischen Bund, der nach der Vertreibung Herzog Ulrichs 1519 das Land besetzt und in vorläufige Verwaltung genommen hatte, wurden damals Pläne einer Zerstückelung und Aufteilung des Herzogtums an die Bundesstände diskutiert. Die habsburgischen Kommissare aber setzten nach langwierigen Verhandlungen – zunächst sogar ohne Rückendeckung der noch nicht recht handlungsfähigen kaiserlichen Regierung – durch, daß das Herzogtum als Ganzes unter habsburgische Herrschaft kam; als Gegenleistung mußten nur die Kriegskosten der anderen Stände des Schwäbischen Bundes übernommen werden. Ende Februar 1520 leisteten die württembergischen Ämter die Erbhuldigung; zugleich ließ der Kaiser die Privilegien des Landes, auch den Tübinger Vertrag von 1514, bestätigen.

Neben solcher Stabilisierung der Herrschaft des Kaisers und damit der politischen Ordnung des Reichs waren nun allerdings auch Elemente einer tiefen Unruhe, Impulse zu grundlegenden Veränderungen der gesellschaftlichen Verhältnisse wirksam. In Teilen des Bauerntums wie der ärmeren Bevölkerung in den Städten gärte es; auch im ritterschaftlichen Adel mehrten sich die Anzeichen krisenhafter Zuspitzungen der politischen und sozialen Lage. Vor allem aber gewann der Konflikt um Martin Luther jetzt eine neue Dimension: Aus der causa Lutheri wurde eine reformatorische Bewegung, die so gut wie alle Bereiche des gesellschaftlichen Lebens – in kirchlichen wie in weltlichen Belangen – ergriff und tiefgreifend zu verändern begann.

Die Leipziger Disputation hatte gezeigt, daß Luthers theologische Kritik keineswegs bloß einige fragwürdige Ablaßtheorien und -praktiken der Zeit betraf, sondern auf die Bestreitung von Grundprinzipien der mittelalterlichen Theologie und Kirche hinauslief. In den folgenden zwei Jahren arbeitete Luther seine Positionen gegenüber der alten Kirche umfassend und im wesentlichen abschließend aus. Den auch publizistisch wirksamsten Niederschlag dieser Arbeit bildeten drei große Traktate des Jahres 1520: „An den christlichen Adel deutscher Nation von des christlichen Standes Besserung“, „De captivitate Babylonica ecclesiae“ und „Von der Freiheit eines Christenmenschen“.

Die Adelsschrift vom August 1520 enthielt eine Fülle konkreter Reformvorschläge für weite Bereiche des kirchlichen und weltlichen Lebens. Darüber hinaus aber und vor allem plädierte Luther für eine grundlegende Revision des Verhältnisses von Klerus und Laien und damit überhaupt des Priestertums – als eines wichtigen Amts in der Christenheit, aber eines Amts unter anderen, ohne sakramentale Ausgrenzung gegenüber der Gemeinde: „Dan was auß der Tauff krochen ist/ das mag sich rümen/ das es schon Priester Bischoff und Bapst geweyhet sey/ ob wol nit einem jeglichen ziembt/ solch amt zu üben“[19].

Der damit geführte Angriff auf die sakramentalen Grundlagen der kirchlichen Hierarchie wurde dann in der Schrift „Von der babylonischen Gefangenschaft der Kirche“ durch eine Neubestimmung des Sinns der Sakramente noch umfassender begründet und zugleich erweitert. Als eigentlicher Kern der Sakramente galt Luther das Wort der Verheißung, das im Sakrament kraft göttlicher Einsetzung mit einem sichtbaren Zeichen verbunden sei. Dieses biblische Kriterium fand er für das Abendmahl und für die Taufe erfüllt, nicht aber für die Firmung, die Eheschließung, die Priesterweihe und die letzte Ölung, auch nicht – nach einigem Zögern – für die Buße. Noch wichtiger als die damit gegebene Beschränkung der Zahl der Sakramente war das Neuverständnis der verbleibenden Sakramente vom Wort der Verheißung, von der im Sakrament angebotenen, im Glauben zu empfangenden Gnade Gottes her. Insbesondere die Auffassung des Altarsakraments als eines Sühnopfers war damit nicht zu vereinbaren, aber auch nicht die weitverbreitete Praxis der Privatmessen; Luthers Verständnis der Sakramente lief insofern auf eine existenzbedrohende Gefährdung des Einkommens zahlloser Meßpriester, ja: ganzer Klöster hinaus. Im übrigen forderte Luther in der Orientierung an den biblisch bezeugten Einsetzungsworten Jesu die Freigabe des Laienkelchs beim Abendmahl; auch die Verweigerung des Laienkelchs schien ihm zu den babylonischen Gefangenschaften zu gehören, in denen die Kirche schmachtete.

Die Schrift „Von der Freiheit eines Christenmenschen“ schließlich, der letzte der drei großen Traktate Luthers aus dem Jahre 1520 und zugleich die bis heute meistgelesene Schrift des Reformators, gab eine Neubegründung der christlichen Ethik. Den Ausgangspunkt bildete auch hier das Grundbekenntnis Luthers, daß allein die im Glauben ergriffene Gnade Gottes den Menschen rechtfertige. Das bedeute aber nicht, daß die Gebote Gottes für den Christen ihre Verbindlichkeit verloren hätten; im Gegenteil: Gerade die im Glauben gewonnene Freiheit, das neue Gottesverhältnis des gerechtfertigten Menschen, ermögliche es ihm allererst, in wirklichem Gehorsam gegen Gott dem Nächsten zu dienen – nicht in der Absicht, dadurch vor Gott Verdienste zu erwerben, sondern „frei, willig, fröhlich“ und „umbsonst“[20]. Luthers Rede von der Freiheit des Christenmenschen war also alles andere als ein Plädoyer für sittliche Libertinage, alles andere aber auch als eine Aufforderung zu politischer oder sozialer Revolution im Zeichen christlicher Freiheit, und zwar nicht etwa aus Mangel an Konsequenz: Die Dialektik des lutherischen Freiheitsbegriffs ergab sich für den Reformator vielmehr zwingend aus der Dialektik von Gesetz und Evangelium, wie er sie im Anschluß an Paulus verstand.

Der publizistische Erfolg der großen Traktate des Jahres 1520 überstieg noch den der Ablaßschriften der Jahre 1517/18. Allein von dem Freiheitstraktat erschienen in eineinhalb Jahrzehnten nicht weniger als 36 Ausgaben in einem halben Dutzend europäischer Sprachen. Zustimmung kam aus allen Schichten der Bevölkerung, nicht zuletzt und in sehr verbindlicher Weise übrigens von Mitgliedern der Ritterschaft: Im Juni 1520 schrieb Sylvester von Schaumburg an Luther, er „und sonst meines Versehens hundert von Adel, die ich so Gott will aufbringen will", wollten redlich zu Luther halten und ihm im Falle der Verfolgung Schutz bieten[21]; ein entsprechendes Angebot kam von Franz von Sickingen. Daß bei der Parteinahme gerade von Teilen der Ritterschaft für Luther politische und soziale Interessen des niederen Adels – und mancherlei Illusionen über die Chancen eines Bündnisses mit der Reformation – mitwirkten, ist sicher. Das ernsthafte Engagement mancher Vertreter der Ritterschaft für die Sache Luthers, noch vor der Entscheidung irgendeines Landesfürsten oder auch einer Reichsstadt für die Reformation, ist aber nicht in Zweifel zu ziehen. Neben Sickingen selbst, der 1522 auf der Ebernburg als erster evangelischen Gottesdienst in deutscher Sprache halten ließ, sind hier Männer wie Hartmut von Cronberg, Hans Landschad von Steinach, Dietrich von Gemmingen, Bernhard Göler von Ravensburg und Johann von Schwarzenberg zu nennen.

Besonders wichtig war, wenngleich nur für wenige Jahre, die publizistische Unterstützung durch den Ritterhumanisten Ulrich von Hutten. 1517 von Kaiser Maximilian in Augsburg zum poeta laureatus gekrönt, hatte er noch im gleichen Jahr die antipäpstliche Schrift des Lorenzo di Valla über die Konstantinische Schenkung im Druck herausgegeben; wenig später war seine schärfste antirömische Schrift „Vadiscus sive trias Romana" erschienen. Als seine Stellung bei Erzbischof Albrecht von Mainz, in dessen Diensten er seit 1517 stand, wegen seiner antikirchlichen Polemik unhaltbar geworden war, fand er Schutz bei Franz von Sickingen. Von ihm erhoffte er eine auf den niederen Adel gestützte Reichsreform auf Kosten von Fürsten und Geistlichkeit. Zugleich aber setzte er sich immer entschiedener für Luther ein, in dem er jetzt, nachdem er den Ablaßstreit geraume Zeit als bloßes Mönchsgezänk verachtet hatte, einen Bundesgenossen für seinen Kampf um die deutsche Freiheit gegen Rom gefunden zu haben glaubte. Seine Erwartung einer allgemeinen Erhebung gegen das Papsttum erwies sich zwar bald als illusionär; seine Appelle an Adel, Bürger und Volk wurden deshalb nur um so dringlicher. 1521 ging er gar zu förmlichen Pfaffenfehden über, die freilich wiederum die erhoffte zündende Wirkung verfehlten und Hutten immer mehr zum bloßen Raubritter abstempelten. Das Ende kam dann rasch: Als Franz von Sickingen ihn nicht mehr decken konnte, floh er 1522 nach Basel; von Erasmus abgewiesen, fand er schließlich durch Vermittlung Zwinglis auf der Insel Ufenau im Zürcher See Asyl; einsam und durch die Folgen langjähriger Syphilis gezeichnet, starb er dort im August 1523.

Auch abgesehen von Hutten fand Luther in diesen Jahren bei den Humanisten breite Resonanz; ja: für eine gewisse Zeit flossen die humanistische und die reformatorische Bewegung überhaupt ineinander. Im Grunde reichten die Gemeinsamkeiten zwischen Reformation und Humanismus freilich nicht sehr tief. Insbesondere Luthers Kritik an der Scholastik war ja nicht so sehr bildungspolitisch als vielmehr theologisch bestimmt, und wenn sich Luther auf die Autorität der Heiligen Schrift berief, so war auch das etwas ganz anderes als der Ruf der Humanisten „ad fontes“, der neben der Heiligen Schrift eben doch auch ganz andere Überlieferungen der christlichen wie der heidnischen Antike meinte. Vor allem aber stand Luthers skeptische Einschätzung des freien Willens und damit der moralischen Möglichkeiten des Menschen mit den im Humanismus geläufigen Vorstellungen in einem sehr prinzipiellen Widerspruch. Solche Unterschiede und Gegensätzlichkeiten traten indessen erst allmählich ins Bewußtsein, mit wirklicher Trennschärfe überhaupt erst seit dem Streit Luthers mit Erasmus um den freien Willen 1524/25. Und was noch wichtiger war: Eine beträchtliche Anzahl insbesondere jüngerer Humanisten machte sich eben doch auch das spezifisch reformatorische Anliegen Luthers zu eigen. Viele von ihnen wurden seitdem zu den wichtigsten Mitstreitern und Mitarbeitern des Reformators. An erster Stelle ist hier Philipp Melanchthon zu nennen, der 1518, gerade 21jährig, als Lehrer des Griechischen an die Universität Wittenberg berufen worden war. Neben ihm standen der Jurist und Theologe Justus Jonas, dann Johann Bugenhagen aus Pommern, der wenige Jahre später zum Reformator zahlreicher Städte und Territorien Norddeutschlands wurde, weiter der Franke Georg Spalatin, langjähriger Beichtvater und vertrautester Ratgeber Friedrichs des Weisen in Kirchen- und Universitätsangelegenheiten, Andreas Osiander in Nürnberg, der Schwabe Johann Brenz, auch der aus dem Elsaß stammende Martin Butzer, der später – aufgrund sehr eigenständiger theologischer Positionen – wesentlich dazu beitrug, innerprotestantische Gegensätze in der Abendmahlslehre zu überbrücken. Dazu kamen Männer des politischen Lebens wie der kursächsische Rat und Kanzler Gregor Brück oder der Nürnberger Stadtschreiber Lazarus Spengler. Als Folge dieser frühen Amalgamierung von Humanismus und Reformation wurde die Reformation – auch – zu einer Bildungsbewegung; dieser Einfluß auf die innere Gestalt der reformatorischen Kirchen ist wohl überhaupt die auf lange Sicht lebenskräftigste Wirkung des deutschen Humanismus gewesen.

Natürlich blieben auch die Gegner Luthers nicht müßig. Vor allem kam der Ketzerprozeß in Rom, der seit Herbst 1518 aus politischen Rücksichten auf die Kaiserwahl nicht vorangekommen war, jetzt wieder in Gang und nun auch zu einem ziemlich raschen Abschluß. Am 15. Juni 1520 erging die päpstliche Bulle „Exsurge Domine“. Sie verurteilte 41 wörtlich zitierte Sätze aus Luthers Schriften und forderte den Reformator mitsamt seinen Anhängern auf, ihre Irrtümer binnen 60 Tagen zu widerrufen; andernfalls werde sie der päpstliche Bannstrahl treffen. Die Kurienkardinäle hatten sich nicht auf eine – an sich übliche – differenzierende Verurteilung der einzelnen Sätze Luthers einigen können; so erklärten sie die 41 inkriminierten Sätze pauschal als „irrig, häretisch, ärgerniserregend, für fromme Ohren anstößig und für einfache Gemüter verführerisch“[22].

Trotz dieser pauschalen Verdammung fehlte es der Bulle „Exsurge Domine“ nicht ganz an Signalen einer letzten Verständigungsbereitschaft. Schon daß die Bulle zwischen Person und Lehre Luthers, ja sogar zwischen irrigen und nicht-irrigen Schriften des Reformators unterschied, war ein solches Signal, erst recht natürlich die Tatsache, daß die Bulle den Bann nicht unmittelbar verhängte, sondern Luther erst einmal eine Widerrufsfrist einräumte. Die Frist endete jedoch ohne irgendein Einlenken Luthers. Statt dessen veranstalteten Wittenberger Studenten am 10. Dezember 1520 vor dem Elstertor eine publizitätsträchtige Bücherverbrennung, bei der neben einer Reihe von Schriften der Gegner Luthers auch ein Exemplar der päpstlichen Dekretalen, also eines Kernstücks der päpstlichen Gesetzgebung, in Flammen aufging; Luther selbst, in dem allgemeinen Getümmel übrigens kaum beachtet, warf die Bannandrohungsbulle ins Feuer. Dem folgte die angekündigte Entscheidung Roms auf dem Fuße: Die Bulle „Decet Romanum Pontificem“ vom 3. Januar 1521 sprach die endgültige Exkommunikation Luthers aus.

Es entsprach herkömmlichem Reichsrecht, einer päpstlichen Bannbulle ohne weitere Untersuchung die Reichsacht folgen und sie vollstrecken zu lassen – Luther wäre also vogelfrei, seine Sache verloren gewesen. Dazu kam es jedoch nicht. Eine Reihe von Reichsständen mit Kurfürst Friedrich dem Weisen von Sachsen an der Spitze war nicht bereit, das in Luther verkörperte Potential der Kirchenreform ohne weiteres dem päpstlichen Bann zu opfern, und drängte statt dessen auf ein eigenes reichspolitisches Verfahren zur Urteilsfindung, etwa in Form einer wissenschaftlichen Disputation vor einem unparteiischen Gremium. Natürlich war das vor allem ein Akt des Mißtrauens gegenüber dem römischen Ketzerprozeß gegen Luther; im Grunde aber stellte diese Forderung das traditionelle Verhältnis von Reich und Kirche und damit das herkömmliche Selbstverständnis des Reichs überhaupt in Frage. Damit trat zum ersten Mal die verfassungspolitische Sprengkraft der causa Lutheri ans Licht, die in der Folge – vom Wormser Edikt 1521 bis zum Augsburger Religionsfrieden von 1555 und darüber hinaus – zu einem Grundmoment der Reichsgeschichte werden sollte. Freilich war diese Dimension des Streits den handelnden und beobachtenden Zeitgenossen des Winters 1520/21 keineswegs klar. Kaum einem von ihnen war bewußt, daß es hier um die religiöse Einheit oder Spaltung des Reichs, ja: um die Einheit oder Spaltung der Kirche selbst ging – gerade deshalb konnte man überhaupt versuchen, den Konflikt im institutionellen Rahmen des Reichs und mit den Mitteln der Reichspolitik zu lösen.

Als konkreter institutioneller Rahmen eines solchen Versuchs bot sich der Reichstag an, den der Kaiser für den Januar 1521 nach Worms einberufen hatte. Wirklich wurde schon im Vorfeld des Reichstags zwischen Friedrich dem Weisen und Karl V. über ein Erscheinen Luthers in Worms verhandelt, und der Kaiser fand es geraten, den Vorschlag des Sachsen jedenfalls nicht von vornherein und vollständig abzulehnen. An einer Mitbestimmung der Reichsstände über den Erlaß der Reichsacht lag ihm freilich schon aus Gründen seiner kaiserlichen Autorität überhaupt nichts – ganz abgesehen davon, daß er weit davon entfernt war, sich in irgendeiner Weise für Luther einzusetzen, den er vielmehr für einen überführten Ketzer hielt. Auf dem Reichstag selber versuchte Karl V. denn auch zunächst, eine Berufung Luthers nach Worms wie überhaupt irgendwelche Verhandlungen der Reichsstände über die causa Lutheri zu unterbinden und statt dessen einfach aus kaiserlicher Machtvollkommenheit die Reichsacht über Luther zu verhängen. Das war beim Reichstag jedoch nicht durchzusetzen; nach wochenlangen zähen Verhandlungen mußte sich der Kaiser doch dazu bequemen, Luther mit der Zusage sicheren Geleits nach Worms vorzuladen. Immerhin konnten die kaiserlichen Räte durchsetzen, daß das von den Ständen verlangte „Gehör“ Luthers keine Disputation, praktisch also: ein bloßes Verhör, sein sollte.

Luther erhielt die kaiserliche Vorladung am 26. März 1521, brach Anfang April von Wittenberg auf und traf am 16. April in Worms ein. Bereits am Tage darauf fand ein erstes Verhör statt, und zwar im Bischofshof, wo der Kaiser Wohnung genommen hatte, also – von der kaiserlichen Politik gewiß sorgfältig bedacht – nicht im Rahmen einer offiziellen Reichstagssitzung. Luther wurde darauf hingewiesen, daß er lediglich Fragen zu beantworten hätte, und überhaupt wurden ihm nur zwei Fragen gestellt, nämlich 1. ob er sich als Verfasser der – ausgelegten – Bücher bekenne, und 2. ob er bei seinen darin niedergelegten Auffassungen bleiben oder etwas widerrufen wolle. Luther bejahte die erste Frage, nachdem die Titel verlesen waren; hinsichtlich der zweiten erbat er sich Bedenkzeit – vor allem wohl, um seine Antwort auf die in dieser Kürze ja nicht erwarteten Fragen genau zu überlegen; vielleicht hoffte er auch darauf, durch eine solche Vertagung doch noch die Gelegenheit zu einem Religionsgespräch, einer Disputation, zu bekommen. Eine solche Chance wurde ihm jedoch nicht eingeräumt; vielmehr stellte man ihm schon am 18. April dieselben Fragen wie am Vortage. Luther antwortete in der Weise, daß er seine Schriften in drei Gruppen einteilte, nämlich in erbauliche Schriften, in Schriften gegen das Papsttum und solche gegen einzelne Verteidiger der „römischen Tyrannei“. Den Widerruf der erbaulichen Schriften lehnte er ab, zumal da die Gegner selbst anerkennten, daß sie nützlich und lektürewürdig seien. Den Widerruf der zweiten Gruppe von Schriften verweigerte er mit der Begründung, es sei notorisch, daß die Gesetze des Papsts die Gewissen der Gläubigen „elend in Fesseln geschlagen, mißhandelt und gefoltert“ hätten, daß vor allem „in der ruhmreichen deutschen Nation Hab und Gut von unglaublicher Tyrannei ohne Ende und auf unwürdige Weise verschlungen“ würden; ein Widerruf würde solcher Tyrannei für die Zukunft vollends freie Bahn schaffen. Schließlich lehnte Luther den Widerruf auch der dritten Gruppe seiner Schriften ab und gab lediglich zu, in ihnen mitunter unangemessen schroff gewesen zu sein. Luthers Verweigerung des Widerrufs war indessen nicht unbedingt: Er erklärte nämlich zugleich, seine Schriften selbst als erster ins Feuer werfen zu wollen, wenn er auf Grund der Heiligen Schrift eines Besseren belehrt werde. Dieser Vorbehalt war nicht nur eine rhetorische Floskel und wurde auch von kaiserlicher Seite nicht als solche verstanden; er war vielmehr das kaum verhüllte, nochmalige Angebot einer öffentlichen Disputation über die biblischen Grundlagen seiner Theologie. Eben das aber wollte die kaiserliche Politik nach wie vor verhindern, und so ließ man Luther unter ausdrücklicher Ablehnung jeder Diskussion auffordern, eine eindeutige, unumwundene Antwort auf die Frage des Widerrufs zu geben. Darauf erfolgte dann Luthers weltberühmte Antwort: „... Wenn ich nicht durch Schriftzeugnisse oder einen klaren Grund widerlegt werde – denn allein dem Papst oder den Konzilien glaube ich nicht, da es feststeht, daß sie häufig geirrt und sich auch selbst widersprochen haben –, so bin ich durch die von mir angeführten Schriftworte bezwungen. Und solange mein Gewissen durch die Worte Gottes gefangen ist, kann und will ich nicht widerrufen, weil es unsicher ist und die Seligkeit bedroht, etwas gegen das Gewissen zu tun. Gott helfe mir. Amen“[23]. Diesem Bekenntnis folgte noch eine kurze Schlußphase des Verhörs. Als nämlich der Trierer Offizial, der im Auftrag des Kaisers das Verhör führte, Luther aufforderte, seinem Gewissen nicht zu folgen, weil es im Widerspruch zu Konzilsentscheidungen und damit im Irrtum befangen sei, bot Luther hinsichtlich der Unfehlbarkeit der Konzilien sofort den Gegenbeweis an; daraufhin ließ der Kaiser die Verhandlung abbrechen.

In den folgenden Tagen wurde, übrigens mit Zustimmung des Kaisers, von einer Reihe von Reichsständen versucht, Luther doch noch zu einem wenigstens partiellen Widerruf zu veranlassen und damit zu verhindern, daß das kirchenreformerische Potential Luthers in ein kirchen- und reichspolitisches Abseits geriete oder etwa gar zu einem Schisma führte. Am 25. April aber war klar, daß Luther zu keinem Einlenken zu bewegen war; am Tage darauf reiste er von Worms ab.

Die maßgebenden politischen Anstöße gingen jetzt ohnehin im wesentlichen vom Kaiser aus. Bereits am 19. April 1521 gab er auf Grund eines eigenhändigen Entwurfs eine Erklärung gegenüber den Reichsständen ab, in der er sich mit Festigkeit und Würde zur Tradition eines tausendjährigen Vermächtnisses der Christenheit, zur Treue seiner Dynastie gegenüber Rom und zu seiner kaiserlichen Verpflichtung zum Schutz der römischen Kirche bekannte. Bereits am 22. April machte er dann gegenüber dem Reichstag seine Forderung geltend, daß, falls Luther nicht doch noch widerrufe, nunmehr ohne weitere Verzögerungen die Reichsacht zu verhängen sei; am 30. April stimmte die Mehrheit der Stände dem Erlaß eines kaiserlichen Achtsedikts zu, allerdings unter der Bedingung ihrer, der Stände, vorherigen Kenntnis- und Stellungnahme. Noch am gleichen oder am folgenden Tage wurde der Nuntius mit der Ausarbeitung des Edikts beauftragt, und der erfüllte den Auftrag unverzüglich. Nachdem der Entwurf noch einmal von den kaiserlichen Räten überarbeitet und ins Deutsche übersetzt worden war, erteilte der Kaiser am 8. Mai den förmlichen Beurkundungsbefehl – das war auch das Datum, unter dem das Wormser Edikt später tatsächlich ausgefertigt worden ist. Eine förmliche Vorlage an die Stände zu deren Stellungnahme erfolgte nicht; die kaiserlichen Räte hatten dazu geraten, ihnen das Edikt nur zu abschließender Kenntnisnahme zu unterbreiten. Eben das geschah am 25. Mai. Im Namen der noch am Reichstag anwesenden Stände – das waren freilich nur noch wenige; die mit der Luthersache sympathisierenden Stände waren großenteils bereits abgereist – erklärte Kurfürst Joachim I. von Brandenburg, daß das Edikt des Kaisers der Meinung der Reichsstände entspreche und deshalb ohne Abstriche vollzogen werden solle. Am folgenden Tage unterzeichnete Karl V. die lateinische und die deutsche Reinschrift des Edikts. Damit hatten sich Kaiser und Reich in aller Form und Verbindlichkeit gegen Luther entschieden.

Für einen weltgeschichtlichen Augenblick konnte es wohl so scheinen, als wären Luther und seine Sache verloren. Indessen: es schien nur so. In Wahrheit hatten Luther und die beginnende reformatorische Bewegung in Deutschland schon so viel Sympathie und auch engagierte Zustimmung gewonnen, daß sie nicht einmal mehr durch eine förmliche Reichsacht unterdrückt werden konnten. Viele Reichsstände neigten dazu, die weitere kirchenpolitische Entwicklung zunächst einmal ohne eigenes Eingreifen abzuwarten, und einige von ihnen waren – wie die Freunde Luthers aus der Ritterschaft – überhaupt entschlossen, Luther wenigstens vor akuter Verfolgung zu schützen. Zu ihnen gehörte wiederum und vor allem Kurfürst Friedrich der Weise von Sachsen. Als Luther auf der Heimreise von Worms kurz nach Überschreiten der thüringischen Grenze von einem Trupp Reiter entführt wurde und man nichts mehr von ihm hörte, verbreitete sich im Reiche das Gerücht, er sei als geächteter, vogelfreier Mann umgebracht worden. In Wirklichkeit hatte der Kurfürst sein bedrohtes Landeskind zum Schein aufheben und auf der Wartburg nahe Eisenach in Sicherheit bringen lassen. Das Wormser Edikt war mithin ein gewiß gefährlicher Schlag gegen die Sache Luthers, und es sollte auch nicht lange dauern, bis die ersten evangelischen Märtyrer auf dem Scheiterhaufen starben; eine definitive Entscheidung über das Schicksal Luthers und der jungen Reformation in Deutschland aber bedeutete das Edikt nicht, und ebensowenig konnte es deshalb die anhebende religiöse und zugleich verfassungspolitische Spaltung des Reichs wieder beseitigen.

Aus der Distanz von über viereinhalb Jahrhunderten erscheint die Religionsfrage als das beherrschende Thema des Wormser Reichstags von 1521. Der Reichstag selber sah das nicht so. Nach ihrem eigenen Urteil hatten Kaiser und Stände in Worms noch eine ganze Reihe anderer, nicht minder bedeutsamer Entscheidungen zu treffen. Das gilt insbesondere für die Neubelebung des Reichskammergerichts, aber auch für die Verfestigung des Reichssteuerwesens sowie für die Neuformierung eines Reichsregiments.

Das 1495 eingerichtete kaiserliche oder Reichskammergericht hatte sich wegen seiner Verselbständigung gegenüber der monarchischen Gewalt zu keiner Zeit der Förderung Kaiser Maximilians erfreut, und auch von den großen Territorialherren sah mehr als einer die übergeordnete Jurisdiktion des Gerichts mit Mißvergnügen – kein Wunder, daß auch die Gelder zur Besoldung des Gerichtspersonals nicht ordnungsgemäß eingingen. In der Spätzeit Kaiser Maximilians war das Gericht erneut nahezu funktionsunfähig geworden, im November 1519 wurde es sogar förmlich suspendiert. Angesichts der Masse von mehr als 3000 unerledigten Prozessen der obersten Reichsjustiz wurden sich Kaiser und Reichsstände jedoch bald über die Wünschbarkeit der Neuformierung des Kammergerichts einig. In ihren Grundzügen entsprach die neue Ordnung den Regelungen, die man schon 1495 getroffen hatte. Zwar wurde jetzt festgelegt, daß der Kaiser in Zukunft neben dem Kammerrichter und zwei erbländischen Beisitzern, wie es die Regelung von 1495 vorgesehen hatte, noch zwei weitere „gelehrte" Assessoren sowie zwei Grafen bzw. Herren aus dem Reich präsentieren sollte. Die anderen zwölf der jetzt 18 Beisitzer des Gerichts aber waren nach wie vor von den Ständen zu benennen: je einer von jedem der sechs Kurfürsten (ohne Beteiligung des Böhmen), weitere sechs aus den Reichskreisen. Daß die Reichsstädte auch jetzt keinen einzigen der Assessoren zu präsentieren hatten, entsprach ihrer ja auch sonst ungünstigen reichsrechtlichen Stellung; es wurde freilich von ihnen als besondere Diskriminierung empfunden, zumal da die tüchtigsten Juristen des Reichs großenteils den reichsstädtischen Bürgerschaften entstammten. Im Ganzen aber bedeuteten Zusammensetzung und Besetzung des Gerichts einen für das Verhältnis von Kaiser und Reichsständen tragfähigen Kompromiß, und dies um so mehr, als das Gericht gegenüber den die Beisitzer präsentierenden Institutionen ohnehin bald eine respektable Eigenständigkeit gewann.

Kaum weniger wichtig als die Neuformierung des Kammergerichts selbst war die Entscheidung des Reichstags, die Exekution der Urteile des Gerichts den Reichskreisen zu übertragen. An sich schon 1512 vorgesehen, wurde diese Entscheidung doch erst jetzt voll realisiert; die Exekutionsordnung von 1522 traf dafür die erforderlichen Einzelregelungen. Damit gewannen die Reichskreise zum ersten Mal eine den einzelnen Reichsständen klar übergeordnete hoheitliche Kompetenz; zugleich bedeutete die größere Sicherheit der Durchsetzung von Urteilen des Kammergerichts eine nicht gering zu achtende Festigung der Autorität des Gerichts selbst.

Neben dem Kammergericht wurde 1521 auch das Reichsregiment neu belebt. Die Wahlkapitulation von 1519 hatte den Kaiser dazu verpflichtet, „ein loblich erlich regiment mit fromen, annemblichen, tapferen, verstendigen, redlichen personen Teutscher nation" zu errichten; die Erläuterung „... wie vormals bedacht und auf der Pan gewest"[24] verwies auf das im Zuge der ständischen Reichsreform im Jahre 1500 errichtete Reichsregiment, das freilich seine Ansprüche auf die Regierung des Reichs nicht hatte durchsetzen können und sich schon 1502 wieder aufgelöst hatte. Auch jetzt erhoben sich alsbald grundsätzliche Differenzen – wenn nicht über die Erforderlichkeit so doch über die politische Funktion und organisatorische Ausgestaltung der neu zu errichtenden Institution. Während nämlich die Stände unter Führung der Kurfürsten das Reichsregiment als ein Organ ständischer Mitregierung zu etablieren wünschten, dachte sich Karl V. das Regiment bloß als einen Regentschaftsrat, der vom Kaiser zu besetzen wäre und unter einem – ebenfalls vom Kaiser zu ernennenden und durchaus weisungsgebundenen – Statthalter lediglich für die Zeit der Abwesenheit des Herrschers vom Reich die Regierungsgeschäfte führen sollte. Über diese kontroversen Positionen wurde auf dem Reichstag seit Mitte Februar über drei Monate hinweg hart verhandelt, bis schließlich ein Kompromiß zustandekam. Die Regimentsordnung sah vor, daß der Kaiser nur den Statthalter und vier der insgesamt 22 Regimentsräte zu ernennen haben sollte; doch sollte das Regiment grundsätzlich bloß während der Abwesenheit des Kaisers vom Reich amtieren und auch dann bei besonders wichtigen Entscheidungen, namentlich in außenpolitischen und größeren Lehenssachen, an das Einverständnis des Kaisers gebunden sein. Ob dieser Kompromiß wirklich lebens- und funktionsfähig war, schien freilich von allem Anfang an unsicher.

Neben dem Reichskammergericht, den Reichskreisen und dem Reichsregiment wurden auf dem Wormser Reichstag von 1521 auch die Reichsfinanzen auf eine zwar nicht eigentlich neue, aber zum ersten Mal einigermaßen tragfähige Basis gestellt. Die Notwendigkeit einer besseren finanziellen Absicherung des Kammergerichts wie des Reichsregiments, die Notwendigkeit auch von finanziellen Beiträgen der Stände zur militärischen Verteidigung des Reichs war grundsätzlich unbestritten. Dagegen erhob sich alsbald eine lebhafte und strittige Diskussion darüber, woher die erforderlichen Gelder zu nehmen wären. Die Grundalternative bestand – wie schon zu Zeiten Maximilians – in der Erhebung eines Gemeinen Pfennigs oder aber in Matrikularbeiträgen der Reichsstände. Daneben wurden freilich auch ganz andere Möglichkeiten einer Finanzierung der Reichsinstitutionen diskutiert. So ging ein Vorschlag dahin, die bislang an Rom gezahlten Annaten für diesen Zweck zu verwenden, ein anderer, die im Reiche wohnenden Juden mit zusätzlichen Steuern zu belegen; wieder ein anderes Projekt sah einen fünfprozentigen Einfuhrzoll an den Grenzen des Reichs vor. Schließlich einigte man sich auf das System der Matrikularbeiträge, das man schon 1505 für die Rekrutierung des Reichsheeres, 1507 auch für die Unterhaltung des Kammergerichts zugrunde gelegt hatte: Jeder Reichsstand hatte danach einen bestimmten, in der Reichsmatrikel festgelegten

Anteil an Truppen bzw. an Geld für die Besoldung des Reichsheeres und nun eben auch für den Unterhalt des Reichskammergerichts sowie des Regiments zu leisten.

Die 1521 neu fixierte Matrikel mit ihren Festsetzungen des „Romzugs" und des „Kammerzielers" sollte zwar eigentlich nur vorläufig gelten; das Reichsregiment wie die Reichstage der Folgezeit haben denn auch wiederholt über Alternativen des Reichssteuerwesens beraten. Schließlich aber wurde doch die Matrikel von 1521 zur auf Dauer verbindlichen Grundlage des Reichssteuerwesens, und zwar im wesentlichen bis zum Ende des alten Reichs 1806. Die reichspolitischen Konsequenzen waren zwiespältig. Einerseits erhielt das Kammergericht als wichtigste Institution der Reichsverfassung neben Kaiser und Reichstag eine langfristig brauchbare finanzielle Absicherung; anderseits bedeutete die Grundentscheidung für das System der Matrikel die definitive steuerpolitische Mediatisierung der Untertanen des Reichs durch die Reichsstände. Im übrigen ließ das Funktionieren des Steuersystems von 1521 zunächst noch sehr zu wünschen übrig; auch das Kammergericht und das Reichsregiment waren gerade deshalb in den 20er Jahren noch mehr als einmal in ihrer Existenz bedroht.

c) Reichstage und Reichsregiment 1522–1524

Bereits im Winter 1521/22 verließ der Kaiser das Reich und reiste über England nach Spanien zurück, wo der Aufstand der comuneros (1520–1522) die Abwesenheit des Herrschers vom Lande als schwere Gefährdung seiner Herrschaft erwiesen hatte. Anläßlich seines Abschieds vom Reiche – erst jetzt – einigte er sich in Brüssel mit seinem Bruder Ferdinand endgültig über das Erbe Maximilians I., und zwar in der Weise, daß Ferdinand gegen Übernahme beträchtlicher Schulden Maximilians nicht nur die ihm bereits früher zugestandenen nieder- und innerösterreichischen Länder, sondern auch die übrigen österreichischen Erblande einschließlich des 1520 erworbenen Herzogtums Württemberg erhielt – letztere freilich nur mit der Maßgabe der Geheimhaltung für die Dauer von sechs Jahren oder doch bis zur Kaiserkrönung durch den Papst; diesen politisch wenig sinnvollen Vorbehalt hielt der Kaiser bis zur Jahreswende 1524/25 aufrecht. Zusätzlich zu den Vereinbarungen über das Erbe Maximilians sagte Karl V. bei den Gesprächen in Brüssel Anfang 1522 dem Bruder zu, dessen Wahl zum römischen König und damit zum designierten Nachfolger im Kaisertum zu betreiben; überdies ernannte er Ferdinand für die Zeit seiner Abwesenheit zu seinem Statthalter im Reich, freilich in Bindung dieser Statthalterschaft an das Reichsregiment.

Die Abwesenheit des Kaisers bedeutete nicht den Stillstand der Reichspolitik, aber sie erschwerte sie ungemein. Schon daß sich Karl V. auf den Reichstagen nicht nur – oder überhaupt nicht – durch Statthalter und Reichsregiment, sondern durch eigene und eigens instruierte Gesandte vertreten ließ, war mißlich, zumal da die Instruktionen für die Gesandtschaften mit den Intentionen des Regiments keineswegs immer übereinstimmten. Dazu kam, daß sich der Kaiser faktisch das Recht der Bestätigung der Reichstagsbeschlüsse vorbehielt; die Gültigkeit der Reichsabschiede blieb also immer wieder bis zur Billigung – oder auch Ablehnung – durch den fernen Kaiser unsicher. Aber auch abgesehen von den Reichstagen erwies sich die Vertretung des Kaisers durch das Reichsregiment in Nürnberg als unzulänglich. Die Gelder zur Unterhaltung des Regiments kamen nur unvollständig und unpünktlich ein; die Benennung mancher Regimentsräte ließ auf sich warten; finanz- und wirtschaftspolitische Maßnahmen stießen bei den Betroffenen auf heftigen Widerstand, mitunter in Form eines appellationsartigen Protests beim Kaiser selbst; vollends die Religionsmandate des Regiments erwiesen sich als undurchsetzbar. Seit dem Spätjahr 1522 wurde bei den Ständen der Wunsch nach völliger Abschaffung des Regiments laut; bereits 1523 mußte Ferdinand interimistisch die gesamten Kosten des Regiments übernehmen, um es überhaupt am Leben zu erhalten. Pfalzgraf Friedrich, der bislang in Vertretung Ferdinands das Amt eines Statthalters beim Regiment wahrgenommen hatte, drängte auf Entlastung von dieser Bürde. Auf dem Nürnberger Reichstag Anfang 1524 konnte Ferdinand die Kritik der Stände am Regiment nur mehr dadurch auffangen, daß er seine Zustimmung zur Entlassung sämtlicher bisheriger Regimentsräte gab. Eine gewisse Besserung der Verhältnisse trat erst seit dem Sommer 1524 ein, als das Regiment, nunmehr in Eßlingen, seine Arbeit neu aufnahm: in neuer Besetzung, mit verminderten Kompetenzen, unter verstärktem Einfluß Ferdinands. Freilich ließ Karl V. – in offensichtlicher Sorge vor einer Schwächung seiner Autorität im Reiche zugunsten Ferdinands – dem Bruder auch jetzt einen nur sehr beengten politischen Spielraum; daß er bis zum Ausgang der 20er Jahre kaum irgendwelche Anstalten machte, die bereits 1522 in Aussicht genommene Wahl Ferdinands zum römischen König bei den Kurfürsten zu betreiben, war für diese restriktive, auch von persönlichem Mißtrauen nicht freie Haltung des Kaisers sehr bezeichnend. Im übrigen hatten Ferdinand und das Reichsregiment fortdauernd mit der politischen Konkurrenz des Schwäbischen Bundes zu tun, die vor allem von Bayern geschürt wurde; der Bund, nicht das Reichsregiment, spielte denn auch bei der Niederschlagung des Bauernaufstands 1525 die maßgebende Rolle.

Im historischen Rückblick erscheint die Religionsfrage als wichtigstes Thema der Reichspolitik in den Jahren zwischen dem Reichstag von Worms und dem Bauernkrieg. Daneben aber – und im Bewußtsein vieler Reichsstände und anderer Zeitgenossen sogar vorrangig – standen andere Probleme der Neugestaltung des Reichs, Probleme vor allem der Reichsfinanzen und der wirtschaftspolitischen Ordnung Deutschlands.

Der Reichstag von Worms hatte sich dafür entschieden, den Geldbedarf des Reichs durch Reichssteuern zu befriedigen, die nach dem Matrikelsystem erhoben werden sollten. Diese Entscheidung war jedoch nur vorläufig gewesen; Reichsregiment und Reichstage der Folgezeit sollten die Probleme der Reichsfinanzen neu bedenken. Dieser Auftrag war um so wichtiger und dringender, als der Finanzbedarf des Reichs nach 1521 sprunghaft anstieg, nicht zuletzt wegen der Kosten der Türkenabwehr. Gerade angesichts dieses hohen Finanzbedarfs setzte sich das Reichsregiment zunächst für eine Umstellung der Reichssteuer auf das System des – für ergiebiger gehaltenen – Gemeinen Pfennigs ein. Die Erwartung der höheren Ergiebigkeit des Gemeinen Pfennigs beruhte freilich gutenteils auf der Voraussetzung einer extrem hohen Belastung der bürgerlichen, daneben auch der geistlichen Vermögen. Natürlich erweckte das den heftigen Widerstand der Betroffenen, und ihnen gelang es 1524, den Kaiser auf ihre Seite zu bringen. Damit hatte der Gemeine Pfennig als Grundlage der Reichsfinanzen bis auf weiteres keine Chance mehr; ohnehin galt die steuerpolitische Option der meisten größeren Reichsstände ja zunehmend dem System der Matrikel. Lediglich für die Türkensteuer griff man zu Anfang der 40er Jahre noch einmal auf das System des Gemeinen Pfennigs zurück; in der zweiten Jahrhunderthälfte verschwand er völlig aus der Diskussion.

Unabhängig von der Auseinandersetzung um den Modus der Steuererhebung hatte die Türkenhilfe ihre sehr besondere, nicht sonderlich rühmliche Geschichte. Uneinig über Art, Höhe und Aufbringung der Türkenhilfe fanden sich die Reichsstände 1522 – wenigstens im Grundsatz – bereit, die dem Kaiser im Jahr zuvor bewilligte Romzugshilfe für die Türkenabwehr zu verwenden; wegen des mittlerweile ausgebrochenen Kriegs mit Frankreich hatte Karl V. seinen Zug nach Rom zur Kaiserkrönung ja bis auf weiteres verschoben. Allerdings sollten die Mittel nur freigegeben werden, wenn und soweit von den Ungarn verläßliche Zusagen über ihren Part der militärischen Kooperation zu erhalten waren. Das aber erwies sich als nahezu unmöglich, und so sollte es bis zur Belagerung Wiens durch die Türken 1529 dauern, ehe auch nur die bescheidenen Mittel der Romzugshilfe von 1521 wirklich ausgezahlt waren. Vollends das Vorhaben einer „währenden“ oder „beharrlichen“ Türkenhilfe, d.h. einer zwar nicht wirklich ständigen, aber doch wenigstens längerfristigen Finanzierung der Türkenabwehr, kam nicht vom Fleck. Die Reichsstände vertraten – verständlicherweise – die Meinung, daß die Abwehr der Türken eine Sache der gesamten Christenheit sei, und machten die Bewilligung einer „beharrlichen“ Hilfe von der Beteiligung der wichtigsten anderen europäischen Mächte abhängig, zumindest aber von überzeugenden Bemühungen des Kaisers um den Frieden in Europa und im Reich; ohne einen solchen Frieden war ja an ein gemeinsames Vorgehen gegen die Osmanen in der Tat nicht zu denken. Diese Bedingungen aber fanden die Reichsstände die ganzen 20er Jahre hindurch nicht erfüllt; ja: selbst die 1530 endlich bewilligte, aber immer noch an Bedingungen geknüpfte beharrliche Türkenhilfe

– die einzige während der ganzen Regierungszeit Karls V. – kam erst 1542 wirklich zur Auszahlung.

Als Alternative zur Reichsmatrikel wie zum Gemeinen Pfennig wurden im Reichsregiment auch Möglichkeiten einer indirekten Steuer als Grundlage der Reichsfinanzen diskutiert. Dabei ging es vor allem um das Projekt eines Reichsgrenzzolls. Nach langem und heftigem Streit über die wirtschafts- und sozialpolitischen Konsequenzen eines solchen Zolls – ja: sogar schon über die Frage, ob es sich dabei um einen Einfuhr- oder Ausfuhrzoll handeln solle – empfahl der zuständige Ausschuß des Nürnberger Reichstags von 1523 eine Kombination von Einfuhr- und Ausfuhrzoll in Gestalt einer 4%igen Grenzabgabe auf alle Waren, die nicht den fundamentalen Lebensbedürfnissen dienten; neben seinen fiskalischen Zwecken – und zum Teil im Widerspruch zu ihnen – sollte der Zoll auch der Eindämmung des Luxus, insbesondere des Zustroms fremder Luxusgüter, dienen. Daß dieser Vorschlag, ganz ähnlich wie das Projekt des Gemeinen Pfennigs, die Finanzlasten des Reichs vor allem auf die städtischen Bürgerschaften abzuwälzen suchte, war unschwer zu erkennen. Die Städte, insbesondere die großen oberdeutschen Fernhandelsstädte, setzten sich denn auch mit allen Mitteln zur Wehr – und zu diesen Mitteln gehörte nicht zuletzt die Intervention beim Kaiser. Das hatte auch Erfolg: Karl V. suchte alles zu vermeiden, was das oberdeutsche Handelskapital, auf dessen Kredite er für seine europäische Politik angewiesen war, schwächen konnte, und ließ deshalb seinen Gesandten beim Reichstag von 1524 eindeutig gegen den Zoll votieren; damit hatte auch dieses Projekt keine Chance mehr.

Dieser Ausgang des Streits hing nun aufs engste mit der Geschichte einer anderen großen Auseinandersetzung um die Wirtschaftsordnung des Reichs zusammen: mit dem Streit um die großen Handelsgesellschaften.

Nach einem ersten, allerdings vergeblichen Versuch schon des Reichstags von 1512, die Tätigkeit der Handelsgesellschaften einzuschränken, hatte sich auf dem Wormser Reichstag von 1521 erneut heftige Kritik an den großen Kaufleuten erhoben, deren „Monopolia" – was immer man darunter verstand – als die eigentliche Ursache aller Verzerrungen und Verunsicherungen des zeitgenössischen Wirtschaftslebens diffamiert wurden. Es fehlte nicht einmal an Stimmen, die die völlige Aufhebung der Handelsgesellschaften forderten. Dazu mochte sich der Reichstag nun freilich nicht entschließen, aber der Auftrag an das Reichsregiment, sich um eine Lösung der anstehenden Probleme zu bemühen, hatte doch einen eindeutig antimonopolistischen Akzent, und dem entsprachen auch die bereits im folgenden Jahre vorgelegten Empfehlungen des Reichsregiments. Die Empfehlungen zielten vor allem auf eine Begrenzung des Kapitals wie der räumlichen Ausdehnung des Geschäftsbereichs der Handelsgesellschaften ab: Das Kapital einer Gesellschaft sollte 50000 Gulden nicht übersteigen dürfen, die Zahl der auswärtigen Kontore auf drei beschränkt werden. Die Verwirklichung dieser Vorschläge hätte in der Tat den großen

Gesellschaften der oberdeutschen Kaufleute den Garaus gemacht – zugleich freilich auch einer moderneren, auf Unternehmerinitiative und Freiheit des Wirtschaftens gegründeten Entfaltung der ökonomischen Möglichkeiten Deutschlands; der Augsburger Humanist und Stadtschreiber Konrad Peutinger hat in seinen Denkschriften für das Regiment solche negativen Konsequenzen des geplanten Gesetzes scharfsinnig prognostiziert. Diese Antikritik verfing indessen nur wenig, und der Reichstag von 1522/23 folgte im wesentlichen den Vorschlägen des Regiments. Überdies veranlaßte das Reichsregiment im Sommer 1523 den Reichsfiskal, Jakob Fugger und einige andere der führenden Augsburger Kaufleute mit einem strafrechtlichen Verfahren wegen Monopolvergehens zu überziehen. Mit alledem – auch das Zollprojekt stand ja noch zur Diskussion – wurde die Situation für die Handelsgesellschaften der oberdeutschen Reichsstädte nun wirklich gefährlich. Eben deshalb setzten sie jetzt aber auch zum Gegenangriff an: Die Städte protestierten förmlich gegen den Nürnberger Reichsabschied von 1523 und baten durch eine eigene Gesandtschaft an den Kaiser nach Spanien um Abstellung ihrer Beschwerden; parallel dazu schrieb Jakob Fugger selbst jenen Brief an den Kaiser, in dem er an seine bei der Kaiserwahl geleisteten Dienste erinnerte. Karl V. entsprach den Wünschen der Städte durchaus. Neben der Ablehnung des Grenzzolls sagte er im August 1523 den Städteboten in Valladolid verbindlich zu, sich die Entscheidung in Monopolangelegenheiten selbst vorzubehalten; der Reichsfiskal wurde angewiesen, das Verfahren gegen die Augsburger Kaufleute einzustellen. Im Mai 1525 folgte dann ein kaiserliches Edikt, das den Begriff des – rechtswidrigen – Monopols im Anschluß an das römische Recht dermaßen eng definierte, daß der Monopolvorwurf gegen die Handelsgesellschaften nahezu gegenstandslos wurde; der gesamte Erz- und Metallhandel sollte von der Monopolgesetzgebung überhaupt ausgeschlossen bleiben. Damit waren die antimonopolistischen Aktivitäten von Reichsregiment und Reichstag zunächst einmal vom Tisch – allerdings noch nicht endgültig; auf dem Augsburger Reichstag von 1530 sollte es noch einmal zu einer leidenschaftlichen Diskussion der Monopolfrage kommen.

Mit anderen Frontstellungen als das Projekt eines Reichsgrenzzolls und eines Monopolgesetzes hatte der Versuch einer Reform des Münzwesens zu tun – das dritte wichtige Vorhaben der Wirtschaftspolitik von Reichsregiment und Reichstagen der frühen 20er Jahre.

Die Notwendigkeit einer solchen Reform war grundsätzlich unbestritten. Die kaum überschaubare Vielfalt der Münzwährungen im Reiche bedeutete ein lästiges Hindernis jedes weiträumigen Handelsverkehrs; dazu führten die immer wieder praktizierten heimlichen Münzverschlechterungen vieler fürstlicher oder städtischer Münzherren zu großer Unsicherheit. Der wünschbaren Vereinheitlichung des Münzwesens auf der Grundlage verbindlich festgelegter Edelmetallgehalte der Münzen standen jedoch viele Schwierigkeiten entgegen. So waren die Interessen der rheinischen Kurfürsten mit ihren Goldgulden einerseits, Tirols und Sachsens mit ihren Silbertalern anderseits nicht befriedigend miteinander auszugleichen; kaum anders stand es um die Gegensätze zwischen den fürstlichen Bergherren und der Masse derjenigen Reichsstände, die über keine eigenen Silbervorkommen verfügten. Der 1524 vom Reichsregiment erlassenen Reichsmünzordnung gelang es denn auch nicht, diese Interessengegensätze wirklich zu überwinden. Der Versuch einer Gold- und Silber-Doppelwährung auf der Grundlage fester Wertrelationen der beiden Edelmetalle bewährte sich nicht; die Einführung neuer, zusätzlicher Reichsmünzen vergrößerte nur das Währungschaos; die Kaufleute begannen überhaupt, statt mit realen Münzen mit einer fiktiven Münzeinheit, dem sogenannten Rechengulden, zu rechnen. Es sollte bis in die zweite Jahrhunderthälfte dauern, ehe ein neuer Versuch der Münzreform – dann auch unter stärkerer Berücksichtigung regionaler Besonderheiten und Bedürfnisse – zu besseren Ergebnissen führte.

Im Gegensatz zu seiner lebhaften Aktivität in der Wirtschafts- und Finanzpolitik suchte sich das Reichsregiment zunächst aus dem Glaubensstreit herauszuhalten, und auch die Propositionen Ferdinands für die drei Nürnberger Reichstage von 1522 bis 1524 erwähnten die Religionsfrage mit keinem Wort. Dieser Attentismus ließ sich jedoch nicht durchhalten. Er wurde zum ersten Mal schon Anfang 1522 durchbrochen, als Herzog Georg von Sachsen unter dem Eindruck der Wittenberger Unruhen beim Reichsregiment ein Mandat gegen die Neuerungen erwirkte. Daß die Wittenberger Unruhen wenig später in sich zusammenbrachen, war freilich nicht eine Folge dieses Mandats, sondern der berühmten Invocavit-Predigten des von der Wartburg herbeigeeilten Martin Luther. Überdies wurden im Reichsregiment selbst alsbald Stimmen laut, die vor einer unbedachtsamen Verfolgung Luthers warnten, um nicht den Widerstand oder gar einen Aufstand des Gemeinen Mannes zu provozieren. So hielt sich das Regiment in der Folge religionspolitisch wieder sehr zurück, und auch auf dem ersten Nürnberger Reichstag von 1522 gehörte die causa Lutheri überhaupt nicht zu den Tractanden, jedenfalls nicht zu den offiziellen Verhandlungsthemen.

Die Situation änderte sich mit dem im November 1522 zusammentretenden sogenannten Zweiten Nürnberger Reichstag. Dabei ging die Initiative jedoch wiederum nicht von den Ständen oder vom Reichsregiment und auch nicht vom Kaiser aus; es war vielmehr Papst Hadrian VI., der die Religionssache jetzt erneut zum Gegenstand der Reichspolitik machte. Gleichermaßen vom Willen zur Bekämpfung der Ketzerei wie zur inneren Reform der Kirche getragen, ließ der Papst seinen Nuntius Francesco Chieregati die Reichsstände nachdrücklich zur Befolgung des Wormser Edikts ermahnen, um die deutsche Kirche von der so gefährlichen lutherischen Sekte zu reinigen. Zugleich aber bekannte Hadrian VI. in schonungsloser Offenheit die Schäden der Kirche und nicht zuletzt die Sünden der Kurie als Hauptursache der Ketzerei; er, der Papst, werde es nicht an Bemühungen fehlen lassen, um diese Gravamina auszuräumen.

Die Instruktion Hadrians VI. für Chieregati zeugte von einem sehr bemerkenswerten Sinneswandel an der Spitze der Kirche. Der frühe Tod des Papstes – er starb bereits im September 1523 nach wenig mehr als einjähriger Regierungszeit – verhinderte freilich ein Wirksamwerden seines Reformwillens in Deutschland und Europa und erst recht an der Kurie selbst. Bei den Reichsständen aber saß das Mißtrauen gegenüber Rom ohnehin so tief, daß man nicht bereit war, Luther – sozusagen als Faustpfand der Kirchenreform – preiszugeben. Die Reformabsichten des Papstes seien zwar zu begrüßen, hieß es in der Antwort des Reichstags an den Nuntius; zur wirklichen Bereinigung der Situation sei jedoch ein „freies christliches Konzil“ erforderlich, das, möglichst binnen Jahresfrist, von Kaiser und Papst an einer „bequemen malstatt Teutscher Nation“ einberufen werden müsse. Bis dahin – und das war die einzige Konzession der Stände – wolle man den Kurfürsten von Sachsen dazu bewegen, Luther und die Seinen keine weiteren Neuerungen vornehmen und auch nichts Neues drucken zu lassen. Im übrigen sollten sich die Prediger bis zur Entscheidung durch das Konzil an „das wahre Evangelium nach Lehre und Auslegung der von der christlichen Kirche angenommenen Schrift“ halten[25].

Daß diese Antwort der Stände, daß namentlich die Forderung eines „freien christlichen Konzils“ ein Zugeständnis an die junge Reformation darstellte, ist sicher: Sie lief praktisch auf die Aufhebung des Wormser Edikts hinaus; auch war allen Beteiligten klar, daß die begehrte „Freiheit“ des Konzils vor allem die Freiheit von päpstlicher Herrschaft über das Konzil meinte. Ebenso sicher ist, daß die Reformation durch die jetzt vom Reichstag geknüpfte Verbindung der Sache Luthers mit dem so volkstümlichen Konzilsverlangen einen gewaltigen Auftrieb erhielt. Für die Ständemehrheit des Reichstags scheint freilich weniger diese Konsequenz maßgebend gewesen zu sein als vielmehr – wiederum – der Wunsch, die anstehenden Entscheidungen hinauszuschieben, um keine Erregung des gemeinen Mannes zu provozieren; dieses Motiv war es wohl vor allem, das auch die Mehrheit der altgläubigen Stände der Antwort an den Nuntius zustimmen ließ.

Das Konzilsverlangen des Reichstags fand weder in Rom noch beim Kaiser eine positive Resonanz. Die kaiserliche Proposition für den dritten Nürnberger Reichstag Anfang 1524 ging auf die Konzilsforderung der Stände überhaupt nicht ein, sondern forderte statt dessen erneut die strikte Befolgung des Wormser Edikts; von Lorenzo Campeggio, dem Legaten des neuen Papsts Clemens' VII., war nichts anderes zu vernehmen. Bei den Ständen aber hatte sich mittlerweile die Auffassung von der Unentbehrlichkeit des Konzils noch verfestigt; ja: man ergänzte das Konzilsverlangen jetzt durch die Forderung eines Nationalkonzils, das bis zu einer definitiven Entscheidung des allgemeinen Konzils eine vorläufige Lösung des Glaubensstreits in Deutschland herbeiführen sollte. Zwar widersprach der päpstliche Legat diesen Wünschen sofort und grundsätzlich; der Erfolg dieses Einspruchs bestand aber nur darin, daß die Reichsstände ihre Forderung eines Nationalkonzils durch den Vorschlag einer – vom Plazet des Papsts unabhängigen – „gemeinen Versammlung Teutscher Nation" ersetzten. Der Reichsabschied sah die Einberufung einer solchen Nationalversammlung – man dachte dabei an eine Versammlung aller Reichsstände analog den Reichstagen – für den November 1524 vor. Bis dahin wollten die Reichsstände dem Wormser Edikt „soviel als möglich" Folge leisten[26]; die Befolgung des Edikts wurde damit praktisch in das Belieben der einzelnen Stände gestellt.

Es entsprach der Unsicherheit der Vertretung Karls V. im Reich, daß der Beschluß des Reichstags – ungeachtet des Einverständnisses von Statthalter und Regiment – faktisch der zusätzlichen Billigung durch den Kaiser in Spanien bedurfte. Karl V. aber dachte fürs erste gar nicht daran, sich auf das Vorhaben einer Nationalversammlung einzulassen. Weder der nationalkirchliche Aspekt der Versammlung noch die Infragestellung seines Edikts von Worms schienen ihm akzeptabel, und überdies wünschte er alles zu vermeiden, was sein Verhältnis zum Papst – mit möglicherweise belastenden Konsequenzen für seine italienische Politik – belasten konnte. Im Sommer 1524 untersagte er die Nationalversammlung, und damit war auch dieses Projekt gescheitert.

Ob die Nationalversammlung, wäre sie zustande gekommen, wirklich eine Beilegung des Glaubensstreits auf nationaler Ebene zuwege gebracht hätte, ist freilich ohnehin zweifelhaft. Vermutlich hätte die Versammlung nur die bislang zumeist verkannte Radikalität der Gegensätze ans Licht gebracht und damit dem Attentismus so vieler Reichsstände gegenüber der Reformation ein Ende gemacht. Daß Karl V. die Nationalversammlung 1524 verhinderte, hatte insofern bloß einen retardierenden Effekt, der überdies – ganz im Gegensatz zu den Absichten des Kaisers – die weitere Ausbreitung der Reformation begünstigte.

d) Die Reformation Ulrich Zwinglis in der Schweiz bis 1525

Ulrich Zwingli wurde am 1. Januar 1484 zu Wildhaus im Toggenburg geboren. Seine Familie lebte in gehobenen sozialen Verhältnissen; dem entsprach, daß der junge Ulrich nach beinahe zehnjähriger Schulzeit seit 1498 ein akademisches Studium absolvierte, zuerst in Wien, später in Basel. Hier schloß er seine Ausbildung in den artes liberales 1506 mit dem Erwerb des Magistergrads ab und wechselte noch im gleichen Jahre in die kirchliche Praxis über, nämlich in ein Pfarramt in Glarus.

Nicht anders als viele andere Geistliche der Zeit trat Zwingli sein Pfarramt an, ohne ein eigentlich theologisches Studium absolviert zu haben. Im

Unterschied zu vielen seiner Amtsgenossen nutzte Zwingli aber die folgenden Jahre zu intensivem Selbststudium, und zwar nicht nur der scholastischen Autoritäten, sondern auch und immer stärker der Heiligen Schrift. Dabei entfalteten sich zunehmend humanistische Interessen; daß er seit 1513 Griechisch lernte, um das Neue Testament im Urtext lesen zu können, gehört in diesen Zusammenhang. Noch wichtiger, ja: für seine ganze Theologie grundlegend, wurde sein Studium des Erasmus von Rotterdam, dem er – vermutlich 1516 – auch persönlich begegnete und von dem er einen überwältigenden Eindruck empfing. Durch Erasmus fand Zwingli einen neuen Zugang zur Bibel, in deren einfacher sprachlicher Form die tiefsten Gedanken enthalten seien: die Botschaft Christi nämlich als des Rufs zu einem wahrhaft geistigen Leben unter Beherrschung der sinnlichen Leidenschaften. An die Stelle des von kirchlichen Satzungen überladenen, von komplizierter Scholastik überwucherten Frömmigkeitslebens der Zeit müsse ein wahrhaftes, der Lehre Christi entsprechendes Tatchristentum treten, um die Kirche von innen zu erneuern. Solche Forderungen enthielten – bei Zwingli wie bei Erasmus selber – kräftige Elemente der Kirchenkritik; von einem prinzipiellen Gegensatz Zwinglis zur offiziellen Kirchenlehre aber wird für diese Jahre, jedenfalls bis 1519, nicht die Rede sein können, und schon gar nicht von einer Rezeption der in ihren Konsequenzen kirchensprengenden Rechtfertigungslehre Martin Luthers.

Neben dem Gewinn eines theologischen Standorts konnte und wollte Zwingli sich auch bestimmten politischen Optionen nicht entziehen. Dabei ging es vor allem um die habsburgische, französische oder päpstliche Orientierung der Glarner wie überhaupt der Schweizer Politik, insbesondere um die Frage, welcher der kriegführenden Mächte die Werbung der begehrten Schweizer Söldner – natürlich: gegen gutes Geld – zu gestatten sei. Zwingli plädierte für die alte Treue zum römischen Stuhl; als die Eidgenossen 1512 – im Bündnis auch mit dem Papst – die Franzosen aus Mailand vertrieben, erschienen ihm die Schweizer Truppen geradezu als Werkzeug der göttlichen Strafe über die Feinde der Braut Christi. Nach der verlustreichen Niederlage von Marignano 1515 wandelte sich die Einstellung Zwinglis jedoch grundlegend: Er wurde zum grundsätzlichen Gegner des schweizerischen Söldnerwesens. Ungeachtet dieses Sinneswandels konnte er sich nicht in Glarus behaupten; er mußte sein dortiges Pfarramt aufgeben und ging für knapp zwei Jahre nach Einsiedeln. Dann aber holten die Zürcher Chorherren Zwingli als Leutpriester, d.h. als Pfarrer für die zum Großmünster gehörenden Kirchgenossen, in die Stadt an der Limmat. Damit begann die entscheidende Phase in Zwinglis Leben und zugleich eine der wichtigsten Phasen der europäischen Reformationsgeschichte.

Am 1. Januar 1519 trat Zwingli sein Amt in Zürich an und begann alsbald mit einer Predigtreihe über das Evangelium des Matthäus – gemeint als fortlaufende Darstellung von Leben und Werk Jesu als des Zentrums christlicher Botschaft. Daran schlossen sich Predigten über die Apostelgeschichte und über die Briefe des Apostels Paulus an Timotheus, mit denen Zwingli der Zürcher Gemeinde das Vorbild der Urchristenheit vor Augen zu stellen suchte. In dieser allgemeinsten Zielsetzung bewegte sich Zwingli, wie es auch die Zürcher Chorherren von ihm erwarteten, noch ganz in den Bahnen des Erasmus. In ihren inhaltlichen Schwerpunkten und Abgrenzungen aber begann sich seine Theologie jetzt, spätestens seit 1520, tiefgreifend zu ändern. Sie wurde zu einer eigentlich reformatorischen Theologie in grundsätzlicher Wendung gegen die alte Kirche.

Die ältere Forschung nahm überwiegend an, daß diese reformatorische Wende Zwinglis wesentlich unter dem Einfluß der Lektüre von Schriften Luthers erfolgt sei. Das trifft jedoch nicht zu. Die Anfänge seiner theologischen Neuorientierung beruhten auf der Beschäftigung weniger mit Luther als vielmehr mit dem Kirchenvater Augustinus und der Heiligen Schrift selbst. Auch war das theologische Kernproblem, über das Zwingli zum Reformator wurde, im Grunde ein anderes als Luthers Frage nach der Gerechtigkeit Gottes: Zwingli ging es vielmehr um die maßgebende Autorität für die Neuordnung und Befreiung der Kirche, und die fand er – insoweit ähnlich wie Luther – in der Heiligen Schrift. Daß das Neue Testament die alleinige Mittlerschaft Christi zwischen Gott und den Menschen bekannte, führte ihn dann – und in diesem Punkt nun wirklich in Übereinstimmung mit Luther – zur Lehre nicht nur von der sola scriptura, sondern auch vom solus Christus.

Die Kirchenkritik der Zürcher Predigten Zwinglis richtete sich schon frühzeitig gegen die Verehrung der Heiligen; bald zog sie auch die kirchliche Lehre vom Fegfeuer in Zweifel, und darüber hinaus übte Zwingli scharfe Kritik an der Verweltlichung des kirchlichen Zins- und Zehntwesens. Im März 1522 kam es dann über der Frage der Verbindlichkeit der kirchlichen Fastenvorschriften zum offenen und provozierten Konflikt. Die Provokation bestand in einem demonstrativen Wurstessen während der Passionszeit im Hause des Buchdruckers Christoph Froschauer – eine bewußte Demonstration christlicher Freiheit gegenüber unbiblischen Lebensvorschriften der Kirche. Zwingli war selbst anwesend, ohne sich jedoch persönlich an dem Essen zu beteiligen. Ungeachtet dieser Zurückhaltung aber nahm er zwei Wochen später in einer Predigt grundsätzlich Stellung und billigte das Geschehene – andere Fastenbrüche waren seitdem gefolgt – nach Form und Inhalt und ohne Einschränkungen. Eine erweiterte Form dieser Predigt erschien noch im April 1522 unter dem Titel „Von Erkiesen und Freiheit der Speisen“ im Druck.

Natürlich führte dies alles zu Unruhe und Unsicherheit in der Stadt, und das wiederum forderte das Eingreifen der weltlichen wie der geistlichen Obrigkeit heraus. Der Zürcher Rat wurde tätig und holte Gutachten ein, verhandelte auch mit einer bischöflichen Delegation, die deswegen aus Konstanz anreiste. Im Ergebnis verurteilte der Rat den Fastenbruch, aber doch nur vorläufig, weil man von den kirchlichen Autoritäten noch eine Stellungnahme erwarte, um sicherzugehen, daß mit den Fastengeboten nicht etwa „wider die satzungen Christi" gehandelt werde[27]; praktisch wurde damit der alten Kirche die Beweislast für die Schriftgemäßheit der bisherigen Praxis zugeschoben. So war es kein Wunder, daß dem Fastenhandel schon bald andere öffentliche Konflikte folgten. Als Zwingli an den Bischof wie an die weltlichen Obrigkeiten der Eidgenossenschaft appellierte, die Priesterehe zu gestatten, kam es vollends zum Bruch mit der alten Kirche. Zugleich aber wuchs Zwingli in die Rolle eines maßgebenden Predigers und Theologen Zürichs hinein, und zwar unter unverhohlener Billigung der Zürcher Ratsmehrheit.

Anfang 1523 rang sich der Rat dann auch zu einer ersten grundsätzlichen Entscheidung zugunsten der Reformation durch. Angesichts der verschärften Spannungen mit dem Bischof und der Ausdehnung des Konflikts über die Zürcher Herrschaft hinaus – seit dem Spätjahr 1522 begann sich die eidgenössische Tagsatzung kritisch zu den Veränderungen in Zürich zu äußern – hielt es der Rat für geboten, zum Schutz seiner Bürger und Untertanen nach außen wie zur Aufrechterhaltung von Frieden und Ordnung im Innern von sich aus zu verbindlichen Klärungen voranzuschreiten. Zu diesem Zweck lud man für den 29. Januar 1523 zu einer öffentlichen Disputation nach Zürich ein. Allen auf Zürcher Territorien wirkenden Geistlichen – auch dem Bischof von Konstanz – sollte es freistehen, etwaige Einwände gegen Zwinglis Predigt vorzubringen; der Rat selbst wollte dann in der Sache urteilen, und zwar nach Maßgabe der Heiligen Schrift.

Als Grundlage für das Gespräch faßte Zwingli die Kernpunkte seiner Predigt in 67 Artikeln, den „Schlußreden", zusammen, in denen die Prinzipien der „sola scriptura" und des „solus Christus" in scharfer Wendung gegen die Lehre und Praxis der mittelalterlichen Kirche entfaltet und konkretisiert wurden. Im übrigen wies Zwingli – insofern im Gegensatz zu Luther – der weltlichen Obrigkeit, wenn sie denn wahrhaft christliche Obrigkeit sein wolle, das Recht wie die Pflicht zur Neuordnung der christlichen Gesellschaft, auch der spezifisch kirchlichen Angelegenheiten, zu.

Die Disputation fand regen Zulauf; sogar der Konstanzer Generalvikar Johannes Fabri erschien, freilich nicht, um in der Sache gegen Zwingli zu disputieren, sondern um – kirchenrechtlich wohlbegründet – gegen die Legitimität der ganzen Veranstaltung zu protestieren. Es gelang ihm jedoch nicht, sich damit gegen die gerade insoweit vorgefaßte Meinung nicht nur Zwinglis, sondern des Rats selbst durchzusetzen, und auch die Argumente einiger anderer gegen Zwinglis Predigt fanden nur wenig Resonanz. So entschied der Rat, daß niemand die von Zwingli öffentlich bekanntgemachten Artikel seiner Predigt widerlegt habe. Er könne deshalb seine Tätigkeit fortsetzen, und auch alle anderen Prediger hätten hinfort die alleinige Richtschnur der Heiligen Schrift zu beachten. Die ursprünglich eher gerichtsförmige Verhandlung über die Rechtmäßigkeit der Predigt Zwinglis hatte damit unter der Hand eine kirchengründende Funktion bekommen, sie war zur ersten Generalsynode der Zürcher Staatskirche geworden. Die praktische Umsetzung der Forderungen Zwinglis für die Neugestaltung der Gemeinde aber wurde zum Hauptthema der zwinglianischen Reformation in den folgenden Jahren.

Für Zwingli selbst waren die nächsten Monate durch eindringende theologische Bemühungen ausgefüllt, die in seiner – überhaupt umfangreichsten – Schrift unter dem Titel „Auslegen und Gründe der Schlußreden" ihren wichtigsten Niederschlag fanden. Daneben aber stand eine Fülle mehr oder minder spontaner, zum Teil wiederum provokativer Aktionen zur Umgestaltung der kirchlichen Lebensordnungen: Klosteraustritte, Gottesdienststörungen, Priesterheiraten – auch Zwingli selbst lebte seit 1522 in allerdings zunächst geheimgehaltener, erst 1524 öffentlicher Ehe –, Verweigerung von Abgaben an geistliche Institutionen, schließlich auch erste bilderstürmerische Aktionen. Das wiederum veranlaßte den Rat im Oktober 1523 zur Einberufung einer weiteren, der sogenannten Zweiten Zürcher Disputation, in der es vor allem um den schriftgemäßen Gehalt der Messe und um die Bilder ging. Die Entscheidung des Rats, wie sie sich in einem an die Disputation anschließenden Ratsmandat niederschlug, war eher zurückhaltend: Man solle die Bilder bis auf weiteres unbehelligt lassen; nur die Stifterfamilien selbst sollten das Recht haben, die von ihnen gestifteten Bilder und Altäre zurückzufordern. Auch die herkömmliche Gottesdienstordnung sollte vorläufig im wesentlichen erhalten bleiben, unbeschadet jedoch der erneut eingeschärften Bindung der Predigt an die Heilige Schrift; überdies wurde die Entsendung von städtischen Pfarrern in das Zürcher Landgebiet vorgesehen, um dort der Verkündigung des Evangeliums aufzuhelfen. Wichtiger noch als diese offiziellen Ergebnisse der Zweiten Zürcher Disputation war – schon während der Disputation selbst – das offene Aufbrechen der Gegensätze zwischen Zwingli und seinen radikalen Gefolgsleuten, insbesondere Konrad Grebel und Simon Stumpf. Wenn Zwingli der Obrigkeit grundsätzlich das Recht zuerkannte, aus der Disputation die nötigen, ihr einleuchtenden Folgerungen zu ziehen – nicht zuletzt mit dem Ziel, Aufruhr zu verhüten –, so bestritten die Radikalen hier jeden Spielraum, jede eigenständige Kompetenz der Obrigkeit; denn „das urteil ist schon geben, der geist gottes urteylet"[28]; die Bilder müßten sofort abgetan, die Messe unverzüglich umgestaltet werden. Daß sich die Radikalen mit solchen Forderungen nicht durchsetzten, bedeutete einen wichtigen Schritt auf dem Wege zu ihrer Absonderung von der Reformation, es bedeutete aber zugleich eine erneute Stärkung der Position des Rats im Prozeß der Reformation selbst; die Ansätze des obrigkeitlichen Kirchenregiments, die schon die Erste Zürcher Disputation gezeitigt hatte, wurden bestätigt und ausgebaut.

Für die weitere Entwicklung bis um die Mitte der 20er Jahre waren drei Momente von maßgeblicher Bedeutung: der weitere Ausbau der Theologie Zwinglis, dazu die schrittweise Neuordnung des Kirchenwesens in Zürich und im Zürcher Herrschaftsgebiet, schließlich die verstärkte Intervention der altgläubigen Mehrheit der Eidgenossenschaft.

Von Zwinglis Schriften dieser Zeit ist vor allem der „Commentarius de vera ac falsa religione" zu nennen. Die Schrift war König Franz I. von Frankreich gewidmet, und das war keine bloße Schmeichelei: Zwingli begründete hier vielmehr Pflicht und Recht des französischen Königs als höchster weltlicher Obrigkeit seines Landes, die „falsche", päpstliche Religion mit ihren elenden Folgen für die Völker durch eine wahre, christliche zu ersetzen. In Deutschland seien die Fürsten bereits auf diesem Wege; jetzt müsse es darum gehen, die gute Sache auch für Frankreich ins Werk zu setzen. Die mit dem „Commentarius" neu gewonnenen theologischen Positionen Zwinglis betrafen zum einen die scharfe Betonung der Alleinwirksamkeit Gottes und damit die entschiedene Verwerfung des freien Willens in Dingen des Heils – nie zuvor hatte sich Zwingli so grundsätzlich von Erasmus abgegrenzt –; zum andern war Zwingli jetzt zu einer in sich gerundeten, mit seiner übrigen Theologie in Einklang stehenden Auffassung des Abendmahls und überhaupt der Sakramente gelangt. Die sinnlich faßbaren Elemente des Sakraments galten ihm nur mehr als Zeichen, als Symbole ihres eigentlichen, geistigen Gehalts – in deutlichem Gegensatz zu Luthers Festhalten an der realen Gegenwart Christi im Abendmahl, im Gegensatz natürlich auch zur katholischen Lehre von der Transsubstantiation.

Die Neuordnung des kirchlichen Lebens in Zürich vollzog sich gutenteils ohne weiteres Zutun der Obrigkeit: Prozessionen wurden einfach nicht mehr begangen, herkömmliche Feiertage zu Ehren der Heiligen nicht mehr gefeiert, alte Fastenordnungen nicht mehr respektiert, die Liturgie wurde immer mehr auf die Predigt ausgerichtet. Dagegen beschloß der Rat 1524 förmlich die Beseitigung der Bilder und Statuen in den Kirchen. Im Frühjahr 1525 folgte dann die Neuordnung des Gottesdienstes nach den Vorschlägen Zwinglis und seiner Mitarbeiter, vor allem des Leo Jud. Die Liturgie wurde radikal vereinfacht; nach den Bildern verschwand jetzt auch die Kirchenmusik aus dem Gottesdienst. Mit der Einführung einer neuen Ehegerichtsordnung, ebenfalls 1525, kam die staatskirchliche Neuordnung Zürichs dann zu einem gewissen Abschluß. Die Ehegerichtsbarkeit – auch in Zürich seit langem ein Zankapfel zwischen geistlicher und weltlicher Jurisdiktion – ging jetzt ganz auf den Rat über; dazu kamen Änderungen im materiellen Eherecht, insbesondere eine drastische Verminderung der kanonischen Ehehindernisse, auch die Ermöglichung der Ehescheidung. Noch wichtiger war, daß das Zürcher Ehegericht alsbald weitreichende Kompetenzen eines Sittengerichts an sich zog und damit zu einem wirksamen Instrument obrigkeitlicher Sozialdisziplinierung wurde.

Zwar kam es gerade hierüber zu gewissen Differenzen zwischen Zwingli und dem Rat; denn Zwingli plädierte in Sachen der Kirchenzucht – bis hin zur Exkommunikation mit ihren schwerwiegenden Diskriminierungen auch im bürgerlichen Leben – für die Zuständigkeit der Kirchengemeinde selbst. Er konnte sich damit jedoch nicht durchsetzen; die Kompetenzen der Sittenzucht wurden beim Ehegericht konzentriert, in dem der Rat den entscheidenden Einfluß hatte. Wie in der Lehre und in den Gottesdienstformen wirkte die Zürcher Reformation auch mit dieser gouvernementalen Ausgestaltung der Kirchenzucht in der Folge als Vorbild für das zwinglianische Kirchenwesen der Schweiz und Oberdeutschlands; immerhin blieb außerhalb Zürichs den Kirchen zumeist ein etwas größerer Spielraum gegenüber den weltlichen Obrigkeiten.

Zur Geschichte Zwinglis und der Zürcher Reformation in der ersten Hälfte der 20er Jahre gehörten schließlich zunehmende Interventionen der Eidgenossenschaft, ja: der Beginn ihrer konfessionellen Spaltung. Im Februar 1524 entsandten die Zwölf Orte eine Kommission nach Zürich und beschuldigten die Stadt, Haß und Zwietracht in der Eidgenossenschaft zu säen; wenige Wochen später, auf einer Tagsatzung zu Luzern, erhob sich gar der gefährliche Vorwurf, die Zürcher Reformation untergrabe die Autorität jeglicher – geistlicher wie weltlicher – Ordnung. Der Zürcher Rat suchte die Gegensätze zunächst herunterzuspielen, verteidigte seinen reformatorischen Kurs dann aber doch mit Entschiedenheit, und das wiederum hatte zur Folge, daß die Eidgenossenschaft sich in der Religionsfrage zu spalten begann: Schaffhausen nahm jetzt ganz für die Zürcher Partei, andere – wie Bern und Solothurn – wollten zwar die evangelische Predigt zulassen, von sich aus aber keine kirchlichen Veränderungen vornehmen; die Inneren Orte dagegen zeigten sich entschlossen, die Reformation mit allen Mitteln zu bekämpfen. Als es im Herbst 1524 zu punktuellen Bilderstürmen und Aufruhrhandlungen von Anhängern Zwinglis und in der Folge zu Todesurteilen von seiten altgläubiger Gerichte kam, verschärften sich die Spannungen noch; zum ersten Mal rückte ein Religionskrieg innerhalb der Eidgenossenschaft in den Bereich des Möglichen.

e) Die reformatorische Bewegung vom Wormser Edikt bis zum Bauernkrieg

Wenn das Wormser Edikt vom 26. Mai 1521 nicht das Ende der causa Lutheri bedeutete, wenn vielmehr die Sache Luthers trotz Bann und Acht binnen weniger Jahre zur Reformation, zur Begründung eines eigenen reformatorischen Kirchenwesens und damit zur Sprengung der abendländischen Kirche des Mittelalters wurde, so waren dafür weithin die gleichen Gründe maßgebend, die schon den 95 Thesen und den ihnen folgenden Schriften Luthers eine so unerhörte Resonanz verschafft und auch die Behandlung der causa Lutheri vor dem Reichstag erzwungen hatten: die

Erwartung und Hoffnung nämlich, daß Luthers Theologie zum Ansatzpunkt einer wirklichen Reform der Kirche an Haupt und Gliedern werden könne. So entschied sich die große Mehrheit der Reichsstände, die Sache Luthers wenn schon nicht offen zu unterstützen, so doch von sich aus nicht zu unterdrücken. Für eine Durchsetzung des Wormser Edikts auf Reichsebene machte sich ohnehin kaum jemand stark. Karl V. aber weilte in Spanien und kümmerte sich nur wenig um die deutschen Angelegenheiten; die Fragen der großen Politik schienen ihm einstweilen vordringlicher und wichtiger als die Bereinigung der Ketzerfrage in Deutschland, die er für ein bloß regionales Problem hielt. Daß der Kaiser damit die innere Wucht und die Ausstrahlungskraft der Reformation Luthers verkannte, hat er erst sehr spät, ja: zu spät, gesehen.

Schon der Begriff der „reformatorischen Bewegung" weist darauf hin, daß es sich bei ihr grundsätzlich nicht um Vorgänge einer Einführung der Reformation durch geistliche oder weltliche Obrigkeiten handelte. Die reformatorische Bewegung der frühen 20er Jahre des 16. Jahrhunderts war vielmehr durch eine sozusagen inoffizielle, aber nichtsdestoweniger breite und überaus wirksame Aufnahme von Grundanliegen Luthers – in Oberdeutschland auch: Zwinglis – in den Predigten, in der Literatur und Publizistik, darüber hinaus in Musik und Bildender Kunst der Zeit gekennzeichnet. Damit verbanden sich erste Änderungen im Gottesdienst und auch in den kirchlichen Lebensformen – alles aber noch ohne obrigkeitliche Sanktionierung, erst recht ohne räumlich übergreifende Ordnungen des neu entstehenden Kirchenwesens, mit erheblichen Unterschieden auch von Landschaft zu Landschaft, von Ort zu Ort.

Wenn die reformatorische Bewegung vor allem eine Predigtbewegung war, so bedeutet das zunächst nichts anderes als die Tatsache, daß eine rasch wachsende Zahl von Predigern der frühen 20er Jahre, Mönche wie Weltgeistliche, sich der Sache Luthers zuwandte und dieser Sache durch ihre Predigt Resonanz im Volke verschaffte. Gerade diejenigen Angehörigen des Klerus also, die in besonderer Weise der geistlichen und geistigen Orientierung der Gläubigen verpflichtet waren, wurden zu den maßgebenden Trägern der reformatorischen Botschaft. Offensichtlich empfanden gerade sie die Unzulänglichkeiten, Schwächen und Widersprüche der alten Kirche besonders stark; dazu kam wohl, daß gerade sie – im Gegensatz zu vielen Pfarrern – über relativ gute Bildungsvoraussetzungen verfügten, um zu verstehen und selbst zu artikulieren, um was es in der Reformation eigentlich ging. Darüber hinaus aber spielte sicherlich eine Rolle, daß für die Theologie Martin Luthers und ihm folgend der Reformation die Kirche nicht mehr primär eine Kirche des Sakraments oder gar der Bilder, sondern des Wortes, insbesondere: der Predigt, war – fides ex auditu, der Glaube kommt aus dem Hören, wie Luther es im Anschluß an Paulus formulierte. Die reformatorische Bewegung war also schon von ihrem theologischen Ansatz her auf eine Predigtbewegung angelegt. Und schließlich: Die Bedeutung der Predigt für die Reformation bedeutete zugleich eine enorme Aufwertung des Predigerberufs. Er, der Prediger, wurde durch die Reformation ja recht eigentlich zum Pfarrer der Gemeinde – welch ein Unterschied zu der oft spannungsgeladenen Abhängigkeit insbesondere der städtischen Prädikanten des Spätmittelalters von ihren Pfarrern! Auch aus solchen Interessenlagen heraus lag der Schritt zur Reformation hinüber wohl besonders nahe.

Die reformatorische Predigt war Predigt über die Heilige Schrift, und so war die reformatorische Bewegung auch eine Bibelbewegung. Den entscheidenden Anstoß dafür gab Luther selbst, nicht nur durch seine theologische Aufwertung der Schrift, sondern auch und vor allem durch seine Bibelübersetzung, deren ersten und wichtigsten Teil, die Übertragung des Neuen Testaments, er auf der Wartburg in der erstaunlich kurzen Zeit von etwa 10 Wochen, zwischen Mitte Dezember 1521 und Ende Februar 1522, vollendete. Der Druck war im September 1522 fertiggestellt; danach heißt diese erste lutherische Bibelübersetzung das „Septembertestament". Die Arbeiten am Alten Testament nahmen dann sehr viel mehr Zeit in Anspruch, die erste Gesamtausgabe der Luther-Bibel lag 1534 im Druck vor. Angesichts des geringen gelehrten Handwerkszeugs, das Luther zur Verfügung stand – selbst das Studium des Griechischen und erst recht des Hebräischen steckte an den deutschen Universitäten ja noch ganz in den Anfängen –, war seine Übersetzung eine philologische Leistung ersten Ranges, die dadurch nicht gemindert wird, daß Luther sich nach Möglichkeit des Rats gelehrter Freunde bediente. Und ihm war diese Leistung nicht in den Schoß gefallen; im Rückblick äußerte er über seine Mühen der Übersetzung: „es solte michs niemandt mit gunst und golde vermocht haben, ein buch tzu transferiren, wan ichs nicht umb meines Herrn Christi willen gethan hette"[29]. Der fertigen Übersetzung sieht man solche Mühe freilich nicht mehr an: Von unvergleichlichem Klang und Rhythmus, konkret und volksnah im besten Sinne des Wortes – man müsse dem Volk aufs Maul schauen, wenn man recht übersetzen wolle, hat Luther selbst gefordert –, bei alledem von genauer Reflexion über den Sinn des in der Ursprache jeweils Gemeinten bestimmt, gehört Luthers deutsche Bibel zu den bedeutendsten Dokumenten der deutschen Sprache überhaupt – nicht nur der Anfang des Neuhochdeutschen, sondern mit diesem Anfang zugleich dessen im Grunde bis heute gültiger Maßstab.

Die reformatorische Bewegung der frühen 20er Jahre war des weiteren eine literarisch-publizistische Bewegung. Schon Luthers Frühschriften hatten ja eine gewaltige Publizität erzielt. Das setzte sich seitdem fort, und Luther blieb als Publizist seiner Sache nicht allein; vielmehr kam jetzt eine Fülle reformatorischer Publizistik auf den Markt und fand reißenden Absatz. Zu den Autoren – ihrer geistigen Herkunft nach großenteils Humanisten – gehörten nicht nur Geistliche wie Johann Eberlin von Günzburg, Erasmus Alber oder Martin Butzer, sondern auch Laien wie der Nürnberger Stadtschreiber Lazarus Spengler oder Jörg Vögeli aus Konstanz, ebenso der als Maler hervorragende Niklas Manuel Deutsch aus Bern; auch Frauen wie Argula von Grumbach und Katharina von Zell zählten zu den frühen Publizisten der Reformation. Bei den Werken dieser Publizistik handelte es sich überwiegend um verhältnismäßig kurze, auf die Fassungskraft einfacher Leute abgestellte Texte, regelmäßig in deutscher Sprache – der Buchdruck hat im Dienst der frühen Reformation überhaupt zum ersten Mal in größerem Umfang in der Volkssprache produziert –; übliche Formen waren die Predigt, auch der Dialog; der Ton war oft derb, zumeist polemisch, gelegentlich satirisch, immer volkstümlich, auch zum Vorlesen geeignet. Vor allem die billigen Einblattdrucke dieser reformatorischen Publizistik scheinen in riesigen Auflagen Verbreitung gefunden zu haben, und ihre Wirkung war um so stärker, als bei ihnen sehr oft zum Text noch das Bild trat, als Kupferstich oder Holzschnitt: veranschaulichend, das Wesentliche des Texts betonend, oft noch einmal vergröbernd, gelegentlich aber auch in tiefer Symbolik. Natürlich fehlte es an katholischer Gegenpublizistik nicht ganz, und einige dieser frühen katholischen Kontroversschriften wie etwa die Werke des Berthold von Chiemsee oder des Kaspar Schatzgeyer, auch Thomas Murners Satire vom großen lutherischen Narren, hatten durchaus theologischen oder doch literarischen Rang. Indessen fanden sie zumeist doch nur geringe Resonanz; die Zeitstimmung war den Schriften der Reformation sehr viel günstiger.

Neben den Illustrationen zu den Flugschriften standen andere Werke der Bildenden Kunst im Dienst der frühen Reformation und gehörten selbst zu den Elementen dieser reformatorischen Bewegung. Der für diesen Zusammenhang wohl bedeutendste Künstler war Lucas Cranach der Ältere. Von seinen Arbeiten aus den frühen 20er Jahren sind vor allem die Illustrationen zu Luthers deutscher Bibelübersetzung hervorzuheben – seit 1523 kamen dazu die Illustrationen Hans Holbeins –; daneben waren seine Porträtstiche des Reformators selbst von Bedeutung. Schon die Porträts dieser frühen Zeit zeigen in unverkennbar propagandistischer Absicht das Bildnis eines seiner Sendung bewußten Reformators; Weiterentwicklungen des Cranachschen Porträttyps, wie z. B. ein Holzschnitt von Hans Baldung Grien, stilisierten Luther durch Lichtglorie und Geisttaube vollends zum auserkorenen Werkzeug des Heiligen Geistes.

Auch die Musik gehörte zu den wichtigen Mitteln der Selbstvergewisserung der frühen Reformation wie des Kampfes gegen ihre Gegner. Die wichtigste Form dieser Musik war das geistliche Gemeindelied, der Choral. Ansätze zu solchem gottesdienstlichem Gesang der Gemeinde hatte es schon im Mittelalter gegeben; in der reformatorischen Bewegung wurde das Gemeindelied jetzt zu einem Hauptbestandteil des Gottesdienstes wie überhaupt des christlichen Lebens. Luther selbst hatte daran wesentlichen Anteil, vor allem durch seine – erstmaligen – Umdichtungen biblischer Psalmen zu Gemeindeliedern, z. B. „Aus tiefer Not schrei ich zu dir"

(Psalm 130), daneben durch seine Hymnenübertragungen; auch das Gesangbuch als Sammlung von Kirchenliedern für den gottesdienstlichen Gebrauch der Gemeinde geht auf ihn zurück. Seine Umsetzung der Zehn Gebote und des Credo in Liedform 1524 zielte darüber hinaus – neben der Verwendung im Gottesdienst – auf die Katechese ab; erst recht war die von ihm veranlaßte Ausgabe reformatorischen Liedguts in mehrstimmigen Figuralsätzen von Johann Walter, ebenfalls bereits 1524, für den Schulgebrauch bestimmt. Daneben standen geistliche Volkslieder wie das als Kinderlied gedachte, allerdings etwas spätere Weihnachtslied „Vom Himmel hoch, da komm ich her“. Und schließlich gab es, wiederum gerade in der frühesten Zeit, auch Lieder vom Typ des historischen Volksliedes, die in der Hauptsache und von vornherein als publizistische Propagandamittel gedacht waren und dementsprechend in der äußeren Form des Flugblatts verbreitet wurden; Luthers Loblied auf die ersten evangelischen Märtyrer von Brüssel 1523 „Ein neues Lied wir heben an“ gehört dazu.

Neben Luther wirkte schon in der frühen Reformationszeit eine ganze Reihe anderer Liederdichter, deren Schöpfungen bis heute ihren Platz im Gottesdienst der evangelischen Kirche behauptet haben: Paul Speratus etwa, der 1523 im Kerker für seine Gemeinde in Iglau dichtete: „Es ist das Heil uns kommen her“, Michael Weiße aus dem Umkreis der Böhmisch-Mährischen Brüder, Johann Agricola, Sebald Heyden aus Nürnberg, Elisabeth Cruciger oder auch Nikolaus Decius in Braunschweig, der das Agnus Dei und das Gloria in excelsis der herkömmlichen Meßliturgie in die Kirchenlieder „O Lamm Gottes unschuldig“ und „Allein Gott in der Höh sei Ehr“ umdichtete. Die werbende Kraft der reformatorischen Lieder, die zugleich die Anfänge eines großen, über Jahrhunderte ungebrochenen Stroms evangelischer Kirchenmusik bedeuteten, war enorm; der Jesuit Concenius meinte später, Luthers Lieder hätten „mehr Seelen umgebracht als seine Schriften und Reden“.

Natürlich kam es im Zuge der reformatorischen Bewegung auch sonst zu praktischen Änderungen im Gottesdienst und in den kirchlichen Lebensformen. Wichtige Änderungen dieser Art waren die Streichung des Opfers aus dem Meßkanon, das Angebot des Abendmahls unter beiderlei Gestalt auch an die Laien, die stärkere Orientierung des Gottesdienstes auf Schriftlesung und -auslegung in der Predigt, auch erste Übersetzungen der Meßliturgie in die deutsche Sprache. Vielerorts – den Einflußbereich Zwinglis weit überschreitend, bis nach Riga hinauf – wurden darüber hinaus die Bilder aus den Kirchen beseitigt, mitunter in Form eines tumultuarischen Bildersturms. Was muß in den Köpfen und Herzen der Menschen vorgegangen sein, daß man zerschlug und verbrannte, was man bisher in Andacht gestiftet und verehrt hatte? Ähnliches gilt für das weitverbreitete „Auslaufen“ von Mönchen aus ihren Klöstern, auch für das oft bezeugte Aufhören der eben noch so hochgeschätzten Bruderschaften. Dazu kamen die – zuerst 1521 bezeugten – förmlichen Eheschließungen von Priestern.

Wenig später gab es auch erste Neuordnungen des kirchlichen Armenwesens. Alle diese praktischen Reformen blieben aber vorerst punktuell, im allgemeinen auf den Bereich einzelner Gemeinden beschränkt, rechtlich ungesichert. Von einem in Theologie, Recht und Liturgie einigermaßen geschlossenen evangelischen Kirchenwesen kann für diese Jahre mithin noch nicht die Rede sein. Um so größer war der Anteil spontaner Aktionen und Engagements durch alle Schichten der Bevölkerung hindurch, vornehmlich in den Städten als den Zentren der reformatorischen Bewegung überhaupt, aber doch auch auf dem Lande – bis hin zur Anstellung eines evangelischen Predigers auf eigene Kosten einer bäuerlichen Gemeinde. Man hat die reformatorische Bewegung dieser Jahre deshalb gern und zu Recht als Volksbewegung bezeichnet; freilich sollte der Anteil breiter Schichten des Volks auch an späteren reformatorischen Vorgängen nicht unterschätzt werden.

Die reformatorische Bewegung war auf vielfache Weise mit den politischen und sozialen Konflikten der Zeit verknüpft. Schon der hier durchbrechende Antiklerikalismus hatte ja deutliche politische und soziale Komponenten: in den Städten vor allem den Willen zur Vollendung der bürgerschaftlichen Selbstbestimmung gegenüber der geistlichen Jurisdiktion wie gegenüber dem privilegium fori der Geistlichen, den Willen auch zur Beseitigung der nicht seltenen gewerblichen Konkurrenz von Klöstern und einzelnen Geistlichen. Und wenn die Botschaft Luthers in Stadt und Land als Botschaft der Befreiung verstanden wurde, so nicht nur einer Befreiung von Sündenangst, sondern einer Befreiung auch von vielen materiellen Lasten, vor allem natürlich von den finanziellen Leistungen an Rom, die sich bis ins letzte Dorf bemerkbar machten. Darüber hinaus verband sich der religiöse Konflikt häufig mit politischen und sozialen Konflikten, die mit den religiösen Problemen an sich kaum etwas oder gar nichts zu tun hatten: in den Städten vor allem mit Auseinandersetzungen um eine stärkere Partizipation der Bürgerschaft am Stadtregiment, auf dem Lande mit dem Widerstand der Bauern gegen eine Erhöhung ihrer grund- und territorialherrschaftlichen Lasten wie gegen die Zurückdrängung ihrer traditionellen Selbstverwaltungsrechte. Die Verschlingung der religiösen und der materiellen Motive war hier zumeist so eng, daß der nachlebende Historiker zwar ihr Zusammenwirken, nur selten aber die Priorität der einen oder anderen Motivgruppe plausibel machen kann.

Die Offenheit und Spontaneität der reformatorischen Bewegung, nicht zuletzt ihre Verbindung mit ganz anderen Konflikten, brachten neben viel geistigem Reichtum und Leben auch mancherlei Gefahren mit sich – Gefahren des Zerfaserns der gesamten Bewegung, Gefahren auch der Indienstnahme für sehr fremde Interessen. So ist es kein Wunder, daß es schon frühzeitig, auch abgesehen von den Auseinandersetzungen mit der alten Kirche, zu theologischen und kirchenpolitischen Abgrenzungen der Reformation kam. In den Zusammenhang dieser Abgrenzungen gehören insbesondere die sogenannten Wittenberger Unruhen von 1522 sowie die Auseinandersetzungen Luthers mit Müntzer 1523–1525; in den weiteren Zusammenhang dieser Abgrenzungen gehört aber auch Luthers Streit mit Erasmus von Rotterdam über die Freiheit des menschlichen Willens 1524/1525.

Nach dem Wormser Reichstag von 1521 war Luther persönlich auf der Wartburg in Sicherheit, die reformatorische Bewegung aber in Wittenberg war damit mehr oder minder führerlos. In dieser Situation wurde Andreas Bodenstein, gen. Karlstadt, zur treibenden Kraft der Entwicklung. Seit geraumer Zeit Professor an der Universität Wittenberg, war er bereits 1517 auf Grund eigener Augustinus-Studien zum Bundesgenossen Luthers geworden und hatte aktiv an der Leipziger Disputation mit Johannes Eck 1519 teilgenommen. Wie er schon damals die publizistische Auseinandersetzung mit der alten Kirche in besonderer Schärfe vorangetrieben hatte, so drang er jetzt auch in der kirchlichen und politischen Praxis auf rasche und radikale Veränderungen. Zwar glaubten Karlstadt und seine Freunde, unter ihnen vor allem der Augustiner Gabriel Zwilling, daß die Kirche auf menschliche Ordnungen grundsätzlich verzichten könne, ja: müsse, um der Leitung durch den Heiligen Geist Raum zu geben. Diese spiritualistische Grundhaltung hinderte sie aber nicht, die von ihnen für nötig gehaltenen Reformen in höchst autoritärer Manier ins Werk zu setzen. Die lateinische Sprache wurde völlig aus dem Gottesdienst eliminiert, der Empfang des Abendmahls nur mehr sub utraque specie zugelassen; Priester wurden zur Heirat, Mönche und Nonnen zum Verlassen der Klöster gedrängt. Damit nicht genug, inszenierte man im Februar 1522 einen förmlichen Bildersturm; ungefähr gleichzeitig wurden wichtige Ordnungen der Stadt Wittenberg, vor allem deren herkömmliches Stiftungswesen, grundlegend verändert. Überdies nahm man Verbindung mit geistig verwandten Gruppen in Zwickau auf, die ihrerseits unter Berufung auf göttliche Inspirationen die endzeitliche, wahrhaft reine und geheiligte Gemeinde Christi zu konstituieren gedachten. Von Aufruhr und Gewaltanwendung gegen die weltlichen Obrigkeiten, zu denen die Zwickauer sich in einem – bald gescheiterten – Aufstand gegen ihren Stadtrat hinreißen ließen, wollten zwar Karlstadt und seine Anhänger nichts wissen; faktisch aber gerieten die Verhältnisse doch auch in Wittenberg in tumultuarische Bahnen und weithin außer Kontrolle. Der Kurfürst von Sachsen scheute vor einem entschiedenen Eingreifen zurück; ein Mandat des Reichsregiments blieb vollends unbeachtet. Da kehrte Luther, und zwar gegen den ausdrücklichen Willen seines Landesherrn, aus seinem Versteck auf der Wartburg nach Wittenberg zurück und stellte mit den berühmten Invocavit-Predigten vom 9. bis zum 16. März 1522 die Ordnung wieder her. Einige der Reformen Karlstadts wurden rückgängig gemacht, aller Glaubenszwang beseitigt; vor allem aber erteilte Luther der schwärmerischen Erwartung, das Reich Gottes auf Erden etablieren zu können, die deutlichste Absage.

Noch wichtiger als die Abgrenzung von Karlstadt und den „himmlischen Propheten" war die Auseinandersetzung Luthers mit Thomas Müntzer. Vor allem von Müntzer selbst vorangetrieben, führte diese Auseinandersetzung ebenfalls bereits vor dem Bauernkrieg zur definitiven Trennung.

Thomas Müntzer stammte aus einer Handwerkerfamilie in Stolberg am Südharz. Sein Geburtsjahr ist unsicher, 1506 war er Student in Leipzig, 1512 in Frankfurt/Oder. In der Folge wirkte er einige Jahre als Lehrer und Geistlicher in Mittel- und Norddeutschland, trat bereits 1518 als Parteigänger Luthers auf und wurde auf dessen Empfehlung 1520 Prädikant in Zwickau. Es steht außer Frage, daß Müntzer ein tiefes, aus persönlicher Glaubenserfahrung bestärktes Verständnis für Luthers Grundauffassung von Gesetz und Evangelium hatte: Wenn man das Gesetz Gottes wirklich ernst nehme, gebe es keine Möglichkeit, sich aus Eigenem vor Gott zu behaupten; Hilfe komme dem an seiner Gottferne Verzweifelnden, und gerade ihm, allein von Gott selbst. Müntzer ging von dieser gemeinsamen Grundauffassung aus jedoch bald eigene Wege: durch die stärkere Betonung der Heiligung als eigentlichen Ziels der Rechtfertigung, vor allem aber – offensichtlich unter dem Einfluß der mittelalterlichen Mystik – durch die spiritualistische Nachordnung des Zeugnisses der Heiligen Schrift gegenüber der unmittelbaren Erfahrung des Heiligen Geistes, des „inneren Worts", im Urgrund des menschlichen Herzens. Dazu kam die Forderung, die solcherart vom Geist Berufenen und Erleuchteten alsbald als eine Gemeinschaft der wahrhaft reinen, geheiligten Christen auszusondern und von ihr aus die Kirche zu erneuern. Wegen aufrührerischer Umtriebe schon 1520 aus Zwickau verwiesen, ging Müntzer nach Böhmen, fand dort jedoch noch weniger Resonanz und kehrte bereits 1521 nach Deutschland zurück. Keineswegs resigniert, fühlte er sich vielmehr immer entschiedener in der Rolle eines gottgesandten Propheten mit dem Auftrag, die Feinde des Glaubens „in dem Geiste Eliae zu Schanden zu machen"[30].

Im März 1523 in das Pfarramt der kursächsischen Exklave Allstedt berufen, wirkte Müntzer alsbald mit Hingabe und Erfolg für eine konsequente Reformation seiner Gemeinde: durch eine intensive Predigt- und Seelsorgetätigkeit, die ihm über Allstedt hinaus beträchtlichen Einfluß verschaffte, auch durch die Neuordnung des gottesdienstlichen Lebens, nicht zuletzt durch die Neufassung und Verdeutschung der Liturgie – alles dies um so eindrucksvoller, als es von zelotischer Rücksichtslosigkeit gegenüber den Schwachen im Glauben weitgehend frei und durchaus von dem Bewußtsein getragen war, daß es zur wahren Heiligkeit seiner Gemeinde noch ein weiter Weg sei. Bei alledem wiesen Müntzers Übersetzungen und Predigten freilich auch sehr problematische Züge auf. So hielt er in seinen Übersetzungen des lateinischen Meßformulars oder auch der biblischen Texte den genauen Wortsinn der Texte für irrelevant; vielmehr komme alles darauf an, den Geist Gottes in den Texten zum Sprechen zu bringen – in seiner eigenen Formulierung: er habe „in unvorrugklicher geheym des heyligen geists vordolmatzscht die psalmen, mehr nach dem sinne dan nach den worten"[31]. Tatsächlich war in solchem Dolmetschen und Predigen mit seinem oft genug absonderlichen Vokabular eine suggestive Rhetorik am Werke, die gerade mit der Unbestimmtheit ihrer Wortprägungen irrationale Emotionen zu erwecken, ja: ihre Zuhörer zu fanatisieren verstand.

Im Sommer 1523 fand es Müntzer an der Zeit, sein – im Grunde schon längst problematisches – Verhältnis zu den Wittenberger Reformatoren in direktem Kontakt zu klären. Dabei bemühte er sich zunächst noch um die Anerkennung Luthers; als die Wittenberger jedoch nur wenig Neigung zu irgend einem Entgegenkommen zeigten, zog Müntzer gegen Jahresende die Konsequenz der offenen Konfrontation. In seiner „Protestation oder Empietung Tome Müntzers ... seine lere betreffend und zu anfang von dem rechten christenglawben und der tawffe" warf er Luther vor, durch das Festhalten an der Kindertaufe als „vihischem affenspiel" des wahren Zugangs zur Kirche wie durch seine mannigfaltigen Kompromisse mit der Welt das Wirken des Heiligen Geistes eher zu hemmen als zu fördern; die Reformation Luthers stelle selbst nur den letzten Akt des seit der Urchristenheit zu konstatierenden Verfalls der Kirche dar[32]. Auf der anderen Seite gelangte Luther selbst jetzt auch zu entschiedener Verurteilung des Allstedters, den er nun eindeutig dem „Schwärmertum" zuordnete, mit dem er schon 1522 in Wittenberg zu tun bekommen hatte – mit einer unheilvollen Verfälschung des Evangeliums, mit einer neuen spiritualistischen Gesetzlichkeit, mit der Gefährdung auch jeder weltlichen Ordnung. Luthers Schrift „Wider die himmlischen Propheten" (1524) läßt diese Einschätzung Müntzers bereits deutlich erkennen; kirchenpolitisch begnügte sich Luther einstweilen jedoch damit, seinen Landesherrn vor dem „aufrührischen Geist" zu warnen[33].

Daß diese Warnung nicht unbegründet war, zeigte sich alsbald. Als Anhänger Müntzers am Gründonnerstag 1524 eine katholische Marienkapelle vor den Toren Allstedts in Brand steckten, kam es zu einem langwierigen und zähen Konflikt nicht nur mit dem Kloster Neuendorf, dem die Kapelle gehörte, sondern auch mit der Landesherrschaft, genauer: mit Herzog Johann, dem jüngeren Bruder des Kurfürsten, dem Friedrich die Regelung der unerfreulichen Angelegenheit übertragen hatte. Im Frühsommer 1524 kulminierte dieser Konflikt in einem offenen Bündnis der „Auserwählten" von Allstedt mit mehreren Hundert Bergknappen des benachbarten Mansfelder Reviers; damit sagte Müntzer seinen Landesfürsten, wenngleich vorerst in defensiver Absicht, den aktiven Widerstand an.

Die Reaktion der Landesherrschaft war von der Unabgeschlossenheit ihres politischen Urteils über Müntzer bestimmt. Zwar wurde den Allstedtern ihr ungebührliches Betragen verwiesen, aber es gab keine Strafaktionen; ja: Herzog Johann forderte Müntzer auf, vor ihm selbst eine Predigt zu halten. Offenbar wollte sich der Herzog ungeachtet der Warnungen Luthers persönlich ein Urteil bilden und wählte dafür die Form nicht eines Verhörs, sondern eben einer Predigt – mit allen Möglichkeiten für den Prediger, seine Auffassungen frei und anhand eines selbst gewählten biblischen Texts darzulegen. Müntzer folgte der Aufforderung in seiner sogenannten Fürstenpredigt über das zweite Kapitel des Propheten Daniel. Weit davon entfernt, sich auf unbestritten gemeinreformatorische Positionen zurückzuziehen, nutzte er die Gelegenheit vielmehr zu einem eindringlichen Appell an die christliche Obrigkeit, in diesen Tagen der anbrechenden Endzeit auf ihn, Müntzer, als den neuen Daniel zu hören und mit der Schärfe des Schwerts die Herrschaft Gottes im Land zur Geltung zu bringen. Wenn Luther lehre, daß die Aufgabe der Obrigkeit sich grundsätzlich auf die Wahrung des äußeren Friedens beschränke, so sei das eine üble Irrlehre; „bruder mastschwein" und „bruder sanfftleben", wie er den Reformator titulierte, diene damit nicht der Sache Gottes, sondern nur seiner eigenen Bequemlichkeit[34]. Als Vorbild der neuen Gemeinschaft der Auserwählten im Geist aber nannte Müntzer die urchristliche Gemeinde – eine Gemeinde, in der es weder Eigentum noch gesellschaftliche Rangunterschiede noch auch irgendeine menschliche Obrigkeit gegeben habe.

Die von Müntzer erhoffte Resonanz bei den Landesfürsten blieb aus. Statt dessen wurde er, wie auch einige städtische und landesherrliche Amtsträger von Allstedt, zu einem Verhör nach Weimar eingeladen und erhielt anschließend eine Reihe von Auflagen, die seiner Wirksamkeit für die Zukunft enge Grenzen zogen. Eben damit wollte Müntzer sich nicht abfinden; im August 1524 verließ er sein Amt und ging nach Mühlhausen/Thüringen, das als Reichsstadt der kursächsischen Landesherrschaft nicht unterstand. Zugleich verschärfte er seine publizistischen Angriffe auf Luther und die anderen Wittenberger Theologen – jene „bößwichtischen ertzheuchler", die ihm, Müntzer, das Zeugnis des Geistes bestritten. Und auch die sächsischen Fürsten wie überhaupt das Fürstentum erschienen ihm nun als widergöttliche Kräfte: Aus Gottesfeindschaft der Menschen und göttlichem Zorn über die Sünde entstanden, hätten die Fürsten ihre eigene Herrschaft an die Stelle der Herrschaft Gottes gesetzt und verhinderten auch jetzt in Eintracht mit den gottlosen Schriftgelehrten das Durchdringen der Wahrheit. Das eigentliche Opfer dieser zur Tyrannei entstellten Herrschaft aber sei der gemeine Mann, der mit seiner mühseligen Arbeit den „ertzgottlosen Tyrannen den halß gefüllet" habe: „...und sie predigen unverschempt, der arm man soll sich von den tyrannen lassen schinden und schaben"[35].

Auch in Mühlhausen kam es bald zu schweren Konflikten. Unabhängig von Müntzer hatte sich hier – ähnlich wie in vielen anderen Städten der Zeit – eine lebhafte Opposition gegen Amtsmißbräuche und Arroganz der herrschenden Ratsgeschlechter herausgebildet. Unter dem Einfluß Müntzers, dazu seines Mitprädikanten Heinrich Pfeiffer, wurden diese Auseinandersetzung nun zu einem Streit um Göttlichkeit oder Widergöttlichkeit des Regiments; die Mobilisierung der armen Vorstadtbevölkerung verschärfte noch die politische und soziale Konfrontation. Gerade diese Zuspitzung und Verschärfung des Konflikts führte nun freilich auch zum Zusammenschluß aller Gegner des Aufstands; der Rat entschloß sich zu energischem Vorgehen, der Tumult brach zusammen. Müntzer mußte die Stadt verlassen, kaum sieben Wochen, nachdem er sein Amt angetreten hatte.

In den folgenden Monaten führte Müntzer ein unstetes Leben. Für die Zukunft entscheidend wurde dann, daß er gegen Ende des Jahres 1524 über Basel in den Klettgau und Hegau zog, um hier den aufständischen Bauern sein Evangelium der neuen Gottesherrschaft zu predigen. Damit begann sich sein Schicksal mit der Geschichte des Bauernkriegs zu verknüpfen, und diese Verknüpfung wurde noch enger, als es ihm im Februar 1525 gelang, nach Mühlhausen zurückzukehren. Seitdem wurde er zur zentralen Figur des Bauernkriegs in Mitteldeutschland, dessen Ausgang auch für ihn persönlich zur Katastrophe werden sollte.

Von ganz anderem Zuschnitt als die Auseinandersetzungen Luthers mit Müntzer war sein Streit mit Erasmus um die menschliche Willensfreiheit. Den Hintergrund des Streits bildete zum einen das enge Mit- und Ineinander von Humanismus und Reformation seit etwa 1519, das den Humanismus in den Augen der altkirchlichen Autoritäten zunehmend verdächtig machte; jedenfalls wünschte man je länger desto dringlicher eine klare Option gerade von seiten des Erasmus als des unbestrittenen Haupts der deutschen Humanisten. Zum andern gehörte zur Vorgeschichte des Streits, daß schon seit geraumer Zeit – ungeachtet mancher freundlicher Äußerungen hinüber und herüber – doch recht prinzipielle Gegensätze zwischen Luther und Erasmus ans Licht getreten waren. Luther hatte schon 1516 an Erasmus dessen semipelagianisches Festhalten an einer gewissen Verdienstlichkeit der menschlichen Werke kritisiert. Umgekehrt fürchtete Erasmus, daß die Betonung der allein rechtfertigenden Gnade Gottes bei Luther die moralische Verantwortlichkeit des Menschen gefährde; diese Verantwortlichkeit aber war ein Grundelement seines eigenen Reformprogramms.

1524 konnte sich Erasmus der Auseinandersetzung nicht länger entziehen. Daß er in seiner Diatribe „De libero arbitrio" zum eigentlichen Streitpunkt nicht die Frage von Papst und Konzilien oder die Buß- oder Sakramentenlehre erkor, sondern eben die Frage der Willensfreiheit, entsprach vielleicht den Wünschen der Kurie und der ihn drängenden katholischen Fürsten nicht sehr, um so besser aber seinen eigenen Überzeugungen; denn wie könne der Mensch für seine Taten verantwortlich sein, wenn er gar nicht die Freiheit habe, so oder anders zu handeln? Nun war Erasmus natürlich gebildet genug, um zu wissen, daß es auf die Frage der Willensfreiheit bei älteren und neueren Lehrern der Kirche und selbst in der Heiligen Schrift sehr unterschiedliche Antworten gab, doch ließ er sich auf diese große theologische Tradition kaum ein. Vielmehr begnügte er sich im Grunde damit, neben dem Heilswillen Gottes den menschlichen Willen als „Zweitursache“ der Erlangung des Heils zu behaupten; im übrigen aber zog er sich auf Positionen theologischer Skepsis und kirchlichen Autoritätsglaubens zurück. Feste theologische Behauptungen seien ihm so zuwider, schrieb Erasmus, daß er geneigt sei, sich „auf die Seite der Skeptiker zu begeben, wo immer es durch die unverletzliche Autorität der Heiligen Schrift und die Entscheidungen der Kirche erlaubt ist, denen ich meine Überzeugung überall gern unterwerfe, ob ich nun verstehe, was sie vorschreibt, oder ob ich es nicht verstehe“[36]. Daß Erasmus damit seinen Willen bekundete, sich keinesfalls von der alten Kirche zu lösen, war ohne weiteres deutlich, weniger deutlich war dagegen der Sinn seines Bekenntnisses zu theologischer Skepsis. Stand hier der Wunsch im Hintergrund, Luther in der so schwierigen Frage der Willensfreiheit auch seinerseits zur Anerkennung letzter, vielleicht unvermeidlicher, Widersprüche seines eigenen theologischen Denkens zu bewegen und damit doch noch einmal eine Brücke im Glaubensstreit zu schlagen? Wie dem aber auch sein mochte: Luther nahm die Schrift des Erasmus nicht als ein letztes Bemühen um Verständigung, sondern als Kampfansage, und schlug unbarmherzig zurück. Seine Schrift „De servo arbitrio“ (1525) bekannte sich zunächst nachdrücklich zur Eindeutigkeit und Klarheit der Heiligen Schrift in ihrer Bezeugung der Heilstat Gottes in Christo: „Der Heilige Geist ist kein Skeptiker“. Zur Thematik der Willensfreiheit selbst aber legte Luther mit Schärfe dar, daß es eine Freiheit des Menschen jedenfalls in Dingen des Heils nicht geben könne: „...andernfalls werden wir Christus entweder überflüssig oder zum Erlöser des geringsten Teiles des Menschen machen, was gotteslästerlich und frevlerisch ist“. Dem Widerspruch zwischen Gottes Allwirksamkeit und seinem Heilswillen schließlich suchte Luther durch die Unterscheidung des verborgenen und geoffenbarten Gottes beizukommen: „Das betreibt der gepredigte Gott, daß Sünde und Tod beseitigt und wir gerettet werden ... dagegen der in seiner Majestät verborgene Gott beklagt weder den Tod noch hebt er ihn auf, sondern er wirkt Leben, Tod und alles in allem“[37]. Der Glaubende aber solle und müsse sich nicht an den deus absconditus halten, sondern an den geoffenbarten, an den deus incarnatus, an den gekreuzigten Christus; er sei es, auf den allein der Mensch sein Hoffen werfen solle und dürfe.

Die mit alledem manifest gewordene Trennung zwischen Erasmus und Luther, vor allem die – mit welchen Vorbehalten auch immer versehene – Option des Erasmus für die alte Kirche, war von weittragender Bedeutung: Wer von den deutschen Humanisten sich künftig zur Reformation bekennen wollte, konnte dies nicht mehr einfach in der Konsequenz seines Humanismus tun, sondern nur im Gegensatz zu Erasmus, und wer von den Humanisten sich im Glaubensstreit auf die Seite der römischen Kirche schlug, hatte dafür die Autorität des Erasmus auf seiner Seite; das selbstverständliche Mit- und Ineinander von Humanismus und Reformation war zu Ende. Zugleich aber erwies der Streit zwischen Erasmus und Luther, daß der Humanismus nicht in der Lage war, sich im Glaubensstreit ober- oder außerhalb der kirchlichen Parteien zu behaupten. Die Wucht der religiösen Auseinandersetzung war zu groß, als daß der Humanismus sich auf die Dauer als dritte Kraft hätte formieren können; vielmehr wurde er selbst konfessionell gespalten. Zwar handelte es sich bei alledem um Konsequenzen, die nicht sogleich 1525 voll wirksam wurden. Theologisch und kirchenpolitisch vermittelnde Positionen des Humanismus haben auf katholischer wie auf evangelischer Seite noch jahrzehntelang – selbst über die Religionsgespräche der beginnenden 40er Jahre hinaus – ihre Bedeutung gehabt. Indessen handelte es sich bei alledem doch nur mehr um Nebenstränge, überdies: um allmählich sich verlierende Nebenstränge des Geschehens. Im übrigen war das Verhältnis des Erasmus zur alten Kirche auch in der Folge nicht ungetrübt; daß nicht wenige der Werke des großen Humanisten jahrhundertelang auf dem römischen Index der verbotenen Bücher gestanden haben, ist dafür ein bezeichnender Beleg.

Der Siegeszug der reformatorischen Bewegung der frühen 20er Jahre mochte manchem Zeitgenossen wohl unwiderstehlich erscheinen. Indessen fehlte es doch nicht an Überzeugungen und Interessen, die für ein Verharren bei der alten Kirche sprachen, und je deutlicher die reformatorische Bewegung nicht nur auf eine Reform der alten Kirche, sondern auf die Trennung von ihr hinauslief, desto entschiedener mußten sich jene Überzeugungen und Interessen zu aktivem Widerstand verdichten. Freilich war das ein Klärungsprozeß, der erst allmählich in Gang kam, zumal die Reformatoren selbst sich nachdrücklich gegen den Vorwurf der Trennung von der römischen Kirche wehrten. Gleichwohl gab es schon frühzeitig auch kräftige Kristallisationskerne altkirchlichen Widerstands, nicht zuletzt bei einigen katholischen Landesfürsten. Neben der habsburgischen Regentschaft in den Niederlanden gehörten zu diesen frühzeitig dezidierten Gegnern der Reformation vor allem Herzog Georg von Sachsen, Kurfürst Joachim I. von Brandenburg und die bayerischen Herzöge Wilhelm und Ludwig, die letzteren vor allem unter dem Einfluß ihres Rats Leonhard von Eck. Von ihnen gelang es jedoch nur den Bayern, das Umsichgreifen der Reformation in ihren Territorien im wesentlichen zu unterbinden. Gerade die bayerischen Herzöge bemühten sich überdies von vornherein nicht nur um die Abwehr der Reformation, sondern zugleich um die innere Reform der katholischen Kirche. Daß sie dabei ihre eigene, landesfürstliche Herrschaftsposition gegenüber der Kirche nach Kräften ausbauten, führte freilich zu tiefgreifenden und langdauernden Spannungen insbesondere mit den zuständigen Bischöfen, und das schränkte die Möglichkeiten gerade der inneren Kirchenreform auch in Bayern bis auf weiteres erheblich ein.

f) Soziale Konflikte: Ritterschaftsbewegung und Bauernkrieg

Das frühe 16. Jahrhundert war durch eine Vielzahl sozialer Spannungen gekennzeichnet, und zwar durch alle Stände hindurch. In der Spätzeit Kaiser Maximilians war es zu einer Fülle innerstädtischer Auseinandersetzungen gekommen; die bäuerlichen Aufstände des ausgehenden 15. und beginnenden 16. Jahrhunderts hatten zunehmende, krisenhafte Spannungen auf dem Lande aufgezeigt. Dazu kam jetzt, 1522/23, die Ritterschaftsbewegung des Franz von Sickingen; ihr folgte schon zwei Jahre darauf die ungleich tiefere Erschütterung des großen deutschen Bauernkriegs.

Die deutsche Ritterschaft befand sich in den ersten Jahrzehnten des 16. Jahrhunderts in einer wenig beneidenswerten politischen und sozialen Situation. Die Intensivierung der fürstlichen Staatlichkeit, das Vordringen bürgerlicher Juristen an die Schaltstellen der neuformierten territorialen Verwaltungen, auch der Wandel des Kriegswesens, der den ritterlichen Einzelkämpfer überflüssig machte, nahmen der Ritterschaft einen Großteil ihrer traditionellen Funktionen in der Gesellschaft. Dazu kam, daß sich die Ritter, so weit es eben ging, der ständischen Reichsreform versagt hatten. Damit entgingen sie zwar der Reichssteuer, waren aber auch nicht auf den Reichs- und Kreistagen vertreten und blieben deshalb gutenteils von den politischen Entscheidungen des Reichs ausgeschlossen. Das war eine prekäre Lage, und dies umso mehr, als gleichzeitig die großen Landesfürsten den Adel stärker in die Territorialverfassung einzubeziehen und damit ihrer Landeshoheit unterzuordnen suchten. Wollten die Ritter dieser Gefährdung ihrer Selbständigkeit entgehen, so mußten sie entweder eine existenzsichernde Einbindung in das Verfassungsgefüge des Reichs anstreben oder aber die sich verfestigenden territorialen Strukturen des Reichs aufzubrechen suchen, um sich aus eigener Kraft zu behaupten und durchzusetzen. Die Ritter – oder doch ein Teil der Ritterschaft – wählte zunächst den zweiten Weg, in Konfrontation vor allem mit dem geistlichen Fürstentum; die zentrale Figur dieser Ritterschaftsbewegung war Franz von Sikkingen (1481–1523).

Sickingen stammte aus einer Ritterfamilie im Kraichgau und hatte einen weitgestreuten Besitz geerbt, der ihn mit dem Adel auch anderer Landschaften in Verbindung brachte. Er war als Fehdeunternehmer so erfolgreich, daß er seit etwa 1515 als selbständige politische Kraft der Reichspolitik zu gelten hatte. Selbst die Reichsacht, in die er wegen seiner Fehden zeitweilig geriet, konnte ihm nicht viel schaden – keiner der Reichsstände riskierte die Vollstreckung der Acht. 1517 trat er überdies als Truppenführer und Feldherr in die Dienste Kaiser Maximilians; 1519 war er wesentlich an der Vertreibung Herzog Ulrichs aus Württemberg beteiligt. Durch seine Freundschaft mit Hutten bekamen Sickingens politische Ziele für die Ritterschaft einen Zug ins Nationale; zugleich verstärkte sich der antikirchliche – oder besser: kirchenkritische – Akzent seines Handelns und Denkens. Frühzeitig für die Reformation gewonnen, setzte er sich auch für deren politische Durchsetzung ein. Daneben jedoch und vor allem wurde der Aufbau einer eigenen territorialen Herrschaft – und wohl überhaupt der Aufstieg der Ritterschaft zu fürstengleicher Herrschaft – zum eigentlichen Lebensziel Sickingens. Daß er dieses Ziel insbesondere auf Kosten der geistlichen Fürsten zu erreichen suchte, hing wiederum eng mit der Reformation zusammen, die ja die weltliche Herrschaft von Bischöfen und Äbten ohnehin für eine schlimme Vermischung von geistlicher und weltlicher Obrigkeit hielt.

Im Sommer 1522 spitzte sich der latente Konflikt zu. Weite Kreise des Adels erwarteten damals von Sickingen eine Art gewaltsamer Reichsreform, die einen politischen Wiederaufstieg der Ritterschaft bringen sollte; in dieser Erwartung wählte im August 1522 eine „Brüderliche Vereinigung" der oberrheinischen Ritterschaft, die ihrerseits mit einer Einung des fränkischen Adels in Verbindung stand, Sickingen zu ihrem Hauptmann. Als Sickingen kurz darauf eine großangelegte Fehde gegen den Kurfürsten und Erzbischof von Trier Richard von Greiffenklau begann, schien das der Anfang einer Erhebung der Ritterschaft überhaupt. In Wirklichkeit erfuhr Sickingen jedoch nur wenig Unterstützung von seinen Standesgenossen; auf der anderen Seite aber kamen der Landgraf von Hessen und der Kurfürst von der Pfalz dem Erzbischof zu Hilfe. Im September 1522 mußte Sickingen die Belagerung Triers schon nach wenigen Tagen abbrechen; im Frühjahr 1523 folgte der überlegene Gegenschlag der Verbündeten. Sickingen mußte sich auf seine Burg Landstuhl zurückziehen und, als alle Hoffnungen auf Entsatz unerfüllt blieben, am 7. Mai 1523 kapitulieren; wenige Stunden nach der Kapitulation starb er an einer schweren Verwundung.

Im Nachspiel zur Fehde Sickingens zog im Sommer 1523 ein Heer des Schwäbischen Bundes gegen die schwäbischen und fränkischen Ritter, um auch deren Fehden, in eins damit: deren politischer Eigenständigkeit, den Garaus zu machen. Auch jetzt kam eine geschlossene Gegenwehr nicht zustande; binnen weniger Wochen gingen mehr als 30 Burgen und Schlösser der Ritterschaft in Flammen auf. Das war das Ende der Ritterschaftsbewegung als eines letzten Versuchs, die territorialen Verfassungsstrukturen des Reichs noch einmal zugunsten des niederen Adels aufzubrechen; die politische Zukunft gehörte den Landesfürsten. Immerhin ging deren Sieg nicht so weit, daß sie die Ritter durchweg ihrer Landeshoheit hätten unterwerfen können. Vielmehr gelang es im Laufe der folgenden Jahrzehnte einem Großteil des Adels im Süden und Westen des Reichs, sich als reichsunmittelbare Ritterschaft, wenngleich nach wie vor ohne Beteiligung am Reichstag oder auch nur an den Reichskreisen, zu konsolidieren. Im übrigen darf angesichts der konkreten Frontstellungen der Ritterschaftsbewegung von 1522/23 der langfristige Gegensatz zwischen der Institution des geistlichen Fürstentums und der Ritterschaft nicht überschätzt werden. Vor allem blieben ja die Domkapitel der Fürstbistümer für den ritterschaftlichen Adel, sofern er nur bei der alten Kirche verharrte, eine ungemein wichtige Basis der Versorgung wie des politischen Einflusses und Aufstiegs.

Anders als die Ritterschaftsbewegung, die im Grunde nur die ohnehin begonnene politische und soziale Neuorientierung des Adels beschleunigte, erschütterte der Bauernkrieg das gesellschaftliche Gefüge Deutschlands bis in seine Grundfesten.

Der Bauernkrieg hatte seine Ursachen in strukturellen Konfliktslagen der wirtschaftlichen, sozialen und politischen Verhältnisse; dazu kamen, zumindest als auslösendes Moment des offenen Ausbruchs der Krise, die Umbruchstimmungen und Erwartungen im Gefolge der frühen Reformation. Jene Konfliktslagen sind bereits früher ausführlich erörtert worden; hier mögen einige erinnernde Hinweise genügen. Wichtig scheint vor allem, daß es sich bei den Ursachen des Bauernkriegs um ein ganzes Syndrom konfliktsträchtiger Spannungen handelte. Weitverbreitet war zunächst der Streit mit den Grundherren um Abgaben und Dienste, zudem um die Nutzung der Allmende; in Regionen verbreiteter Leibherrschaft ging es um die persönliche Freiheit der Bauern, insbesondere um ihre Freizügigkeit und um die Freiheit der Eheschließung, dazu wiederum um Dienste und Abgaben, vor allem um den Todfall; mit allen Herrschaften schließlich bis hinauf zur Landesherrschaft gab es Konflikte um die Nutzung der Wälder und Gewässer, auch um die bäuerlich-genossenschaftliche Selbstbestimmung in Sachen der Allmende, des dörflichen Gerichts und der Pfarrerwahl; mitunter ging es zudem um die politische Mitbestimmung der Bauern auf territorialer Ebene.

Nicht wenige dieser Spannungen verschärften sich seit dem ausgehenden Mittelalter; andere kamen hinzu. Am wichtigsten waren dabei wohl die Folgen der sich intensivierenden Territorialherrschaft, und ganz besonders konfliktsträchtig war die Entwicklung wiederum in solchen Gebieten, deren Herren – wie etwa der Fürstabt von Kempten und manche andere geistliche oder weltliche Herren im Südwesten des Reichs – gerade jetzt die Erweiterung ihrer grund- oder leibherrlichen Rechte gegenüber den Bauern zum Fundament einer allererst zu etablierenden, möglichst geschlossenen Territorialherrschaft zu machen suchten. Gerade die verzögerte Staatlichkeit dieser Gebiete nämlich hatte die Entwicklung einer ausgedehnten bäuerlichen Selbstbestimmung bis hin zu Ansätzen einer politischen Vertretung der Landschaft gegenüber den Herren begünstigt. Wenn jetzt von deren Seite die Zügel angezogen wurden, so bedeutete das einen besonders tiefen Eingriff in mittlerweile selbstverständlich gewordene soziale und politische Positionen der Bauern, und überdies bildete die institutionell verfestigte Praxis genossenschaftlicher Selbst- und Mitbestimmung einen wirksamen Kristallisationskern bäuerlichen Widerstands. Freilich stand der Intensivierung der Herrschaft ohnehin und auf allen ihren Stufen ein weitverbreitetes Verlangen nach stärkerer Selbst- und Mitbestimmung der Untertanen gegenüber, und zwar gleichermaßen auf dem Land wie in den Städten; das vielfach bezeugte Bündnis der aufständischen Bauern mit städtischen Unterschichten oder auch mit den – rechtlich zumeist ungünstig gestellten – Bergleuten von Tirol und der Steiermark bis nach Thüringen hat hierin wohl seine wichtigste Ursache.

Eine vielumstrittene Frage ist schließlich die nach der ursächlichen Bedeutung der Reformation für den Bauernkrieg. Sie verlangt denn auch eine differenzierende Antwort. Einerseits nämlich spielten – aufs Ganze gesehen – spezifisch reformatorische Impulse und Motive für die aufständischen Bauern wie für ihre Verbündeten unter den städtischen Bürgerschaften und Bergleuten eine nur geringe Rolle; daß nicht wenige Gruppen der Aufständischen ihr Handeln unter Berufung auf die Reformation zu legitimieren suchten, ändert daran nichts. Anderseits schuf die frühe Reformation doch auch wichtige Voraussetzungen für den Bauernkrieg: mit der durch die Reformation entstandenen Unsicherheit so vieler traditioneller Ordnungen, mit ihrer Ablehnung einer Vielzahl herkömmlicher materieller und geistlicher Ansprüche, nicht zuletzt: mit der grundsätzlichen Bestreitung der Existenzberechtigung der Klöster, mit deren grundherrschaftlichen Ansprüchen ja so viele Bauern konfrontiert waren.

Bei alledem dürfen schließlich tiefgreifende regionale Unterschiede der zum Bauernkrieg führenden Verhältnisse und Konfliktslagen nicht übersehen werden. Das gilt schon für das unterschiedliche Gewicht des einen oder anderen Ursachenkomplexes, was eine Gesamtaussage über „die" Ursachen des Bauernkriegs sehr erschwert; das gilt natürlich auch und erst recht im Blick auf die Tatsache, daß der Bauernkrieg weite Landschaften des Reichs überhaupt unberührt ließ: den Norden und Nordosten Deutschlands, aber auch Kernlandschaften im Süden des Reichs wie das Herzogtum Bayern und das Königreich Böhmen. In Westfalen und Niedersachsen etwa war die Grundherrschaft nur mehr so schwach ausgeprägt, daß es an einem wesentlichen Ausgangskonflikt für den Bauernkrieg fehlte; erst recht gilt das von den Niederlanden, wo sich die Grundherrschaft schon völlig aufgelöst hatte. Daß im Nordwesten des Reichs traditionell das Anerbenrecht dominierte, das die Entstehung und Erhaltung großer und reicher Bauernhöfe förderte, kam noch hinzu. In abgeschwächter Form gilt das auch für Bayern; hier scheint zusätzlich die entschlossene Unterdrückung aller Unruhen von seiten der herzoglichen Regierung ein Übergreifen des Bauernkriegs verhindert zu haben. Im Osten wiederum hätte zwar die zu Schollenpflichtigkeit und Gesindezwangsdienst der Untertanen gesteigerte Gutsherrschaft hinreichenden Anlaß zur Empörung gegeben; doch fehlte es hier offenbar dermaßen an institutionellen Kristallisationskernen bäuerlichen Widerstands, daß es nicht zum Aufstand kam. Der aus sehr spezifischen Ursachen der Geschichte Preußens und des Deutschen Ordens erwachsene samländische Aufstand im Herbst 1525 war kaum mehr als eine Ausnahme, die die Regel bestätigte.

Der Bauernkrieg nahm seinen Anfang im Juni 1524 in einigen Dörfern der Herrschaft Stühlingen im Südschwarzwald. Konkrete Ursachen des aufflammenden Konflikts waren seit langem schwelende Streitigkeiten mit der Grundherrschaft. Religiöse Motive oder auch bloß Legitimationen spielten zunächst keine Rolle. Der Widerstand der Stühlinger Bauern fand jedoch alsbald Unterstützung durch die Bürger von Waldshut, die ihrerseits wegen der reformatorischen Predigt ihres Pfarrers Balthasar Hubmaier, eines Schülers von Ulrich Zwingli, in offenem Konflikt mit ihrem habsburgischen Stadtherrn standen. Damit bekam der Aufstand der Bauern zusätzlich ein kirchlich-religiöses Gepräge. Die politische Zerrissenheit der Landschaften im äußersten Südwesten begünstigte die weitere Ausbreitung des Aufstands, der alsbald auf den Hegau, den Klettgau, die Baar, das Markgräflerland und auf weite Bereiche des Südschwarzwalds übergriff; selbst Breisach und Freiburg im Breisgau mußten den Aufständischen die Tore öffnen. Eine folgenreiche Zuspitzung erfuhr der Konflikt dann Anfang 1525, als der vertriebene Herzog Ulrich von Württemberg das Bündnis mit den aufständischen Bauern suchte und sich anschickte, mit einem Heer Schweizer Söldner vom Hohentwiel aus gegen Stuttgart zu ziehen, um sein Herzogtum zurückzuerobern. Dieses Eingreifen Herzog Ulrichs nämlich rief den Schwäbischen Bund auf den Plan, der den herzoglichen Landfriedensbrecher ja erst wenige Jahre zuvor vertrieben hatte. Zwar beorderte die eidgenössische Tagsatzung ihre Söldner schon bald wieder zurück, um nicht etwa selbst in einen großen Krieg gegen Karl V. verwikkelt zu werden; der Schwäbische Bund ließ sich in seinen Rüstungen aber nicht mehr irre machen.

Ohnehin war mittlerweile an anderer Stelle der Konflikt zum offenen Ausbruch gekommen – in Oberschwaben nämlich, zunächst in der Fürstabtei Kempten. Den unmittelbaren Gegenstand des Streits bildeten hier jene Versuche des Fürstabts, die Rechtsstellung seiner bäuerlichen Untertanen insgesamt zur Leibeigenschaft herabzudrücken und auf dieser Grundlage eine geschlossene Territorialherrschaft zu errichten. Demgegenüber forderten die Bauern anfänglich einfach die Wiederherstellung und Wahrung ihres alten Rechts und beschritten zur Durchsetzung dieser Forderung im Januar 1525 sogar den förmlichen Rechtsweg vor dem Gericht des Schwäbischen Bundes. Aber schon wenige Wochen darauf sprengten sie – bezeichnenderweise unter Berufung auf das göttliche Recht – diesen Rahmen der herkömmlichen Ordnung; zugleich weitete sich der Kemptener Aufstand zu einer allgemeinen Erhebung der Bauernschaft im Allgäu aus. Zum organisatorischen Kern der Erhebung wurde die Ende Februar 1525 gegründete „Christliche Vereinigung der Landart Allgäu“, die sich ihrerseits bald mit benachbarten Bauernschaften zusammenschloß: mit dem „Seehaufen“ aus den deutschen Uferlandschaften des Bodensees und dem „Baltringer Haufen“ aus dem Gebiet rechts der Donau bis zum Lech im Osten. Über den Baltringer Haufen kam es, wie zuvor am Oberrhein, auch hier zu einer Verbindung mit Kräften der Reformation; das Zentrum dieser Verbindung lag in Memmingen, wo eben jetzt Christoph Schappeler – auch er ein Anhänger Zwinglis – der Reformation bei Rat und Bürgerschaft zum Durchbruch verhalf.

Im Umkreis der Memminger Bauernschaft entstanden Ende Februar 1525 die „Zwölf Artikel der Bauernschaft in Schwaben“, die wichtigste Programmschrift des Bauernkriegs überhaupt. Als ihr Verfasser hat der Memminger Kürschnergeselle und Feldschreiber des Baltringer Haufens Sebastian Lotzer zu gelten; die Mitarbeit Christoph Schappelers dürfte ebenfalls sicher sein. Die Zwölf Artikel forderten den ersatzlosen Wegfall der Leibeigenschaft; die Grundherrschaft dagegen sollte nur gemildert, nicht aufgehoben werden. Wahl und Entsetzung des Pfarrers sollten der Gemeinde zustehen, ebenso die Verwaltung des großen oder Kornzehnten; der – erst seit kurzem üblich gewordene – kleine oder Viehzehnt sollte als unbiblisch abgeschafft werden. Von der Herrschaft eingezogene Äcker und Wiesen sollten restituiert, auch die freie Nutzung von Wald und Gewässern sollte wieder hergestellt werden. Ein eigener Artikel wandte sich überdies gegen Unregelmäßigkeiten in der Gerichtsbarkeit und besonders gegen die Festsetzung neuer Straftatbestände – gemeint waren wohl vor allem die zunehmend unter Strafe gestellten Fischerei-, Jagd- und Holzfrevel –; doch wurde anderseits die Bereitschaft zum Gehorsam gegenüber der Obrigkeit „in allen gebührenden und christlichen Sachen“ ausdrücklich hervorgehoben. Der Schlußartikel unterwarf alle vorangehenden Einzelforderungen dem Urteil der Heiligen Schrift, behielt den Bauern freilich auch eine Erweiterung ihres Forderungskatalogs vor, wenn sich nämlich „in der Schrift mehr Artikel fänden, die wider Gott und eine Beschwerung des Nächsten wären“[38]. Mit alledem nahmen die Zwölf Artikel gutenteils Beschwerden auf, die auch sonst – vor allem natürlich in Oberschwaben – geläufig waren, entkleideten sie aber ihrer regionalen Besonderheiten und Beschränkungen, erhoben sie damit zu einem allgemeinen Reformprogramm und suchten sie zugleich – mit der Forderung nach der Predigt des Evangeliums „ohne allen menschlichen Zusatz, Lehre und Gebot“ – in die reformatorische Bewegung zu integrieren. Das war eine erstaunliche Leistung; die Zwölf Artikel wurden denn auch über Oberschwaben hinaus, bis ins Elsaß und nach Thüringen, zum wichtigsten Programm der aufständischen Bauern.

Nach der institutionellen und programmatischen Verfestigung des Aufstands im Südwesten erfolgte im März und April eine neue, gewaltige Ausweitung des Konflikts: räumlich vor allem, aber auch in seiner sozialen Basis. Zugleich nahmen die Auseinandersetzungen zunehmend gewaltsame

Züge an; auch kam es jetzt zu – freilich kaum mehr als umrißhaften – Entwürfen neuer, über die Zwölf Artikel weit hinausgehender Programme gesellschaftlicher Umgestaltung.

Anfang März schlossen sich Baltringer, Allgäuer und Seehaufen zu einer übergreifenden „Christlichen Vereinigung" mit einer gemeinsamen Bundesordnung zusammen. Ihrem Beispiel folgten wenig später die fränkischen Bauern, nahezu gleichzeitig griff der Aufstand in die schwäbisch-fränkischen Grenzlandschaften, nach Württemberg und Thüringen, in die pfälzischen Gebiete und ins Elsaß über, etwas später auch nach Tirol und Salzburg und von dort nach Innerösterreich, in Ausläufern auch in die Schweiz. Zeitgenössischen Beobachtungen zufolge befanden sich auf dem Höhepunkt des Bauernkriegs im April 1525 rund 300000 Bauern im Aufstand – eine gewaltige Kraft, der bei hinreichender Geschlossenheit und tüchtiger politischer wie militärischer Führung kaum etwas entgegenzusetzen gewesen wäre.

Zur räumlichen Ausweitung des Aufstands kam die Erweiterung seiner sozialen Basis. Daß der Adel trotz mancher gemeinsamer Gegensätze zu den Landesfürsten den Forderungen der Bauern in aller Regel ablehnend gegenüberstand, ist leicht verständlich; der Versuch Wendel Hiplers, des ehemaligen hohenlohischen Kanzlers und vielleicht bedeutendsten politischen Kopfs des Bauernkriegs, Bauern und Adel für ein gemeinsames Programm der Neugestaltung auf Kosten von Landesherren und Kirche zu gewinnen, blieb eine kurzlebige und regional beschränkte Episode. So waren es nur vereinzelte Adlige, die sich den Bauern anschlossen, sei es aus Überzeugung, wie der wohlhabende und politisch erfahrene fränkische Ritter Florian Geyer, der die Zeit der Privilegien von Adel und Klerus für vergangen hielt, sei es aus politischem Kalkül – um einen mäßigenden Einfluß auf die Bauern zu gewinnen – wie Götz von Berlichingen, sei es bloß aus erbitterter Pfaffenfeindschaft wie der pfälzische Klosterplünderer Asmus von der Hauben.

Sehr viel wichtiger war schon, daß die große Mehrheit der Bergknappen in Tirol, in der Steiermark und in Thüringen zu den Bauern stieß, im wesentlichen wohl aus Unzufriedenheit mit den rechtlichen und sozialen Bedingungen des Berg- und Hüttenwesens der Zeit. Darüber hinaus aber sympathisierten erhebliche Teile auch der städtischen Bevölkerungen mit den Aufständischen oder machten überhaupt gemeinsame Sache mit ihnen. Das gilt insbesondere von der Bürgerschaft der kleinen Landstädte des Aufstandsgebiets: Mit einem starken Anteil von Ackerbürgern in ähnlichen sozialen Verhältnissen wie die Bauern selbst, fielen sie weithin den Aufständischen zu – zwar kaum irgendwo aus eigenem Antrieb, aber doch rasch bereit, den bäuerlichen Forderungen und Anträgen zu entsprechen. Anders dagegen verhielt es sich in aller Regel mit den Reichsstädten. Zwar fehlte es auch hier bei den ärmeren Bevölkerungsschichten bis weit in das Zunftbürgertum hinein nicht an Sympathien mit den Bauern. Die reichsstädtischen Führungsgruppen aber, vor allem in den großen Städten, verhielten sich skeptisch oder ablehnend; die wenigen Reichsstädte, die sich den Bauern förmlich anschlossen – Rothenburg, Heilbronn, Kaisersberg im Elsaß –, gaben damit nur dem Druck von unten und von außen nach. Allerdings entschloß sich auch kaum eine der Reichsstädte zu aktivem, etwa gar militärischem Vorgehen gegen die Bauern; die Gefährdung des inneren Friedens der Stadt ließ es ihnen vielmehr geraten erscheinen, eine Vermittlerrolle gegenüber den Aufständischen zu übernehmen. Straßburg und Basel, auch einige der oberschwäbischen Reichsstädte sind in dieser Weise tätig geworden, gelegentlich durchaus mit Erfolg.

Noch einmal anders stand es um die Vielzahl der gleichzeitigen bürgerlichen Aufstandsbewegungen in Westdeutschland, von Frankfurt/Main nordwärts bis nach Westfalen und an den Niederrhein. Diese Aufstandsbewegungen begannen regelmäßig mit Unruhen städtischer Unterschichten, die in akute wirtschaftliche Nöte geraten waren. Ihre eigentliche Dimension aber gewannen die Empörungen durchweg erst mit dem Anschluß der Handwerker, die den Aufständen zugleich das Ziel einer Wiederherstellung der politischen Macht der Zünfte gegenüber dem immer stärker herrschaftlich geprägten Regiment des Rats oder auch des Stadtherrn gaben. Namentlich in den Bischofsstädten verbanden sich damit recht nachdrückliche, obzwar inhaltlich durchaus traditionelle, Forderungen der Kirchenreform. Zwischen den Aufstandsbewegungen der einzelnen Städte gab es gewisse programmatische Übereinstimmungen und Abhängigkeiten, aber kein gemeinsames Programm und schon gar keine Kooperation. Und auch ihr Verhältnis zu den Aufständischen des Bauernkriegs war sehr uneinheitlich. Zwar in Frankfurt/Main und in Mainz wurden die Unruhen ganz offensichtlich von den aufständischen Bauern angestoßen und vorangetrieben. Anders aber verhielt es sich in den Städten, die von den Kernregionen des Bauernkriegs weiter ablagen. Selbst das Wissen um den Bauernkrieg wurde nach Norden zu immer dürftiger: Schon die zeitgenössische niederdeutsche Bischofschronik Osnabrücks sah in den aufständischen Bauern nur mehr eine Gefahr für die Kirche, und zwar eine sozusagen von außen kommende Gefahr, ähnlich wie die Türken; mit den politischen und sozialen Konflikten der Bischofsstadt selbst schien das nichts zu tun zu haben.

Mit der Ausweitung des Bauernkriegs im Frühjahr 1525 ging eine Verschärfung des Konflikts einher, auch eine zunehmende Wendung ins Grundsätzliche. Als Ziel der Aufständischen begann sich vielfach eine prinzipielle Umgestaltung der sozialen und politischen Verhältnisse abzuzeichnen; nicht mehr das „alte Recht", sondern das „göttliche Recht" wurde zunehmend zum Maßstab der Dinge.

In der ersten Phase der Auseinandersetzungen war es nicht selten zu Vereinbarungen von Schiedsgerichten oder zu sonstigen Kompromissen der Bauern mit ihren Herrschaften gekommen. Solche Kompromisse wurden jetzt immer schwieriger. Daß Georg Truchseß von Waldburg als Befehlshaber der Truppen des Schwäbischen Bundes noch am 17. April mit dem Seehaufen in Weingarten einen Vertrag schloß, in dem er den Bauern gegen deren Verzicht auf ihren Bund ein Schiedsgericht zur Entscheidung über ihre Forderungen zusagte, trug ihm bezeichnenderweise harte Kritik von seiten Bayerns und anderer führender Fürsten des Schwäbischen Bundes ein. Aber auch auf der Seite der Bauern verschärfte sich die Gangart: Noch im März begannen die Bauern damit, die Klöster und Schlösser, deren sie sich bemächtigen konnten, systematisch zu plündern und zu verbrennen. Im Fränkischen wurde das auch programmatisch legitimiert, als Voraussetzung nämlich dafür, daß Geistliche und Weltliche, Edle und Unedle hinfort nach gleichem Recht leben sollten. Wenig später glaubte Thomas Müntzer im Aufstand der Bauern überhaupt den Beginn des göttlichen Strafgerichts über die Gottlosen zu erkennen und drängte seine Anhänger zum Dreinschlagen: „Fangt an und streitet den Streit des Herrn! Es ist hohe Zeit ... Die Bösewichter sind frei verzagt wie die Hunde ... Sehet nicht an den Jammer der Gottlosen! Sie werden Euch so freundlich bitten, greinen, flehen wie die Kinder. Lasset Euch nicht erbarmen! ... Dran, dran, dieweil das Feuer heiß ist! Lasset Euer Schwert nicht kalt werden!“[39]. Trotz solcher Parolen ist es freilich zu Bluttaten der Bauern – abgesehen von den offenen militärischen Auseinandersetzungen mit ihren Gegnern – kaum gekommen. Die wichtigste Ausnahme war die Ermordung des Grafen Ludwig von Helfenstein und seiner Leute, die bei Weinsberg von einem Bauernhaufen unter Führung des radikalen Jäcklein Rohrbach durch die Spieße gejagt wurden.

Im Verlangen nach einer Neugestaltung der Verhältnisse, die mehr sein sollte als nur die Beseitigung oder Milderung einzelner Beschwernisse des gemeinen Mannes, haben einige Führer des Bauernkriegs Utopien eines christlichen Staats entworfen: Thomas Müntzer, wohl auch Balthasar Hubmaier – die Überlieferung ist hier freilich sehr unsicher –, schließlich und vor allem Michael Gaismair in Tirol. Müntzer wie auch Hubmaier scheinen ihre positiven Vorstellungen allerdings nur wenig konkretisiert zu haben. So bleibt Gaismairs sogenannte Zweite Tiroler Landesordnung von 1526 als wichtigstes Beispiel derartiger Entwürfe. Gaismairs Utopie einer christlichen Gesellschaft kannte keine Stände mehr, allenfalls noch eine Differenzierung nach der beruflichen Tätigkeit, aber ohne jeden Vorrang irgend eines Berufsstands. Natürlich sollte mit dem Unterschied der Stände auch deren politische Funktion aufhören; aber auch der Gegenpol der Stände, der fürstliche Landesherr, sollte verschwinden. An der Spitze des Landes sah die Landesordnung Gaismairs ein Regiment vor, dessen Mitglieder aus den einzelnen Landesteilen und von den Bergknappen gewählt werden sollten; die Beteiligung einiger Theologen am Regiment sollte dessen Bindung an das Wort Gottes sichern. Im übrigen dachte sich Gaismair das christliche Tirol als eine politisch und wirtschaftlich autarke Größe mit sehr weitgehenden Befugnissen des Regiments insbesondere im Wirtschaftsleben des Landes. So sollten die Bergwerke verstaatlicht, das gesamte Handwerk staatlicher Kontrolle unterstellt und deshalb in Trient konzentriert werden; auch die Verteilung der gewerblichen Produkte sollte durch eigene Beauftragte des Staats geschehen. Daß Gaismair mit alledem „die Ehre Gottes und den gemeinen Nutzen" im Auge hatte, wie es die Landesordnung formulierte[40], ist glaubhaft, und das soziale Engagement des Tiroler Revolutionärs vermag noch heute zu beeindrucken. Das handels- und bürgerfeindliche Wirtschaftssystem der Landesordnung war freilich eine nur wenig zukunftsträchtige Lösung, von seiner Überforderung des Staats ganz zu schweigen.

Neben den Entwürfen der Utopisten des christlichen Staats bildeten sich bei den aufständischen Bauern des Frühjahrs 1525 auch andere Ansätze zu einer prinzipiellen Neugestaltung der sozialen und politischen Verhältnisse heraus. So sind, vor allem im Bereich der „Christlichen Vereinigung", die Umrisse eines korporativ-bündischen Modells politischer Ordnung bezeugt, dessen Kern die Einzelgemeinde, und zwar unter Egalisierung von Adel und Klerus, bilden sollte; die Landorte der Schweizer Eidgenossenschaft gaben dafür das Vorbild ab. Wo aber bereits gefestigte Formen fürstlicher Territorialherrschaft und territorialen Ständewesens – wie etwa in Tirol, Württemberg oder Salzburg – einem solchen korporativ-bündischen Modell keine Chance ließen, liefen die Vorstellungen der Bauern doch wenigstens auf eine Fort- und Umbildung dieser ständischen Ordnung hinaus: zum einen nämlich auf die Beseitigung der Vorrechte der privilegierten Stände bis hin zu einer dominierenden Stellung der Bauern auf den Landtagen, zum andern auf die Ausdehnung der Rechte der Landschaften gegenüber den Landesherren, nicht zuletzt auf die Beschränkung der fürstlichen Regierungsgewalt durch ein ständiges Landschaftsregiment. Weniger radikal als jene korporativ-bündischen Modelle – von den Utopien eines Müntzer oder Gaismair einmal ganz abgesehen –, boten diese Konzepte einer Umbildung des politischen Ständewesens ungleich größere Chancen der Realisierung; die wichtigsten politischen Erfolge des Bauernkriegs wurden denn auch auf diesem Wege erreicht.

Zu einem wirklich gemeinsamen, gleichermaßen grundsätzlichen wie konkreten Programm fanden die Bauern freilich nicht, von einer gemeinsamen Strategie schon gar nicht zu reden. Zwar lud Anfang Mai der Odenwälder Haufen unter Führung des Wendel Hipler die Führer der benachbarten Bauernhaufen nach Heilbronn ein, um die regional unterschiedlichen Ziele und Strategien des Aufstands aufeinander abzustimmen; doch kam dieser Versuch viel zu spät. So schlugen die regionalen Besonderheiten und Sonderinteressen im Verhältnis der Aufständischen zueinander wie gegenüber ihren Gegnern immer wieder durch; diese Zersplitterung wurde überhaupt zur wichtigsten Ursache des Scheiterns der Bauern.

Man hat sich immer wieder gefragt, ob die Geschichte des Bauernkriegs nicht ganz anders verlaufen wäre, wenn die Reformation, wenn insbesondere Martin Luther die Forderungen der Bauern aufgenommen oder sich gar an die Spitze der Bewegung gestellt hätten. Das sind jedoch leere Spekulationen; denn Luther hätte ein Kernanliegen der Reformation und damit sich selbst aufgeben müssen, um sich auf eine solche neue Verquikkung des geistlichen und weltlichen Regiments einlassen zu können; vollends der Weg der Gewalt, des Aufruhrs, als Mittel zur Ausbreitung des Wortes Gottes war für ihn völlig unannehmbar. Seine Äußerungen zum Bauernkrieg lagen von vornherein und bis zum Schluß auf dieser Linie. Auf das Angebot der Zwölf Artikel, sich aus der Schrift eines Besseren belehren zu lassen, reagierte Luther im April 1525 mit dem öffentlichen Gewissensrat an die Bauern wie an die Herren, von ihrem gegenseitigen Haß, von Neid und Mißgunst, Habgier und Herrschsucht abzustehen und nach vernünftigen Kompromissen zu suchen; die Bauern insbesondere warnte er vor Gewalt und vor einem Mißbrauch des Evangeliums für ihre materiellen Interessen. Als wenig später deutlich wurde, daß die Bauern nicht vom Weg der Gewalt abzuhalten waren, bezog Luther mit seiner Schrift „Wider die räuberischen und mörderischen Rotten der Bauern" eindeutig Stellung gegen die Aufständischen. Der Kern dieser zweiten Bauernschrift Luthers bestand in dem Gewissensrat an die Obrigkeiten, durch entschlossenes Eingreifen dem Aufruhr ein Ende zu machen; tatsächlich hatte ja gerade die kurfürstlich-sächsische Regierung dem Aufstand bislang rat- und tatenlos zugesehen. Die Formulierungen dieses Gewissensrats waren freilich von unerhörter Härte: „Denn ein Fürst und Herr muß hier denken, wie er Gottes Amtmann und seines Zornes Diener ist (Röm. 13,4), dem das Schwert über solche Buben befohlen ist, und der sich ebenso hoch vor Gott versündigt, wo er nicht straft und wehrt und sein Amt nicht vollführt, als wenn einer mordet, dem das Schwert nicht befohlen ist... so soll nun die Obrigkeit hier getrost vordringen und mit gutem Gewissen dreinschlagen, solange sie eine Ader regen kann... Drum, liebe Herren, erlöset hier, rettet hier, helft hier, erbarmt Euch der armen Leute, steche, schlage, würge hier, wer da kann. Bleibst Du drüber tot, wohl Dir, seligeren Tod kannst Du nimmermehr erlangen. Denn Du stirbst im Gehorsam göttlichen Wortes und Befehls (Röm. 13, 5ff) und im Dienst der Liebe, Deinen Nächsten zu retten aus der Hölle und des Teufels Banden"[41].

In der Forschung ist gelegentlich darauf hingewiesen worden, daß Luther im Bauernaufstand ein Stück des bevorstehenden Weltendes gesehen habe; von da aus sei auch die Härte seiner zweiten Bauernschrift zu erklären. Dieser Rekurs auf die apokalyptischen Erwartungen des Reformators dürfte indessen den Kern der Sache kaum berühren. Nach Luthers Überzeugung stand ohnehin alles christliche Leben in der Hoffnung auf den „lieben jüngsten Tag"; die zeitliche Nähe des Weltendes war für ihn demgegenüber ohne große Bedeutung – er würde ein Apfelbäumchen pflanzen, antwortete Luther einmal auf die Frage, was er tun würde, wenn er genau wüßte, daß morgen die Welt unterginge. Von da versteht sich auch, daß er sich gerade jetzt, auf dem Höhepunkt des Konflikts, zur Ehe entschloß – in Respektierung der Wünsche seines Vaters, zur Bestätigung seiner Lehre und als Zeichen seines Vertrauens auf Gott. Am 13. Juni 1525 heiratete er Katharina von Bora, die Tochter eines sächsischen Adligen und frühere Nonne im Zisterzienserinnenkloster Nimbschen bei Grimma. „Herr Käthe", wie Luther seine Frau in ironischer Anerkennung ihrer Tüchtigkeit gern nannte, hat seitdem die notorische Unbekümmertheit Luthers in wirtschaftlichen Dingen mit Energie und Umsicht ausgeglichen und ihrem Mann viele weltliche Sorgen – vor allem die Sorge für ein großes Haus mit zumeist vielen Gästen aus nah und fern – abgenommen.

Für den weiteren Verlauf des Bauernkriegs hat Luthers zweite Bauernschrift übrigens eine ebenso geringe Rolle gespielt wie schon seine „Ermahnung zum Frieden" einige Wochen zuvor: Die politische und militärische Entscheidung des Bauernkriegs fiel nämlich bereits zu der Zeit, da Luthers Schrift gerade erst die Druckerpresse verließ. Ohnehin hätten sich jedenfalls die katholischen Fürsten des Schwäbischen Bundes mit Bayern an der Spitze, aber auch Herzog Georg von Sachsen oder der Herzog von Lothringen von Luthers Ratschlägen kaum beeinflussen lassen.

Die militärische Zerschlagung des Bauernaufstands in dessen oberdeutschen und thüringischen Kerngebieten vollzog sich innerhalb weniger Wochen, zwischen dem 12. Mai und dem 2. Juni 1525. Ein Vorspiel dazu bildete der Sieg der schwäbischen Bundestruppen über den Baltringer Haufen bei Leipheim am 4. April. Noch am 17. April aber zog es der vorsichtig operierende Georg Truchseß von Waldburg vor, sich nicht auf eine Schlacht mit dem zahlenmäßig überlegenen und wohlgerüsteten Seehaufen einzulassen; der Abschluß des Weingartner Vertrags, auf Grund dessen die Bauern gegen die Zusage eines Schiedsgerichts auseinandergingen, war freilich ein politischer Erfolg, der einem militärischen Sieg nicht viel nachstand. Am 12. Mai gelang es dem Truchsessen dann, bei Böblingen die aufständischen Württemberger mitsamt den Söldnern Herzog Ulrichs auseinanderzujagen; Herzog Ulrich ging aufs neue ins Schweizer Exil. Wenige Tage später wurden die elsässischen Bauern bei Zabern von den Söldnern Herzog Antons von Lothringen geschlagen. Daß sich die Bauern in militärisch aussichtsloser Lage am Abend des 16. Mai auf Gnade und Ungnade ergaben, half ihnen nichts: Die fanatisierte Soldateska des Lothringers, der den Kampf gegen die Bauern als Kreuzzug gegen die lutherischen Ketzer propagiert hatte, fiel über die schon waffenlosen Bauern her; an die 18000 Mann mußten ihr Leben lassen. In Franken fiel die Entscheidung Anfang Juni in der Nähe von Würzburg. Die Stadt selbst war in die Hände der Aufständischen geraten, nur die Festung Unserliebenfrauenberg behauptete sich gegen die Belagerung von 15000 Taubertaler und Odenwälder Bauern. Nach vergeblichen Vermittlungsversuchen des Götz von Berlichingen kam es am 2. Juni bei Königshofen zum Zusammenstoß mit einem fürstlichen Entsatzheer, der mit einer raschen und verlustreichen Flucht der Bauern endete. Die letzten fränkischen Aufständischen kämpften in den Ruinen des Herrensitzes von Florian Geyer; auch Florian Geyer selbst fand den Tod. Schon gut zwei Wochen zuvor war in Thüringen die Entscheidung gefallen. Während der todkranke Kurfürst Friedrich der Weise sich noch immer nicht entschließen mochte, die Gewalt der Bauern mit obrigkeitlicher Gewalt zu brechen, erkannte Philipp von Hessen sehr nüchtern die Schwächen der Aufständischen, marschierte in Thüringen ein und schlug, unterstützt von Söldnern Herzog Georgs von Sachsen, am 15. Mai 1525 die Bauern bei Frankenhausen vernichtend. Thomas Müntzers wortgewaltige Drohungen wie seine prophetische Vorhersage göttlicher Hilfe in der höchsten Not hatten nichts genutzt; er selbst suchte sich nach der Niederlage zu verbergen, wurde aber erkannt, gefangengenommen und hingerichtet. Hier wie auch in Oberdeutschland folgte dem militärischen Sieg der Fürsten ein hartes Strafgericht mit einer Vielzahl von Todes- und hohen Geldstrafen; Luthers – wiederum öffentliche – Mahnung zur Gnade gegenüber den Besiegten konnte sich gegenüber den Rachegelüsten der Sieger nicht durchsetzen.

Am spätesten begann und endete der Bauernkrieg in den österreichischen Alpenländern und in Salzburg. Nach einem Vorspiel von Unruhen der Salzburger Bergknappen begann die Erhebung hier erst im Mai 1525, und noch am 3. Juli errangen die Salzburger Bauern bei Schladming einen beachtlichen militärischen Erfolg, der einem Kompromiß mit dem Erzbischof den Weg bereitete. In Tirol aber gelang es Erzherzog Ferdinand im Sommer 1525, in zähen Verhandlungen mit dem von den Bauern dominierten Landtag zu Innsbruck die bäuerlichen Forderungen Stück um Stück zurückzudrängen und zugleich die Vertreter Nord- und Südtirols auseinander zu manövrieren; die radikaleren Südtiroler verloren an Einfluß, Gaismair selbst verließ den Landtag und kehrte nach Brixen zurück. Schließlich fanden sich die Vertreter Nordtirols mit einem vermittelnden Landtagsabschied ab, der neu aufflammende Aufstand der Südtiroler wurde Ende September niedergeschlagen. Gaismair flüchtete nach Graubünden und bereitete von dort aus neue Erhebungen vor. Im Frühjahr 1526 stand er denn auch an der Spitze eines neuen Salzburger Aufstands. Erzbischof Matthäus Lang war diesmal aber besser vorbereitet als im Vorjahr. Vor allem hatte er sich der Unterstützung des Schwäbischen Bundes versichert; dessen Heer bereitete der Erhebung Anfang Juli 1526 ihr definitives Ende. Gaismair entkam wiederum und ging nach Venedig. Unablässig bemüht, doch noch einen Weg zur Verwirklichung seiner Pläne zu finden – und sei es auch mit Hilfe der Gegner Habsburgs in Italien –, blieb er ein Moment latenter Unruhe. 1532 starb er in Padua von der Hand gedungener Mörder, unzweifelhaft mit Vorwissen der Regierung in Innsbruck.

Die Folgen des Bauernkriegs sind unter dem Eindruck des blutigen Strafgerichts über die Bauern nach der Niederschlagung des Aufstands schon von manchen Zeitgenossen und dann auch von der älteren Forschung als eine politische, wirtschaftliche und soziale Katastrophe beschrieben worden: Der Bauer sei vom Schauplatz der Geschichte abgetreten, aus dem politischen Leben der Nation ausgeschieden, zum bloßen Objekt ökonomischer Ausbeutung herabgesunken. Dieses Urteil bedarf indessen einer entschiedenen Revision. Genauere Analysen haben nämlich – vor allem für den Südwesten des Reichs – deutlich gemacht, daß die gesellschaftliche Situation der Bauern in den Jahren und Jahrzehnten nach dem Bauernkrieg durchaus stabilisiert worden ist – nicht zuletzt aus der Sorge vor einer neuen Erhebung des gemeinen Mannes, falls man seine Lasten nicht erträglich mache. Schon auf dem Speyerer Reichstag von 1526 fanden ausgiebige Verhandlungen darüber statt, inwieweit man den Forderungen der Zwölf Artikel oder anderer Beschwerdeschriften des Bauernkriegs entsprechen solle. Ein aus diesen Verhandlungen erwachsenes großes Ausschußbedenken „der Mißbräuch und Beschwerung halb der Unterthanen“ war dann freilich zu einseitig an den oberschwäbischen Verhältnissen orientiert, als daß es die Zustimmung der Ständemehrheit hätte finden können; die grundsätzliche Bereitschaft der Reichsstände zur Verbesserung der bäuerlichen Situation stand aber außer Frage. Und darüber hinaus: Gerade der Schwäbische Bund, also der Hauptgegner der Bauern in den süddeutschen Kerngebieten des Aufstands, machte sich die Ausschußempfehlung ausdrücklich zu eigen und gab sie an seine Mitglieder weiter. In der Tat kam es jetzt, jedenfalls im Südwesten des Reichs und in Tirol, zu einer Fülle vergleichsweise bauernfreundlicher Neuregelungen, nicht selten sogar in Form förmlicher Herrschaftsverträge, die den Bauern eine gesicherte, notfalls vor den höchsten Reichsgerichten einklagbare Rechtsposition gaben. Und dem entsprachen auch politische Gewinne: Die Bauern konnten ihre Vertretung auf den Landtagen oder sonst in der Landschaft zumeist behaupten, mitunter sogar ausweiten; in einer Reihe kleinerer Landesherrschaften des deutschen Südens und Westens setzte sich jetzt überhaupt zuerst eine eigene, wenngleich organisatorisch nur wenig verfestigte politische Vertretung durch. Man kann die Geschichte des Bauernkriegs mithin wohl als den Verlust einer großen politischen und sozialen Chance der deutschen Geschichte beklagen; säkulare negative Folgen für das Bauerntum selbst hat der Bauernkrieg aber nicht gehabt.

Schließlich wird man die Folgen des Bauernkriegs auch für die Reformation nicht überschätzen dürfen. Die früher und namentlich von marxistischen Historikern noch heute gern vertretene These vom Bauernkrieg als dem Ende der „Volksreformation“, der dann bloß noch die Depravation der „Fürstenreformation“ gefolgt wäre, ist so nicht zu halten. In den Städten nahm die reformatorische Bewegung als bürgerliche Bewegung nach dem Bauernkrieg ohnehin und ungebrochen ihren Fortgang. Aber auch für das Verhältnis der Bauern zur Reformation scheint der Bauernkrieg keine Zäsur bedeutet zu haben; die Akten der ländlichen Kirchenvisitationen – für Thüringen liegen sie bereits seit der Mitte der 20er Jahre vor – liefern jedenfalls kaum Belege für eine enttäuschte Abwendung der Bauern von der Reformation als Folge des Bauernkriegs. Richtig ist freilich, daß evangelisch gesonnene Obrigkeiten in Stadt und Land seit dem Bauernkrieg – und gewiß auch in Reaktion auf den Aufstand – in ungleich stärkerem Maße als zuvor zur obrigkeitlichen Sicherung und Regelung der Reformation übergingen; der Bauernkrieg beschleunigte insofern die Entwicklung zum evangelischen Landes- bzw. Stadtkirchentum.

3. Die Formierung des deutschen Protestantismus (1526–1545)

a) Rahmenbedingungen der europäischen Politik: Die Konflikte mit Türken und Franzosen und der Kampf um das Konzil

Die nicht nur spektakulärste, sondern auch folgenreichste Verschiebung in den Konstellationen der europäischen Politik seit der Mitte der 20er Jahre bestand im Vordringen der Osmanen unter Sultan Suleiman II. (1520–1566) bis an die Südostflanke des Reichs. Bereits 1521 war Belgrad, die Pforte nach Ungarn, in türkische Hand gefallen; 1526 drang das osmanische Heer dann tief nach Ungarn selbst vor. In der Schlacht von Mohács im August 1526 wurden die schlecht gerüsteten und noch schlechter geführten Ungarn vernichtend geschlagen; der junge König Ludwig II. – Schwager Karls V. und Erzherzog Ferdinands – kam auf der Flucht um. Zwar fehlte es den Osmanen vorerst an Truppen, um ganz Ungarn, und nun etwa gar auf die Dauer, zu besetzen; die Türken konnten aber doch jederzeit mit Heeresmacht an den Grenzen des Reiches auftauchen. Die Türkengefahr war fortan und bis zur Zeit der Türkenkriege des Prinzen Eugen ein akutes Problem der Reichspolitik.

Die Schlacht von Mohács war aber auch unter ganz anderen Aspekten von hoher Bedeutung. Gemäß den Wiener Verträgen von 1515 nämlich fielen die durch den Tod des noch kinderlosen König Ludwigs erledigten Throne von Böhmen und Ungarn dem Schwager des Verstorbenen, Erzherzog Ferdinand, zu. Allerdings beanspruchten die Stände beider Länder ein Recht zur Wahl des neuen Königs; doch gelang es Ferdinand wenigstens in Böhmen sehr rasch – in Konkurrenz vor allem zu einer bayerischen Kandidatur –, unter Vertagung des Grundsatzproblems von Wahl- oder Erbrecht seine Thronansprüche durchzusetzen. Seit dem Herbst 1526 gehörte mithin das Königreich Böhmen zum Länderkomplex der deutschen Habsburger. Und das war nicht nur ein dynastischer Gewinn für das Haus Habsburg, sondern ein Gewinn auch für das Reich: Wenn Böhmen seit den 20er Jahren des 15. Jahrhunderts sich mehr und mehr vom Reich entfernt hatte, so wurde diese Entwicklung jetzt aufgehalten, ja: langfristig in ihr Gegenteil verkehrt.

Sehr viel schwieriger als in Böhmen gestalteten sich die Verhältnisse in Ungarn. Die ungarischen Magnaten nämlich erhoben alsbald nach dem

Tode König Ludwigs einen der ihren, den Woiwoden Johann Zapolya von Siebenbürgen, zum neuen König. Von einer breiten Woge nationaler Zustimmung getragen, konnte sich Zapolya bereits im November 1526 in Stuhlweißenburg krönen lassen. Ferdinand nahm zwar den Kampf auf und ließ sich seinerseits von einem kleinen, dem Zapolya feindlich gesonnenen Kreis von Magnaten im Dezember 1526 zum König wählen. Durchzusetzen aber war dieses Königtum vorerst nicht, und zwar vor allem wegen der Unterstützung, die Zapolya durch die Osmanen erfuhr; ihrem Schutz nämlich – und damit in praxi auch ihrer Oberhoheit – unterstellte sich Zapolya 1528. Daß Sultan Suleiman 1529 vor Wien erschien, hatte seinen eigentlichen Grund in diesem Schutzverhältnis zu Zapolya und diente im wesentlichen dazu, den von Ferdinand militärisch hart bedrängten Woiwoden im Besitz Ungarns zu sichern.

Das folgende Jahrzehnt war von wechselhaften Auseinandersetzungen mit Zapolya und immer wieder auch mit den Osmanen erfüllt. Der erfolglosen Belagerung Wiens im Herbst 1529 folgte 1532 ein neuer und zeitweilig sehr bedrohlicher Vorstoß der Türken; seitdem wechselten Waffenstillstände und erneute Kriegshandlungen in rascher Folge. 1538 endlich gelangte man zu einer politischen Lösung, derzufolge Ferdinand nach dem Tode Zapolyas dessen ungarisches Erbe antreten sollte. Aber als Zapolya 1540 starb, folgten daraus nur neue Streitigkeiten mit den ungarischen Magnaten und alsbald auch wieder mit den Osmanen, und darüber fiel 1541 bis 1543 fast die ganze ungarische Tiefebene mitsamt der Hauptstadt Ofen in türkische Hand. Ein Waffenstillstand 1545 und ein längerfristiger Friedensvertrag 1547 bestätigten den territorialen status quo – alles in allem eine Entscheidung, die das Schicksal des Landes bis zum Ausgang des 17. Jahrhunderts bestimmen sollte.

In den Auseinandersetzungen der Häuser Valois und Habsburg hatte Karl V. einen ersten Krieg mit Franz I. von Frankreich siegreich beenden können; aber schon wenige Monate nach dem Abschluß des Friedens von Madrid (Januar 1526) suchte der französische König, jetzt in einer „Heiligen Liga“ mit dem Papst und einer Reihe italienischer Mittelstaaten, die Revanche. Für den Verlauf des damit von neuem anhebenden Kriegs waren vor allem zwei Ereignisse maßgebend: die Erstürmung und Plünderung Roms durch ein meuterndes kaiserliches Heer im Frühsommer 1527 und der Frontwechsel des genuesischen Admirals Andrea Doria auf die Seite des Kaisers 1528. Der „Sacco di Roma“, obzwar gegen alle Intentionen Karls V. zustandegekommen, wurde weithin als Bedrohung des Papsttums durch den Kaiser und zugleich als Beleg für die Gewalttätigkeit der kaiserlichen Herrschaft über Italien angesehen. Die Folge bestand in einer Verbreiterung und Intensivierung der antihabsburgischen Koalition in Italien, und das wiederum brachte die Kaiserlichen auch militärisch in Bedrängnis. Das genaue Gegenteil bewirkte dann der überraschende Frontwechsel des

Andrea Doria, der sich dafür vom Kaiser die fortbestehende staatliche Unabhängigkeit Genuas garantieren ließ. Mit diesem Frontwechsel nämlich stand plötzlich die größte christliche Flotte des Mittelmeeres zur Disposition Karls V. Die Logistik der Franzosen und ihrer Verbündeten brach zusammen, militärische Niederlagen in Süd- und Norditalien folgten; im Sommer 1529 mußte sich Franz I. erneut zum Frieden bequemen.

Der Friedensvertrag von Cambrai bestätigte den französischen Verzicht auf alle italienischen Ansprüche wie auf die alten französischen Lehensrechte über Flandern und Artois. Doch akzeptierte Karl V. nach den unguten Erfahrungen von 1526, daß das Herzogtum Burgund bei Frankreich blieb. Der weitere Verlauf der Auseinandersetzungen der Häuser Valois und Habsburg sollte zeigen, daß diese Regelung von 1529 im wesentlichen den beiderseitigen Kräfteverhältnissen gerecht wurde. Und damit war auch die Frage der politischen Präponderanz in Europa entschieden: Sie lag mit der Vorherrschaft über Italien für den Rest des Jahrhunderts bei den Habsburgern.

Natürlich mußten sich jetzt auch die anderen Partner der antihabsburgischen Liga in Italien mit Karl V. arrangieren. Dabei gewährte der Kaiser den Unterlegenen, insbesondere Papst Clemens VII., durchweg sehr günstige Friedensbedingungen. In diesem Klima kaiserlicher Milde und Versöhnungsbereitschaft ließ sich Karl V. dann im Februar 1530 in Bologna vom Papst zum Kaiser krönen: als Dokumentation des universalistischen Herrschaftswillens des Kaisers wie der tiefen Bindung dieses Kaisertums an die römische Kirche.

Ungeachtet des Friedens von Cambrai war Franz I. nicht bereit, seine Expansionspläne gegen Oberitalien wie gegen die Niederlande wirklich aufzugeben. Freilich zwang ihn das Scheitern der Liga von Cognac dazu, sich andere, zumindest: weitere Bundesgenossen zu suchen; für die künftige Auseinandersetzung um Italien mußte ihm insbesondere daran gelegen sein, einen Ersatz für die an den Kaiser verlorene genuesische Flottenmacht zu finden. Franz I. suchte seine neuen Bündnispartner zum einen bei den Muslimen, zum andern bei den deutschen Protestanten.

Am erfolgreichsten war die französische Diplomatie zunächst in ihren Bemühungen um die Osmanen. 1534 brachte sie einen Vertrag mit dem Barbareskenfürst Chaireddin Barbarossa in Algier zustande, der sich schon 1519 der osmanischen Oberhoheit unterstellt hatte und seit 1533 als Kapitän-Pascha der türkischen Flotte fungierte; damit war der Verlust der Flottenmacht Genuas für die Franzosen einigermaßen ausgeglichen. Zwar reagierte der Kaiser bereits 1535 recht wirkungsvoll, nämlich mit einer Flottenunternehmung gegen das kürzlich von Barbarossa eroberte Tunis. Tunis wurde erobert, die dort liegende Flotte der Barbaresken erbeutet, die Hafenfestung La Goleta dauernd besetzt. Die Macht Barbarossas war aber nur geschwächt, keineswegs gebrochen, und überdies hatte der Sieg von Tunis die politische Rückwirkung, daß jetzt auch der Sultan selbst und unmittelbar sich in das von den Franzosen begehrte Bündnis einließ. Formell immer noch erst ein Handelsabkommen, war der osmanisch-französische Vertrag von 1536 der Sache nach kaum weniger als eine Offensivallianz gegen den Kaiser.

Die deutschen Protestanten dagegen verhielten sich gegenüber dem französischen Bündniswerben bis auf weiteres sehr reserviert. Zwar schloß sich jetzt die Mehrzahl der protestantischen Fürsten und Reichsstädte in dem 1531 gegründeten Schmalkaldischen Bund zusammen, um sich politisch und notfalls auch militärisch gegen eine gewaltsame Rekatholisierung zur Wehr setzen zu können. Zu einer engeren politischen Verbindung mit Frankreich mochte man sich aber nicht entschließen. Die Inanspruchnahme französischer Subsidien für die Restitution Herzog Ulrichs von Württemberg 1534 blieb vorerst vereinzelt; ein förmliches Bündnisangebot Franz' I. im Jahre 1535 wurde glatt ausgeschlagen. So hatte es Karl V. in seinem dritten und vierten Krieg mit Franz I. (1536–38 bzw. 1542–44) zwar mit einer französisch-türkischen Allianz zu tun, nicht aber zugleich mit den deutschen Protestanten; ja: der Reichstag, einschließlich der evangelischen Reichsstände, entschloß sich 1542 bzw. 1544 sogar zu nicht unbeträchtlichen Reichshilfen gegen Türken und Franzosen.

Der Verlauf dieser Kriege, auch der Versuch eines dynastischen Ausgleichs der Häuser Valois und Habsburg in den Jahren 1538/39, sind hier nicht näher darzustellen. Aufs Ganze gesehen erwies sich, daß der Kaiser nicht stark genug war, um die osmanisch-französische Koalition entscheidend in die Knie zu zwingen. Der Versuch einer Expedition gegen Algier, das Zentrum der türkischen Flottenmacht im westlichen Mittelmeer, scheiterte 1541 unter beträchtlichen Verlusten; die wiederholten Vorstöße der kaiserlichen Truppen nach Frankreich hinein blieben immer wieder vor gut befestigten und entschlossen verteidigten Städten stecken. Anderseits aber gelang es dem französischen König auch im Bündnis mit den Osmanen nicht, die Ergebnisse des Friedens von Cambrai 1529 zu seinen Gunsten zu verändern, im Gegenteil: In Italien konnte Karl V. nach dem Aussterben der Sforza das Herzogtum Mailand als Reichslehen an seinen Sohn Philipp geben und damit sehr dauerhaft der habsburgischen Herrschaft unterwerfen; im Norden wurde das Herzogtum Geldern, der alte Verbündete Frankreichs im Rücken der Niederlande, nach einer militärischen Auseinandersetzung um die Thronfolge mit Herzog Wilhelm von Jülich-Kleve-Berg – ein Kernstück des vierten Kriegs zwischen Franz I. und Karl V. – 1543 den Niederlanden zugeschlagen. Im Frieden von Crépy 1544 mußte Franz dann auch auf jede fernere Unterstützung der deutschen Protestanten verzichten und sich überdies dazu verpflichten, ein Generalkonzil in einer Stadt des Reichs zu beschicken. Immerhin war der Kaiser auch noch 1544 bereit, dem französischen König im Interesse eines dauerhaften Ausgleichs sehr weitgehende Zugeständnisse zu machen. Der Vertrag von Crépy nahm nämlich eine Heirat zwischen dem zweiten Sohn des französischen Königs, Herzog Karl von Orléans, und einer habsburgischen Prinzessin in Aussicht, und Karl V. sagte zu, dem Paar entweder Mailand oder aber die Niederlande zur Herrschaft zu geben. Nach dem frühen Tode des Herzogs von Orléans im Herbst 1545 war von dieser „Großen Alternative" einer französischen Sekundogenitur über Mailand oder die Niederlande jedoch nicht mehr die Rede.

Die Einberufung eines großen Reformkonzils gehörte seit Anfang der 30er Jahre zu den Hauptzielen der europäischen und Kirchenpolitik des Kaisers. Die tiefen Unsicherheiten und Schäden der alten Kirche schienen ihm nur mehr mit Hilfe einer solchen Kirchenversammlung behebbar, und auch für die Beilegung des Glaubensstreits in Deutschland hielt er ein Konzil zumindest für nützlich, wo nicht gar für unverzichtbar. Solche Überlegungen fanden indessen in Rom selbst erst sehr allmählich Resonanz. Papst Clemens VII. (1523–1534) hatte mit einer grundlegenden Reform der Kirche nur wenig im Sinn; sein Nachfolger Paul III. (1534–1549) verschloß sich der Notwendigkeit von Kirchenreform und Reformkonzil zwar nicht grundsätzlich, fürchtete jedoch den übermächtigen Einfluß des Kaisers auf die Kirchenversammlung, zumal dann, wenn es an einem kräftigen französischen Gegengewicht fehlte. Der französische König aber war viel zu tief in seinem Hegemonialkonflikt mit Karl V. befangen, als daß er sich ohne Not zu konzilspolitischen Zugeständnissen bereitgefunden hätte; insbesondere die Konfrontation zwischen dem Kaiser und den deutschen Protestanten war ja ein Aktivposten der französischen Politik, den Franz I. wenn irgend möglich nicht preisgeben wollte. Dazu kam natürlich noch das Mißtrauen der Protestanten gegen ein Konzil, dessen Freiheit von päpstlicher Herrschaft ihnen nicht gesichert erschien. Der Weg zum Konzil war also ein steiniger, dornenreicher Weg.

Karl V. hat in einem späten Rückblick die Anfänge seiner Konzilsbemühungen beim Papst auf sein Treffen mit Clemens VII. im Winter 1529/30 datiert, und man wird an der Richtigkeit dieser Aussage nicht zu zweifeln haben. Der Papst fand sich jedoch erst Anfang 1533 zur Ankündigung des Konzils bereit und machte auch dann die tatsächliche Einberufung der Kirchenversammlung von dem Einverständnis des französischen Königs abhängig – an das aber war, wie man an der Kurie sehr wohl wußte, nicht zu denken.

Anders als Clemens VII. war Paul III. bereit, die Reform der Kirche und auch das Konzil ein Stück weit auf den Weg zu bringen. Bereits im Februar 1535 gingen Gesandte von Rom an die europäischen Höfe, um den grundsätzlichen Konzilsentschluß des Papstes mitzuteilen und über einen geeigneten Konzilsort zu verhandeln. Schon diese Frage des Konzilsorts machte freilich große Schwierigkeiten, und andere kamen hinzu. Die Protestanten erneuerten ihre Bedenken wegen der Freiheit des Konzils, und Franz I. von Frankreich tat überhaupt alles, um das Zustandekommen der Kirchenversammlung zu verhindern. Nur das nachdrückliche Konzilsengagement des Kaisers bewog Paul III., die Kirchenversammlung wirklich einzuberufen; das Konzil sollte am 23. Mai 1537 in Mantua beginnen.

In der Reaktion auf das Konzilsausschreiben kam es in Deutschland zu intensiven Beratungen der evangelischen Stände und ihrer Theologen. Ob der Besuch des Konzils bereits die Anerkennung des Papstes, noch dazu als Richters in eigener Sache, bedeuten würde und deshalb abzulehnen sei oder ob man die Kirchenversammlung trotz allem besuchen solle, um Rechenschaft vom Glauben abzulegen; ob man ein neues Bekenntnis brauche, das in der Abgrenzung von Papsttum und römischer Kirche deutlicher wäre als die Confessio Augustana, die man dem Kaiser auf dem Reichstag von Augsburg 1530 als Begründung evangelischen Kirchenwesens überreicht hatte; ob man etwa gar ein Gegenkonzil einberufen solle – alle diese und noch andere Positionen wurden ebenso ernsthaft wie kontrovers diskutiert. Auf der Tagung der evangelischen Stände in Schmalkalden im Februar 1537 setzte sich dann in den entscheidenden Fragen die kursächsische Meinung durch: Ablehnung des Konzils und des Konzilsbesuchs, aber kein Gegenkonzil. Zugleich beschloß man, die Confessio Augustana zu „übersehen“ und die das Papsttum betreffenden Artikel des Bekenntnisses entschiedener zu fassen, als man es 1530 mit Rücksicht auf den Kaiser getan hatte. Der auf Grund dieses Beschlusses im wesentlichen von Melanchthon verfaßte „Tractatus de potestate papae“ wurde von der Gesamtheit der anwesenden Theologen und Stände gebilligt. Die noch viel schärferen sogenannten Schmalkaldischen Artikel Luthers, die bereits im Dezember 1536 entstanden waren, wurden ebenfalls von der Mehrheit der anwesenden Theologen unterschrieben, wenngleich nicht zur offiziellen Stellungnahme der Stände erhoben.

So bedeutsam die Konzilsweigerung der deutschen Protestanten für die weitere Geschichte der Glaubensspaltung in Deutschland auch war: Die Entscheidung über das Zustandekommen des Konzils von Mantua resultierte im entscheidenden nicht aus dieser Stellungnahme, sondern wiederum aus den europäischen Gegensätzen der Häuser Valois und Habsburg. Vor allem die quälende Hinhaltetaktik des französischen Königs erzwang immer neue Vertagungen der Konzilseröffnung; als 1539 die fünfte derartige Prorogation ad beneplacitum, also ohne Festlegung eines neuen Termins, erging, war das Mantuaner Konzilsprojekt endgültig gescheitert.

Die Überzeugung von der Notwendigkeit des Konzils hatte indessen in der abendländischen Christenheit längst zu tiefe Wurzeln geschlagen, als daß ein Verzicht auf das Konzil noch ernsthaft in Frage gekommen wäre. Gerade die deutschen Katholiken waren nicht bereit, sich mit dem Scheitern des Mantuaner Konzilsprojekts abzufinden. Gemeinsam mit dem Kaiser erneuerten sie die Konzilsforderung und erwirkten überdies beim Reichstag von Regensburg 1541 einen Beschluß der Reichsstände, daß man sich beim Nichtzustandekommen des Generalkonzils auf einem Nationalkonzil oder auch auf einem Reichstag um eine Vergleichung des Religionsstreits bemühen werde. Unter solchem Druck berief Paul III. im Sommer 1542 das Konzil von neuem, und zwar nach Trient; die Kirchenversammlung sollte bereits zu Allerheiligen 1542 eröffnet werden.

Noch einmal scheiterte die Konzilsberufung am Widerstand Frankreichs. Seit dem Juli 1542 erneut im Krieg mit dem Kaiser, verweigerte Franz I. die Publikation der Einberufungsbulle; an ein Erscheinen französischer Prälaten in Trient war nicht zu denken. So sah sich Paul III., um nicht die Gefahr eines Schismas heraufzubeschwören, im Herbst 1543 zu einer erneuten Suspension des Konzils veranlaßt. Dann aber brachten die Erfolge des Kaisers im vierten Krieg gegen Franz I. den endgültigen Durchbruch: Im Frieden von Crépy 1544 verpflichtete sich der französische König zur Beschickung des Konzils; schon wenige Wochen darauf hob Paul III. die Suspension des Konzils wieder auf. Zwar dauerte es noch bis zum Dezember 1545, ehe die Kirchenversammlung wirklich eröffnet werden konnte. Die Grundentscheidung für das Konzil aber, eine Entscheidung von welthistorischem Rang, war doch gefallen, und Karl V. hatte an ihr das maßgebende Verdienst.

b) Reichspolitik und politische Verfestigung des deutschen Protestantismus 1526–1532

Die reformatorische Bewegung der frühen 20er Jahre hatte sich kaum irgendwo auf eine entschiedene Option der politischen Gewalten stützen können. Anderseits war es auch nur in wenigen Territorien – vor allem in den habsburgischen Niederlanden, daneben in Bayern und im Herzogtum Sachsen sowie in der Mark Brandenburg – zu einschneidenden politischen Maßnahmen gegen die Reformation gekommen. Die große Mehrheit der Reichsstände vermied es einstweilen ungeachtet des Wormser Edikts, sich im Glaubensstreit politisch zu engagieren. Immerhin schlossen sich die wichtigsten katholischen Stände Süddeutschlands – die Habsburger, Bayern, einige Bischöfe – 1524 in Regensburg im Interesse innerkirchlicher Reformen und zugleich zur Durchsetzung des Wormser Edikts zusammen; 1525 kam es in Dessau zu einem entsprechenden Bündnis nord- und mitteldeutscher Fürsten. Auf der Gegenseite brachte der junge Landgraf Philipp von Hessen, der aus einem entschiedenen Gegner zu einem ebenso entschiedenen Anhänger Luthers geworden war und schon bald zum politisch führenden Kopf der Reformation wurde, im Februar 1526 das hessisch-kursächsische Defensivbündnis von Torgau zustande, dem sich bald einige andere evangelische Fürsten Norddeutschlands, dazu die Stadt Magdeburg, anschlossen. Der Bauernkrieg nahm jedoch allen Obrigkeiten die Lust zu jeglichem irgend vermeidbaren Konflikt, und so wurde auch die Gefahr einer offenen Auseinandersetzung zwischen den altgläubigen und reformatorischen Bündnissystemen vorerst nicht akut.

Im Gegenteil kam es auf dem Reichstag von Speyer 1526 zu einem folgenreichen Kompromiß. Zwar der Versuch einer nationalkirchlichen Reform, mit deren Hilfe die Reichsstände auch die Kluft zwischen den Glaubensparteien wieder zu schließen hofften, scheiterte schon am Widerspruch des Kaisers in Spanien, der von einem solchen Versuch – ähnlich wie von dem Projekt einer Nationalversammlung 1524 – die Gefahr eines Schismas befürchtete. Aber gerade diese Stellungnahme Karls V. bewog die Reichsstände doch nicht nur zu dem Beschluß, den Kaiser zu bitten, er möge für die Einberufung eines Generalkonzils – oder auch einer Nationalversammlung – binnen eineinhalb Jahren sorgen; vielmehr erklärte man zugleich, sich in Sachen des Wormser Edikts so verhalten zu wollen, „wie ein jeder solches gegen Gott und kaiserliche Majestät hoffe und vertraue zu verantworten“[42]. Damit wurde die Verantwortung und auch das Entscheidungsrecht im Glaubensstreit faktisch auf die einzelnen Reichsstände verlagert, und das war eine konfessions- und verfassungspolitische Weichenstellung von höchster Bedeutung: Das sich hier abzeichnende Junktim von konfessioneller Entscheidungsfreiheit und Reformationsrecht der Reichsstände sollte langfristig zu einem Grundelement der politischen Ordnung des Reichs werden. Auch die unmittelbaren Auswirkungen jener Erklärung waren beträchtlich. An sich nur als zeitlich eng begrenzte Lösung, eben bis zur baldigen Entscheidung durch das Konzil, gedacht, wurde der Reichsabschied von 1526 in der Folge von nicht wenigen Reichsständen als rechtliche Grundlage für den Aufbau eines evangelischen Kirchenwesens in Anspruch genommen. Die Entstehung eines evangelischen Landes- bzw. Stadtkirchentums war zwar nicht einfach eine Folge des Speyerer Reichsabschieds; sie wurde durch ihn aber reichspolitisch ungemein erleichtert.

Abgesehen von den Beschlüssen des Speyerer Reichstags kam der Reformation auch eine Reihe von Verschiebungen in der Gesamtkonstellation der deutschen und europäischen Politik zugute. Zum einen standen Kaiser und Papst seit dem Abschluß der Liga von Cognac 1526 in offenem Krieg miteinander; an ein gemeinsames Vorgehen der beiden Häupter der Christenheit gegen die Reformation war bis auf weiteres nicht zu denken. Dazu kam seit der Katastrophe von Mohács die Bindung der Kräfte Erzherzog Ferdinands durch seinen Kampf um die ungarische Königskrone und gegen die Türken. Zum dritten aber eskalierte in diesen Jahren die politische Rivalität der bayerischen Wittelsbacher gegenüber den Habsburgern in gefährlicher Weise. So bewarben sich die Bayern 1526 in offener Konkurrenz zu Ferdinand um die böhmische Krone; wenig später meldeten sie sogar – übrigens mit päpstlicher Unterstützung – Ambitionen auf die römische Königswürde und damit auf die Nachfolge im Kaisertum an.

Solche Erschwerungen einer umfassenden Abwehr der Reformation hinderten freilich nicht, daß bald nach der endgültigen Niederwerfung der aufständischen Bauern 1526 die kirchlichen und politischen Spannungen zwischen den Glaubensparteien im Reich wieder zunahmen. Insbesondere Landgraf Philipp von Hessen wurde jetzt zum Promotor einer betont evangelischen und zugleich antihabsburgischen Politik. Daß er den vertriebenen und 1523 zur Reformation übergegangenen Herzog Ulrich von Württemberg bei sich aufnahm und dessen Rückführung in sein angestammtes Herzogtum betrieb, war für diese Politik des Landgrafen überaus bezeichnend: Eine Wiedereinsetzung Herzog Ulrichs mußte ja nicht nur den Gewinn eines weiteren großen Territoriums für die Reformation bedeuten, sondern zugleich den Verlust des Herzogtums für die Habsburger. Bereits 1528 drohten die Spannungen im Reich überhaupt in einen offenen Krieg umzuschlagen. Die den evangelischen Reichsständen hinterbrachten Informationen über ein angeblich im Mai 1527 in Breslau geschlossenes Offensivbündnis katholischer Fürsten zur Ausrottung der „Ketzerei“ beruhten zwar auf einer Fälschung des undurchsichtigen herzoglich-sächsischen Vizekanzlers Otto von Pack; noch diese Fälschung aber und erst recht die Gegenmaßnahmen Hessens und Kursachsens – Philipp von Hessen hatte 1528 schon mit militärischen Aktionen gegen Würzburg und Mainz begonnen, als die Fälschung aufgedeckt wurde – verschärften die Gegensätze aufs gefährlichste. Unter dem Eindruck dieser zunehmenden Konfrontation stand auch der Zweite Speyerer Reichstag von 1529.

Die religionspolitische Initiative lag diesmal durchaus auf seiten König Ferdinands. Sein vordringliches Ziel bestand darin, die Unterstützung der Reichsstände gegen die Türken zu gewinnen, die sich gerade zum Angriff auf Wien formierten. Zugleich aber hielt er es für geraten, erneut den Reichstag gegen die Reformation zu mobilisieren. Er stand damit in einem gewissen taktischen Gegensatz zu Karl V., der wegen seines gleichzeitigen Kriegs mit Frankreich und dem Papst, vielleicht auch unter dem Einfluß der auf Vermittlung im Glaubensstreit bedachten Humanisten in seiner Umgebung, jetzt nicht auch noch den religionspolitischen Konflikt im Reich geschürt wissen wollte. Die Anweisungen des Kaisers für den Reichstag trafen jedoch nicht rechtzeitig in Speyer ein, und so ließ König Ferdinand - obzwar im Namen des Kaisers – dem Reichstag eine eigene Proposition vortragen, in der er neben einer umfänglichen Türkenhilfe auch unzweideutige Beschlüsse der Reichsstände gegen die Reformation forderte: das Verbot aller weiteren kirchlichen Neuerungen bis zum Konzil und die Aufhebung des Religionsartikels von 1526, dazu die Androhung der Reichsacht gegen alle Zuwiderhandelnden.

Die entscheidenden Religionsverhandlungen des Reichstags fanden im Rahmen eines großen interkurialen Ausschusses statt, in dem die Altgläubigen eine erdrückende Mehrheit hatten. Die Empfehlungen des Ausschusses entsprachen denn auch im wesentlichen den Forderungen der Proposition König Ferdinands. Natürlich erhob sich dagegen in den weiteren Verhandlungen der heftigste Widerstand der evangelischen Reichsstände;

er kulminierte – am 19. April 1529 – in jener berühmten und folgenreichen „Protestation", die den Anhängern der Reformation bis auf den heutigen Tag die Bezeichnung „Protestanten" eingetragen hat. Die Protestation verwahrte sich nicht nur dagegen, daß der einhellig beschlossene Reichsabschied von 1526 jetzt durch einen bloßen Mehrheitsentscheid wieder umgestoßen werden solle; sie stellte vielmehr darüber hinaus das Prinzip auf, daß in Glaubenssachen überhaupt nicht durch Mehrheitsvoten entschieden werden könne, weil nämlich „... in den Sachen Gottes Ehre und unser Seelen Heil und Seligkeit belangend ein jeglicher für sich selbst vor Gott stehen und Rechenschaft geben muß"[43]. Ihre endgültige Fassung erhielt die Protestation am 22. April 1529, nachdem die katholische Reichstagsmehrheit das Bedenken des Ausschusses ungeachtet des Widerspruchs der evangelischen Reichsstände nahezu unverändert zum Beschluß erhoben und in den Reichsabschied aufgenommen hatte. Die Protestation wurde jetzt in die Form einer feierlichen Appellation an Kaiser und Konzil gebracht; sie trug die Unterschrift von fünf Fürsten – des Kurfürsten Johann von Sachsen, des Landgrafen Philipp von Hessen, des Markgrafen Georg von Brandenburg-Ansbach, des Herzogs Ernst von Braunschweig-Lüneburg und des Fürsten Wolfgang von Anhalt –, dazu der Reichstagsgesandten von 14 oberdeutschen Reichsstädten.

An sich war die Protestation einer überstimmten Minderheit oder auch eines einzelnen Reichsstands gegen Mehrheitsbeschlüsse des Reichstags keine Singularität; überhaupt ist ja die grundsätzliche Verbindlichkeit von Reichstagsbeschlüssen gegenüber dissentierenden Reichsständen erst allmählich im Laufe der frühen Neuzeit durchgesetzt worden. Daß die Protestation von 1529 die Kompetenz des Reichs zur Entscheidung strittiger Fragen des Glaubens gegen den Willen auch nur eines einzigen Reichsstands grundsätzlich bestritt, war jedoch neu und von zukunftsweisender Bedeutung – ein erster förmlicher Schritt auf dem Wege zur Säkularisierung des Reichs, auch wenn an dessen christlichem Charakter ansonsten festgehalten wurde.

In Ergänzung ihrer Protestation versuchten die evangelischen Reichsstände, den in Italien weilenden Kaiser zur Zusage eines wenigstens vorläufigen Stillhaltens in Sachen des Wormser Edikts zu bewegen. Karl V. war zu einer derartigen Zusage freilich um so weniger zu bewegen, als er mittlerweile durch die Friedensschlüsse von 1529 von der Last des Kriegs gegen die Liga von Cognac frei geworden war; die protestantische Gesandtschaft kehrte also unverrichteter Dinge wieder aus Italien zurück. Angesichts solcher Bedrohlichkeiten verstärkten sich bei den evangelischen Reichsständen die Tendenzen zu einem religionspolitischen Verteidigungsbündnis. Noch in Speyer, am Tage des Reichstagsabschieds, war es zwischen Kursachsen, Hessen, Straßburg, Nürnberg und Ulm zu einem ersten, geheimen Entwurf eines solchen Defensivbündnisses gekommen. Jetzt suchte man diese Ansätze auszubauen und zu verfestigen. Vor allem Philipp von Hessen trieb solche Pläne voran, und zwar von vornherein in der Absicht, auch die reformatorischen Orte der Schweiz wie überhaupt die wichtigsten europäischen Gegner der Habsburger – vor allem Frankreich – in das Bündnis mit einzubeziehen. Politische Logik war diesen Plänen nicht abzusprechen: Je weiter die Einung gespannt werden konnte – welche Motive die Bündnispartner dabei auch immer haben mochten –, desto größer war die Chance der damit erreichten politischen Sicherung der Reformation. Die Kehrseite der Medaille aber bestand in einer unerhörten Politisierung der Reformation, in einer verstärkten Politisierung auch gegen Kaiser und Reich.

Die Pläne des Landgrafen stießen nun freilich auf mancherlei Widerstände – auch im eigenen Lager, nicht zuletzt bei Luther selbst. Zum einen waren dem Reformator politische Bündnisse zum Schutz des Evangeliums per se suspekt, erst recht, wenn sie auf einen aktiven Widerstand gegen Kaiser und Reich hinausliefen; zum andern trug er erhebliche Bedenken, sich in ein Bündnis zum Schutz des Evangeliums mit solchen Leuten einzulassen, die selbst das Evangelium in wesentlichen Punkten verfälschten – und dazu zählte er auch Zwingli und dessen Anhänger, die ihm seit 1524 immer deutlicher als „Sakramentierer“ und „Schwärmer“ galten. Angesichts dieser Haltung Luthers war es nur konsequent, daß Landgraf Philipp alle Anstrengungen unternahm, um die dogmatischen Gegensätze zwischen der deutschen und der schweizerischen Reformation auszuräumen. Eben dies war denn auch der politische Sinn des Religionsgesprächs von Marburg 1529, an dem Luther, Melanchthon, Jonas, der schwäbische Reformator Brenz und der Nürnberger Osiander, auf der anderen Seite Zwingli, Oekolampad – der Reformator Basels – sowie Caspar Hedio und Martin Butzer aus Straßburg teilnahmen. Die Kolloquenten kamen sich ziemlich nahe und konnten sich in vierzehn von fünfzehn ursprünglichen Streitpunkten einigen; in der Frage der Präsenz Christi im Abendmahl aber blieb es doch beim Dissens, und dieser Dissens war auch nicht als unerheblich beiseite zu schieben. Ganz entgegen den Intentionen Landgraf Philipps verfestigte das Marburger Religionsgespräch damit den theologischen Gegensatz zwischen Luther und Zwingli und entschied zugleich gegen ein politisches Zusammengehen der deutschen und der schweizerischen Reformation. Wenige Tage nach dem Marburger Religionsgespräch erwies sich, daß auch mit den oberdeutschen Städten, die in theologischer wie in kirchenpolitischer Hinsicht zwischen Luther und Zwingli standen, vorerst keine gemeinsame dogmatische Grundlage zu erreichen war: Auf dem Schwabacher Konvent vom 16. Oktober 1529 waren insbesondere Straßburg und Ulm nicht bereit, den – nun allerdings auch wieder schroff antizwinglianischen – sogenannten 17 Schwabacher Artikeln der Wittenberger zuzustimmen.

In diese wenig geklärte Situation hinein traf im Winter 1529/30 die Einladung Kaiser Karls V. zu einem Reichstag nach Augsburg. Dieser Reichstag sollte die Religionspolitik in Deutschland bis zum Ende des Jahres 1530 beherrschen.

Für die Reichsversammlung war zum einen von grundlegender Bedeutung, daß der Kaiser selbst anwesend war und die Verhandlungen leitete; damit bekamen diese Verhandlungen eine ungleich größere Verbindlichkeit als die der anderen Reichstage seit 1521. Zum andern war für den Verlauf der Dinge bedeutsam, daß Karl V. in Augsburg nicht einfach und von vornherein auf die Erzwingung des Wormser Edikts drang; im Ausschreiben für den Reichstag jedenfalls begehrte der Kaiser in humanistisch anmutenden, auf Ausgleich und Versöhnung gestimmten Wendungen „eines jeden Gutdünken, Opinion und Meinung" in der Religionssache zu hören[44]. In der Vorbereitung der Reichsversammlung nahmen die evangelischen Reichsstände das Verhandlungsangebot des Kaisers nicht recht ernst und kamen deshalb ohne ein gemeinsames theologisches und kirchenpolitisches Konzept nach Augsburg. Während des Reichstags aber wußten sie dann doch die Chance einer grundsätzlichen Rechenschaft über die in den „ecclesiae apud nos" gepredigte Lehre zu nutzen. Unter Zugrundelegung älterer Artikelsammlungen, vor allem der Schwabacher Artikel vom Sommer 1529, arbeitete Melanchthon mit Hilfe von Jonas, Agricola und Spalatin binnen weniger Tage die „Confessio Augustana" aus, von vornherein in deutscher und lateinischer Sprache; der kursächsische Altkanzler Brück schrieb dazu die Vorrede. Am 25. Juni 1530 wurden Vorrede und Confessio öffentlich verlesen und dem Kaiser überreicht. Die vier oberdeutschen Städte Straßburg, Konstanz, Memmingen und Lindau, die wegen ihres Dissenses in der Abendmahlsfrage die Confessio Augustana nicht hatten unterzeichnen wollen, ließen dem Kaiser zwei Wochen später ein eigenes Bekenntnis überreichen; diese „Confessio Tetrapolitana" spielte in den folgenden Verhandlungen des Reichstags jedoch kaum eine Rolle.

Die Confessio Augustana formulierte die Grundlehren der entstehenden evangelischen Kirche vor allem in positiver Fassung der Glaubenssätze, unter weitgehender Vermeidung antikatholischer Polemik. Im Gegenteil: Man bemühte sich um den Nachweis der Übereinstimmung der evangelischen Lehre nicht nur mit der Heiligen Schrift, sondern auch mit der Lehrtradition der alten Kirche; im Grunde hätten die evangelischen Stände nur offenkundige Mißbräuche abgeschafft. So verschwieg die Confessio selbst die reformatorische Bestreitung des Opfercharakters der Messe und des päpstlichen Primats. Dieses apologetische Argumentationsmuster entsprach gleichermaßen der ungünstigen objektiven Verhandlungsposition der Evangelischen auf dem Reichstag wie Melanchthons persönlicher, humanistisch gefärbter und gelegentlich bis zur Ängstlichkeit gehenden Friedensliebe. Ein unmittelbarer Verhandlungserfolg war solcher Zurückhaltung jedoch nicht beschieden. Der Kaiser berief alsbald nach Überreichung der Confessio Augustana eine katholische Theologenkommission zur Begutachtung, und deren – im wesentlichen von Eck verfaßte – scharf ablehnende Stellungnahme wurde zur Grundlage der nicht weniger ablehnenden „Confutatio", die am 3. August 1530 im Namen des Kaisers vor den Reichsständen verlesen wurde.

Immerhin konnte Karl V. angesichts der akuten Türkengefahr nicht daran denken, die in der Confutatio geäußerte Drohung gewaltsamen Vorgehens wahr zu machen. So kam es seit Mitte August zu Vergleichsverhandlungen, in denen sich namentlich die Humanisten beider Glaubensparteien um theologische wie kirchenpolitische Kompromisse bemühten. Luther, der als Geächteter nicht am Reichstag teilnehmen konnte und derweil auf der Coburg saß, sah sich sogar wiederholt veranlaßt, seinen Freund Melanchthon und die anderen Genossen in Augsburg vor einem zu weit gehenden Entgegenkommen zu warnen. Trotz mancher dogmatischer Annäherungen erwies sich indessen, daß in den grundlegenden Streitfragen kein Kompromiß zu erzielen war; am 22. September verweigerte der Kaiser sogar die bloße Entgegennahme der von Melanchthon als Antwort auf die Confutatio verfaßten Apologie des Augsburgischen Bekenntnisses. Schließlich verhandelte man nur mehr über Möglichkeiten und Grenzen einer politischen Duldung der Anhänger der Confessio Augustana. Zu einer solchen reichsrechtlich fixierten Toleranz aber wollte sich Karl V. endlich doch nicht verstehen. Im November 1530 ließ der Kaiser die Religionsverhandlungen abbrechen und mit Hilfe der katholischen Stände – die meisten evangelischen Reichsstände hatten den Reichstag bereits verlassen – das Wormser Edikt wieder in Kraft setzen. Zwar wurde den Anhängern der Confessio Augustana für ihre Rückkehr zur alten Kirche bis zum April 1531 Zeit gegeben; weitere Neuerungen aber sollten unterbleiben, der katholische Gottesdienst nirgends beeinträchtigt und entfremdetes Kirchengut restituiert werden. Darüber hinaus definierte der Reichsabschied vom 29. November überhaupt jedweden Akt reformatorischer Veränderung, auch wenn er ohne jede Gewaltanwendung geschehen würde, als Landfriedensbruch und unterstellte ihn damit den scharfen Sanktionen des Landfriedensrechts. Tatsächlich ist es in den folgenden Jahren zu einer langen Reihe derartiger Religions- bzw. Landfriedensprozesse vor dem Kammergericht gekommen; man nannte das den „rechtlichen Krieg" gegen die Reformation.

Zur gleichen Zeit, da die Reformation in Deutschland in der Folge der Reichstage von Speyer und Augsburg 1529/30 in reichspolitisch rauhes Fahrwasser geriet, mußte die Reformation Ulrich Zwinglis in der Schweiz noch viel ärgere Schläge einstecken. Zwar hatte sich die reformierte Kirche Zürichs seit der Mitte der 20er Jahre zusehends gefestigt. Von Zürich aus hatte die Reformation darüber hinaus in anderen Orten der Schweiz Eingang gefunden: in St. Gallen, der Wirkungsstätte Vadians, in Basel, in Bern und Schaffhausen; 1530 nahmen auch Neuchâtel und die Juratäler die Reformation an. Schon 1526 aber hatte sich auf einer von der Tagsatzung einberufenen Disputation zu Baden im Aargau gezeigt, daß an eine Gewinnung der gesamten Eidgenossenschaft für die Reformation nicht zu denken war, und in der Folge versteifte sich der Widerstand namentlich der altgläubigen Orte der Innerschweiz. Daß Zürich in seinen Herrschaftsgebieten mit steigender Härte gegen die katholische Opposition vorging, daß es umgekehrt in katholischen Gebieten zu protestantischen Martyrien kam, verschärfte die Situation; dazu kam Zwinglis Eingehen auf die ehrgeizigen Pläne Philipps von Hessen für eine umfassende Koalition aller Protestanten mit Frankreich und anderen antihabsburgischen Mächten Europas. In der Abwehr solcher Konspirationen schlossen die altgläubigen Orte – Schwyz, Uri, Unterwalden, Zug und Luzern, dazu Fribourg und das Wallis – 1529 eine „christliche Allianz“ mit Erzherzog Ferdinand von Österreich; 1531 kam es dann zum Krieg. Das schlecht gerüstete, von seinen Bundesgenossen im Stich gelassene Zürich erlag rasch der Übermacht der katholischen Kantone; Zwingli selbst fiel am 11. Oktober 1531 in der Entscheidungsschlacht von Kappel. Zwar bedeutete der Sieg der Altgläubigen nicht, wie Ferdinand es anfänglich erhoffte, das Ende des Protestantismus in der Schweiz; die Friedensschlüsse von 1531/32 ließen das reformierte Bekenntnis in den vier Kantonen Zürich, Bern, Basel und St. Gallen grundsätzlich bestehen, eingeschränkt nur durch den Schutz der katholischen Minderheiten. Anderseits mußten die reformierten Orte aber auch das katholische Bekenntnis der altgläubigen Kantone anerkennen und auf jede konfessionelle Bündnispolitik über die Eidgenossenschaft hinaus verzichten. Die Expansionskraft der Schweizer Reformation war dadurch fürs erste gebrochen; auch in den Gemeinen Herrschaften der Eidgenossenschaft, denen die Friedensschlüsse eine konfessionelle Option auf Grund Mehrheitsbeschlusses der einzelnen Gemeinden einräumten, konnte die Reformation in der Folge keinen weiteren Boden gewinnen. Lediglich in Genf eröffneten sich dem reformierten Bekenntnis jetzt – und erst jetzt – neue Chancen; von hier aus sollte seit den 40er Jahren der Protestantismus calvinistischer Prägung seinen europäischen Einfluß gewinnen.

In Deutschland hatte der Augsburger Reichsabschied von 1530 der diffusen Religionspolitik des Reichs seit 1521 ein Ende gemacht; die Entscheidung des Wormser Edikts war ohne Abstriche bestätigt worden. Und Karl V. ließ auch erkennen, daß er das Reich in Zukunft nicht wieder dermaßen sich selbst überlassen wollte, wie das in den 20er Jahren der Fall gewesen war. Wenige Wochen nach dem Abschluß des Reichstags setzte er bei der Mehrheit der Kurfürsten – übrigens wiederum unter gewaltigem finanziellen Aufwand – die Wahl seines Bruders Ferdinand zum römischen König durch, und unmittelbar darauf übertrug er dem Neugewählten die Statthalterschaft im Reich für die Zeit der kaiserlichen Abwesenheit; vom Reichsregiment war nicht mehr die Rede. Zwar stieß die Anerkennung Ferdinands als römischen Königs auf erhebliche und langwierige Widerstände. Kurfürst Johann von Sachsen hatte aus rechtlichen wie aus politischen Gründen der Wahl Ferdinands seine Zustimmung versagt; dem schloß sich ein erheblicher Teil der evangelischen Reichsstände an. Dazu kam die Opposition Bayerns, das sich in der Auseinandersetzung um das römische Königtum zeitweise sogar eng mit den führenden evangelischen Reichsfürsten zusammenschloß (Saalfelder Bündnis 1531). Ungeachtet dieser erst allmählich ausgeräumten Widerstände aber bedeuteten die neue Statthalterschaft wie die römische Königswürde für Ferdinand doch einen beträchtlichen Zuwachs an Macht und Autorität, und damit gewann auch die Reichspolitik Karls V. eine neue und effektivere institutionelle Basis.

Überhaupt erfuhr das Regierungssystem des Kaisers für die Gesamtheit seiner europäischen Reiche und Herrschaften eben jetzt – in den späten 20er und beginnenden 30er Jahren – ihre im grundsätzlichen endgültige Ausgestaltung, und das war auch für das Reich von erheblicher Bedeutung. Die Eckpfeiler dieses Regierungssystems bildeten die Regentschaften, die der Kaiser bevorzugt mit Mitgliedern seiner Familie besetzte: mit seiner Gemahlin Isabella in Spanien, mit seiner Tante Margarete und nach deren Tod (1530) mit seiner Schwester Maria in den Niederlanden, mit seinem Bruder Ferdinand im Reich. Ein wohldurchdachtes System von Vollmachten der Regenten und Vorbehaltsrechten des Kaisers, dazu die nach Zehntausenden von Briefen zählende politische Korrespondenz mit den Regenten ermöglichten dem Kaiser eine sorgfältige Meinungsbildung und Entscheidungsfindung und überdies eine beachtliche Stetigkeit seiner politischen Präsenz auch in den Zeiten seiner persönlichen Abwesenheit. Der bloße Interventionismus gerade der Reichspolitik Karls V. während der 20er Jahre wurde damit weitgehend überwunden.

Bei alledem war bemerkenswert, daß Karl V. nach dem Tode des Großkanzlers Gattinara 1530 dessen Ziel einer länderübergreifenden Zentralverwaltung mit einem gemeinsamen Staatsrat an der Spitze nicht weiter verfolgte; selbst das Amt des Großkanzlers wurde nicht von neuem besetzt. Statt dessen suchte der Kaiser die Einheitlichkeit und Effektivität seines politischen Systems durch seine persönlichen Entscheidungen auf der Grundlage direkter politischer Kommunikation mit seinen wichtigsten Amtsträgern, vor allem eben mit den Regenten, sicherzustellen. Das machte freilich die Hilfe erfahrener Räte und Sekretäre nicht überflüssig, im Gegenteil. An die Spitze dieser vertrautesten politischen Diener des Kaisers rückten seit Gattinaras Tod zum einen der Spanier Francisco de los Cobos in der Funktion – obzwar nicht mit dem förmlichen Titel – eines Staatssekretärs für die Angelegenheiten der südeuropäischen und amerikanischen Reiche, zum andern der Burgunder Nicolas Perrenot, Herr von Granvelle, dem die mittel- und nordeuropäischen Agenden einschließlich der Reichspolitik des Kaisers oblagen. Neben Karl V. selbst, König Ferdinand und der Königinregentin Maria in den Niederlanden war Granvelle von 1530 bis zu seinem Tode 1550 die bedeutendste Figur der kaiserlichen Politik in Deutschland – ein Mann von exzellenter Kenntnis der politischen Verhältnisse Europas, umsichtig und geschickt im Umgang mit den Menschen, seinem kaiserlichen Herrn in unbeschränkter Loyalität ergeben, dabei ein durchaus selbständiger Kopf, der sich im Falle eines tieferen Dissenses mit dem Kaiser auch wohl auf seine burgundischen Güter beurlauben ließ, bis Karl V. ihn aufs dringlichste zurückbat. Unter den Ratgebern König Ferdinands war seit dem Ausgang der 20er Jahre dessen Oberster Kanzler Bernhard von Cles, Kardinal und Bischof von Trient, von vergleichbarem Einfluß.

Ungeachtet der eindeutigen Entscheidungen des Augsburger Reichstags gegen die Reformation wurden doch auch in der Folge nur wenige Versuche unternommen, von Reichs wegen das Wormser Edikt wirklich durchzusetzen. Der Grund dafür war zum einen, daß die Habsburger schon bald wieder in akute Konflikte mit Türken und Franzosen gerieten, die ihnen in Deutschland die Hände banden. Zum andern aber und vor allem kam es in der Reaktion auf den Augsburger Reichstag nun doch zu einem großen Defensivbündnis der protestantischen Stände. Luthers Bedenken gegen einen aktiven Widerstand gegen den Kaiser wurden durch juristische Argumentationen behoben: Die Juristen wiesen nach, daß die höchste Obrigkeit im Reiche nicht einfach beim Kaiser liege, sondern zumindest zwischen dem Kaiser und den Kurfürsten aufgespalten sei; überdies lasse das positive Reichsrecht in gewissen Fällen ausdrücklich einen Widerstand der Stände gegen das Reichsoberhaupt zu. Und wenn auch die Schweizer außerhalb der Einung blieben, so näherten sich die oberdeutschen Reichsstädte den lutherischen Positionen doch jetzt so weit an, daß sie in das Bündnis einbezogen werden konnten. Der im Februar 1531 zu Schmalkalden abgeschlossene Bund umfaßte deshalb außer Kursachsen, Hessen und einer Reihe anderer norddeutscher Fürsten und Städte auch einige der bedeutenderen süddeutschen Reichsstädte, vor allem das einflußreiche Straßburg; in den folgenden Jahren trat überhaupt die Mehrheit der deutschen protestantischen Reichsstände dem Schmalkaldischen Bund bei. Im übrigen war der Bund auch eine spezifisch ständische, insbesondere fürstliche, Allianz gegen die Übermacht des Hauses Habsburg; eben deshalb stand selbst das katholische Bayern dem Bund nahe. Und in ähnlicher Weise war der Schmalkaldische Bund ein sozusagen natürlicher Bündnispartner aller Gegner des Kaisers außerhalb des Reichs – zunächst Dänemarks, langfristig aber und vor allem natürlich Frankreichs.

Diese Gegengewichte der deutschen und europäischen Politik also zwangen den Kaiser in der Religionsfrage bis auf weiteres zum Einlenken, zu wenigstens zeitlich begrenzter Duldung der Evangelischen. Ihren verbindlichen Niederschlag fand diese vorläufige Duldung zuerst im sogenannten Nürnberger Anstand vom Juli 1532.

Anders als noch in der Endphase des Augsburger Reichstags 1530 gab Karl V. bereits im Jahre darauf – vor allem auf Drängen König Ferdinands, der sich auf die Hilfe auch der evangelischen Reichsstände gegen die Türken angewiesen sah – seine Zustimmung zu Verhandlungen über eine politische Toleranz für die deutschen Protestanten. Während des Regensburger Reichstags von 1532 kamen diese Verhandlungen in Nürnberg zu einem erfolgreichen Abschluß. Die Vorschläge der Protestanten für den angestrebten modus vivendi der Glaubensparteien liefen auf eine völlige Freistellung der Confessio Augustana im Reich hinaus – unter Ausschluß zwar der Zwinglianer, aber in grundsätzlicher Gleichstellung mit der katholischen Kirche, einschließlich der Forderung individueller Bekenntnisfreiheit auch für die Untertanen der Reichsstände. Das tatsächliche Ergebnis der Verhandlungen war freilich sehr viel bescheidener: Karl V. fand sich lediglich dazu bereit, bis zur Entscheidung des Konzils den Schutz des von ihm gebotenen Landfriedens auch auf die evangelischen Reichsstände zu erstrecken; diese Konzession sollte insofern auch rückwirkend gelten, als der Kaiser die bereits laufenden Prozesse des Kammergerichts gegen die evangelischen Reichsstände zu suspendieren versprach. Daß Karl V. den Nürnberger Anstand nicht förmlich durch den Reichstag verabschieden ließ, daß er die Suspension der Kammergerichtsprozesse sogar geheimzuhalten wünschte, ließ im übrigen deutliche Vorbehalte und Reserven des Kaisers gegenüber seinen eigenen Zusagen erkennen. Trotz dieser Unsicherheiten und Vorläufigkeiten aber war der Nürnberger Anstand doch von enormer reichsgeschichtlicher Bedeutung: Mit ihm verließ Karl V. zum ersten Mal – wenn auch nur unter dem Vorbehalt künftiger Entscheidungen des Konzils – den durch den päpstlichen Bann und die Reichsacht gegen Luther festgelegten Weg. Kaum jemand hat das so scharf gesehen wie Martin Luther selbst, der den Nürnberger Anstand geradezu als göttliche Bestätigung des Wegs der Reformation empfand; seit 1532 war Luther überzeugt, daß Reich und Reformation letzten Endes versöhnt werden könnten.

So wenig die Politisierung des Glaubensstreits und seine trennenden Wirkungen für das soziale und politische Leben Deutschlands schon seit den 20er Jahren unterschätzt werden dürfen, so wenig dürfen diese Gegensätze doch absolut gesetzt werden. Insbesondere waren die Reichsstände noch immer durchaus in der Lage, eine respektable Reichsgesetzgebung ins Werk zu setzen, und in den strittigen Fragen der Reichspolitik verliefen die Fronten der gegensätzlichen Meinungen häufig quer durch die konfessionellen Lager.

Das wichtigste Werk der Reichsgesetzgebung dieser Jahre war die „Peinliche Halsgerichtsordnung" von 1532, nach dem Namen des Kaisers auch „Constitutio Criminalis Carolina" genannt. Auf Vorarbeiten Johann von Schwarzenbergs beruhend, vor allem auf dessen Bamberger Halsgerichtsordnung von 1507, trug die CCC wesentlich dazu bei, die namentlich im Prozeßrecht verwilderte Strafjustiz des späten Mittelalters neu zu ordnen. Ihre langfristig wichtigste Neuerung bestand in der breiten Aufnahme des Inquisitionsprinzips, d. h. der Verbrechensverfolgung als Recht und Pflicht der öffentlichen Gewalt, unabhängig von dem Strafbegehren des Geschädigten, unter prinzipiellem Ausschluß erst recht der Fehde. Darüber hinaus aber bedeutete die Carolina auch einen Fortschritt an Humanität des Strafrechts. Zwar hielt sie an einer Fülle von Leibesstrafen und auch an der Folter als Mittel der Geständniserzwingung fest; doch suchte sie die Schwere der Delikte und der Strafen in ein angemessenes Verhältnis zu bringen und band die Anwendung der Folter an sehr enge und genaue Voraussetzungen. Gemessen an der willkürlichen und barbarischen Strafjustiz des ausgehenden Mittelalters war das ein nicht geringzuschätzender Gewinn an Gerechtigkeit wie an Rechtssicherheit. Auch das Bemühen um die Formulierung genau bestimmter Straftatbestände sowie die grundsätzliche Bindung der Strafe an die Schuld des Täters waren rechtspolitische Fortschritte von Gewicht. Als solcherart bedeutendes Werk der Strafrechtsreform von Reichs wegen wurde die Peinliche Halsgerichtsordnung in der Folge zum Vorbild zahlreicher Territorialgesetze; im wesentlichen wurde sie überhaupt erst durch die großen territorialstaatlichen Kodifikationen der Aufklärungszeit überholt.

Nicht viel weniger wichtig als die Halsgerichtsordnung war die vom Augsburger Reichstag 1530 verabschiedete Reichspolizeiordnung, die in den folgenden Jahrzehnten zum Ausgangspunkt einer ausgedehnten Polizeigesetzgebung nicht nur des Reichs, sondern auch der Territorien wurde – wichtiges Instrument der Expansion staatlicher Verwaltung über immer weitere Bereiche des gesellschaftlichen Lebens, wichtiges Instrument auch der Ausdifferenzierung und Festigung der sozialen Ränge; namentlich die ständisch abgestuften Luxusverbote der Polizeiordnungen waren durchaus sozialpolitisch gemeint. Von den überwiegend maßvollen und lebensnahen Vorschriften der Polizeiordnung heben sich ihre willkürlich harten und diskriminierenden Bestimmungen gegen die Juden unangenehm ab. Zwar hatten die Juden an Josel von Rosheim, den schon Kaiser Maximilian zum „Befehlshaber und Regierer der gesamten Judenheit der deutschen Nation" ernannt hatte, einen gleichermaßen gelehrten wie mutigen Anwalt ihrer Sache auf dem Reichstag; trotzdem stellte die Polizeiordnung schließlich – unter Aufhebung aller entgegenstehenden Privilegien – jedem Reichsstand frei, ob er überhaupt Juden „bei ihm leyden" wolle oder nicht. Die etwa geduldeten Juden aber hätten einen gelben Judenring an Rock oder Kappe zu tragen und seien im übrigen dermaßen zu halten, daß sie sich „des Wuchers und wucherlicher Kauff enthalten und mit ziemlicher Handthierung und Handarbeit ernehren"[45] – was die Juden angesichts ihres notorischen Ausschlusses vom zünftischen Handwerk wie von städtischem oder ländlichem Grundbesitz auf niederste Hilfsarbeiten oder aber in die berufliche Illegalität verwies. Das Reich ist von diesen Prinzipien seiner Judengesetzgebung das ganze Jahrhundert hindurch nicht mehr abgegangen; die Judenpolitik der Territorien entsprach diesen Prinzipien zwar nicht konsequent, näherte sich ihnen in den folgenden Jahrzehnten jedoch auf fatale Weise an.

Ebenfalls auf dem Augsburger Reichstag von 1530 stand erneut das Projekt eines Antimonopolgesetzes auf der Tagesordnung; die daraus erwachsenden Verhandlungen der Reichsversammlung bedeuteten den Höhepunkt der wirtschaftspolitischen und -ethischen Auseinandersetzungen im Reiche des 16. Jahrhunderts überhaupt. Die Intervention Karls V. zugunsten der großen Handelsgesellschaften 1523 und 1525 hatte den „Monopolienstreit" im Reich nicht beendet; die Sorge vor Unruhen des gemeinen Mannes wegen der „Fuggerei" verlieh den antimonopolistischen Forderungen seit dem Bauernkrieg politischen Nachdruck. Regiment und Reichstage griffen das Problem wieder auf; 1529/30 erhob der Reichsfiskal neue Monopolklagen gegen Augsburger Gesellschaften. Der Reichstag von Augsburg 1530 schließlich bildete eine Kommission „der Monopolien halber", die nach ausführlichen Beratungen ein umfassendes Gesetz gegen die großen Handelsgesellschaften vorschlug. Die Empfehlungen des Ausschusses beruhten ganz auf der Wertordnung vorkapitalistischen Wirtschaftens: Sie lehnten den ökonomischen „Eigennutz" wie schon die Kapitalmassierung und auch die Internationalität der großen Handelsgesellschaften strikt ab. Als konkrete Maßnahmen wurden die Beschränkung des Geschäftskapitals eines Handelsunternehmens auf höchstens 50000 Gulden sowie die Zulassung von allenfalls drei auswärtigen Faktoreien, darüber hinaus die Festsetzung obrigkeitlicher Höchstpreise für Fernhandelsgüter empfohlen, schließlich sogar das Verbot für Reichsangehörige, mit Portugal oder im Mittelmeer überhaupt Handel zu treiben. Zuwiderhandlungen sollten mit Vermögenskonfiskation und Ausweisung bestraft werden.

Der Entwurf des Ausschusses entsprach gewiß der Meinung oder doch der Stimmung eines Großteils der Reichsstände. Aber es gab doch auch Gegenmeinungen, und eine erneute Denkschrift des Augsburger Humanisten und Stadtsyndikus Konrad Peutinger präsentierte diese Gegenargumente in überlegener Manier – schärfer und präziser noch als 1523. Peutinger zeigte die Unverzichtbarkeit großer Kapitalien für den Betrieb bestimmter, unentbehrlicher Unternehmen des Handels und des Gewerbes, z. B. der so kapitalintensiven Bergwerke. Des weiteren verdeutlichte er die marktgesetzliche Abhängigkeit der Preisbewegungen von Angebot und Nachfrage; ein obrigkeitlich festgelegter Preis wäre demgegenüber wirklichkeitsfremd, seine angeblich größere Gerechtigkeit eine bloße und überdies unzureichend begründete Wunschvorstellung. Sinnvoller wäre es vielmehr, dem Erwerbstrieb als wichtigstem, moralisch und rechtlich legitimen Impuls wirtschaftlichen Handelns mit der Chance des Gewinns wie mit dem Risiko des Verlusts freie Bahn zu schaffen – in der Kapitalausstattung wie in der Ausdehnung des Unternehmens und auch in seiner Preisgestaltung. Die Modernität dieser Konzeption Peutingers springt ins Auge; sie trug im Grunde schon ein frühliberales Gepräge. Es verwundert deshalb auch nicht, daß die Mehrheit der von traditionellen Leitvorstellungen einer gerechten Wirtschaftsordnung geprägten Reichsstände dem Plädoyer Peutingers nicht zu folgen vermochte. Immerhin bewirkte die Opposition gegen den Entwurf des Monopolausschusses doch so viel, daß das vorgeschlagene Gesetz nicht verabschiedet wurde. Auch der Monopolprozeß wurde wiederum nicht zu Ende geführt; seine Akten verschwanden 1532 in Spanien, wohin der Kaiser sie sich hatte nachschicken lassen. In der Folgezeit flaute der Streit allmählich ab; zumindest die Zulässigkeit einer angemessenen Verzinsung von Produktionskrediten wurde bald kaum mehr bestritten. Obrigkeitliche Preis- und Lohndirigismen verschwanden freilich niemals aus dem Repertoire fürstlicher und städtischer Wirtschaftspolitik.

c) Die Ausbreitung der Reformation von der Mitte der 20er bis zum Beginn der 40er Jahre

Seit der Mitte der 20er Jahre, verstärkt seit der Gründung des Schmalkaldischen Bundes, nahm die Reformation im Reich einen wahren Siegeslauf. Abgesehen vom Ordensland Preußen, das mit der Säkularisierung zum weltlichen Herzogtum unter polnischer Lehnshoheit 1525 aus dem Reichsverband ausschied, gingen bis 1530 Kursachsen und Hessen, Braunschweig-Lüneburg und Brandenburg-Ansbach offiziell und verbindlich zur Reformation über, dazu eine erhebliche Reihe bedeutender Städte: in Niederdeutschland – um nur die wichtigsten zu nennen – die Altstadt Magdeburg, Stralsund, Celle, Goslar, Braunschweig, Göttingen, Bremen und Hamburg, dazu Riga im fernen Livland, in Oberdeutschland Nürnberg, Straßburg, Reutlingen, Kempten, Memmingen, Konstanz und Lindau. Seit 1531 folgte in rascher Sequenz eine Vielzahl weiterer Städte und fürstlicher Territorien, unter ihnen 1534 Württemberg und Pommern, Anhalt-Dessau, die schlesischen Fürstentümer Liegnitz und Brieg, 1539 das Herzogtum Sachsen und das Kurfürstentum Brandenburg, zu Beginn der 40er Jahre Pfalz-Neuburg und Pfalz-Sulzbach; auch Mecklenburg wurde jetzt Schritt für Schritt evangelisch. Daneben gab es eine große Anzahl weiterer weltlicher und geistlicher Territorien und Städte, in denen die Reformation sich weithin durchsetzte, ohne daß die Obrigkeiten selbst evangelisch geworden wären oder gar von sich aus ein evangelisches Kirchenwesen eingerichtet hätten; selbst die Habsburger konnten in ihren österreichischen Erblanden nicht verhindern, daß sich die Reformation unter der Schutzherrschaft des mächtigen Adels kräftig ausbreitete. Und auch außerhalb des Reichs kam es zu evangelischen Bewegungen – in

Frankreich und England, in Polen-Litauen und in Ungarn, selbst in Italien – oder sogar zur Aufrichtung lutherischer Staatskirchen, so vor allem in Dänemark und Schweden (seit 1527).

Die Vielzahl der regionalen und lokalen Reformationsvorgänge Deutschlands kann hier auf sich beruhen. Lediglich das Reformationsgeschehen Preußens, Lübecks und Württembergs, das mitsamt seiner politischen Folgen für die deutsche Geschichte von besonderer Bedeutung war, soll etwas genauer dargestellt werden.

Die Reformation Preußens war im Grunde nichts anderes als eine Konsequenz der reformatorischen Kritik an der Institution der geistlichen Orden als einer schriftwidrigen Vermischung von geistlichem und weltlichem Regiment. Daß Albrecht von Brandenburg, seit 1511 Hochmeister des Ordens, diese Konsequenz wirklich zog, lag freilich auch daran, daß er für seinen Kampf um die Unabhängigkeit des Ordens von Polen bei Kaiser und Reich keine ernsthafte Unterstützung fand.

Im Sommer 1523 durch Predigten Osianders in Nürnberg für die Reformation gewonnen, traf Albrecht wenige Monate später persönlich mit Luther zusammen. Der Reformator riet ihm, die Ordensregel aufzugeben und das Ordensland in ein weltliches Herzogtum umzuwandeln; der Hochmeister entschloß sich, diesem Rat zu folgen und damit zugleich das Verhältnis zu Polen zu bereinigen. Für den Fortgang der Dinge wurde dann entscheidend, daß sich der polnische König bereit fand, um seiner politischen Oberherrschaft willen die katholische Kirche in Preußen preiszugeben. Am 9. April 1525 wurde der Friede von Krakau unterzeichnet, in dem sich die Parteien über die Aufhebung des Ordens und die Belehnung Albrechts mit dem preußischen Ordensland als weltlichem, erblichem Herzogtum der Krone Polen einigten; am Tage darauf leistete Albrecht auf dem Marktplatz zu Krakau den feierlichen Huldigungseid. In der Folge löste der neue Herzog in seinem Fürstentum die Institutionen des Ordens auf, ordnete die weltliche Verwaltung neu und richtete ein durchgehend evangelisches Kirchenwesen ein, übrigens unter Beibehaltung der bischöflichen Verfassung der Kirche. Kaiser und Reich reagierten zwar unwillig auf die preußischen Vorgänge; 1532 wurde Albrecht auf Betreiben des Deutschmeisters, des Haupts der im Altreichsgebiet gelegenen Ordensniederlassungen, sogar in die Reichsacht erklärt. Aber wenn die Reichsstände dem früheren Hochmeister keine effektive Hilfe gegen Polen gewährt hatten, so machten sie sich jetzt auch nicht gegen den Herzog stark; die Reichsacht wurde nicht vollstreckt. Unter der langen und tatkräftigen Regierung Albrechts (bis 1568) gedieh Preußen zu einem wirtschaftlich und kulturell blühenden Land; die 1544 gegründete Universität Königsberg entwickelte sich bald zu einem geistigen Zentrum des deutschen Nordostens und darüber hinaus zu einem wichtigen Ausgangspunkt des Protestantismus in Polen und Litauen.

Auch in Lübeck war es schon zu Beginn der 20er Jahre zu reformatorischen Regungen gekommen. Zwar hatte sich neben dem Domkapitel auch der patrizische Rat gegen die Reformation gestellt; die Lutheraner waren aber je länger desto weniger mundtot zu machen gewesen. Ähnlich wie in vielen anderen Städten der Zeit gab es in Lübeck eine kräftige genossenschaftliche Bewegung gegen das oligarchische Regiment der reichen Ratsgeschlechter; diese Bewegung machte sich die reformatorischen Ideen zu eigen, ja: sie wurde zum Vorkämpfer der Reformation in der Stadt. 1528 mußte sich der Rat mit der Einrichtung eines bürgerschaftlichen Kontrollgremiums aus Vertretern der nichtpatrizischen Kaufmannschaft und der Handwerker abfinden; 1530 setzte die Bürgerschaft beim Rat die Entscheidung zur Reformation der Stadt durch. Die Annahme der von Bugenhagen verfaßten Kirchenordnung am Pfingstabend des Jahres 1531 sowie der Beitritt der Stadt zum Schmalkaldischen Bund markierten einen gewissen Abschluß des reformatorischen Geschehens. Das bedeutete jedoch noch keine Beruhigung der sozial- und verfassungspolitischen Gegensätze in der Stadt, die sich vielmehr in der Folge allererst zuspitzten und ausweiteten.

Zur zentralen Gestalt der weiteren Entwicklung wurde Jürgen Wullenweber. Um 1492 als Sohn einer Hamburger Großkaufmannsfamilie geboren, war er 1526 in Lübeck zugewandert und hatte sich hier für die bürgerschaftlich-reformatorische Bewegung eingesetzt. Seine politischen Absichten gingen aber über das bis 1530/31 Erreichte weit hinaus, und zwar nicht nur innenpolitisch – mit dem Ziel einer durchgreifenden Entmachtung der Patrizier zugunsten einer breiteren Beteiligung der Gemeinde, namentlich der nichtpatrizischen Kaufleute, an der Stadtherrschaft –, sondern auch außenpolitisch: Wullenweber erstrebte nichts Geringeres als die Wiederherstellung der lübischen Vormachtstellung im Ostseeraum gegen Dänemark und die Niederlande.

Innenpolitisch hatte Wullenweber zunächst Erfolg. Noch 1530 wurde ein Bürgerausschuß von 100 Kaufleuten und Handwerkern als oberste Vertretung der gesamten Gemeinde gebildet; bald erlangte die nichtpatrizische Kaufmannschaft auch die Mehrheit im Rat. Wullenweber selbst wurde 1533 Bürgermeister. Die unteren Schichten der Stadtbevölkerung, die die bürgerschaftlich-reformatorische Bewegung sehr wesentlich mitgetragen hatten, blieben bei alledem von der Macht ausgeschlossen; auch das entsprach durchaus den Vorstellungen Wullenwebers. Schwieriger dagegen gestalteten sich von allem Anfang an die außenpolitischen Verhältnisse. Als langfristig wichtigster Gegner Lübecks im Ostseeraum galten die Niederländer, die ja immer stärker in den Ostseehandel vordrangen. Nun standen aber die Niederländer in handelspolitischen Auseinandersetzungen auch mit Dänemark um die Sundschiffahrt; so lag es nahe, daß Wullenweber zunächst einmal die Dänen als Bündnispartner gegen die Niederländer zu gewinnen suchte. Das mißlang jedoch; auch der schwedische König Gustav Vasa, dem die Lübecker 1523 immerhin zum Thron verholfen hatten, distanzierte sich von den lübischen Projekten. Daraufhin wandte sich Wullenweber 1534 gegen die nordischen Mächte selbst, aber auch diese Unternehmung schlug fehl. Die sich abzeichnende militärische und außenpolitische Niederlage schwächte dann rückwirkend auch Wullenwebers innenpolitische Stellung: 1535 wurde die patrizische Verfassung Lübecks wiederhergestellt, Wullenweber mußte von seinem Bürgermeisteramt zurücktreten. Und damit nicht genug: Wenig später geriet er in die Hände Herzog Heinrichs von Braunschweig-Wolfenbüttel, und der ließ Wullenweber als Kirchenräuber, Aufrührer und vermeintlichen Täufer 1537 hinrichten. Inzwischen hatte Lübeck mit Dänemark und Schweden Frieden schließen müssen. Die Friedensverträge sicherten zwar das evangelische Bekenntnis der Stadt, besiegelten aber zugleich das Ende der politischen Vorherrschaft Lübecks und damit der führenden Stellung der Hanse im Ostseeraum.

In Württemberg war die Einführung der Reformation aufs engste mit der Restitution Herzog Ulrichs 1534 verknüpft. Seit der Vertreibung des Herzogs durch den Schwäbischen Bund 1519 stand das Herzogtum unter österreichischer Herrschaft; diese Herrschaft war 1530 durch die Übertragung des Herzogtums als kaiserlichen Lehens an Erzherzog Ferdinand rechtlich noch fester verankert worden. Die Expansion der habsburgischen Herrschaft in Oberdeutschland hatte jedoch bei den Reichsständen, vor allem bei den bayerischen Herzögen, manchen Unmut erweckt. Das nutzte Philipp von Hessen, um die Rückführung des inzwischen zur Reformation übergegangenen Herzogs zu betreiben – sehr bewußt in der doppelten Absicht, Württemberg aus dem habsburgischen Herrschaftskomplex im Südwesten des Reichs herauszubrechen und das Herzogtum der Reformation zuzuführen. Dieser konfessionelle Aspekt des Vorhabens mißfiel zwar den Bayern, schuf Philipp aber zusätzliche Sympathien bei den evangelischen Reichsständen; Kursachsen freilich hielt sich abseits. Das Jahr 1534 brachte dann die Entscheidung: Im Januar konnte Philipp den französischen König dazu bewegen, beträchtliche Subsidien locker zu machen; im Februar gelang es ihm, die Erneuerung des Schwäbischen Bundes zu verhindern und die Habsburger damit ihrer wichtigsten überterritorialen Machtbasis in Süddeutschland zu berauben; am 12. Mai kam er bei Lauffen am Neckar zu einem leicht errungenen militärischen Sieg. Der im Juni zu Kaaden bei Eger unterzeichnete Friedensvertrag restituierte Herzog Ulrich im Besitz des Herzogtums, wenngleich nur in Form eines – in seiner rechtlichen Bedeutung wenig geklärten – österreichischen Afterlehens, und billigte ihm implizit das Recht zur Reformation seines Landes zu; lediglich die Zwinglianer sollten in Württemberg keine Heimstatt finden. Daß die Verbündeten und auch Kurfürst Johann Friedrich von Sachsen das römische Königtum Ferdinands förmlich anerkannten und überdies ihre Hilfe gegen die Türken in Ungarn zusagten, war eine nicht zu verachtende Gegenleistung. Gleichwohl war es erstaunlich, wie leicht die Habsburger auf

Württemberg verzichteten, dessen Schlüsselstellung für ihre Macht in Oberdeutschland ihnen ja nicht verborgen sein konnte. Im Grunde richtete sich das vorwiegende Interesse der Habsburger, soweit Ferdinand es vertrat, wohl schon damals stärker auf den Osten, vor allem auf Ungarn; der Kaiser aber, den deutschen Angelegenheiten ohnehin fernerstehend, war vor allem über die rasche Beendigung des gefährlichen Bündnisses deutscher Fürsten mit Frankreich erleichtert. Im übrigen bequemten sich jetzt – im Linzer Vertrag vom September 1534 – auch die bayerischen Herzöge zu einem gewissen Ausgleich ihrer Interessenkonflikte mit den Habsburgern; damit verlor das 1531 abgeschlossene Bündnis der Bayern mit den führenden Fürsten des Schmalkaldischen Bundes viel von seiner Gefährlichkeit.

Die Reformation Württembergs stand dann von vornherein im Zeichen der Konkurrenz von Zwinglianismus und Luthertum. Ein eindeutig zwinglianisches Gepräge der Reformation war durch den Frieden von Kaaden ausdrücklich ausgeschlossen worden; doch schlugen die Straßburger den Konstanzer Ambrosius Blarer als Reformator vor, der den Lehren Zwinglis zumindest nahestand. Der Landgraf von Hessen dagegen präsentierte seinen Prediger, den schroffen Lutheraner Erhard Schnepf. Herzog Ulrich berief beide, und es kam alsbald zu dem erwartbaren Konflikt. Schließlich konnte durch die gemeinsame Verpflichtung beider Reformatoren auf die Confessio Augustana einigermaßen Frieden gestiftet werden. Daß Blarer mit der Reformation der südlichen, Schnepf mit der der nördlichen Landesteile beauftragt wurde, zog gleichwohl manche Brüche im reformatorischen Kirchenwesen des Landes nach sich. Im Grunde war es erst der von Luther hochgeschätzte Johannes Brenz, der seit Ende der 30er Jahre für das überwiegend lutherische Gepräge der württembergischen Landeskirche – wenigstens in der Lehre, weniger in den Gottesdienstformen – und für die Ausstrahlung dieses Luthertums auf ganz Süddeutschland sorgte. Daß Brenz unter Herzog Ulrichs Sohn und Nachfolger Christoph seit den 50er Jahren zum eigentlichen Leiter der württembergischen Kirche wurde, machte dieses Ergebnis der württembergischen Reformationsgeschichte definitiv.

d) Innerkirchliche Entwicklungen des deutschen Protestantismus. Das Täufertum

Nach der reformatorischen Bewegung der frühen 20er Jahre brachte die Folgezeit bis zum Schmalkaldischen Krieg nicht nur die politische Formierung des deutschen Protestantismus im Reich, sondern auch kräftige Anfänge innerkirchlicher Verfestigungen und Abgrenzungen. Dabei war neben der Klärung des Verhältnisses zwischen der deutschen und der schweizerischen Reformation die Auseinandersetzung mit dem Täufertum von entscheidender Bedeutung.

Die führende Gestalt des deutschen Protestantismus blieb Martin Luther

– als maßgebende theologische Autorität, als akademischer Lehrer einer ganzen Generation künftiger Pfarrer, als Ratgeber seines Landesherrn und überhaupt der protestantischen Reichsstände, nicht zuletzt als Publizist, der von den Grundpositionen seiner Theologie aus zu den gesellschaftspolitischen Problemen der Zeit Stellung bezog.

Ein wichtiger Teil der Arbeit Luthers bestand fortdauernd in der Bibelübersetzung, deren erster Abschluß 1534 zugleich den Anfang langjähriger, sorgfältiger Revisionen darstellte. Noch intensiver als zuvor ließ sich Luther dabei von befreundeten Fachleuten beraten. Der Sprachgewalt Luthers tat diese Mitwirkung anderer aber keinen Abbruch; seine Übersetzung des Alten wie des Neuen Testaments wirkt bis heute wie aus einem Guß. Auch der buchhändlerische Erfolg der deutschen Bibel war enorm: Von 1522 bis zum Tode Luthers 1546 erschienen mehr als 300 hochdeutsche Ausgaben der Gesamtbibel bzw. von Teilen der Heiligen Schrift, dazu kamen noch einmal rund 130 niederdeutsche Ausgaben; die Gesamtzahl der gedruckten Exemplare dürfte nicht weit unter der Millionengrenze gelegen haben. Kein anderes Buch des Jahrhunderts, vielleicht überhaupt der frühen Neuzeit, hat eine derartige Verbreitung erfahren.

Neben den Bemühungen um die deutsche Bibel nahm die Exegese biblischer Texte in Luthers Arbeit ständig einen wichtigen Platz ein – Luther hatte ja von Berufs wegen eine „biblische Professur“ inne. Dazu kam eine ausgedehnte Predigttätigkeit, die ihm nicht minder am Herzen lag als seine wissenschaftliche Arbeit. Aus den Erfahrungen der großen sächsischen Kirchenvisitation der späten 20er Jahre erwuchsen Luthers Katechismen von 1529: der Kleine Katechismus als Grundlage evangelischer Kirchenlehre, der Große Katechismus als Darstellung der wichtigsten Glaubenslehren für die Hand der Pfarrer. Beide Katechismen erlangten rasch hohes Ansehen und wurden später unter die offiziellen Bekenntnisschriften der evangelischen Kirche aufgenommen; der Kleine Katechismus hat in den lutherischen Kirchen bis in die jüngste Vergangenheit als grundlegender Lehrtext des Konfirmandenunterrichts gegolten.

Natürlich griff Luther auch immer wieder in die großen theologischen und kirchlichen Streitfragen der Zeit ein, in den späteren 20er Jahren vor allem in Auseinandersetzung mit Zwingli und den „Schwärmern“, daneben und fortdauernd in der Abgrenzung zur römischen Kirche. Dazu kamen sozialethische Schriften, von denen insbesondere die wiederholten Vorschläge für die Verbesserung des Schul- und Armenwesens wichtige Anstöße zu einer Neugestaltung gaben. Luthers Invektiven gegen das Geld- und Kreditwesen der Zeit dagegen blieben ziemlich folgenlos; ohnehin stand der Reformator den Prinzipien der sich modernisierenden Wirtschaft seiner Epoche ohne ein tieferes Verständnis gegenüber.

Kurz- wie langfristig noch viel problematischer waren Luthers Äußerungen über die Juden, genauer: die Judenschriften des Reformators aus den späteren 30er und 40er Jahren. 1523 hatte sich Luther mit Entschiedenheit gegen jede Unterdrückung oder Diskriminierung der Juden ausgesprochen – freilich nicht aus Gründen allgemeiner Menschenrechte, sondern aus der Verpflichtung zur Judenmission, für die er auf Grund der Wiederentdekkung des Evangeliums ganz neue Chancen zu sehen glaubte. Diese Missionshoffnung erfüllte sich jedoch nicht. Im Gegenteil wurde in den 30er Jahren aus Mähren von jüdischer Proselytenmacherei berichtet; überdies hörte Luther von bösen Schmähungen Jesu und der Mutter Gottes. So gelangte er allmählich zur Überzeugung einer endzeitlichen Bedrohung der Kirche durch die Juden – ganz analog der Bedrohung durch Papsttum und Türken –, und daraus folgte ein tiefgreifender Wandel auch seiner judenpolitischen Empfehlungen. Seine Ratschläge liefen schließlich auf eine harte Unterdrückung der jüdischen Religion, wo nicht überhaupt auf eine Vertreibung der Juden hinaus: Synagogen und Schulen der Juden sollten verbrannt, den Rabbinern die Lehre verboten werden; auch ihre Betbücher und heiligen Schriften sollten vernichtet, die Juden selbst auf einfache Handarbeit verwiesen werden. Zwar haben die protestantischen Fürsten der Zeit, auch unter dem Einfluß sehr viel milderer Stellungnahmen anderer evangelischer Theologen, die Empfehlungen Luthers bei weitem nicht in ihrer vollen Schärfe verwirklicht, und wenn es in der Folge – wie schon seit dem ausgehenden 14. Jahrhundert – zu Judenaustreibungen aus deutschen Territorien kam, so geschah das gleichermaßen unter katholischen wie protestantischen Obrigkeiten. Die Härte der Judenpolemik des alten Luther bleibt trotzdem ein dunkles Kapitel in der Geschichte des Reformators.

Neben Luther gewann Melanchthon für die Geschichte des deutschen Protestantismus zunehmende Bedeutung – auch er als akademischer Lehrer und vielbeschäftigter Gutachter, dazu als maßgebender Unterhändler der Evangelischen in nahezu allen wichtigen Religionsgesprächen mit Katholiken und Zwinglianern, nicht zuletzt als einflußreicher Reformator des Schul- und Universitätswesens; man gab ihm bald den Ehrentitel eines „praeceptor Germaniae". Ungeachtet seiner grundsätzlichen Loyalität gegenüber Luther entwickelte Melanchthon schon seit den 20er Jahren eine eigene Theologie, die sich mehr als nur in Nuancen von Luthers Lehre unterschied. Dabei kam seine auf Frieden und Ausgleich angelegte Persönlichkeit ebenso zum Tragen wie sein humanistisches Erbe. Gegenüber den Zwinglianern verzichtete er auf ein eindeutiges Bekenntnis zur Realpräsenz Christi im Abendmahl; gegenüber den Katholiken räumte er der Willensfreiheit des Menschen einen weit größeren Spielraum ein als Luther und sprach von der Notwendigkeit der guten Werke zum Heil. Daß gerade diese Behauptung einer Heilsnotwendigkeit der Werke zu Mißverständnissen und Auseinandersetzungen unter den Theologen der Reformation Anlaß gab, verwundert nicht. Schließlich sorgte Luther selbst dafür, daß Melanchthon seine gefährliche These preisgab; damit konnte – jedenfalls vorerst – der Streit beigelegt werden.

Das Verhältnis der Reformation zur römischen Kirche war schon seit den frühen 20er Jahren zum ausschließenden Gegensatz geworden; die grundlegenden theologischen Abgrenzungen standen bereits 1521 fest. Allerdings hielten zunächst keineswegs alle evangelischen Fürsten und Theologen den Gegensatz zur römischen Kirche für ganz und gar unausweichlich und unversöhnlich; es gab hier noch jahrzehntelang eine sehr ernsthafte Bereitschaft zu Ausgleich und Verständigung – ganz analog zu manchen Positionen auf katholischer Seite und hier wie dort vor allem unter dem Einfluß erasmianischer Ideen. Seit den 40er Jahren, vollends seit den ersten dogmatischen Dekreten des Trienter Konzils, wurde der theologische und kirchenpolitische Spielraum für eine Vermittlung dann jedoch sehr eng; die konfessionelle Konfrontation wurde zusehends auswegloser.

Für die Beziehungen zwischen Lutheranern und Zwinglianern hatte sich der Dissens in der Abendmahlslehre frühzeitig als kirchentrennender Gegensatz erwiesen; der Versuch des Marburger Religionsgesprächs von 1529 zur Überwindung dieses Gegensatzes war fehlgeschlagen. Nun war auf seiten der Schweizer auch eine Anzahl oberdeutscher Städte in den Streit einbezogen; daß Straßburg und Konstanz, Memmingen und Lindau auf dem Reichstag von Augsburg 1530 die Unterzeichnung der Confessio Augustana verweigerten und statt dessen ein eigenes Bekenntnis, die Confessio Tetrapolitana, vorlegten, war eine deutliche theologische und zugleich politische Konsequenz dieser Sachlage. Die politische Situation dieser oberdeutschen Städte war freilich seit der Niederlage ihrer Schweizer Glaubensgenossen 1531 ziemlich prekär, und daraus erwuchsen neue Bemühungen um einen Ausgleich mit den Lutheranern. Noch 1531 wurde der Beitritt der Oberdeutschen zum Schmalkaldischen Bund möglich, 1536 konnten auch die kirchentrennenden Gegensätze in der Abendmahlslehre überwunden werden. Die Seele dieser theologischen Vermittlungsbemühungen war Martin Butzer in Straßburg, der als sehr eigenständiger Theologe und Kirchenmann für diese Aufgabe die besten Voraussetzungen mitbrachte. Bei einer Geheimkonferenz in Konstanz 1534 gelang es ihm, die anwesenden Geistlichen aus den oberdeutschen Städten zur Annahme von zehn Thesen zu bewegen, durch die sie anerkannten, daß die Gläubigen im Abendmahl „mit" den Zeichen Brot und Wein den wahren Leib und das wahre Blut Christi empfingen. Das war ein großer Schritt auf die Wittenberger zu, und es war zugleich die Grundlage für die Einigung der oberdeutschen Theologen mit den Lutheranern in der sogenannten Wittenberger Konkordie 1536. Luther, der die Verhandlungen lange mit kaum verhohlener Skepsis betrachtet hatte, sah schließlich sein Grundanliegen – die unverkürzte Anerkennung der heilsbringenden Präsenz Christi im Abendmahl – als erfüllt an und verzichtete auf letzte dogmatische Klarstellungen; am 25. Mai 1536 feierte man gemeinsam das Abendmahl. Die Hoffnung, daß sich nun auch die Schweizer anschließen würden, erfüllte sich zwar nicht; die oberdeutschen Städte jedoch nahmen die Wittenberger Konkordie an. Damit wurde – bei manchen fortbestehenden Differenzen in Lehre, Kultus und Kirchenordnung – die Einheit des deutschen Protestantismus auf Jahrzehnte hinaus gesichert, und das bedeutete zugleich eine wesentliche Verfestigung auch der politischen Geschlossenheit des Protestantismus. Für die oberdeutschen Städte aber wurde die Wittenberger Konkordie eine „Brücke zum Luthertum" (Bizer), die sich über die Jahrhunderte hinweg als tragfähig erwies.

Die Anfänge des Täufertums lagen in Zürich und gingen dort bis auf die Mitte der 20er Jahre zurück. Seine führenden Vertreter wie Konrad Grebel, Felix Manz, Simon Stumpf, Wilhelm Reublin und Ludwig Hätzer waren frühe Anhänger der Reformation Ulrich Zwinglis gewesen, hatten dem Zürcher Reformator aber schon vor 1525 Mangel an Entschiedenheit im Kampf für die Heiligung der Kirche vorgeworfen. Aus dieser Kritik entwickelte sich binnen kurzem ein grundlegender Gegensatz in Fragen der Lehre wie des Gottesdienstes und der Kirchenordnung. Anfang 1525 bedrohte der Zürcher Rat die Täufer mit der Ausweisung, knapp zwei Jahre darauf wurde Felix Manz als erster Märtyrer des Täufertums in der Limmat ertränkt; damit hatten sich Zürich und die Zürcher Reformation definitiv gegen die Täufer entschieden. Parallel zu dieser Abgrenzung aber vollzog sich eine rasche Ausbreitung des Täufertums über die ganze Schweiz, bald auch nach Tirol und über Südwestdeutschland bis nach Hessen und Thüringen. Die wichtigsten Führer dieses oberdeutschen Täufertums waren Michael Sattler in Württemberg, Jörg Blaurock in Tirol, Balthasar Hubmaier in Waldshut und später in Mähren, Hans Denk in Nürnberg, Augsburg, Straßburg, in der Pfalz und im Baseler Gebiet, Hans Hut – ein ehemaliger Anhänger Thomas Müntzers – in Augsburg und Melchior Rinck in Hessen; die meisten von ihnen starben den Märtyrertod. Nach der Hinrichtung Jörg Blaurocks (1527) suchte eine starke Gruppe der Tiroler Täufer unter Führung von Jakob Hutter Zuflucht in Mähren, dessen Adel ihnen manchenorts Schutz bot; von den dort bereits vorhandenen Täufergemeinschaften übernahmen die „Hutterer" das Prinzip strenger Gütergemeinschaft nach dem Vorbild der urchristlichen Gemeinde. Von Straßburg aus fand das Täufertum, vermittelt vor allem durch Melchior Hofmann, auch in Westfalen, Ostfriesland und in den Niederlanden Eingang; das Münsteraner Täuferreich 1534/35 brachte den Höhepunkt und die Katastrophe dieses niederdeutschen Täufertums.

Die Täufer hatten keine einheitliche Theologie, doch lassen sich einige weitverbreitete Grundelemente täuferischen Selbstverständnisses feststellen. Vor allem gehört hierher der Anspruch der Täufer, die christliche Kirche in der Heiligkeit der Urgemeinde von Jerusalem wieder aufzurichten. Den Maßstab dafür lieferte ihnen die Heilige Schrift; für das richtige Verständnis der Bibel beriefen sie sich auf den Heiligen Geist, dessen sie sich ganz sicher glaubten. Zur Nachfolge Christi bedurfte es nach ihrer

Auffassung einer bewußten Bekehrung, die durch die „Glaubenstaufe“ zu besiegeln war; die Kindertaufe erschien ihnen demgegenüber als sinnlos und unkräftig, ja: als mißbräuchlich. Die Bezeichnung als „Wiedertäufer“ – ein Kampfbegriff der Gegner des Täufertums – entspricht deshalb dem täuferischen Selbstverständnis nicht. Das Abendmahl galt den Täufern als bloßes Gedächtnis- und Liebesmahl, dessen Bedeutung für den Zusammenhalt der Gemeinde sie gleichwohl sehr hoch einschätzten. Mindestens ebenso wichtig aber war ihnen die sittliche Reinhaltung der Gemeinde mit Hilfe der Kirchenzucht; der Bann als Ausschluß aus der Gemeinde galt ihnen als unverzichtbares Merkmal der wahren Kirche. Das mit alledem verbundene Sendungsbewußtsein, von vornherein in kritischer Wendung auch gegenüber den Kirchen der Reformation, drängte zu reger Mission, zugleich aber zu scharfer Distanzierung von allem weltlichen Treiben, das als sündig und teuflisch perhorresziert wurde. Dabei galt die täuferische Kritik nicht zuletzt dem Zinswesen wie überhaupt den Wandlungen der zeitgenössischen Wirtschaft und ihren sozialen Folgen. Aber auch von der weltlichen Obrigkeit distanzierte man sich nachdrücklich. Allenfalls und nicht ohne Vorbehalte zu äußerem Gehorsam bereit, verweigerten die Täufer den Gehorsamseid gegenüber der Obrigkeit und erst recht die Übernahme von Ämtern, besonders im Kriegsdienst.

Neben solchen gemeinsamen Grundzügen täuferischen Selbstverständnisses lassen die Quellen große Unterschiede im Denken wie in der Lebenspraxis einzelner Täufer und Täufergruppen erkennen. So waren die frühen Zürcher Täufer überwiegend biblizistisch orientiert, aber schon unter ihnen vertraute Ludwig Hätzer mehr der Leitung des Heiligen Geistes als dem wörtlichen Verständnis der Bibel; wenig später kam es über Hans Denks spiritualistische Auffassungen im Straßburger Täufertum zum Streit. Der „Kommunismus“ der Hutterer blieb auf das mährische Täufertum beschränkt; sonstige Forderungen nach urchristlicher Gütergemeinschaft gingen allenfalls auf Gemeinsamkeit des Verbrauchs, nicht des Erwerbs. Das Täufertum des Balthasar Hubmaier beschränkte sich überhaupt auf die Forderung der Erwachsenentaufe; im übrigen war und blieb er stets ein Schüler Zwinglis. Weiter verbreitet, wenngleich wiederum keineswegs Gemeingut der Täufer, war die Erwartung des unmittelbar bevorstehenden Weltendes. Zuerst für Hans Denk und Hans Hut bezeugt – bei letzterem vermutlich auf müntzerischen Einfluß zurückgehend –, wurde diese Apokalyptik vor allem durch Melchior Hofmann entfaltet und dem niederländischen Täufertum vermittelt. Dort verband sich die täuferische Naherwartung des Weltendes mit der Überzeugung, selbst – und mit Gewalt – zur Aufrichtung des endzeitlichen Reiches Gottes berufen zu sein; das Münsteraner Täuferreich brachte dann die schlimme Probe aufs Exempel.

In der sozialen Zusammensetzung des Täufertums überwogen die unteren Schichten der Bevölkerung. Diese Tatsache und der unverkennbar sozialkritische Aspekt des Selbst- und Weltverständnisses der Täufer, auch ihre sporadischen Verbindungen mit Aufständischen des Bauernkriegs, haben das Täufertum gelegentlich als eine im Grund soziale Bewegung verstehen lassen. Indessen entsprach das Überwiegen der unteren Bevölkerungsschichten im Täufertum doch nur der Schichtung der Gesamtbevölkerung, und auch die Kritik an Monopolen und Zinsen war ja in allen Schichten der Bevölkerung verbreitet. Man wird das Täufertum mithin – entsprechend seinem Selbstverständnis – primär als religiöse Bewegung zu verstehen haben. Daß Motive und Anlässe für die Ausbildung wie für die Verbreitung des Täufertums auch in den ökonomischen und sozialen Verhältnissen der Zeit lagen, daß selbst die konkrete Ausgestaltung des täuferischen Gemeindeideals durch das Gegenbild dieser Verhältnisse mitbestimmt wurde, wird dadurch nicht ausgeschlossen.

Natürlich stießen die Täufer auf den harten Widerstand der katholischen wie der reformatorischen Kirchen und erst recht der weltlichen Obrigkeiten aller Konfessionen. Den ersten Hinrichtungen in Zürich und im damals habsburgischen Württemberg 1527 folgte Anfang 1528 ein Mandat des Reichsregiments, das die Täufer von Reichs wegen unter Ketzerrecht stellte. Die Reichsabschiede der Folgezeit bis in die 50er Jahre hinein fächerten den Katalog der Straftatbestände wie der Strafen dann breit auf: von der bloßen Vermahnung für reuige Mitläufer über Gefängnisstrafen und Landesverweisungen für Halsstarrige bis hin zur Todesstrafe für Rückfällige und für die Führer der Täufergemeinden. Beschlüsse der territorialen und städtischen Obrigkeiten ergänzten die Reichsabschiede, mitunter verschärfend, selten mildernd. Als Begründung für die Strafwürdigkeit des Täufertums genügte schon das durch harte Strafandrohungen sanktionierte Verbot der Wiedertaufe durch das christliche Kaiserrecht der Spätantike; für die Härte der Verfolgung noch wichtiger aber war die täuferische Ablehnung der weltlichen Obrigkeit – in concreto: des Untertaneneids –; die Täufer erschienen als potentielle Aufrührer, und das war in der Situation nach dem Bauernkrieg ein geradezu vernichtender Verdacht.

Bei alledem darf die mildere Haltung mancher Fürsten und Kirchenmänner nicht ganz übersehen werden. So lehnte Landgraf Philipp von Hessen ein Blutgericht über die Täufer als bloß potentielle Aufrührer ab; solange die Täufer keine konkreten Aufruhrhandlungen begingen oder wenigstens planten, wolle er seine Hände nicht mit ihrem Blut beflecken. Unter den Theologen war es insbesondere Martin Butzer, der viel Verständnis für die Täufer aufbrachte und sich auch bemühte, wenigstens einige ihrer Anliegen in der Kirche selbst zur Geltung zu bringen – nicht zuletzt durch Einführung der Konfirmation –; ihm gelang es in Hessen 1538/39, eine ganze Reihe von Täufergemeinden wieder in die Landeskirche zurückzuführen. An der Grundtendenz harter Unterdrückung des Täufertums änderte das freilich nichts. Bereits in den Jahren bis 1533 fanden an die 700 Täufer als Ketzer oder Aufrührer den Tod, vielleicht sehr viel mehr; Tausende wurden gefangengesetzt und zum Abschwören gezwungen oder aus ihrer Heimat vertrieben.

Während das Täufertum in den meisten deutschen Landschaften um die Mitte der 30er Jahre bereits weit zurückgedrängt war, erlebte es im Nordwesten des Reichs erst jetzt seinen Höhepunkt, freilich auch seine furchtbarste Katastrophe, im Münsteraner Täuferreich nämlich von 1534/35.

Münster war in der Reformationszeit eine Mittelstadt von 7000 bis 8000 Einwohnern, als Bischofssitz ein geistiges Zentrum Nordwestdeutschlands, dazu ein regionales Zentrum von Handel und Gewerbe. Wie in vielen Bischofsstädten stand auch in Münster die Bürgerschaft seit langem in Auseinandersetzungen mit dem Bischof um die Herrschaft über die Stadt; dazu kamen Konflikte innerhalb der Bürgerschaft, in denen es vor allem um eine stärkere Beteiligung der Handwerksgilden am Rat ging. In dieser spannungsvollen Situation fand dann auch die Reformation in der Stadt Eingang. Bernhard Rothmann, Kaplan des Chorherrenstifts Sankt Mauritz vor der Stadt, predigte seit einer Reise nach Württemberg und Straßburg 1531 in reformatorischem Sinne und fand damit viel Resonanz bei der Bürgerschaft. Der Rat mußte sich dem Druck von unten fügen; im November 1532 wurde die Bürgerschaft eidlich auf das Evangelium verpflichtet. Selbst der Bischof erkannte Anfang 1533 die neuen Verhältnisse an, wenngleich unter dem Vorbehalt des Konzils.

Bis zu diesem Zeitpunkt unterschied sich die Geschichte der Reformation in Münster grundsätzlich nicht von den Geschehnissen in vielen anderen Städten der Zeit. Es gab jedoch Anzeichen für eine gefährliche Wendung der weiteren Entwicklung. Rothmann selbst fand schon 1532 nichts dabei, sich mit Sakramentierern, die aus dem Gebiet von Jülich nach Münster einströmten, zu verbinden. Luther und Melanchthon sahen die Gefahr von Schwärmerei und Aufruhr und warnten Rothmann selbst wie den Rat der Stadt: Der Teufel sei ein Schalk und könne wohl feine, fromme und gelehrte Prediger verführen. Im Sommer 1533 wurden die latenten Gegensätze in der Stadt dann akut. Im August erklärte Rothmann in einer Disputation die Kindertaufe für schriftwidrig; der darauf folgende Versuch des überwiegend lutherischen Rats, Rothmann und seine Anhänger unter den Predigern abzusetzen und auszuweisen, scheiterte am Widerstand der Gilden; die zeitweise Vertriebenen konnten gegen Jahresende in die Stadt zurückkehren. Vor allem aber gelangten jetzt täuferische Gruppen aus den Niederlanden zu bestimmendem Einfluß in der Stadt.

Das niederländische Täufertum war stark von Melchior Hofmann beeinflußt worden. Auch seine Apokalyptik war hier rezipiert, weiter ausgesponnen und zugleich konkretisiert worden. Das Ende der Welt sollte 1534 eintreten; als Ort des anhebenden Gottesreichs dachte man sich zunächst Straßburg – das entsprach noch den Vorstellungen Hofmanns, der eben deshalb 1533 nach Straßburg zurück zog –, dann aber Münster. Jan Mathys, der Nachfolger Hofmanns als Leiter der Täufergemeinde von Amsterdam, bekannte sich überdies zur kämpferischen Mitwirkung der Täufer bei der Aufrichtung des Reichs Gottes; es sei die Aufgabe der Heiligen, die Gottlosen mit der Schärfe des Schwerts zu vernichten. Schon die Sendung der ersten holländischen Täuferapostel nach Münster Anfang 1534 hatte einen erstaunlichen Erfolg. Rothmann selbst und viele seiner Anhänger ließen sich taufen und propagierten ihrerseits die täuferische Botschaft. Wie in einem Rausch begann die Stadt die Rolle zu spielen, die ihr durch jene Prophezeiungen zugewiesen wurde, und zwar in allen ihren Bevölkerungsschichten; auch in Münster entsprach die soziale Zusammensetzung des Täufertums im wesentlichen der der Gesamtbürgerschaft. Die Gegner begannen die Stadt zu verlassen, aus Holland rückten neue Täufer nach; bei den Ratswahlen im Februar 1534 errangen die Täufer einen überwältigenden Erfolg. Die wirkliche Herrschaft über die Bürgerschaft aber ging an Jan Mathys über, der selbst nach Münster gekommen war und die Stadt nun durch seine Offenbarungen regierte. Jetzt wurden die Gegner des Täufertums vollends aus der Stadt vertrieben. Jan Mathys hatte sogar gefordert, die „Gottlosen" umzubringen; mit knapper Not entgingen sie diesem Schicksal. Dann begann die Umgestaltung der gesellschaftlichen Ordnung, nicht zuletzt durch Einführung der Gütergemeinschaft; die Bibel, vor allem das mosaische Recht, sollte künftig das Gesetzbuch der Stadt sein.

Die Aufrichtung des Münsteraner Täuferreichs provozierte alsbald Gegenwirkungen von außen. Als erster wurde – natürlich – der Bischof von Münster, Franz von Waldeck, tätig; für ihn verband sich das kirchliche Interesse an der Niederschlagung der Ketzerei in seinem Bistum mit dem politischen der Dämpfung des Aufruhrs, ja: der Wiederherstellung seiner seit langem ausgehöhlten Herrschaft über die Stadt. Bereits im Februar 1534 begann er mit der Belagerung Münsters, zugleich warb er bei den Reichsständen, auch bei den evangelischen, um Unterstützung. In der Tat verbündeten sich schließlich nicht nur Jülich-Kleve und Köln, sondern auch Kursachsen und Hessen mit dem Bischof; zum ersten Mal kam es jetzt sogar zu einer weitgespannten Kooperation der Reichskreise. Allmählich schloß sich der Belagerungsring, die Stadt wurde auch von der Hilfe aus den Niederlanden abgeschnitten.

Die materielle und geistige Kraft des Widerstands erlahmte freilich noch lange nicht. Daß es den Verteidigern trotz zunehmender Bedrängnisse gelang, mehrere Sturmversuche der Belagerer abzuschlagen, trug sogar zur Hebung ihrer Moral bei; die Selbstbehauptung in der Zeit der Not wurde als Zeichen der endzeitlichen Auserwähltheit der Stadt verstanden. Zugleich aber und wohl auch als Folge des äußeren Drucks radikalisierte sich die Herrschaft in der Stadt. Die zentrale Figur des Geschehens war nun Jan van Leyden, der den schon im Frühjahr 1534 bei einem Ausfall aus der Stadt umgekommenen Jan Mathys in der Herrschaft abgelöst hatte. Im September 1534 ließ er sich zum „König Israels" ausrufen und beanspruchte damit nicht nur die uneingeschränkte Herrschaft über die Stadt selbst, sondern zugleich den Rang eines eschatologischen Weltherrschers. Dem entsprach das biblische Zeremoniell des neuen Hofstaats, der sich bei aller Not in der Stadt mit Pomp und Prunk präsentierte. Die Kehrseite dieser äußersten Übersteigerung des Erwählungsglaubens aber bestand in der unerhörten Grausamkeit des Regimes gegenüber allen – wirklichen oder bloß vermuteten – Gegnern. Namentlich die Ansätze von Opposition gegen die im Sommer 1534 dekretierte Vielweiberei wurden im Blut erstickt, aber auch andere und mitunter nichtige Anlässe führten zu sofort vollstreckten Todesurteilen; der frühere Bürgermeister Bernhard Knipperdolling diente dem „König“ als stets präsenter Henker.

Religiöse Leidenschaft und grausame Härte ließen die Münsteraner Täufer ungeachtet aller Schwierigkeiten und Entbehrungen, ungeachtet auch des zuletzt schrecklichen Hungers, länger als ein Jahr durchhalten. Im Juni 1535 endlich fiel die Stadt. Rothmann scheint schon bei der Eroberung umgekommen zu sein; Jan van Leyden, sein Rat Bernhard Krechting und Bernhard Knipperdolling wurden gefangengenommen, monatelang verhört und schließlich am 22. Januar 1536 mit glühenden Zangen zu Tode gemartert. Zur Abschreckung stellte man ihre Leichen in Eisenkäfigen am Turm der Lambertikirche in Münster zur Schau. Die Stadt wurde wieder katholisch, unter nunmehr neubefestigter Stadtherrschaft des Bischofs.

Das Münsteraner Täuferreich und seine Katastrophe diskreditierten das Täufertum im ganzen Reich und darüber hinaus nachhaltig. Gleichwohl ging das Täufertum auch jetzt nicht völlig zugrunde. Insbesondere die Hutterischen Brüder in Mähren konnten ihre Sonderexistenz bewahren; beträchtliche Reste des Täufertums erhielten sich – erstaunlicherweise – aber auch in den Niederlanden und in Norddeutschland. Wichtige Voraussetzungen dafür schufen die Brüder Obbe und Dirk Philipps, die sich schon frühzeitig gegen den gewalttätigen Flügel der Melchioriten und erst recht gegen das Münsteraner Täuferreich gewandt hatten; entscheidend wurde dann die Wirksamkeit des 1536 von Obbe Philipps getauften Menno Simons (1496–1561). Er verstand es, die Täufergemeinden zur entschiedenen Distanzierung von aller Gewalt, übrigens auch von Vielweiberei und Gütergemeinschaft, zu bewegen, und brachte diese Distanzierung allmählich auch in der Öffentlichkeit zur Geltung. Schließlich verlor das Täufertum seinen Beigeschmack von Aufruhr und Umsturz; daß sich im weiteren Verlauf des Jahrhunderts – abgesehen von den Hutterern – der Name „Mennoniten“ für die Gesamtheit der deutschen und niederländischen Täufer durchsetzte, war für diesen Wandel wie für die historische Rolle des Menno Simons bezeichnend. Darüber hinaus aber wurde die Restitution des Täufertums in seiner mennonitischen Prägung zum Ausgangspunkt langfristig weitgreifender Wirkungen: Über die Niederlande, wo die Täufer nach dem Abfall von Spanien beschränkte Duldung erlangten, wirkten sie nach England und in die amerikanischen Kolonien hinüber; die freikirchlichen Verfassungsideale der USA gehen nicht zuletzt auf täuferische Anregungen zurück.

Das Streben nach verinnerlichter Frömmigkeit pflegt sich nicht selten zu dualistischer Geringschätzung, ja: Verachtung alles Äußerlichen, Leiblichen, Materiellen zu steigern. Wie jenes Streben nach Vergeistigung und Verinnerlichung war auch dieser Spiritualismus, dem der Geist Gottes und des Menschen alles, die sichtbare Kirche mit ihren Ordnungen und Sakramenten nichts galt, in der Kirchengeschichte immer wieder aufgebrochen, allerdings auch immer wieder abgewehrt worden. Im Glaubensstreit des 16. Jahrhunderts nun brachten sich erneut spiritualistische Ideen zur Geltung. Die Lutheraner zwar bekannten sich insoweit nahezu uneingeschränkt zu den Positionen der alten Kirche. Etwas anders aber stand es schon um die Zwinglianer, denen die Abendmahlslehren der alten Kirche wie auch Luthers als allzu „grobsinnlich“ erschienen; von einem grundsätzlichen Spiritualismus waren jedoch auch sie weit entfernt. Sehr viel tiefer wirkten dualistische und spiritualistische Ideen dagegen auf das Täufertum ein; indessen kam es wiederum schon innerhalb des Täufertums selbst auch zu kräftigen Gegenwirkungen. So waren die eigentlichen Spiritualisten des Zeitalters – in Deutschland vor allem Caspar von Schwenckfeld und Sebastian Franck – religiöse Individualisten ohne Bindungen an irgendeine Kirche. Ihre unmittelbare Wirkung war nur bescheiden; am Ende des Glaubensstreits standen nicht lockere Gemeinschaften individualistischer Spiritualisten in einem politischen Umfeld von Toleranz und Religionsfreiheit, sondern die in Bekenntnis und Ordnung fest geschlossenen und gerade nicht toleranten Konfessionskirchen. Langfristig aber haben die Spiritualisten des 16. Jahrhunderts – ähnlich wie die Täufer – beträchtliche Wirkungen gezeitigt, und zwar nicht nur für die Kirchengeschichte, sondern auch für die Geschichte der politischen Ideen; aus der Entstehung des modernen Prinzips der Religionsfreiheit sind sie nicht fortzudenken.

e) Die Entstehung evangelischen Landes- und Stadtkirchentums

Die reformatorische Bewegung der frühen 20er Jahre hatte noch kaum irgendwo zu einer durchgreifenden Neueinrichtung des Kirchenwesens geführt, schon gar nicht auf Initiative und unter wesentlicher Beteiligung der weltlichen Obrigkeiten. Das galt selbst für das Kurfürstentum Sachsen als das Kernland der Reformation. Von einer einigermaßen konsequenten Neuordnung der Kirche mit einhelligem Bekenntnis, einheitlichem Gottesdienst und durchgehender Organisation war auch hier bis zum Ende Friedrichs des Weisen 1525 nicht die Rede.

Von dieser abwartenden Haltung auch der mit der Reformation sympathisierenden Obrigkeiten gab es allerdings Ausnahmen, die den Anfang einer neuen, im folgenden rasch um sich greifenden Entwicklung darstellten. Die wichtigste dieser zukunftsträchtigen Ausnahmen war Zürich, wo der Rat bereits seit der Ersten Zürcher Disputation 1523 die Reformation in eigene Regie genommen hatte. Das Beispiel Zürichs strahlte dann auch in die der Reformation Zwinglis nahestehenden oberdeutschen Reichsstädte aus, vor allem nach Straßburg und Konstanz, wo jedenfalls erste Schritte zu einem vom Rat garantierten einheitlichen Kirchenwesen getan wurden. Aber auch in Nürnberg, dessen führende Theologen Luther deutlich näherstanden als Zwingli, duldete der Rat nicht nur das Umsichgreifen der reformatorischen Bewegung, sondern nahm unter deren Druck schon seit 1524, vollends seit dem Ausbruch des Bauernkriegs, die Dinge selbst in die Hand. In Norddeutschland waren es namentlich Magdeburg und Stralsund, deren Stadträte sich frühzeitig an die Spitze der reformatorischen Bewegung setzten und erste Schritte zur Einrichtung eines neuen Kirchenwesens unternahmen.

Seit der Mitte der 20er Jahre drängte die Entwicklung in zunehmender Breite, auch in den Territorien, über die Sturmjahre der reformatorischen Bewegung hinaus: durch verbindlicher werdende Abgrenzungen der kirchlichen Lehre, durch die breite Anerkennung bestimmter Formen des Gottesdiensts, durch die Neuregelung des Armenwesens, in geringerem Maße auch durch neue Organisationsformen anstelle der faktisch wegfallenden bischöflichen Gewalt. Dabei waren es in der Regel die weltlichen Obrigkeiten, die für diese Verfestigungen sorgten und damit selbst zu bestimmenden Kräften für die Ausbildung des evangelischen Kirchenwesens wurden; der Speyerer Reichstag von 1526 gab dafür die reichsrechtliche Legitimation.

Nach dem Sonderfall des Herzogtums Preußen 1525 war die obrigkeitliche Verfestigung der Reformation in Kursachsen unter Kurfürst Johann dem Beständigen (1525–1532) der erste und folgenreichste Fall der Begründung einer evangelischen Landeskirche im Reich. Ihre Bedeutung lag nicht zuletzt darin, daß sie sich sozusagen unter den Augen und mit Billigung Luthers vollzog. Und das war alles andere als eine Selbstverständlichkeit. Luthers Lehre von den zwei Reichen, wie er sie 1523 so eindrücklich formuliert hatte – in der Schrift „Von weltlicher Obrigkeit, wie weit man ihr Gehorsam schuldig sei" –, lief ja auf eine entschiedene Trennung der geistlichen und weltlichen Obrigkeit nach ihren Aufgaben wie in ihren Instrumenten hinaus: Die weltliche Obrigkeit sollte für äußeren Frieden und Recht sorgen, und zwar mit dem Schwert, mit den Mitteln der ihr allein zustehenden Zwangsgewalt; die geistliche Obrigkeit dagegen, die Amtsträger der Kirche, sollte das Wort Gottes verkündigen und die Sakramente verwalten, und ihre Autorität sollte sich allein auf das Wort gründen. Diese Grundauffassung Luthers hat sich indessen nur partiell in politische Realität umsetzen, nicht einmal theoretisch konsequent durchhalten lassen. Luther selbst konnte sich schon bald nicht verhehlen, daß eine gewisse, die einzelnen Gemeinden übergreifende Ordnung des reformatorischen Kirchenwesens erfolgen müßte und daß man, wenn sich die eigentlich zuständigen Bischöfe dieser Aufgabe versagten, dafür die Mitwirkung der weltlichen Obrigkeit mit ihrem Verwaltungsapparat nicht entbehren könnte. Die theoretische Legitimation fand er in seiner berühmten Vorrede zum „Unterricht der Visitatoren an die Pfarrherren im Kurfürstentum Sachsen" (1528) in der Konzeption vom Landesfürsten als einem Notbischof, der sich um der Liebe willen – ohne irgendeine Zwangsgewalt – der kirchlichen Neuordnung annehmen solle. Praktisch hat freilich die Sicherung auch dieses Vorbehalts nicht gehalten, weder in Kursachsen noch anderswo; vielmehr haben die weltlichen Obrigkeiten – Fürsten wie städtische Räte – die Organisation des neuen Kirchenwesens durchweg sehr bald oder überhaupt von vornherein als ihre unmittelbare Aufgabe und damit auch als ihr Recht wahrgenommen, ohne die Subtilitäten jener Unterscheidungen des Reformators sonderlich zu beachten, ganz entsprechend den Vorformen des landesherrlichen Kirchenregiments im Spätmittelalter.

Freilich wird man sich vor Zerrbildern des protestantischen landes- bzw. stadtherrlichen Kirchenregiments hüten müssen. Vor allem wäre es eine abwegige Vorstellung, daß die protestantischen Obrigkeiten in Stadt und Land im einzelnen über den Inhalt kirchlicher Lehrbekenntnisse entschieden hätten. Das war vielmehr durchweg Sache der Theologen, und überdies waren die maßgebenden Formulierungen reformatorischer Glaubenslehre, vor allem die Confessio Augustana, bereits seit den 30er Jahren im deutschen Protestantismus allgemein anerkannt. Grundsätzlich nicht anders stand es um die Gottesdienstordnungen. Auch sie wurden durchweg von den Amtsträgern der Kirche ausgearbeitet und bloß nachträglich von den Obrigkeiten sanktioniert. Stärker war der Einfluß der weltlichen Obrigkeiten dagegen auf die personelle Rekrutierung der Kirche, vor allem dann, wenn Stadtrat oder Landesfürst zugleich über Patronatsrechte verfügten, wie das seit dem späteren Mittelalter nicht selten der Fall war und jetzt noch häufiger wurde; die evangelischen Reichsstände zogen ja vielfach die Patronate der aufgelösten Klöster und Stifte an sich. Insbesondere in den Reichsstädten hatten die Räte wohl in aller Regel das entscheidende Votum bei der Wahl der Pfarrer. Die Städte – genauer: die oberdeutschen, unter zwinglianischem Einfluß stehenden Städte – waren es auch, in denen das obrigkeitliche Kirchenregiment in Form der Kirchen- oder Sittenzucht seine schärfste Ausprägung erfuhr. Trotz manchen Widerspruchs von seiten bedeutender Kirchenmänner stand schon seit den frühen 30er Jahren fest, daß hier für eine Eigenständigkeit der Kirche kaum Platz war. Das schließt wiederum nicht aus, daß viele der protestantischen Reichsstände ihr Kirchenregiment mit einem respektablen Verantwortungsbewußtsein wahrnahmen. Aber selbst – ja: gerade – ein solches Engagement hatte langfristig auch problematische Folgen: vor allem eine gefährliche Überhöhung der obrigkeitlichen Autorität, eine gefährliche Überschätzung überhaupt der Aufgaben, Möglichkeiten und Rechte des Staats. Die ursprünglichen Intentionen der Zwei-Reiche-Lehre Luthers drohten damit in ihr Gegenteil verkehrt zu werden.

Die Entscheidung fürstlicher wie städtischer Obrigkeiten für oder gegen die Reformation konnte durch ein ganzes Bündel unterschiedlicher Motive und Bedingungen bestimmt sein. Neben der religiösen Überzeugung der maßgebenden Männer – ihrerseits oft durch bedeutende Theologen des Landes oder der Stadt beeinflußt – spielten dabei vor allem politische und soziale Konstellationen und Interessen eine Rolle.

So liegt auf der Hand, daß das politische Interesse der geistlichen Reichsfürsten sie in aller Regel auf der Seite der alten Kirche festhielt – es sei denn, sie entschieden sich zugleich für den Versuch einer Säkularisierung ihrer Stifter, was dann freilich einen außerordentlich tiefen Einschnitt in die politische Struktur des Reichs wie des geistlichen Fürstentums selbst bedeutete und deshalb nur geringe Erfolgschancen hatte; tatsächlich ist eine Säkularisierung von seiten des geistlichen Landesherrn bis zur Jahrhundertmitte nur einmal, im Sonderfall Preußens 1525, mit Erfolg unternommen worden.

Im Gegensatz zu den geistlichen Fürsten setzten die weltlichen Landesherren mit einem Übergang zur Reformation ihre politische Existenz nicht aufs Spiel. Im Gegenteil versprach ein solcher Schritt einen Zuwachs an politischer Macht, vor allem auf Kosten der geistlichen Jurisdiktion, unter Umständen auch fiskalische Entlastungen durch die Bereicherung an kirchlichem, insbesondere: Klostergut. Gleichwohl hielten nicht wenige weltliche Landesherren an der römischen Kirche fest, und wiederum gab es – abgesehen von persönlichen Glaubensüberzeugungen – durchaus politische Aspekte, die ein solches Verharren bei der alten Kirche nahelegen konnten: die Nachbarschaft mächtiger katholischer Landesherren etwa, mit denen man es nicht verderben wollte, zeitweise – besonders in den Jahren nach dem Bauernkrieg – auch die Sorge vor politischen und sozialen Unruhen im Gefolge der Reformation. Des weiteren darf nicht übersehen werden, daß die religionspolitische Haltung der weltlichen Landesherren regelmäßig auch durch die Stände des Landes mitbestimmt wurde; jedenfalls hat sich nicht ein einziger der deutschen Landesherren gegen das Votum seiner Stände für die Einführung der Reformation entschieden. Umgekehrt fehlt es nicht ganz an Beispielen dafür, daß die Mehrheit der Stände eines Landes evangelisch wurde, ohne ihren Landesherrn zur Einführung der Reformation auf Landesebene bestimmen zu können; der wichtigste Fall dieser Art waren die östlichen der österreichischen Erblande.

Von besonderer Bedeutung für das Votum der Stände war stets die Haltung des Adels, und der Adel seinerseits hatte bei seinen kirchlichen Optionen mancherlei politische und soziale Konstellationen mit zu berücksichtigen. Da gab es eine Fülle von Dienst- und Lehensbeziehungen nicht nur zum Landesherrn, sondern auch zu benachbarten geistlichen und weltlichen Fürsten, vielleicht sogar zum Kaiser selbst; die damit gegebenen Abhängigkeiten und Chancen waren sorgfältig abzuwägen. Auch die unmittelbar wirtschaftlichen Folgen eines Übergangs zur Reformation waren wohl zu bedenken. Auf der einen Seite konnten sich hier Möglichkeiten des Zugriffs auf bisheriges Kirchengut ergeben, vor allem dann, wenn es an einer starken landesherrlichen Gewalt fehlte, die – ob katholisch oder evangelisch – für die Erhaltung des kirchlichen Vermögens sorgte; auch eine etwaige Zurücknahme kirchlicher Stiftungen mochte materiell zu Buche schlagen. Anderseits fielen mit der Reformation die Klöster und – wie sich seit den 30er Jahren immer deutlicher herausstellte – auch der größte Teil der Chorherren- und Damenstifte weg; das bedeutete eine erhebliche Einbuße an Möglichkeiten der Versorgung für die jüngeren Söhne und nicht verheirateten Töchter des Adels. Dazu kam noch der drohende Ausschluß des Zugangs zu den Domkapiteln; hier standen neben wirtschaftlichen wiederum auch politische Positionen auf dem Spiel. Das konfessionspolitische Votum des Adels – und damit zumeist der Landstände überhaupt – hing also von mancherlei Interessensabwägungen ab, und deren Ergebnis stand keineswegs immer schon von vornherein fest.

Neben den Territorialfürsten hatten die Reichsstädte die Möglichkeit der Einrichtung eines eigenen Kirchenwesens, und mit ihnen – wenngleich rechtlich weniger gesichert – auch eine Reihe anderer, zumeist wirtschaftlich bedeutender Städte, die sich der Herrschaft ihrer fürstlichen Stadtherren weitgehend zu entziehen vermocht hatten. Zu den letzteren gehörten insbesondere einige der Bischofsstädte sowie der größeren Hansestädte im Norden und Nordwesten des Reichs. Zentren schon der frühen reformatorischen Bewegung, spielten die Städte auch bei der obrigkeitlichen Durchsetzung und innerkirchlichen Verfestigung der Reformation vielfach eine Vorreiterrolle. Das gilt für die oberdeutschen Reichsstädte mit Zürich, Nürnberg, Straßburg und Konstanz an der Spitze, das gilt aber auch für die nord- und nordwestdeutschen Hansestädte, deren kirchenpolitische Entscheidungen nicht selten für die umliegenden Territorien maßgebende Bedeutung gewannen. Daß umgekehrt eine religionspolitisch entschiedene Haltung mächtiger territorialer Nachbarn auf die Städte zurückwirkte, versteht sich und ist oft bezeugt.

Wie die Landesherren konnten auch die städtischen Obrigkeiten, wenn sie sich die Sache der Reformation zu eigen machten, in vielfacher Weise an ihre spätmittelalterliche Kirchen- und Verfassungspolitik anknüpfen: an ihre Fürsorge für eine ordnungsgemäße geistliche Betreuung der Bürgerschaft, an mancherlei Versuche zur Reform verlotterter Klöster und Stifte, vor allem aber an ihre traditionelle Politik der Zurückdrängung „fremder“ – insbesondere: fremder kirchlicher – Autoritäten in der Stadt. Schon die spätmittelalterliche Stadt hatte sich selbst ja als prinzipiell geschlossene, eigenständige, zugleich geistliche und weltliche Gesellschaft verstanden, der gegenüber die Institutionen der universalistischen Kirche als Fremdkörper empfunden wurden. Die Reformation bot jetzt eine Chance, dieses Selbstverständnis der Stadt als „corpus christianum im kleinen" vollends in politische Realität umzusetzen.

Allerdings war das Verhältnis zwischen Stadt und Reformation nun doch nicht einfach das einer sozusagen prästabilierten Harmonie. Schon die – ebenfalls aus der mittelalterlichen Verfassungsgeschichte der Städte erwachsene, durch die Erfahrungen von Bauernkrieg und Täufertum verstärkte – Tendenz der städtischen Obrigkeiten zur Intensivierung ihrer Herrschaft in weltlichen wie geistlichen Angelegenheiten war ein Moment häufiger und dauernder Spannungen; denn es fehlte ja nicht an reformatorischen Forderungen nach Eigenständigkeit der kirchlichen Gemeinde, etwa in Fragen der Pfarrerwahl und der Kirchenzucht. Aber auch abgesehen von diesen Spannungen zwischen geistlicher und weltlicher Obrigkeit waren in den städtischen Reformationsvorgängen mancherlei außerreligiöse Konflikte wirksam. So wurde der Kampf um die Durchsetzung der Reformation vielerorts zugleich als Kampf um eine breitere Partizipation der Bürgerschaft am Stadtregiment geführt. Das gilt vor allem für solche Städte, in denen eine Oligarchie der alten Geschlechter, wenngleich gelegentlich mit einigen „neureichen" Familien aus Handel und Gewerbe amalgamiert, das Heft in der Hand hatte. In Städten dieses Verfassungstyps, wie er in Norddeutschland, aber auch in Franken und bis ins nördliche Schwaben hinein weit verbreitet war, wurden die um ihre Beteiligung am Rat kämpfenden Kaufleute und Handwerker zumeist zu den maßgebenden Trägern der Reformation. Umgekehrt suchten die älteren Führungsgruppen dieser Städte das Umsichgreifen nicht nur der verfassungspolitischen und sozialen Opposition, sondern auch der Reformation zu verhindern oder doch einzudämmen. Allerdings hatten sie damit auf die Dauer zumeist keinen Erfolg. Im Gegenteil erzwangen die bislang vom Stadtregiment ausgeschlossenen vermögenden Kaufleute und Handwerker im Zeichen der Reformation – und oft unter Mobilisierung auch der städtischen Unterschichten – regelmäßig ihre Beteiligung am Rat; solcherart in seiner sozialen Basis erweitert, setzte sich der Rat dann selbst an die Spitze der reformatorischen Bewegung und sorgte für deren Durchsetzung, nicht zuletzt: für deren obrigkeitliche Regulierung. Man kann hier geradezu von einer Ablaufstypik städtischer Reformation sprechen, die für einen Großteil der nord- und mitteldeutschen Städtereformationen bestimmend war. Einen anderen Verlauf dagegen nahmen die reformatorischen Ereignisse in Städten mit einer vorwiegend genossenschaftlich strukturierten Verfassung, in denen typischerweise die Zünfte die Mehrheit im Rat ausmachten. Hier nämlich vollzog sich der Übergang zur Reformation in aller Regel ohne größere Konflikte in der Bürgerschaft, mitunter sehr frühzeitig unter Führung des Rats; Zürich selbst, dazu die Mehrheit der oberschwäbischen Reichsstädte gehören zu diesem Typ städtischer Reformation.

Die Schwerpunkte der kirchlichen Neuordnung in Territorien und Städten bestanden 1. in der Verfestigung der Lehrgrundlage, 2. in der Neuordnung des Gottesdiensts, 3. in der Sicherung der Versorgung der Gemeinden mit tüchtigen Pfarrern, 4. in Maßnahmen zur Hebung des Schulwesens und 5. in der Neuregelung des Armenwesens; dazu kam schließlich 6. die Neuordnung der Rechtsverhältnisse der Kirchen, dies freilich nur mit einem Minimum von Normen und Institutionen.

1. Als verbindliche Grundlage evangelischer Kirchenlehre galt von allem Anfang an die Heilige Schrift. Indessen erwies sich bald, daß diese Grundlage allein – so wichtig sie für die Auseinandersetzung mit der römischen Kirche war – nicht genügte, daß man vielmehr das Zeugnis der Heiligen Schrift zusammenfassend, auswählend und systematisierend aufbereiten mußte, um der Willkür individualistischer Exegese zu steuern. Diese Aufgabe ist in der Form sogenannter Bekenntnisse gelöst worden, von denen vor allem die Confessio Augustana von 1530 verpflichtende Kraft gewann. Auf reformierter Seite erlangten die Confessio Basiliensis von 1534 und die aus Anlaß der Unionsverhandlungen Butzers mit den Lutheranern 1536 entstandene Confessio Helvetica prior breite Anerkennung, doch traten sie seit den späteren 40er Jahren allmählich hinter calvinistische Formulierungen des Glaubensguts zurück (1545 Catechismus Genevensis); die langfristig wichtigsten reformierten Bekenntnisschriften entstanden überhaupt erst in den 60er Jahren des Jahrhunderts.

2. Ein weiterer Schwerpunkt der Verfestigung evangelischen Kirchenwesens bestand in der Neuordnung des Gottesdiensts. Die Anfänge dazu lagen bereits in den frühen 20er Jahren, und zwar nicht bei Luther, der sich mit solchen Änderungen sehr zurückhielt und nur das aus seiner Sicht unbedingt Nötige korrigierte, sondern bei äußerlich radikaleren Männern wie Gabriel Zwilling und Karlstadt in Wittenberg 1521/22, auch bei Thomas Müntzer, vor allem aber bei den Schweizern, denen eine Reihe oberdeutscher Städte bald folgte. Hier verschwanden die Bilder, auch Orgel und Chorgesang, dazu die Meßgewänder, die lateinische Sprache, überhaupt große Teile der herkömmlichen Liturgie; der Gottesdienst wurde zu dem für die reformierten Kirchen noch heute typischen schlichten, ja: kargen Wortgottesdienst. Anders war es in den lutherischen Kirchen, die, seit 1526 vor allem nach dem Vorbild von Luthers „Deutscher Messe und Ordnung des Gottesdiensts“, den Kultus in der Regel nur sehr behutsam reformierten. Zwar das Opfer wurde aus dem Meßkanon eliminiert, auch wurden anstößige Berufungen auf die Heiligen gestrichen; die Predigt erhielt einen zentralen Platz im Gottesdienst; der Laienkelch wurde selbstverständlich; der Gemeindegesang bekam Heimatrecht in der Liturgie. Ansonsten aber übernahm man die traditionellen Elemente des Gottesdiensts, übrigens auch den katholischen Festkalender, nahezu unverändert. Ungeachtet der Tiefe der theologischen Gegensätze zur alten Kirche gab es hier Kontinuitäten, die manchen Zeitgenossen, besonders natürlich dem

wenig gebildeten Kirchenvolk, die Unterschiede des lutherischen zum katholischen Gottesdienst als nicht sehr gravierend erscheinen lassen mochten, weniger gravierend jedenfalls als zum Gottesdienst der Zwinglianer und später auch der Calvinisten.

3. Zur Sicherung der Lehrgrundlage und der Neuordnung des Gottesdiensts kam die Versorgung der Gemeinden mit hinreichend gebildeten, d.h. vor allem: zu Exegese und Predigt befähigten, auch wirtschaftlich hinreichend gesicherten Pfarrern. Dabei war die wirtschaftliche Versorgung nicht nur gegen den Geiz von Bürgern und Bauern, sondern oft auch gegen adlige Bereicherungen am Kirchengut sicherzustellen. Darüber hinaus mußte man darum bemüht sein, die vor allem auf dem Lande oft erbärmlich mageren Pfarrpfründen in ihrer Ausstattung zu verbessern; sonst wäre kaum eine Chance gewesen, tüchtige Pfarrer auf diese Stellen zu bekommen. Auch waren die evangelischen Pfarrer ja in der Regel verheiratet; die Pfarrpfründe mußte also zum Unterhalt einer ganzen Familie ausreichen.

In den Städten, auch in den landesfürstlichen Städten, beruhte die Neuordnung der Pfarrbesoldung regelmäßig auf der Grundlage des „Gemeinen Kastens". Das Grundprinzip dieser Einrichtung, die auf Vorschläge Luthers schon aus den frühen 20er Jahren zurückging, bestand in der Vereinigung aller erledigten kirchlichen Pfründen und Stiftungen, Zinsen und Gefälle, dazu der sonstigen verstreuten Einkünfte der Pfarreien, in eine gemeinsame Kasse, aus der dann wiederum die notwendigen Ausgaben für Kirchen- und Schuldienst wie für das städtische Armenwesen zu bestreiten waren. Als selbständige Pfarrpfründen verblieben im wesentlichen bloß die Pfarrländereien, die die Pfarrer verpachten oder selbst bewirtschaften konnten; im übrigen erhielten sie ihre Einkünfte von der Verwaltung des Gemeinen Kastens, die ihnen auch das konfliktträchtige Geschäft des Eintreibens der Abgaben abnahm. Die ländlichen Pfarreien dagegen blieben durchweg auf ihre früheren Einkunftsarten angewiesen, und auch die Aufbesserung ihrer Einkommen – zumeist aus dem Vermögen eingezogener Klöster auf dem Lande – war weithin unbefriedigend; gegenüber ihren Amtsbrüdern in der Stadt jedenfalls blieben die Landpfarrer für gewöhnlich deutlich benachteiligt.

Was die theologische Bildung der Pfarrer betraf, so machte die zentrale Bedeutung der Predigt für den Gottesdienst und die Bindung der Predigt an die Auslegung der Heiligen Schrift vor allem eine gründliche exegetische Ausbildung erforderlich, und die wiederum verlangte vorab die Kenntnis der alten Sprachen, wenigstens des Griechischen. Von da aus lag es nahe, sich der humanistischen Gelehrsamkeit zu bedienen, und in der Tat hat die theologische Ausbildung der evangelischen Pfarrer, vor allem unter dem Einfluß Melanchthons, frühzeitig und für lange Zeit einen stark humanistischen Einschlag bekommen. Freilich griff diese theologische Bildungsreform – wie alle Bildungsreformen – erst im Laufe von Jahrzehnten; angesichts des akuten Pfarrermangels durfte man die Ansprüche an die Bewerber noch geraume Zeit nicht sehr hoch schrauben.

4. Die Bemühungen der Reformation um das Schul- und Bildungswesen waren um so wichtiger und dringender, als in den frühen 20er Jahren, und zwar in sehr unmittelbarem Zusammenhang mit der reformatorischen Bewegung, das Schulwesen in schlimmen Verfall geraten war. Ein erheblicher Teil der Schulen war ja in vorreformatorischer Zeit von Klöstern und anderen geistlichen Institutionen unterhalten worden, deren Auflösung auch das Ende ihrer Schulen bedeutete. Dazu kam die reformatorische Hinwendung zur deutschen Sprache, die manchen schlichten Gemütern das Latein als überflüssig erscheinen ließ; Karlstadt und manche seiner schwärmerischen Anhänger waren sogar der Meinung, daß die wahre Erleuchtung nur den Ungelehrten zuteil werden könne. Erasmus schrieb noch 1528 an Pirckheimer: „Wo immer die Lehre Luthers regiert, da ist Untergang der Wissenschaften“[46]. Allerdings hatte sich zu diesem Zeitpunkt bereits ein Umschwung angebahnt. Luther hatte schon in der Adelspredigt von 1520 und dann wieder 1524 – diesmal vor allem an die Adresse der städtischen Obrigkeiten – die Einrichtung „christlicher“ Schulen gefordert; der sächsische „Unterricht der Visitatoren“ von 1528 machte dafür sehr konkrete Vorschläge. Die norddeutschen Kirchenordnungen Bugenhagens erklärten die Fürsorge für das Schulwesen vollends zu einer zentralen Aufgabe der kirchlichen Neuordnung. Dieser Appell der Reformatoren blieb nicht ungehört. Seit der Mitte der 20er Jahre erneuerte eine wachsende Zahl evangelisch werdender Städte ihr Schulwesen; 1537 entstand mit dem Straßburger Gymnasium des Johannes Sturm eine Bildungseinrichtung von europäischem Rang. In den 40er Jahren wurden im albertinischen Sachsen die fürstlichen „Gelehrtenschulen“ von Pforta, Grimma und Meißen eingerichtet, deren Vorbild in der zweiten Jahrhunderthälfte auch auf andere Territorien ausstrahlte.

Die reformatorische Förderung des Schulwesens galt vor allem den Lateinschulen, und es war wiederum Melanchthon, der ihnen ihr grundlegend humanistisches Gepräge gab. Damit wurden die protestantischen Latein- oder Gelehrtenschulen zu Einrichtungen, die – trotz mancher Schwächen und Einseitigkeiten – durchaus auf der Höhe ihrer Zeit standen, aufs Ganze gesehen entschieden leistungsfähiger als ihre spätmittelalterlichen Vorgänger. Den damit erreichten Bildungsvorsprung des Protestantismus haben auf katholischer Seite erst die Jesuitengymnasien des späteren 16. und 17. Jahrhunderts allmählich wettgemacht.

5. Des weiteren gehörte die Neuregelung des Armenwesens zu den Grundelementen evangelischer Kirchenbildung. Diese Neuregelung schloß an die Anfänge städtischer Sozialpolitik des späten Mittelalters an. Das Ziel dieser Sozialpolitik war zum einen eine hinreichend gesicherte Versorgung der wirklich Armen der Gemeinden, zum andern aber – im Gegensatz zu älteren Vorstellungen der mittelalterlichen Kirche – die Zurückdrängung

des Bettels, vor allem des nicht aus Not, sondern mit raffiniertem Geschäftssinn und oft in betrügerischer Manier betriebenen Bettels. Die Reformation verstärkte diesen Wandel der Einstellung grundsätzlich. Ihr Berufs- und Arbeitsethos ließ den freiwilligen Bettel nicht zu; ihre Auffassung von einer christlichen Fürsorgepflicht für die Armen aber ließ auch den unfreiwilligen Bettel, den Bettel aus Not, als einen Mißstand ansehen, der schleunigst durch eine ordentliche Armenfürsorge zu beseitigen wäre. Als deren Träger kamen, schon gar nach dem Fortfall der Klöster und Bruderschaften, nur die Gemeinden in Frage. In der Tat sind im Gefolge der Reformation in den Städten regelmäßig Institutionen der Armenfürsorge geschaffen oder doch ausgebaut worden, die in den Gemeinen Kästen auch eine gesicherte finanzielle Basis erhielten. In Zeiten wirtschaftlicher Krisen war und blieb die Armut freilich oft größer als die Möglichkeiten dieser Armenfürsorge. Auf dem Lande hatte sogar schon die Einrichtung Gemeiner Kästen nur sehr sporadischen Erfolg; der Wegfall der klösterlichen Caritas konnte hier noch lange nicht ausgeglichen werden.

6. Was schließlich die rechtliche Verfassung der reformatorischen Kirchen angeht, so kam man oberhalb der Ebene der Pfarreien lange Zeit mit minimalen Institutionen und Regelungen aus. Das hatte seinen Grund nicht zuletzt darin, daß Luther selbst – ganz anders als wenig später Calvin – den Fragen der Kirchenverfassung ziemlich gleichgültig, ja sogar mit grundsätzlicher Skepsis gegenüberstand, weil er die Erstarrung allzu fest gefügter Rechtsformen fürchtete. So kam es im Bereich der deutschen Reformation seit den späteren 20er Jahren zwar weithin zur Einsetzung von Superintendenten mit der Aufgabe regelmäßiger Kirchenvisitationen; darüber stehende Behörden der Kirche oder des landesherrlichen Kirchenregiments aber wurden bis zur Mitte des Jahrhunderts kaum gebildet. Im übrigen gestanden die Ordnungen der lutherischen wie der zwinglianischen Kirchen der Zeit dem Kirchenvolk kaum irgendwo eine aktive Rolle von einiger Bedeutung zu. Die Kirche war maßgebend durch ihre Funktionen der Predigt und der Sakramentenspendung definiert, und die waren ausschließlich Sache des geistlichen Amts; die Entscheidungen über das kirchliche Vermögen aber kamen regelmäßig in direktem Zusammenwirken der kirchlichen Amtsträger mit den weltlichen Obrigkeiten zustande. Ungeachtet der grundsätzlichen Aufwertung der „Laien" durch die Reformation blieben die protestantischen Kirchen Pastorenkirchen, die Gemeinden „nur Gegenstand der pastoralen Arbeit" (Karl Müller). Eine gewisse Ausnahme von dieser fortgesetzten Entmündigung der Gemeinden bedeutete immerhin das auf Anregung Butzers eingerichtete Amt der Presbyter oder Ältesten in Straßburg und dann auch in Hessen. Obschon eigentlich nicht als eine Vertretung der Gemeinde, sondern als eine Erweiterung des geistlichen Amts neben dem Pfarrer gedacht, wurde diese Institution der Ältesten doch zum Kristallisationskern von Konzeptionen, die der Ge-

meinde eine eigenständigere Rolle im Ganzen der Kirche zuerkannte. In Deutschland nur eine Ausnahme, ist das Straßburger Modell für Calvin und über ihn für den gesamten Calvinismus Westeuropas maßgebend geworden.

f) Die Ära der Religionsgespräche 1539–1541 und die Verhärtung der konfessionellen Gegensätze 1542–1545

Nach der Ablehnung des Mantuaner Konzils durch die Protestanten hatten sich die kirchenpolitischen Spannungen im Reich merklich verschärft. Im Januar 1538 war auf Betreiben des Reichsvizekanzlers Matthias Held in Nürnberg ein neuer Bund katholischer Fürsten mit den Habsburgern zustandegekommen; daraufhin hatten die Schmalkaldener ihre Bündnisverhandlungen mit Dänemark und Frankreich intensiviert. Selbst die Gefahr kriegerischer Verwicklungen schien nicht auszuschließen. Die außenpolitischen Implikationen des Konflikts, vor allem die Gefahr einer protestantisch-antihabsburgischen Koalition in Europa, bewogen die Habsburger jedoch zu einer überraschenden Wendung ihrer Religionspolitik: Auf Anregung Kurfürst Joachims II. von Brandenburg, der auch in seiner territorialen Kirchenpolitik nach Wegen einer konfessionell vermittelnden Reform suchte, ließen sich König Ferdinand und dann auch der Kaiser auf den erneuten und ernsthaften Versuch eines Ausgleichs im Glaubensstreit ein. Auch der Papst stimmte zu, daß vor dem Konzil noch einmal mit den Protestanten verhandelt würde; von päpstlicher Seite sollte Aleander als Legat die Verhandlungen führen.

Die erste Voraussetzung für solche Verhandlungen bestand in der Festigung und Sicherung eines – wenigstens vorläufigen – Religionsfriedens im Reich, insbesondere in der Abstellung der Kammergerichtsprozesse in Religionssachen. Die Verhandlungen darüber gestalteten sich schwieriger als erwartet. Schließlich aber führte das Verhandlungsgeschick des kaiserlichen Unterhändlers Johann von Weeze, des aus Schweden vertriebenen früheren Erzbischofs von Lund, doch zum Erfolg: Am 19. April 1539 konnte der Frankfurter Anstand unterzeichnet werden. Er gewährte allen derzeitigen Anhängern der Augsburgischen Konfession einen auf sechs Monate befristeten Religionsfrieden unter förmlicher Sistierung auch der Kammergerichtsprozesse gegen die evangelischen Stände. Die Dauer des Anstands sollte auf 15 Monate erstreckt werden, falls die Protestanten bereit wären, für diese Zeit weitere Säkularisationen von Kirchengut zu unterlassen und keine neuen Mitglieder in den Schmalkaldischen Bund aufzunehmen. Für diesen Fall wollte der Kaiser überdies darauf hinwirken, daß auch der Nürnberger Bund nicht erweitert würde. Vor allem aber nahm der Frankfurter Anstand ausdrücklich baldige Gespräche zwischen den Religionsparteien in Aussicht, um „auf eine löbliche christliche Vereinigung zu handeln"[47] – nicht nur unabhängig vom Konzil, sondern auch ohne Beteiligung der Kurie; die Protestanten jedenfalls erklärten ausdrücklich, nur ohne Beteiligung des Papsts verhandeln zu wollen.

Daß der Frankfurter Anstand insbesondere auf katholischer Seite Unmut erweckte, ist wohl verständlich. Der päpstliche Legat ließ sogar eine förmliche Anklage gegen Johann von Weeze ausarbeiten, in der dem kaiserlichen Unterhändler Bestechung und Verrat an der katholischen Sache vorgeworfen wurde. Die Reformation des Herzogtums Sachsen im Sommer 1539 schien überdies zu zeigen, daß die Protestanten nicht bereit waren, ihren Beitrag zur Friedenssicherung zu leisten. Als der Kaiser von Madrid aus das schon für den August vorgesehene Religionsgespräch verschob und dann überhaupt absagte, schien der Frankfurter Anstand vollends zur bedeutungslosen Episode zu werden. Aber die Bedingungen der europäischen Politik und die neuerliche Unsicherheit des Konzils ließen es Karl V. doch geraten erscheinen, die Möglichkeiten einer friedlichen Vergleichung des Religionsstreits in Deutschland noch einmal und gründlicher als je zuvor auszuloten. Im April 1540 ließ er für den Juni zu einem Religionsgespräch nach Speyer einladen; daß er sich dabei nicht auf den Frankfurter Anstand bezog, gab ihm zugleich die Möglichkeit, der Kurie die Beteiligung an dem Gespräch zu eröffnen.

Wirklich konnte der – wegen einer Seuche von Speyer nach Hagenau umdirigierte – Konvent im Juni 1540 unter dem Vorsitz von König Ferdinand eröffnet werden. Die Reihe der Teilnehmer wies allerdings problematische Lücken auf. Vor allem hatten der Kurfürst von Sachsen und Landgraf Philipp von Hessen ihre Teilnahme verweigert, weil die Einladung mit den Frankfurter Vereinbarungen nicht im Einklang stand; von den protestantischen Theologen fehlte nicht nur Luther, sondern auch Melanchthon. Immerhin erschienen mit Brenz und Osiander sowie mit Butzer, Capito und Calvin, den führenden Straßburger Kirchenmännern dieser Jahre, doch evangelische Theologen von Rang. Auf katholischer Seite bildete Bischof Johann Fabri aus Wien mit Eck und Cochlaeus ein Triumvirat unversöhnlicher Gegner der Reformation; daneben aber standen mit Pflug, Gropper und Nausea doch auch solche Männer, die einen Ausgleich im Glaubensstreit für möglich und wünschenswert hielten. Der päpstliche Nuntius Morone war anwesend, hatte aber nur die Aufgabe, die katholischen Gesprächsteilnehmer zu beraten; vor allem war er nicht ermächtigt, irgendwelche Zusagen zu machen. Die Verhandlungen gediehen nicht weit. Schon die Frage, worüber überhaupt diskutiert werden sollte, war heftig umstritten; noch größere Schwierigkeiten ergaben sich aus der Frage nach den theologischen Maßstäben, die für das Gespräch gelten sollten. Mitte Juli war klar, daß bereits über den „modus conciliandi“ keine Einigung zu erzielen war; das Gespräch war gescheitert, bevor es noch recht begonnen hatte. Immerhin gelang es Ferdinand, die Zustimmung der Parteien wenigstens zu einer späteren Wiederaufnahme des Gesprächs zu erlangen; die neuen Verhandlungen sollten Ende Oktober in Worms eröffnet werden. Überdies bat man den Kaiser um einen baldigen Reichstag, auf dem verbindliche Verhandlungen über den Ausgleich im Glaubensstreit geführt werden sollten, und um die persönliche Anwesenheit des Kaisers auf dieser Reichsversammlung; angesichts der so deutlich gewordenen Schwierigkeiten der Verständigung war in der Tat abzusehen, daß Karl V. seine persönliche Autorität für die Religionsgespräche einsetzen mußte, wenn sie nicht auch in Zukunft schon in den Präliminarien steckenbleiben sollten.

Der Kaiser bestätigte den Hagenauer Abschied und lud wenig später für das kommende Frühjahr zu dem erbetenen Reichstag nach Regensburg ein. Die Leitung des Wormser Religionsgesprächs aber übertrug er seinem premier conseiller, Herrn von Granvelle – dem besten Mann, den er zur Verfügung hatte. Diese Investition lohnte sich. Zwar verzögerte sich die Ankunft Granvelles bis in die zweite Novemberhälfte, so daß das Gespräch erst mit vierwöchiger Verspätung eröffnet werden konnte, aber dann führte die überlegene Verhandlungstaktik Granvelles binnen eines weiteren Monats zu einem überraschenden Erfolg. Zwar wurden die offiziellen Verhandlungen auch jetzt wieder über Wochen hinweg durch Verfahrensstreitigkeiten aufgehalten; erst am 14. Januar 1541 konnten Melanchthon und Eck das eigentliche Religionsgespräch mit einer dreitägigen Diskussion über die Erbsünde beginnen. Die eigentliche Entscheidung aber war zu diesem Zeitpunkt schon gefallen. Granvelle hatte nämlich bereits Mitte Dezember 1540 Geheimgespräche zwischen Johann Gropper und dem kaiserlichen Rat Gérard Veltwyk – einem hochgebildeten Humanisten jüdischer Herkunft – einerseits, den Straßburger Theologen Martin Butzer und Wolfgang Capito anderseits initiiert; daß er solche Geheimverhandlungen ausdrücklich als letztes Mittel bezeichnete, um noch einen Religionskrieg zu vermeiden, verlieh seiner Initiative politischen Nachdruck. Butzer wie Gropper hatten sich schon früher intensiv und detailliert mit den Möglichkeiten einer theologischen Vermittlung im Glaubensstreit befaßt, überdies hatten sie sich in Hagenau näher kennen und schätzen gelernt. Wirklich gelang es ihnen jetzt sehr rasch, in den Artikeln der Erbsünde und der Rechtfertigung zu einer weitgehenden Verständigung zu gelangen. Schwieriger wurden die Verhandlungen über die Autorität von Schrift und Tradition, über Messe und Heiligenverehrung; aber auch in diesen Artikeln kam man einander sehr nahe, im wesentlichen auf der Grundlage altchristlicher Lehren und Gebräuche. Am 31. Dezember 1540 gelangten die Gespräche mit einem ausformulierten Vergleichsentwurf zu einem erfolgreichen Abschluß.

Granvelle reagierte sofort. Er empfahl dem Kaiser die Verlegung des Religionsgesprächs, das offiziell immer noch bei seinen Präliminarien stand, auf den bevorstehenden Reichstag zu Regensburg; man dürfe hoffen, daß sich die Reichsstände dem aus den Geheimverhandlungen erwachsenen Entwurf nicht versagen würden, wenn der Kaiser selbst auf dem

Reichstag seine Autorität für den Vergleich geltend machen werde. Die zustimmende Antwort des Kaisers erfolgte umgehend; am 18. Januar 1541 wurde das Religionsgespräch nach Regensburg vertagt.

Auf dem Reichstag selbst machte sich Karl V. alsbald zum Herrn des Verfahrens. Als Teilnehmer des Gesprächs bestimmte er auf katholischer Seite Johannes Eck, Gropper und Pflug, von den Evangelischen Melanchthon, Butzer und den Hessen Pistorius; zu Vorsitzenden ernannte er Pfalzgraf Friedrich und Granvelle. Als päpstlicher Legat war auf ausdrücklichen Wunsch Karls V. Kardinal Gasparo Contarini erschienen, ein guter Kenner der protestantischen Theologie, in seinem eigenen Denken durch Augustinus und die Heilige Schrift geprägt, vom aufrichtigen Willen zur Überwindung des Zwiespalts erfüllt. Nicht unmittelbar an den Verhandlungen beteiligt, wirkte Contarini vor allem als Berater der katholischen Kolloquenten; ihm war es namentlich zu verdanken, daß auch der streitbare Eck sich auf den Versuch einer wirklichen Versöhnung einließ.

Zur Grundlage der Verhandlungen bestimmte der Kaiser den Wormser Vergleichsentwurf, allerdings in einer von Contarini, Morone und Gropper nicht unwesentlich korrigierten Fassung. Am 27. April begannen die Verhandlungen. Über die ersten Artikel des Wormser Buchs – vom Urstand, vom freien Willen, von Sünde und Erbsünde – einigte man sich rasch. Dann, beim Artikel von der Rechtfertigung, wurde es schwierig. Sowohl Eck als auch Melanchthon fanden den Wormser Entwurf allzu undeutlich; gerade der Artikel von der Rechtfertigung aber war zu wichtig, als daß die eine oder andere Seite eine wesentliche Gefährdung ihrer essentiellen Anliegen hätte hinnehmen können. Mehrere Versuche zur Neuformulierung – von Melanchthon, von Eck, sogar von Contarini – fanden keine allgemeine Zustimmung. Daß man sich am 2. Mai dann doch auf eine gemeinsame Formulierung verständigen konnte, war so etwas wie eine Sensation. Contarini, der die Einigungsformel alsbald nach Rom meldete, sprach von einem Wunder, der Kaiser von göttlicher Erleuchtung. Allerdings fehlte es auch jetzt nicht ganz an skeptischen Stimmen; daß der sächsische Kurfürst seine Reichstagsgesandten anwies, den Artikel zurückzuweisen, weil er die rechtfertigende Kraft des Glaubens nicht deutlich genug bekenne, war kein gutes Omen. Und auch in Regensburg taten sich in der Folge unüberwindbare Gräben auf. Zwar über weite Bereiche der Sakramentenlehre konnte man sich noch verständigen, aber bei dem Artikel über die Messe erwies sich der Dissens über die Transsubstantiationslehre als unausräumbar. Erst recht blieb der – auf den Rat Contarinis zunächst zurückgestellte – Artikel von der Kirche strittig. Als der Kaiser Ende Mai auf abschließende Ergebnisse der Kommission drang, wurde die Enttäuschung offenbar: Die Liste der unverglichenen Artikel war länger als die der verglichenen. Immerhin wurden in den folgenden Wochen noch einige Versuche einer wenigstens partiellen Verständigung unternommen; vor allem ließ Karl V. sondieren, ob eine Bestätigung der verglichenen

Artikel unter Duldung der nicht verglichenen bis zum Konzil eine Verhandlungschance hätte; indessen reagierte Rom mit eindeutiger Ablehnung, und auch die Reichsstände wollten sich auf eine solche „interimistische Reichsreligion“ (Pastor) nicht einlassen. Überdies erwies sich im Juni, daß auch die so dankbar begrüßte Einigung über den Rechtfertigungsartikel keinen Bestand hatte. Die Kurie verweigerte ihre Approbation, und Luther sprach von untauglichem Flickwerk, ja sogar von „papistischer Täuscherei“[48]. Damit war die kaiserliche Vermittlungspolitik im wesentlichen gescheitert.

Der Schluß des Regensburger Reichstags stand – auf den ersten Blick überraschend – im Zeichen recht weitgehender Zugeständnisse an die Protestanten. Zwar machte sich der Reichsabschied vom 29. Juli 1541 die katholische Konzilsforderung zu eigen; aber schon der Plan eines Nationalkonzils für den Fall, daß das Generalkonzil nicht zustande käme, entsprach eher den Wünschen der Protestanten. Der Nürnberger Anstand wurde erneut für 18 Monate verlängert. Eine geheime Deklaration des Kaisers garantierte den evangelischen Reichsständen überdies den Besitz der von ihnen eingezogenen Kirchengüter und gestand bis auf weiteres sogar die „christliche Reformation“ landsässiger Kirchen und Klöster zu; die Religionsprozesse des Kammergerichts sollten eingestellt, das Gericht selbst sollte paritätisch zusammengesetzt werden[49]. Daß die wichtigsten dieser Konzessionen nur in Form einer Geheimdeklaration ergingen, ließ freilich den Grad ihrer reichsrechtlichen Verbindlichkeit, nicht zuletzt gegenüber dem Reichskammergericht, offen. Und überdies konnte für die Protestanten kaum zweifelhaft sein, daß die Zugeständnisse des Kaisers im wesentlichen nur durch die sich erneut zuspitzenden Konflikte mit Türken und Franzosen erzwungen waren, während das eigentliche Ziel der kaiserlichen Religionspolitik eben doch nach wie vor in der Rückführung der Protestanten zur katholischen Kirche – wenngleich zu einer in sich reformierten katholischen Kirche – bestand.

Ohnehin nahm Karl V. auch in der Ära der Religionsgespräche jede Gelegenheit wahr, um den deutschen Protestantismus politisch zu schwächen. Und dabei fiel ihm jetzt ein bedeutender Erfolg in den Schoß; es gelang ihm nämlich, den Landgrafen Philipp von Hessen, also eines der Häupter des Schmalkaldischen Bundes, politisch an sich zu fesseln.

Den Hintergrund für diese überraschende Wendung bildete eine Nebenehe, die Philipp im März 1540 geschlossen hatte. Luther und Melanchthon hatten diese Doppelehe zwar nicht öffentlich und von Rechts wegen für zulässig erklärt, aber um der von Philipp geltend gemachten Gewissensnot willen „beichtweis“ eine geheime Dispensation für möglich gehalten. Die Sache war indessen nicht wirklich geheimzuhalten; schon auf dem Hagenauer Religionsgespräch wußte König Ferdinand davon. Der Landgraf war damit in einer sehr schwierigen Lage, zumal da die Peinliche Halsgerichtsordnung von 1532 Bigamie mit schweren Strafen bedrohte. Nach einigem

Schwanken entschied sich Philipp dazu, mit dem Kaiser in Verbindung zu treten und ihm gegen Sicherstellung vor einem etwaigen strafrechtlichen Verfahren seine politischen Dienste anzubieten. Karl V. ging auf das Anerbieten ein. In einem am 13. Juni 1541 in Regensburg geschlossenen Vertrag verpflichtete sich der Landgraf, keine neuen auswärtigen Bündnisse abzuschließen und bei der Erneuerung bestehender Einungen den Kaiser als Gegner auszunehmen. Dafür sollte dem Landgrafen alles, was er gegen den Kaiser oder den römischen König „oder wider kaiserlich Gesetz und Recht und des Reichs Ordnung bis auf diesen Tag offenlich oder heimlich gehandelt hätte“, gänzlich verziehen sein – wenngleich unter dem bedenklichen Vorbehalt, daß nicht etwa „von wegen der Religion wider alle Protestantes ein gemain Krieg bewegt wurde“[50]. Die Wirkungen dieses Vertrags machten sich bald bemerkbar. Vor allem das Verhältnis des Schmalkaldischen Bundes zu Frankreich kühlte sich merklich ab; im vierten Krieg zwischen Karl V. und Franz I. stellte man auf kaiserlicher Seite sogar ernsthafte Überlegungen an, den Landgrafen als Feldherrn zu gewinnen. Anderseits blieb Philipp doch auch jetzt einer der maßgebenden Fürsten des deutschen Protestantismus und damit in der Religionsfrage einer der wichtigsten Gegner des Kaisers; jener Vorbehalt des Religionskriegs im Regensburger Vertrag ließ an diesem Gegensatz und an seinen möglichen Konsequenzen ja keinen Zweifel.

Nach dem Scheitern des Regensburger Religionsgesprächs waren die nächsten Reichstage von Speyer (1542) und Nürnberg (1542 und wieder 1543) durch ein Klima spannungsvoller Stagnation gekennzeichnet. Zwar gelang es König Ferdinand, die Reichsstände zu finanziellen Hilfen gegen die in Ungarn vordringenden Türken zu bewegen, aber sonst war das Ergebnis der Verhandlungen überaus mager. Insbesondere in der Religionsfrage kam man keinen Deut voran. Im Dezember 1542 lehnten die Schmalkaldischen Bundesverwandten sogar die Rechtsprechung des Kammergerichts für ihre sämtlichen Streitsachen ab, um damit ihrer Forderung nach einer paritätischen Neuordnung des Gerichts Nachdruck zu verleihen; diese „Rekusation“ des Kammergerichts bedeutete praktisch die Sprengung der Reichseinheit auf dem Gebiet der Rechtspflege – eine gefährliche reichspolitische Zuspitzung der konfessionellen Gegensätze.

Von anderem Zuschnitt als die Reichstage der Jahre 1542 und 1543 mit ihren wenig fruchtbaren Konfrontationen und Protesten war dann der Reichstag von Speyer 1544. Die persönliche Anwesenheit Karls V. – zumal vor dem Hintergrund seiner Siege gegen Geldern und Frankreich – eröffnete der kaiserlichen Politik beträchtliche Handlungsspielräume. Überdies hatte der Kaiser an Philipp von Hessen einen eifrigen Fürsprecher bei den Reichsständen; der Regensburger Vertrag des Kaisers mit dem Landgrafen zahlte sich jetzt voll aus. So bewilligte der Reichstag mit den Stimmen der Protestanten eine ansehnliche Hilfe nicht nur für eine künftige Offensive gegen die Osmanen, sondern auch und vor allem für den Krieg gegen

Frankreich. Das war ein weitreichender Erfolg der kaiserlichen Politik: Ganz abgesehen von der finanziellen Entlastung der habsburgischen Kriegskasse bedeutete dieser Beschluß die Preisgabe des latenten französischen Bündnisses durch die Protestanten; zum ersten Mal war es dem Kaiser gelungen, die beiden wichtigsten Gegner seiner deutschen und Religionspolitik voneinander zu trennen. Daß er die damit sich eröffnende Chance des „divide et impera" zu einem entscheidenden Schlag gegen die deutschen Protestanten zu nutzen gedachte, ist sicher; die im Vertrag von Crépy, einige Monate nach dem Abschluß des Speyerer Reichstags, vom französischen König insgeheim ausbedungene Hilfe für den Ketzerkrieg in Deutschland war nur der nächste und folgerichtige Schritt in dieser Richtung.

Freilich war auch im Sommer 1544 der Protestantenkrieg nur eine von mehreren Alternativen der kaiserlichen Religionspolitik. Vordringlicher war jedenfalls das endliche Zustandekommen des Konzils, und da dessen wirkliche Einberufung gerade jetzt wieder sehr unsicher geworden war, stellte der Kaiser im Speyerer Reichsabschied für den Herbst oder Winter einen neuen Reichstag in Aussicht, der in Ermangelung konziliarer Entscheidungen eine „christliche Reformation" für das Reich beschließen sollte. Bis dahin wurden die früheren Reichsabschiede und Kammergerichtsprozesse gegen die Protestanten erneut suspendiert, eine Reform des Kammergerichts zugesagt; die geistlichen Güter sollten für Kirchen und Schulen, Armenwesen und Hospitäler verwendet werden dürfen „ohngeachtet was religion die seien"[51]. Das waren recht weitgehende Zugeständnisse, aber keineswegs eine grundsätzliche Wendung des Kaisers zugunsten der deutschen Protestanten. Das politische Hauptziel der Zugeständnisse von Speyer bestand vielmehr darin, den Papst mit der Drohung eines religionspolitischen Alleingangs der Deutschen zur Einberufung des Generalkonzils zu drängen. Das wurde in Rom auch durchaus verstanden; einem bitteren Tadelsbreve des Papsts wegen der Speyerer Beschlüsse folgte wenig später, noch im Herbst 1544, die definitive Konzilsansage. Gegenüber diesen Grundzielen und -erfolgen der kaiserlichen Politik wollten die Konzessionen wegen der Kirchengüter und schon gar wegen der Kammergerichtsprozesse gegen die Protestanten nicht viel besagen: Sie waren zeitlich begrenzt und damit korrigierbar, ein probates Mittel zudem, um einem dichteren politischen Zusammenrücken der Protestanten innerhalb wie außerhalb des Schmalkaldischen Bundes entgegenzuwirken.

Wenn die Reichstage der beginnenden 40er Jahre seit dem Scheitern der Religionsgespräche durch eine zunehmende Verhärtung der religionspolitischen Fronten gekennzeichnet waren, so gilt das auch und erst recht von der weiteren Ausbreitung der Reformation in diesen Jahren. Vor allem aber standen diese regionalen Reformationsvorgänge zum ersten Mal im Zeichen eines sich versteifenden Widerstands der Altgläubigen. Der wichtigste Fall dieser Art war der Kölner Reformationsversuch des Erzbischofs Hermann von Wied.

Hermann von Wied (1515–1547) hatte schon in den 30er Jahren manche Sympathien für reformatorische Lehren erkennen lassen, ohne freilich über die grundlegenden theologischen Differenzen der Reformation zur römischen Kirche sehr klare Vorstellungen zu haben. Vermutlich waren es dann die nachdrücklichen Reformforderungen des Regensburger Reichstags von 1541, die ihn zu konkreten Reformschritten bewogen. Im Februar 1542 berief er Martin Butzer zu Gesprächen mit ihm und seinem Offizial Johannes Gropper; Gropper und Butzer hatten ja schon beim Regensburger Religionsgespräch eine gemeinsame vermittelnde Linie gefunden, und eine solche Linie sollte nach Meinung des Kurfürsten auch für die Reform seines Erzbistums maßgebend sein. Zunächst fand der Erzbischof die Unterstützung der Stadt Köln wie der kurkölnischen Stände; im März 1542 forderten die Stände für den nächsten Landtag die Vorlage eines förmlichen Reformentwurfs. Als Butzer gegen Ende des Jahres für diese Aufgabe erneut berufen wurde, formierte sich jedoch entschiedener Widerstand. Domkapitel, Universität und Stadtrat verlangten jetzt die Abberufung Butzers. Keimzellen dieses Widerstands waren das Kloster der Karmeliter unter seinem Prior Eberhard Billick und die Kartause unter dem Priorat des Gerhard Kalkbrenner; aber auch Gropper wandte sich von Butzer ab und erstellte ein eigenes Reformprogramm. Der Kurfürst hingegen hielt nach wie vor an Butzer fest und fand dafür Rückendeckung beim Landtag, der erneut die Vorlage einer Reformationsordnung begehrte. Deren Ausarbeitung war dann von heftigen literarischen Fehden begleitet, in die auf seiten Butzers auch Melanchthon eingriff; vollends diese publizistischen Konfrontationen ließen den Erfolg einer vermittelnden Reformation, wie sie den Vorstellungen Hermanns von Wied entsprach, schon vor ihrem wirklichen Beginn überaus fraglich werden. Die Kölner Reformationsordnung selbst – neben Butzer war Melanchthon an ihrer Abfassung beteiligt – entsprach insofern reformatorischen Prinzipien, als sie die Schrift zur Norm von Kirchenlehre und Gottesdienstpraxis erklärte; im übrigen aber tastete sie das herkömmliche Kirchenwesen mitsamt der kirchlichen Hierarchie kaum an. Auch diese Zurückhaltung führte indessen nicht zur Versöhnung, sondern nur zu härterem Widerstand, und in diesem Widerstand fühlten sich Stadtrat, Universität und Domkapitel durch kaiserliche und päpstliche Interventionen noch bestätigt; dazu kam das wachsende Engagement der Jesuiten, die 1544 eine eigene Niederlassung in Köln gründeten. Auf der anderen Seite blieben klare Stellungnahmen der evangelischen Reichsstände zugunsten Hermanns von Wied aus; Luther selbst fand die Theologie der Kölner Reformationsordnung, namentlich ihre Abendmahlslehre, sehr unbefriedigend. So geriet der Erzbischof in eine immer schwierigere Lage. Im Herbst 1544 verlangten seine Gegner ultimativ die Abstellung aller Neuerungen und appellierten an Kaiser und Papst; die

Suffragane von Lüttich und Utrecht wie auch die Universität Löwen schlossen sich der Appellation an. Der Papst drohte mit Exkommunikation, der Kaiser schickte ein Mandat; Vermittlungsversuche des Landtags schlugen fehl. Daß Hermann von Wied den Kampf gleichwohl und wider alle politische Räson noch immer nicht aufgab, hatte schließlich nur mehr persönliche Gründe: Der Kurfürst fühlte sich in seinem Gewissen gebunden; alt und dem Tode nahe, so ließ er verlauten, wolle er nicht wider seine Erkenntnis handeln. Das definitive Scheitern des Kölner Reformationsversuchs war aber nur mehr eine Frage der Zeit. 1546 wurde der Erzbischof exkommuniziert und abgesetzt, 1547 – im Gefolge nun schon des Schmalkaldischen Kriegs – folgte unter kaiserlichem Druck die förmliche Abdankung. Diese Entscheidung war über die Geschichte des Erzstifts hinaus von hoher Bedeutung. Wenn es zu Beginn der 40er Jahre so ausgesehen hatte, als fiele der ganze Nordwesten des Reichs mitsamt seinen großen geistlichen Territorien der Reformation zu, so wurde dieser scheinbar unaufhaltsame Trend jetzt an entscheidender Stelle durchbrochen; das Scheitern des Kölner Reformationsversuchs eröffnete gute Chancen, nun auch die anderen Bistümer und Stifte des deutschen Nordwestens für den Katholizismus zu erhalten.

g) Die Konsolidierung der Reichsritterschaft

Die großen Fragen der europäischen und Religionspolitik – Türken- und Franzosenkrieg, Konzilsfrage und Glaubensstreit – waren nicht die einzigen Themen der Reichspolitik auch der beginnenden 40er Jahre. Neben ihnen standen wiederum andere Probleme der politischen, sozialen und Wirtschaftsordnung zur Lösung an, und neben manchem unfruchtbaren Hin und Her kam es dabei auch zu zukunftsträchtigen Entscheidungen und Neuansätzen. Die wichtigsten von ihnen betrafen die Stellung der Ritterschaft im Reich.

Das Scheitern der Ritterschaftsbewegung des Franz von Sickingen hatte die politische und soziale Neuorientierung der Ritterschaft vorangetrieben, vor allem in Gestalt eines zunehmenden Engagements in kaiserlichem oder fürstlichem Militär- und Verwaltungsdienst. Die politische Eigenständigkeit der Ritter, insbesondere ihre Reichsunmittelbarkeit, wurde dadurch freilich kaum gefördert, im Gegenteil: Wenn die herkömmlichen Lehensbindungen des Adels an die großen Fürstenhöfe noch durch Dienstverhältnisse verfestigt wurden, lag der Weg in die volle Landsässigkeit besonders nahe. Nur in Württemberg hatte sich die Ritterschaft schon vor 1514 auf die Dauer der Landeshoheit der Herzöge entziehen können; erst 1540 folgte der niedere Adel des Markgrafentums Brandenburg-Ansbach, und überall sonst blieb die Reichsfreiheit der Ritterschaft, sofern sie nicht ohnehin schon verloren war wie im Norden und Osten des Reichs oder auch in Bayern, noch jahrzehntelang unsicher. Dazu kam, daß die ritterschaftlichen Einungen, die dem einzelnen Adligen einen gewissen politischen und auch organisatorischen Rückhalt gaben, seit der Mitte der 20er Jahre viel von ihrer Kraft verloren. In Franken, wo der Adel wegen seiner besonders harten Gegensätze zu den geistlichen und weltlichen Fürsten traditionell ein intensives Einungswesen gepflegt hatte, kam es seit dem Bauernkrieg zu einer deutlichen Annäherung von Fürsten und Rittern, in deren Folge die adligen Organisationen binnen weniger Jahre in Verfall gerieten. Der Schwäbische Bund aber, in den die Gesellschaft mit St. Jörgenschild integriert war, löste sich 1534 überhaupt auf. Das damit verbundene – wenigstens vorläufige – Ende auch der Gesellschaft mit St. Jörgenschild bedeutete zugleich den Verlust der letzten größeren Einung, in der die Ritter noch mit den Grafen und Herren zusammengeschlossen gewesen waren; auch das war ein Verlust an politischer Rückendeckung und an Möglichkeiten politischer Einflußnahme für den niederen Adel.

Um so wichtiger waren nun die gegenläufigen Ansätze zu einer verfassungspolitischen Stabilisierung der Ritterschaft: zur Sicherung ihrer Reichsunmittelbarkeit und zugleich zu ihrer organisatorischen Verfestigung in deutlicher Bindung an Kaiser und Reich, wenngleich nicht an die ständischen Institutionen der Reichsverfassung. Die wichtigsten Initiativen zu dieser Entwicklung gingen von den Habsburgern aus, die damit zunächst vor allem finanzielle, bald aber auch religions- und verfassungspolitische Ziele verfolgten; die entscheidenden Schritte zu einer dauernden Realisierung geschahen im Zusammenhang der vom Speyerer Reichstag 1542 beschlossenen Türkenhilfe.

Bis tief in die 20er Jahre hinein hatten es die Reichsritter verstanden, sich unter Berufung auf ihre traditionelle Steuerfreiheit von grundsätzlich allen finanziellen Verpflichtungen gegenüber dem Reich freizuhalten. 1528 aber trat Karl V. mit dem nachdrücklichen Begehren der Türkenhilfe an die Ritter heran, und diesem Verlangen mochten sich die Ritter doch nicht völlig entziehen. Schon dieser zunächst vereinzelte, durchaus finanzpolitisch motivierte Vorstoß hatte alsbald verfassungspolitische Konsequenzen: Noch im gleichen Jahre verweigerte der fränkische Adel unter Berufung auf seine finanzpolitische Reichsunmittelbarkeit, die durch die Türkenhilfe an den Kaiser gerade bestätigt worden sei, die Leistung der vom Würzburger Bischof geforderten Landsteuer. Eine nächste Initiative, nun vor allem von König Ferdinand getragen, hatte von vornherein einen stärkeren reichs- und religionspolitischen Akzent. Angesichts der konfessionellen Spannungen innerhalb des Schwäbischen Bundes nämlich – aus Ferdinands Sicht: angesichts der Unzuverlässigkeit der evangelisch gewordenen Reichsstädte im Bund – versuchte der König, die adlige Klientel der Habsburger in Oberschwaben außerhalb des Bundes zu mobilisieren und zu einer besonderen Einung zusammenzuschließen. Ein erstes derartiges Bündnis kam im September 1531 in Überlingen zustande, hatte jedoch keinen Bestand; die Einung verlief sich schon im folgenden Jahr wieder. Im weiteren Verlauf der 30er Jahre, zumal nach dem Auseinanderbrechen des Schwäbischen Bundes, begannen jedoch die Ritter selbst nach neuen Zusammenschlüssen Ausschau zu halten, um ihrer reichspolitischen Isolierung entgegenzuwirken, und diese neue Bereitschaft nutzte König Ferdinand zielbewußt aus. Den konkreten Anlaß zum Handeln gab ihm der Beschluß des Speyerer Reichstags von 1542, einen Gemeinen Pfennig als Türkenhilfe zu erheben. Der Reichstag forderte, daß auch die Reichsritter sich an diesem Gemeinen Pfennig beteiligten; König Ferdinand übernahm die erforderlichen Verhandlungen. Die Reichsritter konnten sich dem Verlangen der Türkenhilfe noch weniger entziehen als 1528; daß König Ferdinand hochgeachtete Mitglieder der Ritterschaft selbst mit den Verhandlungen betraute, erleichterte das Entgegenkommen. Die Aufbringung und Verwaltung der bewilligten Gelder aber machten eine – zunächst noch bescheidene – ritterschaftliche Steuerverwaltung erforderlich, und die wiederum wurde, unter Rückgriff auf das Vorbild der Gesellschaft mit St. Jörgenschild, bald zum Kristallisationskern einer umfassenderen quasiterritorialen Organisation. Eben dies war der Anfang der neuzeitlichen Reichsritterschaft, die in ihren verfassungspolitischen Grundzügen bis zum Ende des alten Reichs Bestand haben sollte.

Im Unterschied zu allen älteren Einungen beruhte die neue Organisation nicht auf der Freiwilligkeit des Beitritts jedes Einzelnen; der Gemeine Pfennig war ja von jedermann zu leisten. Wer auch immer von den Herren des Adels seine Beteiligung an der ritterschaftlichen Steuer verweigerte, tat damit kund, daß er nicht zur Reichsritterschaft gehöre. Die einzige Alternative war dann aber die Landsässigkeit, die Unterordnung unter eine fürstliche Landesherrschaft, und gerade diese Unterordnung suchten die Ritter wenn irgend möglich zu vermeiden. Steuerpflicht und Einbindung in eine feste, nicht aufkündbare Organisation einerseits, Gewährleistung der Reichsunmittelbarkeit anderseits bedingten einander also grundsätzlich – eine wohlüberlegte und erfolgreiche Konzeption König Ferdinands und seiner Räte. Die damit erfolgte Einbindung der Reichsritterschaft ins Reich aber war in erster Linie eine Bindung an das Reichsoberhaupt. Nicht nur, daß Kaiser und König die Reichsritter alsbald gegen fürstliche Herrschaftsansprüche in Schutz nahmen; sie widersetzten sich in der Folge auch allen Versuchen, die Reichsritter in die Organisation der Reichskreise einzubeziehen und auf diesem Umweg unter die Kontrolle der dort dominierenden Fürsten zu stellen. Statt dessen stärkten sie die eigenen ritterschaftlichen Organisationen auf größerer regionaler Ebene, sozusagen in institutioneller Konkurrenz zu den Reichskreisen. In der zweiten Jahrhunderthälfte fand diese Entwicklung mit der Verfestigung der ritterschaftlichen Kantonsverfassung und dem Zusammenschluß zu einem Gesamtverband der Reichsritterschaft (Corpus liberae et immediatae imperii nobilitatis) ihren Abschluß.

4. Höhepunkt und Scheitern der universalistischen Politik Karls V. (1545–1556)

a) Beginn des Trienter Konzils und Schmalkaldischer Krieg

Der auf dem Reichstag von Speyer 1544 noch für den Herbst des gleichen Jahres vorgesehene Reichstag verzögerte sich bis zum Frühjahr 1545 und führte zu keinerlei Beschlüssen über die in der Proposition vorgesehenen Agenden; der religionspolitische Streit über das bevorstehende Konzil blockierte alle Verhandlungen. Daß man sich schließlich auf den Versuch eines nochmaligen Religionsgesprächs einigte und alles Übrige auf einen neuen Reichstag verschob, war nicht mehr als ein dilatorischer Formelkompromiß. Als der Reichstag in den ersten Augusttagen zu Ende ging, lag die akute Gefahr einer gewaltsamen Auseinandersetzung vor aller Augen.

Wirklich hatte Karl V. spätestens im Mai 1545 dem Krieg gegen die Protestanten die erste Priorität seiner deutschen Politik eingeräumt. Bündnisverhandlungen mit Rom führten bereits im Juni zur grundsätzlichen Zusage päpstlicher Hilfe für den Protestantenkrieg: Paul III. versprach dem Kaiser eine Armee von 12500 Mann für die Dauer von vier Monaten, dazu reiche Subsidien aus dem Vermögen der Kirche, nicht zuletzt die Erlaubnis zum Verkauf spanischer Kirchengüter bis zum Wert von einer halben Million Dukaten; die Konzilseröffnung könne vertagt werden, um die Protestanten nicht etwa zum Praevenire zu treiben.

Bis zum tatsächlichen Ausbruch des Kriegs verging dann freilich noch über ein Jahr. Der Grund für diese Verzögerung lag zunächst in fortbestehenden Ungewißheiten des Kaisers über die Haltung des Papsts, insbesondere über dessen Konzilspolitik; es war kein Geheimnis, daß die Konzilslegaten del Monte und Cervino auf die unverzügliche Eröffnung des Konzils drängten, um so dem übermächtigen Einfluß eines in Deutschland siegreichen Kaisers auf das Konzil entgegenzuwirken. Nach monatelangen, spannungsvollen Verhandlungen gab Karl V. in der Konzilsfrage schließlich nach, um nicht etwa das Kriegsbündnis mit dem Papst scheitern zu lassen. Am 13. Dezember 1545 konnte das Konzil in Trient eröffnet werden; bis zum Frühjahr 1546 wurden sich Papst und Kaiser über die bis dahin noch offenen Bestimmungen ihres Bündnisses einig.

Inzwischen hatten sich jedoch in Deutschland selbst die Machtverhältnisse in einer Weise verschoben, die dem Kaiser ein rasches Losschlagen als unratsam erscheinen ließ. Zwar war es gelungen, den Kölner Erzbischof Hermann von Wied so weit in die Defensive zu treiben, daß er der Reformation im Nordwesten des Reichs kaum noch Impulse zu geben vermochte. Aber schon sein Nachbar Franz von Waldeck, Bischof von Münster und Osnabrück sowie Administrator von Minden, war ein wenig berechenbarer Fürst, der der Reformation offen Vorschub leistete, sich wohl auch mit Säkularisationsplänen trug und in verdächtig engen Beziehungen zum Schmalkaldischen Bund stand. Daß des weiteren Herzog Heinrich von Braunschweig-Wolfenbüttel in Auseinandersetzungen mit den schmalkaldischen Fürsten 1545 in hessische Gefangenschaft geraten war, hatte die Habsburger überhaupt eines ihrer entschlossensten Bundesgenossen in Norddeutschland beraubt. Anfang 1546 ging dann auch noch der Kurfürst von der Pfalz offen zur Reformation über und suchte Anschluß an die Schmalkaldener – eine nicht nur reichspolitisch folgenreiche Entscheidung, weil sie der Mehrheit der Katholiken im Kurfürstenrat ein Ende machte, sondern eine Entscheidung auch von aktueller strategischer Bedeutung, weil sie die Verbindung der katholischen Mächte Süddeutschlands mit den habsburgischen Niederlanden bedrohte. Von den größeren weltlichen Reichsfürsten kam danach überhaupt nur noch Bayern als Partner für den habsburgisch-päpstlichen Ketzerkrieg in Betracht; auch dessen Unterstützung aber war nicht selbstverständlich und bedurfte jedenfalls nach Art und Umfang sorgfältiger Absprachen, die noch im Frühjahr 1546 nicht zum Ziel geführt hatten. So ließ denn der Kaiser in Deutschland vorerst noch verhandeln – mit Bayern vor allem und anderen katholischen Reichsständen, aber auch mit einigen jungen evangelischen Fürsten, die man aus der Front der protestantischen Stände herauszulösen und auf die Seite des Kaisers hinüberzuziehen unternahm. Die wichtigsten von ihnen waren Markgraf Hans von Küstrin, der als Schwiegersohn Herzog Heinrichs von Braunschweig wegen dessen hessischer Gefangenschaft mit Landgraf Philipp in tiefem Zerwürfnis stand, sodann der unruhige und beutegierige Markgraf Albrecht Alkibiades von Brandenburg-Kulmbach, vor allem aber Herzog Moritz von Sachsen, der sich wegen territorialer Streitigkeiten mit seinem kursächsischen Vetter überworfen hatte und ohnehin nach größeren Gewinnen Ausschau zu halten begann. Alle diese Verhandlungen wurden im geheimen geführt; in seinen öffentlichen Erklärungen bekannte sich Karl V. nach wie vor zu Friede und Ausgleich.

Das war die Situation, in der Ende Januar 1546 das in Worms vereinbarte neue Religionsgespräch in Regensburg eröffnet wurde. Als Gesprächspartner hatte der Kaiser auf katholischer Seite seinen Hofprediger Malvenda, den Kölner Karmeliter Billick, dazu den Augustiner Johannes Hoffmeister und den alten Cochlaeus bestimmt, durchweg Repräsentanten eines hart antiprotestantischen Kurses; von evangelischer Seite nahmen Brenz, Schnepf, anstelle Melanchthons Georg Major aus Wittenberg, zeitweise auch Veit Dietrich aus Nürnberg an dem Gespräch teil. Die Diskussion war von allem Anfang an von gegenseitigem Mißtrauen geprägt und führte zu keinerlei substantiellen Annäherungen; die evangelischen Teilnehmer brachen das Gespräch am 10. März ab und reisten einige Tage später heim. Kaum jemand wagte seitdem noch, auf eine friedliche Beilegung des Glaubensstreits zu hoffen.

Während des Religionsgesprächs verlor der deutsche Protestantismus seine führende Gestalt. In der Nacht vom 17. zum 18. Februar 1546 starb Martin Luther in Eisleben, wo er auf Bitten der Grafen von Mansfeld in Streitigkeiten der gräflichen Familie als Vermittler gewirkt hatte. Auf Anordnung des Kurfürsten wurde der Leichnam nach Wittenberg überführt und in der dortigen Schloßkirche dicht bei der Kanzel beigesetzt. Noch am Abend vor seinem Tode hatte Luther die Freunde aufgefordert, für das Evangelium zu beten, „denn das Concilium zu Trient und der leidige Bapst zürnen hart mit ihm"[52]. Luthers vielleicht letzte Aufzeichnung aber, die man nach seinem Tode auf seinem Tisch fand, lautete: „1. Virgil in den Bucolica und Georgica kann keiner verstehen, er sei denn fünf Jahre lang Hirt oder Bauer gewesen. 2. Cicero in seinen Briefen, so denke ich, versteht keiner, der nicht vierzig Jahre in einem großen Staatswesen zugebracht hat. 3. Keiner möge denken, er hätte die Heilige Schrift genügend geschmeckt, wenn er nicht hundert Jahre lang mit den Propheten, Elia und Elisa, Johannes dem Täufer, Christus und den Aposteln die Kirchen regiert hat. Du lege nicht Hand an die göttliche Aeneis, ehre gebeugt ihre Spuren. Wir sind Bettler, das ist wahr"[53].

Im politischen Geschehen dieser Monate war Karl V. gewiß die wichtigste treibende Kraft. Darüber darf aber die erneut recht eigenständige Rolle des Konzils von Trient nicht verkannt werden. Entgegen dem dringenden Wunsch des Kaisers nämlich beschränkten sich die Konzilsväter von vornherein nicht auf die Behandlung von Reformfragen, sondern trafen auch, ja: vordringlich, Lehrentscheidungen von großer Tragweite. Anfang April 1546 wurden die ersten Lehrdekrete des Tridentinums – über Schrift und Tradition – publiziert, Mitte Juni folgte die Proklamation über die Erbsünde; dann begann man mit den Beratungen über die Rechtfertigungslehre. In alledem trat die Festlegung und Sicherung des katholischen Glaubensguts in strikter Ausgrenzung reformatorischer Lehren als Hauptziel des Konzils deutlich zutage; die Aufgaben der Kirchenreform spielten demgegenüber bis auf weiteres eine sehr viel geringere Rolle, von den kaiserlichen Wünschen einer konziliaren Beilegung des Glaubensstreits gar nicht zu reden. Freilich war Karl V. in diesen Monaten ohnehin voll mit den diplomatischen und militärischen Vorbereitungen für den Krieg beschäftigt; seine Konzilspolitik trat dahinter sehr zurück, selbst die Instruktionen für die kaiserlichen Vertreter in Trient ließen des öfteren auf sich warten.

In Deutschland fielen die wichtigsten Entscheidungen, die den Weg zum Krieg endgültig frei machten, auf dem Reichstag zu Regensburg, den der Kaiser am 5. Juni 1546 eröffnete. Die offiziellen Beratungen der Reichsversammlung zwar blieben so ergebnislos wie die des Wormser Reichstags vom Vorjahr; hinter den Kulissen aber gelang es den kaiserlichen Diplomaten jetzt, in rascher Folge ihre Kriegsbündnisse zum Abschluß zu bringen. Am 7. Juni unterzeichnete Karl V. den längst ausgehandelten Vertrag mit dem Papst. Am gleichen Tag schloß man mit Bayern ab: Herzog Wilhelm sicherte eine wohlwollende Neutralität im bevorstehenden Krieg zu, dafür wurden ihm territoriale Gewinne, unter Umständen sogar die pfälzische Kur in Aussicht gestellt; überdies verabredete man eine Ehe zwischen dem bayerischen Erbprinzen Albrecht und der ältesten Tochter König Ferdinands. Am 19./20. Juni folgte das Bündnis mit Herzog Moritz. Der Herzog versprach seine Beihilfe zur Herstellung von Frieden und Recht, insbesondere zur Erhaltung des Gehorsams gegenüber Kaiser und römischem König, dazu Freundschaft gegenüber dem Hause Österreich; dafür nahmen Karl V. und König Ferdinand den Herzog in ihren besonderen Schutz. Die Konkretisierung dieser allgemeinen Bestimmungen in einem gesonderten „Begnadigungsbrief" des Kaisers formulierte freilich die Pflichten des Herzogs durchweg verbindlicher und unbedingter als die Zusagen des Kaisers. Die von Moritz begehrte Schutzherrschaft über die Stifter Magdeburg und Halberstadt wurde durch Auflagen zum Schutz der alten Religion wie des Vermögens der kirchlichen Institutionen entwertet; von einem Landgewinn für den Herzog auf Kosten seines kursächsischen Vetters oder gar von einem Gewinn der sächsischen Kur war überhaupt nicht die Rede. Mit alledem war Moritz' Rechnung, sich schon seine Neutralität im Krieg vom Kaiser teuer bezahlen zu lassen, nicht aufgegangen; im Gegenteil hatte die habsburgische Diplomatie den Herzog gegen bescheidene Zugeständnisse fest an die Kette gelegt. Wenn er mehr erreichen wollte als diese Zugeständnisse, mußte er wohl oder übel selbst am Krieg teilnehmen – in einer für sein Verhältnis zu seinen protestantischen Mitfürsten wie zu den Ständen seines Landes problematischen Distanzierung von der evangelischen Sache und ganz gewiß wider Treu und Glauben gegenüber Kurfürst Johann Friedrich.

Noch vorteilhafter für den Kaiser waren die Abschlüsse, zu denen er mit Hans von Küstrin und Albrecht Alkibiades gelangte; die jungen Markgrafen konnten überhaupt einfach gegen die übliche Fürstenbesoldung in Dienst genommen werden. Markgraf Hans machte immerhin einige Vorbehalte wegen der Religion: Er wollte nicht an einem Religionskrieg gegen die Evangelischen teilnehmen und überdies versichert sein, daß der Kaiser nicht etwa in Religionssachen mit Gewalt gegen ihn selbst vorginge. Die entsprechenden Zusagen König Ferdinands und auch des Kaisers waren jedoch so wenig klar und verbindlich, daß es schon der sträflichen Leichtgläubigkeit eines deutschen Fürsten bedurfte, um sich dabei zu beruhigen.

Am 16. Juni bereits hatte Karl V. auf eine Anfrage der protestantischen Reichsstände wegen seiner mittlerweile offenkundigen Rüstungen geantwortet, er müsse gegen „ungehorsame Fürsten" vorgehen. Als am 20. Juli die Reichsacht über Sachsen und Hessen erging, war man tatsächlich bereits im Krieg. Daß der Kaiser den Reichstag noch bis zum 24. Juli weiterlaufen und dann sogar förmlich verabschieden ließ, war eine bloße Spiegelfechterei; die evangelischen Reichsstände waren ohnehin mit wenigen Ausnahmen schon vor Wochen abgereist.

Karl V. hatte die Absicht, den Krieg von vornherein nach Sachsen und Hessen hineinzutragen. Die oberdeutschen Verbündeten Sachsens und Hessens verlegten dem Kaiser jedoch mit überraschender Entschlossenheit den Weg. Auch der sächsische Kurfürst und Philipp von Hessen erschienen in Oberdeutschland, das damit zum ersten wichtigen Kriegsschauplatz wurde. Die anfängliche numerische Überlegenheit des schmalkaldischen Heeres wurde durch den Zuzug päpstlicher Truppen sowie eines Hilfscorps aus den Niederlanden bis zum September ausgeglichen; die Schmalkaldener versäumten es, die noch unvereinigten Teile des kaiserlichen Heeres einzeln mit überlegener Macht anzugreifen. Eine weitere und folgenreiche Verschiebung der Kräfteverhältnisse zugunsten des Kaisers ergab sich seit dem November aus der Bedrohung Kursachsens durch Herzog Moritz und König Ferdinand. Moritz hatte sich zunächst aus dem militärischen Konflikt herausgehalten. In Unsicherheit über die weitere Haltung des Herzogs riet König Ferdinand dem Kaiser deshalb mit steigender Dringlichkeit, Moritz nun doch die sächsische Kurwürde zu versprechen, und schließlich folgte Karl V. diesem Rat. Das bestimmte den Herzog, wie es Ferdinand erwartet hatte, zu offenem Eingreifen: Im November 1546 fielen die verbündeten böhmischen und sächsischen Truppen in Kursachsen ein. Die unmittelbare Folge war, daß Kurfürst Johann Friedrich in Eilmärschen von der Donau nach Norden zog, um sein Land zu verteidigen. In der Tat gelang es ihm hier, zumal da König Ferdinand gleichzeitig in harte Auseinandersetzungen mit den widerspenstigen böhmischen Ständen geriet, die verbündeten Gegner zurückzuwerfen und zeitweise in ziemliche Bedrängnis zu bringen. Für das verbleibende Heer der Schmalkaldener an der Donau aber standen bald keine Soldgelder mehr zur Verfügung. Insbesondere die Bundesstädte waren nicht bereit, ihre Kapitalmacht nachhaltig für den Krieg zu mobilisieren; noch im November begann Ulm, mit dem Kaiser über Bedingungen einer Aussöhnung zu verhandeln. Gegen Jahresende löste sich das schmalkaldische Aufgebot in Süddeutschland überhaupt auf; schließlich zog auch Landgraf Philipp von Hessen nach Hause. Damit war Karl V. Herr in Oberdeutschland. Er ließ sich von den um Aussöhnung bittenden Ständen enorme Kontributionen zahlen, vermied es aber, den äußersten Widerstand der Unterlegenen herauszufordern; von den kirchlichen Verhältnissen war in den Aussöhnungsverträgen überhaupt nicht die Rede.

Nach dem Sieg in Oberdeutschland hatte der Kaiser militärisch freie Hand, um sich gegen die schmalkaldischen Stände in Mittel- und Norddeutschland zu wenden. Von den Niederlanden aus stießen habsburgische Truppen nach Minden und Verden vor; Karl V. selbst wandte sich im März 1547 von Ulm aus über Nördlingen und Nürnberg nach Sachsen, um dort die Entscheidung zu suchen.

In eben diesen Wochen, da der Kaiser seine politische und militärische Position in Deutschland so eindrucksvoll verbessern konnte, mußte er in seiner Kirchenpolitik gegenüber Papst und Konzil sehr empfindliche Rückschläge hinnehmen. Ein erster derartiger Rückschlag bestand schon in der offiziellen Publikation des tridentinischen Glaubensdekrets über die Rechtfertigung. Das Dekret suchte die Gnadenhaftigkeit der Rechtfertigung gegenüber pelagianischen Mißverständnissen zu sichern, betonte aber zugleich die Mitwirkung des freien Willens mit der Gnade; die reformatorische Lehre von der Rechtfertigung wurde in nicht weniger als 33 canones als ketzerisch verworfen. Daß die Verabschiedung dieses Dekrets den Protestanten die Anerkennung des Konzils nahezu unmöglich machen würde, lag klar zutage, und eben deshalb suchten die kaiserlichen Oratoren in Trient die Verabschiedung des Dekrets zu verhindern oder doch hinauszuzögern. Die Legaten indessen setzten die Publikation in der sechsten Sitzung des Konzils am 13. Januar 1547 durch – eine Entscheidung für Jahrhunderte.

Kaum weniger unangenehm war, daß der Papst selbst seit der Jahreswende eine zunehmend antikaiserliche Politik verfolgte. Den Anlaß dazu gaben gerade die militärischen Erfolge Karls V. in Oberdeutschland, die dem Papst die Macht des Kaisers immer bedrohlicher , eine erneute Anlehnung an Frankreich als immer ratsamer erscheinen ließen. Anfang Februar 1547 überreichte der Nuntius Verallo dem Kaiser ein päpstliches Breve, in dem das Bündnis gekündigt wurde; gleichzeitig rief der Papst seine Truppen aus Deutschland zurück. Die unmittelbaren Folgen des päpstlichen Schritts waren zwar nicht allzu gravierend, zumal da die französische Politik in diesen Monaten durch die Krankheit und den Tod Franz' I. – er starb am 31. März 1547 – an raschem Reagieren gehindert war. Der Bruch zwischen den beiden Häuptern der Christenheit aber war doch tief und folgenreich.

Es kam noch ärger. Am 11. März 1547 nämlich verlegte sich das Konzil von Trient nach Bologna; die spanischen und sogar die französischen Bischöfe, die sich dieser Verlegung in eine Stadt des Kirchenstaats geschlossen widersetzt hatten, wurden nach dramatischen Auseinandersetzungen überstimmt. Das eigentliche Ziel dieser Konzilstranslation – ihr spiritus rector war der Kardinallegat Cervino – bestand darin, das Konzil dem Einfluß Karls V. so weit wie möglich zu entziehen; daß damit der Religionspolitik des Kaisers auch gegenüber den Protestanten der Boden entzogen und die religiöse Spaltung im Reich perenniert wurde, nahm man in Kauf. Immerhin vermied es Paul III. doch, den Konflikt mit dem Kaiser auf die Spitze zu treiben und damit möglicherweise eine Spaltung des Konzils zu provozieren: Er machte die Anberaumung förmlicher Konzilssessionen in Bologna vom Ausgang des deutschen Kriegs abhängig. Damit aber konnte sich wiederum, wenigstens vorläufig, auch Karl V. abfinden; war erst einmal der endgültige militärische Sieg in Deutschland errungen, mochte es dem Papst wohl schwerfallen, einer mit Nachdruck vorgetragenen kaiserlichen Forderung auf Rückverlegung des Konzils zu widerstehen.

Auf dem sächsischen Kriegsschauplatz befand sich Herzog Moritz ausgangs des Winters in erheblichen Schwierigkeiten. Im März kam es unter brandenburgischer Vermittlung sogar zu Vergleichsverhandlungen, für die sich namentlich die Stände beider Sachsen einsetzten. Dann aber führte das Eingreifen Karls V. in Mitteldeutschland zu einer neuen Situation. Seit dem 12. April drang der Kaiser mit seinen Verbündeten von Meißen aus längs der Elbe tief nach Kursachsen ein. Johann Friedrich gedachte, sich auf die Verteidigung der festen Plätze seines Landes zurückzuziehen, aber der Kaiser war schneller. Am 24. April 1547 standen sich die gegnerischen Heere nach einem anstrengenden Nachtmarsch der kaiserlichen Truppen unversehens bei Mühlberg gegenüber, nur durch die Elbe getrennt. Der Kurfürst hätte gut sein Ufer verteidigen können; statt dessen ließ er sein Heer in Richtung Wittenberg abziehen, und dieser Abzug wurde zur Flucht, als den Kaiserlichen der Übergang über den Fluß gelang. Erst gegen Abend kam es auf der Lochauer Heide zu einem wirklichen Kampf; aber da war für die Kursachsen schon nichts mehr zu retten. Der Kaiser, der selbst in prunkvoller Rüstung am Kampf teilgenommen hatte, errang einen eindeutigen Sieg; schließlich geriet sogar Kurfürst Johann Friedrich selbst in kaiserliche Gefangenschaft.

Trotz der Niederlage von Mühlberg wäre eine Fortführung des Kriegs von seiten Kursachsens und seiner Verbündeten keineswegs ausgeschlossen gewesen. Dem Kurfürstentum selbst fehlte es nicht an wohlbefestigten Städten, deren Einnahme alles andere als ein Kinderspiel gewesen wäre. Auf dem nordwestlichen Kriegsschauplatz behielten die Schmalkaldener überhaupt die Oberhand; noch im Mai wurde das habsburgische Heer bei Drakenburg an der Weser schwer geschlagen. Die Gefangennahme Kurfürst Johann Friedrichs gab dem Kaiser dann aber doch die Möglichkeit, seinen militärischen Sieg auf dem Verhandlungswege zu vollenden. Zu kirchlichen Zugeständnissen zwar fand sich der Kurfürst trotz stärksten Drucks nicht bereit; nicht einmal, daß Karl V. ihn – in einem reichsrechtlich höchst anfechtbaren Verfahren – zum Tode verurteilen ließ, brachte ihn zum Nachgeben. In den weltlichen Angelegenheiten aber fügte er sich. So wurde am 19. Mai die Wittenberger Kapitulation unterzeichnet, die den Krieg auch in Sachsen beendete. Am 4. Juni beurkundete der Kaiser dann den Übergang der sächsischen Kurwürde und mit ihr eines erheblichen Teils des kurfürstlichen Territoriums an Herzog Moritz – als Belohnung für Moritz' Teilnahme am Krieg, zugleich aber und vor allem als reichsrechtliche Degradierung des politischen Haupts des deutschen Protestantismus. Das Todesurteil gegen den gewesenen Kurfürsten wurde nicht vollstreckt, doch blieb Johann Friedrich in kaiserlicher Gefangenschaft.

Am 19. Juni unterwarf sich auch Landgraf Philipp von Hessen. In den vorbereitenden Verhandlungen hatten sich insbesondere Kurfürst Joachim von Brandenburg und auch Moritz – als Schwiegersohn Philipps – für den

Hessen eingesetzt und von Karl V. das Zugeständnis erreicht, den Landgrafen weder am Leibe noch mit „ewiger gefängnus" bestrafen zu wollen. Die vermittelnden Fürsten verstanden das, gewiß allzu leichtgläubig, als Versprechen der Freiheit für den Landgrafen und bewogen Philipp gerade damit zur Kapitulation. Nach erfolgtem Fußfall vor dem Kaiser wurde der Landgraf indessen nicht freigelassen; auch für Philipp begannen bittere Jahre der Gefangenschaft.

Dagegen blieben die im Widerstand verharrenden Städte und Territorien Norddeutschlands nach der Niederlage der kaiserlichen Truppen bei Drakenburg bis auf weiteres unbehelligt. Die politischen und militärischen Berater Karls V. waren zu der Auffassung gelangt, daß insbesondere die Städte zu stark befestigt und außerdem zu arm wären, als daß sich der Versuch ihrer Eroberung lohnte. So suchte der Kaiser die nächsten großen Entscheidungen auf politischem und nicht auf militärischem Terrain; eine grundlegende politische Neuordnung der Verhältnisse im Reich sollte in die Wege geleitet werden, der sich dann auch die niederdeutschen Fürsten und Städte nicht würden widersetzen können.

b) Religions- und Verfassungspolitik Karls V. vom „geharnischten" Augsburger Reichstag 1547/48 bis zum Ende der zweiten Trienter Konzilsperiode 1552

Die Vorbereitung der Neuordnung Deutschlands, die der Kaiser nach seinem Triumph über die schmalkaldischen Fürsten vorzunehmen gedachte, begann bereits im Winter 1546. Dabei kristallisierte sich als Hauptziel einer solchen Neuordnung – neben der Lösung der Religionsfrage und der Restitution des Kammergerichts – der Abschluß einer Liga mit den verbündeten und unterworfenen Reichsständen heraus: zunächst gegen die noch im Felde stehenden schmalkaldischen Stände, vielleicht aber auch längerfristig gegen Frankreich sowie zur Sicherung des Landfriedens im Innern des Reichs. Viele Einzelfragen blieben zunächst noch offen; alle Planungen gingen jedoch von einer inskünftig überragenden Stellung des Kaisers im Reiche aus.

Noch vor der Jahreswende wurden sich die habsburgischen Majestäten darüber einig, zum Zweck der geplanten Neuordnung des Reichs einen Reichstag einzuberufen, und zwar bereits für den Februar oder März 1547. Die Schwierigkeiten auf dem sächsischen Kriegsschauplatz veranlaßten den Kaiser dann jedoch, nach Sachsen zu ziehen und den Reichstag bis zur Beendigung des Kriegs oder doch wenigstens bis zur Unterwerfung der Häupter des Schmalkaldischen Bundes zu verschieben. Zugleich aber löste er das Bundesprojekt aus den Agenden des geplanten Reichstags heraus, um es vorab zur Entscheidung zu bringen. Die Verhandlungen zur Gründung des Bundes sollten bereits am 20. März beginnen und möglichst rasch zum Abschluß gebracht werden; als Tagungsort wurde Ulm bestimmt.

Das Hauptmotiv Karls V. für diese Separierung und Beschleunigung der Bundessache lag in finanziellen Erwägungen: Er wollte sich nach dem Auslaufen der päpstlichen Subsidien neue Geldquellen für den Krieg erschließen. Zugleich aber bot diese Verselbständigung, gerade weil sie die Bundesverhandlungen aus dem ständisch strukturierten Verfahren des Reichstags herausnahm, sehr viel weitergehende Möglichkeiten einer verfassungspolitischen Stärkung der kaiserlichen Macht. Karl V. hat diese Chance indessen nicht zielstrebig ausgenutzt; durch den Krieg in Sachsen voll in Anspruch genommen, kümmerte er sich bis auf weiteres kaum um die Bundesverhandlungen. Sie kamen denn auch nicht zum Ziel. Es wurde Juni, bis die Beratungen in Ulm wirklich begonnen werden konnten, und auch dann waren die kaiserlichen Kommissare noch immer im Unklaren über die politischen Absichten, die der Kaiser eigentlich mit dem Bundesprojekt verfolgte. Unter diesen Voraussetzungen aber war von den Ständen schon gar keine substantielle Initiative zu erwarten. Zwar ließen sie sich schließlich dazu bewegen, den Entwurf einer Bundessatzung – in Anlehnung an die Verfassung des Schwäbischen Bundes – zu beschließen; doch ließ dieser Entwurf vom 14. Juli 1547 die grundlegenden politischen Probleme der künftigen Einung, insbesondere ihres Verhältnisses zu den bestehenden Institutionen des Reichs, größtenteils offen – ganz abgesehen davon, daß der Entwurf nur als „Ratschlag" formuliert war, an den die Stände selbst noch keineswegs gebunden sein wollten. So war es nur verständlich, daß die kaiserlichen Kommissare die Verhandlungen – noch am 14. Juli – nach Augsburg verlegten und damit unmittelbar an den Kaiser brachten, der sich auf der Reise nach Augsburg befand, um hier den nunmehr für den 1. September angesagten Reichstag zu halten. Der Kaiser selbst mochte die offenen Fragen des Bundesplans beantworten; seine Autorität mochte überhaupt die widerspenstigen Stände zum Einlenken bringen.

In der Tat nahm sich Karl V. der Bundessache jetzt mit großer Entschiedenheit an. Am 23. Juli in Augsburg eingetroffen, ließ er bereits am 28. Juli den Gesandten der Stände seine Resolution auf den ständischen Entwurf überreichen. Ganz vom Selbstgefühl des siegreichen Herrschers getragen, forderte diese Resolution mit rücksichtsloser Offenheit die ungesäumte Realisierung einer sehr weitreichenden Konzeption des Bundes. Der Vertrag sollte von vornherein auf zwölf, 15 oder mehr Jahre abgeschlossen werden; nach Ablauf dieser Zeit wären die Stände gewiß „leichtlich" zu weiteren Verlängerungen zu bewegen. Für die gesamte Dauer des Bundes sollten alle Sondereinungen der Stände außer Kraft treten. Der Kaiser sei entschlossen, sich – insbesondere zum Schutz gegen auswärtige Feinde – mit seinen gesamten burgundischen Erblanden in den Bund zu begeben, unbeschadet der herkömmlichen Unabhängigkeit dieser Länder vom Reich. Überdies solle der Bund auch gegen die Reste des Schmalkaldischen Bundes in Norddeutschland eingesetzt werden; die Resolution verband damit die Forderung, dem Kaiser auf unbestimmte Zeit eine „Anzahl

Kriegsvolk" zu unterhalten. Im übrigen sei es an der Zeit, die Verhandlungen zum Abschluß zu bringen; der Kaiser wünsche die Aufrichtung des Bundes jedenfalls noch vor Beginn des Reichstags.

Daß die Realisierung dieser Forderungen die Kräfteverhältnisse in Deutschland und Europa erheblich zugunsten des Kaiserhauses verschieben müßte, war allen Beteiligten und Beobachtern der Szene klar. Und es war ja nicht einmal ausgemacht, daß Karl V., wenn der Bund einmal zustande gekommen war, nicht noch weiter gehen würde. War jene auf unbestimmte Zeit geforderte Unterhaltung einer Anzahl Kriegsvolks nicht schon der Anfang eines stehenden Heeres unter alleiniger Verfügungsgewalt des Kaisers? Mußte die Sistierung der ständischen Einungen nicht zu einer immer noch wachsenden Abhängigkeit aller, nicht nur der kleineren Stände vom Bund und damit vom Kaiser führen? Würde der Bund am Ende nicht überhaupt Kernbereiche der Reichsverfassung obsolet werden lassen? Eben solche Überlegungen und Befürchtungen waren es nun freilich, die gerade jetzt, in der Reaktion auf die kaiserliche Resolution, auch den Widerstand der Gegner des Bundesprojekts verstärkten; Kurfürst Joachim von Brandenburg sprach von der drohenden „servitut" der Stände, die es abzuwenden gelte.

Die Taktik der ständischen Opponenten des Kaisers bestand zunächst vor allem darin, die Verhandlungen zu verzögern, um sie auf diese Weise zu einer Agende des Reichstags werden zu lassen und damit dem Vetorecht der Kurfürsten- und Fürstenkurie zu unterwerfen. Diese Taktik hatte auch Erfolg. Karl V. selbst konnte wegen einer schweren Gelbsucht nicht in die Verhandlungen eingreifen; seine Kommissare aber waren der Hinhaltetaktik der Stände nicht gewachsen. Am 2. September 1547, einen Tag nach der Eröffnung des Reichstags, beschlossen die Reichsstände, die Bundessache künftig nach der Geschäftsordnung des Reichstags zu behandeln.

Das Geschehen am Reichstag wurde nun allerdings nicht bloß von den Regeln der Geschäftsordnung bestimmt. Daneben kam es doch immer entscheidend darauf an, ob der Kaiser persönlich anwesend war und wie die Konstellationen der deutschen und europäischen Politik aussahen, aus denen heraus er am Reichstag agierte. Das war auch 1547 nicht anders, und diesmal hatte Karl V. eine überragende Stellung inne. Er war triumphierender Sieger in Deutschland; auch auf europäischer Ebene gab es nach dem Tode Franz' I. und Heinrichs VIII. – der englische König war schon Ende Januar 1547, einige Wochen vor Franz I., gestorben – keinen Herrscher von vergleichbarer Macht und Autorität. Und niemand zweifelte daran, daß der Kaiser diese Macht und Autorität jetzt voll einsetzen werde, um die anstehenden Probleme der deutschen Politik in seinem Sinne zu lösen. Daß Karl V. die militärische Besatzung Augsburgs nicht aufhob und einen Großteil seiner spanischen Regimenter um die Stadt des Reichstags zusammenzog, war eine unmißverständliche Demonstration dieser kaiserlichen Autorität: Es stand ein „geharnischter Reichstag" bevor. Unter diesen

Umständen mochte es wohl vielen Ständen geraten erscheinen, sich mit dem Kaiser gutzustellen, und nur wenige konnten es wagen, ihm offen zu opponieren.

Dem Reichstag waren vor allem zwei große Themen gestellt: eine Regelung des Glaubensstreits und eine verfassungspolitische Neuordnung des Reichs. In den religionspolitischen Verhandlungen ging es zunächst und vor allem um die Anerkennung des Konzils, und zwar eines in Trient – auf Reichsboden – tagenden Konzils, durch die protestantischen Reichsstände; als sich um die Jahreswende 1547/48 herausstellte, daß die Rückverlegung des Konzils von Bologna nach Trient bis auf weiteres nicht zu erreichen wäre, wurde die Suche nach einem vorläufigen modus vivendi der Glaubensparteien in Deutschland zum beherrschenden Thema der Religionsverhandlungen. Der verfassungspolitische Komplex der Reichstagsagenden umfaßte vor allem die Neukonstituierung und Neuordnung des Kammergerichts sowie die Reform der Landfriedensordnung, die ihrerseits aufs engste mit dem Bundesprojekt zusammenhing. Seit Februar 1548 traten an die Stelle des Bundesprojekts andere Vorhaben einer Sicherung namentlich der habsburgischen Niederlande gegen innere und äußere Friedbrüche; sie führten schließlich zum Burgundischen Vertrag vom 26. Juni 1548.

Am zügigsten kamen zunächst die Verhandlungen über die Wiedererrichtung des Kammergerichts voran. Sie waren schon durch die Aussöhnungsverträge mit den schmalkaldischen Ständen vorbereitet worden; in ihnen hatten die Stände versprechen müssen, sich der künftigen Rechtsprechung des Kammergerichts zu unterwerfen und auch zur Unterhaltung des Gerichts beizutragen. Die kaiserliche Proposition für den Reichstag forderte nun freilich, daß die gesamte Unterhaltung des Gerichts künftig allein bei den Ständen liegen sollte, und überdies verlangte der Kaiser, daß ihm die Neubesetzung des Gerichts mit Präsidenten und Beisitzern zu freiem Ermessen überlassen würde; auch wünschte er zehn weitere außerordentliche Beisitzer zu ernennen, die bei der Aufarbeitung der unerledigten Prozesse helfen und beim Ausscheiden der ordentlichen Assessoren an deren Stelle treten sollten. Die verfassungspolitische Relevanz dieser Forderungen war nicht zu übersehen – mit ihrer Realisierung drohte auf Jahre, wenn nicht Jahrzehnte hinaus ein weitgehender Einfluß des Kaisers auf die höchste Judikatur des Reichs. Dazu kamen noch die religionspolitischen Probleme, um derentwillen die Protestanten das Gericht ja erst wenige Jahre zuvor rekusiert hatten. Es war deshalb nicht erstaunlich, daß es in den Beratungen zunächst lebhaften Widerspruch gegen das kaiserliche Verlangen gab. Indessen verzettelten sich die Stände bald in Meinungsverschiedenheiten zwischen Kurfürsten und Fürsten, auch zwischen den geistlichen und weltlichen Mitgliedern beider Kurien; noch im Oktober setzte sich der Kaiser auf der ganzen Linie durch.

Kaum weniger wichtig als die Neuerrichtung des Reichskammergerichts selbst war die Revision der Kammergerichtsordnung, zu der sich die Stände auf Anregung des Fürstenrats entschlossen. Keine der Agenden des Reichstags – vielleicht überhaupt kein Gesetzesvorhaben der Epoche – ist gründlicher erörtert worden als diese Neufassung der Kammergerichtsordnung. Die aus den Beratungen erwachsenen Entwürfe, Gutachten und Protokolle füllen Tausende von Seiten; auch das fertige Gesetz umfaßt in dem – übrigens vorzüglichen – frühesten Druck von Ivo Schoeffer in Mainz nicht weniger als 350 Seiten in Folio. Schon diese Ausführlichkeit läßt erkennen, welche Bedeutung man der neuen Ordnung beimaß: Es ging nicht bloß um die Sammlung und übersichtliche Zusammenstellung des zerstreuten Rechtsstoffs, sondern um eine systematische, im Prinzip vollständige Regelung von Organisation, Zuständigkeit und Verfahren der obersten Reichsgerichtsbarkeit auf Grund der seit 1495 gewonnenen Erfahrungen. Eine solche Kodifikation war zuvor nie versucht worden und sollte auch später nie wieder unternommen werden; die Kammergerichtsordnung von 1548 ist im wesentlichen bis zum Ende des alten Reichs 1806 in Kraft geblieben.

Der rechtsgeschichtlich wichtigste Aspekt der Ordnung von 1548 bestand in ihrer – auch gegenüber den bisherigen Regelungen – weit vorangetriebenen Rezeption des römischen Rechts und der mit ihr einhergehenden Verwissenschaftlichung der Justiz. Hinfort mußten alle Beisitzer des Gerichts akademisch gebildete Juristen sein, überdies führte der römischrechtliche Zuschnitt des kammergerichtlichen Prozesses mit seinem diffizilen Formalismus zu kaum verhülltem Anwaltszwang – auch auf seiten der streitenden Parteien waren mithin seit 1548 fast ausnahmslos akademisch gebildete Juristen unmittelbar am Prozeß beteiligt. Daß diese Verwissenschaftlichung der Reichsjustiz den Notwendigkeiten einer gewissen Rationalisierung – übrigens auch: einer gewissen Vereinheitlichung – des Rechts entsprach, ist unbestreitbar; die Kehrseite der Medaille aber bestand in der zunehmenden Entfremdung der breiten Masse des Volks von seinem eigenen Recht, und die durch den Anwaltszwang bedingte Verteuerung der Prozesse war auch sozialpolitisch fragwürdig. Dazu kam, daß die Kammergerichtsordnung von 1548 der für den römisch-rechtlichen Prozeß typischen Tendenz zur Prozeßverzögerung noch stärker nachgab als ihre Vorgängerin von 1521. Sogar die Möglichkeit einer Revision gegen Urteile des Kammergerichts – vor einer jährlich zusammentretenden Visitationskommission des Reichstags – wurde jetzt neu eröffnet. Es dauerte bis tief ins 17. Jahrhundert, ehe wenigstens der Suspensiveffekt dieser Revision wieder beseitigt wurde; das Krebsübel der überlangen Prozeßdauer beeinträchtigte die Funktion wie die Autorität des Gerichts überhaupt bis zu dessen Ende.

Neben der Wiedererrichtung und Neuordnung des Kammergerichts wurde die Bundessache zum zentralen verfassungspolitischen Thema des Reichstags. Daß es der kaiserlichen Politik nicht leichtfallen würde, ihre Bundespläne durchzusetzen, stand schon zu Beginn der Reichsversammlung außer Frage. Unter dem Gewicht der kaiserlichen Autorität war jedoch die Mehrheit aller drei Ständekurien der Meinung, man werde sich den kaiserlichen Forderungen nicht ganz entziehen können. So entstanden im September/Oktober 1547, wie das dem beim Reichstag üblichen Verfahren entsprach, gesonderte Entwürfe der Kurfürsten, Fürsten und Städte für einen Bundesvertrag. Die politischen Konzeptionen dieser Entwürfe gingen allerdings weit auseinander und standen überdies mit den Wünschen des Kaisers in manchem Widerspruch.

Der Fürstenrat kam den kaiserlichen Vorstellungen noch am weitesten entgegen; hier war man sogar bereit, dem Kaiser zusammen mit den kleineren Reichsständen die Majorität der Stimmen des Bundes gegenüber den Kurfürsten und Fürsten zuzugestehen. Schon die Reichsstädte aber wollten sich allenfalls auf eine Erneuerung und Verbesserung des Schwäbischen Bundes als einer landschaftlich begrenzten Landfriedensordnung einlassen. Vollends die Kurfürsten legten einen Entwurf vor, der den kaiserlichen Intentionen grundsätzlich zuwiderlief – ganz darauf angelegt, den Einfluß des Kaisers und auch König Ferdinands weit zurückzudrängen, insbesondere: ein Zusammengehen der Habsburger mit den kleineren Reichsständen zur Majorisierung der kurfürstlichen und fürstlichen Mitglieder des Bundes zu verhindern.

Nach dem Verfahren des Reichstags war es die nächste Aufgabe der Kurfürsten und Fürsten, zwischen ihren unterschiedlichen Konzeptionen des Bundes einen Ausgleich zu suchen und sich zu einem einhelligen Vorschlag an den Kaiser durchzuringen. Das gelang jedoch nicht – im Grunde einfach deshalb, weil die Mehrheit der Stände dem Bundesprojekt überhaupt mit wachsender Skepsis gegenüberstand; ein gemeinständischer Ausschuß, den die Reichsstände noch im Dezember vereinbarten, um wenigstens den fruchtlosen Austausch gegensätzlicher Stellungnahmen zu überwinden, trat gar nicht mehr zusammen. Offensichtlich war erneut die Autorität des Kaisers gefragt, um die Verhandlungen aus der Sackgasse zu führen. Wirklich forderte der Kaiser Ende Januar nun auch seinerseits die Weiterberatung der Bundessache in einem gemeinständischen Ausschuß, und wiederum wagten die Stände nicht, sich diesem Begehren zu widersetzen; ja: man begann sich darauf einzurichten, am Ende doch den kaiserlichen Wünschen entsprechen zu müssen. In genau dieser Situation aber ließ das Interesse Karls V. an seinen eigenen Bundesplänen ebenso plötzlich wie deutlich nach. Der Kaiser verzichtete darauf, seinen politischen Willen in den Ausschußverhandlungen mit Nachdruck zur Geltung zu bringen, und als sich in den letzten Februartagen der Mißerfolg dieser Verhandlungen immer deutlicher abzeichnete, reagierte er nicht einmal mehr darauf.

Der Grund für dieses plötzliche – nach allem Vorangegangenen ja zunächst sehr überraschende – Desinteresse des Kaisers lag in seiner veränderten Sicht der verfassungspolitischen Konsequenzen des Bundes für die habsburgischen Hausmachtinteressen. Vor allem die Königinregentin Maria und ihre niederländischen Räte nämlich stellten dem Kaiser mit steigender Dringlichkeit vor Augen, daß die straffe Ordnung der geplanten Einung, auch die mit ihr verbundene Stärkung der verfassungspolitischen Stellung des Kaisers mit der herkömmlichen Eigenständigkeit der Niederlande gegenüber den Reichsinstitutionen nicht zu vereinbaren wäre; viel besser als der vom Kaiser geplante umfassende Bund könnte ein besonderer Vertrag mit den Niederlanden, etwa nach dem Muster des lothringischen Vertrags von 1542, den Schutz des Reichs für die Niederlande sichern. Diese Bedenken setzten sich im Februar 1548 beim Kaiser durch: In der Kollision zwischen kaiserlichen und landesfürstlich-dynastischen Interessen räumte Karl V. den letzteren den Vorrang ein. An die Stelle des Bundesplans trat, wie die Niederländer es vorgeschlagen hatten, das Vorhaben einer einzelvertraglichen Fixierung des Verhältnisses der Niederlande zum Reich (der „Burgundische Vertrag"), dazu die Forderung nach einem mehrjährigen Finanzbeitrag der Stände für den Aufbau der Grenzbefestigungen gegen die Türken (das „Baugeld") sowie nach einer Kriegskasse, die den Kaiser für innen- wie außenpolitische Notfälle von den umständlichen Bewilligungen durch den Reichstag unabhängig machen sollte (der „Vorrat").

Das wichtigste dieser Vorhaben war der Burgundische Vertrag, der nach langen und schwierigen Verhandlungen am 26. Juni 1548 verabschiedet werden konnte. Der Vertrag bestätigte die bestehenden lehensrechtlichen Bindungen der Niederlande an das Reich, zog aber zugleich jeder Unterordnung der Niederlande unter die durch die Reichsreform geschaffenen oder doch konsolidierten Institutionen des Reichs enge Grenzen. Zwar wurden die Niederlande jetzt, wie es schon Kaiser Maximilian angestrebt hatte, ein eigener Reichskreis; auch verpflichtete sich der Kaiser als Landesherr der Niederlande zur Beteiligung an den künftigen Kriegslasten des Reichs. Dabei handelte es sich jedoch nicht um eine – an sich selbstverständliche – Konsequenz der Reichszugehörigkeit der Niederlande, sondern um eine isolierte vertragliche Gegenleistung für den feierlich verbrieften Schutz des Reichs zugunsten der Niederlande. Und indem der Burgundische Vertrag die Niederlande auf diese Weise dem mit der Reichsreform in Gang gekommenen Prozeß einer staatlichen Verdichtung des Reichsverbandes weithin entzog, wirkte er auch für die Zukunft jeder stärkeren Einbeziehung der Niederlande in das Reich entgegen. Die lehensrechtlichen Sicherungen der Reichszugehörigkeit der Niederlande erwiesen sich demgegenüber schon im niederländischen Aufstand der zweiten Jahrhunderthälfte als unzureichend. Der Burgundische Vertrag dokumentierte mithin zwar keineswegs das Ausscheiden der Niederlande aus dem Reichsverband, aber er stellte doch die Weichen in diese Richtung.

Im Gegensatz zu seinen nachhaltigen Bemühungen um den Burgundischen Vertrag engagierte sich Karl V. – wieder einmal – kaum für den Schutz der ungarischen und österreichischen Erblande König Ferdinands gegen die Osmanen. Ferdinand erreichte bei den Ständen denn auch nur eine zeitlich eng begrenzte Finanzhilfe als „Baugeld" für die Grenzbefestigungen im Südosten; überdies behielten sich die Reichsstände vor, die Verwendung der Gelder zu kontrollieren.

Auf den ersten Blick erstaunlicher war, daß sich auch der Kaiser selbst in den Verhandlungen über den „Vorrat" mit einer nur kurzfristigen und jedenfalls verfassungspolitisch unergiebigen Lösung zufrieden gab. In der Vorbereitung des Reichstags war bei den habsburgischen Majestäten von der Wünschbarkeit einer ständigen, an den Kaiser und an den römischen König zu zahlenden Geldrente der Reichsstände die Rede gewesen, mit deren Hilfe eine effektivere, von den Bewilligungen der Reichstage unabhängigere Handhabung der monarchischen Gewalt möglich werden sollte. Der im Juni 1548 von den Reichsständen bewilligte „Vorrat" blieb dahinter weit zurück; er bestand nur mehr aus einer einmaligen Zahlung in Höhe von 120000 Gulden, die wiederum von den Ständen mitverwaltet werden sollten. Der maßgebende Grund für diese Zurückhaltung Karls V. lag vermutlich in Erwägungen, wie sie König Ferdinand bereits Ende 1546 angestellt hatte: Die Einführung jener „rente ordinaire" brächte die Gefahr mit sich, daß das Haus Habsburg bei künftigen Wahlen die Kaiserkrone verlöre, weil nämlich diese Einkünfte auch anderen, mit geringerer Hausmacht ausgestatteten Fürsten die Führung des kaiserlichen Amts erlauben würden. Trifft diese Vermutung zu, so hat man es hier mit einer sehr engen Parallele zum Verzicht des Kaisers auf seine Bundespläne im Februar 1548 zu tun; auch in der Bundessache hatte Karl V. ja schließlich die Interessen des Kaisertums den dynastischen Interessen des Hauses Habsburg nachgeordnet.

Neben den verfassungspolitischen Problemen war die Religionsfrage das zweite wichtige – in den Augen des Kaisers: überhaupt das wichtigste – Thema des Reichstags, und hier wiederum war die Anerkennung des Konzils durch die Gesamtheit der Reichsstände das vorrangige Ziel Karls V. Bei den katholischen Reichsständen lag diesem Ziel kaum etwas im Wege, aber die Evangelischen – auch und gerade Kurfürst Moritz von Sachsen – formulierten doch alsbald Konzilsbedingungen, in denen sie ihre evangelische Position ungeschmälert zur Geltung brachten, nicht zuletzt die Forderung nach Freiheit des Konzils von der Herrschaft des Papstes. Daß sich Paul III. auch nach dem Ende des Kriegs in Deutschland nicht bereitgefunden hatte, das Konzil nach Trient zurückzuverlegen, und seine weiteren Entscheidungen jetzt obendrein vom Fortgang des Reichstags abhängig machte, ließ die Verhandlungen in Augsburg nur noch schwieriger werden. Die Reichsstände kamen denn auch von sich aus nur zu einander widersprechenden Bedenken. Eben diese Uneinigkeit der Stände bot dem Kaiser freilich auch die Chance, seinen eigenen politischen Willen nachdrücklich zur Geltung zu bringen, und Karl V. nutzte diese Chance entschlossen. Seine Resolution vom 18. Oktober referierte als Ergebnis der Beratungen der Reichsstände, daß der Religionsstreit vor das „allgemeine christliche Concilium, so allbereit zu Trient indicirt und daselbst angefangen" gewiesen werden solle. Der Kaiser stimme damit ganz überein und erwarte die gehorsame Unterwerfung aller Stände unter das Konzil. Er werde sich für die Wiederaufnahme der Beratungen in Trient einsetzen und dafür sorgen, daß die Stände der Confessio Augustana für ihre Theologen sicheres Geleit und Gehör auf dem Konzil erhielten; auch werde er sich darum bemühen, daß die Beschlüsse der Kirchenversammlung nach Maßgabe der Heiligen Schrift und der Lehre der Väter – „allen Affekt hindangesetzt" – zustande kämen[54].

Daß die kaiserliche Resolution die zuvor aufgebrochenen konzilspolitischen Dissense zwischen den Ständen verkürzte, daß sie insbesondere die Konzilsbedingungen der Evangelischen durch vage Absichtserklärungen ersetzte, ist unverkennbar. Es bedurfte denn auch energischer persönlicher Einflußnahme Karls V. auf die wichtigeren Reichsstände – besonders natürlich auf die evangelischen –, um deren Vorbehalte gegenüber der Resolution zu überwinden. Im Endergebnis stimmte nicht nur die Mehrheit des Fürstenrats für die Konzilserklärung des Kaisers, sondern auch Kurfürst Friedrich von der Pfalz, der damit die protestantische Sperrminorität im Kurfürstenrat durchbrach. Am 24. Oktober erklärten die Stände ihre generelle Annahme der kaiserlichen Resolution.

Die so erzielte Einigung war ungeachtet ihrer versteckten Dissense ein eindrucksvoller politischer Erfolg Karls V. Das vorrangige Ziel seiner Konzilspolitik in Deutschland, das wichtigste politische Ziel auch des Schmalkaldischen Kriegs, war damit erreicht. Jetzt mußte es darum gehen, auch den Papst und nicht zuletzt die Konzilslegaten in Bologna auf diese Linie der kaiserlichen Politik zu bringen.

Die Beziehungen zwischen Karl V. und Paul III. hatten sich freilich seit dem Aussscheiden des Papsts aus dem Schmalkaldischen Krieg nur kurzzeitig gebessert, ja: sie gelangten im Herbst 1547 auf einen neuen Tiefpunkt. Am 10. September nämlich fiel Pier Luigi Farnese, der erst kürzlich mit Parma und Piacenza belehnte Sohn des Papstes, einer Verschwörung zum Opfer, bei der der kaiserliche Statthalter von Mailand, Ferante Gonzaga, seine Hände im Spiel hatte. Wenige Tage darauf zog Gonzaga selbst in Piacenza ein und nahm es für den Kaiser in Besitz; Parma entging dem Zugriff der Spanier nur mit knapper Not. Nun waren Parma und Piacenza strategisch von erheblicher Bedeutung: Im Bündnis mit Frankreich konnten sie französischen Heeren als Aufmarschgebiet gegen Mailand dienen, im Besitz des Kaisers aber verstärkten sie den Ring der habsburgischen Umklammerung des Kirchenstaats. Die Verschwörung von Piacenza war mithin ein empfindlicher Schlag gegen das farnesische Papsttum wie gegen Frankreich. Ihre unmittelbare Folge bestand denn auch – abgesehen von der persönlichen Trauer und Empörung Pauls III. – in Verhandlungen zwischen Heinrich II. von Frankreich und dem Papst, die sich um die

Jahreswende zum Projekt eines umfassenden Offensivbündnisses, selbst unter Einbeziehung der Osmanen, gegen die „Tyrannei“ des Kaisers in Italien verdichteten. Von einer Unterstützung des Papsts für die kaiserliche Religionspolitik konnte vollends bis auf weiteres nicht die Rede sein. Zwar erschienen noch im Spätherbst Christoph Madruzzo, Kardinal von Trient, und Diego Hurtado de Mendoza, einer der glänzendsten spanischen Diplomaten Karls V., in Rom, um unter Berufung auf den Beschluß des Reichstags den Papst verbindlich um die Rückverlegung des Konzils nach Trient zu ersuchen; der Papst machte die Erfüllung dieser Forderung jedoch von einer Reihe praktisch unerfüllbarer Voraussetzungen abhängig, insbesondere von dem ausdrücklichen Verzicht der evangelischen Reichsstände auf die wichtigsten ihrer Konzilsbedingungen. Damit war die Mission der kaiserlichen Gesandten gescheitert; im Januar ließ Karl V. in Rom wie in Bologna förmlichen Protest gegen die Konzilstranslation erheben.

In den folgenden Wochen und Monaten spitzten sich die Gegensätze zwischen Kaiser und Papst noch weiter zu. Auf kaiserlicher Seite diskutierte man die Möglichkeit einer Fortführung des Konzils in Trient auch gegen den Willen des Papsts; in Rom befürchtete man gar die Säkularisation des Kirchenstaats. Gerade die Übermacht des Kaisers in Italien bewog Paul III. dann jedoch zu einem gewissen Entgegenkommen; selbst die Rückführung des Konzils nach Trient – womöglich als Gegenleistung für eine Restitution Piacenzas – brachte der Papst erneut ins Gespräch. Ob und wann die daraus erwachsenden Verhandlungen zum Erfolg führen würden, war freilich eine ganz offene Frage.

Um so wichtiger mußte es für den Kaiser sein, in Deutschland zu einer vorläufigen Ordnung der Religionsverhältnisse zu gelangen.

Karl V. hatte schon vor Beginn des Reichstags eine Kommission katholischer Theologen mit der Ausarbeitung von Vorschlägen für eine innerkirchliche Reform und für Bedingungen einer Duldung der Protestanten im Reich beauftragt. Die Ergebnisse der Kommissionsarbeit, die in tiefstem Geheimnis stattfand – der Kaiser wollte offenbar jede verfrühte öffentliche Diskussion vermeiden –, lag gegen Ende des Jahres 1547 in Gestalt zweier Gutachten vor („De reformatione morum“ bzw. „Reformatio in doctrina controversa usque ad concilii generalis determinationem duratura“). Der erste dieser beiden Entwürfe stellte einen beachtlichen Versuch dar, die kirchlichen Mißstände ohne Beschönigungen aufzudecken und an der Wurzel anzupacken – allerdings ohne jede Berücksichtigung reformatorischer Anliegen; von irgendwelchen tolerablen Besonderheiten der evangelischen Kirchen in Sitte, Recht und Organisation war vollends nicht die Rede. Und dieser Tendenz entsprach auch die „Reformatio in doctrina“ als Stellungnahme der Kommission zu den eigentlichen Glaubensstreitigkeiten: Anstelle eines – wenn auch nur vorläufigen – modus vivendi der Konfessionen in Deutschland hielt die Kommission allein die vollständige und bedingungslose Rückkehr der Protestanten zur römischen Kirche für akzeptabel. Nun konnte kaum zweifelhaft sein, daß der Versuch einer derartigen Lösung des Glaubensstreits den äußersten Widerstand der Protestanten, möglicherweise einen neuen Krieg, provozieren müßte, und das lag überhaupt nicht im Sinn der Politik des Kaisers, die vielmehr noch immer auf eine konziliare Lösung des Glaubenskonflikts setzte. So entschied sich Karl V., von den Entwürfen seiner Theologenkommission bis auf weiteres keinen Gebrauch zu machen. Die Folge dieser Entscheidung war freilich, daß der Kaiser mit leeren Händen dastand, als mit dem Scheitern der Mission Madruzzos und Mendozas in Rom die vorläufige Regelung der kirchlichen Verhältnisse Deutschlands neues Gewicht und neue Dringlichkeit bekam.

Es war insofern ein Akt der Verlegenheit, daß der Kaiser Mitte Januar 1548, anstatt dem Reichstag einen eigenen Vorschlag zu unterbreiten, einen gemeinständischen Ausschuß aus beiden Glaubensparteien anregte, der zusammen mit einigen kaiserlichen Räten einen Entwurf erarbeiten sollte, über den der Kaiser sich dann „umb so viel stattlicher" entschließen könne[55]. Das Vorhaben scheiterte denn auch auf der ganzen Linie. Es gelang erst nach mehrwöchigen Verhandlungen, den Ausschuß überhaupt zustande zu bringen, und als er wirklich zusammentrat, brachen die konfessionellen Gegensätze in einer Härte auf, wie sie der ganze bisherige Reichstag noch nicht erlebt hatte. In der letzten Februarwoche ließ Karl V. die fruchtlosen Beratungen abbrechen. Damit war auch der zweite Anlauf gescheitert, zu einem tragbaren Entwurf für die religionspolitische Ordnung im Reich bis zur Entscheidung des Konzils zu gelangen.

Allerdings war die kaiserliche Politik mittlerweile nicht untätig geblieben. Der Kaiser hatte nämlich – wiederum in tiefstem Geheimnis – eine neue Kommission mit dem Entwurf für eine interimistische Ordnung der Religionsverhältnisse beauftragt, und diesmal bot schon die Zusammensetzung der Kommission die Gewähr, daß ihre Vorschläge den Intentionen des Kaisers besser entsprechen würden als die Entwürfe der Kommission vom Vorjahr. Zum einen gehörten mit Julius Pflug und Michael Helding zwei Männer zum Kern der Kommission, die ungeachtet ihrer eindeutigen Bindung an die römische Kirche den Ausgleich mit den Protestanten, soweit irgend zu verantworten, wirklich wollten; zum andern hatte der Kaiser mit dem brandenburgischen Hofprediger Johann Agricola auch einen evangelischen Theologen in die Kommission berufen, der, obzwar gewiß auch seinerseits – ganz entsprechend der religionspolitischen Linie Brandenburgs – zu Ausgleich und Vermittlung bereit, doch auf die Wahrung unverzichtbarer Elemente reformatorischen Glaubens- und Kirchenwesens bedacht sein würde. Die spätere Hinzuziehung der kaiserlichen Hoftheologen de Soto und Malvenda sowie des Hofpredigers König Ferdinands, M. Saltzer, sollte demgegenüber wohl nur sichern, daß Helding und Pflug in ihrer Vermittlungsbereitschaft nicht etwa zu weit gingen. Wirklich gelang es der Kommission binnen weniger Wochen, sich – vor allem auf der Basis von Vorarbeiten Julius Pflugs – auf einen gemeinsamen Vorschlag zu einigen. In der Folge wurde dieser Entwurf zur maßgebenden Textgrundlage des sogenannten Interims vom 15. Mai 1548.

Daß der Entwurf im ganzen der katholischen Kirchenlehre näherstand als der reformatorischen Theologie, entsprach nur der kirchenpolitischen Situation; um so bemerkenswerter war das Bemühen der Kommission, doch auch die theologischen Anliegen der Reformation aufzugreifen und ihnen nach Möglichkeit gerecht zu werden. So wurden die Priesterehe wie die communio sub utraque ohne weiteres konzediert. Auch in den Abschnitten über die Messe kam man reformatorischem Denken insoweit entgegen, als man das Opfer der Messe ausdrücklich bloß als Gedenk- und Dankopfer, also gerade nicht als Sühnopfer definierte, zudem wurde die Aufhebung der Privatmessen empfohlen. Die Frage der Aneignung der sakramentalen Gabe freilich war ganz offengelassen; vom Glauben, der nach reformatorischer Lehre doch den Kern solcher Aneignung ausmachte, war nicht die Rede. Erst recht trat in den Artikeln des Entwurfs über die Rechtfertigung der Glaube ganz hinter die Liebe zurück, die den Menschen erneuere und erst damit wirklich rechtfertige. Auch hielt der Entwurf an der Notwendigkeit der Fürbitte der Heiligen und an ihren Verdiensten fest, wenngleich immerhin mit der Klarstellung, daß diese Verdienste allein aus dem Leiden Christi als dem einzigen Grund aller Seligkeit und allen Verdienstes herrührten. Im Abschnitt über die Kirche hieß es, daß die Heilige Schrift „grosser dann aller mentschen gewalt" sei, doch wurde zugleich die Autorität der Kirche zur Auslegung der Schrift betont; auch an der Gültigkeit der apostolischen Tradition der Bischöfe wurde ausdrücklich festgehalten. Überhaupt entsprachen gerade die Kirchenartikel des Entwurfs mit ihrer Bejahung der Gesetzgebungs- und Zwangsgewalt der römischen Kirche dem Kirchenverständnis der Reformation besonders wenig[56].

Der Entwurf des Interims war nicht als Sonderregelung für die Protestanten, sondern als gemeinsames Bekenntnis beider Religionsparteien im Reich gedacht. Er bedurfte deshalb in praxi – ganz abgesehen von den Stimmenverhältnissen am Reichstag – der Zustimmung der führenden katholischen und evangelischen Reichsstände. Karl V. bemühte sich denn auch seit Mitte März in intensiven Einzelverhandlungen um eine solche Zustimmung von beiden Seiten; erst wenn diese Bemühungen zum Ziel geführt hätten, sollte der Reichstag offiziell mit der Vorlage befaßt werden. Die ersten Verhandlungen verliefen überraschend glatt: Die Kurfürsten von der Pfalz und Brandenburg akzeptierten den Interimsentwurf; damit war gesichert, daß die spätere Zustimmung des Reichstags nicht etwa durch die protestantische Sperrminorität im Kurfürstenrat verhindert würde. Eine Reihe kleinerer evangelischer Reichsstände schloß sich an. Allerdings fehlte es auch nicht an Widerstand – von seiten des Markgrafen Hans von Küstrin etwa und auch der Straßburger Städtegesandten, vor allem aber von seiten des Kurfürsten Moritz, der jede bindende Verpflichtung für sein Land ohne das vorhergehende Einverständnis seiner kursächsischen Stände strikt verweigerte. Erst recht unangenehm war für den Kaiser, daß die geistlichen und überhaupt die katholischen Reichsstände sich in ihrer großen Mehrheit ablehnend verhielten. Es war schon viel, daß sie sich bereitfanden, die Zulassung von Priesterehe und Laienkelch zuzugestehen – und auch dies nur, wenn diese Zugeständnisse allein für die protestantischen Stände gelten sollten; im übrigen wollten sie mit dem Interim nichts zu schaffen haben. Daß die Konzilsväter in Bologna sich sehr kritisch zu dem ihnen übersandten Entwurf des Interims zu äußern begannen, machte die Verhandlungssituation nur noch schwieriger.

In dieser Lage entschied sich Karl V. zu überraschendem und folgenreichem Handeln: In der zweiten Maiwoche verzichtete er gegenüber den katholischen Reichsständen darauf, das Interim auch für sie verbindlich zu machen, am 15. Mai 1548 ließ er dem Reichstag das Interim unter Verlesung der Vorrede – nicht des vollen Texts – proponieren. Nach kaum einstündiger Beratung erklärte der Erzbischof von Mainz im Namen der Stände den Dank für die Bemühungen des Kaisers sowie die Bereitschaft, der kaiserlichen Verordnung in gebührendem Gehorsam nachzukommen; man erbitte Abschriften des Interims.

Es ist bis heute zweifelhaft, ob diese Blankozustimmung des Erzkanzlers wirklich durch ein Mehrheitsvotum der Reichsstände gedeckt war. Markgraf Hans von Küstrin jedenfalls äußerte sich deutlich: Es wäre im Fürstenrat nicht die Meinung gewesen, einem Entwurf zuzustimmen, den man nicht einmal in seinem verbindlichen Wortlaut kannte. Die katholischen Reichsstände immerhin waren jetzt doch bereit, das Interim, wenn es denn nur für die Protestanten gelten sollte, zu akzeptieren, und in den folgenden Tagen gelang es dem Kaiser auch, die wichtigsten evangelischen Gegner des Interims – vor allem Kurfürst Moritz – dermaßen in Einzelverhandlungen zu verwickeln, daß eine gemeinsame förmliche Protestation der evangelischen Reichsstände unterblieb; die opponierenden Reichsstädte wurden durch die Androhung der Einquartierung spanischen und italienischen Militärs zur Räson gebracht. Mit der Aufnahme in den Reichstagsabschied vom 30. Juni 1548 wurde das Interim formell gültiges Reichsgesetz. Ob dieses Gesetz sich wirklich durchführen lassen werde, war freilich eine von vornherein offene Frage. Vor allem, daß das Interim schließlich zu einem Sondergesetz für – oder besser: gegen – die Protestanten geworden war, mußte ja als Diskriminierung wirken, gegen die sich, vom sachlichen Gehalt des Interims einmal ganz abgesehen, auf evangelischer Seite gewiß harter Widerstand erheben würde.

Über den Verhandlungen um das Interim hatte Karl V. sein altes Ziel einer innerkirchlichen Reform nie aus den Augen verloren; gegen Ende des Reichstags kam er darauf zurück. Am 14. Juni 1548 ließ er den geistlichen Ständen eine „Formula reformationis“ mit einer respektablen Reihe wohldurchdachter und sehr konkreter Reformforderungen vorlegen. Die Formula, als deren Verfasser wohl der Kölner Karmeliterprovinzial Eberhard Billick zu gelten hat, suchte vor allem einer Reform des Klerus den Weg zu weisen; über den Klerus sollten dann auch die Laien erreicht werden. Die Bischöfe wurden zur regelmäßigen – und nach Möglichkeit: persönlichen – Abhaltung von Synoden und Visitationen ermahnt; die bischöfliche Visitationsgewalt sollte ungeachtet sonstiger Exemtionen die ganze Diözese vom Domkapitel bis zur letzten Pfarrkirche erfassen. Zu den Reformvorschlägen für die Lebens- und Amtsführung des Klerus gehörte nicht zuletzt die dringende Empfehlung der Predigt – und als Vorbereitung dazu: des Studiums der Heiligen Schrift –, damit die Sakramente nicht zu „müßigen Schauspielen" würden[57].

Die Reforminitiativen des Kaisers fanden nicht sogleich die Zustimmung der geistlichen Reichsstände, und zwar nicht nur aus Reformunwilligkeit, sondern auch deshalb, weil die Forderungen des Kaisers so gut wie keine Rücksicht auf Papst und Konzil nahmen; auch der Nuntius kritisierte die Eigenmächtigkeit des Kaisers. Karl V. hatte indessen keine kirchenrechtlichen Skrupel, setzte die geistlichen Herren gehörig unter Druck und erreichte damit am vorletzten Tage des Reichstags wirklich, daß die anwesenden Bischöfe die Formula Reformationis für ihre Person annahmen und sich bereiterklärten, mit ihren Domkapiteln und auch mit den anderen Bischöfen zu verhandeln, um die Reform auf den Weg zu bringen. Wenigstens in Sachen der Kirchenreform hatte Karl V. damit in der letzten Phase des Reichstags einen bedeutenden Erfolg erzielt; die Formula Reformationis von 1548 hat als einer der wichtigsten Reformanstöße in Deutschland vor dem Wirksamwerden des Tridentinums zu gelten.

Die nach dem Abschluß des geharnischten Reichstags von 1547/48 wichtigste Frage der deutschen Geschichte war die nach der Durchsetzung des Interims; die aber stieß alsbald auf einen Widerstand der Protestanten, dessen Leidenschaftlichkeit und Härte alle Erwartungen überstieg. Wo das Interim überhaupt offiziell angenommen wurde, geschah es unter militärischem Druck des Kaisers oder aus zwingender politischer Rücksichtnahme; aus Überzeugung bekannte sich kaum jemand zu der kaiserlichen Zwischenreligion. Insbesondere die evangelischen Pfarrer lehnten in ihrer großen Mehrheit das Interim strikt ab und verließen lieber ihr Amt oder sogar das Land, als sich zu fügen. Allein in Oberdeutschland verloren rund 400 evangelische Pfarrer ihre Stelle. Auf der anderen Seite ließen sich vielerorts keine Pfarrer finden, die bereit gewesen wären, sich nach dem Interim zu richten; der Mangel an „Interimspriestern" war bald notorisch. Dazu kam ein vielfach bezeugter, breiter Widerstand in der Bevölkerung. Eine Welle von Flugschriften, wie es sie seit der reformatorischen Bewegung der frühen 20er Jahre nicht mehr gegeben hatte, war Ausdruck und zugleich Mittel solchen Widerstands; Hunderte von Spott- und Bekenntnisliedern gegen das Interim machten die Runde. Am erfolgreichsten war die Interimspolitik Karls V. noch gegenüber den evangelischen Reichsstädten Oberdeutschlands, deren passiver Widerstand dem Druck der kaiserlichen Macht auf die Dauer nicht standhielt. Die offene Ungnade des Kaisers wollte ohnehin keine der Reichsstädte riskieren; nicht zuletzt schreckte sie das Beispiel von Konstanz, das Karl V. im Herbst 1548 zur österreichischen Landstadt gemacht und rekatholisiert hatte. In Norddeutschland dagegen behauptete sich Magdeburg gegen die Reichsacht und wurde zugleich zu einem geistigen Zentrum des Widerstands gegen das Interim – als „unsers Herrgotts Kanzlei", wie die protestantische Publizistik die Stadt pries.

Immerhin fehlte es bei alledem doch auch nicht ganz an moderateren Stellungnahmen zum Interim, und zwar nicht nur unter dem Druck politischer Zwangslagen, sondern auch in Fortführung früherer Versuche einer Vermittlung im Glaubensstreit. Daß solche Stellungnahmen auch und gerade von seiten der Wittenberger Theologen mit Melanchthon an der Spitze kamen, machte es unmöglich, sie einfach beiseite zu schieben. Der sich daraus erhebende Streit aber wurde zu einer schweren Belastung des deutschen Protestantismus.

Den unmittelbaren Anlaß des Streits bildete die kursächsische Religionspolitik im Spätjahr 1548. Kurfürst Moritz sah sich in den Monaten nach dem Augsburger Reichstag vor einem religionspolitischen Dilemma: Einerseits glaubte er es sich dem Kaiser gegenüber nicht leisten zu können, das Interim für sein Land rundheraus abzulehnen, anderseits war an eine wirkliche Durchführung des Interims angesichts des Widerstands der Theologen wie der Stände des Kurfürstentums nicht zu denken. So suchten die kursächsischen Räte nach einem Kompromiß, der es erlauben sollte, trotz gewisser Annäherungen an das Augsburger Interim doch die Essentialia der Reformation zu erhalten. Die theologische Legitimation für einen solchen Kompromiß lieferten im August 1548 einige der führenden Kirchenmänner des Landes, unter ihnen Melanchthon, durch die Unterscheidung von – unaufgebbaren – Grundartikeln und – notfalls preiszugebenden – „Mitteldingen" oder „Adiaphora". Für solche Adiaphora hielt man insbesondere eine Reihe kirchlicher Gebräuche wie etwa die Firmung und letzte Ölung, desgleichen die Fastenzeiten, auch das Fronleichnamsfest. Eine auf dieser Grundlage von den kursächsischen Räten ausgehandelte Beschlußvorlage für den Leipziger Landtag im Dezember 1548 fand gegen Jahresende die Zustimmung der Ständemehrheit, wurde jedoch nicht wirklich durchgeführt – mit der antikaiserlichen Wendung der Politik des Kurfürsten Moritz entfiel ohnehin schon kurz darauf auch der politische Zwang zum konfessionellen Kompromiß. Um so dauerhafter und zugleich leidenschaftlicher aber war der an die Leipziger Artikel anknüpfende Streit der sächsischen Theologen. Vor allem Luthers Schüler Matthias Flacius, Professor in Wittenberg, wandte sich leidenschaftlich gegen Begriff und

Zugeständnis jener „Mitteldinge". 1549 ging er nach Magdeburg und führte von dort aus, zusammen mit Amsdorff und Nikolaus Gallus, einen heftigen Kampf gegen das Augsburger Interim und eben auch gegen die Leipziger Artikel, die er – publizistisch sehr wirkungsvoll – als „Leipziger Interim" diskreditierte. Natürlich richtete sich dieser Kampf auch gegen Melanchthon, und dem gelang es nicht, sich überzeugend gegen seine Kritiker durchzusetzen. Daß der scharfsinnige Flacius sich in mehr als einem Punkt des Konflikts auf die Autorität Luthers berufen konnte, machte die Position Melanchthons nur noch schwieriger. Kaum drei Jahre nach dem Tode Luthers hatte damit ein bitterer Streit innerhalb des deutschen Luthertums begonnen, der dessen kirchliche Einheit über ein Vierteljahrhundert hinweg in Frage stellte.

Neben der religionspolitischen Entwicklung waren für die deutsche Geschichte dieser Jahre erneut verfassungspolitische Ereignisse und Entscheidungen von besonderer Bedeutung. Sie betrafen die schwäbischen Reichsstädte.

Der Kaiser hatte schon seit den 20er Jahren an den Reichsstädten nicht viel Freude gehabt. Von den rund 30 schwäbischen Reichsstädten waren nur sieben bei der katholischen Kirche verblieben, und von denen wiederum kam nur Überlingen und Rottweil einige Bedeutung zu; die wirklich großen und reichen Reichsstädte Schwabens mit Ulm und Augsburg an der Spitze waren sämtlich der Reformation zugefallen. Und was noch ärger war: Ein großer Teil von ihnen hatte sich dem Schmalkaldischen Bund angeschlossen und war damit auch in politische Opposition zum Kaiserhaus getreten; schließlich hatte man gar Krieg gegeneinander geführt. So lag es nahe, nach dem militärischen Sieg und den Aussöhnungsverträgen mit den Unterworfenen nach Mitteln und Wegen zu suchen, wie dieser Entfremdung zwischen dem Reichsoberhaupt und den Reichsstädten wirksam und auf die Dauer entgegengewirkt werden könne. Beraten von König Ferdinand – der römische König spielte hier wie schon bei den Verhandlungen mit den Reichsrittern zu Beginn der 40er Jahre eine maßgebende Rolle – suchte Karl V. die Lösung in einem tiefen Eingriff in die reichsstädtischen Verfassungen: durch den Ausschluß der Zünfte nämlich aus dem Stadtregiment zugunsten rein patrizischer Ratsgremien. Das ganz patrizisch regierte Nürnberg, das ungeachtet seiner frühen Hinwendung zur Reformation doch stets an seiner Loyalität gegenüber dem Kaiserhaus festgehalten hatte, erschien den Habsburgern als ein Vorbild, an dem die so unzuverlässigen schwäbischen Reichsstädte auszurichten wären.

Im August 1548, unmittelbar nach dem Ende des Augsburger Reichstags, schritt der Kaiser zur Tat. Er hob die Augsburger Zünfte auf und ersetzte den mehrheitlich zünftischen, protestantischen Stadtrat durch ein überwiegend patrizisch-katholisches Regiment; wenige Wochen später mußte auch Ulm den Umsturz seiner Stadtverfassung hinnehmen. Die kleineren schwäbischen Reichsstädte blieben zunächst noch unbehelligt; 1551/52 jedoch unterwarf der Kaiser auch sie – selbst die katholisch gebliebenen, mit der einzigen Ausnahme Rottweils – seinem Verfassungsoktroi. Mit der Durchführung wurde jetzt der kaiserliche Rat Heinrich Haß betraut; nach seinem Namen – neben „Haß" begegnen auch die Formen „Haas" oder „Hase" – bezeichnete der Volksmund die neuen Stadtregimente spöttisch als „Hasenräte". Die Instruktionen für den kaiserlichen Kommissar gingen dahin, überall genau nach dem Augsburger Muster zu verfahren, also die Zünfte aufzuheben und das zünftische Stadtregiment durch patrizische, nach Möglichkeit: katholische oder doch der alten Kirche nahestehende Räte zu ersetzen. Bei der Durchführung des Auftrags (Oktober 1551 – Februar 1552) erwies sich freilich bald, daß die Verhältnisse in den Städten vielfach anders lagen, als es die kaiserlichen Instruktionen, am Exempel Augsburgs orientiert, vorausgesetzt hatten. Zum einen war die Zahl der patrizischen Familien in einer ganzen Reihe von Städten seit geraumer Zeit dermaßen geschmolzen, daß der neue Rat allenfalls zum Teil aus ihnen zu rekrutieren war; der kaiserliche Kommissar mußte also erneut auf Männer auch aus den Zünften zurückgreifen. Zum andern gab es, jedenfalls in den oberschwäbischen Städten, kaum einen konfessionellen Gegensatz zwischen Patriziat und Zünften; auch die konfessionelle Stoßrichtung der Verfassungsänderung ging also weithin ins Leere. Die tatsächliche Wirkung der Neuordnung bestand demgegenüber, vor allem als Folge der Aufhebung der Zünfte, bloß in der Stärkung der obrigkeitlich-herrschaftlichen Züge der städtischen Verfassung. Das aber war eine Entwicklung, die in den Städten selbst, vor allem in den niederschwäbischen, schon seit langem angelegt war; die Einrichtung der Hasenräte war mithin bei weitem weniger revolutionär, als es vielleicht zunächst den Anschein hatte. Es dauerte denn auch nicht lange, bis sich das neue System einbürgerte, und mit wenigen Ausnahmen hat sich der Verfassungsoktroi Karls V., jedenfalls in seinen Grundzügen, überhaupt bis zum Ende des alten Reichs behauptet.

Die nächste auf den „geharnischten" Reichstag folgende Reichsversammlung fand 1550/51 statt, wiederum in Augsburg und wiederum unter persönlicher Leitung des Kaisers. Der wichtigste Anlaß für den Reichstag war, daß der nach dem Tode Pauls III. (1549) gewählte Papst Julius III., der als Konzilslegat einer der entschiedensten Gegner der kaiserlichen Politik gewesen war, überraschend die Rückverlegung des Konzils angekündigt und den Kaiser gebeten hatte, die Deutschen – auch die protestantischen Reichsstände – zur Beschickung des Konzils und zur Unterwerfung unter dessen Beschlüsse anzuhalten. Karl V. hatte zugesagt, sich der Konzilssache in Deutschland persönlich anzunehmen und machte sie jetzt zum Thema des Reichstags; daneben sollte über die Durchführung des Interims und über die weitere „Befriedung" des Reichs verhandelt werden – Bremen und

Magdeburg hatten sich ja noch immer nicht unterworfen. Der Kaiser erreichte, daß sich die Reichsstände erneut zur Beschickung des Konzils bereit erklärten; der versteckte Dissens über die Konzilsbedingungen der Protestanten wurde freilich auch jetzt nicht ausgeräumt. Die sonstigen Ergebnisse der langen Beratungen waren erst recht mager. Im Oktober beauftragte der Reichstag Kurfürst Moritz mit der Exekution der Reichsacht gegen Magdeburg; ob man damit nicht bloß der Unterwerfung der Stadt unter kursächsische Herrschaft den Weg bereitete, war zweifelhaft. Mit Bremen verabredete man Verhandlungen, deren Erfolg niemand absah. Über das Interim gab es viel unfruchtbaren Streit; daß der Reichstagsabschied vom 14. Februar 1551 die Stände erneut zur Förderung des Interims anhielt, war eine Leerformel ohne praktische Konsequenzen.

Die wichtigsten reichspolitischen Verhandlungen dieser Monate fanden ohnehin nicht auf dem Reichstag selbst, sondern hinter dessen Kulissen im engsten Kreis der habsburgischen Familie statt. Es ging um die Nachfolge im Kaisertum.

Daß Ferdinand dem älteren Bruder in der Kaiserwürde nachfolgen werde, war durch sein römisches Königtum gesichert. Aber wer sollte der Nachfolger Ferdinands werden? Der römische König war ja nur wenige Jahre jünger als der Kaiser; was nach seinem Tode geschehen sollte, war mithin kaum weniger aktuell als die Thronfolge nach Karl V. selbst. Gemessen am reichsrechtlichen Herkommen war die römische Königswahl Ferdinands 1531 eher ungewöhnlich gewesen; der Tradition hätte es eher entsprochen, den Sohn des Kaisers zum Nachfolger des Reichsoberhaupts zu küren. Sollte diese Anomalie nach dem Tode Ferdinands durch die Thronfolge des Kaisersohns Philipp wieder ausgeglichen werden – oder sollte das Kaisertum nach dem Tode Karls definitiv auf die deutschen Habsburger übergehen? Karl V. hatte diese Frage bislang ungelöst vor sich hergeschoben, war sich aber wohl immer sicherer geworden, daß die kaiserliche Aufgabe des Schutzes der römischen Kirche nur auf der Basis solider Herrschaftspositionen in Italien erfüllt werden könnte; auch dem französischen Machtstreben glaubte er nur durch die dauernde Vereinigung Italiens und der Niederlande in einer Hand wirksam begegnen zu können. Diese Erwägungen über die Konstellationen der großen Politik, dazu wohl auch die Vaterliebe Karls V., gaben den Ausschlag: Seit dem Frühjahr 1550 bemühte sich der Kaiser um dynastische Absprachen zugunsten einer Thronfolge Philipps nach Ferdinand. Die Königinregentin Maria stimmte ihrem kaiserlichen Bruder sogleich zu und setzte sich bei Ferdinand für das Projekt ein. Die Einwilligung des römischen Königs und seines – ja vor allem betroffenen – Sohnes Maximilian aber war nicht so leicht zu erlangen. Es bedurfte vielmehr eines monatelangen und zum Teil überaus harten Verhandlungsringens – während des Reichstags und dann noch einmal seit der Jahreswende 1550/51 –, um die deutschen Habsburger zum Nachgeben zu bewegen. In einem Familienpakt vom März 1551 sagte

Ferdinand schließlich zu, bei den Kurfürsten die spätere Wahl Philipps zum römischen König zu befördern; dagegen wurde Maximilian zum Nachfolger Philipps im Kaisertum vorgesehen. Dazu kamen ergänzende Absprachen über die Reichslehen in Italien, auch über Hilfsverpflichtungen Philipps gegenüber Ferdinand; schließlich nahm man in Aussicht, daß Philipp nach seiner Krönung eine Tochter Ferdinands heiraten sollte.

Daß die deutschen Habsburger über die ihnen hier zugemutete Rolle dynastischer Lückenbüßer verbittert waren, ist verständlich. Angesichts des späteren Scheiterns der Thronfolge Philipps im Reich war die Entfremdung zwischen den habsburgischen Brüdern überhaupt das wichtigste Ergebnis der Augsburger Verhandlungen, und diese Entfremdung bekam alsbald auch politische Dimensionen: Ohne geradezu die Loyalität gegenüber dem Kaiser zu brechen, begann König Ferdinand jetzt, eine zunehmend selbständige, vornehmlich an den Interessen seiner eigenen Linie der Dynastie ausgerichtete Politik zu betreiben.

Während des Augsburger Reichstags, am 14. November 1550, hatte der Papst das Konzil auf den 1. Mai 1551 nach Trient zurückberufen. Die eigentlichen Verhandlungen des Konzils begannen zwar erst im September; auf der Grundlage der Vorarbeiten in Trient und auch in Bologna konnte aber bereits in der 13. Sitzung am 11. Oktober das wichtige Dekret über die Eucharistie zur Verabschiedung gebracht werden. Das Dekret dogmatisierte die Transsubstantiationslehre; die Entscheidung über den Laienkelch wurde einstweilen noch aufgeschoben. In der 14. Sitzung am 25. November wurde dann das Dekret über die Buße publiziert, das die Genugtuung als notwendigen Teil des Bußsakraments definierte und die Beichte aller nach der Taufe begangenen schweren Sünden jure divino für geboten erklärte. Während diese dogmatischen Dekrete ohne große Kontroversen durchgingen, kam es in den Beratungen über die Reformdekrete, namentlich wegen des Weihe- und Ämterrechts, zu harten Auseinandersetzungen. Spanier und Deutsche fanden, daß die Legaten mit Rücksicht auf die kuriale Praxis die Reform allzu lasch betrieben; der Erzbischof von Köln sah sich schließlich sogar veranlaßt, die Frage nach der Freiheit des Konzils aufzuwerfen.

Erst recht unerträglich mußte die schon von manchen Konzilsvätern beanstandete Bindung des Konzils an den Papst den Gesandten der protestantischen Reichsstände erscheinen, die seit dem Herbst in Trient eingetroffen waren. Unter ihnen waren die Gesandten Kursachsens und Württembergs die wichtigsten. Sie brachten jeweils eigene Bekenntnisse mit, die zur Vorbereitung auf das Konzil ausgearbeitet worden waren und denen sich jeweils eine Reihe anderer evangelischer Stände angeschlossen hatte. Bis über die Jahreswende 1551/52 hinaus wurden die Protestanten in keiner Form am Konzilsgeschehen beteiligt; in der Generalkongregation vom 24. Januar 1552 aber erhielten sie Gehör – und damit trat der von der kaiserlichen Politik so lange verschleierte Konflikt der Konfessionen über das Konzil sofort in seiner vollen Schärfe zutage. Die protestantischen Gesandten nämlich machten die – ja schon früher immer wieder erhobenen – evangelischen Konzilsforderungen jetzt auch gegenüber dem Konzil selbst mit Entschiedenheit geltend, und die Konzilsväter reagierten darauf mit nicht minder entschiedener Ablehnung; die Vermittlungsbemühungen der kaiserlichen Oratoren beim Konzil verfingen nicht. Ein Kompromiß war hier offenbar nicht möglich. Das aber bedeutete das definitive Scheitern der kaiserlichen Konzilspolitik; die Wiedervereinigung der getrennten Glaubensparteien durch das Konzil hatte sich als Illusion erwiesen. Als im April 1552 der Fürstenkrieg in Deutschland den Kaiser in akute Bedrängnis brachte und die protestantischen Truppen bis nach Tirol vorstießen, wurde das Konzil eilig und auf unbestimmte Zeit vertagt. Es sollte fast genau zehn Jahre dauern, ehe es erneut zusammentrat; von einer weiteren Beteiligung der Evangelischen am Konzil war seit dem Ende der zweiten Konzilsperiode nicht mehr die Rede.

c) Vom Fürstenbund zum Augsburger Religionsfrieden. Die Abdankung Karls V. (1552–1556)

Die Dominanz Karls V. nach dem Schmalkaldischen Krieg hatte unter den Reichsständen, auch unter den Verbündeten des Kaisers im Krieg, bald Unmut erweckt. Dieser Unmut richtete sich zum einen gegen die Bedrohung der fürstlichen „Libertät" – das war mit dem bösen Wort von der „viehischen spanischen Servitut" gemeint[58] –, zum andern gegen den kaiserlichen Oktroi in Religionssachen, vor allem gegen das Interim. Aus dem religiösen Konflikt erwuchs nun auch der erste Ansatz zu einer Gegenwehr, die nicht bloß passiver Widerstand sein wollte. Ihre Seele war Markgraf Hans von Küstrin. Über den Kampf um das Interim hatte er sich immer mehr vom Kaiser entfernt; schließlich faßte er den Gedanken eines großen Bundes norddeutscher Fürsten, womöglich unter Einbeziehung Dänemarks und sogar Polens, zur bewaffneten Verteidigung des Evangeliums. Im Februar 1550 kam es in Königsberg zu ersten vertraglichen Abmachungen des Markgrafen mit Herzog Albrecht von Preußen und dem jungen Johann Albrecht von Mecklenburg. Das Bündnis war durchaus auf Erweiterung angelegt; an Kurfürst Moritz dachte man dabei jedoch nicht – die religiöse und politische Haltung des Kurfürsten schien allzu undurchsichtig. Ja, als sich Moritz im Oktober 1550 die Exekution der Reichsacht gegen Magdeburg übertragen ließ, faßten die Verbündeten die Entsetzung Magdeburgs als nächstes politisches Ziel ins Auge und begannen mit der Anwerbung von Söldnern. Kurfürst Moritz aber, der die fortdauernde Gefangenschaft seines Schwiegervaters Philipp von Hessen als immer unerträglichere Schädigung seiner fürstlichen Reputation empfand, war keineswegs bereit, sich durch die norddeutschen Fürsten in erneute

Abhängigkeit von Karl V. drängen zu lassen. Im Gegenteil setzte er sich jetzt mit raschem und überraschendem Handeln selbst an die Spitze der Opposition. Wenn er sich noch im Sommer 1546 durch die kaiserliche Diplomatie ziemlich kläglich hatte ausmanövrieren lassen, so spielte er jetzt auf der ganzen Linie – gegenüber dem Kaiser wie gegenüber den norddeutschen Fürsten – ein überlegenes Spiel. Noch 1550 nahm er über Hessen Verbindungen mit Frankreich auf, Anfang 1551 sprengte er die gegen ihn gerichteten Werbungen des Fürstenbunds im Stift Verden und nahm einen Großteil der Söldner auf den Musterplätzen in eigene Dienste. Auf der damit gewonnenen politischen und militärischen Basis verhandelte er sodann mit Markgraf Hans und dessen Verbündeten; im Mai 1551 vereinbarte man zu Torgau einen erweiterten Fürstenbund, dem außer den Partnern des Königsberger Vertrags von 1550 und Kurfürst Moritz selbst auch der junge Landgraf Wilhelm von Hessen angehörte. Ziel des Bündnisses sollten die Erhaltung der Confessio Augustana und die Befreiung des Landgrafen Philipp sein; der Kurfürst war vorsichtig genug, sich nebenbei den status quo seines Territoriums gegen die Ernestiner garantieren zu lassen. Ebenfalls auf Verlangen des Kurfürsten wurde König Ferdinand als Gegner des Bündnisses ausgenommen. Die wachsenden Divergenzen der habsburgischen Majestäten waren Moritz nicht verborgen geblieben; er machte sie jetzt zu Elementen eines weitschauenden politischen Kalküls.

Noch wichtiger als das innerdeutsche Bündnis der Kriegsfürsten war ihre Verbindung mit Heinrich II. von Frankreich: Nur wenn die militärischen Kräfte Karls V. gleichzeitig durch die Franzosen gebunden waren, konnte man hoffen, auch im Reich gegen den Kaiser die Oberhand zu behalten. Die Voraussetzungen für ein französisches Bündnis aber waren umso günstiger, als Heinrich II., erneut im Offensivbündnis mit den Osmanen, seit 1551 ohnehin in einem nicht erklärten Krieg mit dem Kaiser stand. In den Bündnisverhandlungen, die im Herbst 1551 auf einem Jagdschloß des Kurfürsten Moritz in der Lochauer Heide begannen, erwiesen sich die Franzosen gleichwohl als harte Verhandlungspartner; Heinrich II. war entschlossen, sich das Bündnis teuer bezahlen zu lassen. Markgraf Hans und Herzog Albrecht von Preußen schieden denn auch während der Verhandlungen aus, weil ihnen die von Frankreich erhobenen Ansprüche auf Kosten des Reichs unerträglich schienen. Dafür näherte sich der wilde Markgraf Albrecht Alkibiades dem Bündnis. Er war es auch, der im Anschluß an die Lochauer Verhandlungen die noch offenen Bestimmungen des Bündnisses am Hofe Heinrichs II. von Frankreich aushandelte. Am 15. Januar 1552 wurde der Vertrag zu Chambord unterzeichnet. Er nannte als Kriegsmotive der Fürsten die vom Kaiser ausgehende Gefährdung der Religion wie der Freiheit der Stände und Untertanen des Reichs, dazu die schimpfliche Gefangenschaft Landgraf Philipps. Der französische König verpflichtete sich zu erheblichen Subventionen; dafür konzedierte ihm der Vertrag, daß er Cambrai und die lothringischen Bischofsstädte Metz, Toul und Verdun „als Vicarius des Heiligen reichs, zu welchem titel wir seine königliche Majestät zukunftig zu befordern geneigt sein, inhabe und behalte, doch fürbehalten dem Heiligen reich sein Gerechtigkeit[59] ...". Der strategische Sinn dieser Zusage bestand darin, den französischen König möglichst nahe an den Rhein zu ziehen, um so die kaiserlichen Verbindungen zwischen Oberdeutschland und den Niederlanden zu sperren. Daß die Kriegsfürsten keinerlei Recht hatten, in irgendeiner Weise über die Bischofsstädte zu verfügen, steht dabei außer Diskussion; reichsrechtlich gesehen war der Vertrag von Chambord Landesverrat.

Karl V. blieb nicht ganz ungewarnt, erfaßte jedoch den Ernst der Lage – in offenkundiger Unterschätzung des Kurfürsten Moritz und seiner Verbündeten – erst, als es zu spät war. Noch im Februar fiel König Heinrich II. mit 35 000 Mann in Lothringen ein und setzte sich in den Besitz der Bischofsstädte. Im März schlug Herzog Moritz mit seinen deutschen Verbündeten los. In raschen Märschen wandten sich die Kriegsfürsten über den Main nach Oberdeutschland; dann näherte man sich Tirol und rückte damit dem in Innsbruck weilenden Kaiser bedrohlich auf den Leib. Gleichzeitig führte Albrecht Alkibiades, ohne eigentlich dem Fürstenbund anzugehören, auf eigene Faust Krieg gegen die fränkischen Bischöfe und bald auch gegen Nürnberg – freilich mit kaum einem anderen Ziel, als sich in raubritterhafter Manier an „Pfaffen und Pfeffersäcken" reich zu machen.

Karl V. befand sich – wenigstens kurzfristig – in einer verzweifelten Situation. Auf den Schlag der Kriegsfürsten nicht vorbereitet, von Geld und Truppen entblößt, von den Niederlanden abgeschnitten, ohne potente Bündnispartner im Reich, in Spannungen selbst zu König Ferdinand, der sich in strikter Neutralität hielt, blieb ihm nichts anderes übrig, als sich auf die von den Fürsten angebotenen Verhandlungen einzulassen. Der gegebene Vermittler war, wie das Kurfürst Moritz schon frühzeitig bedacht hatte, König Ferdinand. Vom 19. April bis zum 1. Mai verhandelten Ferdinand und Moritz in Linz; der Kaiser blieb in Innsbruck, wirkte jedoch von dort aus auf die Verhandlungen ein. Moritz nannte sogleich die Forderungen der Verbündeten: die umgehende Freilassung Landgraf Philipps, eine Amnestie für die Kriegsfürsten, den Abschluß eines allgemeinen Friedens im Reich wie mit Frankreich, die Abstellung ständischer Beschwerden über die Regierungsweise des Kaisers, insbesondere über die Bevorzugung nichtdeutscher Räte in Reichsangelegenheiten, dazu die Gewährung eines dauernden Religionsfriedens nach Maßgabe des Speyerer Reichstagsabschieds von 1544 – die Anerkennung des evangelischen Kirchenwesens im Reiche also mitsamt seinen Verfügungen über das Kirchengut. König Ferdinand war grundsätzlich bereit, auf diese Forderungen einzugehen, der Kaiser machte jedoch vielerlei Einschränkungen und Bedingungen; so erwies sich eine rasche Einigung als unmöglich. Das einzig positive Ergebnis der Linzer Verhandlungen bestand in der Vereinbarung neuer Verhandlungen für den 26. Mai in Passau; zu diesem neuen Versuch der Vermittlung sollten alle Kurfürsten und eine Reihe anderer Reichsstände eingeladen werden.

Wenn Karl V. gehofft hatte, mit seiner Verhandlungstaktik des Verzögerns eine militärische Atempause zu gewinnen, so erwies sich diese Hoffnung sehr rasch als Illusion. Kurfürst Moritz nämlich ließ seit dem 18. Mai seine Truppen lechaufwärts in Tirol eindringen. Schon in der Nacht darauf fiel die Ehrenberger Klause; am 23. Mai zogen die Kriegsfürsten in Innsbruck ein. Der Kaiser floh über den Brenner ins Pustertal, dann nach Villach. Die strategische Bedeutung des Unternehmens war zwar nur bescheiden: Tirol war von den mittel- und norddeutschen Machtzentren der Kriegsfürsten viel zu weit entfernt, als daß man es auf längere Zeit hätte behaupten können. Die propagandistische Wirkung des Zugs nach Innsbruck war jedoch, genau wie Moritz es beabsichtigt hatte, enorm: Daß der mächtige Kaiser, mit knapper Not der Gefangennahme entgangen, vor den Kriegsfürsten die Flucht hatte ergreifen müssen, war eine demonstrative und folgenreiche Schwächung seiner Autorität.

Die Passauer Tagung begann am 1. Juni 1552. Als Vermittler war wiederum König Ferdinand tätig, dazu kam eine Reihe „neutraler“ Kurfürsten und Fürsten, geistliche wie weltliche, die jedoch selbst kaum Initiativen entfalteten. Die Verhandlungen gestalteten sich auch jetzt sehr schwierig, und wiederum lagen die Gründe dafür im wesentlichen beim Kaiser selbst. Vor allem war er nicht bereit, den Protestanten einen dauernden Religionsfrieden zuzugestehen, aber auch bei den anderen Verhandlungsgegenständen ließ er sich nur auf sehr geringe, überdies vielfach bedingte und wenig verbindliche Konzessionen ein. Daß es ihm gleichzeitig gelang, seine finanziellen und militärischen Reserven in Italien und Spanien zu mobilisieren – auch Anton Fugger machte ein neues Darlehen über 400000 Gulden flüssig –, schien ihm ein weiteres Entgegenkommen entbehrlich zu machen. Anderseits zeigte sich in Passau selbst doch sehr bald, daß die neutralen Fürsten, und zwar auch die altkirchlichen und selbst die geistlichen, die Forderungen Kurfürst Moritz' weitgehend unterstützten, nicht zuletzt das Verlangen nach einem dauernden Religionsfrieden. Gerade die geistlichen Reichsstände fühlten sich vom Kaiser verlassen und je länger desto stärker bedroht; so war ihnen der Religionsfriede als Mittel zur Sicherung der eigenen Existenz für den Augenblick wie für die Zukunft dringend erwünscht – selbst wenn er zugleich den Verzicht auf eine weitergehende Restitution der katholischen Kirche in Deutschland bedeutete. Vielleicht war dieser Stimmungsumschwung bei den geistlichen Fürsten das überhaupt wichtigste Ergebnis des ganzen Fürstenaufstands; ohne diesen Umschwung wäre der Weg zum Religionsfrieden wohl noch lange nicht frei geworden.

Für den Verlauf der Passauer Verhandlungen kaum weniger wichtig war die Haltung König Ferdinands. Seine Interessen nun galten vorrangig der Sicherung Ungarns und der österreichischen Erblande; dafür aber bedurfte auch er kurz- wie langfristig des Friedens im Reiche. Daß dieses Ziel dauerhaft nur erreicht werden könnte, wenn das Reich selbst verbindlich auf jede Anwendung von Gewalt zur Wiederherstellung der kirchlichen Einheit verzichtete, war ihm deutlich, und er war bereit, daraus auch die politischen Konsequenzen zu ziehen. Dahinter stand ein sehr grundsätzlicher Überzeugungswandel: Im Gegensatz nämlich zu Karl V. fühlte sich Ferdinand spätestens seit 1552 nicht mehr an das traditionelle Ketzerrecht von Kirche und Reich gebunden. Die Bedeutung dieses Wandels ist nicht leicht zu überschätzen. Er schuf einen politischen Grundkonsens mit der Mehrheit der Reichsstände, der stark genug war, um – auch gegen den Willen des Kaisers – den Religionsfrieden zu tragen; zugleich damit aber löste der römische König und künftige Kaiser eine seiner wichtigsten traditionellen Bindungen an die römische Kirche.

Am 23. Juni 1552 wurde man sich in Passau über einen Vertragsentwurf einig. Katholische und evangelische Reichsstände sollten gegenseitig ihre konfessionellen Besitzstände anerkennen und darauf verzichten, einander wegen der Religion künftig in irgendeiner Weise zu beschweren oder gar mit Krieg zu überziehen. Bereits der nächste Reichstag sollte darüber hinaus einen neuen Anlauf zur Vergleichung der strittigen Religion selbst unternehmen; auch bei einem Scheitern dieses Vergleichs aber sollte der Religionsfriede weiterbestehen. Wegen der von Moritz vorgelegten Gravamina gegen die Regierungspraxis des Kaisers nahm man in Aussicht, daß König Ferdinand und die neutralen Stände noch vor dem künftigen Reichstag die Beschwerden beraten und über deren Abstellung beschließen sollten; vom Kaiser wurde erwartet, daß er sich dem Spruch der Fürsten fügen werde. Die Aussöhnung der Kriegsgegner und ihrer Anhänger bis hinunter zum letzten Söldner sollte verbindlich zugesagt werden unter der alleinigen Bedingung, daß die Ausgesöhnten ferner nicht mehr gegen den Kaiser, den König und das Reich dienen würden; der Landgraf sollte gleichzeitig mit der Abmusterung des Heeres der Kriegsfürsten freigegeben werden. Von Frankreich war nicht mehr die Rede; Kurfürst Moritz hatte sich ohnehin schon vor Wochen von dem französischen Bündnis abgewandt.

Nach der Einigung in Passau kam es auf die Zustimmung der anderen Kriegsfürsten auf der einen, des Kaisers auf der anderen Seite an. Das war schon bei den Fürsten nicht einfach; vollends der Kaiser lehnte den Vertragsentwurf zunächst einmal rundheraus ab. Erst als König Ferdinand den Bruder in Villach aufsuchte und flehentlich zum Einlenken beschwor – man werde sonst im Reich völlig isoliert sein –, ließ sich der Kaiser auf den Vertrag ein, freilich auch jetzt nur unter tiefgreifenden Korrekturen des Entwurfs. Vor allem sollte der Religionsfriede wieder nur bis zum nächsten Reichstag gelten; die Erledigung der ständischen Gravamina behielt er sich selbst vor. Daß der Kaiser mit dieser Verstümmelung des Vertrags das Zustandekommen des Friedens aufs äußerste gefährdete, war ihm gewiß deutlich. Man hat sogar vermutet, daß er es geradezu darauf angelegt hätte, das Scheitern der Verhandlungen zu provozieren, um desto ungehinderter mit seinen mittlerweile mobilisierten Kräften gegen die verbündeten Fürsten vorgehen zu können. Die Motive Karls V. dürften indessen komplexer gewesen sein. Zwar spielte die Möglichkeit einer Wiederaufnahme des Kampfs in Deutschland noch bis in den Herbst hinein in den kaiserlichen Planungen eine Rolle, aber dahinter standen doch auch bei Karl V. grundsätzliche Überzeugungen: die Überzeugung vor allem von der Unantastbarkeit der Würde des Kaisertums und seiner Verpflichtung zum Schutz der römischen Kirche. Es entsprach dieser Komplexität der Motive des Kaisers, daß er dem Bruder bei den Gesprächen in Villach für den Fall der Ablehnung des revidierten Vertrags durch die Kriegsfürsten Alternativlösungen anbot, die dem König im Fortgang der Verhandlungen ein weiteres Entgegenkommen bis hin zu einem Vertragsabschluß auf der unveränderten Grundlage des Passauer Entwurfs ermöglicht hätten; er selbst freilich, der Kaiser, wollte durch einen solchen Vertrag nicht gebunden sein – sei es, um sich für eine spätere friedliche oder gewaltsame Revision des Vertrags die Hände freizuhalten, sei es, weil er schon erwog, sich ganz aus dem Reich zurückzuziehen, um sein Gewissen nicht beschweren zu müssen.

Ferdinand fand sich indessen nicht gezwungen, auf diese äußerste Möglichkeit zurückzugreifen. Um die Verhandlungen vor dem drohenden Scheitern zu bewahren, ließen sich zunächst die neutralen Fürsten in Passau auf die Vertragsänderungen des Kaisers ein, und trotz aller Entrüstung über die Verstümmelung des Vertrags gaben schließlich auch Kurfürst Moritz und die anderen Kriegsfürsten ihre Einwilligung – mit Ausnahme nur des Markgrafen Alkibiades, der freilich ohnehin seinen eigenen Krieg führte. Gemessen am Verlauf der Verhandlungen in Passau war diese Entscheidung Kurfürst Moritz' überraschend, aber sie entsprang einer nüchternen Analyse der Lage: Noch in der vom Kaiser revidierten Form brachte der Vertrag doch die Freigabe des Landgrafen; mit der Vertagung der Religionssache auf den künftigen Reichstag war das Interim faktisch erledigt und der Abschluß eines dauernden Religionsfriedens immerhin in greifbare Nähe gerückt. Eben damit war zugleich das Odium des Verrats der evangelischen Sache von dem Kurfürsten genommen, er erschien jetzt eher als Retter des Protestantismus und obendrein als Verteidiger der ständischen Libertät. Auf der anderen Seite wäre die Fortsetzung des Kriegs mit schwer wägbaren Risiken verbunden gewesen – und was würde aus Landgraf Philipp werden? Die Annahme des vom Kaiser so tiefgreifend revidierten Vertrags entsprach mithin zwar gewiß nicht allen hochgesteckten Zielen des Kurfürsten, wohl aber den realen Machtverhältnissen. Und diesen Realitäten trug auch Karl V. Rechnung. Nach einigen Tagen der Unsicherheit, ob er nicht seinerseits den verbindlichen Abschluß des Vertrags verweigern und gegen die verbündeten Fürsten losschlagen sollte, entschied er sich zur Ratifikation des Vertrags (15. August 1552). Unmittelbar darauf zog er mit seinen inzwischen gesammelten italienischen und spanischen Truppen durch Bayern und Württemberg an den Mittelrhein und dann nach Lothringen, während Kurfürst Moritz nach kurzem Aufenthalt in der sächsischen Heimat nach Ungarn ritt, um König Ferdinand gegen die Türken zu helfen.

Das vorrangige Anliegen der kaiserlichen Politik bestand jetzt wieder im Kampf gegen Frankreich, und das unmittelbare Ziel dieses Kampfs war die Verdrängung der Franzosen aus Lothringen. Der Weg den Rhein hinunter war allerdings nicht frei. Markgraf Albrecht Alkibiades nämlich hatte sich mit seinen Fähnlein von Franken an den Mittelrhein geworfen, wo er in gewohnter Manier die Gebiete der geistlichen Fürsten – jetzt waren es Mainz und Trier – verwüstete. Die erwartbare Auseinandersetzung des Kaisers mit dem Markgrafen blieb jedoch aus; statt dessen schloß Karl V. unter Vermittlung des Herzogs von Alba im Oktober überraschend einen Vertrag mit Albrecht Alkibiades, durch den er den Markgrafen für den Krieg gegen Frankreich, zunächst für die Belagerung von Metz, in Dienst nahm. Das Bündnis war militärisch sinnvoll – der Markgraf war ein tüchtiger Söldnerführer, sein Heer kampferprobt –, politisch aber höchst unklug: Die im Fürstenkrieg ohnehin brüchig gewordene Autorität des Kaisers erlitt durch dieses Bündnis mit einem notorischen Landfriedensbrecher einen schweren, kaum wiedergutzumachenden Schaden. Und nicht einmal die militärische Rechnung ging auf. Metz war eine für jene Zeit kaum einnehmbare Festung und wurde überdies durch den Herzog von Guise exzellent verteidigt. Das Belagerungsheer erlitt hohe Verluste; im hereinbrechenden Winter stockte der Nachschub. Im Januar 1553 mußte der Kaiser die Belagerung aufheben und sich in die Niederlande zurückziehen; die lothringischen Bischofsstädte blieben in französischer Hand. Albrecht Alkibiades aber marschierte wieder nach Franken und besetzte dort die von ihm beanspruchten geistlichen Gebiete – nun allerdings gegen wachsenden Widerstand: Im jetzt ausbrechenden sogenannten Markgräflerkrieg fanden die Angegriffenen zunehmende Unterstützung, vor allem von seiten König Ferdinands und Kurfürst Moritz'.

Nach dem Scheitern seiner Konzilspolitik in Trient und dem Fürstenkrieg in Deutschland war die Niederlage vor Metz für Karl V. der dritte empfindliche Schlag binnen Jahresfrist. Indessen waren seine politischen und militärischen Ressourcen doch noch lange nicht erschöpft. Der Krieg gegen Frankreich wurde schon im Sommer 1553 an der niederländischen Front wie in Italien mit neuer Energie wieder aufgenommen; gleichzeitig eröffnete die Möglichkeit einer dynastischen Verbindung mit dem englischen Königshaus der europäischen Politik Karls V. ganz neue Chancen.

Am 6. Juli 1553 war der erst 15jährige König Eduard VI. gestorben. Thronerbin war Maria, die stets katholisch gebliebene älteste Tochter

Heinrichs VIII. aus seiner Ehe mit Katharina von Aragón, also eine Base des Kaisers: nicht mehr ganz jung – sie war 1516 geboren –, aber unzweifelhaft die glänzendste dynastische Partie, die sich denken ließ. König Ferdinand, stets auf gute Heiraten für seine Kinder bedacht, schickte bereits Ende Juli einen Gesandten auf Brautschau für seinen Zweitgeborenen, Erzherzog Ferdinand, nach England. Der Gesandte durfte sich jedoch auf Intervention des Kaisers seines Auftrags bei Maria nicht entledigen; Karl V. hatte sich nämlich entschlossen, selbst für seinen Sohn Philipp, der seit kurzem verwitwet war, um die Hand Marias anzuhalten. Im September 1553 traf Philipps Erklärung des Einverständnisses in Brüssel ein; im Januar konnte der Ehevertrag geschlossen werden. Im Juli 1554 fand die Hochzeit statt; als Hochzeitsgabe erhielt Philipp das Königreich Neapel. Die damit eröffneten Aussichten für die europäische Politik Karls V. und für die spanische Linie der Habsburger waren gewaltig. Die Errichtung eines habsburgischen Herrschaftskomplexes in Nordwesteuropa mußte die Einkreisung Frankreichs vollenden; angesichts der gesundheitlichen Schwäche von Don Carlos, dem einzigen Sohn Philipps aus erster Ehe, war überdies damit zu rechnen, daß ein Erbe des spanisch-englischen Königspaares nicht nur über England, sondern auch über die gesamten Reiche der spanischen Krone in der Alten und Neuen Welt herrschen werde. Hinter dieser Konzeption eines mittelmeerisch-atlantischen Weltreichs verlor sogar das Kaisertum an Bedeutung; der Kaiser ließ König Ferdinand wissen, daß er in der englischen Heirat einen Ausgleich für die zur Zeit bei den Kurfürsten doch nicht erreichbare Thronfolge Philipps im Reich sehe.

Die weitgespannten Hoffnungen Karls V. wurden freilich schon nach wenigen Jahren enttäuscht. Maria war unfruchtbar und starb bereits 1558; ihre Nachfolgerin Elisabeth war für ein weiteres Ehebündnis nicht zu haben. So bestand die politische Bilanz der Heirat nur in gesteigerten Kriegsanstrengungen Frankreichs und in einer erneut verschärften Gegnerschaft des Papsttums, das um die Reste seiner politischen Freiheit fürchtete. Während Julius III. immer wieder zwischen dem Kaiser und Heinrich II. von Frankreich Frieden zu stiften gesucht hatte, trieb Paul IV. (1555–1559) alsbald nach Antritt seines Pontifikats eine unversöhnlich antispanische Politik, die 1556 sogar zum offenen Krieg führte.

Im Unterschied zu den ausgreifenden Konzeptionen seiner europäischen und Weltpolitik ließ Karl V. in seiner deutschen Politik während der Monate und Jahre nach dem Passauer Vertrag keine bedeutenden, mit Energie verfolgten Ziele erkennen; nicht einmal die substantiierten Vorschläge König Ferdinands für eine gemeinsame Deutschlandpolitik verfingen beim Kaiser, von der Einberufung des fälligen Reichstags ganz zu schweigen. Es war nicht erstaunlich, daß angesichts solchen Desinteresses – und angesichts der fortbestehenden Gefährdung des Landfriedens durch Albrecht Alkibiades – neue regionale Machtzentren oder doch überterritoriale

Einungen von Reichsständen zur Wahrnehmung gemeinsamer Interessen entstanden. So schlossen sich im Frühjahr 1553 die Kurfürsten von der Pfalz, von Mainz und Trier mit Württemberg, Bayern und Jülich-Kleve-Berg zum Heidelberger Bund zusammen. Die politischen Divergenzen zwischen den Bundesständen waren freilich gewichtiger als die Gemeinsamkeit ihrer Interessen; so blieb der Bund zu energischen Initiativen, ja überhaupt zu entschiedenem Handeln unfähig. Bezeichnenderweise versagte man sich auch dem von Kurfürst Moritz an den Bund herangetragenen Vorschlag, gemeinsam ein stattliches Heer aufzustellen und mit dessen Hilfe im Markgräflerkrieg eine bewaffnete Schlichtung zu erzwingen; ebenso mißlangen spätere Versuche König Ferdinands, den Heidelberger Bund reichspolitisch zu aktivieren.

Zukunftsträchtiger als der Heidelberger Bund war das Zusammenspiel König Ferdinands und Kurfürst Moritz'. Beide Partner waren nicht nur am Frieden in Deutschland interessiert, sondern auch bereit, dafür etwas zu tun – vor allem, um den notorischen Landfriedensbrüchen des Markgrafen Albrecht ein Ende zu setzen –; beide waren auch bereit, die im Passauer Vertragsentwurf vom Juni 1552 formulierten Ansätze einer religions- und verfassungspolitischen Ordnung im Reich weiterzuentwickeln. Im Mai 1553 einigte man sich zu Eger auf den Entwurf einer Bundesordnung, die auf ein langfristiges politisches Zusammengehen Kursachsens mit den deutschen Habsburgern angelegt war. Der Tod des Kurfürsten Moritz im Juli 1553 verhinderte dann zwar die Ratifikation des Egerer Bundes; Moritz' Bruder und Nachfolger August löste sich vorerst aus den besonderen Beziehungen zu König Ferdinand. Langfristig sollte sich die politische Konzeption des Egerer Bundes aber doch durchsetzen und zu einer der maßgebenden Konstellationen der Reichspolitik in der zweiten Hälfte des Jahrhunderts werden.

Die wichtigsten politischen Entscheidungen im Reich zwischen dem Passauer Vertrag von 1552 und dem Augsburger Religionsfrieden von 1555 ergaben sich aus dem Kampf um die Wiederherstellung des Landfriedens in Deutschland, in der Auseinandersetzung also mit Markgraf Albrecht. Kaiser und Reich hatten sich als unfähig erwiesen, den Markgrafen zu zähmen; jetzt übernahm Moritz die Aufgabe. Im Frühsommer 1553 einigte er sich mit den fränkischen Bischöfen und mit dem Herzog von Braunschweig-Wolfenbüttel über ein gemeinsames Vorgehen gegen Albrecht Alkibiades; König Ferdinand leistete politische und militärische Rückendeckung. Markgraf Albrecht, wie immer von raschem Entschluß und erstaunlicher Beweglichkeit, zog in Eilmärschen durch Thüringen nach Norden, um Moritz und den Braunschweiger zu stellen, bevor sie sich mit den Truppen Ferdinands und der fränkischen Bischöfe vereinigen könnten. Am 9. Juli 1553 kam es bei Sievershausen, einem Dorf zwischen Hannover und Braunschweig, zur Schlacht, der blutigsten des Jahrhunderts auf deutschem Boden. Nach stundenlangem schweren Ringen wurde das Heer des

Markgrafen in die Flucht geschlagen, aber Moritz bezahlte den Sieg mit seinem Leben. Von vornherein persönlich am Kampf beteiligt, wurde er von einer Kugel getroffen und starb zwei Tage später, noch immer auf dem Schlachtfeld, in seinem Zelt im Anblick der erbeuteten Fahnen.

Die Schlacht von Sievershausen bedeutete den entscheidenden Umschwung des Markgräflerkriegs zugunsten der Gegner des Markgrafen. Im September von den Verbündeten erneut geschlagen, gegen Jahresende in die Reichsacht erklärt, verlor Markgraf Albrecht bis zum Sommer 1554 fast sein ganzes Territorium und floh nach Frankreich. Versuche, von dort aus neu im Reiche Fuß zu fassen, scheiterten; 1557 starb der unruhige Mann. Der Sieg Kurfürst Moritz' über den Markgrafen war aber zugleich von hoher reichspolitischer Bedeutung. Die von Moritz selbst mitredigierte, in seinem und König Ferdinands Namen ergangene Kriegsproklamation vom 1. Juli 1553 hatte die Absage an den Markgrafen mit der Verteidigung nicht nur des Landfriedens, sondern auch des Passauer Vertrags zum Wohle des Reichs begründet; das war eine sehr bezeichnende Dokumentation neuer und zukunftsträchtiger Ziele der Reichspolitik. Als Sachwalter dieser Interessen des Reichs aber handelten jetzt König Ferdinand und Kurfürst Moritz – nicht dagegen der Kaiser, von dem in jener Proklamation nur ganz am Rande die Rede war. Der Tod des Kurfürsten hat die Entwicklung zur Friedensordnung von 1555 dann wohl verlangsamt und erschwert, aber er hat sie nicht mehr abbrechen lassen; die Weichen waren doch gestellt. Und diese Weichenstellung war es zugleich, mit der Moritz über die Statur eines skrupellosen Machtpolitikers hinausgewachsen und zur bedeutendsten Gestalt unter den deutschen Fürsten des Zeitalters geworden war: „Seine letzten Taten sind seine größten gewesen" (Brandi)[60].

Im Passauer Vertrag war die Einberufung eines Reichstags binnen eines halben Jahres vorgesehen worden. Dieser Termin wurde nicht eingehalten. Erst um die Jahreswende 1553/54 entschloß sich der Kaiser zu ernsthaften Vorbereitungen für die Reichsversammlung, und zwar von vornherein mit der Maßgabe, daß nicht er selbst, sondern König Ferdinand den Reichstag leiten sollte.

Die Vorstellungen Karls und Ferdinands für den Reichstag unterschieden sich nun freilich in charakteristischer Weise. Während nämlich der römische König den Passauer Vertrag als Grundlage aller weiteren Verhandlungen mit den Reichsständen ansah, wünschte der Kaiser gerade umgekehrt jede Festlegung auf diesen Vertrag zu umgehen; selbst das in Passau für den nächsten Reichstag vorgesehene und jetzt von Ferdinand lebhaft befürwortete neue Religionsgespräch schien dem Kaiser einstweilen nicht opportun. Allerdings konnte sich auch der Kaiser nicht verhehlen, daß auf dem Reichstag möglicherweise doch dauernde Konzessionen an die Protestanten notwendig werden würden, und eben daraus erwuchs seine Forderung, daß König Ferdinand an seiner Stelle den Reichstag halten solle. Im Juni 1554 übertrug er dem Bruder umfassende Vollmachten zum Verhandeln und Beschließen und fügte hinzu: „Und um Euch den Grund offen zu sagen, wie es sich unter Brüdern gehört und mit der Bitte, nichts anderes dahinter zu suchen: Es ist nur die Sache der Religion, bezüglich deren ich jene unüberwindlichen Bedenken habe, die ich Euch im einzelnen mündlich zuletzt bei unserer Zusammenkunft in Villach dargelegt habe“[61].

Diese Begründung war freilich eine ziemlich fragwürdige Konstruktion, und zwar schon aus Gründen des Reichsrechts: Der römische König konnte als solcher ja überhaupt nur im Namen des Kaisers handeln, und umgekehrt war der Kaiser an dieses Handeln dann auch gebunden; eine Freistellung des Kaisers von Regierungsakten des römischen Königs – sei es aus taktischen oder aus Gewissensgründen – war reichsrechtlich ganz abwegig. König Ferdinand hat sich denn auch formal nicht auf die kaiserliche Fiktion eingelassen; der Reichstag ist – durchaus gegen den Willen Karls V. – im Namen des Kaisers eröffnet worden, und auch der Reichsabschied trägt seinen Namen. Der weitergehende Versuch Ferdinands, den Kaiser fortdauernd an den Verhandlungen des Reichstags selbst zu beteiligen, blieb allerdings erfolglos. Wenn der Kaiser bei der Abfassung der Proposition noch von Brüssel aus mitgewirkt hatte, so bat er den Bruder schon wenig später, ihn jedenfalls für die Religionsverhandlungen nicht einmal mehr um Rat zu fragen. So wurde König Ferdinand nolens volens zur entscheidenden Figur des Reichstags.

Gerade für die Religionsverhandlungen wurde freilich schon vor Beginn des Reichstags sehr zweifelhaft, ob Ferdinands Wünsche, ob insbesondere seine Hoffnungen auf ein neues Religionsgespräch sich erfüllen würden. Von den Bischöfen jedenfalls ging kaum einer auf die Vorstellungen des Königs ein. Man war nach dem Verlauf der früheren Religionsgespräche skeptisch; auch hatte das Trienter Konzil ja mittlerweile über eine ganze Reihe wichtiger Streitpunkte entschieden. Zudem galt das Friedensbedürfnis der geistlichen Reichsstände doch vor allem andern der Sicherung der eigenen politischen Existenz, und die war nach Lage der Dinge kaum anders zu gewährleisten als durch einen dauernden Friedstand mit den evangelischen Reichsständen. Erst recht gingen natürlich die Wünsche der Protestanten in diese Richtung. Die evangelischen Kurfürsten einigten sich sogar in einer formellen Absprache darauf, beim Reichstag mit Vorrang auf einen „gemeinen, beständigen, unbedingten Frieden der Religion wegen“ zu dringen und sich überhaupt erst nach dessen Sicherung auf andere Verhandlungen einzulassen[62]; Anfang Februar, unmittelbar vor Beginn des Reichstags, überreichte man König Ferdinand eine entsprechende Stellungnahme.

Ungeachtet solcher kritischer Stimmen beruhte die Proposition für den Reichstag vom 5. Februar 1555 noch ganz auf den vorausgegangenen Verhandlungen und Kompromissen Ferdinands mit dem Kaiserhof in Brüssel.

Sie stellte den Religionsvergleich ganz in den Mittelpunkt der Aufgaben des Reichstags und empfahl in Formulierungen, die die konfessionellen Gegensätze bewußt abschwächten, ein Religionsgespräch als bestes Mittel zur Beilegung des Streits; vom Passauer Vertrag war mit keinem Wort die Rede, erst recht nicht von der Möglichkeit oder Notwendigkeit eines dauernden politischen Religionsfriedens. Neben dem Religionsgespräch nannte die Proposition die Neuordnung der Landfriedensexekution als Hauptagende des Reichstags. Im übrigen wurde auf die im Reichstagsausschreiben genannten Themen verwiesen; zu diesen Varia gehörte insbesondere die Anpassung der Kammergerichtsordnung von 1548 an die mittlerweile eingetretenen religionspolitischen Veränderungen.

Die Diskrepanz der Proposition zu den – ihrerseits alles andere als einheitlichen – Wünschen der Stände für den Reichstag führte zu wochenlangen Unsicherheiten über das weitere Vorgehen. Dann jedoch brachte eine kursächsische Initiative die Dinge in Bewegung. Auf Anregung Kurfürst Augusts nämlich trafen sich Anfang März die regierenden Fürsten der Häuser Sachsen, Brandenburg und Hessen in Naumburg und verabredeten eine im wesentlichen einheitliche Reichspolitik, vor allem – ganz entsprechend der Forderung der weltlichen Kurfürsten vom Vormonat – die Forderung nach dem vorrangigen Abschluß eines immerwährenden Religionsfriedens. König Ferdinand, der mittlerweile wohl selbst über die Chancen des von ihm vorgeschlagenen Religionsgesprächs unsicher geworden war, antwortete ausweichend; die nahezu zwangsläufige Folge bestand darin, daß sich die Mehrheit der Reichsstände – Katholiken wie Protestanten – der Forderung der Naumburger Fürsten anschloß. Am 11. März 1555 beschloß der Reichstag, den „gemeinen Frieden in der Religion“ zum vorrangigen Tagesordnungspunkt zu machen; erst damit und gegen die ursprüngliche Intention nicht nur des Kaisers, sondern auch König Ferdinands wurde der Augsburger Reichstag von 1555 zum Reichstag des Religionsfriedens.

Die folgenden Verhandlungen der Stände beruhten auf der Grundentscheidung zugunsten einer gegenseitigen Friedensgarantie der streitenden Religionsparteien, wie man sie schon in Passau ins Auge gefaßt hatte. Die Konkretisierung und genaue rechtliche Fassung dieses Prinzips warf jedoch eine Fülle von konfliktsträchtigen Fragen auf, und es bedurfte eines zähen Verhandlungsringens, um dieser Probleme einigermaßen Herr zu werden: in oft mühsam gefundenen Kompromissen, nicht selten durch die Wahl mehrdeutiger Regelungen, die den dahinterstehenden, ungelösten Dissens des tatsächlich Gewollten verdeckten, gelegentlich auch durch das Ausweichen in generelle Formulierungen, die den Verzicht auf die eigentlich notwendige konkrete Entscheidung kunstvoll verschleierten. In der spannungsvollen Situation der Verhandlungen von 1555 vielleicht unvermeidlich, sollten dieses „Dissimulieren“ und Ausweichen in „Generalitäten“ die spätere Geschichte des Religionsfriedens schwer belasten.

Nach ausgiebigen Verhandlungen innerhalb der einzelnen Ständekurien und zwischen Kurfürsten- und Fürstenrat konnten die Reichsstände am 21. Juni König Ferdinand den gemeinständischen Entwurf eines Religionsfriedens überreichen. Dieser Entwurf enthielt bereits den Grundbestand der Regelungen, die den endgültigen Text des Religionsfriedens selbst ausmachten: den Friedstand zwischen den Ständen der Confessio Augustana und denen der alten Kirche (Art. 3 und 4), den Ausschluß aller Andersgläubigen, auch der Reformierten, aus dem Religionsfrieden (Art. 5), die Anerkennung der Einziehung von Gütern nicht reichsunmittelbarer geistlicher Institutionen, sofern diese Einziehung bereits vor dem Passauer Vertrag geschehen war (Art. 7), die Suspension der geistlichen Jurisdiktion in den protestantischen Gebieten (Art. 8), die Sicherstellung der Einkünfte altkirchlicher Institutionen einerseits, der herkömmlichen Rechte der weltlichen Obrigkeiten an diesen Einkünften zugunsten der Unterhaltung von Kirchen, Schulen und Spitälern in ihren Herrschaften anderseits – „ungeacht, was religion die seien“ (Art. 9), das Abzugsrecht andersgläubiger Untertanen aus Territorien und Städten unter Verkauf ihres Hab und Guts (Art. 11), die Bestimmung der fortdauernden Gültigkeit des Religionsfriedens auch bei Nichtzustandekommen einer Religionsvergleichung (Art. 12), schließlich die förmliche Verpflichtung des Reichskammergerichts auf den Friedstand (Art. 15). In zwei Artikeln war der gemeinständische Entwurf jedoch „unverglichen“ geblieben: Zum einen verlangten die protestantischen Reichsstände – im Widerspruch zu dem sonst akzeptierten Prinzip der territorialen Konfessionshoheit – die Garantie des Religionsfriedens auch für die landsässigen Ritterschaften sowie für die nicht reichsunmittelbaren Städte, zum andern forderten die Katholiken – im Widerspruch zu der sonst maßgebenden Freistellung des Konfessionswechsels der Reichsstände samt Land und Leuten –, daß „wo ein Herr ertzbischoff, bischof, prelat oder andere geistlich Stands von der alten religion abtretten würde, daß derselb seines Stands und ampts alsbald ipso jure et facto entsetzt“ sein solle[63]. Vor allem dieses katholische Sondervotum war von grundsätzlicher und weittragender Bedeutung: Es beabsichtigte ja nicht weniger als eine Bestandsgarantie für die geistlichen Fürstentümer und damit zugleich die Errichtung einer unüberwindbaren Schranke für die volle Durchsetzung der Reformation im Reich. Es war nur natürlich, daß die katholischen und evangelischen Reichsstände bei aller sonstigen Friedensbereitschaft über diesen „Geistlichen Vorbehalt“ keine Einigung hatten erzielen können.

Um so wichtiger wurde die Haltung König Ferdinands, und dessen Resolution auf den ständischen Entwurf ließ keinen Zweifel daran, daß er nicht bereit war, den Protestanten weiter entgegenzukommen, als es die katholischen Reichsstände bereits getan hatten; insbesondere dem katholischen Sondervotum für den Geistlichen Vorbehalt schloß sich Ferdinand nachdrücklich an. Lediglich für die Reichsstädte sah die Resolution wenigstens eine Garantie des status quo der Religionsausübung vor, aber auch dieses formale Zugeständnis bedeutete in Wahrheit kaum etwas anderes als eine Sicherung der katholischen Minderheiten in den überwiegend ja protestantischen Reichsstädten. Daß die königliche Resolution darüber hinaus die fortdauernde Gültigkeit des Religionsfriedens für den Fall des Scheiterns einer kirchlichen Reunion ablehnte und damit gewiß an den Nerv der Dinge rührte, hatte freilich vor allem verhandlungstaktische Gründe – als Warnung an die protestantischen Reichsstände, ihre religionspolitischen Forderungen nicht zu überziehen; in den gleichen Zusammenhang der Verhandlungstaktik Ferdinands gehörte es, daß er Ende Juli in Briefen an die wichtigsten Reichsstände dafür plädierte, die Verhandlungen überhaupt zu vertagen.

Daß die evangelischen Reichsstände trotz solchen Drucks nicht bereit waren, sich ohne weiteres der königlichen Resolution zu fügen, kann nicht wundernehmen. Aber die überlegene Verhandlungsführung König Ferdinands bewährte sich jetzt erst recht; binnen weniger Wochen erreichte er, gutenteils in direkten Verhandlungen mit den konfessionellen Ständegruppen, eine von allen Seiten für akzeptabel gehaltene Lösung der umstrittenen Probleme. Der dominierenden Stellung des römischen Königs in diesen Verhandlungen entsprachen deren Ergebnisse: Nur die Dauergeltung des Religionsfriedens gestand er den Protestanten zu; ansonsten setzte er seine Forderungen im wesentlichen durch. So blieb die Freiheit der Religionsausübung des niederen Adels auf die Reichsritter eingeschränkt; das protestantische Votum zugunsten des landsässigen Adels blieb auf der Strecke. Des weiteren erreichte der König die Garantie der beiderseitigen Religionsausübung in den Reichsstädten – und nur in ihnen – nach Maßgabe des status quo, im wesentlichen also: die Sicherung des erhalten gebliebenen oder auch seit dem Interim neu eingerichteten katholischen Gottesdiensts in den evangelischen Reichsstädten. Und auch in der Frage des Geistlichen Vorbehalts setzte sich König Ferdinand, wenngleich erst nach sehr harten Verhandlungen und nicht ohne gewisse Einschränkungen, durch. Die ausdrückliche Zustimmung der evangelischen Reichsstände zum Geistlichen Vorbehalt mit seinem Reformationsverbot für die geistlichen Fürstentümer war zwar nicht zu erlangen; die Protestanten gestanden jedoch schließlich zu, daß der Geistliche Vorbehalt als Anordnung des Königs kraft dessen reichsrechtlicher Autorität in den Religionsfrieden eingerückt würde. Demgegenüber konzedierte Ferdinand lediglich, daß dem Adel wie den Städten der geistlichen Territorien die Erhaltung des bei ihnen bereits eingeführten evangelischen Kirchenwesens zugesagt wurde – und auch dies nur in Form einer nicht in den Reichstagsabschied aufgenommenen und damit in ihrer Rechtsverbindlichkeit, insbesondere für das Reichskammergericht, problematischen Erklärung des Königs, der sogenannten Declaratio Ferdinandea. Im übrigen stimmten die Reichsstände insgesamt der Forderung Ferdinands zu, auf einem nächsten Reichstag erneut über die „Hinlegung der schädlichen Spaltung und Trennung in unserer heiligen christlichen Religion und Glaubenssachen“ zu verhandeln[64]; der neue Reichstag sollte bereits im März 1556 in Regensburg stattfinden.

Am 21. September konnten die Beratungen über den Religionsfrieden abgeschlossen werden; in den darauffolgenden Tagen brachte man auch die Reform der Kammergerichtsordnung und die Exekutionsordnung für den Landfrieden unter Dach und Fach. Bei der Kammergerichtsordnung ging es insbesondere darum, die Zulassung von Protestanten zu Kammerrichtern und Assessoren ausdrücklich sicherzustellen sowie die früheren Diskreditierungen der Protestanten in den Eidesformeln der Mitglieder des Gerichts zu beseitigen. Beides ging ohne größere Schwierigkeiten durch; eine konfessionelle Parität der Assessoren wurde jedoch nicht festgelegt. Die Exekutionsordnung zum Landfrieden brachte vor allem eine wirksame Straffung der Organisation der Reichskreise. Auch für die Kooperation der Reichskreise untereinander gelangte man zu deutlichen Verbesserungen der bisherigen Regelungen; größere Landfriedensexekutionen, die die Mitwirkung von mehr als fünf Reichskreisen erforderten, sollten künftig durch einen sogenannten Reichsdeputationstag unter Leitung des Mainzer Erzkanzlers koordiniert werden. Überdies wurde den Reichskreisen jetzt die Aufbietung des Reichsheeres übertragen.

Am 25. September 1555 erging der Reichsabschied. Unmittelbar zuvor war überraschend einer der deutschen Kanzleiräte des Kaisers, der gebürtige Nürnberger Paul Pfintzing, aus Brüssel kommend in Augsburg eingetroffen, um König Ferdinand die bevorstehende Abdankung Karls V. anzukündigen; die förmliche Übertragung der Kaiserwürde und der Reichsregierung sollte alsbald, noch während des Reichstags, erfolgen, der Reichsabschied dann allein im Namen Ferdinands ergehen. Der Kaiser hatte damit die Konsequenz nicht nur aus den inneren Widersprüchen seiner Reichstagsvollmacht für König Ferdinand vom Juni 1554, sondern überhaupt aus dem Scheitern seiner universalistischen Kaiserpolitik gezogen. Die Sendung Pfintzings kam freilich zu spät, um Ferdinand noch vom vorgesehenen Abschluß des Reichstags abzuhalten. Der römische König informierte die Reichsstände überhaupt nicht von der Botschaft aus Brüssel, verabschiedete den Reichstag – so, wie er ihn eröffnet hatte – im Namen Karls V. und schickte Pfintzing mit dem Auftrag nach Brüssel zurück, den Kaiser um ein Überdenken seines Abdankungsbeschlusses zu bitten. In der Tat sollte sich der endgültige Rücktritt Karls von der Reichsregierung noch um ein rundes Jahr, die förmliche Nachfolge König Ferdinands im Kaisertum gar bis zum Frühjahr 1558 verzögern. Die Grundentscheidung Karls V. zur Preisgabe des Kaisertums wie überhaupt zum Verzicht auf alle seine Reiche war aber doch gefallen. Gerade deshalb konnte der Kaiser wohl auch darauf verzichten, seine noch am 19. September 1555 angeordnete Revokation aller Beschlüsse des Reichstags, die der römischen Kirche zum Nachteil gereichen würden, wirklich zu vollziehen.

Der Religionsfriede von 1555 gehört zu den Grundereignissen der deutschen Geschichte. Mit der reichsrechtlichen Anerkennung der evangelischen Kirchen und dem Schutz des Landfriedens für die beiden großen Bekenntnisse im Reich brachte er einen gewissen Abschluß der deutschen Reformation. Langfristig wurden seine Prinzipien zu Grundbestandteilen der politischen Ordnung des alten Reichs; seine Fernwirkungen reichen überhaupt bis in die Gegenwart. Das ist um so erstaunlicher, als der Religionsfriede ein nicht nur mühsam errungener, sondern auch sehr fragmentarischer Kompromiß voll tiefer innerer Spannungen war, aus denen denn auch sehr bald neue, jahrzehntelange Auseinandersetzungen erwuchsen – bis hin zum Dreißigjährigen Krieg. Daß man nach den furchtbaren Erschütterungen des großen Kriegs im Westfälischen Frieden von 1648 dann doch wieder zu den Grundsätzen des Religionsfriedens zurückkehrte, ist freilich ein deutlicher Hinweis darauf, daß die Ordnung von 1555 trotz ihrer unleugbaren Schwächen doch eine langfristig tragfähige, vielleicht überhaupt die einzig mögliche Pazifizierung des Glaubensstreits in Deutschland darstellte. Im folgenden sollen die langfristig bedeutsamen Grundsätze des Religionsfriedens, aber auch seine inneren Spannungen noch etwas näher erörtert werden.

Zunächst einmal: Der Augsburger Religionsfriede war kein Ausgleich im Glaubensstreit selbst, er war vielmehr lediglich eine weltliche Friedensordnung. Er schloß den fortdauernden kirchlich-theologischen Streit, ja: selbst den Absolutheitsanspruch der beiden großen Konfessionen nicht aus; er verwies die Auseinandersetzung aber auf friedliche Wege, notfalls auf die Entscheidung des Reichskammergerichts als des höchsten weltlichen Gerichts des Reichs. Diese Justizialisierung des Glaubenskonflikts war – neben dem Gewaltverbot selbst – das wichtigste Element der Friedenssicherung in der Ordnung von 1555.

Die Grundkonzeption einer politisch-gerichtlichen Friedensgarantie des Reichs für die Konfessionen bedeutete einen folgenreichen Schritt zur Säkularisierung des Reichs wie überhaupt der politischen Ordnung Deutschlands; die religiöse Neutralität des neuzeitlichen Staats – anders formuliert: das moderne Grundrecht der Religionsfreiheit – hat hier eine seiner wichtigsten Wurzeln. Durch Luthers Zwei-Reiche-Lehre und auch durch die Friedstände der 30er und 40er Jahre vorbereitet, stellte diese grundsätzliche Wende zur konfessionellen Neutralität des Reichs doch eine tiefgehende, aus dem Abstand der Jahrhunderte kaum nachzuempfindende Zäsur dar. Daß das Reichsrecht seit 1555 selbst den Häretiker gegen das kirchliche Recht zu schützen unternahm, war eine grundstürzende Neuerung und wurde von den Zeitgenossen auch so empfunden.

Der Augsburger Religionsfriede bedeutete nun allerdings bloß einen ersten, der Not gehorchenden Schritt in diese Richtung. Zunächst einmal stellte der Religionsfriede neben der katholischen Kirche ja nur die Kirchen der Augsburger Konfession unter seinen Schutz; alle anderen kirchlichen Gemeinschaften – nicht nur die Täufer, sondern selbst die Reformierten – blieben ausgeschlossen. Vor allem aber blieb das wirklich freie und unbelastete Recht der Bekenntniswahl, abgesehen einmal von den Bürgern der gemischtkonfessionellen Reichsstädte, auf die weltlichen Reichsstände sowie die Reichsritter beschränkt. Schon die geistlichen Reichsstände konnten gemäß dem Geistlichen Vorbehalt ja nur unter Preisgabe ihrer sämtlichen geistlichen und weltlichen Würden und Herrschaften zum Protestantismus übergehen; vollends die Untertanen der Reichsstände – gleich welcher Konfession – mußten damit rechnen, daß sie im Falle des religiösen Dissenses mit ihrem Landesherrn das Land verlassen mußten. Einen unmittelbaren, ausweglosen Glaubenszwang gegenüber den Untertanen freilich schloß der Religionsfriede durch die Garantie des Rechts zur Auswanderung unter regulärem Verkauf von Hab und Gut ausdrücklich aus. Dieses beneficium emigrandi war nicht nur „das erste allgemeine Grundrecht, das das Reich durch das geschriebene Verfassungsrecht jedem Deutschen garantierte" (Martin Heckel)[65], sondern auch eine in der Sache sehr bedeutsame Milderung der Zwänge des Staatskirchentums, durch die das Reich der großen Mehrheit der europäischen Staaten um Jahrhunderte vorauseilte.

Die politisch bedeutsamste Regelung des Religionsfriedens war freilich, daß er das Recht der weltlichen Reichsstände zur freien Konfessionswahl mit dem Recht zur Bestimmung der Konfession ihres ganzen Landes – dem jus reformandi – verband; man hat diesen Grundsatz später auf die einprägsame Formel „cuius regio eius religio" gebracht. Wenn also der Religionsfriede auf der politischen Ebene des Reichs ein staatskirchenrechtliches System weitgehender konfessioneller Offenheit und Parität begründete, so erhielt und festigte er auf der Ebene der einzelnen Reichsstände, insbesondere der Territorien, ein gerade entgegengesetztes System konfessioneller Geschlossenheit und Imparität. Diese Doppelschichtigkeit der staatskirchenrechtlichen Ordnung von 1555 hatte sich bereits im Reichstagsabschied von 1526 angekündigt und seitdem immer deutlicher als einzig tragfähiger Rahmen eines politischen Friedens zwischen den Konfessionen im Reich herauskristallisiert; die ständische Grundstruktur des Reichs ließ keinen anderen Weg. Die politischen Folgen dieser Doppelschichtigkeit mit ihrer Aufsplitterung der Religionshoheit auf die einzelnen Reichsstände aber waren enorm. Zum einen besiegelte der Augsburger Religionsfriede damit den konfessionellen Föderalismus des Reichs, was zugleich eine langfristig wirksame Stärkung der föderalistischen, wo nicht gar: partikularistischen Strukturen der politischen Ordnung Deutschlands bedeutete; zum andern führte die im Religionsfrieden anerkannte Religionshoheit der Reichsstände zu einem nachhaltigen und problematischen Macht- und Autoritätsgewinn insbesondere der großen Territorialfürsten.

Bei alledem hielt der Augsburger Religionsfriede doch an einer grundlegend christlichen Wesensbestimmung von Reich und Reichsrecht fest. Genau das war schon der Sinn des Vorbehalts der Religionsvergleichung, unter dem die gesamten Friedensregelungen standen: Noch immer galt ja der Religionsfriede mit seiner Neutralisierung der Wahrheitsfrage letztlich bloß als interimistische Lösung, wenngleich unter der Garantie ihrer Beständigkeit bis zu einem friedlichen Vergleich im Religionsstreit selbst. Auch die traditionellen Bindungen von Kaiser und Reich an die römische Kirche wurden nur durchbrochen, nicht aber aufgehoben; sogar das kanonische Recht blieb als Teil des Reichsrechts in allgemeiner Geltung, wenngleich mit der wichtigen Ausnahme der bischöflichen Jurisdiktion über protestantische Herrschaftsgebiete.

Allerdings gab es gerade über den Rechtscharakter der Friedensordnung von 1555 tiefgreifende Dissense zwischen den Konfessionen, aus denen dann auch heftige Konflikte über einzelne Regelungen des Religionsfriedens, insbesondere natürlich über dessen „dissimulierende“ Bestimmungen und „Generalitäten“, erwuchsen. Die Protestanten sahen den Religionsfrieden zumeist als lex fundamentalis für das Verhältnis der Konfessionen zueinander an, dessen Lücken und Unklarheiten deshalb durch Analogieschluß aus den klaren Prinzipien des Gesetzes selbst zu beseitigen wären. Als solche Prinzipien betrachteten sie zum einen ihre vollständige Befreiung in Religionssachen von aller fremdkonfessionellen Herrschaft, zum andern die grundsätzliche, im Religionsfrieden selbst freilich nur mit Einschränkungen verwirklichte Parität der Konfessionen im Reich. Im Gegensatz dazu neigten die Katholiken zu der Auffassung, daß die Ordnung von 1555 nur einige Ausnahmen von dem ansonsten in voller Geltung bleibenden kanonischen Recht statuiert habe. Der Religionsfriede müsse also restriktiv ausgelegt werden; seine Lücken seien nicht in Analogie zu jenen von den Protestanten behaupteten Prinzipien der religionspolitischen Autonomie und Parität der Konfessionen zu schließen, sondern nach Maßgabe des kanonischen Rechts. Daß aus solchem Dissens eine Fülle von bitteren Streitigkeiten erwuchs, kann nicht wundernehmen.

Die im September 1555 vom Kaiser angekündigte Abdankung und förmliche Übertragung der Reichsregierung an König Ferdinand wurde auf dessen Wunsch zunächst verschoben. Für den Fall der Abdankung des Kaisers – anders als bei dessen Tod – kam nach dem Urteil der Reichsjuristen die Thronfolge des römischen Königs nicht ipso facto zustande, sondern bedurfte einer Wahl oder doch eines wahlähnlichen Akts der Kurfürsten, und Ferdinand wollte sich seiner Sache ganz sicher sein, bevor er sich den Kurfürsten stellte. Diese Voraussetzung aber schien ihm zur Zeit nicht gegeben, zumal da es ein offenes Geheimnis war, daß Heinrich II. von Frankreich sich in mancherlei Verhandlungen – vor allem mit dem neu zur Regierung gekommenen Kurfürsten Ottheinrich von der Pfalz – um die

Verhinderung der habsburgischen Thronfolge bemühte. Im übrigen standen die Habsburger in offenem Konflikt mit Frankreich und dem Papst; auch die Inanspruchnahme durch diesen Krieg war einem reibungslosen Übergang des kaiserlichen Amts nicht günstig.

Die Zeit arbeitete aber für Ferdinand. Im Februar 1556 konnte in Vaucelles ein fünfjähriger Waffenstillstand mit Frankreich geschlossen werden; die Versuche des französischen Königs, die Thronfolge Ferdinands zu hintertreiben, fanden bei den Kurfürsten nur wenig Resonanz. Zudem gelang es Ferdinand, durch umsichtig betriebene Einungen und Bündnisse mit wichtigen Reichsständen seinen Einfluß im Reich zu stärken. Vor allem brachten die österreichischen Räte im Juni 1556 mit Bayern, Salzburg und Augsburg den sogenannten Landsberger Bund zustande, der sich bald durch den Beitritt der beiden fränkischen Bischöfe und der Reichsstadt Nürnberg verstärkte. Die von Ferdinand beabsichtigte – betont überkonfessionelle – Erweiterung des Bundes um Württemberg, Frankfurt/Main und die Grafen der Wetterau kam zwar nicht zustande; auch ohne diese Erweiterung aber wurde der Landsberger Bund doch zu einem Element dauerhafter politischer Stabilisierung im Süden des Reichs. In ähnlicher Weise stabilisierend wirkte die umfassende Verständigung Ferdinands mit Kurfürst August von Sachsen, die seine frühere Kooperation mit Kurfürst Moritz aufnahm und fortbildete; sie wurde, ebenfalls 1556, durch eine feierliche Erneuerung der alten sächsisch-böhmischen Erbverbrüderung besiegelt. Dann freilich gab es erneut außenpolitische Schwierigkeiten, diesmal in Ungarn. Im Frühjahr 1556 begannen die Osmanen eine neue Offensive; gleichzeitig brach in Siebenbürgen ein Aufstand gegen die österreichische Herrschaft aus. Ferdinand hatte alle Hände voll zu tun, um Geld und Truppen für die Verteidigung zu mobilisieren, die Angelegenheiten der Reichspolitik mußten demgegenüber zurückstehen. Der bereits für Ende März in Regensburg vorgesehene Reichstag wurde bis in den Juli verschoben, die Teilnahme des Königs an der Reichsversammlung ließ gar bis zum Jahresende auf sich warten; erst recht zögerte Ferdinand, die Kurfürsten offiziell mit dem Thronwechsel zu befassen.

Dem Kaiser jedoch war es je länger desto dringlicher darum zu tun, von der Last des Kaisertums – wie von all seinen anderen herrscherlichen Würden und Bürden – freizuwerden. Das Königreich Neapel war bereits 1554, anläßlich der englischen Heirat, an Philipp gelangt; im September 1555 hatte Karl dann in einer bewegenden Szene im großen Schloß zu Brüssel die Herrschaft über die Niederlande an den Sohn übertragen; im Januar 1556 war die Abtretung der spanischen Reiche mitsamt den kastilischen Vizekönigreichen in der Neuen Welt gefolgt. Spätestens im Herbst des Jahres wollte Karl endgültig nach Spanien übersiedeln, um dort, auf einem Landsitz in unmittelbarer Nachbarschaft des Hieronymitenklosters Yuste, in Ruhe sein Leben zu beschließen. Daran hielt er auch fest, als sich immer deutlicher herausstellte, daß der Thronwechsel bis zur geplanten Abreise nach Spanien nicht mehr vollzogen werden könnte. Am 8. August 1556 überließ er es Ferdinand zu dessen freier Entscheidung, Zeit und Ort der Nachfolgeverhandlungen mit den Kurfürsten zu bestimmen; bei seiner Abreise nach Spanien im September bevollmächtigte er den Bruder – ohne irgendwelche Zustimmungs- oder Vorbehaltsrechte für sich selbst – zur Regierung des Reichs. Damit ging in praxi die volle kaiserliche Gewalt auf Ferdinand über, der in der Folgezeit dann auch die formelle Vollendung des Thronwechsels mit Geduld und Umsicht vorbereitete. Als die Kurfürsten im Februar 1558 in Frankfurt/Main zur Beratung über die Thronfolge zusammentraten und Ferdinand wenige Wochen später als „Erwählter Römischer Kaiser" mit allen Rechten des Reichsoberhaupts inthronisiert wurde, war das nur mehr die feierliche Bestätigung einer mittlerweile selbstverständlich gewordenen politischen Realität.

Hinter dieser Selbstverständlichkeit stand freilich ein folgenreich verändertes Verständnis von Kaiser und Reich, und gerade die Inthronisation Ferdinands machte das sehr deutlich. Angesichts des evangelischen Bekenntnisses aller drei weltlichen Kurfürsten war eine Krönung durch den Papst undenkbar geworden; der Titel des „Erwählten Römischen Kaisers" war deshalb – sehr viel bestimmter als bei der Kaiserproklamation Maximilians I. 1508 und durchaus im Gegensatz zum Kaisertum Karls V. – als permanenter und definitiver Titel des Reichsoberhaupts gedacht. Daß die damit neu aufgenommene Loslösung des Kaisertums von Rom jetzt zusätzlich einen konfessionsrechtlichen Akzent trug, verstärkte die Distanzierung noch. Es war deshalb nicht erstaunlich, daß Papst Paul IV. – ohnehin ein erbitterter Feind der Habsburger und überdies ein unnachgiebiger Verfechter alter päpstlicher Herrschaftsansprüche – das Kaisertum Ferdinands I. nicht anerkannte. Erst sein Nachfolger Pius IV. fand sich 1560 bereit, die neue Situation zu akzeptieren, um nicht etwa einem protestantischen Kaisertum den Weg zu bereiten; eine – an sich wenig verbindliche – Obödienzerklärung des Kaisers gegenüber dem Papst lieferte die formelle Voraussetzung für das Einlenken der Kurie.

Karl V. hat von Yuste aus gelegentlich noch mit Ratschlägen und Mahnungen in das Getriebe der großen Politik eingegriffen, vor allem zugunsten der Vorbereitung einer habsburgischen Thronfolge in Portugal; von vergleichbaren Stellungnahmen zu den Angelegenheiten des Reichs aber findet sich in den Akten keine Spur. Vollends der Tod des alten Kaisers am 21. September 1558 blieb im Reich zwar nicht ohne ehrende Anteilnahme; Anhänger wie Gegner Karls V. wußten sehr wohl, daß mit ihm einer der Großen der Weltgeschichte dahingegangen war. Unmittelbare politische Wirkungen aber gingen davon nicht aus. Die Ära Karls V. war für das Reich doch bereits zu Ende gegangen, als die kaiserlichen Schiffe am 13. September 1556 für die Fahrt nach Spanien die Anker gelichtet hatten.

5. Das Reich unter Ferdinand I. und Maximilian II. (1556–1576): Jahrzehnte der unsicheren Konsolidierung

a) Das Reich und die europäischen Mächte seit dem Ausgang Karls V.

Zugleich mit der Resignation Karls V. vollzog sich die Trennung des Kaisertums von den auf Philipp II. übergehenden Ländern; die Hausmacht Ferdinands aber hielt mit derjenigen seines spanischen Neffen keinen Vergleich aus. Dazu kam noch, daß das empfindliche Gleichgewicht der Konfessionen in Deutschland ein Eingreifen des Reichs in die ja zumeist konfessionell geprägten oder doch affizierten Konflikte im übrigen Europa so gut wie unmöglich machte. So wurde Spanien jetzt zur vorherrschenden Macht West- und Mitteleuropas; im Osten des Kontinents dominierte Polen-Litauen. Die deutschen Habsburger und mit ihnen das Reich traten demgegenüber weit zurück. Von der Regierungszeit Ferdinands I. bis zum Ende des Jahrhunderts und darüber hinaus haben Kaiser und Reich in der Außenpolitik überhaupt weniger agiert als vielmehr bloß reagiert – und oft genug nicht einmal das.

Angesichts der spanischen Präponderanz war das Verhältnis zu Philipp II. für Kaiser und Reich von erstrangiger Bedeutung. Für dieses Verhältnis spielten dynastische Beziehungen zwischen der deutschen und der spanischen Linie der Habsburger eine wichtige Rolle; zu einer Überschneidung der beiderseitigen Interessen – und damit zur Gefahr von Konflikten – kam es vor allem in Oberitalien und in den Niederlanden.

Nach den Belastungen der innerhabsburgischen Verhältnisse durch den Augsburger Familienvertrag von 1551 hatte der Verzicht Philipps auf eine Thronkandidatur im Reich die Beziehungen hinüber und herüber wesentlich geklärt und verbessert; in der Folge kam es zu einer leidlichen Kooperation der beiden habsburgischen Linien in der europäischen Politik. Für die deutschen Habsburger spielten dabei dynastische Interessen eine erhebliche Rolle. Die männliche Thronfolge der spanischen Habsburger nämlich war während der gesamten Regierungszeit Philipps II. niemals wirklich gesichert: Don Carlos, der zunächst einzige Sohn des Königs, starb 1568 und wäre wohl ohnehin regierungsunfähig gewesen; von den späteren, aus der Ehe mit Anna von Österreich stammenden Söhnen überlebte nur Philipp III. das Kindesalter. Die kinderreichen deutschen Habsburger konnten sich mithin gute Hoffnungen machen, einen ihrer Söhne durch die Heirat mit einer Erbtochter des Königs auf den spanischen Thron zu bringen oder gar, falls keines der Kinder Philipps II. den Vater überlebte, die volle Thronfolge über die spanischen Reiche anzutreten. Maximilian II., der als junger Fürst zusammen mit seiner Gemahlin Maria, der Tochter Karls V., schon einmal einige Jahre für den Kaiser die Regentschaft in Spanien geführt hatte, ließ mit Rücksicht auf solche Chancen seit 1563 seine beiden ältesten Söhne in Madrid erziehen, und als Isabel de Valois, die dritte Gemahlin Philipps II., im Jahre 1568 starb, wurde eine vierte Ehe Philipps mit der ältesten Tochter Maximilians, der eben schon genannten Anna von Österreich, vereinbart – auch das eine, allerdings längerfristig gedachte, dynastisch-erbrechtliche Anspruchsbegründung der deutschen Habsburger. Im übrigen bedeutete die Bereitschaft der beiden habsburgischen Linien zu einer gewissen Kooperation in der europäischen Politik keineswegs eine Identifikation der politischen Ziele hier und dort; vielmehr folgte man weitgehend dem Prinzip der Nichteinmischung, und wenn die beiderseitigen Interessen einander unmittelbar widersprachen, kam es auch zu langwierigen und zähen Auseinandersetzungen.

Ein erstes wichtiges Feld solcher Auseinandersetzungen war Oberitalien. Hier war die Wiederbelebung der alten Reichsrechte durch Maximilian I. und Karl V. weniger dem Reich als vielmehr den Spaniern zugute gekommen; die Belehnung Philipps mit Mailand 1540 hatte dafür eine feste Grundlage gelegt. Seit der Trennung der habsburgischen Linien bemühten sich die Spanier nun darüber hinaus und mit beträchtlichem Erfolg, die traditionell von Mailand abhängigen, 1540 aber direkt dem Kaiser unterstellten Gebiete und noch weitere Reichslehen, die an sich mit Mailand gar nichts zu tun hatten, unter ihre Herrschaft zu bringen. So kam der für die Sicherung des Seeverkehrs zwischen Spanien, Genua und Neapel wichtige Stato dei Presidî an der toskanischen Küste 1559 als Reichslehen an die spanische Krone; 1570 brachten die Spanier die Grafschaft Finale in ihre Hand. Der noch weitergehende Versuch Philipps II., unter Berufung auf den habsburgischen Familienpakt von 1551 ein förmliches Reichsvikariat über Italien zu erlangen, scheiterte zwar am hinhaltenden Widerstand Ferdinands, aber sonst blieb dem Kaiserhof mehr als einmal nur die Möglichkeit eines papiernen Protests gegen die spanische Expansion. Überdies wirkte die bei alledem zutage tretende Schwäche des Reichs als Anreiz auf Savoyen und auf das Papsttum, auch ihrerseits Herrschaftsansprüche auf italienische Reichslehen zu erheben. So krönte Pius V. 1569 Cosimo de' Medici von Florenz zum Großherzog der Toskana, und erst nach langjährigem Streit konnte Maximilian II. die fortbestehende Lehensabhängigkeit des neuen Großherzogtums vom Reich sicherstellen.

Neben Italien waren die Niederlande das zweite große Konfliktsfeld der zweiten Jahrhunderthälfte, auf dem die Interessen Spaniens und des Reichs sich unmittelbar berührten. An eine Intervention des Reichs in den niederländischen Aufstand war wegen dessen konfessioneller Frontstellungen nicht zu denken; eine solche Intervention hätte mit hoher Wahrscheinlichkeit das System des Religionsfriedens im Reiche selbst gesprengt. Jedoch bemühte man sich immer wieder wenigstens um Vermittlung und Ausgleich, und namentlich Maximilian II. verfolgte dabei doch auch das Ziel, die Rechte des Reichs in den Niederlanden zu wahren und womöglich zu festigen.

Der wichtigste dieser Vermittlungsversuche fiel in das Jahr 1574; er erwuchs aus der damals akuten Gefahr einer Verwicklung des Reichs in den niederländischen Konflikt. Der zum Calvinismus übergegangene pfälzische Kurfürst Friedrich der Fromme sowie die Grafen von Nassau – die Brüder Wilhelms von Oranien – hatten den Aufständischen in den Niederlanden ein Heer zu Hilfe geschickt; bei der vernichtenden Niederlage dieses Heeres gegen die Spanier waren einer der Söhne des Pfalzgrafen und zwei der drei regierenden Brüder der nassauischen Grafenfamilie gefallen. Dieser Tod der drei Fürstensöhne für die Sache der Niederländer hatte bei den Reichsständen zu einer tiefen Erregung geführt, deren politische Konsequenzen schwer abzusehen waren. So versuchte Maximilian – wie schon 1566 und 1568 – zu vermitteln, im Ergebnis freilich ohne Erfolg: Keine der streitenden Parteien war ernsthaft bereit, sich auf einen Kompromiß einzulassen. Die Gefahr einer Involvierung des Reichs in den Konflikt ließ immerhin mit dem Tode des Pfälzer Kurfürsten (1576) nach; sein lutherischer Sohn und Nachfolger Ludwig VI. löste sich von dem Bündnis mit Nassau und damit überhaupt von dem niederländischen Engagement Friedrichs des Frommen. Daß Ludwigs jüngerer Bruder, der wiederum calvinistische Johann Kasimir, als Landesherr des neugeschaffenen Fürstentums Pfalz-Lautern auch jetzt noch politisch wie militärisch zugunsten der Aufständischen agierte, fiel demgegenüber vorerst nicht sehr ins Gewicht; der junge Pfalzgraf, in dem sich calvinistische Glaubensüberzeugungen mit unruhiger Abenteuerlust verbanden, genoß einstweilen weder im Reich noch auch bei den Niederländern selbst viel Vertrauen.

Wenn sich das Reich im niederländischen Konflikt auf gutwillige, aber machtlose Vermittlungsbemühungen beschränkte, so blieb es vollends nahezu tatenlos, als der Einfall der Russen in Livland 1558 die Auseinandersetzung der Mächte Ost- und Nordeuropas um das baltische Erbe eröffnete.

Livland war um die Mitte des 16. Jahrhunderts ein wirtschaftlich blühendes, aber politisch außerordentlich brüchiges Gebilde: eine Föderation aus dem livländischen Zweig des Deutschen Ordens, dem Erzstift Riga, den Fürstbistümern Kurland, Dorpat und Ösel-Wieck sowie der Stadt Riga; die einzige gemeinsame Institution dieser Föderation war der livländische Landtag. Außenpolitisch war Livland seit dem Beginn des Jahrhunderts auf eine schwierige und oft genug bedrohte Neutralität zwischen Polen-Litauen und Rußland angewiesen; innenpolitisch wurde das Land durch die dauernden Auseinandersetzungen zwischen dem Landmeister und dem Erzbischof von Riga um die Vorherrschaft in der Föderation geprägt – eine latente Einladung für auswärtige Interventionen. Die Reformation hatte in Livland frühzeitig Fuß gefaßt und sich bis zur Mitte des Jahrhunderts weitgehend durchgesetzt; 1551 nahm der Ordensmeister am evangelischen Gottesdienst im Dom zu Riga teil. Mit diesem Übergang zur Reformation verloren die wichtigsten Herrschaften des Landes, der Orden wie die Fürstbistümer, ihre Existenzgrundlage in der katholischen Kirche; doch blieben Ansätze zu einer Säkularisation nach dem Vorbild des preußischen Ordensstaats 1525 frühzeitig stecken – nicht zuletzt deshalb, weil selbst die evangelischen Ritter des Landes nicht bereit waren, sich durch einen lehensrechtlichen Anschluß an Polen-Litauen „vom heiligen Reich und deutscher Nation" abzuwenden. Die damit verbundene Hoffnung auf Hilfe des Reichs im Fall der Not erwies sich freilich sehr bald als illusorisch: Das Schicksal Livlands hing vielmehr ganz von den Interessen und der Politik der nord- und osteuropäischen Staaten ab.

Hier nun war entscheidend, daß der russische Zar Ivan IV. Groznyj in den 50er Jahren die auf Livland gerichtete Expansionspolitik seines Großvaters Ivans III. wieder aufnahm. 1554 konnte sich Livland nur unter demütigenden Bedingungen vom Zaren noch einmal den Frieden erkaufen; eine Klausel des Vertrags untersagte den Livländern jedes Bündnis mit Polen-Litauen. Eben diese Klausel wurde problematisch, als der Erzbischof von Riga kurz darauf mit dem Orden in bitteren Streit geriet und beim polnischen König Unterstützung fand. Der polnischen Übermacht hoffnungslos unterlegen, mußte sich der Orden 1557 auf einen Vertrag mit Polen einlassen, der zwar nicht formell, aber in seiner politischen Tendenz dem Vertrag von Moskau von 1554 zuwiderlief. Im Januar 1558 fielen daraufhin die Russen mit ihren tatarischen Hilfsvölkern in das Ordensgebiet ein und eröffneten damit ein mehr als 20jähriges Ringen der ost- und nordeuropäischen Mächte um die Herrschaft über Livland – für das Land selbst eine Zeit voll furchtbarer Zerstörungen, Angst und Entsetzen, Mord und Brand.

Der Orden und erst recht die Fürstbistümer waren militärisch zahlenmäßig schwach, dazu schlecht gerüstet und unzureichend geführt; Geldmangel verhinderte auch die Anwerbung und Unterhaltung schlagkräftiger Söldnerkontingente. So hatten die Livländer gegen die Russen keine Chance; bis 1560 eroberten die Truppen des Zaren den größten Teil des Landes.

Natürlich hatten die Livländer alsbald nach dem Einfall der Russen Hilferufe an die europäischen Mächte gesandt, vor allem ins Reich. Hier fand das Schicksal der Livländer denn auch breiten publizistischen Widerhall; die Buchdrucker hatten mit Flugschriften über die moskowitischen Greuel große Konjunktur. Politisch aber tat sich so gut wie nichts. Nur die von den Herrschaftsverhältnissen im Ostseeraum unmittelbar betroffenen Reichsstände des deutschen Nordostens zeigten einige Bereitschaft, sich energischer für Livland einzusetzen; aber schon Lübeck, das wegen seines Rußlandhandels in harter Konkurrenz zu den livländischen Städten stand, blieb abseits. Schließlich schauten Kaiser und Reich dem livländischen Debakel tatenlos zu.

Keineswegs tatenlos blieben dagegen die nordischen Mächte. Schon seit 1558 setzten die Schweden sich im Norden des Landes fest; 1561 unterstellte sich der größte Teil Estlands mit Reval dem Schutz des schwedischen Königs, um so eine gewisse Sicherheit gegen das russische Vordringen zu finden. 1559 erwarb der Dänenkönig die Bistümer Ösel-Wieck und Kurland für seinen Bruder, Herzog Magnus von Holstein. Vollends entscheidend aber wurde die Haltung Polen-Litauens als der einzigen Macht, die wirklich imstande war, der russischen Expansion im Nordosten Halt zu gebieten. Vor allem der Ordensmeister Gotthard Kettler bemühte sich von vornherein und inständig um die Hilfe König Sigismunds III. August. Der aber fand sich erst im Herbst 1561 zu wirksamem Eingreifen bereit, und auch dann nur gegen weitreichende politische Zugeständnisse der Livländer: Durch den Vertrag von Wilna wurde – nach preußischem Muster – das Ordensgebiet südlich der Düna in ein erbliches polnisches, genauer vorerst: litauisches Lehnsherzogtum umgewandelt; das „überdünische" Livland mitsamt dem Erzstift Riga gelangte sogar unmittelbar unter die Herrschaft des Königs und Großfürsten. Lediglich die Stadt Riga konnte sich noch zwanzig Jahre in ihrer Selbständigkeit halten; 1581 mußte aber auch sie sich der polnischen Herrschaft unterwerfen.

Der Vertrag von Wilna 1561 entschied über den Verlust Livlands für das Reich, aber noch nicht über die endgültigen Herrschaftsverhältnisse im Lande. Ihretwegen lieferten sich in den folgenden Jahrzehnten die nord- und osteuropäischen Mächte eine lange Reihe blutiger und für Livland selbst – im vollen Sinne des Wortes – verheerender Kriege. Im Verlauf dieser Auseinandersetzungen gelang es den zeitweise vereinten Bemühungen Polens und Schwedens zu Anfang der 80er Jahre, die Russen noch einmal aus Livland zu verdrängen; erst Peter der Große sollte diese Niederlage im Zweiten Nordischen Krieg 1721 korrigieren. Schweden konnte seine Herrschaft in Estland befestigen; die Dänen wurden auf die Insel Ösel zurückgedrängt; im übrigen aber setzten sich die Polen durch.

Der polnische König hatte den livländischen Ständen 1561 die Augsburgische Konfession, deutsches Recht und deutsche Obrigkeit im Lande, dazu das Recht des Indigenats zugebilligt. Ungeachtet dieses „Privilegium Augusti" setzte im polnisch gewordenen Livland alsbald eine intensive Polonisierungs- und Rekatholisierungspolitik ein, die im Laufe der Zeit, namentlich bei den gesellschaftlichen Unterschichten, auch beachtliche Erfolge erzielte. Die adlige und bürgerliche Oberschicht des Landes blieb jedoch überwiegend deutsch und lutherisch und prägte damit das kulturelle Gesicht des Landes bis ins 20. Jahrhundert.

Zur Abwehr der Osmanen hatten die österreichischen Habsburger schon seit den 20er Jahren des Jahrhunderts den Ausbau der sogenannten Militärgrenze in Ungarn betrieben, eines von persönlich freien, wehrhaften Bauern besiedelten, von ständig besetzten Truppenstützpunkten planmäßig durchsetzten Grenzstreifens. Dieses Verteidigungssystem diente der Sicherung nicht nur des habsburgischen Ungarns, sondern auch des Reichs, jedenfalls in dessen südöstlichen Teilen, und so hatte Kaiser Ferdinand gute Gründe, für die Militärgrenze wie für die Besoldung eines Heeres gegen die seit 1556 erneut vordringenden Türken die Hilfe der Reichsstände zu beantragen. Wirklich verschlossen sich die Reichstage von Regensburg (1556/57) und Augsburg (1559) dem Ansinnen des Kaisers nicht; die von ihnen bewilligten Summen lagen sogar an der oberen Grenze der Bewilligungen, zu denen man sich zu Zeiten Karls V. entschlossen hatte. Für eine einigermaßen sichere Verteidigung gegen die Osmanen wäre freilich ein Vielfaches dieser Beträge erforderlich gewesen. So mußte Ferdinand froh sein, in dem 1562 geschlossenen Türkenfrieden mit vergleichsweise geringen Gebietsverlusten davonzukommen. Die Erhöhung der jährlich an den Sultan zu leistenden Geldzahlungen auf 30000 fl war allerdings eine finanziell wie politisch sehr unerfreuliche Bedingung des Friedens; überdies mußte Ferdinand bis auf weiteres allen Ansprüchen auf Siebenbürgen entsagen.

Nun war Siebenbürgen, das von Johann II. Zapolya als Vasall des Sultans regiert wurde, ein geographisch wenig geschlossenes Gebiet mit weithin unsicherem Grenzverlauf auch gegenüber dem habsburgischen Ungarn. Aus diesen Unsicherheiten erwuchsen nie endenwollende Streitigkeiten und Kleinkämpfe, und diese Auseinandersetzungen eskalierten zu einem förmlichen Krieg, als der Zapolyide beim Tode Kaiser Ferdinands 1564 die Gelegenheit für einen großen Schlag gekommen glaubte. Nach einigen Anfangserfolgen Zapolyas wandte sich das Kriegsglück zwar den kaiserlichen Truppen zu, die in der Folge tief in siebenbürgisches Gebiet eindrangen; das aber führte wiederum zum Eingreifen der Türken, die ihre Schutzherrschaft über Siebenbürgen nicht aufgeben wollten. Der mittlerweile 75jährige Sultan Suleiman stellte ein gewaltiges Heer auf und zog an der Spitze seiner Hauptarmee selbst nach Ungarn; nicht ohne Grund fürchtete man im Reich erneut um Wien und um die österreichischen Erblande. Indessen staute sich der türkische Vormarsch im Herbst 1566 vor der Festung Sziget, und als Suleiman drei Tage vor der schließlichen Erstürmung der Festung im Feldlager plötzlich starb, brach die türkische Offensive in sich zusammen. Überdies wurde die Kampfbereitschaft des neuen Sultans Selim II. durch innenpolitische Schwierigkeiten des Osmanenreichs nach dem Tode Suleimans gemindert; so konnte im Februar 1568 doch wieder Frieden geschlossen werden. Zunächst für acht Jahre vereinbart, wurde der Friede in der Folge mehrfach verlängert; ungeachtet der nie wirklich aufhörenden Raub- und Plünderungszüge an der Grenze blieben Ungarn und das Reich seit dem Frieden von 1568 für ein Vierteljahrhundert von einem großen Türkenkrieg verschont.

In die Spätzeit der Regierung Maximilians II. fielen schließlich noch Ereignisse der polnischen Geschichte, die sich – von ihren Ergebnissen her gesehen – für die deutsche Geschichte zwar als bloße Randgeschehnisse ausnehmen, die aber bei einem für die Habsburger glücklicheren Verlauf der Dinge große Bedeutung für Kaiser und Reich hätten erlangen können. Es handelte sich um die Thronfolge nach dem überraschenden Tod König Sigismunds II. August (1572), mit dem das Königshaus der Jagiellonen ausstarb. Da der König keinen Nachfolger designiert hatte und der einzige in Frage kommende nähere Blutsverwandte der alten Dynastie – der Sohn Sigismund aus der Ehe einer Schwester des verstorbenen Königs mit dem schwedischen König – noch in zartem Kindesalter stand, war die Thronfolge praktisch offen. Die Hauptbewerber um die Krone waren zum einen Heinrich von Valois, der Bruder König Karls IX. von Frankreich, zum andern Erzherzog Ernst, einer der Söhne Kaiser Maximilians. Der Habsburger hatte nicht einmal schlechte Chancen; zumindest unter dem hohen polnischen Adel genoß er manche Sympathien. Der polnische Reichstag einigte sich jedoch darauf, daß die Wahl des neuen Königs durch den gesamten, auf einen besonderen Wahlreichstag einzuberufenden polnischen Adel erfolgen solle, und die Mehrheit dieses riesigen Wahlgremiums von rund 50000 Personen, die im Mai 1573 auf dem Wahlfeld von Wola bei Warschau zusammentraten, entschied sich für den französischen Kandidaten, der in seinen Wahlversprechungen sehr viel bedenkenloser verfahren war als sein habsburgischer Konkurrent.

Im Februar 1574 wurde Heinrich in Krakau gekrönt. Seine Regierungszeit war freilich nur kurz und bedeutete für die Polen eine einzige Enttäuschung. Schon im Mai 1574 nämlich erbte Heinrich beim Tode seines Bruders Karls IX. den französischen Thron und verließ Polen rasch und heimlich – ohne förmliche Niederlegung der polnischen Krone, aber auch ohne irgendeine ernsthafte Vorsorge für das Land; seine Wahlversprechungen hatte er ohnehin nicht eingelöst. Nach Monaten vergeblichen Wartens auf die Rückkehr des Königs sahen sich die Polen erneut zur Königswahl veranlaßt. Wieder erwog man die Wahl eines Habsburgers, diesmal sogar des Kaisers selbst, und im Dezember 1575 wurde Maximilian mit Unterstützung der hohen Würdenträger des polnischen Senats wirklich zum König ausgerufen. Schon wenige Tage darauf kam es jedoch zu einer Gegenwahl zugunsten des Fürsten von Siebenbürgen, Stefan Báthory, und dessen Partei gewann – nicht zuletzt dank des entschlossenen Vorgehens ihres Kandidaten selbst – bald die Oberhand. Die mit dem Aussterben der Jagiellonen aufblitzende Chance einer habsburgischen Thronfolge in Polen war damit bis auf weiteres vertan.

b) Verfassungs- und sozialgeschichtliche Konsolidierungen und Konflikte

Die Thronfolge in den Reichen Karls V. nach dessen Resignation brachte eine fühlbare Schwächung der Hausmacht des neuen Kaisers mit sich. Das bedeutete freilich auch eine gewisse Beruhigung der Verhältnisse im Reich; vor allem trat bei den Ständen das Gefühl einer Bedrohung ihrer Libertät durch die Übermacht des habsburgischen Kaisertums zurück. Dazu kam, daß seit der Resignation Karls V. der Augsburger Religionsfriede als gesichert gelten konnte; weder der Kaiser noch auch die wichtigeren katholischen oder evangelischen Reichsfürsten dieser Jahrzehnte zogen einen großen oder etwa gar gewaltsamen Konflikt um die Friedensordnung von 1555 ernsthaft in Betracht. Gleichwohl standen die politischen Verhältnisse des Reichs auch in der Regierungszeit Ferdinands I. und Maximilians II. keineswegs im Zeichen einer behäbigen Spannungslosigkeit. Im Gegenteil gab es eine Fülle von Auseinandersetzungen vor allem konfessioneller, aber auch politischer und sozialer Natur, die die politische Ordnung des Reichs mitunter gründlich erschütterten, und es fehlte auch nicht an Versuchen einer weniger lautstarken, aber deshalb kaum weniger tiefgreifenden Verschiebung der politischen Gewichte im Reich, namentlich in der Reichsverfassung. Allerdings führten die meisten dieser Spannungen und Konflikte im Endergebnis nicht zur Veränderung, sondern zur Verfestigung der bestehenden Ordnung; die aus den tiefgreifenden Umwälzungen der Zeit Maximilians I. und Karls V. erwachsenen Konstellationen alter und neuer Kräfte waren bis auf weiteres nur schwer auszuhebeln.

Die spektakulärste Auseinandersetzung der ausgehenden 50er und dann vor allem der 60er Jahre waren die Grumbachschen Händel. Der 1503 geborene Wilhelm von Grumbach stammte aus einem recht vermögenden fränkischen Adelsgeschlecht, dessen Mitglieder seit langem zu den bedeutendsten Lehensleuten des Bischofs von Würzburg gehörten, in Lehensbeziehungen aber auch zu anderen fränkischen Fürsten standen. Daß die großen Herrschaftsträger im fränkischen Raum – die Bischöfe von Würzburg und Bamberg, der Markgraf von Brandenburg-Ansbach und die Reichsstadt Nürnberg – in mannigfacher politischer Konkurrenz miteinander standen, erhöhte noch den politischen Stellenwert Grumbachs wie überhaupt des fränkischen Adels. Unter Bischof Konrad von Bibra zum Hofmarschall des Fürstbistums Würzburg aufgestiegen, verlor Grumbach dieses Amt, als der mit ihm verfeindete Melchior Zobel 1544 zum Bischof gewählt wurde; zugleich erneuerten sich alte Streitigkeiten Grumbachs mit dem Bistum um Besitz- und Lehensrechte am Gramschatzer Wald. In dem daraus erwachsenden, über zwei Jahrzehnte andauernden Konflikt gelang es Grumbach, sich mit bedeutenden Potenzen politischer und auch konfessioneller Unruhe im Reich zu verbinden und sie für seine Zwecke auszunutzen oder gar erst in Bewegung zu bringen; eben daraus resultierte nicht bloß die lange Dauer der Grumbachschen Händel, sondern auch ihre Gefährlichkeit über den ursprünglichen Gegenstand des Streits hinaus.

Zum ersten wichtigen Bundesgenossen Grumbachs wurde Albrecht Alkibiades, von dessen Kriegszügen gegen die fränkischen Bistümer Grumbach nach Kräften profitierte. Nach der Ächtung und Vertreibung des Markgrafen 1553 trat Grumbach dann in die Dienste des willensschwachen Herzogs Johann Friedrich II. von Sachsen, dem er Hoffnungen auf eine Rückgewinnung der verlorenen sächsischen Kurwürde zu erwecken verstand; zugleich warb er mit einigem Erfolg um die Unterstützung seiner adligen Standesgenossen, denen er seinen Streit mit Würzburg als Kampf für altadlige Rechte und Lebensformen gegen die Ansprüche des modernen Fürstenstaats darzustellen wußte. Zur entscheidenden Zuspitzung des Konflikts kam es, seitdem 1558 Anhänger Grumbachs, wenngleich wohl ohne dessen Willen und Wollen, den Würzburger Bischof ermordet hatten; ein grober Landfriedensbruch gegenüber Stadt und Bistum Würzburg brachte Grumbach 1563 in die Reichsacht. Auch jetzt noch fand Grumbach sich keineswegs von seinen Sympathisanten isoliert, ja: bei den Reichsfürsten verstärkte sich die – freilich weit übertriebene – Sorge, daß die Reichsritterschaft oder sogar der landsässige Adel des Reichs in das Schlepptau Grumbachs geraten wären. Bayern, Württemberg, Kursachsen und andere Reichsfürsten begannen sich auf eine große Auseinandersetzung mit dem Adel vorzubereiten; Herzog Albrecht von Bayern machte mit der Zerschlagung der bayerischen Adelsopposition 1563/64 die Probe aufs Exempel.

Die Wende wurde durch Maximilian II. eingeleitet, der sich dem von Grumbach und dessen adligen Anhängern erträumten Bündnis des Adels mit dem Kaiser gegen die Fürsten versagte und die endgültige Entscheidung des Streits 1564 dem Reichstag übertrug; das Votum des Reichstags konnte nicht zweifelhaft sein. Daß sich gleichzeitig das Verhältnis der süddeutschen Fürsten zur Reichsritterschaft normalisierte, machte die Lage Grumbachs vollends unhaltbar. Der Reichstag von Augsburg 1566 erneuerte die Reichsacht über den fränkischen Ritter; da Herzog Johann Friedrich von Sachsen, abhängig von dubiosen Prophezeiungen und schlecht beraten von seinem Kanzler Brück, am Bündnis mit Grumbach festhielt und sich sogar um französische Hilfe bemühte, verfiel auch er im Dezember 1566 der Reichsacht. Die Katastrophe kam im April 1567 mit einer Meuterei der Truppen Johann Friedrichs in dem belagerten Gotha; Grumbach wie auch der Herzog selbst gerieten in Gefangenschaft. Johann Friedrich verlor seine Herrschaft an seinen Bruder und mußte eine lebenslange Haft auf sich nehmen, Grumbach aber und auch der Kanzler Brück wurden nach grausamer Folterung lebendig gevierteilt. So endete die letzte bedeutende Erhebung eines Reichsritters gegen das Landesfürstentum und damit zugleich gegen die Landfriedensordnung des Reichs mit einer vernichtenden Niederlage. Dessen ungeachtet konnte die Reichsritterschaft ihre verfassungspolitische Stellung behaupten und ausbauen. Auf dem gleichen Reichstag von Augsburg 1566, der die Entscheidung zur Exekution der Reichsacht gegen Grumbach und dessen Anhänger brachte, bestätigte Kaiser Maximilian förmlich die Kantone der Reichsritterschaft in ihrem Besitzstand; in den 70er Jahren begannen sich die Kreise der Ritterschaft in Schwaben, Franken und am Rhein zu einem Gesamtbund der Reichsritterschaft zusammenzuschließen.

Sehr viel weniger spektakulär, aber deshalb kaum weniger wichtig als die Grumbachschen Händel waren gewisse Verschiebungen im institutionellen Gefüge der Reichsverfassung: in der Entwicklung vor allem des Reichshofrats, aber auch der reichsständischen Repräsentationen sowie des Reichskammergerichts.

Der kaiserliche Hofrat war unter Karl V. ein institutionell wenig verfestigtes Gebilde gewesen, mit stark wechselnder, zu Zeiten nur minimaler Besetzung, mit einigermaßen durchgehender Zuständigkeit wohl nur als Supplikationsrat, ohne sichere Kompetenzabgrenzung gegenüber anderen Ratsgremien oder auch gegenüber einzelnen vertrauten Räten des Kaisers, allem Anschein nach sogar ohne eine eigene, ihm ständig zugeordnete Kanzlei. Die Ordnung des kaiserlichen oder – wie er jetzt auch genannt wurde – Reichshofrats aus dem Jahre 1559, der die Grundelemente der Institution für die nächsten zweieinhalb Jahrhunderte festlegte, knüpfte demgegenüber an ein anderes, spezifisch österreichisches Vorbild an: an die sehr viel straffere Ordnung des Hofrats nämlich, die Ferdinand selbst als Landesherr der österreichischen Erblande bereits 1527 erlassen und später, 1537 und zuletzt 1541, novelliert hatte. Eine solche Übertragung des erbländischen Modells auf die Reichsverfassung lag um so näher, als sich Ferdinand schon als Statthalter und später als römischer König bei seiner Wahrnehmung der Geschäfte der Reichsregierung für den abwesenden Kaiser dieses seines österreichischen Hofrats – und ebenso der österreichischen Hofkanzlei – bedient hatte. Eine ebenso naheliegende Folge dieser Entstehungsgeschichte war dann freilich, daß auch die Ordnung von 1559 die Kompetenzen des Reichshofrats sowohl auf das Reich wie auf die österreichischen Erblande erstreckte und damit einer Vermengung von Reichs- und habsburgischen Hausmachtinteressen Vorschub leistete, in der Regel gewiß zugunsten der letzteren.

Nach der Ordnung von 1559 war der Reichshofrat eine festgefügte Behörde mit weitgespannten Zuständigkeiten in Verwaltungs- wie Justizangelegenheiten einschließlich der Supplikations- und Gnadensachen. In seinen gerichtlichen Funktionen stand er in vielfacher Kompetenzkonkurrenz mit dem Reichskammergericht; für die politisch besonders bedeutsamen Rechtsstreitigkeiten um Reichslehen gewann er überhaupt die alleinige Zuständigkeit. Darüber hinaus oblag dem Reichshofrat die Beratung des Herrschers in den sogenannten „Staatssachen“, d.h. in allen innen- und außenpolitischen Agenden von besonderer Wichtigkeit. Dem Reichshofrat übergeordnet war nur ein aus wenigen vertrauten Ratgebern des Kaisers bestehender Geheimer Rat; vor allem die Gutachten des Reichshofrats in Staatssachen liefen durch diesen Geheimen Rat, bevor der Kaiser seine Entscheidung traf. In aller Regel setzten sich die Voten des Reichshofrats aber auch im Geheimen Rat durch und wurden so zur Grundlage der kaiserlichen Beschlüsse; der Reichshofrat wurde damit zur einflußreichsten Behörde der kaiserlichen Regierung überhaupt. Um so wichtiger war, daß er von allem Anfang an eine Behörde ausschließlich des Kaisers war, frei von jedem ständischen Einfluß. Seine 12 bis 18 Mitglieder – zum Teil adlige Herren, zum Teil gelehrte Räte aus den Erblanden wie aus dem Reich – wurden allein vom Kaiser ernannt; das Gremium hatte seinen Dienstort am Hofe; der Kaiser hatte jederzeit die Möglichkeit, Agenden des Rats an sich zu ziehen; in problematischen Fällen war ohnehin ein votum ad imperatorem üblich. An sich wäre es nicht erstaunlich gewesen, wenn diese ausschließliche Bindung der wichtigsten Behörde der Reichsregierung an den Kaiser den Widerspruch der Stände herausgefordert hätte, und auch ein konfessionell motivierter Widerstand der Protestanten gegen den durchweg katholisch besetzten Hofrat hätte wohl nahegelegen. Tatsächlich aber haben sich solche Widerstände zunächst kaum erhoben; auch die Protestanten haben nicht selten ihr Recht vor dem Reichshofrat gesucht – vor allem deshalb, weil das Verfahren hier zügiger abgewickelt wurde als beim Kammergericht. Erst die Ausweitung der konfessionellen Gegensätze zu Ausgang der 80er Jahre hat die breite Akzeptanz des Reichshofrats in Frage gestellt; die Forderung nach einer ständischen Kontrolle wurde mit Nachdruck überhaupt erst im 17. Jahrhundert erhoben. In der Zwischenzeit hatte sich der Reichshofrat indessen so fest etabliert, daß seine Existenz wie auch die wesentlichen Elemente seiner organisatorischen Struktur nicht mehr ernsthaft gefährdet werden konnten.

Ungeachtet der Verfestigung des Reichshofrats blieb die ständische Struktur der Reichsverfassung im wesentlichen erhalten. Das gilt auch und insbesondere für die Verfassung des Reichstags. Die Zuständigkeit des Reichstags zur Entscheidung aller reichspolitischen Fragen von Bedeutung behauptete sich ebenso wie die ausgeprägte Eigenständigkeit seiner ständisch gestuften Kurien. Zwar fehlte es nicht ganz an Tendenzen zu einer Aufweichung der Reichstagsverfassung. So führte die Vermehrung der den Reichskreisen zugewiesenen Aufgaben und die Notwendigkeit ihrer Koordination schon um die Jahrhundertmitte zur Einrichtung eines Reichskreistags, der in einer gewissen, wenigstens latenten, Kompetenzkonkurrenz zum Reichstag stand. Daß der Reichskreistag – wie auch die Kreise selbst – keine ständisch abgesonderten Kurien kannte, gab dieser Konkurrenzsituation zusätzliche politische und soziale Brisanz. Die Kurfürsten, die sehr rasch erkannt hatten, daß ihre in der Reichstagsverfassung fixierte politische Präeminenz durch den Reichskreistag gefährdet wurde, sorgten jedoch schon in den 60er Jahren dafür, daß die neue Institution auf bloß beratende Funktionen beschränkt wurde; daraufhin wurden bald überhaupt keine Reichskreistage mehr einberufen. Ähnlich ging es mit dem sogenannten ordentlichen Deputationstag. Seit 1555 als Institution der Landfriedenssicherung in der Reichsverfassung verankert, erfuhr der Deputationstag in der Folge eine mehrfache Ausweitung seiner Kompetenzen, die ihn der Tendenz nach zu einem Ersatz, ja: zur Konkurrenz für den Reichstag werden ließen. Da auch der Deputationstag ohne Sonderberatungen einzelner Ständekurien im Plenum entschied, war der Konflikt mit den Kurfürsten freilich wiederum vorprogrammiert; darüber hinaus gab es eine Vielzahl anderer Stände, die ein oligarchisches Regiment des Deputationstags im Zusammenspiel mit dem Kaiser auf Kosten der breiten Vertretung der Reichsstände im Reichstag fürchteten. Diese Bedenken und Widerstände setzten sich durch: Bereits auf dem Wormser Deputationstag 1564 wurde klargestellt, daß für alle wichtigeren Entscheidungen der Reichspolitik allein der Reichstag zuständig wäre; überdies setzten die Kurfürsten auch für den Deputationstag die Absonderung ihrer internen Beratungen in einem eigenen Kurfürstenrat durch, ohne dessen Einverständnis künftig kein Beschluß des Deputationstags mehr zustandekommen konnte. In dem dadurch festgelegten Rahmen – und immerhin mit einer Beteiligung der Prälaten, Grafen und Reichsstädte, die deren Mitwirkungsrechte bei den Reichstagen erheblich überstieg – haben die Deputationstage dann jedoch bis zum Ende des Jahrhunderts respektable Funktionen der Reichspolitik, insbesondere in der Gesetzgebung des Reichs, wahrgenommen.

Gerade in der Gesetzgebung ist freilich ein allmähliches Erlahmen der Reichs- und Reichsdeputationstage in den Jahrzehnten nach 1555 unverkennbar. Am bedeutendsten waren noch die Münzordnungen von 1559 und 1566, die das Chaos des deutschen Münzwesens wenigstens milderten, sowie die „Kriegsartikel" des Speyerer Reichsabschieds von 1570, die mit manchen Auswüchsen des Landsknechtswesens aufräumten. Schon die Reichspolizeiordnung von 1577 dagegen setzte im Grunde nur die gesellschaftspolitischen Prinzipien der früheren Polizeiordnungen von 1530 und 1548 in umfänglichere, detailliertere Regelungen um, ohne den mittlerweile eingetretenen Veränderungen des gesellschaftlichen Lebens gerecht werden zu können; die wirtschaftspolitische Gesetzgebung des Reichs blieb vollends interventionistisch, zusammenhanglos und gutenteils undurchführbar.

Unter allen Verfassungsorganen des Reichs hatte schließlich das Reichskammergericht während der Regierungszeit Ferdinands I. und Maximilians II. den stärksten Autoritätsgewinn zu verzeichnen. Ein maßgebliches Moment dieser Konsolidierung lag darin, daß Kaiser und Reich dem Kammergericht 1555 die Funktion eines Garanten des Religionsfriedens und damit eine Stellung oberhalb der streitenden Glaubensparteien zugewiesen hatten: Wer den Religionsfrieden gesichert sehen wollte, konnte nicht gut gegen das Kammergericht sein. Die Beiträge der Reichsstände zur Unterhaltung des Kammergerichts kamen mit bisher unbekannter Pünktlichkeit ein; die jährlichen Visitationen des Gerichts durch die Visitationskommission des Reichstags gingen ordnungsgemäß vonstatten; auch die außerordentlich geringe Zahl von Revisionsanträgen gegen Urteile des Gerichts – von 1559 bis 1589 wurden nicht mehr als sieben solcher Syndikatsklagen erhoben – spricht für die Achtung, deren sich das Reichskammergericht in diesen Jahrzehnten erfreute. Dabei war von besonderer Bedeutung, daß das Kammergericht den – obzwar nie ganz unbestrittenen – Ruf der Objektivität in religionspolitisch relevanten Fällen erwarb und behauptete. Eine wichtige Voraussetzung dafür war, daß die jeweils erkennenden Senate des Gerichts konfessionell paritätisch zusammengesetzt waren, wie es alsbald nach 1555 ständige Praxis des Gerichts wurde. Soweit der Religionsfriede eindeutige Bestimmungen getroffen hatte, scheute sich das Reichskammergericht denn auch nicht, entsprechend eindeutige Entscheidungen zu treffen – über die Anerkennung des reichsständischen Reformationsrechts oder über das Emigrationsrecht dissentierender Untertanen ebenso wie über die Suspension der geistlichen Jurisdiktion in Glaubenssachen oder über die Einkünfte geistlicher Institutionen aus protestantischen Gebieten. Daneben gab es freilich zahlreiche juristisch umstrittene und politisch brisante Probleme der Friedensordnung von 1555; das galt namentlich vom Reformationsrecht der Reichsstädte sowie von der Frage der Einziehung reichsmittelbarer Klöster und Stifte durch evangelische Obrigkeiten. In Streitigkeiten über diese Probleme führte die konfessionelle Parität der jeweils zuständigen Senate des Gerichts regelmäßig zur Stimmenparität der Assessoren und damit zur Unmöglichkeit einer gerichtlichen Entscheidung überhaupt. Natürlich war diese Entwicklung weder der Sicherung des Religionsfriedens noch dem Prestige des Gerichts förderlich. So bemühte sich das Kammergericht bereits seit 1557 wiederholt um eine politische Entscheidung der umstrittenen Fragen durch den Reichstag. Zu einer solchen reichspolitischen Fortschreibung des Religionsfriedens aber kam es nicht; die zunehmende Härte der konfessionellen Auseinandersetzungen ließ den Kaiser wie die Reichsstände je länger desto mehr befürchten, daß schon der Versuch einer solchen Fortschreibung zum Scheitern des Religionsfriedens selbst führen würde. Hier kündigten sich gravierende Probleme für das Kammergericht an; seine politische Lahmlegung am Ende des Jahrhunderts hatte insofern eine lange Vorgeschichte.

c) Kräfte und innere Spannungen des deutschen Protestantismus nach 1555

Die Geschichtsschreibung läßt das Zeitalter der Reformation für Deutschland in aller Regel mit dem Augsburger Religionsfrieden enden; die folgenden Jahrzehnte bis zum Ausbruch oder auch bis zum Ende des 30jährigen

Kriegs werden dann zumeist als Zeitalter der Gegenreformation oder auch des Konfessionalismus bezeichnet. Für diese Abgrenzung der Epochen sprechen gute Gründe. Es darf darüber aber nicht verkannt werden, daß die Ausbreitung des Protestantismus in Deutschland auch nach 1555 noch fortschritt; die Peripetie der Entwicklung wurde erst in den 70er Jahren des Jahrhunderts erreicht. Dabei handelte es sich ganz überwiegend um Gewinne des Luthertums. Daneben erlangte jedoch – von der Schweiz wie von Frankreich und den Niederlanden her – der Calvinismus eine gewisse Bedeutung, und zwar gutenteils auf Kosten des lutherischen Kirchenwesens, das sich seinerseits mit zunehmender Härte theologisch wie politisch vom Calvinismus abgrenzte.

Fortschreitende Ausbreitung der Reformation. Zu den wichtigsten Gewinnen des deutschen Protestantismus in den Jahrzehnten nach dem Augsburger Religionsfrieden gehörte zunächst der definitive Übergang der nordost- und norddeutschen Fürstbistümer zur Reformation. Die Wahl evangelischer Administratoren, zumeist aus den Fürstenhäusern der benachbarten großen Territorien, war dabei in der Regel das entscheidende Datum. Nicht wenige der Fürstbistümer wurden auf diese Art zu Sekundogenituren der evangelischen Fürstendynastien Norddeutschlands; von den landsässigen Bistümern im Nordosten wurden einige schließlich überhaupt aufgelöst, ihr Vermögen dem fürstlichen Kammergut zugeschlagen. Als Zugeständnis an den Adel des Landes blieben die evangelisch gewordenen Domkapitel mitunter erhalten; ihrem fortbestehenden Recht zur Wahl der Bischöfe oder Administratoren waren jedoch enge politische Grenzen gezogen.

Die Anfänge dieser Reformation bzw. Säkularisierung der Fürstbistümer reichten über den Religionsfrieden von 1555 zurück, ihren Höhepunkt erreichte sie in den 60er und 70er Jahren. Seitdem aber und gegenüber dem Vordringen der Reformation in den großen geistlichen Herrschaften im Nordwesten des Reichs gewann der katholische Widerstand allmählich an Kraft. Zwar fiel das Fürstbistum Minden noch gegen Ende des Jahrhunderts ganz der Reformation anheim; schon in Osnabrück aber erhielten sich kräftige Elemente katholischen Kirchenwesens – langfristig spielten sich hier gemischt-konfessionelle Verhältnisse ein. Auch in den beiden anderen westfälischen Bistümern, Münster und Paderborn, gelang es der katholischen Kirche, ihren Bestand einigermaßen zu stabilisieren; erst recht begrenzt blieben die Erfolge der Protestanten im kurkölnischen Gebiet. Die Fürstbistümer im Süden des Reichs blieben in ihrer Existenz überhaupt ungefährdet. Zwar fehlte es auch in ihren Gebieten nicht an protestantischen Regungen und Bewegungen, wohl aber an mächtigen protestantischen Reichsständen der Nachbarschaft, die den Übergang der Fürstbistümer zur Reformation politisch abgesichert oder überhaupt durchgesetzt hätten.

Neben den der Reformation zufallenden geistlichen Territorien im Norden und Nordosten Deutschlands gab es eine Reihe weltlicher Herrschaften, die sich in den Jahrzehnten nach 1555, wenngleich zumeist als Abschluß einer längeren Zeit der Ausbreitung evangelischen Kirchenwesens im Lande, von Obrigkeits wegen und definitiv für die Reformation entschieden. Bereits 1555/56 geschah das in Baden-Durlach, kurz darauf – unter Kurfürst Ottheinrich, der damit ein katholisches Zwischenspiel in den Jahren nach dem Schmalkaldischen Krieg beendete – in der Kurpfalz mitsamt der Oberpfalz; 1557 folgte das linksrheinische Pfalz-Simmern. Auch im Unterelsaß und an der Saar gingen jetzt die meisten der kleineren Herrschaften offiziell zur Reformation über. Dagegen ließ die politische Dominanz der Habsburger in den rechtsrheinischen Gebieten bis hinüber zur württembergischen und bayerischen Grenze dem Protestantismus – ähnlich wie im Oberelsaß – kaum Chancen einer weiteren Ausbreitung. Nur in der unteren Markgrafschaft Baden (Baden-Baden) schien sich in den 60er Jahren, wie schon zuvor in Baden-Durlach, die Reformation durchzusetzen; eine bayerische Vormundschaftsregierung für den unmündigen Markgrafen Philipp leitete jedoch seit 1569 die Rekatholisierung des Landes ein, und Philipp selbst setzte sie nach seinem Regierungsantritt 1571 fort. Dafür gewann die Reformation in Norddeutschland noch einmal ein bedeutendes Territorium: Nach dem Tode Herzog Heinrichs d.J. (1568) nämlich wurde das Fürstentum Braunschweig-Wolfenbüttel evangelisch.

Auch unter der Herrschaft katholisch bleibender Reichsfürsten breiteten sich reformatorische Glaubensüberzeugungen und Lebensformen nach 1555 weiter aus. Als Träger dieser Entwicklung spielte zunehmend der landständische Adel eine führende Rolle. Dabei verband sich der konfessionelle Dissens gegenüber dem Landesherrn häufig mit verfassungspolitischen Gegensätzen. Das Bekenntnis zur Reformation legitimierte die verfassungspolitische Opposition der Stände gegenüber dem katholischen Landesherrn und verschärfte sie zugleich; umgekehrt waren die verfassungspolitischen Interessen der katholischen Reichsstände ein wesentlicher Impuls auch ihres Kampfs gegen die Reformation. Die für die Reichsgeschichte wichtigsten Konflikte dieser Art wurden in den östlichen Erblanden der Habsburger ausgetragen.

In den habsburgischen Erblanden hatte die evangelische Bewegung schon seit den 20er Jahren Eingang gefunden. In Tirol und Vorarlberg war das Luthertum zwar im Gefolge des Bauernkriegs weitgehend ausgerottet worden und schlug auch bei erneutem Eindringen keine tiefen Wurzeln; in Ober- und Niederösterreich aber und in den innerösterreichischen Herzogtümern setzte sich die Reformation im Adel wie im städtischen Bürgertum und weithin auch in der bäuerlichen Bevölkerung durch. Die Stellung der habsburgischen Landesherren war gerade in ihren weiträumigen östlichen Erblanden vorerst zu schwach, um der von den Ständen geförderten

Reformation wirksam entgegentreten zu können. Bei den Ständen aber verband sich die evangelische Bewegung eng mit verfassungspolitischen und sozialen Interessen, und auch diese Interessen standen vielfach in Kollision mit denen der habsburgischen Landesherren; insbesondere konkurrierten Landesherren und Stände in dem Bestreben, ihre Herrschaftspositionen über die Kirche zu festigen und auszubauen. Um ihre Ziele durchzusetzen, trieben die evangelisch gewordenen weltlichen Stände – Herren, Ritter und Städte – eine durchaus zielstrebige Politik: vor allem durch die Zurückdrängung der Prälaten aus den Führungsstellen der ständischen wie der landesfürstlichen Verwaltung, aber auch durch die Bindung ihrer Steuerbewilligungen auf den Landtagen an religionspolitische Zusagen des Landesherrn.

Ferdinand I. suchte dieser Politik der evangelischen Stände durch ein ganzes Bündel von Initiativen und Maßnahmen entgegenzuwirken: durch die Förderung kirchlich-theologischer Einigungsversuche zwischen den Glaubensparteien, durch die Bemühung um innerkirchliche Reformen, durch Anträge bei Papst und Konzil auf Zulassung von Laienkelch, Priesterehe und Fastenerleichterungen, schließlich auch durch Verbotsmandate gegen die kirchlichen Neuerungen. Dagegen gab es schon seit der Jahrhundertmitte kaum mehr gewaltsame Maßnahmen der Abwehr. Diese vergleichsweise milde Religionspolitik Ferdinands war zum einen gewiß das Ergebnis verfassungspolitischer Schwächen und finanzpolitischer Zwangslagen angesichts der latenten Türkengefahr; zum andern aber kam dabei wohl auch die nie aufgegebene Hoffnung des Herrschers auf eine kirchliche Wiedervereinigung zum Tragen. Freilich hatte Ferdinand mit seinen Anregungen für eine Beilegung des Glaubensstreits ebenso wenig Erfolg wie mit seinen Mandaten gegen die Reformation: Die kirchliche Spaltung des Landes griff weiter um sich, das Luthertum gewann zusehends an Bedeutung.

Diese Richtung des Geschehens verstärkte sich noch unter Maximilian II. Zwar hatte er infolge der Erbteilung Ferdinands von 1564 nur Ober- und Niederösterreich neben Ungarn und Böhmen erhalten, während Innerösterreich und Tirol mit Vorderösterreich an seine Brüder Karl bzw. Ferdinand gefallen waren. Aber Maximilian war als ältester der Brüder seit dem Tode Ferdinands I. das Haupt der casa d'Austria – jedenfalls: der deutschen Linie des Hauses – und überdies der Nachfolger seines Vaters im Kaisertum; so strahlte seine Religionspolitik doch auf die Gesamtheit der habsburgischen Erblande aus.

Maximilian war nun alles andere als ein überzeugter und zuverlässiger Katholik. Ferdinand I. hatte schon seit 1547 wiederholt Anlaß gesehen, den Sohn vor dem Abfall vom Glauben der Väter zu warnen. Als der Kaiser um die Mitte der 50er Jahre seinen Hofprediger Pfauser wegen dessen lutherischer Neigungen zur Rede stellte, ergriff Maximilian die Partei des Hofpredigers und erklärte zur Bestürzung Ferdinands die Heiligenverehrung für sinnlos und götzendienerisch. Seit 1557 ging er, weil er den Laienkelch nicht nehmen durfte, überhaupt nicht mehr zur Kommunion. Im übrigen stand er in den freundschaftlichsten Beziehungen zu einer ganzen Reihe evangelischer Reichsfürsten. So war es kein Wunder, daß der Papst wachsende Zweifel an der Eignung Maximilians für die Nachfolge im Kaisertum hegte, und auch Ferdinand ließ den Sohn wissen, daß er für dessen Wahl im Reich keinen Finger krümmen werde, wenn Maximilian seine kirchliche Haltung nicht ändere. Zugleich aber mußte Maximilian immer deutlicher erkennen, daß er im Falle eines Konflikts um die Thronfolge bei den evangelischen Reichsfürsten keine ernsthafte Unterstützung finden würde. Also blieb nur die Alternative zwischen politischem Verzicht oder konfessionellem Nachgeben, und Maximilian entschied sich für die zweite dieser Möglichkeiten. Vermutlich neigte er ungeachtet seiner lutherischen Sympathien ohnehin weniger einem eindeutigen, antikatholischen Protestantismus zu als vielmehr – und darin gar nicht einmal so ganz anders als sein kaiserlicher Vater – einem sozusagen vorkonfessionellen Christentum humanistischer Färbung; das dürfte ihm die Entscheidung erleichtert haben. Im Februar 1562 legte Maximilian nach intensiven Gesprächen mit dem Vater zu Prag einen förmlichen Eid ab, die katholische Kirche nicht zu verlassen. Damit war der Weg für die Thronfolge im Reich wie in den österreichischen Erblanden frei; zugleich war damit entschieden, daß die Erblande auch nach Ferdinands Tod keinen evangelischen Herrscher bekommen würden.

Gleichwohl brachte die Regierung Maximilians der evangelischen Bewegung in Ober- und Niederösterreich alsbald neue Impulse und Chancen; 1568 gab Maximilian die Augsburgische Konfession für den Adel samt dessen Hausgenossen und ländlichen Untertanen in Ober- und Niederösterreich ausdrücklich frei. Allerdings erfolgte diese Freistellung zunächst nur vorläufig; sie sollte erst dann definitiv werden, wenn sich die Evangelischen eine Kirchenordnung nach Art anderer Kirchen der Augsburgischen Konfession gegeben und damit für eine gewisse Einheitlichkeit in Lehre, Gottesdienstformen und kirchlicher Organisation gesorgt hätten. Wirklich einigten sich die niederösterreichischen Stände auf ein von dem Melanchthon-Schüler David Chyträus verfaßtes Corpus kirchlicher Ordnungen; daraufhin wurden die Zugeständnisse von 1568 durch eine eigene „Assekuration“ im Januar 1571 feierlich bestätigt. In Oberösterreich kam es als Folge innerlutherischen Theologenstreits zwar nicht zu einer gemeinsamen Kirchenordnung; die Resolution von 1568 wurde aber auch hier bis auf weiteres nicht in Frage gestellt. Überdies begannen die Protestanten hier wie dort, die zum Teil wenig klar formulierten landesherrlichen Zugeständnisse extensiv auszulegen. Der Adel und sogar die Städte beanspruchten und handhabten ein weitgespanntes jus reformandi, führten selbst in den von ihnen nur verwalteten landesherrlichen oder kirchlichen Besitzungen evangelische Prediger ein und gestalteten die sogenannten Landesschulen in Wien, Krems und anderen Städten zu protestantischen Bildungsanstalten um. Die Konturen einer lutherischen Ständekirche für Ober- und Niederösterreich zeichneten sich ab.

Die rechtlichen und politischen Grundlagen dieser neuen Kirchenbildung waren freilich trotz der landesfürstlichen Konzessionen von 1568 und 1571 nicht sehr sicher. Insbesondere gegenüber den Städten und Märkten des Landes hatte Maximilian prinzipiell ja keineswegs auf seine landesfürstliche Religionshoheit verzichtet; auch ließ er bald sehr deutlich erkennen, daß er gar nicht daran dachte, die von seinen Vorfahren erworbenen landesherrlichen Rechte gegenüber der Kirche zugunsten eines ständischen Kirchenwesens preiszugeben. So errichtete er 1568 den sogenannten Klosterrat als landesfürstliche Behörde zur Sicherung der Rechte und des Vermögens der Klöster, Stiftungen und Pfarreien. Schon bald mit Befugnissen auch der Stellenbesetzung betraut, wurde der Klosterrat in der Folge das wichtigste Instrument des landesfürstlichen Kirchenregiments, zugleich aber ein Bollwerk gegen die Auflösung der katholischen Institutionen des Landes.

In den innerösterreichischen Ländern, deren Landesherr wegen der Türkengefahr am dringendsten auf ständische Steuerbewilligungen angewiesen war, mußte sich Erzherzog Karl 1572 für die Steiermark zu einer „Pazifikation" bequemen, die im wesentlichen der niederösterreichischen Assekuration Maximilians vom Vorjahr entsprach. Auf einem innerösterreichischen Generallandtag zu Bruck an der Mur (1578) erweiterte der Erzherzog den Geltungsbereich der Grazer Pazifikation dann auf alle innerösterreichischen Länder und ergänzte sie noch durch – freilich bloß mündliche – Zusagen zugunsten der Städte und Märkte; zumindest in den größeren Städten sollten die Protestanten eigene Prediger bestellen und Schulen einrichten dürfen. Auf dieser staatskirchenrechtlichen Grundlage gewann das evangelische Kirchenwesen ganz Innerösterreichs – auch hier im wesentlichen nach Entwürfen des David Chyträus – ein zunehmend klares Profil: ein eindeutig lutherisches Bekenntnis als Lehrgrundlage, eine lose, aber doch funktionsfähige Organisation unter Kontrolle der Landtage, ein großzügig ausgestattetes Schulwesen nach melanchthonischen Ideen. Daß die landesfürstliche Regierung jenen Zusagen von 1578 alsbald eine sehr restriktive Fassung zu geben suchte, verhieß freilich für die Zukunft neue Konflikte. Überhaupt war es ja auch in Innerösterreich ein Moment gefährlicher Unsicherheit des neuen Kirchenwesens, daß es sich dabei um eine ständische Kirchengründung handelte, während der Landesherr selbst katholisch blieb. In der Tat sollte gerade Innerösterreich schon in den 80er Jahren zum Kerngebiet der Gegenreformation und dann auch des konfessionellen Absolutismus in den österreichischen Erblanden werden.

Neben der fortschreitenden Ausbreitung der Reformation in den Territorien darf schließlich die Entwicklung in den Reichsstädten nicht ganz übersehen werden. Insbesondere diejenigen Städte, die sich dem Interim

Kaiser Karls V. hatten beugen müssen, warfen dieses Joch – soweit nicht schon seit 1552 geschehen – nun ab: vor allem Straßburg, aber auch Eßlingen, Heilbronn, Schwäbisch-Hall. Dazu kamen andere Städte, die jetzt überhaupt zuerst zur Reformation übergingen, namentlich – als Ergebnis einer sehr kontinuierlichen, in den 70er Jahren im wesentlichen abgeschlossenen Entwicklung – das bedeutende Dortmund, dazu Mühlhausen in Thüringen, das nur in den 40er Jahren kurzzeitig zur Reformation gezwungen worden war, des weiteren Hagenau und Colmar im Elsaß, auch die niederschwäbischen Reichsstädte Aalen und Wimpfen.

Im Unterschied zur reformatorischen Bewegung der 20er Jahre wurde die „Spätreformation" der Reichsstädte durchweg von den städtischen Oberschichten getragen, die auch das Stadtregiment beherrschten. Diese obrigkeitliche Dominanz der Spätreformation in den Städten entsprach der Entwicklung des Städtewesens der Epoche überhaupt: Gegenüber den genossenschaftlichen Traditionen der Städte, die mit der frühen Reformation vielerorts eine so enge Verbindung eingegangen waren, hatten sich längst wieder und zumeist stärker denn zuvor die herrschaftlichen Elemente der Stadtverfassung durchgesetzt. Um so wichtiger war das alte und neue politische Ziel der Stadtregimente, die eigene Herrschaft in der Stadt von auswärtigen Einflüssen unabhängig zu machen. So hatte die Einführung der Reformation in Colmar und Hagenau eine ausgeprägt antihabsburgische Stoßrichtung, Aalen machte sich durch die Reformation vom Einfluß der Fürstpropstei Ellwangen frei.

Die Anfänge des Calvinismus in Deutschland. Das calvinistische Kirchenwesen wurde von vornherein und auf die Dauer in erstaunlichem Maße von Calvin selbst geprägt. Auch eine Darstellung der Anfänge des Calvinismus in Deutschland wird deshalb von Person und Lehre Calvins ihren Ausgang nehmen müssen.

Jean Caulvin, latinisiert: Johannes Calvin, wurde 1509 in Noyon in der Picardie geboren. Frühzeitig durch kirchliche Pfründen wirtschaftlich gesichert, widmete er sich zunächst juristischen und humanistischen Studien; seine Erstlingsschrift (1532) war ein Kommentar zu Senecas Schrift „De clementia". Vermutlich unter dem Einfluß des erasmianischen Humanismus und dessen erbitterter Bekämpfung der Scholastik löste sich Calvin 1533 innerlich von der römischen Kirche und gelangte von da aus binnen weniger Monate zu reformatorischen Überzeugungen. Wenig später mußte er aus Frankreich fliehen und ging nach Basel. Dort publizierte er 1536 mit der „Unterweisung in der christlichen Religion" (Institutio christianae religionis) eine erste systematische Darstellung seiner Glaubenslehre. Ursprünglich ein schmales Büchlein mit sechs Kapiteln, wuchs die Institutio bis zu ihrer letzten Fassung von 1559 auf vier Bücher in 80 Kapiteln an; die Erweiterungen und Änderungen des Buchs spiegeln die theologische Entwicklung Calvins über die Jahrzehnte hin.

Als Calvin 1536 auf einer Reise nach Genf kam, drängte ihn der Genfer Reformator Wilhelm Farel zum Bleiben, um die zunächst eher politisch motivierte Entscheidung der Stadt für die Reformation religiös mit Inhalt und Sinn zu erfüllen. Calvin empfand das als eine göttliche Berufung, blieb in Genf und widmete sich seiner Aufgabe mit allem Nachdruck seiner starken Persönlichkeit. Bereits 1537 veranlaßte er die Einführung einer strengen Sittenzucht; unmittelbar darauf gab er einen Katechismus und als Beigabe dazu ein Glaubensbekenntnis heraus, auf das die gesamte Bevölkerung eidlich verpflichtet werden sollte. 1538 erhielten jedoch die Gegner Calvins im Rat der Stadt die Mehrheit; der Reformator mußte die Stadt verlassen.

Nach kurzem Aufenthalt in Basel holten die Straßburger Reformatoren Butzer, Capito und Sturm den zunächst zögernden Calvin nach Straßburg, wo er die Leitung der französischen Flüchtlingsgemeinde übernahm. In der Zusammenarbeit mit den Straßburger Theologen gewann Calvin reiche Erfahrungen in der praktischen Arbeit an der Gemeinde- und Gottesdienstordnung. Zugleich vermittelten die Straßburger ihm den näheren Zugang zur deutschen Reformation, insbesondere zu Melanchthon; Martin Luther selbst ist Calvin allerdings persönlich nie begegnet.

In Genf war es schon bald nach Calvins Weggang zu neuen Parteikämpfen und auch sonst zu höchst unerquicklichen Verhältnissen gekommen. So rief man Calvin 1540 zurück – und der folgte dem Ruf, nachdem er sich für sein kirchenreformerisches Wirken weitgehende Vollmachten hatte geben lassen. Bereits im November 1541 wurde die weitgehend nach Straßburger Vorbild gestaltete Kirchenordnung Calvins von der Stadt angenommen; eine Gottesdienstordnung folgte bald darauf, dazu ein neuer Katechismus. Auch jetzt gab es freilich noch jahrelangen Widerstand, namentlich gegen die strenge Kirchenzucht des Reformators; doch konnte sich Calvin schließlich durchsetzen. Als seine Gegner bei der Ratswahl von 1550 unterlagen und sich zu Demonstrationen, ja: zu bewaffnetem Widerstand hinreißen ließen, war ihr Schicksal besiegelt; sie wurden hingerichtet oder verbannt. Damit war Calvin endgültig Herr der Lage. Seitdem und bis zu seinem Tode 1564 wirkte er von Genf aus nachhaltig auf den europäischen Protestantismus ein.

Ausgangspunkt der Theologie Calvins war die reformatorische Überzeugung von der allein und ohne alles menschliche Verdienst gerechtmachenden Gnade Gottes, und zwar mit der Konsequenz auch einer harten Prädestinationslehre: Das göttliche Dekret der Gnadenwahl habe von Ewigkeit bestimmte Menschen zur Seligkeit, andere aber zur Verdammnis vorausbestimmt. Stand Calvin mit dieser Gnaden- und Prädestinationslehre den deutschen Lutheranern, und zwar gerade deren strengerem Flügel, sehr nahe, so neigte er in seiner Auffassung des Abendmahls einem Kompromiß mit genuin zwinglianischen Auffassungen zu, wie sie sich auch nach dem Tode Zwinglis in der schweizerischen Reformation behauptet hatten. Insbesondere verneinte er die Realpräsenz Christi im Abendmahl, die Luther so vehement gegen Zwingli verteidigt hatte. Das hatte weitreichende, auch kirchenpolitische Folgen. 1549 einigte sich Calvin mit den Zürchern in der Abendmahlsfrage (Consensus Tigurinus), und daraus erwuchs eine auch organisatorische Vereinigung der Schweizer Kirchen der Reformation unter bestimmendem Einfluß Calvins; damit aber wurde zugleich ein breiter Graben gegenüber dem deutschen Protestantismus aufgerissen, der auch in der Folge nicht mehr überbrückt werden konnte.

Im Gottesdienst beseitigte Calvin die von Luther nur vorsichtig reformierte Messe vollständig; sie galt ihm als Götzendienst. Die Genfer Gottesdienstordnung von 1542 kannte außer der Predigt nur mehr das Gebet und – immerhin – den Gesang von alttestamentlichen Psalmen. Orgeln, Bilder, Kreuze, Kerzen und Altäre wurden aus den Kirchen entfernt, die Feiertage mit Ausnahme der drei hohen Feste beseitigt; in alledem ist die Nähe zu Zwingli unverkennbar.

Für die kirchliche und politische Wirksamkeit des Calvinismus von höchster Bedeutung war schließlich die Kirchenlehre Calvins. Während Luther und mit ihm die deutsche Reformation überhaupt gegen die Fragen der äußeren Kirchenorganisation ziemlich gleichgültig waren, galt Calvin gerade die Verfassung der Kirche als von Gott geboten, die Kirche als sichtbare Darstellung der erwählten Gemeinde Christi. Strenge Sittenzucht war unter diesen Voraussetzungen ebenso selbstverständlich wie harter Dogmenzwang; Gewissensfreiheit galt als muslimische Irrlehre. Unter den kirchlichen Ämtern und sonstigen Institutionen kam dem Konsistorium besondere Bedeutung zu. Aus Pastoren und Gemeindeältesten zusammengesetzt, war das Konsistorium die selbständige Vertretung der Kirche zur Leitung ihrer Angelegenheiten, die vor allem die Kirchenzucht übte, d.h. praktisch das gesamte Leben der Gemeinde überwachte. Sittliche und religiöse Vergehen – und dazu gehörten nicht nur Trinken und Kartenspielen, sondern auch Tanzen und Singen zu unrechter Zeit – wurden durch geistliche Strafen, z.B. durch öffentliche Abbitte vor der Gemeinde, geahndet; wenn das nicht fruchtete, erwirkten die Ältesten, die zugleich Mitglieder des Rats waren, weltliche Strafen, und zwar bis zur Hinrichtung als Strafe für Gotteslästerung, Ehebruch und Unzucht. Auch sonst hielt Calvin den Einsatz staatlicher Zwangs- und Strafgewalt zur Bekämpfung religiöser Delikte für legitim und geboten; daß der spanische Arzt Michael Servet, der als Leugner der Trinitätslehre freilich nirgendwo im damaligen Europa auf eine sichere Duldung rechnen konnte, gerade in Genf verbrannt wurde (1553), war dafür bezeichnend. Bei alledem legte Calvin jedoch großen Wert auf die Selbständigkeit der Kirche gegenüber der weltlichen Obrigkeit. Insbesondere die Kirchenzucht galt ihm als unverzichtbare Aufgabe der Kirche selbst, die dafür die weltliche Obrigkeit in Dienst zu nehmen hätte – und nicht etwa umgekehrt. Freilich sah sich Calvin in der Auseinandersetzung mit den Herrschaftsansprüchen des Genfer Rats nicht ganz selten auch zu Zugeständnissen gezwungen.

Sehr viel geringer waren die organisatorischen und Zwangsmöglichkeiten des Calvinismus natürlich in solchen Staaten, in denen er nicht zur Staatskirche wurde, sondern eine nur geduldete oder gar verfolgte Minderheit darstellte. Auch und gerade hier aber entwickelte der Calvinismus wichtige Verfassungsinstitutionen und Rechtsprinzipien. So bildeten die französischen Hugenotten die Synodalverfassung als übergemeindliche, vom Staat unabhängige Organisationsform der Kirche aus; dieses Verfassungselement ist in der Folge vor allem in den Niederlanden und in den deutschen Territorien am Niederrhein, aber auch in Schottland übernommen worden und von da in den englisch-amerikanischen Presbyterianismus übergegangen. Noch wichtiger war, daß die Calvinisten, die in katholisch bleibenden Staaten lebten, aus dem Gedanken der Unterordnung des Staats unter die Souveränität Gottes die Pflicht der Gläubigen folgerten, in schonungslosem Kampf eine irrgläubige Obrigkeit durch eine rechtgläubige zu ersetzen. Das war der Ursprung einer spezifisch calvinistischen Umformung der alten Idee der Volkssouveränität wie auch des Widerstandsrechts des christlichen Volkes bis hin zum Tyrannenmord – Ideen, die in der englischen Revolution des 17. Jahrhunderts voll durchschlugen, in abgeschwächter Form aber im gesamten politischen Denken Westeuropas und Nordamerikas bis heute nachwirken. Anderseits konnte es freilich auch geschehen und geschah faktisch gerade in Deutschland, daß das calvinistische Kirchenwesen von vornherein unter den bestimmenden Einfluß eines landesherrlichen Kirchenregiments geriet und sich in seiner organisatorischen Struktur den lutherischen Landeskirchen annäherte; auch die – dann obrigkeitlich reglementierte – Sittenzucht der zum Calvinismus übergehenden deutschen Territorien unterschied sich nicht grundsätzlich von der Praxis lutherischer Landeskirchen.

In Deutschland war die Kurpfalz das erste und bis in die späteren 70er Jahre einzige Territorium, das durch seinen Landesherrn dem Calvinismus zugeführt wurde. Dabei handelte es sich um eine Folge von Entscheidungen und Maßnahmen, die – von dem persönlichen Bekenntnis Kurfürst Friedrichs III. 1561 bis zum Erlaß der kurpfälzischen Presbyterial- und Synodalordnung 1571 – ein rundes Jahrzehnt in Anspruch nahm. Freilich entsprach die Umgestaltung der kurpfälzischen Kirche auch dann noch keineswegs einfach den Vorstellungen Calvins und schon gar nicht dem Genfer Muster calvinistischer Kirchenordnung; es entstand vielmehr ein recht eigenständiges, in manchem nach wie vor den lutherischen Landeskirchen der Epoche nahestehendes Kirchenwesen. Zwar die „Reinigung“ der Kirchen von allen Bildern und Altären mit Ausnahme eines schmucklosen Altartisches, die Vereinfachung der Liturgie und die Abschaffung aller lateinischen Texte und Gesänge im Gottesdienst entsprach durchaus den Forderungen Calvins. Auch folgte der von Kaspar Olevian und – vor allem – Zacharias Ursinus verfaßte Heidelberger Katechismus (1563) in seiner Abendmahlslehre wie in seiner Christologie und nicht minder in seiner puritanischen Auslegung des Dekalogs der Theologie Calvins. Schon die Prädestinationslehre des Genfer Reformators aber fand keinen Eingang in den Katechismus, die Sittenzucht und Kirchenordnung des genuinen Calvinismus wurden in der Kurpfalz vollends kaum rezipiert. Daß sich Kurfürst Friedrich 1571 auf das Drängen der strengen Calvinisten in seiner Umgebung hin entschloß, Presbyterien und Synoden einzurichten, begründete noch längst keine wirkliche Unabhängigkeit der Kirche von der landesherrlichen Gewalt – von einer breiteren Beteiligung der Laien an der Leitung der Kirche gar nicht zu reden.

Die Reformen Friedrichs III. mitsamt ihren konfessionellen Verfestigungen und Abgrenzungen waren obrigkeitliche Maßnahmen, die in der Bevölkerung zunächst nur wenig positive Resonanz fanden. Zwar in der Rheinpfalz hatte das Luthertum in den wenigen Jahren der Reformation unter Ottheinrich noch nicht sehr tiefe Wurzeln geschlagen, so daß sich der Übergang zum Calvinismus hier ohne größere Schwierigkeiten vollzog. In der Oberpfalz dagegen, wo die Reformation Martin Luthers schon seit Jahrzehnten heimisch geworden war und beim Adel wie in der Residenzstadt Amberg einen starken Rückhalt hatte, kam die calvinistische Umgestaltung des Kirchenwesens jahrzehntelang nicht recht zum Zuge; die offene konfessionelle Opposition der Oberpfalz stand zugleich deren stärkerer politischer Einordnung in den Kurstaat entgegen. Auch der dem Heidelberger Hof traditionell lehens- und dienstrechtlich eng verbundene Reichsadel im Südwesten des Reichs ging den Weg zum Calvinismus zumeist nicht mit. Das führte zu Entfremdungen, die erst gegen Ende des Jahrhunderts einigermaßen überwunden werden konnten.

Unter ganz anderen Bedingungen und in anderen Formen als in der Kurpfalz fand der Calvinismus des weiteren – von den Niederlanden und später auch von England aus – am Niederrhein Verbreitung: in den Vereinigten Herzogtümern Kleve, Jülich und Berg sowie in der Grafschaft Mark, dazu in den großen Reichsstädten der Nachbarschaft – Köln und Aachen –, in geringerem Umfang sogar in den kurkölnischen Territorien. Hier mußten die calvinistischen Gemeinden sich zumeist im Verborgenen halten; sie nannten sich selbst die „Kirche unter dem Kreuz". Eine straffe Organisation unter starker Beteiligung auch der Laien an den kirchlichen Leitungsämtern stärkte ihre Widerstandskraft in Zeiten der Verfolgung; daß die heimliche Gemeinde zu Köln selbst dem härtesten Eingreifen des Rats 1571 nicht erlag, ist dafür ein charakteristisches Beispiel. Völlig unabhängig von den territorialen Obrigkeiten richteten die Gemeinden unter dem Kreuz zur Sicherung ihrer Gemeinsamkeit in Lehre und Gottesdienst eine eigene übergemeindliche Ordnung auf. Sie beruhte auf den Presbyterien der Einzelgemeinden, über denen zunächst die Classicalkonvente für einen größeren Kirchenbezirk, dann die Synoden und schließlich eine Generalsynode standen, sämtlich unter starker Beteiligung der Laien. Auf der Ebene der Generalsynode waren die Kirchen unter dem Kreuz überdies mit den calvinistischen Gemeinden der Niederlande organisatorisch verbunden. Diese Verbindung war zugleich eine der wichtigsten Brücken des geistigen Austauschs zwischen dem deutschen und dem westeuropäischen Protestantismus.

Innere Entwicklung des deutschen Luthertums. Die schon seit den ausgehenden 20er Jahren des Jahrhunderts begonnene Verfestigung der Reformation zum evangelischen Landeskirchentum setzte sich nach 1555 – auf der nunmehr rechtlich gesicherten Grundlage des jus reformandi der Reichsstände – verstärkt fort. Die landeskirchliche Organisation stabilisierte sich. Nahezu überall wurde das den Pfarrern übergeordnete Amt der Superintendenten üblich, die neben mancherlei Verwaltungs- und gelegentlich auch Gerichtsfunktionen vor allem Aufgaben der Visitation wahrnahmen. Zur Zentralbehörde des landesherrlichen Kirchenregiments aber wurden zumeist die Konsistorien, die sich aus bloßen Ehegerichten, wie zunächst in Sachsen, zu wirklichen Behörden der landesherrlichen Kirchenleitung entwickelten. Der 1553 in Württemberg eingerichtete „Kirchenrat" war dafür das wichtigste Vorbild. Die mit geistlichen und nichtgeistlichen Mitgliedern besetzten Konsistorien waren in aller Regel aus dem übrigen Gefüge der territorialen Zentralverwaltung herausgenommen und direkt dem Landesherrn unterstellt, der sich nicht ganz selten, z. B. im herzoglichen Sachsen 1561, sogar den persönlichen Vorsitz vorbehielt. Im großen ganzen scheint dieses landesherrliche Kirchenregiment recht gut funktioniert zu haben und – ungeachtet der latenten Gefahr einer politischen Indienstnahme der Kirche – dem evangelischen Kirchenwesen auf vielfache Weise nützlich gewesen zu sein. Die Glaubenslehren wie die Gottesdienstformen erhielten eine gewisse Einheitlichkeit, sogar über die einzelnen Landeskirchen hinaus; die materielle Ausstattung der Pfarreien und auch die Ausbildung der Geistlichen wurden verbessert, Stipendien für angehende Theologen gestiftet; durch Predigt, Schul- und Katechismusunterricht wurde die Bevölkerung, insbesondere die Jugend, in die Grundlagen christlichen Glaubens und Lebens eingewiesen; periodische Visitationen kontrollierten die kirchlichen Fortschritte bis zur letzten Dorfkirche. Gewiß gab es daneben auch Hindernisse und Widerstände, die vorerst oder überhaupt nicht überwunden werden konnten: nicht endenwollende Streitigkeiten mit Junkern und Bauern um die Einkünfte der Pfarreien, insbesondere um die kirchlichen Baulasten; mißbräuchliche Inanspruchnahme der ländlichen Pfarrer durch ihre adligen Patrone zu Schreibdiensten auf dem Schloß oder gar als Knechte bei der Jagd; Verweigerung des Besuchs von Schul- und Katechismusunterricht, weil die Kinder als Arbeitskräfte beansprucht wurden; gelegentlich auch konfessionelle Opposition oder überhaupt religiöse Gleichgültigkeit; dazu das Fortleben heidnischer Bräuche, nicht zuletzt eines massiven, schier unausrottbaren Wunder- und Aberglaubens. Man wird mithin den Grad kirchlicher Durchformung der evangelisch gewordenen Bevölkerungen nicht überschätzen dürfen. Daß diese Durchformung im Laufe der Jahrzehnte intensiver wurde und mitunter ein beachtliches Niveau erreichte, steht nach Ausweis der Visitationsberichte aber außer Frage.

Hand in Hand mit dieser inneren Festigung des Kirchenwesens ging die fortschreitende Abgrenzung von den Kirchen anderer Bekenntnisse – von der katholischen wie von den calvinistischen und stets auch von den Täufergemeinden. Für diese konfessionelle Abgrenzung waren nun die Unterscheidungen der Kirchenlehre von höchster Bedeutung. Das war nicht selbstverständlich; bis ins 16. Jahrhundert war die Kirche ja mit einem Minimum verpflichtender Dogmen ausgekommen. Der mit der Reformation aufbrechende Glaubensstreit führte dagegen zu überaus umfangreichen und zugleich diffizilen Festlegungen verbindlicher Glaubenssätze und zu nicht weniger zahlreichen und diffizilen Verurteilungen abweichender Lehren auf allen Seiten des Streits. Das bedeutete zugleich eine unerhörte Intellektualisierung des Glaubensguts, dessen feine Distinktionen für die Frömmigkeit und die praktische Lebensführung der einfachen Gläubigen kaum noch nachzuvollziehen waren. Und darüber hinaus führte die dogmatische Ausdifferenzierung der Glaubenslehre auch innerhalb der einzelnen Kirchen zu höchst problematischen Frontbildungen. Die daraus erwachsende Gefahr der Kirchenspaltung bedrohte grundsätzlich alle Konfessionen, die katholische Kirche mit ihrer strafferen Unterordnung unter die dogmatischen Entscheidungen des Konzils freilich in geringerem Maße als die Protestanten, die Calvinisten erst später – namentlich im arminianischen Streit (1604–1619) – als die Lutheraner. Diese aber hatten vom Streit um die Adiaphora seit 1548 bis zu den Entscheidungen der Konkordienformel 1577 eine lange Reihe von Lehrstreitigkeiten durchzustehen, die mehr als einmal ihre bekenntnismäßige Einheit in Frage stellten.

Den wichtigsten Ausgangspunkt dieser Streitigkeiten bildeten die Unterschiede der Theologie Luthers einerseits, Melanchthons anderseits, wie sie sich schon seit den späteren 20er Jahren herauskristallisiert und auch kirchenpolitische Bedeutung gewonnen hatten. In der Abendmahlslehre war Melanchthon den Oberdeutschen und später Calvin weit entgegengekommen; in seinen Anschauungen über Willensfreiheit und gute Werke, ja selbst über die kirchliche Leitungsgewalt des Papsts, stand er den Positionen der alten Kirche fortdauernd näher als Luther. Zu dessen Lebzeiten hatten diese Lehrunterschiede, obwohl von beiden Reformatoren deutlich und mitunter wohl auch schmerzlich wahrgenommen, die Gemeinsamkeit ihres reformatorischen Wirkens und die Bekenntniseinheit der entstehenden evangelischen Kirche nicht ernsthaft in Frage gestellt. Seit dem Tode Luthers begann sich das jedoch zu ändern. Der Streit um das Leipziger Interim war die erste Probe aufs Exempel. Sie zeigte, daß ein Großteil der lutherischen Theologen und Obrigkeiten, auch des Kirchenvolks, in Melanchthons Vermittlungsbereitschaft einen Verzicht auf Unverzichtbares, ja: Verrat an der Sache des Evangeliums sah. Es gelang Melanchthon auch in der Folge nicht, das hier erwachsene Mißtrauen gegen ihn wieder aus der Welt zu schaffen. Seine Autorität genügte künftig nicht mehr, die theologischen Streitigkeiten in der reformatorischen Kirche zu entscheiden; er wurde selbst zur Partei im Streit.

Dabei stand Melanchthon freilich nicht allein. Tüchtige Theologen und Kirchenmänner wie Georg Major, Justus Menius, Johannes Pfeffinger, Caspar Cruciger und Christoph Pezel teilten prinzipiell die Auffassungen Melanchthons und vertraten sie in der Öffentlichkeit; von den Tausenden evangelischer Pfarrer in Stadt und Land, die sich selbst nicht aktiv, jedenfalls nicht publizistisch, an den Streitigkeiten beteiligten, standen gewiß ebenfalls viele auf der Seite ihres alten Lehrers. Nur: Sie alle waren eben bloß eine theologische und kirchenpolitische Partei, der ihre Gegner denn auch den typischen Parteinamen „Philippisten" beilegten, während sie selbst als „Gnesiolutheraner" das wahre Erbe Martin Luthers für sich beanspruchten. Und unter diesen Gnesiolutheranern gab es nicht minder bedeutende Männer: Luthers alten Kampfgenossen Nikolaus von Amsdorff etwa, den scharfsinnigen Matthias Flacius, der von Magdeburg aus wie kein anderer das Interim in Norddeutschland zu Fall gebracht hatte, dazu Johannes Wiegand, den späteren evangelischen Bischof von Pomesanien und Samland im Herzogtum Preußen, Joachim Mörlin, Tilemann Heßhusen und viele andere.

Die Lehrstreitigkeiten zwischen Philippisten und Gnesiolutheranern kreisten vor allem und immer wieder um drei Problembereiche: zum einen um die Ausschließlichkeit der göttlichen Gnade als Grund des Heils in ihrem Verhältnis zur Verantwortlichkeit des Menschen – das war die innerlutherische Fortsetzung der Diskussion mit der katholischen Kirche –, zum andern um die Art der Gegenwart Christi im Abendmahl – das war die unabgeschlossene Diskussion mit den Oberdeutschen und mit Calvin –, zum dritten schließlich um die Eigenständigkeit der Kirche gegenüber der weltlichen Gewalt – das war ein auch kirchenpolitisch bedeutsames Grundthema aller Konfessionen, in dessen Diskussion jetzt die Gnesiolutheraner mit leidenschaftlicher Entschiedenheit die übergeordnete Autorität des Evangeliums betonten. Aus dem Abstand der Jahrhunderte gesehen, erscheinen die Lehrdifferenzen, um die damals mit solcher Härte gestritten wurde, zumeist minimal. Die Leidenschaft der Auseinandersetzungen erklärt sich denn auch nur daraus, daß den evangelischen Theologen der Zeit die reine Lehre, und zwar bis in ihre diffizilsten Konsequenzen hinein, als Hauptmerkmal der wahren Kirche und folgerichtig jede Abweichung von dieser Lehre als Leugnung des wahren Glaubens erschienen – um so teuflischer, wenn sie sich innerhalb der eigenen Kirche breit machte.

Mitten im Streit, am 19. April 1560, wurde Philipp Melanchthon durch den Tod von der „rabies theologorum", die er so sehr verabscheut hatte, erlöst. In seinen besten Zeiten von europäischem Ansehen, ein glänzender Gelehrter und Organisator, in Wahrheit ein praeceptor Germaniae seiner Epoche, der maßgebende Vermittler namentlich des Humanismus für den deutschen Protestantismus, hat er – neben dem gewiß übermächtigen Luther – die Reformation auch durch seinen eigenen Geist geprägt. Seine fortdauernde Bereitschaft, um des Friedens willen den konfessionellen Gegnern soweit wie irgend verantwortbar entgegenzukommen, erweckte ihm im letzten Jahrzehnt seines Lebens harten Widerstand aus den eigenen Reihen, und gewiß deckte dieser Widerstand mancherlei theologische, kirchenpolitische und auch menschliche Schwächen Melanchthons auf. Einer der wahrhaft Großen des Jahrhunderts aber war er allemal – und doch auch einer der Väter der evangelischen Kirche, die sein Andenken zu Unrecht immer wieder verunglimpft hat.

Die lutherischen Lehrstreitigkeiten hatten notwendigerweise zugleich kirchenpolitische Relevanz, und zwar schon deshalb, weil jede Lehrabweichung einer Landeskirche von der Confessio Augustana ihre reichsrechtliche Anerkennung gefährdete. So blieb auch den evangelischen Reichsständen kaum etwas anderes übrig, als im Streit Partei zu ergreifen. Daß dabei manche politischen Interessen und Gegensätze wirksam wurden, die an sich mit den theologischen Streitigkeiten kaum etwas zu tun hatten, ist nicht erstaunlich, und nicht ganz selten haben derartige politische Interessengegensätze den Streit der Theologen sogar noch verschärft. Überwiegend aber und seit den 60er Jahren in zunehmendem Maße bemühten sich gerade die evangelischen Reichsstände um einen Ausgleich der theologischen Zwistigkeiten. Das Eigengewicht der zerstrittenen kirchlichen Parteien war freilich zu groß, als daß die landesfürstlichen oder reichsstädtischen Obrigkeiten ohne weiteres, etwa durch politische Vereinbarungen untereinander, eine Einigung hätten erzwingen können. So suchten die einzelnen Reichsstände zunächst einmal in ihren jeweiligen Herrschaftsgebieten zu einheitlichen, verbindlichen Lehrgrundlagen zu gelangen. Das gelang ihnen auch weithin – freilich mit der unbefriedigenden Konsequenz, daß nun in einigen der evangelischen Landeskirchen einheitlich und entschieden gnesiolutherisch gelehrt wurde, in anderen aber nicht weniger einheitlich und entschieden philippistisch. Seit den späten 60er Jahren kamen dann jedoch auch übergreifende Einigungsbestrebungen zum Zuge, die schließlich die große Mehrheit der evangelischen Landeskirchen Deutschlands zu einem gemeinsamen Bekenntnis, der Formula Concordiae von 1577, zusammenführten. Die Seele dieser Einigungsbemühungen war Jakob Andreä (1528–1590), Professor und Kanzler der Universität Tübingen, einflußreichstes Mitglied auch des württembergischen Kirchenrats. Er fand Unterstützung vor allem bei seinem Landesherrn, Herzog Christoph von Württemberg, aber auch bei Herzog Julius von Braunschweig-Wolfenbüttel, der Andreä 1568 für einige Zeit zum Aufbau des evangelischen Kirchenwesens in sein Land geholt hatte; die wichtigsten theologischen Mitstreiter Andreäs waren Martin Chemnitz in Braunschweig, der bedeutendste protestantische Kritiker der tridentinischen Glaubensdekrete („Examen concilii Tridentini“ 1565–1573), und der zu Anfang der 70er Jahre ebenfalls in Niedersachsen tätige Nikolaus Selnekker.

Die württembergisch-niedersächsischen Initiativen konnten freilich erst dann Entscheidendes bewegen, als die Hauptgegner im Streit abgetreten waren. Das galt für die Gnesiolutheraner im Grunde schon seit der Vertreibung des Flacius aus Jena und überhaupt aus dem Herzogtum Sachsen. Flacius hatte seit 1557 einen Lehrstuhl an der kurz zuvor – als Konkurrenz zu dem kursächsischen Wittenberg – gegründeten Universität Jena inne, mußte aber schon 1561 Stadt und Land verlassen, weil er die damals neu eingeführte herzogliche Konsistorialordnung wegen ihrer Tendenz zur Ausweitung der landesherrlichen Kirchengewalt mit gewohnter Schärfe kritisiert hatte. In den 70er Jahren kam es dann zum Sturz auch des Philippismus in dessen kursächsischem Zentrum. Zu den Häuptern dieses kursächsischen Philippismus gehörten Christoph Pezel, seit 1567 Professor in Wittenberg, der Hofprediger Schütz und der Superintendent Stößel, dazu eine Reihe humanistisch gebildeter Juristen und Mediziner wie etwa Caspar Peucer, Leibarzt und Vertrauter des Kurfürsten, und der Geheime Rat Georg Cracow – Männer, die sich von den lutherischen Grundlagen auch des Philippismus immer weiter entfernt hatten und insgeheim auf eine Union mit den Calvinisten hinarbeiteten. Als 1574 die Wahrheit ans Licht kam, reagierte Kurfürst August, der sich auch persönlich hintergangen fühlte, unerwartet hart: Er ließ Peucer, Cracow, Schütz und Stößel für lange Jahre einkerkern; Pezel und andere wurden des Landes verwiesen. Der unglückliche Cracow starb 1575 in elender Verwahrlosung im Gefängnis, auch Stößel sah bis zu seinem Tod 1576 die Freiheit nicht wieder. Noch 1574 folgte dem Strafgericht die verbindliche Klarstellung der Lehre. Das Torgauer „Bekenntnis vom Abendmahl“ bot eine eindeutig lutherische Abendmahlslehre; damit waren die Grenzen zum Calvinismus klar gezogen, dem „Kryptocalvinismus“ der Philippisten ein Riegel vorgeschoben.

Seit der Entscheidung in Kursachsen war der Weg für eine umfassende Lehreinigung der lutherischen Kirchen frei; daß der Katholizismus sich zur gleichen Zeit in Reform und Gegenreformation zu stabilisieren begann, trieb den Entscheidungsprozeß auf lutherischer Seite voran. Im Frühjahr 1577 entstand aus einer Reihe von Vorarbeiten und Entwürfen württembergischer, niedersächsischer und badischer Theologen die Formula Concordiae; sie wurde in den folgenden Jahren von 86 Reichsständen und über 8000 evangelischen Theologen unterschrieben.

Als abschließende Bekenntnisbildung der lutherischen Reformation verharrte die Konkordienformel in scharfer Ablehnung der katholischen Kirche – in sehr viel schärferer Abgrenzung namentlich als die Confessio Augustana –; zugleich aber verwarf sie erstmals und verbindlich auch die reformierte Lehre hinsichtlich des Abendmahls wie der Christologie. Damit wurde die konfessionelle Konstellation Deutschlands für rund zweieinhalb Jahrhunderte festgelegt. Ein fortdauerndes Element konfessioneller Unsicherheit war freilich, daß eine ganze Reihe evangelischer Reichsstände aus im einzelnen sehr unterschiedlichen Gründen der Konkordienformel nicht beitrat, darunter die Fürstenhäuser von Pommern, Holstein, Anhalt, Hessen-Kassel und Pfalz-Zweibrücken, dazu die Grafen der Wetterau, die Mehrzahl der großen Reichsstädte Süddeutschlands, im Norden auch Bremen. In einigen dieser Territorien und Städte war es die immer noch ungebrochene Vorherrschaft des Philippismus, die den Anschluß an die Konkordienformel hinderte; angesichts der durch die Konkordienformel selbst bewirkten Verfestigung des Luthertums geriet dieser Philippismus freilich in konfessionelles Niemandsland, und in nicht wenigen Fällen führte der Weg von da zum Anschluß an den Calvinismus. Im übrigen war die Ausgrenzung des Calvinismus aus den Kirchen der Confessio Augustana natürlich von hohem reichspolitischem Belang: Sie bedeutete ja den latenten Ausschluß der Calvinisten von der Friedensgarantie des Augsburger Religionsfriedens, die ihnen die lutherischen Reichsstände unter Führung Kursachsens bislang immer wieder gesichert hatten. Daß sich damit das ohnehin problematische Verhältnis der Calvinisten zur Ordnung des Religionsfriedens in Deutschland weiter verschlechterte, war unausweichlich.

d) Grundlagen und Anfänge katholischer Reform und Gegenreformation

Zur Begrifflichkeit: „Katholische Reform und Gegenreformation"; „Konfessionalismus." Das Begriffspaar „Katholische Reform und Gegenreformation" ist eine weder selbstverständliche noch auch nur traditionelle Begriffsbildung; sie ist vielmehr das relativ junge Ergebnis einer langen, zum Teil heftigen historiographischen Diskussion, in der es zugleich um Grundprobleme der Periodisierung der frühneuzeitlichen Geschichte ging.

Von „Gegenreformationen" – im Plural – sprach zuerst der Göttinger Staatsrechtslehrer Johann Stephan Pütter (1776); er meinte damit die durch staatliche Gewalt erzwungenen Rückführungen protestantisch gewordener Bevölkerungen zur katholischen Kirche während des 16. und 17. Jahrhunderts. Die bei Pütter als Einzelaktionen verstandenen „Gegenreformationen" enthüllten sich indes bald als Teil eines großen Gesamtzusammenhangs der Restauration und Regeneration des Katholizismus. Leopold von Ranke nannte diesen bedeutenden Geschehenszusammenhang zuerst „Gegenreformation" – im Singular – und verwendete den Begriff zugleich als Epochenbezeichnung für die europäische Geschichte von 1555 bis 1648. In der Folge bürgerte sich dieser Terminus mit seinen französischen und englischen Entsprechungen in der europäischen Geschichtswissenschaft weithin ein; als Epochenbegriff setzte er sich freilich nur in Deutschland durch.

Seit einigen Jahrzehnten hat nun die Forschung das herkömmliche Bild der Gegenreformation in vielen Punkten differenziert und damit eine lebhafte Diskussion auch über die angemessenen Begrifflichkeiten entfacht. Einige, vor allem katholische, Historiker lehnten das Wort „Gegenreformation" wegen der mit ihm verbundenen Vorstellung einer bloßen und überdies bloß durch staatliche Gewalt zum Erfolg geführten Reaktion gegen die Reformation ohnehin stets ab und sprachen statt dessen von „Katholischer Reformation" oder „Katholischer Restauration". Auch diese Bezeichnungen aber waren einseitig und darum unbefriedigend. Je klarer nämlich die zu den spätmittelalterlichen Reformansätzen zurückreichenden innerkatholischen Kontinuitäten ins Licht traten, desto deutlicher erwies sich doch auch die Abwehr des Protestantismus, und zwar sehr wesentlich mit Hilfe der staatlichen Gewalten, als bedeutsame Komponente der katholischen Entwicklung des 16. und 17. Jahrhunderts. In dieser Forschungssituation erscheint die von Hubert Jedin vorgeschlagene Verwendung des Begriffspaares „Katholische Reformation (Reform) und Gegenreformation" als plausibler terminologischer Fortschritt: „Die katholische Reform ist die Selbstbesinnung der Kirche auf das katholische Lebensideal durch innere Erneuerung, die Gegenreformation ist die Selbstbehauptung der Kirche im Kampf gegen den Protestantismus"[66].

Die neuere Forschung hat nun des weiteren die Gemeinsamkeit grundlegender Strukturelemente der Katholischen Reform und Gegenreformation einerseits, des Luthertums und selbst des Calvinismus der Epoche anderseits aufgezeigt. Überall ging es um die Verfestigung der Kirchenlehre, der Gottesdienstformen, der kirchlichen Organisation und des Brauchtums; hier wie dort entsprach dieser Verfestigung nach innen die polemische Abgrenzung nach außen, und auf allen Seiten hielt man diese polemische Abgrenzung für eine Verteidigung der göttlichen Wahrheit gegen verderblichen Irrtum und teuflische Verblendung. Allen Kirchen der Zeit gemeinsam war des weiteren das Streben nach einer intensiven religiösen Durchdringung des täglichen Lebens der Bevölkerung. Und schließlich war der Katholischen Reform und Gegenreformation wie dem Luthertum und auch dem Calvinismus – bei mancherlei Unterschieden im einzelnen – die besonders enge Verbindung mit den jeweiligen staatlichen Gewalten gemeinsam: Überall nahmen die Kirchen die Hilfe des Staats in Anspruch, und sehr oft gingen die entscheidenden Impulse der Entwicklung überhaupt von der Staatsgewalt aus, die damit durchweg auch im Interesse der eigenen Modernisierung und Konsolidierung handelte; nur in Ausnahmefällen wurden wichtigere kirchliche Entscheidungen gegen die Staatsgewalt durchgesetzt. Für diese strukturellen Gemeinsamkeiten ist in der Geschichtswissenschaft der Begriff des „Konfessionalismus" geläufig geworden; die Katholische Reform und Gegenreformation ist insofern – in Analogie zur Konfessionalisierung von Luthertum und Calvinismus – als katholische Konfessionalisierung zu verstehen. Im übrigen erscheint von da aus der Begriff des Konfessionalismus auch als Epochenbezeichnung brauchbar – besser jedenfalls als der Rankesche Epochenbegriff der „Gegenreformation".

Ansätze zu einer inneren Reform der katholischen Kirche hatte es bereits vor der Reformation gegeben. Indessen waren das stets nur punktuelle oder allenfalls Teilreformen gewesen; die Versuche einer Gesamtreform der Kirche an Haupt und Gliedern, wie sie namentlich die großen Konzilien des 15. Jahrhunderts unternommen hatten, waren sämtlich gescheitert. Seit dem Auftreten Luthers mündeten dann manche dieser vorreformatorischen Reformströmungen in die Reformation selbst ein – nicht zuletzt mit der Folge, daß die alte Kirche, daß insbesondere das Papsttum den kirchlichen Reformansätzen jeglicher Provenienz mit großem Mißtrauen begegnete; insbesondere in der Auseinandersetzung mit der Reformation erhielt deren Ausgrenzung und Bekämpfung für die alte Kirche zunächst deutliche Priorität vor der eigenen Reform. Eine grundsätzliche Wendung trat erst ein, als unabweisbar wurde, daß noch so gutgemeinte Teilreformen nicht ausreichen würden, um die Reformation wirklich aufzuhalten oder gar zurückzuwerfen – nicht einmal dann, wenn sich solche Teilreformen mit härtester Abwehr der Reformation verbanden. Die Anfänge dieser grundsätzlichen Neuorientierung fielen in den Pontifikat Pauls III. (1534–1549); ihre volle Wirkung erreichte die Katholische Reform und Gegenreformation jedoch erst in der zweiten Jahrhunderthälfte, in Deutschland noch einmal mit deutlicher Verzögerung gegenüber Spanien und Italien.

Die wichtigsten innerkirchlichen Faktoren der Erneuerung des Katholizismus waren die Gesellschaft Jesu und das Konzil von Trient; daneben gewann das Papsttum, nachdem es sich einmal der Reform geöffnet hatte, steigende Bedeutung für die äußere und innere Restitution des Katholizismus. Kaum weniger wichtig aber war das Engagement weltlicher katholischer Obrigkeiten; ohne sie wäre die Konsolidierung der katholischen Kirche nach innen und außen unmöglich gewesen, sie übertrafen in ihrem Reformeifer nicht selten die Amtsträger der Kirche selbst.

Die Societas Jesu. Die Gesellschaft Jesu geht auf den Basken Iñigo López de Loyola, latinisiert: Ignatius de Loyola, zurück. Loyolas Lebensdaten – er hat von 1491 bis 1556 gelebt – liegen ziemlich genau zwischen denen Luthers einerseits, Calvins anderseits und weisen damit auf die enge zeitliche Verschränktheit der späteren Phasen der Reformation mit der Katholischen Reform und Gegenreformation hin; die Gründung der Gesellschaft Jesu fällt in die Jahre 1539/40.

Die historische Wirkung des Jesuitenordens beruhte zum einen auf seiner außerordentlich straffen, geradezu militärischen Verfassung, zum andern auf der mit großer Beharrlichkeit festgehaltenen Richtung seiner Frömmigkeit, für die Ignatius selbst in seinen „Exercitia spiritualia" (1521/22) die maßgebenden Grundlagen gelegt hatte. Ignatius griff auf das reiche Erbe der Mystik, auch auf die asketischen Elemente der altmönchischen Tradition zurück; das spezifisch Neue der Exercitia lag demgegenüber in ihrer gedanklichen Schärfe, auch in ihrer zielbewußten Anwendung tiefer psychologischer Einsichten zur Formung des Willens. Grundelemente dieser Frömmigkeit, vor allem die gezielte Erregung sinnenhafter Emotionen, bestimmten auch die religiöse Volkspädagogik der Jesuiten. Ihre Pflege der Reliquien- und Heiligenverehrung, ihre Neubelebung des Wallfahrts- und Prozessionswesens, ihre frühzeitige Aufnahme auch der Bilder- und Figurenpracht des Barock in die Kirchen waren insofern, ganz abgesehen von den hier vermittelten geistlichen Inhalten, sehr bewußt eingesetzte Strategien religiöser Beeinflussung.

Die Societas Jesu konzentrierte alle ihre Kräfte auf das eine Ziel der Wiederherstellung und Ausbreitung der katholischen Kirche durch die Bekämpfung von Ketzern und Heiden. Im Dienste dieser Zielsetzung wirkten sie – nach frühzeitigem Wegfall caritativer Aufgaben – vornehmlich in vier Funktionen: als Beichtväter und Prediger für das Volk, als Beichträte und Prinzenerzieher an den Höfen, als Lehrer an gehobenen Schulen und Universitäten und als Missionare in Übersee. Ihre stärkste und dauerhafteste Wirkung haben sie, jedenfalls in Deutschland, wohl über das Schulwesen erreicht; ihre Gymnasien machten in Lehrplan und Unterrichtsmethodik den Vorsprung der protestantischen Gelehrtenschulen wett und befestigten Generationen von Heranwachsenden namentlich der gesellschaftlichen Oberschichten für ihr ganzes Leben im Katholizismus.

Die Wirksamkeit der Jesuiten in Deutschland begann 1540 mit Peter Faber, der damals als Begleiter eines spanischen Diplomaten ins Reich kam; seit 1544 gab es eine erste Niederlassung des Ordens in Köln. Die wichtigsten der frühen Förderer des Ordens in Deutschland waren Kardinal Otto Truchseß in Augsburg, die bayerischen Herzöge und König Ferdinand; die bedeutendste Gestalt unter den Jesuiten selbst aber war Petrus Canisius (1511–1597), der seit der Jahrhundertmitte in einer nahezu 40jährigen Tätigkeit Entscheidendes für seinen Orden und die katholische Kirche in Deutschland leistete – als Prediger und Seelsorger, als Organisator, Publizist und Kirchenpolitiker. Unter seinen theologischen Werken war der auf Anregung König Ferdinands entstandene, zuerst 1554 erschienene Katechismus besonders einflußreich, und zwar weit über Deutschland hinaus; binnen weniger Jahrzehnte wurde das Werk in ein rundes Dutzend europäischer und außereuropäischer Sprachen übersetzt. Eine Kurzfassung des Katechismus (1561) diente – in genauer Analogie zum kleinen Katechismus Martin Luthers – als Grundlage der religiösen Unterweisung des Volks, insbesondere der Kinder, und fand ebenfalls binnen kurzem weiteste Verbreitung. Noch wichtiger vielleicht als die theologische Arbeit des Canisius war sein erfolgreiches Bemühen um die Gründung von Jesuitenkollegien im Reich: zuerst 1552 in Wien, 1556 in Köln, Ingolstadt und Prag, 1559 in München, in den frühen 60er Jahren dann in Trier, Innsbruck und Dillingen. Ursprünglich zur Heranbildung des Ordensnachwuchses an schon bestehenden Universitäten bestimmt, nahmen die Kollegien zunehmend auch externe Alumnen auf und wurden damit zu jenen Jesuitengymnasien, die so maßgeblich zur Stabilisierung des Katholizismus in Deutschland beitrugen. Wie alle Institutionen der Erziehung und Bildung brauchten freilich auch die Jesuitengymnasien Jahrzehnte, um ihre volle Wirksamkeit entfalten zu können.

Neben den Jesuitenkollegien in Deutschland war das 1552 von Ignatius initiierte Collegium Germanicum in Rom für die katholische Reform und Gegenreformation im Reich von herausragender Bedeutung. Die Konzeption des Kollegs als Pflanzstätte einer neuen Generation von Priestern zur Rückgewinnung Deutschlands wirkte als Vorbild für die vom Trienter Konzil geforderten Priesterseminare in den Diözesen; langfristig wurde das Collegium Germanicum zu einer – weitgehend von den Jesuiten geprägten – Eliteschule des Führungsnachwuchses der Kirche in Deutschland. Daß die finanzielle Ausstattung der Neugründung erst in den 70er Jahren gesichert werden konnte, verzögerte allerdings das Wirksamwerden auch des Collegium Germanicum um Jahrzehnte.

Das Konzil von Trient. Daß eine durchgreifende Reform der Kirche nur mit Hilfe eines allgemeinen Konzils zu erreichen sein werde, war schon seit den 20er Jahren des 16. Jahrhunderts eine communis opinio. Gleichwohl dauerte es bis 1545, ehe das Konzil wirklich in Trient eröffnet werden konnte, und auch dann wurde es in seiner Arbeit alsbald wieder unterbrochen: Bereits 1547 wurde es von Trient in das päpstliche Bologna verlegt und wenig später überhaupt vertagt. Eine zweite Konzilsphase – 1551/52 – war noch kürzer, und erst ein Jahrzehnt später konnte das Tridentinum in einer dritten Sitzungsperiode – 1562/63 – wirklich zum Abschluß gebracht werden. Die wichtigsten Lehrdefinitionen zur dogmatischen Klärung und Abgrenzung im Konflikt mit der Reformation verabschiedete das Konzil schon in seinen ersten beiden Tagungsperioden; die dritte Sitzungsperiode war es dann, in der die Kirchenversammlung auch ihre Reformaufgaben mit der nötigen Entschiedenheit anpackte. Zwar hatte das Konzil schon von Anfang an parallel zu seinen dogmatischen Dekreten immer wieder auch Reformdekrete verabschiedet. Ob aber diese Reformdekrete im einzelnen und insgesamt wirklich tief genug griffen, unterlag manchem Zweifel, sogar bei den Konzilsvätern selbst; viele der drückendsten Mißstände wurden überhaupt erst 1562/63 angegangen.

Auch jetzt fiel dem Konzil die Lösung seiner Reformaufgaben nicht in den Schoß. Schon die Vorstellungen der Konzilsväter über die eigentlichen Ziele der Reform klafften weit auseinander; über den Streit um die Eigenständigkeit der bischöflichen gegenüber der päpstlichen Gewalt wäre das Konzil im Frühjahr 1563 beinahe auseinandergebrochen. Dazu kamen zahlreiche und oft hemmende Einwirkungen von seiten der katholischen Herrscher, die ihre staatskirchenrechtlichen Befugnisse gegenüber der Kirche durch die Reform nicht mindern lassen wollten; Kaiser Ferdinand I. verlangte überdies, zumindest für das Reich, die Zulassung von Laienkelch und Priesterehe. Schließlich gelang es dem Konzil aber doch, neben den noch ausstehenden dogmatischen Dekreten eine höchst respektable Reihe von Reformdekreten zu verabschieden, die dem kirchlichen Leben eine neue Grundlage zu geben versprachen. Ihr unmittelbares Ziel bestand in der Stärkung der bischöflichen Jurisdiktion gegenüber den in den Jahrhunderten zuvor – nicht zuletzt aus fiskalischen Interessen der Kurie – erteilten unzähligen Exemtionen zugunsten von Klöstern, Stiften oder sonstigen kirchlichen Körperschaften. Diese Restitution der bischöflichen Gewalt blieb aber kein Wert an sich, sondern wurde selbst in den Dienst der Reform der Kirche gestellt: Die Forderung nach Vergeistlichung der Kirche, nach Rückbesinnung auf ihre eigentliche Aufgabe, wurde zunächst als Forderung an die Bischöfe selbst verstanden. Das Konzil wandte sich mit Entschiedenheit gegen die Wahl von Bischöfen, die allenfalls für politische, nicht aber für die geistlichen Geschäfte des Bischofsamts geeignet wären und vielleicht nicht einmal die Priesterweihe hätten – was in praxi eine grundlegende Kritik an der Institution des geistlichen Fürstentums und damit an der Grundstruktur der Reichskirche überhaupt bedeutete. Der Bischof sollte seiner Residenzpflicht genügen, selbst Gottesdienst halten, nach Möglichkeit auch persönlich in seiner Diözese firmen und weihen, vor allem aber mit Hilfe von Visitationen und Diözesansynoden den ihm anvertrauten Pfarrklerus, dazu die Laien und nicht zuletzt die Klöster bessern und reformieren. Natürlich gehörte zu solcher Reform die Sorge für einen ordnungsgemäßen Kultus. Das Konzil begann denn auch mit Arbeiten zur Reform des Meßbuchs, überließ deren Vollendung dann aber dem Papst; das aus diesen Bemühungen erwachsene Missale Romanum (1570) stellte den Gottesdienst in der gesamten katholischen Kirche – mit begründeten Ausnahmen – auf eine einheitliche Grundlage und stärkte damit nachhaltig das Zusammengehörigkeitsbewußtsein der Katholiken in aller Welt. Vielleicht noch wichtiger war die in Trient vollzogene grundsätzliche Wendung der Kirche zu einer verstärkten Seelsorge. Typische Merkmale dieser Neuorientierung waren die Forderung und Förderung von Predigt und Katechese sowie – als Voraussetzung dafür – einer verbesserten Ausbildung der Geistlichen, namentlich mit Hilfe der neuzugründenden Priesterseminare. Die Vollendung seiner Arbeiten über den Katechismus wie übrigens auch über das Breviergebet überließ das Konzil wiederum dem Papst; vor allem Pius V. hat sich dieser Aufgabe dann tatkräftig angenommen. Nicht zuletzt beseitigte das Konzil manche Auswüchse des Ablaßwesens. Auch das war unter dem Aspekt der Seelsorge von Bedeutung; zugleich aber wurden damit fiskalische Interessen der Kurie zurückgedrängt, und das war um so wichtiger, als das Konzil ansonsten – nicht zuletzt als Folge jenes Streits um die bischöfliche und päpstliche Gewalt in der Kirche – die Reform des Papsttums aussparte. Das Reformwerk des Konzils war insofern ja immer noch nicht die langersehnte Reform der Kirche an Haupt und Gliedern; die Reform des Haupts blieb vielmehr diesem selbst überlassen. Daß sie wirklich in Gang kam, verdankte sie vor allem der Entschlossenheit des Reformwillens einiger bedeutender Päpste der zweiten Jahrhunderthälfte.

Das Reformpapsttum des 16. Jahrhunderts. Die Geschichte dieses Reformpapsttums kann hier nicht im ganzen und einzelnen dargestellt werden; es muß genügen, einige für die deutsche Geschichte besonders wichtige Reforminitiativen und -maßnahmen der Päpste zu nennen.

Aus der Regierungszeit Papst Pius' IV. (1559–1565) gehört in diesen Zusammenhang – neben der Neuberufung des Konzils – vor allem die Professio fidei Tridentina: eine kurze Zusammenfassung der Lehrdekrete des Konzils, auf die sich künftig alle Bischöfe, Ordensoberen und Doktoren zu verpflichten hatten; die Professio erwies sich als langfristig sehr wirksames Instrument dogmatischer Abgrenzung und Disziplinierung. Auf Pius V. (1565–1572) ging dann die Errichtung einer eigenen Kardinalskongregation für die deutschen Angelegenheiten zurück. Wenn die Kurie Deutschland seit Jahrzehnten für die katholische Kirche verloren gegeben hatte, so wich diese Resignation jetzt dem Willen zur Erhaltung des noch Bestehenden, ja: zur Rückeroberung des Verlorenen; die Kongregation wurde binnen kurzem zur wichtigsten Instanz der Koordinierung aller wichtigen Maßnahmen der Katholischen Reform und Gegenreformation in Deutschland. Papst Gregor XIII. (1572–1585) schließlich machte sich insbesondere um das kirchliche Ausbildungswesen verdient. Die großen Studienkollegien in Rom – unter anderem das Collegium Germanicum – verdankten diesem Papst ihre organisatorische und wirtschaftliche Sicherung; das Collegium Romanum der Jesuiten, bereits 1566 zur Universität erhoben, trägt noch heute nach seinem wichtigsten Förderer den Namen „Gregoriana". Rom wurde jetzt – und jetzt zuerst – zu einem Zentrum der theologischen Wissenschaften, zu einem Zentrum vor allem der Ausbildung des Nachwuchses für die kirchlichen Führungsstellen. Kaum weniger wichtig war die von Papst Gregor vorgenommene Umgestaltung der Nuntiaturen zu Werkzeugen der Kirchenreform. Schon früher niemals bloß diplomatische Vertretungen des Heiligen Stuhls, wurden sie nun mit weitreichenden Aufsichts- und Reformkompetenzen ausgestattet. Insbesondere für die deutsche Kirche, deren Bischöfe ja nach wie vor zugleich weltliche Fürsten waren und deshalb auf weltliche Interessen Rücksicht zu nehmen hatten, waren diese übergeordneten Kompetenzen der Nuntien ein wichtiger Hebel der Kirchenreform. Die der Reform so abträglichen politischen und Sozialstrukturen der Reichskirche hat freilich auch Gregor XIII. nicht verändern können; ja: er hat sie um der politischen Sicherung des Katholizismus in Deutschland willen sogar noch gestärkt. Das wichtigste Beispiel dafür bildete die päpstliche Unterstützung oder doch Duldung der bayerischen Bistumspolitik, in deren Konsequenz der – obendrein in seiner Lebensführung höchst ungeistliche – Ernst von Bayern gegen Ende des Jahrhunderts nicht weniger als fünf Bistümer in seiner Hand vereinigte, darunter das Erzbistum Köln. So gewiß diese Bistumskumulation in bayerischer Hand zur Erhaltung der katholischen Kirche in Nordwestdeutschland beitrug, so problematisch war doch der Widerspruch dieser Pfründenhäufung zu den tridentinischen Reformdekreten.

Anfänge katholischer Reform und Gegenreformation in Deutschland. Ungeachtet mancher Kontinuitäten der kirchlichen Erneuerung, die bis weit ins Mittelalter zurückreichten, kam die Katholische Reform und Gegenreformation in Deutschland erst seit dem ausgehenden 16. Jahrhundert bestimmend zum Zuge. Immerhin gelang es einigen katholischen Landesherren schon seit den 60er Jahren, nicht nur ein weiteres Umsichgreifen der Reformation in ihren Territorien zu verhindern, sondern auch bereits protestantisch gewordene Teile ihrer Untertanenschaft zu rekatholisieren. Die wichtigsten Felder dieser frühen Gegenreformation – gelegentlich, aber nicht immer, mit Maßnahmen einer innerkirchlichen Reform verknüpft – waren Bayern, das zum Hochstift Mainz gehörende Eichsfeld und die Fürstabtei Fulda.

In Bayern hatten bis um die Jahrhundertmitte kirchliche Reformforderungen Platz gegriffen, die der Reformation zumindest nahestanden: vor allem die Forderung nach dem Laienkelch, aber auch nach der Priesterehe und nach Erleichterung der kirchlichen Fastengebote. Hauptträger dieser „Kelchbewegung“ waren Angehörige des bayerischen Adels; ihr konfessioneller Dissens zum Landesherrn war vielfach mit einer auch verfassungspolitischen Opposition verknüpft. Der seit 1550 regierende Herzog Albrecht V. war wegen der von seinen Vorgängern übernommenen enormen Schuldenlast und der daraus resultierenden finanzpolitischen Abhängigkeit von seinen Ständen vorerst nicht in der Lage, die Kelchbewegung zu unterdrücken. Auch sein Versuch, durch transitorische Kompromisse wenigstens einem völligen Abfall von der römischen Kirche entgegenzuwirken, hatte zunächst nicht viel Erfolg. Schon bald nach dem Religionsfrieden schritt ein Teil des bayerischen Adels zu dezidiert evangelischen Auffassungen fort; auch wurden die inmitten des Herzogtums gelegenen, aber reichsunmittelbaren Grafschaften Ortenburg und Haag sowie die Herrschaft Hohenwaldeck zum Ausgangspunkt einer lebhaften evangelischen Bewegung in den östlichen Teilen des Herzogtums. Auf dem Ingolstädter Landtag (März/April 1563) erreichte die religiös-ständische Opposition dann ihren Höhepunkt. Hier nämlich forderte eine Gruppe von 50 bayerischen Adligen unter Führung des Grafen Joachim von Ortenburg, der für seine Besitzungen im Herzogtum selbst auch auf dem bayerischen Landtag Sitz und Stimme hatte, die Zulassung der Augsburgischen Konfession im Herzogtum. Es gelang jedoch nicht, die Mehrheit der Landstände für diese Forderung zu gewinnen. Die adlige Opposition gegen den Herzog spaltete sich konfessionell auf; überdies stellte sich heraus, daß jedenfalls die entschiedenen „Konfessionisten" nur eine Minderheit von vielleicht 15 bis 20 Prozent des bayerischen Adels ausmachten. Herzog Albrecht aber, der hinter der Forderung nach Zulassung der Confessio Augustana eine weitreichende Adelsverschwörung wähnte – es war immerhin die Zeit der Grumbachschen Händel –, holte daraufhin zum Gegenschlag aus. Im Oktober 1563 ließ er die Grafschaft Ortenburg besetzen, im Sommer 1564 einer Reihe führender protestantischer Adliger seines Landes wegen Hochverrats den Prozeß machen. Das Verfahren brachte die Unhaltbarkeit der Anklage zutage; bis zum November 1564 waren alle Angeklagten, wenngleich unter mancherlei politischen und konfessionellen Auflagen, wieder auf freiem Fuß. Seinen abschreckenden Zweck aber erfüllte der Prozeß vollkommen: Es gab künftig keine geschlossene evangelische Gruppe unter den bayerischen Landständen mehr, und auch die Kelchbewegung verlor sich nach und nach.

Die folgenden Jahre und Jahrzehnte der bayerischen Religionspolitik standen im Zeichen einer rigorosen Gegenreformation. Zugleich aber versuchte die herzogliche Regierung – wie im Grunde schon seit den 20er Jahren –, auch die innerkirchliche Reform im Lande voranzubringen. Die Erfolge dieser Reformpolitik ließen freilich auch jetzt zu wünschen übrig, zumal da die große Mehrheit der kirchlichen Amtsträger bis hinauf zu den Bischöfen mehr an der Abstellung ihrer Gravamina gegen die weltlichen Beamten des Herzogs interessiert war als an der tatkräftigen Rezeption der tridentinischen Reformdekrete. Daß Herzog Albrecht diese Reformunwilligkeit des bayerischen Klerus zum Anlaß nahm, das landesherrliche Kirchenregiment weiter zu intensivieren, verschärfte die Spannungen nur, ohne die Reform wesentlich voranzubringen.

Im übrigen war die Kirchenpolitik Herzog Albrechts nicht nur durch die Ziele der Katholischen Reform und Gegenreformation bestimmt, sondern auch durch die Machtinteressen des Hauses Wittelsbach, durch das Interesse namentlich an Bischofsstühlen und sonstigen wichtigen kirchlichen Pfründen für Mitglieder der herzoglichen Familie. Bereits 1566 setzte Albrecht bei Pius V. die Ernennung seines gerade zwölfjährigen Sohnes Ernst zum Administrator in temporalibus der Diözese Freising durch; seit 1569 bemühte er sich für seinen Sohn um das reiche und mächtige Erzbistum Köln. Vorerst freilich blieb dieses Ausgreifen Bayerns nach Nordwestdeutschland noch ohne Erfolg; die spektakulären Ergebnisse der von Albrecht V. eingeleiteten Bistumspolitik, die die Mehrheit der nordwestdeutschen Bischofssitze zu bayerischen Sekundogenituren werden ließen, fielen erst in die Regierungszeit Herzog Wilhelms V. (1579–1597).

Nach der gegenreformatorischen Wende in Bayern 1563 kam es in den 70er Jahren zu weiteren Vorstößen katholischer Landesherren zur Rekatholisierung ihrer Untertanen, vor allem auf dem Eichsfeld und in der Fürstabtei Fulda.

Auf dem Eichsfeld, dessen Städte und Ritterschaften mitsamt ihren Dörfern schon vor Jahrzehnten der Reformation zugefallen waren, begann der Mainzer Erzbischof Daniel Brendel (1555–1582) unter dem Einfluß und mit Hilfe der Jesuiten 1574 Maßnahmen der Gegenreformation. Die Widerstände waren erheblich, die Auseinandersetzungen überdauerten die Regierungszeit Daniel Brendels um Jahrzehnte; am Ende aber wurde das Eichsfeld wirklich rekatholisiert.

In Fulda war es der junge Fürstabt Balthasar von Dernbach, der sich alsbald nach seiner Wahl 1570 nicht nur gegen die in seinem Kloster herrschende Zuchtlosigkeit wandte, sondern auch gegen die – bereits seit den 40er Jahren im Stift weithin durchgedrungene – Reformation. Der zugleich reformerische und gegenreformatorische Eifer des Fürstabts war freilich mehr, als die fuldische Ritterschaft und selbst sein eigenes Kapitel hinzunehmen bereit waren. Sie verbanden sich mit dem Bischof von Würzburg, Julius Echter von Mespelbrunn, und erzwangen 1576 die Abdankung Abt Balthasars. Das Stift kam unter würzburgische Regierung; nach der Vereinbarung mit Bischof Julius sollten die Evangelischen im Stift unbehelligt bleiben. Damit war der Streit jedoch noch nicht ausgestanden. Zum einen nämlich mußte der Würzburger Bischof die Regierung Fuldas schon 1577 an eine kaiserliche Kommission abgeben, die ihrerseits gerade die gegenreformatorischen Maßnahmen des Fürstabts fortführte; zum andern bemühte sich Balthasar von Dernbach selbst mit Zähigkeit um seine Restitution, die er denn auch seit 1579 schrittweise durchzusetzen vermochte. Wie auf dem Eichsfeld endeten die Auseinandersetzungen auch im Stift Fulda im wesentlichen mit einem Sieg der Gegenreformation; immerhin konnte sich ein Teil des fuldischen Adels mitsamt seinen Dörfern evangelisch halten.

Die Bedeutung der Vorgänge in Fulda und auf dem Eichsfeld lag weniger im Umfang der durch sie bewirkten konfessionellen Verschiebungen als vielmehr in der Tatsache, daß es sich hier um eine Restauration des Katholizismus in nahezu rein evangelischen Gebieten handelte. Das durch den Augsburger Religionsfrieden garantierte jus reformandi der Reichsstände enthüllte damit zum ersten Mal seine volle Schärfe im Dienst der Gegenreformation. Zudem setzte sich die katholische Obrigkeit in beiden Fällen über die Declaratio Ferdinandea von 1555 hinweg. So war es nicht verwunderlich, daß es jetzt zu mancherlei Protesten von evangelischer Seite kam. Da jedoch Kursachsen und mit ihm die Mehrheit der lutherischen Fürsten nicht bereit waren, für einen Kampf um die Declaratio Ferdinandea den ganzen übrigen Religionsfrieden aufs Spiel zu setzen, trug die größere Entschlossenheit der Katholiken den Sieg davon. Freilich: Fulda und das Eichsfeld stellten erst eng begrenzte Einzelfälle dar; daß diese Einzelfälle keine Ausnahmen blieben, sondern eine Trendwende einleiteten, sollte sich erst in den folgenden Jahrzehnten entscheiden.

e) Der Religionsfriede und die Reichspolitik 1556–1576

Der Passauer Vertrag und ihm folgend der Augsburger Religionsfriede hatten am Ziel einer Vergleichung im Glaubensstreit festgehalten; nur unter diesem Vorbehalt war überhaupt der modus vivendi des dauernden politischen Friedstands zwischen den Konfessionen möglich geworden. Kein Geringerer als König Ferdinand war denn auch gewillt, alles ihm mögliche zu tun, um einer Verständigung im Glaubensstreit den Weg zu bereiten; bereits die Proposition für den Regensburger Reichstag 1556/57 nannte neben der Türkenhilfe die friedliche Vergleichung in der Religion als Hauptagende des Reichstags. Die Initiative Ferdinands erweckte freilich alsbald tiefgreifende Meinungsverschiedenheiten, und zwar nicht nur zwischen Katholiken und Protestanten, sondern auch innerhalb der großen Glaubensparteien selbst. Bei den Katholiken waren sich die geistlichen und weltlichen Reichsstände über den Umfang etwaiger Zugeständnisse an die Protestanten alles andere als einig, bei den Protestanten verhinderten schon die Lehrstreitigkeiten zwischen Philippisten und Gnesiolutheranern eine einheitliche Willensbildung für verbindliche Verhandlungen. Immerhin gelang es König Ferdinand zunächst noch, den Reichstag zur Anberaumung eines Religionsgesprächs zu bewegen, das dann auch im August/September 1557 in Worms unter Leitung des schon in den Religionsgesprächen der vierziger Jahre bewährten Bischofs von Naumburg, Julius Pflug, stattfand. Die Verhandlungen endeten jedoch mit einem Mißerfolg, noch ehe sie richtig begonnen hatten. Gnesiolutheraner und Philippisten nämlich erwiesen sich erneut als außerstande, eine gemeinsame evangelische Position für das Gespräch mit den Katholiken zu finden. Die Flacianer verließen die Versammlung schließlich unter förmlichem Protest. Daraufhin brachen auch die Katholiken die Verhandlungen ab; damit war das letzte Religionsgespräch des 16. Jahrhunderts in Deutschland gescheitert.

Nicht die Verständigung im Glaubensstreit wurde so zum Hauptthema der Religionspolitik des Reichs zwischen 1556 und 1576, sondern die Forderung der sogenannten „Freistellung“, die die Protestanten – ungeachtet ihrer sonstigen inneren Streitigkeiten – immer wieder zum Gegenstand der Reichstagsverhandlungen machten. Diese Forderung war freilich in ihren Zielen nicht eindeutig und erfuhr im Laufe der Zeit auch unterschiedliche Interpretationen. Sie richtete sich ursprünglich und vor allem auf die Beseitigung des Geistlichen Vorbehalts, darüber hinaus aber auch auf die Freiheit evangelischen Bekenntnisses und Gottesdienstes in den Herrschaftsgebieten geistlicher oder überhaupt katholischer Reichsstände. Mitunter wurde, namentlich von kurpfälzischer Seite, sogar die Glaubens- und Kultfreiheit aller Untertanen, gleich welchen Bekenntnisses, gefordert; doch stand die hier verlangte und angebotene Gegenseitigkeit der Duldung unter der stillschweigenden Voraussetzung, daß der endgültige Sieg der Reformation in Deutschland nur durch das jus reformandi einiger katholischer Reichsstände verhindert werde – eine aufrichtige und dauernde Tolerierung der Katholiken lag keineswegs im Sinne der kurpfälzischen Politik. Seit den 60er Jahren bestand ein weiterer Schwerpunkt der Freistellungsforderung im Verlangen nach freiem, nicht etwa durch die Ablegung der Professio fidei Tridentina bedingten Zugang des Adels zu den Domkapiteln; diese Forderung wurde vor allem von seiten der Reichsgrafen geltend gemacht, die ihre soziale und politische Existenz durch den Ausschluß von den Domkapiteln gefährdet sahen. In der Endphase der Auseinandersetzungen um die Freistellung schließlich ging es – nach dem Mißerfolg aller früheren Bemühungen und dem Einsetzen der Gegenreformation in Fulda und auf dem Eichsfeld – im wesentlichen nur mehr um die Respektierung der Declaratio Ferdinandea von 1555 durch die geistlichen Reichsstände; die Freistellungsforderung der Protestanten gewann ein zunehmend defensives Gepräge.

Der eigentliche Vorkämpfer der Freistellung, und zwar vor allem mit der Stoßrichtung gegen die geistlichen Fürstentümer, war die Kurpfalz, und die Kurpfalz war es auch, die zu diesem Zweck eine möglichst geschlossene kirchenpolitische Front der protestantischen Reichsstände zustande zu bringen suchte. Der Grund dafür lag in den besonderen politischen und kirchenpolitischen Verhältnissen der Pfalz. Nach den Zeiten der schwankenden Religionspolitik Kurfürst Friedrichs II. erst seit dem Regierungsantritt Ottheinrichs 1556 definitiv der Reformation zugefallen, war die Kurpfalz konfessionspolitisch sehr viel weniger saturiert als etwa Kursachsen, Brandenburg oder andere evangelische Territorien Norddeutschlands, die sich längst der in ihren Gebieten oder auch nur an deren Rändern gelegenen Fürstbistümer und sonstigen Kirchengüter bemächtigt hatten. Dazu kam die schwierige geopolitische Lage der Kurpfalz: Alles andere als ein geschlossenes Territorium, war sie vielmehr in die räumlich weit getrennten, in ihrer politischen und sozialen Struktur sehr unterschiedlichen Länderkomplexe der Rheinpfalz und der Oberpfalz aufgespalten. Die Rheinpfalz stellte überdies ein vielfach zerrissenes und durchbrochenes Herrschaftsgebiet dar, an vielen Stellen an die Territorien geistlicher Reichsfürsten anstoßend und mit ihnen verzahnt, nicht selten sogar in Form von Kondominaten; im Elsaß konkurrierte der politische Einfluß der Kurpfalz zudem mit habsburgischen Interessen. Anders als für die großen evangelischen Territorien Norddeutschlands standen für die protestantisch gewordene Kurpfalz also dauernde und schwierige Streitigkeiten mit ihren katholischen Nachbarn zu erwarten. Ein gemeinprotestantisches Bündnis konnte da nur hilfreich sein, und auch das Ziel einer Aufweichung der Garantie des Religionsfriedens für die geistlichen Fürstentümer lag der kurpfälzischen Politik gewiß besonders nahe.

Gleich auf dem Reichstag von Regensburg, im September 1556, ergriffen die Gesandten Kurfürst Ottheinrichs die Initiative. Sie beriefen eine Versammlung der anwesenden protestantischen Vertreter ein und schlugen vor, einander „gute Korrespondenz" zu halten, „damit wie aus einem Munde votiert" werde[67]. Das erste und Hauptziel der Verhandlungen am Reichstag müsse die völlige Religionsfreiheit für jedermann, insbesondere aber die Aufhebung des Geistlichen Vorbehalts sein. Bevor diese Forderungen nicht durch bindende Zusagen erfüllt seien, solle man sich auf keine anderen Verhandlungen einlassen, vor allem keine Türkensteuer bewilligen; angesichts der Türkengefahr werde dem König nichts anderes übrigbleiben, als in der Religionsfrage nachzugeben.

Solche Vorschläge standen nun freilich in scharfem Gegensatz zur politischen Linie Kursachsens. Zwar die förmliche Aufhebung des Geistlichen Vorbehalts wäre auch Kurfürst August willkommen gewesen. Er hatte ja ohnehin stets erklärt, dem Vorbehalt nie zugestimmt zu haben und deshalb nicht an ihn gebunden zu sein; auch die Praxis seiner territorialen Kirchenpolitik nahm darauf keine Rücksicht. Anderseits aber war der Kurfürst konfessionspolitisch doch im wesentlichen saturiert und jedenfalls nicht bereit, zugunsten etwaiger Nachbesserungen des Religionsfriedens dessen Ordnung insgesamt aufs Spiel zu setzen. Zudem hatte er – ähnlich wie andere Fürsten im Osten des Reichs, auch Kurbrandenburg – ein sehr viel unmittelbareres Gefühl für die Türkengefahr als die Stände in Westdeutschland; wenn es nach ihm gegangen wäre, hätte der Reichstag überhaupt eine dauernde Türkenhilfe in beträchtlicher Höhe bewilligt. Es zeigte sich, daß die kursächsischen Bedenken bei der großen Mehrheit der protestantischen Reichsstände durchschlugen; schließlich blieb von dem Paket der kurpfälzischen Forderungen nur das Verlangen nach Aufhebung des Geistlichen Vorbehalts. Auch diese Forderung aber war gegen König Ferdinand und die Mehrheit der katholischen Stände des Reichstags nicht durchzusetzen. Schließlich begnügten sich die evangelischen Reichsstände mit einer feierlichen Protestation gegen den Vorbehalt; im übrigen bewilligten sie – gemeinsam mit den Katholiken – die erbetene Türkenhilfe, und zwar in einer Höhe von mehr als einer Million Gulden. Dieses Ergebnis, auch die schon berührte Vereinbarung eines Religionsgesprächs, entsprach im wesentlichen den Wünschen König Ferdinands, war aber auch für Kursachsen und dessen Anhänger unter den evangelischen Reichsständen akzeptabel; Kurfürst Ottheinrich mußte sich mit der größten Diskrepanz zwischen den Zielen seiner Reichstagspolitik und deren konkretem Ergebnis abfinden.

Die Reichspolitik der folgenden Jahre änderte an den Frontstellungen und Ergebnissen des Regensburger Reichstags von 1556/57 so gut wie nichts. Auf dem Augsburger Reichstag von 1566 aber gerieten die Dinge erneut in Bewegung, und zwar mit überraschenden Ergebnissen.

Der Grund für diese Veränderungen lag vor allem in dem immer eindeutigeren Übergang des seit 1559 regierenden pfälzischen Kurfürsten Friedrichs III. zum Calvinismus und in den daraus erwachsenden, auch innerprotestantischen, Spannungen. Dabei spielten theologische Dissense eine wichtige Rolle; dazu kamen politische Motive, die nur zum Teil mit den theologischen Streitigkeiten zu tun hatten. Vor allem die schon unter Ottheinrich deutliche, unter Kurfürst Friedrich noch zunehmende antihabsburgische Orientierung der Pfalz, erst recht die immer enger werdende Verbindung Friedrichs zum französischen und niederländischen Calvinismus mit der Gefahr einer Hineinziehung des Reichs in die westeuropäischen Konflikte wirkten auf die große Mehrheit schon der lutherischen Reichsstände abschreckend; dazu kam die aggressive Konfessionspolitik des Kurfürsten gegenüber der lutherischen Oberpfalz sowie seinen – zumeist ebenfalls lutherischen – Lehensleuten aus der Ritterschaft. So geriet die Kurpfalz selbst unter den evangelischen Reichsständen in eine bedenkliche Isolierung.

Auf dem Reichstag von 1566 wurde die Situation für den Pfälzer dann auch reichspolitisch prekär. Kaiser Maximilian, der die Calvinisten im Reich wie in Europa als konfessionelle Störenfriede betrachtete, hatte schon im Ausschreiben und wieder in der Proposition für den Reichstag Maßnahmen gegen die „schädlichen Secten" gefordert, die „mit schrecklicher ärgerung und verwirrung vieler Christlichen gewissen ... gantz beschwerlich einwurtzeln"[68]; es war klar, daß der Kaiser damit auch, ja: in erster Linie, die Calvinisten meinte. Die Mehrheit der Reichsstände bezeigte zwar nur wenig Lust, sich auf die Initiative des Kaisers einzulassen. Maximilian aber ließ nicht locker. Zunächst nahm er einige beim Supplikationsrat eingereichte Beschwerden über Verstöße des Pfälzers gegen den Religionsfrieden zum Anlaß eines ungewöhnlich scharfen Mandats gegen Kurfürst Friedrich; wenige Tage darauf begehrte er überdies von den wichtigsten lutherischen Reichsständen eine Erklärung, ob sie „dafür hielten, daß er, der Pfaltzgraff, der augspurgischen Confession mit verwandt wäre" oder ob er „mit sondern Secten behengt" sei[69]. Diese Anfrage des Kaisers brachte den pfälzischen Kurfürsten und mit ihm den deutschen Calvinismus in eine auf den ersten Blick sehr gefährliche Lage; das Bekenntnis des Pfälzers zur Confessio Augustana, an dem für ihn der Schutz des Religionsfriedens hing, war ja in mehr als einer Beziehung fragwürdig. In den anschließenden Beratungen der evangelischen Reichsstände plädierte denn auch eine ganze Reihe wichtiger lutherischer Fürsten – Württemberg,

Zweibrücken, Mecklenburg und Kurbrandenburg – für den Ausschluß des Pfälzers. Die schließliche Antwort der Evangelischen an den Kaiser lautete dann aber doch anders: Abgesehen von der Abendmahlslehre sei Kurfürst Friedrich in allen Hauptartikeln der Augsburger Konfession anhängig, und auch über den Abendmahlsartikel habe der Kurfürst weitere Verhandlungen angeboten; so sehe man keinen hinreichenden Grund, ihm die Zugehörigkeit zu den Ständen der Augsburgischen Konfession zu bestreiten. Auch ein weiterer Vorstoß des Kaisers, der mit „beschwertem Gemüt" vernommen habe, daß man die Abweichung des Pfälzers im Hauptartikel des Abendmahls so leicht nähme, hatte keinen Erfolg. Schließlich mußte Maximilian einsehen, daß er bei den evangelischen Reichsständen – ungeachtet ihrer inneren Auseinandersetzungen um den Calvinismus – keine Verurteilung des pfälzischen Kurfürsten erreichen konnte. Im Abschied des Reichstags war von einem Vorgehen gegen die „Secten" oder gar von einem Ausschluß der deutschen Calvinisten aus dem Religionsfrieden nicht mehr die Rede.

Die für diese Abwehr des kaiserlichen Angriffs auf den deutschen Calvinismus letztlich maßgebende politische Kraft war Kursachsen. Angesichts der seit Jahren andauernden kirchlichen und kirchenpolitischen Gegensätze zwischen den beiden Vormächten des deutschen Protestantismus war das auf den ersten Blick erstaunlich. Es entsprach aber im Grunde doch den Prinzipien der kursächsischen Politik, die auf die Erhaltung des Religionsfriedens im Reich abzielte. Ein Ausschluß der Kurpfalz aus dem Religionsfrieden konnte zu unabsehbaren Weiterungen führen – möglicherweise zur Aberkennung der pfälzischen Kur und damit zur Aufhebung der konfessionellen Parität im Kurfürstenrat, möglicherweise sogar zu einem Religionskrieg; überdies war die Gefahr nicht von der Hand zu weisen, daß ein Ausschluß der Pfalz nur den Anfang einer Kette von weiteren Verurteilungen bilden und am Ende zu einer völligen politischen Zersplitterung des deutschen Protestantismus führen würde. Gerade dieses Argument war es anscheinend auch, das schließlich selbst die hartnäckigsten Gegner der Kurpfalz, zuletzt Württemberg und Zweibrücken, zum Einlenken brachte.

Das religionspolitische Ergebnis des Reichstags von 1566 bestand mithin – nicht nur für den Kaiser unerwartet – in der reichsrechtlichen de facto-Anerkennung des kurpfälzischen Calvinismus. Damit waren die Voraussetzungen für eine Fortführung der Konfessions-, Reichs- und Außenpolitik Kurfürst Friedrichs sehr viel sicherer geworden als zuvor. Zugleich fiel auch für andere protestantische Reichsstände ein entscheidendes reichspolitisches Hemmnis für eine Annäherung an calvinistisches Kirchenwesen fort; das sollte namentlich für die konfessionelle Entwicklung Nordwestdeutschlands in der Folgezeit Bedeutung gewinnen. Anderseits behauptete Kursachsen doch seine Stellung als Führungsmacht des deutschen Protestantismus, ohne dessen Zustimmung die Kirchenpolitik der Kurpfalz im

Reich keine großen Chancen hatte. Eben das blieb die politische Grundkonstellation des deutschen Protestantismus bis zum Ende des Jahrhunderts.

Neben dem Streit um die Ausschließung der Kurpfalz aus dem Religionsfrieden ging auf dem Reichstag von 1566 auch die Auseinandersetzung um die Freistellung weiter. Dabei kam hier zuerst eine neue und für die Zukunft wichtige Konkretion des Freistellungsbegehrens ins Spiel: die von den Grafen der Wetterau vorgebrachte Forderung nämlich nach freiem Zugang der Söhne protestantisch gewordener Grafenfamilien zu den Domkapiteln, vor allem zu den – großenteils dem hohen Reichsadel vorbehaltenen – Domstiften von Köln und Straßburg. Die Domkapitel waren ja von jeher wichtige Institutionen zur Versorgung der jüngeren Söhne des Adels, Institutionen auch des politischen Einflusses des Adels in den Domstiften und über sie hinaus. Die konfessionelle Verfestigung des Glaubensstreits aber erschwerte den Zugang protestantischer Adelssöhne zu den Domkapiteln immer mehr; die Dekrete des Tridentinums schlossen diese Möglichkeit überhaupt aus. So versuchten die Grafen der Wetterau seit 1565, Kurfürst und Kapitel des Erzbistums Köln für die Idee der Freistellung zu gewinnen – die Grafen der Wetterau stellten hier traditionell einen erheblichen Teil der Stiftskanoniker – und stießen dabei auf nicht einmal unfreundliche Resonanz. Zu einer größeren reichspolitischen Initiative der Grafen langte es freilich vorläufig nicht. So konnten sie ihr Begehren nur in der schwachen Form einer Supplikation an den Reichstag bringen, und diese Supplikation blieb ohne Erfolg. Das schreckte die Grafen jedoch nicht ab; im Gegenteil warben sie in der Folge nachdrücklich um reichspolitische Unterstützung: bei den protestantischen Reichsständen insgesamt und besonders bei den Reichsgrafen, an deren ständische Interessengemeinschaft sie appellierten. Zudem bemühten sie sich, zusammen mit der Kurpfalz, intensiv um den Kölner Kurfürsten Salentin von Isenburg, dem man den Übergang zum Protestantismus und die Administration des Erzbistums, etwa nach dem Muster von Magdeburg, empfahl – dem Evangelium, dem Vaterland und dem Grafenstand zu Nutz und Frommen. Der Erfolg auch dieser Anstrengungen war freilich enttäuschend. Salentin von Isenburg winkte seinen gräflichen Standesgenossen kühl ab, und im Kreise der evangelischen Reichsstände setzte sich die Meinung Kursachsens durch, daß die Forderungen nach Aufhebung des Geistlichen Vorbehalts und nach Freistellung des Zugangs zu den Domkapiteln aussichtslos oder aber – falls man ernsthaft auf ihnen bestehe – friedensgefährdend seien. So konnten die Grafen der Wetterau auch auf dem Reichstag von Regensburg 1576 ihre Anträge nur in der Form von Supplikationen geltend machen, die – wie zehn Jahre zuvor – der Ablehnung verfielen. Selbst dieser Mißerfolg aber bedeutete keineswegs das Ende der wetterauischen Freistellungspolitik; diese Politik wurde vielmehr noch in den 80er Jahren zu einem Kernelement der großen Auseinandersetzungen um das Erzstift Köln, die damals mit dem Abfall Erzbischof Gebhard Truchseß' von Waldburg aufbrachen.

Bereits auf dem Reichstag von 1576 spielten schließlich die Religionsbeschwerden der evangelischen Reichsstände über die Gegenreformation in Fulda und auf dem Eichsfeld eine wichtige Rolle. Dabei ging es vor allem um die Respektierung der Declaratio Ferdinandea, praktisch also um den Schutz evangelischer Minderheiten in den geistlichen Gebieten. Die Declaratio, 1555 nur als einseitige Erklärung des Königs ergangen und nicht in den Reichsabschied aufgenommen, war in der Folge, weil keine einzige der geistlichen Obrigkeiten Anstalten zu einer Rekatholisierung ihrer Untertanen gemacht hatte, nahezu in Vergessenheit geraten. Anläßlich der Gegenreformation in Fulda nun, die die schon lange vor 1555 evangelisch gewordenen Untertanen der Fürstabtei bis hinauf zum Stiftsadel zur katholischen Messe oder aber zur Emigration zwingen wollte, hatte Kurfürst August von Sachsen, von den Bedrängten um Hilfe angegangen, die Declaratio geltend gemacht und sie auch in die Verhandlungen über die Wahl Erzherzog Rudolfs zum römischen König (1575) eingebracht. Die katholischen Fürsten aber bestritten die Verbindlichkeit oder überhaupt die Echtheit der Declaratio Ferdinandea; die Gegenreformation in Fulda und auch auf dem Eichsfeld nahm unverändert ihren Fortgang. So kam es auf dem Reichstag von Regensburg 1576 zu dem unvermeidlichen Konflikt, und jetzt, zum ersten Mal seit 1555 reichspolitisch wirklich in der Defensive, neigte die große Mehrheit der protestantischen Reichsstände auch zu einer härteren Gangart der Verhandlungen als bisher. Wie es die kurpfälzischen Räte seit 20 Jahren gefordert hatten, erklärte man die Abstellung der Religionsbeschwerden zur Voraussetzung jeder Bewilligung von Türkensteuern. Ob diese Verhandlungstaktik, wäre sie wirklich durchgehalten worden, zum Erfolg geführt hätte, steht dahin. Tatsächlich kam es nicht zur Probe aufs Exempel. Die kursächsischen Räte nämlich erklärten sich auf Weisung Kurfürst Augusts in der entscheidenden Sitzung des Kurfürstenrats mit den – in Wirklichkeit wenig verbindlichen – Vertröstungen des Kaisers wegen der Religionsbeschwerden für befriedigt und stimmten, übrigens zusammen mit den Vertretern Kurbrandenburgs, für eine Türkenhilfe von nicht weniger als 60 Römermonaten zuzüglich zehn Monaten „eilender Hilfe" für den Fall eines Angriffs der Türken; die pfälzischen Räte wußten zu berichten, daß die Kursachsen sogar bereit gewesen wären, die exorbitante Türkensteuer von 96 Römermonaten zu bewilligen. Auch unter den Bedingungen der erstarkenden Gegenreformation hielt Kurfürst August von Sachsen also an seiner Politik der Erhaltung des Friedens, der Vermeidung großer konfessioneller Konflikte, der Verständigung mit dem Kaiserhaus und der unbedingten Bereitschaft zu wirksamer Türkenhilfe fest. Daß diese Politik den Sorgen und Wünschen vieler seiner Glaubensgenossen, namentlich der protestantischen Untertanen geistlicher Reichsstände, nur wenig gerecht wurde, ist sicher. Ebenso sicher aber ist, daß die Friedenspolitik des Kurfürsten maßgebend dazu beitrug, dem Deutschland seiner Generation das Schicksal eines Religionskriegs zu ersparen, wie ihn das zeitgenössische Frankreich zu durchleiden hatte.

6. Der Aufstand der Niederlande

Nach den gewaltigen Gebietsverlusten der burgundischen Staatsbildung als Folge der gescheiterten Großmachtpolitik Karls des Kühnen hatte Karl V. seinen burgundischen Erblanden wieder zu recht umfänglichen territorialen Gewinnen verholfen, vor allem im Nordosten – durch Friesland, Utrecht und Overijssel, durch Groningen und Drente, 1543 schließlich noch durch das Herzogtum Geldern mit der Grafschaft Zütphen. Dieser beträchtliche Herrschaftskomplex war freilich durch starke innere Unterschiede und Spannungen gekennzeichnet. Da war schon die Unterschiedlichkeit der Sprachen mit ihrer prägenden kulturellen Kraft: Im Süden des Landes wie auch am Hof und in der Regierung wurde Französisch gesprochen; in großen Teilen Flanderns und Brabants, auch in Holland, Seeland und Utrecht waren flämische Dialekte geläufig; in den neuerworbenen östlichen Provinzen herrschten niedersächsische Idiome vor. Dazu kam ein erhebliches wirtschaftliches Gefälle. Zwar gehörten die Niederlande insgesamt zu den ökonomisch am weitesten entwickelten Regionen Europas, aber auf diesem hohen Niveau gab es doch deutliche regionale Unterschiede. So repräsentierten Flandern und Brabant mit ihren ausgeprägten Textilgewerbezonen eine Wirtschaftskraft, der Holland und Seeland – trotz hoher Zuwachsraten im Schiffsbau und Seehandel – und erst recht die agrarischen Provinzen im Osten vorerst nichts Gleichwertiges entgegenstellen konnten. Antwerpen, nicht Amsterdam, war das wirtschaftliche Zentrum der Niederlande und zugleich einer der führenden Handels- und Bankplätze Europas; der Niedergang Antwerpens und – ihm korrespondierend – der Aufstieg Amsterdams zu beherrschender Stellung war ein Vorgang erst des ausgehenden 16. Jahrhunderts. Freilich waren gerade die hochentwickelten Gewerbezonen Flanderns und Brabants auf den Export ihrer gewerblichen Erzeugnisse wie auf den Import von Getreide, namentlich aus dem baltischen Raum, angewiesen. Wenn es daher zu Stockungen oder gar zu Einbrüchen im Außenhandel kam, so traf das nicht nur die ohnehin auf den Seehandel ausgerichteten Küstenstädte, sondern auch die Textilregionen der südlichen Niederlande; drastische Steigerungen der Getreidepreise, Schwierigkeiten im Absatz der gewerblichen Erzeugnisse und daraus folgende Arbeitslosigkeit summierten sich dann zu wirtschaftlichen und auch sozialen Krisen. Schließlich bildeten die Niederlande auch politisch keine sehr festgefügte Einheit. Die einzelnen Provinzen behaupteten umfängliche traditionelle Eigenständigkeiten im Verhältnis zueinander wie gegenüber dem Landesherrn und dessen – in der Regel: hochadligen –

Statthaltern; die Ständeversammlungen der Provinzen, die sogenannten Staaten, wachten mißtrauisch über die Respektierung ihrer Privilegien. Bezeichnenderweise wurden selbst die Verhandlungen der Regierung um die Bewilligung von Steuern zumeist mit den Ständen der einzelnen Provinzen, nicht mit den Generalstaaten aller Provinzen geführt. Auf der anderen Seite war der Landesfürst auf den Ausbau seiner herrschaftlichen Positionen bedacht, und zwar nicht nur gegenüber den ständischen Organisationen, sondern auch und vor allem gegenüber den lokalen und regionalen Trägern von Recht und Macht. Das war – mit deutlichem Schwerpunkt im Süden des Landes – der Adel, das war aber auch das wohlhabende Bürgertum. Die Niederlande waren ja, abgesehen von den agrarischen Landschaften im Osten, ungewöhnlich intensiv urbanisiert, und die Bürgerschaften ihrer Städte genossen seit langem eine weitgehende Selbständigkeit ihrer Rechtsprechung und Verwaltung. Darüber hinaus hatte das reiche Bürgertum auch auf dem Lande bedeutenden Einfluß erlangt. Daß, namentlich im Norden des Landes, die adlige Grundherrschaft schon weithin aufgelöst war, hatte nicht nur die Entstehung eines freien Bauerntums, sondern auch das Eindringen bürgerlichen Kapitals und in der Folge sogar – zumindest pfandweise – den Übergang obrigkeitlicher Herrschaftspositionen auf das Bürgertum begünstigt. Gerade das Eindringen des Fürstenstaats in diese „Freiheiten" des Adels wie des Bürgertums in Stadt und Land war die Ursache latenter politischer Spannungen, die leicht in einen offenen Konflikt umschlagen konnten.

In der Zeit Karls V. wurden diese Gegensätze, nicht zuletzt dank der langjährigen klugen Führung der Regentschaft durch des Kaisers Schwester Maria, einigermaßen hintangehalten. Einen großen Konflikt freilich gab es, den der Kaiser und seine Regentin weder beizulegen noch auch wirklich zu unterdrücken vermochten – das war der Glaubensstreit.

Schon in den frühen 20er Jahren hatte die reformatorische Bewegung von Deutschland aus auf die mittleren und nördlichen Provinzen der Niederlande übergegriffen; auch der harte Widerstand der habsburgischen Landesherrschaft – in Brüssel starben 1523 die ersten Märtyrer der Reformation den Feuertod – konnte ihre Ausbreitung nicht verhindern. Neben den Lutheranern fanden frühzeitig auch Taufgesinnte viel Zulauf in den Niederlanden; in den 30er Jahren waren es Täufer aus Holland und Friesland, die den Anstoß zur Errichtung des Münsteraner Täuferreichs gaben. Ihre Verfolgung war noch unerbittlicher als die der Lutheraner; bei den mehreren Tausend Menschen, die schon unter Karl V. in den Niederlanden als Ketzer hingerichtet wurden, handelte es sich in der Mehrzahl um Täufer. Seit den 40er Jahren gewann dann, zuerst in Flandern und Brabant, der Calvinismus zunehmende Bedeutung und gab dem religiösen Gegensatz zur katholischen Landesherrschaft einen verstärkten politischen Akzent; auf katholischer Seite entsprach dem seit dem Regierungsantritt Philipps II. ein noch gesteigerter Einsatz der Staatsgewalt im Dienst der Ketzerverfolgung. In der Folge verband sich der religiöse und religionspolitische Konflikt mit dem verfassungspolitischen Kampf eines Großteils der adligen und bürgerlichen Eliten des Landes gegen das absolutistische System des Königs und seiner Klientel; soziale Konflikte wirkten zusätzlich auf die Frontstellungen wie auf den zeitlichen Ablauf des Konflikts ein. Keineswegs einfach der Freiheitskampf einer protestantischen Nation gegen ihre Unterdrückung durch eine katholische Fremdherrschaft, war der niederländische Aufstand vielmehr, jedenfalls bis in die 80er Jahre hinein, ein Bürgerkrieg mit einer Vielzahl unterschiedlicher und überdies im Laufe der Zeit sich verändernder, auch regional sehr unterschiedlicher Konstellationen und Fronten.

Unter den konfessionellen Gruppen des Landes waren auf protestantischer Seite die Calvinisten die bei weitem aktivste Kraft. Zwar spielten zahlenmäßig neben ihnen die Lutheraner noch lange Zeit eine erhebliche Rolle; selbst in Antwerpen, einer Hochburg der Calvinisten, kamen noch 1584 auf 2131 calvinistische Haushaltungsvorstände nicht weniger als 940 lutherische. Politisch aber traten die Lutheraner nur wenig hervor, und das galt erst recht von den Taufgesinnten – zumeist Anhängern des quietistischen Menno Simons –, die in manchen Regionen des Nordostens an die 50 Prozent der Bevölkerung ausmachten. Der Grund für die frühe politische Führungsrolle der Calvinisten im niederländischen Protestantismus lag nicht zuletzt in der umsichtigen Förderung und Steuerung vom Genfer Zentrum des europäischen Calvinismus aus, vor allem durch Calvin selbst, der übrigens von den Niederländern mehr oder weniger als einer der ihren angesehen wurde – er stammte ja aus der niederländisch-französischen Grenzlandschaft der Picardie, seine Mutter aus Cambrai; auch war er selbst mit einer Niederländerin verheiratet. Als eigentlicher Reformator der Niederlande aber gilt Guido de Bray (1522–1567), der nach Auslandsaufenthalten in England und Deutschland in Genf studiert hatte und von dort in die Niederlande zurückgekehrt war. Die von ihm verfaßte Confessio Belgica von 1561 war ursprünglich als Apologie der niederländischen Reformierten gegenüber Philipp II. gedacht – ganz analog also der Confessio Augustana von 1530 gegenüber Kaiser und Reich –; sie wurde in der Folge sehr bald von den niederländischen Gemeinden als verbindliche Grundlage ihrer Lehre und Verfassung angenommen. Gegen Ende der 60er Jahre organisierte sich dann eine niederländische Gesamtkirche calvinistischer Prägung. Zugleich gelang es den Calvinisten, sich als die eigentliche konfessionelle und politische Alternative zum gegenreformatorischen Absolutismus der Spanier darzustellen.

Die eigentliche Gegenposition zu den niederländischen Calvinisten bildeten diejenigen Katholiken, die sich der Katholischen Reform und Gegenreformation verpflichtet fühlten – auch sie um die Mitte der 60er Jahre freilich nur eine Minderheit, kaum stärker als die Calvinisten. Daß Philipp II. die volle politische und auch militärische Macht seines Königtums in den Dienst dieses gegenreformatorisch-tridentinischen Katholizismus stellte, bedeutete einerseits natürlich eine Stärkung dieser konfessionellen Position, machte sie anderseits aber auch und mit sehr problematischen Konsequenzen zur Partei im verfassungspolitischen Konflikt. Das kündigte sich schon in den Anfängen der Regierungszeit Philipps II. an. Bezeichnenderweise lag der Anlaß der ersten offenen Konflikte in einer kirchlichen Neuorganisation der Niederlande (1559), durch die die Kirche nicht nur für eine wirksame Reform geöffnet, sondern zugleich in bisher unbekannter Weise dem landesherrlichen Kirchenregiment unterworfen werden sollte – auf Kosten nicht nur des bisherigen Einflusses auswärtiger Kirchenoberer, sondern auch des niederländischen Adels. Daß der König sich die Besetzung der neuen Bischofsstühle vorbehielt, war für die adelsfeindliche Tendenz der Reform symptomatisch, nicht minder die Regelung, daß künftig nur Theologen mit akademischem Grad zu Bischöfen ernannt werden dürften; da die Söhne des niederländischen Adels die Universitäten kaum zu besuchen pflegten, wurden sie durch diese Bestimmung praktisch von den Bischofsämtern ausgeschlossen.

Die Mehrheit der niederländischen Bevölkerung, und zwar durch alle sozialen Schichten hindurch, orientierte sich um die Mitte der 60er Jahre freilich weder am Calvinismus noch auch am tridentinisch-gegenreformatorischen Katholizismus. Vielmehr bildete sie eine breite, obzwar wenig homogene, äußerlich zumeist katholische Mittelgruppe von konfessionell wenig dezidierter, undogmatischer, mitunter von erasmianischen Ideen beeinflußter Haltung. Verfassungspolitisch standen diese Mittelgruppen überwiegend in Opposition zu den absolutistischen Tendenzen des Königs, aber viel weniger radikal als die Calvinisten; es ging ihnen im Grunde um die Bewahrung eines Gleichgewichts der monarchisch-zentralistischen und ständisch-regionalistischen Kräfte, wie es doch auch Karl V. nicht grundsätzlich in Frage gestellt hatte. Anfänglich neigten nicht wenige auch der dem tridentinischen Katholizismus verpflichteten niederländischen Katholiken dieser verfassungspolitischen Position zu. Es blieb jedoch nicht bei dieser Verwerfung der Fronten. Jene Mittelgruppen des „Zentrums" nämlich wurden in der Unerbittlichkeit des Kampfs der konfessionellen Extremisten allmählich zerrieben; in eins damit verschmolzen die konfessionellen und verfassungspolitischen Frontstellungen und steigerten sich zu kompromißloser Gegensätzlichkeit. Die Geschichte des niederländischen Aufstands ist sehr wesentlich eine Geschichte dieser Polarisierung gewesen.

Als Philipp II. 1559 die Niederlande verließ, setzte er seine Halbschwester Margarete von Parma zur Regentin ein; der eigentliche Leiter der Politik war der jüngere Granvelle, den Philipp 1561 überdies zum Erzbischof von Mecheln und Primas der Niederlande machte. Granvelle suchte das Land getreu den gegenreformatorischen und absolutistisch-zentralistischen Prinzipien des Königs zu regieren, stieß damit jedoch alsbald auf zähen Widerstand, und zwar zunächst von seiten des Hochadels, der um seine herkömmliche Stellung in Staat und Kirche fürchtete und auch mit der Rigorosität der Ketzerverfolgung nicht einverstanden war. Dieser Widerstand führte immerhin zu einem Teilerfolg. 1564 berief Philipp den Kardinal ab, der Hochadel gewann wenigstens einen Teil seines früheren Einflusses zurück. Die Hoffnung auf ein auch konfessionspolitisches Einlenken Philipps II. aber erwies sich rasch als illusionär; nach monatelangen Verhandlungen bekräftigte der König im November 1565 nur seine Forderung nach unerbittlicher Verfolgung der Ketzer.

Einige der hochadligen Statthalter der Provinzen – auch der mächtigste von ihnen, Wilhelm von Oranien – begegneten den Anordnungen Philipps II. mit stiller oder offener Obstruktion; andere erbaten ihre Entlassung. Darüber hinaus aber bildete sich jetzt eine weitere oppositionelle Einung aus Angehörigen vornehmlich des niederen Adels, die sich feierlich dem Kampf gegen die Inquisition verschrieb und bald beträchtlichen Zulauf von Protestanten wie von gemäßigten Katholiken erhielt. Schon drohte die Gefahr bewaffneten Widerstands und damit des Bürgerkriegs; doch begnügte sich der Adelsbund im April 1566 vorerst mit einer Massenpetition an die Regentin, durch die er die Aufhebung der Ketzeredikte und die Berufung der Generalstaaten für eine gemeinsame Lösung der Religionsfrage erbat.

Die Regentin versuchte zunächst, die Petenten durch vorläufige und letztlich unverbindliche Vertröstungen zu beschwichtigen. Ihre Antwort wurde jedoch von den Protestanten weithin als Ermutigung gedeutet; im Mai 1566 begannen öffentliche protestantische Predigten unter freiem Himmel. Das obrigkeitliche Verbot dieser „Heckenpredigten“ war bald nicht mehr durchzusetzen. In den ländlichen Textilgebieten des Südens wirkten gleichzeitig akute soziale Probleme – hohe Getreidepreise und Arbeitslosigkeit als Folge von Stockungen im Ostseehandel – verschärfend auf die religiösen Gegensätze ein. Gerade hier entluden sich denn auch im August 1566 die ungelösten Spannungen in einem verheerenden Bilder-, Kirchen- und Klostersturm. In großen Teilen Flanderns, auch in Antwerpen, hörte der katholische Gottesdienst völlig auf; Terror und Anarchie machten sich breit.

In dieser Situation blieb Margarete nichts übrig, als die Großen des Landes – Oranien, Egmont, Hoorne, Hoogstraten – um ihre Unterstützung zu ersuchen. Diese aber machten ihre Hilfe, entsprechend der Petition des Adelsbundes vom April, von der Zulassung der protestantischen Predigt und der Einberufung der Generalstaaten abhängig, und diesmal konnte die Regentin sich nicht mehr aufs Temporisieren verlegen; am 23. August akzeptierte sie die Bedingungen. Die öffentliche Ordnung wurde wiederhergestellt; Oranien selbst machte mit den Rädelsführern der Schreckensherrschaft in Antwerpen kurzen Prozeß. Der katholische Gottesdienst wurde überall wieder eingeführt, daneben freilich auch die protestantische Predigt zugelassen; in einigen Städten erhielten die Protestanten eigene Plätze zum Kirchenbau.

Einige Wochen konnte es damals so scheinen, als wäre ein tragfähiger Kompromiß gefunden, als könnte die versöhnende Politik des Zentrums sich durchsetzen. Das war indessen eine Illusion: Zum einen stellte sich bald heraus, daß König Philipp nicht bereit war, die Zugeständnisse der Regentin zu sanktionieren; zum andern – und das war zunächst noch folgenreicher – riß der Kloster- und Bildersturm eine tiefe Kluft zwischen den Calvinisten und der Mehrheit der verfassungspolitisch mit ihnen verbündeten Katholiken auf. Das bedeutete zugleich eine erste Aufspaltung des Zentrums: Einige seiner Vertreter, vor allem Oranien, schwenkten auf die protestantische Seite über, während andere und sogar die meisten fortan, jedenfalls bis auf weiteres, aus Furcht vor protestantischen Aggressionen die Politik der Regierung unterstützten; auch der Adelsbund fiel auseinander. Das wiederum gab der Regentin die Möglichkeit zur Gegenoffensive, und wirklich gelang es ihr bis zum Frühjahr 1567, das Land wieder unter ihre Kontrolle zu bringen. Alle Konzessionen an die Protestanten wurden kassiert. Egmont und Hoorne unterwarfen sich, Oranien, Hoogstraten und viele andere gingen ins Exil, Oranien zu seinem jüngeren Bruder Graf Johann VI. von Nassau.

Nicht zufrieden mit diesem Erfolg und auch in der nicht unbegründeten Sorge, daß Protestanten und gemäßigte Katholiken sich zu einem neuen Bündnis gegen die königliche Verfassungs- und Religionspolitik zusammenfinden könnten, entsandte König Philipp im Sommer 1567 den Herzog von Alba mit spanischen und italienischen Eliteeinheiten, um die religiösen wie die politischen Freiheitsforderungen der Niederländer in der Wurzel auszurotten; auch sollte Alba der königlichen Herrschaft im Lande eine neue und sicherere finanzielle Grundlage verschaffen. Im August traf der Herzog in Brüssel ein, gegen Ende des Jahres verließ die bisherige Regentin das Land.

Alba konstituierte alsbald – in schneidendem Widerspruch zu den Privilegien des Landes – einen „Rat der Unruhen“ (Conseil des Troubles), um die Schuldigen zu bestrafen; zugleich setzte die Ketzerverfolgung von neuem und mit verstärkter Intensität ein. Der gewünschte Erfolg blieb Alba jedoch versagt, und zwar gerade deshalb, weil sich sein Blutregiment nicht bloß gegen die Ketzer richtete, sondern auch gegen die verfassungspolitische Opposition bis weit in das katholische Zentrum hinein; Egmont und Hoorne z.B., die im Juni 1568 hingerichtet wurden, waren ja nicht etwa Protestanten, sondern Katholiken, wenngleich Vertreter eines konfessionell wie verfassungspolitisch gemäßigten Kurses. Die Rigorosität Albas konsolidierte also von neuem die Opposition all derer, die nicht zu den überzeugten Anhängern des absolutistischen Königtums und zugleich einer blutigen Gegenreformation gehörten, und das war – durch alle gesellschaftlichen Schichten hindurch – die große Mehrheit des Landes. Auch die fiskalischen Vorhaben des Regenten, vor allem die Einführung einer zehnprozentigen Steuer auf den Verkauf aller fahrenden Güter, ließen sich nicht befriedigend realisieren. Selbst das Heer Albas konnte schließlich nur in der Form unterhalten werden, daß die Truppen bei den Bürgern und auf deren Kosten einquartiert wurden. Daß ein solches Verfahren bei den Niederländern auf nur wenig Gegenliebe stieß, ist verständlich. Auch Handel und Gewerbe gingen zurück; die Unzufriedenheit über diesen Niedergang der Wirtschaft kehrte sich wiederum vor allem gegen Alba.

Auf der anderen Seite geriet die sich neu formierende Opposition jetzt unter zunehmenden Einfluß der Calvinisten. Wichtige Zentren dieser Opposition waren die seit 1566 rasch anwachsenden niederländischen Flüchtlingsgemeinden in England und Deutschland, die in diesen Jahren zielbewußt zu calvinistischen Ausbildungsstätten für die künftigen kirchlichen und politischen Führer der Niederlande gemacht wurden. Dazu kam der durch Wilhelm von Oranien von Deutschland aus organisierte militärische Widerstand; 1568 fiel Oranien sogar selbst ein erstes Mal mit einem Heer in die Niederlande ein, ohne freilich vorerst der vorzüglichen spanischen Infanterie gewachsen zu sein. Noch wichtiger als die Unternehmungen Oraniens war die Freibeuterei der sogenannten Wassergeusen. Ein Teil der vor dem spanischen Schreckensregiment Geflohenen nämlich führte den Kampf gegen Spanien zur See fort: Von der Basis englischer Häfen, aber auch Emdens und des Hugenottenorts La Rochelle aus verunsicherten sie den Seehandel der von Alba beherrschten Gebiete und schufen überdies durch überraschende „Landgänge" politische Unruhe – sie machten für jedermann deutlich, daß die spanische Herrschaft im Lande nicht unverwundbar war.

Von den Geusen und ihren vorwiegend adligen Kapitänen ging auch die Wende aus, die seit 1572 Holland und Seeland in die Hand der Aufständischen brachte; zum eigentlichen Führer des Aufstands aber wurde Oranien, der schon zuvor die Kooperation mit den Freibeutern gesucht hatte. Am 1. April 1572 eroberten die Geusen unter dem Admiral Willem van Lumey die Stadt Den Briel auf einer Insel westlich von Dordrecht, und dank ihrer Kontrolle der Flüsse und Meeresarme gelang es ihnen, die Stadt gegen die Spanier zu behaupten. Noch im April ging Vlissingen zu den Geusen über, andere Städte folgten. Als Oraniens Bruder Ludwig von Nassau Ende Mai von Frankreich aus in den Hennegau vorstieß und die Provinzhauptstadt Mons besetzte, schien Alba diese Gefährdung von der französischen Flanke her so bedrohlich, daß er seine Truppen aus dem Norden abzog. Damit hatten die Aufständischen hier freie Bahn. Bereits im Sommer des Jahres gewannen sie den größten Teil Hollands und Seelands für sich; auch eine Reihe von Städten in Friesland, Overijssel und Geldern schloß sich ihnen an, dazu Mecheln in Brabant. Allerdings wurde Alba durch die Bartholomäusnacht (24. August 1572) von der Sorge vor einer weiteren Unterstützung der Aufständischen durch die französische

Regierung befreit; seine alsbald einsetzende Gegenoffensive brachte ihm denn auch die Herrschaft über Mons, Mecheln und die östlichen Provinzen zurück. Holland und Seeland konnten sich jedoch gegen die spanische Übermacht behaupten; im Notfall scheuten die Aufständischen nicht davor zurück, zu ihrer Verteidigung die Deiche zu durchstechen und die tiefer gelegenen Landesteile unter Wasser zu setzen.

Anders als im Aufstand von 1566, der sein Zentrum in den ländlichen Textilgewerberegionen Flanderns und Brabants gehabt hatte, lag der Schwerpunkt des Widerstands jetzt – in Holland und Seeland – in den Städten, und zwar vor allem bei den bürgerlichen Oberschichten, die sich durch den Aufstand ihre traditionellen Rechte der städtischen Selbstregierung zurückzuholen suchten. Daneben bestand freilich auch bei den durch den Niedergang von Schiffahrt und Verkehr verarmten Fischern und Seeleuten der Küstenregionen ein erhebliches Appellpotential für die Predigt des Aufstands. Diese Predigt selbst aber gewann ein immer ausschließlicher calvinistisches Gepräge, und dem entsprach auch die kirchliche Neuordnung der aufständischen Provinzen. Zwar wurde auf einer Ständeversammlung in Dordrecht im Sommer 1572 die Freiheit des Gottesdienstes für Reformierte wie Katholiken beschlossen. Die damit ausgesprochene Anerkennung auch des Katholizismus ließ sich jedoch gegen den konfessionellen Rigorismus der Calvinisten nicht aufrechterhalten; an der Jahreswende 1572/73 wurde, bezeichnenderweise gegen das Votum Oraniens, in Holland und Seeland die Messe verboten. Daß dadurch – genau wie Oranien es befürchtet hatte – die gegenreformatorische Reaktion in den übrigen Landesteilen Auftrieb erhielt, daß auch das Bündnis mit den gemäßigten Katholiken des Zentrums erneut gefährdet wurde, stellte sich alsbald heraus. Indessen zeigte die Mehrheit der Bevölkerung, ohne selbst dem Calvinismus anzuhängen, doch nur wenig Bereitschaft, sich ernsthaft für die Freiheit des katholischen Gottesdienstes im Lande zu engagieren. Man unterstützte den Aufstand vor allem als Kampf für die alten Freiheiten und gegen Albas Tyrannei, und in diesem Kampf waren die Calvinisten nun einmal die aktivsten Kräfte. Darüber hinaus entschieden sich jetzt doch auch wichtige Repräsentanten des Zentrums persönlich für den Calvinismus; noch 1573 folgte Wilhelm von Oranien selbst ihrem Beispiel.

Der fortgesetzte Krieg war eine schwere Belastung für Holland und Seeland, aber auch – und wegen der Belastungen durch das spanische Heer sogar erst recht – für die südlichen Landesteile. Deren Stände drängten denn auch je länger desto entschiedener auf Friedensverhandlungen mit den Aufständischen, und Requesens, der den Herzog von Alba 1573 als Statthalter abgelöst hatte, ließ wirklich Sondierungen, im Frühjahr 1575 in Breda sogar offizielle Verhandlungen zu. Anders als Alba war Requesens von Philipp II. ermächtigt, gewisse verfassungspolitische Zugeständnisse zu machen; seine Entsendung bedeutete insofern einen politischen Kurswechsel des Königs. Über kirchenpolitische Konzessionen an die Protestanten aber waren nach wie vor keinerlei substantielle Verhandlungen möglich; die spanische Regierung blieb bei ihrem harten gegenreformatorischen Kurs, und das machte die Friedensinitiativen des Zentrums von vornherein nahezu aussichtslos.

Da entstand im Frühjahr 1576 durch den unerwarteten und plötzlichen Tod Requesens' eine neue Situation. Die Nachfolge des Statthalters war ungeregelt, der – ohnehin nur als Beratungsgremium für den Statthalter amtierende – Staatsrat konnte sich im Lande keine eigene Autorität verschaffen, die nicht mehr besoldeten spanischen Truppen begannen zu meutern und zu plündern. In dieser Situation ergriff eine Gruppe einflußreicher gemäßigter Katholiken die Macht und berief mit Hilfe der Stände Brabants eine Versammlung der Generalstaaten nach Brüssel ein, die dem Aufstand wie dem konfessionellen Konflikt durch einen Kompromiß mit Holland und Seeland ein Ende machen sollte. In der Tat gelang es den Generalstaaten, im November 1576 die sogenannte Pazifikation von Gent zustande zu bringen; in ihr vereinbarte man das Prinzip einer gegenseitigen religiösen Toleranz der verschiedenen Provinzen, dazu ein gemeinsames, notfalls bewaffnetes, Bemühen um den Abzug der spanischen Truppen. In dem Ziel, die spanischen Truppen aus dem Lande zu bekommen, war man sich um so einiger, als der neu ernannte Statthalter Don Juan d'Austria, der Sieger von Lepanto, unmittelbar nach seinem Eintreffen in den Niederlanden Anfang November 1576 das reiche Antwerpen angreifen und nach der Eroberung brutal plündern ließ; die „Spaanse furie" mit ihrer Zerstörung von mehr als 1000 Häusern und dem Mord an rund 8000 Menschen trieb die Generalstaaten vollends zum Abkommen mit Oranien. Daß die Einberufung der Generalstaaten formell ungesetzlich war und daß auch die Genter Pazifikation nach Form und Inhalt dem politischen Willen Philipps II. widersprach, war keinem der Beteiligten zweifelhaft. Gleichwohl war das Ganze keineswegs als Provokation des Königs gemeint; vielmehr hofften die hinter der Berufung der Generalstaaten und der Genter Pazifikation stehenden gemäßigten Gruppen des Zentrums darauf, Philipp II. mit ihrem fait accompli doch noch zum Einlenken zu bringen – und zugleich die eigene Führungsposition im Lande, auch gegen die Calvinisten, zu sichern und zu befestigen.

Das gelang indessen nicht. Don Juan fand sich zwar bereit, die nichtniederländischen Truppen aus dem Lande abzuziehen, blieb aber, insoweit von Philipp II. ganz eindeutig instruiert, in der Religionsfrage hart und verlangte die vollständige Wiederherstellung des Katholizismus, selbst in Holland und Seeland. Das führte zum erneuten Auseinanderbrechen der gerade geeinten Gruppen und Landesteile. Durch die Aussicht auf den Abzug der spanischen Truppen erleichtert, versprachen die Generalstaaten mit ihrer katholischen Mehrheit aus den südlichen Provinzen im sogenannten Ewigen Edikt (Februar 1577), das katholische Bekenntnis zu wahren. Daraufhin verließen Holland und Seeland die Generalstaaten und bereiteten sich auf neue Kämpfe vor. Auch Oranien war zu keinem Entgegenkommen zu bewegen, zumal da er nach den Erfahrungen der 60er Jahre den Spaniern aufs tiefste mißtraute: „Wir können sehen, daß Ihr uns auszurotten wünscht", entgegnete Oranien den Abgeordneten des Königs, „aber wir wünschen nicht ausgerottet zu werden"[70].

Kurz darauf machte Don Juan auch die durch das Ewige Edikt eröffnete Chance einer Befriedung wenigstens der südlichen Niederlande wieder zunichte. Als die Generalstaaten sich weigerten, an einem neuen Krieg gegen Holland und Seeland teilzunehmen, brachte er im Sommer 1577 mit List und Gewalt die Zitadelle von Namur in seinen Besitz und begann, von dort aus seinen Feldzug zu organisieren; darüber hinaus rief er im August die spanischen Truppen zurück. Die Folge bestand zum einen im Aufflammen neuer Aufstände, in denen nun auch im Süden höchst aktive calvinistische Gruppen zur Herrschaft drängten, zum andern aber und vor allem im definitiven Bruch selbst der gemäßigten Mehrheit der Generalstaaten mit der spanischen Herrschaft. Im Herbst 1577 luden die Generalstaaten Wilhelm von Oranien nach Brüssel ein; sein Einzug dort war zugleich persönlicher Triumph und Symbol der Neuorientierung des Zentrums. Im Dezember 1577 erklärten die Generalstaaten dem Statthalter des Königs als Landesfeind den Krieg.

Freilich gab es noch immer genug einflußreiche Katholiken auch in den Generalstaaten, die nicht ohne weiteres bereit waren, Oranien die politische Führung des Landes anzuvertrauen. Sie hatten bereits im August Erzherzog Matthias von Österreich, einen jüngeren Bruder des Kaisers und Neffen Philipps II., eingeladen, die Niederlande im Namen des Königs zu regieren, und setzten diese Einladung dann auch bei den Generalstaaten durch. An sich klug ausgedacht – auch als Versuch, eine dynastische Vermittlung im Streit mit dem König auf den Weg zu bringen –, blieb die Berufung des jungen Habsburgers jedoch so gut wie ohne Erfolg. Zum einen dachte König Philipp gar nicht daran, sich seinen Neffen von den Generalstaaten als Regenten aufdrängen zu lassen, zum andern aber sorgte Oranien dafür, daß die Vollmachten des Erzherzogs eng begrenzt blieben; Oranien selbst, obzwar formal nur Stellvertreter und Erster Berater des Regenten, wurde de facto Regierungschef.

Der Triumph Oraniens und mit ihm das ohnehin spannungsvolle Bündnis zwischen gemäßigten Katholiken und Protestanten war jedoch nicht von Dauer. In der Schlacht von Gembloux nördlich von Namur wurde die Armee der Staaten bereits Ende Januar 1578 von den Truppen Don Juans geschlagen, und auch in der Folge verlief der Krieg für die Generalstaaten unglücklich. Unter dem Eindruck der militärischen Niederlagen aber kam es zu weiterer Radikalisierung der Calvinisten, die jetzt neue Machtkämpfe und Bilderstürme, ja: einen wahren konfessionellen Terror inszenierten. Mittelpunkt dieses aggressiven Calvinismus war Gent mit seiner traditionell unruhigen Bevölkerung; hier verband sich der Calvinismus mit sehr alten und zugleich sehr virulenten demokratischen Tendenzen der Stadt, aufgeheizt noch durch akute soziale Spannungen. Natürlich wirkte dieses Umsichgreifen eines militanten Calvinismus – analog der Frontenverschiebung nach den Bilderstürmen des Jahres 1566 – abschreckend auf die Katholiken jeder Couleur im ganzen Lande; so zerbrach das politische Bündnis der gemäßigten Katholiken mit den Protestanten erneut, und zwar definitiv. Statt dessen kam es jetzt zu einem politischen Zusammenschluß der – katholischen – wallonischen Provinzen im Süden mit dem Ziel einer Verständigung mit dem König. Im Januar/Februar 1579 fanden sie sich zur Union von Arras zusammen; im Mai des Jahres gingen sie einen Sonderfrieden mit Philipp II. ein, in dem der König den Provinzen vergleichsweise weitgehende verfassungspolitische Zugeständnisse machte, während umgekehrt die wallonischen Provinzen versprachen, ohne Abstriche an der katholischen Kirche festzuhalten. Nahezu gleichzeitig mit der Union von Arras aber und als deren Gegenstück entstand im Januar 1579 die Union von Utrecht, als politischer Zusammenschluß nämlich Hollands, Seelands und einiger anderer calvinistischer Stände des Nordens – bald auch Gents –, die fortan auf unbedingten Kampf und Sieg setzten. Wilhelm von Oranien selbst hielt sich zwar zunächst zurück, um noch einmal den Versuch einer Kooperation wenigstens mit den gemäßigten Katholiken außerhalb der Union von Arras zu unternehmen; als dieser Versuch mißlang, schloß auch er sich im Mai 1579 der Utrechter Union an.

Immerhin kam es 1579 noch einmal zu einer größeren Vermittlungsaktion, nämlich in Gestalt von Friedensverhandlungen, die auf Einladung des Kaisers vom Frühjahr bis zum November 1579 in Köln stattfanden. Die von den katholischen Vertretern des Königs wie der Generalstaaten nach langem Verhandlungsringen akzeptierten Vermittlungsvorschläge waren für die Protestanten der nördlichen Provinzen indessen schon deshalb unannehmbar, weil sie keinerlei Garantien einer wirklich dauernden Religions- oder auch nur Gewissensfreiheit boten. Überdies wollten die Calvinisten in ihrer großen Mehrheit ohnehin keinen Kompromißfrieden mehr; im Gegenteil provozierten sie gerade während der Kölner Verhandlungen in vielen Städten derjenigen Provinzen, die bislang weder der Union von Arras noch der Utrechter Union angehörten, heftige Auseinandersetzungen mit den friedenswilligen Katholiken und erzwangen damit eine fortschreitende Polarisierung. Im Laufe des Jahres schlossen sich Antwerpen, Brüssel, Ypern und Brügge der Union von Utrecht an; im November 1579 erklärte die Mehrheit der Generalstaaten die Kölner Vermittlungsverhandlungen für gescheitert. Damit war zugleich die Versöhnungspolitik des Zentrums endgültig fehlgeschlagen, seine politische Rolle ausgespielt. Daß der gemäßigt katholische Statthalter der nördlichen Regionen George Lalaing, Graf von Rennenberg, sich jetzt auf die Seite des Königs schlug, war – ungeachtet der dabei mitwirkenden regionalen Verhältnisse – symptomatisch: Wenn die Anhänger der früheren Zentrumspolitik nicht zu den Calvinisten übergehen wollten, blieb ihnen nur mehr der Weg an die Seite König Philipps. Die Mehrheit der Generalstaaten war nach dem Scheitern der Kölner Verhandlungen allerdings nicht mehr bereit, unter das spanische Joch zurückzukehren, und der „Verrat" Rennenbergs förderte noch die separatistischen Tendenzen im Lande. Schließlich sagten die Generalstaaten sich auch förmlich von ihrem König los: Am 26. Juli 1581 publizierten sie das berühmte „Placaat der Verlatinge", ihre Erklärung der Absetzung Philipps II. Damit war zugleich das Ende der glücklosen Regentschaft des Erzherzogs Matthias gekommen; er verließ das Land und suchte nach anderen Gelegenheiten, seinen ungestillten Ehrgeiz zu befriedigen.

Die von den Generalstaaten zunächst angestrebte Verfassungsalternative war nicht die der Republik; vielmehr hatten die Niederländer schon Monate vor der förmlichen Absetzung König Philipps den Bruder und präsumtiven Thronfolger des französischen Königs, Herzog Franz von Anjou, als „prince et seigneur" der Niederlande angenommen. Die ihm von den Generalstaaten zugestandenen Herrschaftsbefugnisse waren freilich bei weitem zu dürftig, als daß Herzog Franz eine wirkliche Regierung auf sie hätte gründen können. Als er jedoch daraufhin Anfang 1583 versuchte, sich mit Hilfe französischer Truppen in Flandern eine militärische Basis effektiver Herrschaft zu schaffen, scheiterte dieses Unternehmen nach einigen Anfangserfolgen schon militärisch und kostete den Franzosen überdies den Rest seiner politischen Autorität. Im Juni 1583 verließ er die Niederlande und kehrte bis zu seinem frühen Tode 1584 nicht wieder zurück. Die Generalstaaten ließen sich durch diesen Fehlschlag aber nicht von der Suche nach einem neuen Herrscher abhalten. Sie trugen nunmehr König Heinrich III. von Frankreich selbst die Herrschaft an, und als der König ebenso höflich wie bestimmt ablehnte, probierten sie es auch noch mit Königin Elisabeth von England, freilich wiederum ohne Erfolg. Sie mußten sich damit begnügen, mit dem Einverständnis Elisabeths den Befehlshaber ihres Entsatzheeres Robert Dudley, Graf von Leicester, zum Regenten zu wählen. Auch diese Regentschaft aber erwies sich bald als Mißerfolg. So lösten sich die Niederländer endlich, als Leicester 1587 das Land verließ, vom Wunschbild einer neuen Monarchie und begannen sich dauerhaft als Republik zu organisieren. Im Grunde waren freilich selbst jetzt nur die Calvinisten aus Überzeugung für diese republikanische Lösung, die übrigen stimmten nur zu, weil sie nach der Ablehnung ihres alten Herrn keinen neuen fanden, der sich auf ihre Bedingungen einlassen wollte. Auch das aber war doch mehr als eine bloße Verlegenheit: Während die Mehrheit der europäischen Länder immer entschiedener den Weg zum Absolutismus ging, hatten sich die Niederländer in ihrer großen Mehrheit und sehr bestimmt dazu entschlossen, ihre alten und neuen Freiheiten nicht auf dem Altar absolutistischer Staatlichkeit zu opfern.

Die Jahre des verfassungspolitischen Wegs in die Republik waren noch immer eine Zeit großer politischer und militärischer Bedrängnisse. Nach dem Tode Don Juans (1578) war Alexander Farnese, ein Sohn der Margarete von Parma, von Philipp II. zum Regenten der Niederlande ernannt worden. Die Regierung Farneses war zwar zunächst nur von kurzer Dauer; denn König Philipp konzedierte der Union von Arras schon 1579 die Abberufung Farneses wie auch den Abzug aller fremden Truppen aus den Provinzen der Union. Statthalterin wurde 1580 erneut Margarete von Parma. Die Führer der wallonischen Provinzen erkannten jedoch bald, daß sie durch diese Bedingungen des Friedens mit dem König ihrer eigenen Sicherheit gegenüber der Utrechter Union keinen guten Dienst erwiesen hatten. Gegen Ende des Jahres 1581 akzeptierten sie den Fürsten von Parma erneut als ihren Regenten, im Februar 1582 erbaten sie zusätzlich die Entsendung italienischer und spanischer Truppen zu ihrer Verteidigung. Das veränderte die militärische Situation in den Niederlanden gründlich; bereits im Sommer des Jahres hatte Alexander Farnese ein Heer von rund 60000 Mann zur Verfügung. Die nordöstlichen Grenzprovinzen waren schon 1580 durch den Frontwechsel des Grafen Rennenberg wieder in die Obödienz des Königs zurückgeführt worden; jetzt gewann Farnese große Teile der Niederlande, darunter ganz Flandern und Brabant, wieder zurück. Selbst die Intervention eines englischen Expeditionscorps unter Leicester 1585 konnte den Vormarsch der Spanier nicht dauerhaft aufhalten; ohnehin beorderte Elisabeth ihre Truppen im Frühjahr 1587 zur Verteidigung der englischen Küsten gegen die drohende spanische Invasion zurück. Wilhelm von Oranien aber war im Juli 1584 durch einen von den Spaniern gedungenen Mörder umgebracht worden; das bedeutete für die Republik den Verlust auch ihres bedeutendsten politischen Kopfs.

Die Wende kam seit 1588 als Konsequenz der europäischen Politik Philipps II. Zugunsten der geplanten Invasion in England mußte Farnese zunächst seine aussichtsreiche Offensive gegen Holland und Seeland abbrechen; nach dem Ausbruch des spanisch-französischen Kriegs 1589 mußte er sein Heer überhaupt aus den Niederlanden abziehen und auf den französischen Kriegsschauplatz führen. Alle Versuche des Fürsten, seine militärischen und politischen Aktivitäten wieder stärker in die Niederlande zu verlagern, stießen auf die Ablehnung und den steigenden Unwillen König Philipps; als Farnese 1592 starb, ersparte ihm das die Schande einer Entlassung in Unehren. In Wahrheit bedeutete sein Tod freilich einen schweren Schlag für die Politik des Königs. Der zum Nachfolger ernannte Graf von Fuentes konnte sich in der Regierung, ja selbst im Kommando des Heeres nur schwer durchsetzen; gewisse Abwehrerfolge, die er dann doch gegen die erneut vordringenden Republikaner erzielte, standen in keinem Verhältnis zu den Siegen Farneses. Auch daß Philipp II. 1594 seinen Neffen Erzherzog Ernst aus dem deutschen Kaiserhause und nach dessen frühem Tod (1595) mit Erzherzog Albert wiederum einen deutschen, wenngleich seit langem in hohen spanischen Staatsämtern stehenden Habsburger als Regenten in die Niederlande entsandte, konnte den Dingen keine neue

Wendung geben. Die militärischen Operationen der Spanier litten unter ihrem gleichzeitigen Engagement gegen Frankreich und England und – damit zusammenhängend – unter der völligen Überanstrengung der spanischen Finanzen; die politische Idee des alten Königs aber, durch eine niederländische Erbfolge seiner Tochter Isabella, die dem Erzherzog Albert zur Gemahlin versprochen war, vielleicht doch noch den Gesamtbestand der Niederlande für die habsburgische Dynastie zu retten, kam viel zu spät, um noch Chancen einer Realisierung zu haben. Auf der anderen Seite gewannen die Aufständischen seit den späten 80er Jahren wieder bedeutende politische und militärische Führer: Prinz Moritz, den Sohn Wilhelms von Oranien, als neuen Statthalter von Holland, Seeland und Utrecht, seinen Vetter Wilhelm Ludwig von Nassau als Statthalter von Friesland, dazu den „Ratspensionär" Johann von Oldenbarnevelt als eigentlichen Regierungschef der Republik seit 1586. Moritz von Oranien wurde überdies in enger Zusammenarbeit mit Wilhelm Ludwig von Nassau zum Schöpfer einer Heeresreform, die durch sorgfältige waffentechnische und taktische Ausbildung der Truppen ein überlegenes Operieren in kleinen, beweglichen Einheiten ermöglichte. Zwischen 1589 und 1598 gelang es den Aufständischen, alle Gebiete nördlich des Rheins und dazu große Teile Brabants zu erobern; 1600 konnte Moritz von Oranien bei Nieuwpoort zum ersten Mal die spanische Infanterie auch in offener Feldschlacht schlagen. Damit war die territoriale Substanz der niederländischen Republik für die Dauer gesichert; die weiteren Kriegshandlungen bis zum Waffenstillstand von 1609 und dann noch einmal während des 30jährigen Kriegs brachten zwar einige Grenzveränderungen im Süden, aber keine existentielle Gefährdung der Republik mehr.

Der militärische Erfolg förderte auch die innere Konsolidation des Staatenregiments, der politischen Ordnung also des neuen Staatswesens. Ihr verfassungspolitisches Grundprinzip bestand im Gleichgewicht zwischen den Generalstaaten mit ihrer – im Grunde recht engen – sozialen Basis im gewerblichen und Handelspatriziat der Städte einerseits, dem fürstlichen Statthalter als Erben der monarchischen Gewalt anderseits; die Bedeutung des Adels, in den nördlichen Niederlanden ohnehin seit jeher geringer als im Süden, trat demgegenüber zurück. Die Kombination einer quasimonarchischen Gewalt des Statthalters mit der Bindung an die Generalstaaten erscheint in manchem als „Vorwegnahme der konstitutionellen Monarchie des 19. Jahrhunderts" (J. J. Woltjer)[71]. Diese verfassungspolitische Konstruktion war in Europa einzigartig und, weil ihr Funktionieren einen hohen Grad politischen Konsenses zwischen den beiden Trägern der Staatsgewalt voraussetzte, in einer Zeit tiefer geistiger und materieller Dissense immer wieder auch gefährdet. Solche Gefährdungen gingen insbesondere von den fortdauernden konfessionellen Auseinandersetzungen aus. Staatskirche der Niederlande war der Calvinismus; tatsächlich konnten die Reformierten jedoch erst im Laufe des 17. Jahrhunderts die Mehrheit der Bevölkerung für sich gewinnen, und neben ihnen gab es fortdauernd erhebliche katholische und lutherische Minoritäten, in manchen Regionen – namentlich in Friesland – auch zahlreiche Täufer. Darüber hinaus standen sich innerhalb des Calvinismus eine strenge, gegenüber den anderen Konfessionen völlig intolerante, und eine gemäßigte Richtung gegenüber – die erste namentlich im niederen Bürgertum verankert, die Gemäßigten dagegen mit starkem Rückhalt bei den regierenden Kreisen. In den ersten Jahrzehnten des 17. Jahrhunderts erwuchs aus diesem konfessionellen Richtungsstreit ein umfassender Konflikt, der die junge Republik noch einmal an den Rand ihrer politischen Existenz brachte. Die für die Niederlande der Folgezeit und für das europäische Geistesleben des 17. Jahrhunderts so bedeutsame praktische Toleranz der Republik war erst eine Folge dieses Konflikts und seiner Bedrohungen für Staat und Gesellschaft.

Daß sich die Niederlande ungeachtet dieser inneren Probleme und Spannungen überhaupt gegen Spanien behaupten konnten, verdankten sie einerseits den wachsenden Widerständen, mit denen die spanische Hegemonialmacht auch sonst in Europa und Übersee zu tun hatte; diese Widerstände ließen Spanien an die Grenzen seiner wirtschaftlichen und finanziellen Ressourcen stoßen und banden zugleich die militärischen Kräfte, die der spanische König gebraucht hätte, um des Aufstands der Niederlande definitiv Herr zu werden. Auf seiten der Niederlande selber war es vor allem die religiöse Leidenschaft der calvinistischen Minorität, die zum Durchhalten zwang und auch die Kraft dafür gab. Ohne dieses religiöse Moment hätte, wie die Geschichte der südlichen Niederlande zeigt, auch der Widerstand gegen den Absolutismus und Zentralismus der spanischen Herrschaft wohl allenfalls zu einem verfassungspolitischen Kompromiß geführt. Dazu kam jedoch eine erstaunliche, durch den Krieg nur zeitweise unterbrochene wirtschaftliche Blüte, die die junge Republik – zum Teil auf Kosten der südlichen Niederlande – bis zum Beginn des 17. Jahrhunderts zur führenden Handelsmacht Europas werden ließ. Ohnehin seit dem späten Mittelalter eine Kernzone des europäischen Handels, vermochten die Niederlande ihren Handel jetzt noch beträchtlich auszubauen. Dabei nahm vor allem Holland einen gewaltigen Aufschwung. Amsterdam, schon vor dem Aufstand wegen seines Schiffsbaus und seines Ostseehandels bedeutend, hatte um 1565 knapp 30000 Einwohner, im frühen 17. Jahrhundert waren es an die 100000; die Bevölkerung der Gesamtprovinz Holland stieg zwischen 1514 und 1622 von 275000 auf 672000. Seit 1590 griff der holländische Handel – namentlich mit der Lieferung baltischen Korns – in den Mittelmeerraum über, wenige Jahre später begann der Aufbau des niederländischen Kolonialreichs in Südostasien. Daneben konnten die Holländer, nicht zuletzt auf Kosten der Hanse, auch ihre Stellung in dem noch immer wachsenden Ostseehandel ausbauen; bald nach der Jahrhundertwende waren 70 Prozent der den Sund passierenden Schiffe niederländischer Herkunft. Amsterdam wurde zum wichtigsten Stapelplatz des europäischen

Handels und zugleich zum Zentrum des europäischen Geldverkehrs. Daß Amsterdam mit alledem das früher so bedeutende Antwerpen ablöste, war freilich eine Folge nicht nur der eigenständigen Wirtschaftskraft der Holländer, sondern auch ihres Handelskriegs gegen die spanischen Niederlande; namentlich die Sperrung der Scheldemündung seit 1585 war ein Schlag, von dem sich Antwerpen – ohnehin durch die spanische Plünderung von 1576 schwer geschädigt – nicht mehr erholte. Im übrigen wirkte sich in den südlichen Provinzen auch die Gegenreformation ökonomisch nachteilig aus, durch die Emigration nämlich zahlreicher Arbeitskräfte aus den Textilzentren Flanderns und Brabants. Der rapide Aufschwung des Leidener Textilgewerbes seit den 80er Jahren des Jahrhunderts war nicht zuletzt eine Folge dieser konfessionell bedingten Wanderungsbewegung.

Neben dem wirtschaftlichen Aufschwung darf schließlich die kulturelle Blüte des Landes nicht übersehen werden: auch sie ein Stück geistiger Selbstbehauptung, zugleich aber ein Element der weitgespannten, ganz Europa umfassenden Beziehungen der jungen Republik. Bereits 1575, also noch in den Zeiten unmittelbarster Existenzgefährdung der Aufständischen, wurde die Universität Leiden gegründet; sie wurde bald zu einem Forum europäischer Gelehrter und Gelehrsamkeit, in ihrer theologischen Fakultät ein geistiges Zentrum des europäischen Calvinismus. Der spezifisch bürgerliche Charakter der niederländischen Kultur fand ihren deutlichsten Ausdruck in der Architektur und Malerei des Landes. Die Höhepunkte der niederländischen Malerei – Höhepunkte in der Geschichte der Malerei überhaupt – lagen freilich erst im 17. Jahrhundert, im Werk Frans Hals', Johannes Vermeers und Rembrandts.

7. Vom Regierungsantritt Rudolfs II. (1576) bis zum Ausgang des Jahrhunderts: Der Kampf um den Religionsfrieden

a) Luthertum und Calvinismus seit der Konkordienformel; die „Zweite Reformation"

Die Konkordienformel von 1577 brachte eine gewisse Beruhigung der innerlutherischen Lehrstreitigkeiten mit sich. Die konfessionellen Fronten waren im wesentlichen geklärt, die Trennung von den Calvinisten vollzogen. Auf der Basis dieser – nach der Trennung von der katholischen Kirche: zweiten – Abgrenzung von Bekenntnis und Kirchenlehre nahm die Aufbau- und Reformarbeit der lutherischen Kirchen in Sachen der Lehre, der Organisation und der Gottesdienstformen, aber auch in der allmählichen kirchlich-konfessionellen Durchdringung des Volkslebens ihren Fortgang.

Ein besonders charakteristisches Element dieser konfessionellen Verfestigung bestand im fortschreitenden Ausbau der kirchlichen Lehre zu den umfassenden, weit in die Ethik ausgreifenden theologischen Systemen der sogenannten Orthodoxie. Mit mancherlei Rückgriffen auf aristotelisch-scholastische Denkstrukturen und nicht ohne Verengungen der Theologie Martin Luthers, nicht ohne Tendenzen auch zu formalistischen Verknöcherungen, repräsentierte diese lutherische Orthodoxie im ganzen doch eine sehr respektable, systematische Reflexion über den christlichen Glauben und seine Bedeutung für die Welt. Sie lieferte damit zugleich handfeste geistige Orientierung für Generationen evangelischer Pfarrer und, vermittelt durch Predigt und Katechismusunterricht, auch für das einfache Kirchenvolk. Zugleich bildeten sich spezifisch lutherische Formen einer auf den Grundton fröhlicher Glaubenszuversicht gestimmten, mitunter – wie die Kirchenlieder der Zeit zeigen – von großer Innerlichkeit getragenen Bibelfrömmigkeit aus.

Zumeist vollzog sich der Ausbau des lutherischen Kirchenwesens im Rahmen eines reichsständischen Landes- oder Stadtkirchentums; die kirchliche Verfestigung ging dann mit einer fortschreitenden Stärkung der staatlichen, insbesondere der Fürstengewalt einher. Daß die kirchenrechtliche Doktrin des frühen 17. Jahrhunderts den protestantischen Landesherrn als „summus episcopus" seiner Landeskirche beschrieb, fixierte eine geistliche Überhöhung des Fürstentums, wie sie schon im späteren 16. Jahrhundert geläufig war. Zugleich aber verwischten sich – häufiger und stärker denn zuvor – die Grenzen zwischen geistlichem und weltlichem Regiment. Sehr bezeichnend dafür war das vielfach belegte Ineinanderfließen von Polizei- und Kirchenordnungen der lutherischen Territorien – bei übrigens stetig wachsendem Umfang; die kursächsische Kirchenordnung von 1580 z.B. umfaßte in der Originalausgabe nicht weniger als 471 Seiten in Folio. Im übrigen zeigt die Fülle der disziplinarischen Bestimmungen der lutherischen Kirchen- und Polizeiordnungen sehr deutlich, daß die Kirchenzucht, wenngleich in weniger puritanischer Ausprägung als in manchen calvinistischen Ordnungen, auch im Luthertum des späteren 16. Jahrhunderts durchaus ernstgenommen wurde. Die bei manchen reformierten Zeitgenossen wie bei späteren Historikern beliebte Entgegensetzung einer – durch Luther geleisteten – „Reformation der Lehre" zu der jetzt – im Zeichen des Calvinismus – erstrebten „Reformation des Lebens" entspricht mithin der historischen Wirklichkeit nur wenig.

Richtig ist dagegen, daß es im lutherischen Kirchenwesen, vor allem im Norden und Nordosten des Reichs, einen sehr viel umfänglicheren Bestand fortdauernder oder gar neu belebter Gemeinsamkeiten mit der alten Kirche gab als im Calvinismus. Das galt schon für erhebliche Bereiche des Rechts, namentlich des Eherechts, in dem das Corpus juris canonici im großen ganzen seine Gültigkeit behielt; noch sinnfälliger trat die Kontinuität zur alten Kirche im Gottesdienst und in der Gestaltung des Kirchenjahrs zutage. Zwar nahmen Predigt und Gemeindelied im lutherischen

Gottesdienst viel breiteren Raum ein als in der alten Kirche; auch wurde aus der Liturgie alles ausgeschieden, was der reformatorischen Lehre von der Rechtfertigung allein aus Gnaden widersprach – vor allem der Canon missae, dazu das Offizium für die Toten, auch die Anrufung der Heiligen. Ansonsten aber blieb die katholische Messe in ihrem Aufbau und in ihren Einzelelementen nahezu unverändert, und diese Kontinuität galt erst recht für den Festkalender wie überhaupt für weite Bereiche des herkömmlichen kirchlichen Brauchtums. Das hatte nun auch einschneidende innerprotestantische Folgen. Je heftiger nämlich die Auseinandersetzung des westeuropäischen Calvinismus mit den Mächten der katholischen Gegenreformation wurde, desto schärfer kritisierten auch die deutschen Reformierten die im Luthertum beibehaltenen Elemente katholischen Kirchenwesens als „papistischen Sauerteig" und Abgötterei, die es zu beseitigen gelte. Die Lutheraner aber reagierten darauf zumeist abwehrend, mit nun erst recht bewußtem Festhalten an den „Zeremonien"; Kruzifixe und Altäre, Chorrock und lateinische Gesänge, Privatbeichte und -absolution, der Exorzismus bei der Taufe, auch die Verwendung von Oblaten beim Abendmahl – in calvinistischer Terminologie: papistische Meßhostien – wurden damit zu Elementen einer konfessionellen Abgrenzung, die den ja doch begrenzten dogmatischen Konflikt zwischen Lutheranern und Reformierten nachhaltig vertieften und ausweiteten.

Allerdings gab es in den evangelischen Kirchen der Zeit auch ganz andere Strömungen. Nachdem nämlich bis um die Mitte der 70er Jahre als einziger Reichsstand die Kurpfalz voll zum Calvinismus übergegangen war und nach dem Tode Kurfürst Friedrichs III. – während der kurzen Regierungszeit Kurfürst Ludwigs (1576–1583) – sogar noch einmal zum Luthertum zurückkehrte, führte jetzt eine ganze Reihe protestantischer Fürsten ihre Territorien dem Calvinismus zu; als einzige Reichsstadt gesellte sich ihnen 1581 Bremen hinzu.

Für diesen Übergang evangelischer Territorien zum Calvinismus hat sich nach einem Vorschlag von J. Moltmann (1958) der Begriff „Zweite Reformation" eingebürgert. Diese Begriffsbildung ist problematisch, und zwar schon deshalb, weil die maßgebenden Fürsten und Theologen dieses Übergangs zum Calvinismus keineswegs eine „zweite" Reformation im Sinne hatten, sondern die Vollendung oder auch nur Verbesserung der Reformation Martin Luthers, vor allem angesichts ihrer Bedrohung durch die erstarkende Gegenreformation; auch suggeriert die Rede von einer „Zweiten Reformation" historische Dimensionen des Geschehens, die von den tatsächlichen Vorgängen bei weitem nicht erreicht wurden. Neuerdings hat man deshalb vorgeschlagen, statt von einer „Zweiten Reformation" von einer „reformierten Konfessionalisierung" zu sprechen. Auch dieser Begriff hat jedoch seine Schwächen: Zwar ist gewiß richtig, daß die „Zweite Reformation" deutlich konfessionalistische Züge trug – nicht sehr viel anders als das gleichzeitige Luthertum oder auch die Katholische Reform und

Gegenreformation –; die Rede von der „reformierten Konfessionalisierung" bringt aber das doch grundlegende Element des konfessionellen Wechsels vom lutherischen, wenn gleich oft philippistisch gefärbten Kirchenwesen zum Calvinismus überhaupt nicht zum Ausdruck. Der Begriff der „Zweiten Reformation" erscheint demgegenüber als das geringere Übel – jedenfalls, wenn man sich seiner Unzulänglichkeiten bewußt bleibt.

Die Zweite Reformation erstreckte sich zeitlich bis in die Anfänge des Dreißigjährigen Kriegs. Ihr erster Schwerpunkt lag – abgesehen von der Kurpfalz unter Kurfürst Friedrich III. – in den Grafschaften der Wetterau, wo die Grafen Johann VI. von Nassau-Dillenburg und Ludwig I. von Sayn-Wittgenstein, beide für ihre Person schon einige Jahre zuvor zum Calvinismus übergegangen, seit 1577 in ihren Territorien den Konfessionswechsel vollzogen; bis um die Mitte der 90er Jahre folgte die Mehrheit des Grafenkollegs der Wetterau ihrem Beispiel. In der Kurpfalz setzte seit dem Tode Kurfürst Ludwigs 1583 dessen jüngerer Bruder Johann Kasimir als Administrator die Recalvinisierung des Landes durch. Ebenfalls noch in den 80er Jahren wurde in einigen Grafschaften des westfälisch-niederrheinischen Kreises sowie im Herzogtum Pfalz-Zweibrücken ein reformiertes Kirchenwesen eingeführt. Unter Kurfürst Christian I. (1586–1591) und seinem mit fast unumschränkter Macht regierenden Kanzler Nikolaus Crell neigte sogar die kursächsische Politik dem Calvinismus zu. Das blieb allerdings eine Episode: Nach dem frühen Tode Christians erfolgte eine heftige lutherische Reaktion; Crell selbst bezahlte seine calvinistische Überzeugung und deren politische Konsequenzen, vor allem seine Entzweiung mit den lutherischen Ständen des Landes, mit dem Leben. Dafür kam der Calvinismus 1596 in Anhalt und kurz nach der Jahrhundertwende in der Grafschaft Lippe sowie unter Landgraf Moritz dem Gelehrten (1592–1627) in Hessen-Kassel zum Zuge. Schließlich führten noch mehrere der von ihrer habsburgischen Oberherrschaft nahezu unabhängigen schlesischen Fürstentümer den Calvinismus ein, zuletzt – noch 1619 – das wichtige Brieg.

Fast überall handelte es sich bei der Zweiten Reformation um Konfessionswechsel auf territorialer Ebene, und fast überall waren es die Landesfürsten, die die Initiative zu dem Konfessionswechsel ergriffen und ihn mit Hilfe ihres landesherrlichen Kirchenregiments durchsetzten. Der Übergang der Reichsstadt Bremen zum Calvinismus war demgegenüber – als Fall einer Zweiten Reformation auf reichsstädtischer Ebene – eine Ausnahme, der allenfalls noch die Etablierung eines halbcalvinistischen Kirchenwesens in Colmar an die Seite gestellt werden kann. Die andere wichtige Ausnahme vom Normalbild einer landesfürstlich determinierten Zweiten Reformation war die konfessionelle Verfestigung des ostfriesischen Reformiertentums, das von den Ständen des Landes gegenüber den lutherischen Landesherren behauptet wurde; das calvinistisch gewordene Emden löste sich 1595 überhaupt aus dem Herrschaftsverband der Grafschaft und unterstellte sich dem Schutz der Niederlande. Umgekehrt gehörte der – mitunter heftige und langdauernde – Widerstand der betroffenen Kirchen und Bevölkerungen gegen den landesfürstlich verordneten Konfessionswechsel zum Calvinismus durchaus zur Regel des Geschehens. Mitunter scheiterte die Zweite Reformation überhaupt an diesem Widerstand, so etwa in Schleswig-Holstein und in Baden-Durlach; in Brandenburg blieb das 1613 von Kurfürst Johann Sigismund angenommene reformierte Bekenntnis im wesentlichen eine Beamtenreligion einiger adliger und bürgerlicher Führungsgruppen, ein Konfessionswechsel des ganzen Landes war gegen die Stände nicht durchzusetzen. Andernorts behaupteten sich wenigstens einzelne Städte und Gemeinden gegen die kirchliche Umgestaltung, z.B. die Stadt Lemgo in der Grafschaft Lippe. Zumeist freilich konnte solcher Widerstand im Laufe der Zeit gebrochen werden; die gerade im Kampf um die Zweite Reformation ausgebaute landesherrliche Kirchen- und Staatsverwaltung erwies sich auf die Dauer als überlegen.

Die Grundelemente der Zweiten Reformation ähnelten einander durchweg. Sie bestanden zum einen in der offiziellen Annahme des reformierten Bekenntnisses, zumeist in Form des Heidelberger Katechismus, zum zweiten im Austausch der bisherigen lutherischen Theologen- und Beamtenschaft des Landes gegen Calvinisten, zum dritten in der Abschaffung der im Luthertum erhalten gebliebenen papistischen „Zeremonien" bzw. ihrer Ersetzung durch spezifisch reformierte Bräuche – so etwa in der Einführung des Brotbrechens beim Abendmahl –, schließlich in der Organisation einer straffen Kirchenzucht. Auch diese Kirchenzucht trug ein überwiegend obrigkeitliches Gepräge. Die andersgerichteten Intentionen der Synode von Emden 1571, die für alle calvinistischen Kirchen Deutschlands – für die Kirchen unter dem Kreuz wie für die fürstlichen Landeskirchen der Zweiten Reformation – die Einrichtung eigenständiger Presbyterien und Synoden forderte, wurden nur zum kleinen Teil realisiert, am ehesten wohl noch während der letzten Regierungsjahre Friedrichs III. in der Kurpfalz; am anderen Ende der Skala stand Bremen, wo die Kirchenzucht völlig der Dominanz des Stadtrats unterlag. Des weiteren ging die Zweite Reformation regelmäßig mit einer reichs- und außenpolitischen Neuorientierung Hand in Hand, nämlich zugunsten eines Kurses verschärfter Konfrontation mit der katholischen Kirche und den katholischen Mächten in Deutschland und Europa, auch mit dem Kaiserhaus. Die reformierten Landesherren sahen ihre politische Rolle zunehmend im Kontext der für Westeuropa typischen Konfrontation des Calvinismus mit einer zur Vernichtung des gesamten Protestantismus ansetzenden Gegenreformation. Daß sie aus dieser Einschätzung der Lage heraus das Bündnis mit den westeuropäischen Calvinisten wie auch – trotz aller sonstigen Gegensätze – mit den deutschen Lutheranern suchten, war nur folgerichtig. Das System des Augsburger Religionsfriedens dagegen mußte ihnen von da aus als bloß vorläufige und brüchige Ordnung erscheinen, auf die man nur taktische

Rücksichten zu nehmen hatte. Der Erfolg dieser Politik entsprach ihren hochfliegenden Absichten freilich nur im Negativen, in der Aushöhlung des Religionsfriedens. Die mehrfach erneuerten Hilfsverträge zugunsten der Hugenotten und der Aufständischen in den Niederlanden kosteten die deutschen Reformierten viel Blut und Geld und brachten ihnen kaum etwas ein; das immer wieder angestrebte politisch-militärische Bündnis mit den deutschen Lutheranern aber scheiterte regelmäßig, bevor es hätte wirksam werden können.

Auch abgesehen von den Optionen der europäischen und Reichspolitik stand die Zweite Reformation vielfach in engem Zusammenhang mit den spezifischen politischen Interessen der reformierten Landesherren. Insbesondere scheint die reformierte Konfessionalisierung in einer Reihe kleinerer Herrschaften, die mit der Staatsbildung der größeren fürstlichen Territorien des Reichs nicht Schritt gehalten hatten, ein wesentliches Moment der politischen und sozialen Modernisierung gewesen zu sein: durch ihre straffere Kirchenzucht als Mittel staatlicher Sozialdisziplinierung – in Gestalt der presbyterialen Kirchenzucht gar in der idealen Form einer Selbstdisziplinierung der Untertanen –, aber auch durch ihre religiöse Aktivierung der Bereitschaft zu tiefgreifender Umgestaltung des gesellschaftlichen Lebens. Daß die Ausbildung des landesherrlichen Kirchenregiments in den Territorien der Zweiten Reformation mitunter überhaupt erst den Beginn einer eigentlich staatlichen Verwaltung markierte, ist für diese Zusammenhänge bezeichnend. Dazu kamen spezifisch calvinistische Impulse für den Ausbau des Schul- und Bildungswesens; selbst die seit den 80er Jahren von Nassau ausgehende Militärreform mit ihrer grundsätzlichen Verpflichtung der Untertanen zur Landesdefension stand im konfessionellen Kontext der Verteidigung des wahren – d.h. reformierten – Gottesdienstes gegen die Mächte der Gegenreformation.

Allerdings spielte das Vorhaben einer nachgeholten, beschleunigten Staatsbildung keineswegs in allen Territorien der Zweiten Reformation eine maßgebende Rolle. Was für die Grafschaft Lippe galt, galt doch nicht für Hessen, schon gar nicht für Kursachsen unter Christian I. und selbst für die Kurpfalz nur mit Einschränkungen. Vor allem aber wird man sich davor hüten müssen, in der politischen Bedeutung der Zweiten Reformation ohne weiteres auch deren eigentliches Motiv zu sehen. Für Kurfürst Friedrich III. von der Pfalz etwa war das nach monatelangem inneren Ringen und intensivem Bibelstudium gewonnene Bekenntnis zum calvinistischen Verständnis des Abendmahls ein Akt des Glaubensgehorsams, der – namentlich wegen des Ausschlusses der Calvinisten vom Religionsfrieden in Deutschland – in sehr spannungsvoller Überordnung zu seinen „zeitlichen“ Interessen stand. Die stark religiöse Ausrichtung und tiefe persönliche Frömmigkeit Johanns VI. von Nassau, Ludwigs d.Ä. von Wittgenstein oder auch Simons VI. zur Lippe ist ebensowenig in Zweifel zu ziehen. Bei anderen Fürsten der Zeit mögen politische Motive für die Entscheidung zur Zweiten Reformation eine größere oder gar dominierende Rolle gespielt haben; jedoch kann es nicht angehen, die Zweite Reformation als eine bloße Ideologisierung territorialer Staatsbildungsprozesse zu deuten.

Das schließt wiederum nicht aus, daß die konfessionellen Entscheidungen der zum Calvinismus übergehenden Landesherren selbst in mancherlei Abhängigkeiten von ihrem jeweiligen kirchlichen, politischen und sozialen Umfeld standen. So waren Erziehung und Bildung der jungen Fürsten offenbar von großer Bedeutung für ihre spätere konfessionspolitische Einstellung. Namentlich ein Studium in Straßburg bei dem in engen Beziehungen zu Calvin stehenden Humanisten Johann Sturm, später auch an der Universität Heidelberg, scheint vielfach den Übergang zum Calvinismus vorbereitet zu haben. Daneben vermittelten freundschaftliche und dynastisch-familiäre Beziehungen wichtige konfessionelle Einflüsse. Die reichsgräflichen Häuser der Wetterau und Westfalens etwa formierten geradezu ein enges Familiengeflecht eines reformierten Heiratskreises; von Nassau und der Kurpfalz aus reichten diese dynastischen Verbindungen tief in die Niederlande hinein. Dazu kamen die überterritorialen Querverbindungen zwischen den theologischen und politischen Ratgebern der reformierten Landesherren.

In den Landeskirchen selbst bildeten philippistische Stimmungen und Strömungen vielfach einen guten Nährboden für die Zweite Reformation. Vor allem diejenigen Reichsstände und Theologen, die sich nicht zur Unterschrift unter die strenger lutherische Konkordienformel hatten entschließen können, gerieten leicht in ein konfessionspolitisches Niemandsland, von dem aus der Weg zum Calvinismus oft näher lag als zurück zum Luthertum. Daß solche philippistisch orientierte Territorien 1574 und wieder 1591 den aus Kursachsen vertriebenen Kryptocalvinisten, 1576 auch reformierten Theologen und Räten aus der Kurpfalz eine Heimstatt boten, trieb die Entwicklung zumeist kräftig voran; Christoph Pezel z.B. trug nach seiner Ausweisung aus Kursachsen 1574 maßgeblich zur Zweiten Reformation in Nassau-Dillenburg und später in Bremen bei. Der sächsische Adelige Otto von Grünrade hat 1586 – als damaliger Präsident des kurpfälzischen Kirchenrats – das konfessionell geprägte Lebensgefühl dieser einflußreichen Emigranten so zum Ausdruck gebracht: „...so ist mir mein irdisch Patria, Gott lob, so lieb nicht, das ich nicht lieber in Ecclesia reformata, so mein verior patria ist, als daselbst solte leben wollen“[72].

Der kirchliche und politische Erfolg der Zweiten Reformation läßt sich nicht auf eine kurze Formel bringen; die Ergebnisse der Entwicklung klafften in einzelnen Territorien offenbar weit auseinander. Freilich ist die Forschung über diese Fragen noch sehr im Fluß. Ziemlich sicher ist wiederum, daß der konfessionelle Oktroi der Zweiten Reformation nicht selten zu Zweifeln und Skepsis gegenüber dem konfessionellen Staatskirchentum der Zeit oder überhaupt gegenüber Kirche und Glauben führte. Mit dem spezifischen Inhalt des reformierten Bekenntnisses hatte das freilich weniger zu tun als mit der Tatsache des erneuten Konfessionswechsels als solchen; bezeichnenderweise sind derartige Formen religiösen Verschleißes vor allem aus der Oberpfalz bezeugt, die – nimmt man die Rekatholisierung des Landes nach 1621 hinzu – binnen eines Jahrhunderts nicht weniger als fünf Konfessionswechsel durchgemacht hat.

b) Die Selbstbehauptung des deutschen Katholizismus in Abwehr und Offensive

Die Grundlagen der Selbstbehauptung und Erneuerung der katholischen Kirche waren seit den 40er Jahren des 16. Jahrhunderts gelegt worden. Es dauerte jedoch noch geraume Zeit, ehe die Katholische Reform und Gegenreformation voll wirksam wurden, und in Deutschland, dem Kernland der Reformation, dauerte es besonders lange. Bis in die späten 70er Jahre verlor der Katholizismus in Deutschland noch immer mehr, als er zurückgewann; die innere Reform der katholischen Kirche zeigte vollends nur sehr sporadische Erfolge. Im letzten Viertel des Jahrhunderts wendete sich das Blatt jedoch. Zwar mit der innerkirchlichen Reform ging es nach wie vor nur sehr langsam voran. Nicht eine einzige der deutschen Diözesen konnte bis zum Ende des Jahrhunderts die Trias der Grundmaßnahmen tridentinischer Reformen – Reformsynoden, -visitationen und Einrichtung von Priesterseminaren – verwirklichen; der in Rom, vor allem im Collegium Germanicum, herangezogene Nachwuchs für die kirchlichen Führungsstellen in Deutschland war einstweilen noch zu wenig zahlreich, um die Kirchenreform auf breiter Ebene zur Geltung bringen zu können; die politischen und sozialen Interessen der deutschen Fürstbischöfe und ihrer adligen Domkapitel überwogen das Interesse an der inneren Erneuerung der Kirche noch allzu oft; von einem Durchdringen der Reform bei der Masse der Laien in Stadt und Land konnte vollends nicht die Rede sein. Und doch: Das Konzil hatte die Richtung der kirchlichen Erneuerung gewiesen, und die Bemühungen reformeifriger Bischöfe und Landesherren, das Wirken der Jesuiten und – seit den 80er Jahren, zuerst in der Schweiz – der Kapuziner, auch die Reformtätigkeit der Nuntien blieben nicht ganz ohne Erfolg. Die schmalen Bäche der Reform vereinigten sich allmählich zu einem breiter werdenden Strom. Vielleicht am wichtigsten war der Wandel der Einstellung: Am Ende des Jahrhunderts waren die Reformdekrete des Tridentinums im katholischen Deutschland grundsätzlich anerkannt; die von diesen Normen abweichende kirchliche Realität wurde nicht mehr als Selbstverständlichkeit, sondern als Defizit empfunden.

Überdies bildete sich – entsprechend der Entwicklung im protestantischen Bereich – allmählich eine spezifisch katholische Kirchlichkeit, auch ein spezifisch katholisches Konfessionsbewußtsein heraus. Daß dabei gerade die von der Reformation in Frage gestellten Elemente des traditionellen kirchlichen Lebens einen erhöhten Stellenwert bekamen, kann nicht verwundern; dazu gehörten insbesondere die Totenoffizien, die Heiligen- und Reliquienverehrung, die Fasten und Vigilien, die Bilder und geistlichen Schauspiele, die Prozessionen und Wallfahrten. Dazu aber kamen charakteristische neue Elemente des Katholizismus: eine stärkere Orientierung an der römischen Kirche – von der Verbindlichkeit des römischen Missale bis hin zu einer geradezu ekklesiologisch geprägten Frömmigkeit –, eine neue Verbindung von Askese und praxis pietatis, vor allem in caritativer Tätigkeit, auch die tridentinische Neuorientierung an den Aufgaben der Seelsorge. Daß die innerkirchliche Reform in Deutschland zunächst gutenteils von Italienern und Spaniern getragen wurde, gab dem deutschen Katholizismus der Zeit zugleich einen stark romanischen Einschlag; das steigerte die ohnehin bestehenden konfessionellen Gegensätze zu den Protestanten durch ein zusätzliches Element des Gemüts und Temperaments. Bei alledem fehlte es jedoch auch nicht ganz an Anregungen und Übernahmen aus den Kirchen der Reformation. Das gilt etwa für die stärkere Berücksichtigung der deutschen Sprache im Gottesdienst sowie für die Einführung des Katechismus als Grundlage der kirchlichen Unterweisung, auch für die gesteigerte Bedeutung der Predigt. Noch wichtiger war, daß die katholische Seelsorge, wie etwa die Predigten des einflußreichen Kardinals und Bischofs von Ermland Stanislaus Hosius zeigen, mitunter sehr viel deutlicher als zuvor die Gnade und Barmherzigkeit Gottes als Grund aller christlichen Existenz betonte. Aufs Ganze gesehen wurden derartige Annäherungen an reformatorische Anliegen freilich kaum als solche empfunden; beherrschend waren und blieben vielmehr für lange Zeit die apologetisch-polemischen, überhaupt die kämpferischen Züge katholischen Kirchenwesens. In der Abwehr und Zurückdrängung des Protestantismus erzielte der deutsche Katholizismus des späten 16. Jahrhunderts denn auch seine wichtigsten Erfolge.

Im gegenreformatorischen Kampf dieser Jahre gegen den Protestantismus ging es vor allem um zweierlei: zum einen um die Abwehr der ja noch immer akuten Gefahr weiteren Vordringens der Reformation, namentlich in den geistlichen Fürstentümern, zum andern um die Rekatholisierung protestantischer Bevölkerungen in den Herrschaftsgebieten katholischer Reichsstände. Im einen wie im andern Falle konnten die katholischen Reichsstände sich auf den Augsburger Religionsfrieden berufen – auf den Geistlichen Vorbehalt wie auf ihr jus reformandi –; das bedeutete eine nicht zu unterschätzende reichsrechtliche Absicherung der Gegenreformation. Katholische Juristen wie der Reichshofrat Georg Eder und Andreas Erstenberger publizierten darüber hinaus konfessionelle Polemiken, in denen sie, in der Tradition des mittelalterlichen Ketzerrechts, die Bestimmungen des Augsburger Religionsfriedens, soweit sie den Protestanten ihr Lebensrecht im Reiche verbrieften, aufs äußerste einzuschränken suchten. Noch wichtiger freilich war die politische Absicherung, die von den bayerischen Herzögen, in zweiter Linie – von den Niederlanden aus – von den Spaniern und schließlich auch von den deutschen Habsburgern gewährt wurde; das Herzogtum Bayern war überhaupt die aktivste politische Macht der Gegenreformation in Deutschland. Die bedeutendsten Erfolge der Abwehr des Protestantismus wurden im Kampf um Köln und Straßburg sowie um die Reichsstadt Aachen erzielt; die wichtigsten Fälle der Rekatholisierung evangelischer Bevölkerungen durch katholische Obrigkeiten waren die Gegenreformation im Fürstbistum Würzburg und in den österreichischen Erblanden der Habsburger.

Die Grundlagen der Politik Bayerns als Vormacht der Gegenreformation in Deutschland waren durch Albrecht V. gelegt worden; seine Nachfolger Wilhelm V. (1579–1597) und Maximilian I. (1598–1651) setzten diese Politik konsequent und erfolgreich fort.

Herzog Wilhelm V. war ein Fürst von tiefer Frömmigkeit in strenger Bindung an die Glaubensautorität seiner Kirche. Diese Prägung seiner Persönlichkeit bestimmte sein privates Verhalten wie seine Politik und ließ ihn zum eigentlichen Fürstentyp der Gegenreformation werden; frühzeitig legte man ihm den Beinamen „der Fromme“ bei. In besonderer Weise fühlte sich der Herzog den Jesuiten verbunden. Er pflegte persönlich ihre Andachtsformen, machte Mitglieder der Societas Jesu zu seinen Beichtvätern und förderte die Niederlassungen und Schulen der Jesuiten im Lande. Seit den späten 80er Jahren überließ er ihnen sogar einige finanziell zerrüttete oder überhaupt verödete Benediktinerabteien; damit erhielten die Jesuiten Sitz und Stimme auf dem bayerischen Landtag.

Im Kampf gegen den Protestantismus in Bayern selbst ging es für Wilhelm V. nur mehr darum, die Reste evangelischer Gesinnung im Adel und Bürgertum des Herzogtums auszulöschen. Diesem Ziel diente der Ausbau eines immer dichteren staatskirchlichen Überwachungssystems, dazu die Abschirmung des Landes gegen ein erneutes Eindringen des Protestantismus von außen; die rigoros erzwungene Rekatholisierung der Herrschaft Hohenwaldeck 1581 bis 1584 gehört in diesen Zusammenhang. Zugleich aber suchte Herzog Wilhelm die innerkirchliche Erneuerung im Herzogtum durch die Unterstützung aller Kräfte der Reform voranzubringen: der Jesuiten vor allem, aber auch reformwilliger Kirchenfürsten wie z.B. des Bischofs von Passau, Urban von Trennbach (1561–1598), oder des Salzburger Erzbischofs Wolf Dietrich von Raitenau (1587–1612). Daß Herzog Wilhelm – wie schon Albrecht V. – im Zuge dieser Reformpolitik sein eigenes landesherrliches Kirchenregiment nach Kräften auszudehnen suchte, hatte freilich eine erneute Verschärfung der Spannungen mit den Bischöfen zur Folge, die der inneren Erneuerung der Kirche nicht selten hemmend im Wege stand.

Die bayerische Kirchenpolitik Herzog Wilhelms wurde ergänzt durch sein reichs- und außenpolitisches Engagement für den Katholizismus. Der

Herzog unterhielt intensive diplomatische Beziehungen zu Rom; kaum weniger dicht war seine Kommunikation mit der spanischen Regierung in den Niederlanden. Im Reiche unterstützte er vor allem diejenigen katholischen Fürsten, die sich die Rekatholisierung ihrer protestantisch gewordenen Untertanen zum Ziel gesetzt hatten. Mitunter war es überhaupt der Einfluß der bayerischen Politik, der die Gegenreformation in diesen Territorien auf den Weg brachte; die Geschichte Innerösterreichs unter Erzherzog Karl und seinem Sohn Ferdinand, dem späteren Kaiser Ferdinand II., ist dafür ein charakteristisches Beispiel. Zum wichtigsten Feld der bayerischen Religionspolitik im Reich aber wurde seit 1582 das Erzbistum Köln.

An sich hatte Bayern mit den Ursachen wie mit den ursprünglichen Frontstellungen des Kampfs um Köln nur wenig zu tun. Die in Köln zunächst zur Entscheidung stehenden Fragen waren vielmehr die des Zugangs der Söhne des protestantisch gewordenen Reichsadels – in concreto und vor allem: der Grafenfamilien der Wetterau – zu den Domkapiteln und darüber hinaus die Grundsatzfrage der Verbindlichkeit des Geistlichen Vorbehalts. Das Erzbistum Köln aber war in diesen Auseinandersetzungen von besonderer Bedeutung, und zwar nicht nur wegen seines politischen und kirchlichen Einflusses auf den gesamten Nordwesten des Reichs, sondern auch wegen der Kurwürde des Erzbischofs: Wurde der Geistliche Vorbehalt im Falle Kölns durchbrochen, so war ja mit einer protestantischen Mehrheit im Kurfürstenkolleg zu rechnen; die Folgen, nicht zuletzt für künftige Königswahlen, waren dann unabsehbar.

Die Politik Kurfürst Friedrichs III. von der Pfalz und der Grafen der Wetterau hatte sich bereits in den 60er und 70er Jahren wiederholt um eine „Freistellung" des Erzstifts bemüht, damit jedoch nur wenig Erfolg gehabt. Da ergab sich zu Beginn der 80er Jahre eine neue Situation: Der 1577 zum Erzbischof gewählte Gebhard II. Truchseß von Waldburg nämlich, der ein Verhältnis mit der protestantischen Stiftsdame Agnes von Mansfeld hatte, wünschte dieses Verhältnis durch eine Heirat zu legalisieren und zum Protestantismus überzutreten, entschied sich aber – beeinflußt durch die protestantischen Grafen der Wetterau – nicht zu einer Resignation seines Amts, wie es dem Geistlichen Vorbehalt entsprochen hätte; stattdessen sagte er sich 1582 vom Papsttum los und proklamierte die Gleichberechtigung der Konfessionen sowie die freie Bekenntniswahl der Domherren in seinem Erzstift.

Eben dies war die Situation, in der Herzog Wilhelm von Bayern, von der Kurie aufgefordert und unterstützt, in den Konflikt eingriff und damit zugleich der bayerischen Bistumspolitik eine neue Dimension gab. Schon Albrecht V. hatte wiederholt versucht, seinem Sohn Ernst zu dessen Bistum Freising das mächtige und reiche Erzstift Köln zu verschaffen; jedoch hatte sich das Kölner Domkapitel bei den Wahlen von 1569/70 und wieder 1577 gegen den wittelsbachischen Kandidaten entschieden. Auch ein Versuch zur Erlangung des Bischofsstuhls von Münster war vorerst mißlungen. Das Bistum Hildesheim, das Herzog Ernst 1573 zufiel, war für diese Wahlniederlagen bei weitem kein Ausgleich, zumal da von Hildesheim kaum ein Zuwachs an Reichtum und Macht, wohl aber eine Fülle von konfessions- und territorialpolitischen Schwierigkeiten zu erwarten war. Anders stand es dagegen schon um das Bistum Lüttich und die Reichsabteien Stablo und Malmedy, die Herzog Ernst 1581 – bezeichnenderweise mit Unterstützung des spanischen Statthalters der Niederlande – in seine Hand bekam. 1582 eröffnete sich dann auch die Chance des Zugriffs auf Köln von neuem, diesmal freilich nicht nur als Element der bayerischen Bistumspolitik, sondern zugleich als Teil des Kampfs um den Geistlichen Vorbehalt und um die Erhaltung des Katholizismus in Nordwestdeutschland. Dieser konfessionspolitische Aspekt war es denn auch, der Bayern die Unterstützung nicht nur der Spanier, sondern auch des Papsts sicherte; das entschied sehr wesentlich über den Ausgang des Kampfs. Schon die Initiative für das Eingreifen Bayerns ging von Rom aus. Im März 1583 enthob Gregor XIII. den Truchsessen aller seiner geistlichen Würden und sprach sich für eine Nachfolge Ernsts von Bayern aus. Bald darauf liefen auch sehr erhebliche Hilfsgelder aus Rom ein; die Spanier entsandten Truppen aus den Niederlanden. Der politische und militärische Rückhalt des exkommunizierten Erzbischofs im Lande selbst wie bei den evangelischen Reichsständen war zu gering, um diesem bayerisch-spanisch-römischen Bündnis standzuhalten. Der kölnische Landtag hatte sich bereits im Februar 1583 gegen den Truchsessen gewandt; im Mai entschied sich das Domkapitel, in dem zunächst immerhin eine Minorität für den alten Erzbischof Partei ergriffen hatte, einstimmig zur Wahl Ernsts von Bayern. Noch im gleichen Jahr gelang es den spanisch-bayerischen Truppen, dem neuen Erzbischof im Lande zur Vorherrschaft zu verhelfen. Die Kriegshandlungen dauerten freilich noch jahrelang fort, wuchsen sich zeitweise überhaupt zu einem Teil des großen niederländischen Konflikts aus und kosteten die beteiligten Mächte viel Blut und Geld. Als Gebhard Truchseß von Waldburg 1589 endlich resignierte und sich auf seine – protestantische – Straßburger Domherrnstelle zurückzog, war selbst das reiche Bayern, jedenfalls die herzogliche Finanzverwaltung, völlig erschöpft. Der hohe Einsatz hatte sich jedoch gelohnt: Der Geistliche Vorbehalt war erfolgreich verteidigt, eine protestantische Mehrheit im Kurkolleg verhindert worden. Überdies bedeutete die Behauptung Kölns als katholischen Eckpfeilers in Nordwestdeutschland eine wichtige Vorentscheidung zugunsten der Wiederherstellung des Katholizismus in den Vereinigten Herzogtümern am Niederrhein, zugunsten auch des Fortbestands der westfälischen Fürstbistümer. Daß Kurfürst Ernst selbst nach dem Sieg in Köln auch noch Bischof von Münster wurde und 1587 in Minden die Ernennung des katholischen Otto von Schauenburg zum Bischof durchsetzte, machte diese konfessionspolitische Konsequenz für jedermann deutlich. Die bayerischen Wittelsbacher aber hatten mit Köln eine sehr bedeutende geistliche Sekundogenitur und über sie den Zugang zum Kurkolleg gewonnen; der Kölner Erzstuhl sollte bis 1761 in bayerischer Hand bleiben. Daß die Bistumskumulationen Herzog Ernsts und vieler seiner Nachfolger im Widerspruch zum Bischofsideal des Tridentinums standen, steht bei alledem außer Frage. Die historische Gerechtigkeit gebietet indessen den Hinweis, daß zwar nicht der ohnehin höchst weltliche Kurfürst Ernst, wohl aber sein Neffe Ferdinand, der ihm, bereits 1595 zum Koadjutor angenommen, 1612 auf allen Bischofsstühlen außer Freising folgte und einige Jahre später sogar noch das Bistum Paderborn dazugewann, ein durchaus reformeifriger Kirchenfürst gewesen ist, unter dessen Herrschaft die katholische Reform im Erzstift Köln entscheidende Fortschritte erzielte und von da aus auf das gesamte katholische Nordwestdeutschland ausstrahlte.

Nach dem Kampf um Köln bildete der sogenannte Straßburger Kapitelstreit die zweite bedeutende Auseinandersetzung um den Geistlichen Vorbehalt zu Ausgang des Jahrhunderts. In Straßburg hatte sich Bischof Johann von Manderscheid (1569–1592) mit zunehmendem Eifer, wenngleich vorerst mit nur geringem Erfolg, um die Festigung und Erneuerung seiner Kirche bemüht. 1579 hatte er die Jesuiten nach Molsheim geholt, um ein katholisches Gegengewicht gegen die einflußreiche Straßburger Schule unter Johann Sturm zu schaffen, und mit Hilfe der Jesuiten dann auch den Kampf gegen den im Hochstift und selbst im Domkapitel weitverbreiteten Protestantismus aufgenommen. An der Jahreswende 1583/84 spitzte sich der Konflikt zu. Der Bischof und ihm folgend die katholische Mehrheit des Domkapitels schlossen diejenigen – evangelischen – Domherren, die zugleich dem Kölner Domkapitel angehörten und dort wegen ihrer Parteinahme für Gebhard Truchseß von Waldburg der Exkommunikation verfallen waren, auch vom Straßburger Kapitel aus und versuchten, ihre Pfründen einzuziehen; die protestantischen Kapitulare brachten daraufhin mit Unterstützung des Stadtrats den Wirtschaftshof des Kapitels in ihre Gewalt. Damit war der Kampf um die Freistellung der Religion im Domkapitel in vollem Gang. Seit 1585 suchten sich die beiden Konfessionsparteien im Kapitel durch die Zuwahl von Angehörigen mächtiger reichsfürstlicher Familien zu verstärken: lothringischer und bayerischer Fürstensöhne auf der einen, brandenburgischer Prinzen auf der anderen Seite.

Beim Tode Johanns von Manderscheid 1592 kam es dann zur Doppelwahl. Die mittlerweile zur Majorität gewordenen protestantischen Domherren entschieden sich für den Brandenburger Johann Georg, die katholische Minderheit wählte kurz darauf den Kardinal Karl von Lothringen. Herzog Wilhelm von Bayern hatte nach den schweren finanziellen Belastungen des Kölner Kriegs darauf verzichtet, einen seiner beiden geistlichen Söhne, die in Straßburg bepfründet waren, in das Rennen zu schikken. Statt dessen suchte jetzt der Herzog von Lothringen, der seinem jüngeren Sohn Karl schon 1578 das Bistum Metz und dazu den Kardinalshut verschafft hatte, seinen politischen Einflußbereich auf Straßburg auszudehnen. Das brandenburgische Interesse an dem Straßburger Bischofssitz war demgegenüber weniger unmittelbar. Immerhin suchten die Hohenzollern zur gleichen Zeit doch auch ihre Erbansprüche auf die Vereinigten Herzogtümer Kleve-Jülich-Berg zur Geltung zu bringen, und Markgraf Georg Friedrich von Ansbach als die eigentlich treibende Kraft der brandenburgischen Politik dieser Jahre dachte ohnehin in europäischen Maßstäben. Er war es denn auch, der alsbald in Straßburg erschien, um die brandenburgischen Interessen wahrzunehmen; damit war klar, daß die katholisch-lothringische Partei in Straßburg doch mit ernsthaftem Widerstand rechnen mußte. Wirklich sah es in den sogleich nach der Doppelwahl einsetzenden militärischen Auseinandersetzungen zunächst nach einem protestantischen Sieg aus. Die Reichspolitik der evangelischen Stände war freilich zu träge und zerfahren, um ihre Glaubensgenossen in Straßburg – und sei es auch nur durch eine namhafte Geldhilfe – wirksam zu unterstützen. So kam es unter kaiserlicher Vermittlung im Februar 1593 zu einem Waffenstillstand, durch den das Stift auf der Basis des militärischen status quo vorläufig geteilt wurde; eine gemischtkonfessionelle Kommission sollte den Streit selbst schlichten. Diese Schlichtung scheiterte schon in den Ansätzen; neue gewaltsame Auseinandersetzungen, ein zweiter Waffenstillstand (1595) und ein erneuter Schlichtungsauftrag – ebenso ergebnislos wie der erste – folgten. Aber in der Zwischenzeit verschoben sich die Kräfteverhältnisse, und zwar zugunsten der Katholiken, wenngleich nicht einfach zugunsten des Lothringers. Das wichtigste Moment dieses Wandels lag darin, daß der Kaiser seit 1597 gegen die Türken eine Reihe bedeutender Erfolge zu erzielen vermochte und damit für ein verstärktes Engagement im Elsaß den Rücken frei bekam.

Nun war dieses Engagement der Habsburger nicht nur konfessioneller Art; Kaiser Rudolf wünschte nämlich, seinem steirischen Neffen Leopold – zusätzlich zu einer gegen Bayern durchgesetzten Koadjutorie in Passau – den Straßburger Bischofsstuhl oder doch die Anwartschaft auf die Nachfolge zu verschaffen. Es zeigte sich bald, daß die katholischen Domkapitulare in Straßburg einer solchen habsburgischen Lösung eher zuneigten als der lothringischen, und 1598 gelang es Rudolf dann auch, sich mit dem Lothringer zu arrangieren: Der Kaiser erteilte dem Kardinal ein Lehensindult, der Kardinal aber fand sich damit ab, daß Erzherzog Leopold zum Koadjutor ernannt wurde; im März 1599 folgte die endgültige Belehnung. Brandenburgische Proteste gegen das kaiserliche Vorgehen, auch eine förmliche Klage vor dem Reichshofrat, blieben erfolglos; zu einer Wiederaufnahme der militärischen Auseinandersetzungen aber konnten sich die Protestanten nicht entschließen. So kam es einige Jahre später (1604) zum förmlichen Ausgleich zwischen den beiden Prätendenten, in dem sich der Brandenburger im wesentlichen mit einer Geldentschädigung abfinden ließ; den protestantischen Kapitularen wurden ein 15jähriger Waffenstillstand und für diese Zeit auch die Zuweisung bestimmter Stiftseinkünfte garantiert. Beim Tode des Kardinals (1607) folgte ihm Erzherzog Leopold dann ohne weitere Schwierigkeiten, und dessen Nachfolge trat 1625 wiederum ein Habsburger, ein Sohn Kaiser Ferdinands II., an; die politische Bilanz des Straßburger Kapitelstreits bestand mithin in einer beachtlichen Stärkung der habsburgischen Position im Elsaß. Kirchenpolitisch war das entscheidende Ergebnis des Streits natürlich wiederum – wie zuvor im Erzbistum Köln – die Erhaltung des Bistums bei der katholischen Kirche.

In der Reichsstadt Aachen hatte die Reformation mit der Zuwanderung niederländischer Meister des Tuchgewerbes schon seit den 40er Jahren Fuß gefaßt. Zwar waren 1550 und wiederum 1560 Mandate des Stadtrats ergangen, die den Ausschluß der Protestanten vom Stadtregiment und überhaupt die Alleinherrschaft des Katholizismus in der Stadt sichern sollten; doch hatten diese Mandate das Vordringen der Reformation nicht auf die Dauer unterbinden können. Bereits seit den 50er Jahren bestanden zwei reformierte Gemeinden in der Stadt – eine wallonische und eine deutsche –; etwas später kam noch eine lutherische dazu. Daß die Protestanten in den Aachener Zünften, den sogenannten Gaffeln, stark vertreten waren, gab ihnen trotz ihres Ausschlusses vom Stadtregiment eine auch verfassungspolitisch starke Stellung. Überdies war das konfessionspolitische Bündnis des katholischen Stadtrats mit dem Herzog von Kleve-Jülich-Berg und den spanischen Niederlanden bei der städtischen Bevölkerung – bis weit in deren katholische Gruppen hinein – nur wenig populär; die Bürger wußten sehr gut, daß aus diesen Verbindungen sehr leicht eine prinzipielle Gefährdung der Reichsunmittelbarkeit Aachens erwachsen könnte. 1574 gelang es den Protestanten über die Wahlen in den Zünften, auch wieder im Rat Fuß zu fassen; unter dem Druck der Zünfte kassierte der Rat jenes Statut von 1560. In der Folge bauten die Protestanten ihre Stellung in der Stadt weiter aus; 1580 hielten sie die Zeit für gekommen, beim Rat der Stadt die Zulassung öffentlichen lutherischen und reformierten Gottesdienstes zu beantragen.

Dieser Vorstoß führte nun allerdings zu harten Auseinandersetzungen und konfessionellen Polarisierungen in der Bürgerschaft selbst, und zugleich intensivierte sich die Einwirkung auswärtiger Mächte. Die herzogliche Regierung in Düsseldorf sperrte den Aachener Bürgern den Verkehr durch die Vereinigten Herzogtümer; Alexander Farnese, der spanische Regent der Niederlande, ordnete gar die Verlegung spanischer Truppen in das Aachener Gebiet an. Auf der anderen Seite beschwerten sich die protestantischen Reichsstände in ungewohnter Solidarität beim Kaiser über jene Maßnahmen gegen die Reichsstadt und erreichten damit immerhin, daß Rudolf die Regierungen in Düsseldorf und Brüssel von ihrem eigenmächtigen Vorgehen abmahnte und den Streitfall zur Entscheidung des nächsten Reichstags stellte. Das Verhandlungsergebnis dieser Reichsversammlung –

es war der Reichstag von Augsburg 1582 – war freilich bloß dilatorisch: Die Kurfürsten von Trier und Sachsen erhielten als paritätische Schlichtungskommission den Auftrag zu gütlicher Vermittlung; falls diese Vermittlung mißlingen würde, sollte der Kaiser aufgrund des Berichts der Kommissare die gebührende Entscheidung zu treffen haben.

Die sächsisch-trierischen Kommissionsverhandlungen begannen erst Anfang 1584 und führten auch dann, weil die Vermittler selbst im Prinzipiellen gegensätzliche Auffassungen einbrachten, in der Hauptsache zu keiner Einigung. Zwar stimmten beide Seiten darin überein, daß die Calvinisten, weil vom Religionsfrieden nicht anerkannt, auch in Aachen nicht zu dulden wären. Während aber Sachsen für die unbeschränkte Zulassung des Augsburger Bekenntnisses plädierte, hielt Trier dafür, daß auch den Lutheranern grundsätzlich weder das Recht öffentlichen Gottesdienstes noch der Zugang zum Rat und zu den Ämtern der Stadt konzediert werden dürften; allenfalls wären einige Milderungen dieses Grundsatzes mit Zustimmung der Aachener Katholiken zu erlauben – woran angesichts des mittlerweile erbitterten konfessionellen Gegensatzes in der Bürgerschaft faktisch nicht zu denken war.

Die Entscheidung lag nun beim Kaiser; der aber ließ sich, unsicher über die politischen Folgen einer solchen Entscheidung, mit seiner Resolution beinahe ein Jahrzehnt Zeit – Jahre, während derer Lutheraner wie Calvinisten unter der Aachener Bürgerschaft weitere Anhänger fanden und schließlich das Recht freier öffentlicher Religionsausübung in der Stadt durchsetzten, Jahre freilich auch erneut zunehmenden Drucks von außen: 1589 suspendierte die spanische Regentschaft in Brüssel alle Zoll- und Steuerprivilegien, die die Aachener Bürger bisher in Brabant und Limburg genossen hatten; 1591 kündigte ihnen die Regierung in Düsseldorf Schutz und Geleit in den Vereinigten Herzogtümern. Im August 1593 endlich erging ein Urteil des Reichshofrats, das alle im Widerspruch zu dem Statut von 1560 vorgenommenen Neuerungen in Aachen für unrechtmäßig erklärte; im Oktober drohte ein kaiserliches Mandat der Stadt für den Fall des Ungehorsams gegen dieses Urteil die Reichsacht an. Noch einmal zögerte Kaiser Rudolf, nach wie vor in Sorge vor den Weiterungen eines gewaltsamen Vorgehens gegen die Reichsstadt, mit der wirklichen Verhängung der Reichsacht. 1598 war er dann aber von der politischen Uneinigkeit der deutschen Protestanten hinreichend überzeugt, um die Reichsacht und deren Exekution ohne die Gefahr eines größeren Konflikts wagen zu können, und der Erfolg gab ihm recht. Der mit der Vollstreckung beauftragte Kurfürst und Erzbischof von Köln, Ernst von Bayern, konnte mit dem Rückhalt spanischer Truppen aus den Niederlanden gegen Aachen vorgehen, ohne daß die protestantischen Reichsstände eingriffen. Damit war die Situation der Aachener Protestanten aussichtslos geworden; sie fügten sich ins Unvermeidliche. Der Rat der Stadt wurde erneut rein katholisch, die Alleinherrschaft des Katholizismus in Gottesdienst und Unterricht wieder hergestellt. Nach der Entscheidung im Kölnischen Krieg hatte sich damit an strategisch wichtiger Stelle im Nordwesten des Reichs erneut der Katholizismus durchgesetzt. Die Geschichte der beiden folgenden Jahrzehnte zeigte zwar, daß die Ereignisse von 1598 noch immer keine definitive Entscheidung bedeuteten. Die fortbestehende soziale und wirtschaftliche Stärke der Protestanten in der Stadt, die ebenso fortbestehenden verfassungs- und außenpolitischen Schwierigkeiten des katholischen Stadtregiments, dazu einige – von den Protestanten bald als bedrohlich angesehene – Erfolge der katholischen Reform im Kampf um die Bürgerschaft bildeten eine explosive Mischung, die schon wenige Jahre später – 1608 und vor allem 1611 – zum offenen Ausbruch des politischen und religiösen Protests und in dessen Folge sogar noch einmal zur Wahl eines im wesentlichen evangelischen Magistrats führte. Aber eine erneute Reichsacht und deren – diesmal blutige – Vollstreckung, wiederum auf der Basis spanischer Militärmacht, bestätigten 1614/16 doch die Entscheidung von 1598.

Die Würzburger Bischöfe waren seit den Anfängen der Reformation der alten Kirche stets treu geblieben, hatten aber weder den fortschreitenden Zerfall des katholischen Kirchenwesens noch das Umsichgreifen der Reformation im Hochstift hindern können. Bis um die Mitte der 40er Jahre waren der Adel der Landschaft und auch die städtischen Bürgerschaften großenteils der Reformation zugefallen; mit Ausnahme der Dom- und Stiftsschulen war das ganze Bildungswesen des Landes in evangelische Hand geraten. Auch die Reformversuche Bischof Melchior Zobels (1544–1558) hatten bloß geringe Erfolge gezeitigt. Dazu kamen die furchtbaren Verheerungen des Bistums durch die Raubzüge des Albrecht Alkibiades und später die Drangsale der Grumbachschen Händel, in denen der Bischof ja auch selbst sein Leben verlor; für eine durchgreifende Erneuerung des kirchlichen Lebens ließen diese äußeren Bedrängnisse nur geringe Möglichkeiten. Eine erste Wendung zum Besseren trat unter Bischof Friedrich von Wirsberg ein. 1567 gelang ihm die Gründung eines Jesuitengymnasiums mit angeschlossenem Knabenkonvikt, das bereits im Jahr darauf an die 300 Schüler zählte; 1570 konnte der Bischof sein Domkapitel auch dazu bewegen, die Professio fidei Tridentina abzulegen. Freilich bremste gerade das Domkapitel die sonstigen Aktivitäten des Bischofs zur Stabilisierung der Würzburger Kirche – nicht zuletzt mit Rücksicht auf die weithin evangelische Ritterschaft, deren Familien die Kapitulare ja gutenteils selbst entstammten. Von einer Zurückdrängung evangelischen Kirchenwesens auf breiter Front konnte angesichts dieser Verhältnisse nicht die Rede sein; im Gegenteil machte der Protestantismus unter dem Kirchenvolk, selbst in der Hauptstadt des Hochstifts, noch immer Fortschritte.

Die Situation änderte sich grundlegend unter Bischof Julius Echter von Mespelbrunn (1573–1617). Der 1545 auf dem Familienschloß Mespelbrunn im Spessart geborene Sohn streng katholischer Eltern hatte seine erste Ausbildung auf der Domschule zu Würzburg erhalten; später hatte er das Jesuitenkolleg zu Köln besucht und dann – aus den finanziellen Mitteln früh verliehener Mainzer und Würzburger Kirchenpfründen – ausgedehnte Studien an französischen und italienischen Universitäten betrieben. 1569 nach Würzburg zurückgekehrt, ließ er sich 1571 zum Priester weihen; als Vorbereitung dazu unterzog er sich den großen Exerzitien des Ignatius von Loyola. Als er 1573 zum Bischof gewählt wurde, galt das bereits als ein Signal der Katholischen Reform und Gegenreformation in Würzburg.

Die wichtigsten Maßnahmen der ersten Regierungsjahre Julius Echters dienten jedoch zunächst einmal der rechtlichen, politischen und finanziellen Festigung seiner Herrschaft. Durch eiserne Sparsamkeit, nicht zuletzt durch die Einziehung erledigter Lehen, konnte der Bischof in erstaunlich kurzer Zeit die gewaltigen Schulden des Hochstifts abbauen, ja sogar beträchtliche finanzielle Reserven anlegen, die ihm wiederum ein größeres Maß von Unabhängigkeit gegenüber dem Domkapitel wie gegenüber den Ständen des Landes verschafften. Dazu kam eine durchgreifende Straffung und Modernisierung der Verwaltung mit Hilfe gelehrter Räte; die gesamte Verwaltung war fortan nur mehr auf den Landesherrn, nicht auch auf das Domkapitel verpflichtet. Andere frühe Reformen galten dem Rechts- und Spitalwesen des Landes; unter den Reorganisationen und Neugründungen von Spitälern ragt die Errichtung des – bis heute nach dem Bischof benannten – Julius-Spitals in Würzburg (1576) hervor. Seine strenge äußere Ordnung und geistliche Zucht wie seine durch und durch obrigkeitliche Organisation lassen das Julius-Spital nicht nur als bedeutende soziale Einrichtung, sondern zugleich als eindrucksvolles Zeugnis eines neuartigen kirchlichen Absolutismus erscheinen.

Durch seinen Versuch, die Fürstabtei Fulda unter seine Administration zu bringen (1576), hatte Julius Echter im Reich – auch bei den katholischen Reichsständen – viele Sympathien eingebüßt. Es gelang ihm jedoch bald, die ungünstigen Folgen der fehlgeschlagenen Intervention in Fulda wieder auszugleichen, vor allem durch eine verstärkte Anlehnung an das Kaiserhaus und an Bayern; von Herzog Wilhelm V. von Bayern erlangte er 1586 sogar ein förmliches und generelles Hilfsversprechen für den Fall einer Bedrohung seiner fürstbischöflichen Herrschaft.

Das bayerische Schutzversprechen war für Julius Echter um so wichtiger, als er seit Ausgang der 70er Jahre einen politischen Kurs konfessioneller Konfrontation steuerte, der alsbald zu erheblichen Konflikten auch mit dem evangelischen Adel der Landschaft führte. 1577 begann Bischof Julius damit, evangelische Prädikanten in Stadt und Land zur Auswanderung zu zwingen. Die evangelische Ritterschaft, die sehr wohl sah, daß hier die Existenz des Protestantismus im Hochstift in Frage gestellt wurde, protestierte nachdrücklich gegen diese offenkundige Verletzung der Declaratio Ferdinandea. Julius Echter aber nahm diese Proteste nur zum Anlaß, nun auch seine protestantischen Amtleute nach und nach durch Katholiken zu ersetzen. In den daraus erwachsenden Auseinandersetzungen erwies sich sehr bald, daß die evangelischen Adligen der Landschaft nicht stark genug waren, um dem Fürstbischof erfolgreich Widerstand leisten zu können – und dies um so weniger, als sie auch auf der politischen Ebene des Reichs keine wirksame Unterstützung erfuhren; die großen lutherischen Reichsstände waren ja nicht gewillt, den Religionsfrieden durch einen ernsthaften Konflikt über die Declaratio Ferdinandea zu gefährden.

1585 sah Julius Echter die Zeit für eine großangelegte Rekatholisierung des ganzen Hochstifts gekommen. Binnen drei Jahren wurde mit Hilfe der Jesuiten und häufig unter persönlicher Leitung des Fürstbischofs eine umfassende Visitation durchgeführt, durch die – mit Belehrungen und Zwangsmaßnahmen – rund 100000 Untertanen des Hochstifts rekatholisiert wurden. 1587 mußte auswandern, wer sich nicht bekehren wollte. Daß der Bischof ein Drittel des Vermögens der Emigranten für sich einzog, verstieß nicht bloß gegen die Declaratio Ferdinandea, sondern auch gegen das Emigrationsprivileg des Religionsfriedens. Den Sturm der protestantischen Publizistik über dieses Vorgehen nahm Julius Echter indessen ungerührt hin; nach dem Ergebnis der Reichstage von 1576 und 1582 zeigte ja auch der Verlauf des Kölnischen Kriegs und des Straßburger Kapitelstreits, daß ein geschlossenes Vorgehen der protestantischen Reichsstände gegen den Katholizismus der Gegenreformation bis auf weiteres nicht zu befürchten stand.

Die Kirchenpolitik Julius Echters zeichnete sich nicht nur durch die Entschlossenheit und das sichere politische Kalkül seiner gegenreformatorischen Maßnahmen aus, sondern auch durch den Weitblick und die Zähigkeit seiner Bemühungen um eine innerkirchliche Reform. Er hatte frühzeitig erkannt, daß ein dauernder Erfolg der Restauration des Katholizismus nur über die Neugestaltung des Bildungswesens zu erreichen sei: vor allem durch die Heranziehung eines neuen Klerus, aber auch durch die Erziehung und Festigung der adligen und bürgerlichen Eliten in der katholischen Religion. 1578 bereits gestaltete er das Knabenkonvikt beim Jesuitenkolleg in Würzburg so um, daß es den Anforderungen des Tridentinums an ein Priesterseminar einigermaßen entsprach; in der Folge setzte er gegen mancherlei Widerstände seines Domkapitels die Errichtung eines großzügigen Seminarbaus und die Leitung des Instituts durch die Jesuiten durch. Noch mehr als das Seminar lag dem Fürstbischof die Gründung einer eigenen Universität am Herzen, und auch dieses Ziel erreichte er – wiederum gegen den mißmutigen Widerstand seines Domkapitels, das die Kosten des Unternehmens scheute und dem erwartbaren Einfluß der Jesuiten nach wie vor ablehnend gegenüberstand. 1582 konnte die Universität eröffnet werden. Räumlich und organisatorisch wurden Universität und Seminar eng miteinander verbunden; wie für das Seminar galt auch für die Universität – von den Professoren bis hinunter zu den Pedellen – das tridentinische Glaubensbekenntnis als unbedingt verpflichtend. Die wissenschaftlichen Leistungen der neuen Universität blieben, wohl gerade wegen ihrer konfessionellen Enge, vorerst bescheiden; ihre konfessionelle und politische Aufgabe der Heranziehung eines zuverlässig katholischen Nachwuchses für Staat und Kirche aber erfüllte die Universitätsgründung von vornherein.

Über das Schul- und Bildungswesen hinaus bemühte sich die Politik Julius Echters um eine intensive obrigkeitliche Regelung des gesamten kirchlichen und gesellschaftlichen Lebens, von den Gottesdienstformen bis zur Zensur des Buchhandels oder der konfessionellen Kontrolle der in das Hochstift Zuwandernden. Wie in Bayern oder auch in manchen calvinistischen Territorien der Zeit sollte ein ausgedehntes System gegenseitiger Überwachung von Geistlichen und Weltlichen, aber auch der Geistlichen untereinander, für eine bessere Durchsetzung der obrigkeitlich-kirchlichen Sittenpolizei sorgen. Die angestrebten Erfolge dieser Reformen, insbesondere bei den Laien und erst recht bei den rekatholisierten Protestanten des Hochstifts, ließen freilich noch geraume Zeit auf sich warten. Als der Fürstbischof nach einer ungewöhnlich langen Regierungszeit 1617 starb, hatte aber doch ein Großteil der mittlerweile herangewachsenen Generation seine geistliche und geistige Heimat wieder in der katholischen Kirche gefunden.

In den österreichischen Erblanden hatte sich – abgesehen von Tirol und Vorarlberg – bis in die 70er Jahre des Jahrhunderts ein blühendes evangelisches Kirchenwesen entfaltet. Seine rechtlichen Grundlagen waren freilich nur schmal. Im Grunde hatten die habsburgischen Landesherren nur dem Adel das Recht der Religionsübung nach der Augsburger Konfession verbindlich zugesichert. Schon die Frage aber, ob und in welchem Umfang auch die Untertanen des Adels in dieses Recht eingeschlossen seien, war nicht überall und eindeutig geklärt worden; vollends die Städte und Märkte verfügten nirgends über eine wirklich gesicherte Duldungszusage ihres Landesherrn. Im übrigen waren so gut wie alle Religionskonzessionen, -assekurationen und -pazifikationen der habsburgischen Landesherren mit Zweideutigkeiten gespickt, die jedenfalls auch die Möglichkeit sehr restriktiver Interpretationen zuließen. Politischen Rückhalt hatten die evangelischen Kirchen Österreichs ohnehin nur bei den Ständen. Eben deshalb war ihr Schicksal auch aufs engste mit dem Schicksal des österreichischen Ständewesens verflochten; daß sich in einem langen und wechselvollen politischen Prozeß schließlich die fürstliche Gewalt der Habsburger entscheidend gegenüber den Ständen durchsetzte, bedeutete deshalb zugleich den Sieg der Gegenreformation über die evangelischen Kirchen Österreichs.

Die faktisch weitgehende Duldung des Protestantismus in den österreichischen Erblanden fand alsbald nach dem Regierungsantritt Kaiser Rudolfs II. ihr Ende. Der Kaiser selbst stand zwar der römischen Kirche und erst recht der Gegenreformation mit vielen Vorbehalten gegenüber. Ohnehin war sein Weltbild wohl maßgeblich durch Vorstellungen eines „magischen Universums“ (Evans) bestimmt, die in der Spätrenaissance ja überhaupt eine nicht zu unterschätzende Rolle spielten; diese Kosmologie und die ihr entsprechende Mentalität mitsamt ihrer Affinität zum Okkultismus stand zum christlichen Offenbarungsglauben in kaum aufzuhebendem Widerspruch. So war es nicht erstaunlich, daß Rudolf – ganz abgesehen von seiner notorischen Handlungsschwäche – sich auch im konfessionspolitischen Streit kaum engagierte. Zwar fehlte es von Anfang seiner Regierung an keineswegs an Mandaten gegen den Protestantismus insbesondere in Niederösterreich; doch tat Rudolf nicht viel, um diese Mandate wirklich durchzusetzen. Auch fand er nichts dabei, protestantische Fürsten und Juristen zu seinen wichtigsten Ratgebern zu machen. Für die österreichischen Erblande viel wichtiger aber war die Haltung der jüngeren Brüder des Kaisers, der Erzherzöge Ernst und Matthias, die nacheinander als Statthalter des Kaisers die Regierung Ober- und Niederösterreichs führten, dazu des Erzherzogs Karl, der schon seit dem Tode Ferdinands I. Landesherr der innerösterreichischen Herzogtümer war. Von ihnen nun verfolgten der in Spanien erzogene Erzherzog Ernst wie auch Erzherzog Karl schon seit den späten 70er Jahren eine entschieden gegenreformatorische Politik, und auch Matthias, der ursprünglich den Ideen eines konfessionellen Ausgleichs näher gestanden hatte, setzte als Statthalter von Ober- und Niederösterreich seit 1594 im wesentlichen die gegenreformatorische Linie seines Bruders und Vorgängers Ernst fort. Zum eigentlichen Motor der Gegenreformation in den habsburgischen Donauländern aber, vorerst in Niederösterreich, wurde Melchior Khlesl. Seit 1579 Propst zu St. Stephan in Wien und Kanzler der Wiener Universität, wurde er kurz darauf Passauer Generalvikar für Niederösterreich und 1588 Administrator des Bistums Wiener Neustadt; seit 1590 leitete er die sogenannte Reformationskommission, die landesherrliche Zentralbehörde für die Durchführung der Gegenreformation.

Am frühesten kam die Gegenreformation der habsburgischen Erblande in Niederösterreich zum Zuge. Ihre Strategie verfolgte vier Hauptziele: zum einen die „Reformation“ – d.h. Gegenreformation – der landesfürstlichen Städte und Märkte, für die das jus reformandi des Landesherrn rechtlich außer Frage stand, zum zweiten die immer restriktivere Auslegung der landesfürstlichen Religionskonzessionen für den Adel, namentlich durch die Beschränkung des evangelischen Gottesdienstes zunächst auf die Patronatskirchen, schließlich überhaupt bloß auf die Hauskirchen der adligen Familien. Dazu kam drittens die konfessionelle Säuberung der landesfürstlichen Verwaltung und anderer wichtiger Institutionen des Landes, insbesondere der Universität Wien und der Schulen. Viertens schließlich suchte man den landesfürstlichen Einfluß in kirchlichen Angelegenheiten durch

Maßnahmen der Verwaltungsorganisation zu stärken. Die Einrichtung des Klosterrats unter Maximilian II. hatte hierfür den Weg gewiesen; 1581 mußte die niederösterreichische Regierung, in der die Stände noch immer beträchtlichen Einfluß besaßen, ihre Kompetenzen der Kirchenaufsicht an die Hofkanzlei abgeben.

Nicht ganz selten stieß die Gegenreformation mit ihren Ausweisungen evangelischer Prediger und Lehrer, mit ihrer Zerstörung evangelischer Friedhöfe und Kirchen, mit ihren Bücherverbrennungen, auch mit ihrem Zwang zur Beichte bei den neu eingeführten katholischen Priestern auf offenen Ungehorsam der Bevölkerung; dann scheute die Regierung nicht vor militärischer Gewalt zurück, um ihre Ziele durchzusetzen. Im großen ganzen aber betrieb man, besonders gegenüber dem Adel, sehr bewußt eine Politik nicht der großen Konfrontation, sondern der kleinen Schritte, und diese Taktik erwies sich langfristig auch als erfolgreich. Vor allem gelang es – nicht zuletzt durch die Nobilitierung von Katholiken, auch durch die gezielte Förderung katholischer Adliger am Hofe –, die konfessionelle Front der weltlichen Stände aufzubrechen. Damit verlor das evangelische Kirchenwesen des Landes entscheidend an politischem Rückhalt. Dazu kam, daß die Evangelischen sich nicht zu einem aktiven Widerstand gegen die Rekatholisierungspolitik der habsburgischen Regierung entschließen mochten, und zwar vornehmlich aus Gewissensgründen: So sehr ihnen daran lag, ihren Glauben und damit das „Kleinod der Religionsfreiheit“[73] zu bewahren, so wenig wollten sie als gute Lutheraner doch ihre Untertanenpflicht gegenüber dem Landesherrn und Kaiser verletzen. Daß ihnen diese Entscheidung nicht leicht fiel, ist gut verständlich; sie erbaten denn auch von evangelischen Universitäten des Reichs, z.B. von Rostock und Tübingen, wiederholt theologische Gutachten über die Grenzen ihrer Gehorsamspflicht. Die Ratschläge der lutherischen Theologen sprachen sich jedoch eindeutig für einen bloß passiven Widerstand aus, und dieser Gewissensrat zu einem leidenden Gehorsam wurde schließlich respektiert. Tatsächlich war das evangelische Kirchenwesen Niederösterreichs mangels wirksamer Abwehr der Gegenreformation bereits um die Jahrhundertwende auf den unmittelbaren Umkreis der – freilich nach wie vor zahlreichen – evangelischen Adelsfamilien zurückgedrängt.

In Oberösterreich kam die Gegenreformation erst später zum Zuge als in Niederösterreich, und zwar vor allem wegen der hier besonders stark ausgeprägten Eigenständigkeit der Stände. Eine grundsätzliche Wende trat erst mit dem oberösterreichischen Bauernkrieg 1595–1597 ein.

Ursprünglich hatte der Bauernkrieg, der in Ausläufern auch nach Niederösterreich hinüberwirkte, mit den konfessionellen Streitigkeiten der Zeit nur wenig zu tun. Zwar richteten sich die bäuerlichen Beschwerden an manchen Orten auch gegen Beeinträchtigungen des evangelischen Kirchenwesens durch landesfürstliche Beamte oder katholische Prälaten; der Kern der Beschwerden und damit der Aufstände selbst war jedoch wirtschaftlicher und sozialer Art. Ohnehin und seit jeher durch Abgaben und Frondienste für ihre Grundherren stark belastet, wurden die Bauern jetzt, vor allem seit Ausbruch des großen Türkenkriegs 1593, zusätzlich von seiten des Landesherrn mit schweren militärischen und finanziellen Lasten konfrontiert. Das führte 1595 zu offener Empörung. Der Aufstand flammte zunächst im Mühlviertel auf, griff dann aufs Hausruckviertel über und erreichte im Traunviertel seinen gewalttätigen Höhepunkt. Durch die Rebellion vielerorts in bedrängte Lage geraten, blieb dem Adel kaum etwas anderes übrig, als sich mit dem Landesherrn zu verbünden. So geschah es denn im Auftrag des Kaisers und mit Unterstützung des Landeshauptmanns, daß Gotthard von Starhemberg, selbst ein Führer des protestantischen Adels im Lande, den Aufstand niederschlug. Daß damit die bisherige konfessionell begründete Gemeinsamkeit von Adel und Bauern gegenüber der katholisch-gegenreformatorischen Politik der Habsburger zerbrach, war unvermeidlich, und die Regierung zögerte nicht, diese Spaltung auszunutzen. Noch 1597 setzte die Gegenreformation in Oberösterreich mit voller Kraft ein – auf dem Lande und, begünstigt durch die Schwächung der Stände insgesamt, auch in den Städten. Wenige Jahre später war das öffentliche evangelische Bekenntnis wie in Niederösterreich so im Land ob der Enns im wesentlichen auf den unmittelbaren Herrschaftsbereich des Adels zurückgedrängt; der besonders hartnäckige konfessionelle Widerstand der Bergherren und Knappen des Salzkammerguts wurde 1601/02 mit militärischer Hilfe des Erzbischofs von Salzburg gebrochen. Immerhin blieb die Stellung der Stände in Oberösterreich vorerst stärker als in Niederösterreich, und das gab den Evangelischen im Lande noch immer einen gewissen Rückhalt. Gerade Oberösterreich war es deshalb, wo der Protestantismus im Schatten des habsburgischen Bruderzwists im letzten Jahrzehnt vor dem Dreißigjährigen Krieg noch einmal eine eindrucksvolle Blüte erlebte; die definitive Entscheidung zugunsten des Katholizismus fiel hier erst in den 20er Jahren des 17. Jahrhunderts.

In Innerösterreich schließlich hatte die Reformation auf dem Landtag zu Bruck an der Mur 1578 ihre weitestgehenden Erfolge in den österreichischen Erblanden überhaupt erzielt. Gerade dieser Erfolg löste allerdings auch die stärksten Gegenwirkungen aus; bis zur Jahrhundertwende wurden gerade die innerösterreichischen Länder zu einem Zentrum der Gegenreformation mit weiter Ausstrahlung. Die wichtigste Kraft dieser Gegenwirkungen war der bayerische Hof, der mit der steirischen Linie der Habsburger dynastisch eng verbunden war: Erzherzog Karl war mit Maria, der Schwester Wilhelms V. von Bayern, verheiratet. Die durch diese Ehe vermittelte politische Kooperation zwischen den Höfen von München und Graz führte im Oktober 1579 dazu, daß in gemeinsamen Beratungen in München ein förmliches Programm der Gegenreformation Innerösterreichs entworfen wurde – auch hier nach dem Prinzip: „non verbis sed factis, non fulminater, sed pedetentim et graduatim"[74]. Neben den bayerischen Ratgebern vermittelten die bereits 1572 nach Graz berufenen Jesuiten wichtige Impulse für die Gegenreformation des Landes, seit der Einrichtung einer eigenen Grazer Nuntiatur 1580 auch der Nuntius.

Der erste Schritt der Gegenreformation bestand in der Säuberung des Hofs und der landesfürstlichen Verwaltung von allen protestantischen Elementen; statt ihrer wurde neues Personal, vielfach aus Bayern und aus Italien, eingestellt. Als nächstes folgte das Verbot evangelischen Gottesdienstes für die städtischen Bürger; auch die von den Ständen eingerichteten evangelischen Schulen durften von den Bürgerkindern nicht mehr besucht werden. 1585 wurde das Grazer Jesuitenkolleg zur Universität erhoben, der Besuch fremder Lateinschulen oder Universitäten bei Strafe der Ausweisung untersagt. Evangelische Prediger und Schulmeister wurden vertrieben, die Protestanten von den städtischen Räten ausgeschlossen. 1587 wurde eine geistlich-weltliche „Reformkommission" eingerichtet, die die Bürger – notfalls mit Gewalt – rekatholisieren sollte; 1588 schrieb die Regierung für alle Städte einen katholischen Bürgereid vor.

Der Tod Erzherzog Karls im Jahre 1590 verschaffte den Evangelischen noch einmal eine Atempause. Als aber Karls Sohn Ferdinand, der spätere Kaiser Ferdinand II., 1596 zur Regierung kam, wurde die Bedrängnis der Evangelischen um so ärger. Von seiner bayerischen Mutter frühzeitig im Geist eines unerbittlichen gegenreformatorischen Absolutismus erzogen, von den Jesuiten in Ingolstadt gebildet, von den entschieden gegenreformatorisch gesonnenen Bischöfen von Seckau, Lavant und Laibach beeinflußt, machte der junge Erzherzog die völlige Unterdrückung des evangelischen Kirchenwesens zur vordringlichen Aufgabe seiner Regierung, wenn irgend möglich auch beim Adel – für Ferdinand gehörten der Kampf gegen den Protestantismus und gegen die politische Eigenständigkeit des Adels im Lande aufs engste zusammen. 1598 wurden die evangelischen Landschaftsschulen geschlossen, bald darauf verlor der Adel auch das Recht, eigene Prediger zu halten; die offiziell nicht bestrittene persönliche Gewissensfreiheit des Adels wurde damit zur Chimäre. Kurz nach der Jahrhundertwende war das evangelische Kirchenwesen in Innerösterreich fast völlig unterdrückt. Selbst die private Lektüre evangelischer Erbauungsbücher war jetzt verboten; erst recht stand jeder Versuch, „das gifftige und schädliche Exercitium" der Augsburgischen Konfession außerhalb des Landes aufzusuchen, unter Androhung schwerer Strafen[75].

Auch in Innerösterreich war es bei alledem zu keinem aktiven Widerstand der Stände gekommen. Die hier besonders fühlbare Türkengefahr bewog die Stände immer wieder zu erhöhter Loyalität gegenüber dem Landesherrn, auch wohl zu der – freilich vergeblichen – Hoffnung auf eine versöhnliche Haltung Erzherzog Ferdinands gegenüber seinen evangelischen Untertanen; dazu kam das lutherische Ethos des leidenden Gehorsams. Die einzige Möglichkeit der Gegenwehr bestand schließlich in der Wahrnehmung des jus emigrandi; allein in den Jahren 1599 und 1600 dürften aus Kärnten und der Steiermark rund 5000 evangelische Männer und Frauen abgewandert sein.

Natürlich ging es der Gegenreformation auch in den habsburgischen Ländern nicht bloß um die äußerliche Restitution des Katholizismus. Die Bemühungen um eine echte, innere Rückgewinnung der Bevölkerung für die katholische Kirche kamen jedoch nur sehr zögerlich in Gang. Das vorherrschende konfessionspolitische Klima blieb für lange Zeit das der Unterdrückung der evangelischen Minderheiten, und dem entsprachen – bis tief ins 18. Jahrhundert hinein – immer neue Wellen von Emigrationen österreichischer Familien wegen ihrer evangelischen Überzeugung. Im übrigen erhielt sich in manchen Landschaften, vor allem in ländlichen Gegenden, durch die Generationen hindurch ein nicht unbeträchtlicher Kryptoprotestantismus, der trotz aller Verfolgungen nicht auszurotten war; daß allein in Regensburg um die Mitte des 17. Jahrhunderts bei jeder dritten evangelischen Trauung junge Paare aus Ober- und Niederösterreich vor dem Altar standen, ist dafür ein signifikanter Beleg.

Schaut man von den Einzelvorgängen der Gegenreformation auf das Ganze der konfessionellen Entwicklung im Reich hin, so ist der Wandel der Situation zwischen 1570 und 1600 unübersehbar. Das Vordringen des Protestantismus hatte so gut wie überall sein Ende gefunden. Die Rekatholisierung großer Teile Süddeutschlands – der habsburgischen Erblande, der fränkischen Bistümer – war kaum noch aufzuhalten; im Anschluß an den Umschwung in Österreich waren entscheidende Gewinne der Gegenreformation auch für Böhmen und dessen Nebenländer abzusehen. Selbst in dem konfessionell so durchwachsenen Westen und Nordwesten des Reichs zeichnete sich seit der erfolgreichen Abwehr des Protestantismus in Köln und Straßburg ein katholisches Übergewicht ab. Zwar an eine Rekatholisierung des ganzen Reichs war angesichts der Macht der großen lutherischen Territorien vor allem im Norden und Nordosten Deutschlands kaum zu denken, aber ebenso deutlich war, daß das Reich nicht als Ganzes dem Protestantismus zufallen werde. Das im Augsburger Religionsfrieden 1555 nur als Provisorium ins Auge gefaßte Nebeneinander verschiedener Konfessionskirchen wurde allmählich zu einem Grundelement der politischen Ordnung des Reichs.

c) Außenpolitische Verwicklungen des Reichs im Zeichen verschärfter konfessioneller Konflikte

Die um die Mitte des Jahrhunderts ausgebildeten Grundkonstellationen der europäischen Politik veränderten sich bis zum Ende des Jahrhunderts nicht grundlegend. Spanien blieb die vorherrschende Macht in Europa, jedenfalls im Westen und Süden des Kontinents; im Osten und Nordosten dominierte, wenngleich mit abnehmendem Gewicht, Polen-Litauen; im Südosten stellten die Osmanen eine latente, gegen Ende des Jahrhunderts auch wieder akute Bedrohung des christlichen Abendlands dar. Das Reich, obzwar nach Gebiet, Menschenzahl und Wirtschaftskraft noch immer ein Machtfaktor ersten Ranges, spielte in der europäischen Außenpolitik eine überwiegend passive, allenfalls reaktive Rolle. Die vielbeklagte Passivität des menschenscheuen Kaisers Rudolf verstärkte noch die – an sich ja strukturelle, nämlich verfassungs- und konfessionspolitisch bedingte – Handlungsschwäche des Reichs. Im Rahmen dieser Grundkonstellation des europäischen Staatensystems vollzogen sich in den letzten beiden Jahrzehnten des Jahrhunderts jedoch gewisse Verschiebungen, die sich kurz- oder langfristig auch auf die deutsche Geschichte auswirkten.

Für das Verhältnis des Reichs zu Spanien lagen auch in der Regierungszeit Rudolfs II. die wichtigsten Problemzonen in Oberitalien und in den Niederlanden.

In Oberitalien setzte Philipp II. seine Politik einer Arrondierung der spanischen Lehen fort und hatte dabei dank der lange Zeit wenig entschlossenen Abwehr des Reichs auch weitere Erfolge zu verzeichnen. Philipp III., der seinem Vater 1598 in der Regierung gefolgt war, forderte darüber hinaus die völlige Unabhängigkeit seiner oberitalienischen Herrschaften vom Reich – es sei denn, er erhielte doch noch das schon von Philipp II. angestrebte Reichsvikariat über ganz Reichsitalien. Diese Steigerung der spanischen Ansprüche mitsamt den sie begleitenden Gewalttaten veranlaßte nun freilich den Kaiser, die Lehensrechte des Reichs in Italien mit größerer Entschiedenheit wahrzunehmen, und das gelang ihm auch – nicht zuletzt deshalb, weil die Expansion der spanischen Herrschaft bei den Italienern selbst auf wachsenden Widerstand stieß. Der Zusammenhalt der italienischen Lehen mit dem Reich wurde zusehends enger; im Laufe des 17. Jahrhunderts sollte der Kaiser dann überhaupt das Übergewicht über die zerfallende spanische Herrschaft erlangen. Allerdings kam dieser politische Gewinn weniger dem Reich selbst als vielmehr den deutschen Habsburgern zugute. Die Reichsrechte in Italien dienten fortan vor allem als Rechtsbasis der österreichischen Vorherrschaft auf der Apenninenhalbinsel.

In den Niederlanden zeichnete sich um die Mitte der 70er Jahre ein Wechsel der außenpolitischen Orientierung Wilhelms von Oranien ab: eine zunehmende Anlehnung an Frankreich nämlich unter gleichzeitiger Distanzierung von den wenig hilfreichen protestantischen Reichsständen. Diese Wendung lag insofern im Interesse des Kaisers wie der Mehrheit der Reichsstände, als sie die Gefahr einer Involvierung des Reichs in den niederländischen Konflikt minderte. Zugleich freilich entstand die Gefahr, daß das Zusammengehen mit Frankreich in eine Herrschaft der Franzosen über die Niederlande umschlagen könne, und diese Gefahr löste überraschende Gegenwirkungen aus. Eine erneute Gesandtschaft des Kaisers zur Vermittlung von Ausgleichsverhandlungen zwar hatte von vornherein nicht mehr Chancen als die früheren Versuche Maximilians II. und blieben denn auch ohne größere Resonanz. Etwas anders stand es jedoch um die von einer Gruppe konfessionell gemäßigter niederländischer Stände 1577 bei den Generalstaaten durchgesetzte Berufung des Erzherzogs Matthias, eines jüngeren Bruders des Kaisers, zum Statthalter der Niederlande. Daß ein Mitglied der habsburgischen Familie, wenngleich ihres deutschen Zweiges, als Repräsentant der ständischen Opposition zur Schlüsselfigur eines Ausgleichs im niederländischen Konflikt werden könnte, war eine politisch ja keineswegs unsinnige Vorstellung. Kaiser Rudolf, der bei dieser Berufung von Matthias selbst wie von den Niederländern aufs unhöflichste übergangen worden war, ließ sich denn auch nachträglich um des Friedens willen auf das Unternehmen ein. König Philipp dachte freilich nicht daran, sich von seinen Rebellen einen Statthalter aufnötigen zu lassen, und auch Wilhelm von Oranien war keineswegs gesonnen, sich durch Matthias von den Schaltstellen der Macht verdrängen zu lassen; so hatte die Anwesenheit des Erzherzogs in den Niederlanden alsbald nur mehr symbolische Bedeutung. Immerhin: Die Statthalterschaft des jungen Habsburgers trug doch dazu bei, das Bewußtsein der Mitverantwortung des Kaiserhofs und auch des Reichs für die niederländischen Angelegenheiten zu stärken. So unternahm der Kaiser bereits 1578 einen neuen Vermittlungsversuch und hatte damit jetzt sogar einen gewissen Erfolg. Daß Rudolf die uneingeschränkte Religionshoheit König Philipps für die Niederlande grundsätzlich anerkannte, erleichterte es dem spanischen König, auf die Vermittlung einzugehen; sogar die Bestellung eines deutschen Habsburgers – freilich nicht des kompromittierten Matthias, wohl aber seines Bruders Ernst – zum Statthalter der Niederlande stellte er in Aussicht. Die aus alledem erwachsenden Friedensverhandlungen des Kölner Pazifikationstags von 1579 scheiterten dann aber doch, im entscheidenden wiederum an der Religionsfrage.

Kurz darauf brachen die Niederlande auseinander. Die katholisch gebliebenen wallonischen Provinzen, die sich zur Union von Arras zusammengeschlossen hatten, arrangierten sich gegen verfassungspolitische Zugeständnisse Philipps II. mit dem König; die nördlichen, überwiegend protestantischen Provinzen der Union von Utrecht aber nahmen immer deutlicheren Kurs auf eine völlige Trennung von Spanien und – trotz anfänglicher Versuche, die Bindungen an das Reich zu erhalten oder gar zu verstärken – auf eine fortschreitende Loslösung auch vom Reich. Wenige Wochen nachdem die Utrechter Union im Manifest vom Haag 1581 die förmliche Absetzung Philipps II. erklärt hatte, verließ Erzherzog Matthias sang- und klanglos das Land; seitdem gab es von Reichs wegen keinen Versuch mehr, die Trennung der Niederlande vom Reich noch einmal aufzuhalten. Zwar bestellte König Philipp von sich aus in den 90er Jahren, wie er das schon 1578 erwogen hatte, nacheinander die jüngeren Brüder Kaiser Rudolfs, die Erzherzöge Ernst und – nach dessen frühem Tod 1595 – Albert, zu Statthaltern der Niederlande; 1598 trat er die Niederlande in aller Form sogar an Albert und dessen Gemahlin, Philipps älteste Tochter Isabella, ab. Wenn Philipps Wunsch sich erfüllt hätte, auf diese Weise die politische Einheit der Niederlande doch noch zu retten, so wäre dadurch möglicherweise auch die Reichszugehörigkeit des ganzen Landes neu befestigt worden. Indessen war selbst dieser Versuch Philipps nur halbherzig – der Abtretungsvertrag enthielt weitgehende Vorbehaltsrechte zugunsten der spanischen Krone –, und vor allem kam er viel zu spät, um den Lauf der Dinge noch einmal umzukehren. Im Waffenstillstand von 1609 mußten Philipp III. und Erzherzog Albrecht die Souveränität der Republik der Vereinigten Niederlande anerkennen. Die förmliche Bestätigung ihrer Unabhängigkeit auch vom Reich durch den Westfälischen Frieden 1648 war nur mehr die völkerrechtliche Legitimierung politischer Verhältnisse, die schon zwei Menschenalter zuvor irreversibel geworden waren.

Die Neutralitätspolitik des Reichs im niederländischen Konflikt wie überhaupt in Westeuropa war schon seit den Zeiten Ferdinands I. mehrfach durch eigenmächtige außenpolitische Initiativen einzelner, vor allem protestantischer Reichsstände und Ständegruppen überlagert worden. Einige dieser Initiativen hatten sogar zu Geld- oder Truppenhilfen für die Hugenotten oder die aufständischen Niederländer geführt, aber es war im Grunde doch immer nur bei eng begrenzten Aktionen geblieben. Mit dem Vordringen der Gegenreformation und der Verhärtung der konfessionellen Gegensätze wuchs indessen seit den 80er Jahren die Bereitschaft zu einer konfessionell orientierten europäischen Bündnispolitik; das System des Augsburger Religionsfriedens mitsamt seinen neutralisierenden Wirkungen auch für die Außenpolitik wurde brüchig.

Die Initiative ging zunächst von England aus. Königin Elisabeth nämlich bemühte sich gleichzeitig mit ihrer Intervention in den Niederlanden 1585 am dänischen Hof und eben auch bei den protestantischen Reichsfürsten um flankierende politische und militärische Absprachen. In der Folge verstärkte auch Heinrich von Navarra sein Bündniswerben bei den protestantischen Ständen. In der Tat ging eine ganze Reihe der wichtigeren protestantischen Fürsten auf diese Initiativen ein, an ihrer Spitze der calvinistische Pfalzgraf Johann Kasimir, der nach dem Tode seines Bruders, des pfälzischen Kurfürsten Ludwig (1583), die Vormundschaft über den Kurprinzen und die Administration des Landes an sich gebracht hatte; im Zeichen sich verschärfender Konflikte mit dem Katholizismus der Gegenreformation wurde er jetzt zur treibenden Kraft protestantischer Bündnispolitik im Reich. Das Ergebnis der Verhandlungen war freilich dürftig. Konfessions- und reichspolitische Vorbehalte der Lutheraner, dazu die Risikoscheu der fürstlichen Herren verhinderten das Zustandekommen eines einigermaßen festen, politisch und militärisch handlungsfähigen Bündnisses. Man einigte sich lediglich auf eine – dann übrigens völlig erfolglose – Gesandtschaft an König Heinrich III. von Frankreich zugunsten der Hugenotten. Eine von Johann Kasimir im Alleingang unternommene militärische Expedition zugunsten Heinrichs von Navarra endete nach Anfangserfolgen mit einer schweren Niederlage und der Auflösung des Heeres.

Einen nächsten Anlauf nahm die protestantische Bündnispolitik im Jahre 1590. Den Anstoß gaben erneute Werbungen Heinrichs von Navarra, der jetzt als Nachfolger des ermordeten Königs Heinrichs III. um die Anerkennung seines Königtums kämpfte. Auf seiten der Reichsstände war es wiederum Johann Kasimir, der sich zum Promotor eines Bündnisses mit dem westeuropäischen Protestantismus machte. Im Frühjahr 1590 gelang es ihm, den sächsischen Kurfürsten Christian auf die Linie seiner konfessionellen und Bündnispolitik zu bringen. Man kam überein – und gewann auch den brandenburgischen Kurfürsten dafür –, dem Kaiser eine lange Reihe geharnischter Beschwerden und Wünsche in Religionssachen vorzutragen; zugleich nahm man ein Treffen der wichtigeren protestantischen Fürsten des Reichs in Aussicht, auf dem eine namhafte Unterstützung Heinrichs IV. und darüber hinaus ein umfassendes protestantisches Bündnis beschlossen werden sollten.

Die Einberufung dieser Tagung wurde allerdings dadurch verzögert, daß es von seiten der Reichskreise zu einer konkurrierenden Initiative kam, wenigstens die Grenzterritorien des Reichs gegen die Einfälle auswärtiger Kriegsparteien – der Niederländer und Spanier im Nordwesten, der Franzosen am Oberrhein und im Elsaß – sicherer zu machen. Noch im Frühjahr 1590 traten die Deputierten des westfälischen und der beiden rheinischen Kreise, später auch des niedersächsischen Kreises, zu Beratungen über die erforderlichen Maßnahmen zusammen, vorab gegen die besonders rücksichtslosen spanischen Übergriffe. Man wurde sich schnell darüber einig, daß es zu einer wirklich effektiven Gegenwehr der Hilfe des gesamten Reichs bedürfte und beantragte deshalb beim Mainzer Kurfürsten und Erzkanzler die Einberufung eines Reichsdeputationstags, der diese Reichshilfe auf den Weg bringen sollte. Der Deputationstag fand denn auch im September 1590 in Frankfurt/Main statt; seine Verhandlungen endeten jedoch mit einem völligen Fehlschlag. Die weit fortgeschrittene Konfessionalisierung der Reichspolitik ließ jedes Vorgehen gegen die Spanier als ein antikatholisches Vorhaben erscheinen, und dafür waren weder Kaiser Rudolf noch die katholische Mehrheit des Deputationstags zu haben; sie setzten statt dessen wieder nur auf den schon so oft gescheiterten Versuch gütlicher und Vermittlungsverhandlungen. Schließlich machten die protestantischen Kurfürsten den wenig ergiebigen Beratungen ein Ende, indem sie abreisten und damit den Deputationstag sprengten.

Ein protestantisches Sonderbündnis erschien nun erst recht legitim und dringlich. Auf pfälzisch-sächsische Einladung traf bereits Anfang Februar 1591 in Torgau eine eindrucksvolle Reihe protestantischer Reichsstände zusammen und einigte sich ziemlich rasch darauf, König Heinrich IV. mit einem Söldnerheer von rund 8000 Mann zu Fuß und 5000 bis 6000 Reitern zu Hilfe zu kommen; der Oberbefehl sollte bei dem jungen Christian von Anhalt liegen. Tatsächlich konnte Christian im Herbst 1591 mit seinem Heer nach Lothringen ziehen und sich dort mit den Truppen Heinrichs IV. vereinigen; in der Folge leistete das deutsche Hilfsheer einen beachtlichen Beitrag zur Selbstbehauptung des französischen Königs gegen die Heere Philipps II. und der mit ihm verbündeten katholischen Liga.

Im Grunde noch wichtiger als diese einmalige Hilfeleistung war das Projekt eines dauernden politischen Bündnisses der Protestanten, das Johann Kasimir und Christian von Sachsen der Torgauer Versammlung vorschlugen. Hier nun machten sich freilich die alten Bedenken gegen ein politisches Zusammengehen von Calvinisten und Lutheranern alsbald von neuem geltend; auch über den Zweck des Bundes – ob er nur der Verteidigung oder überhaupt der Durchsetzung protestantischer Interessen dienen solle – erhoben sich Meinungsverschiedenheiten, ja sogar über die für den verbindlichen Abschluß des Bündnisses erforderliche Mindestzahl von Mitgliedern. Schließlich konnte sich die Mehrheit der Versammlung auf den Entwurf wenigstens eines Defensivbündnisses zugunsten aller lutherischen oder auch calvinistischen Reichsstände einigen, die dem Bündnis beitreten würden. Bis zum Herbst 1591 erklärte in der Tat ein Großteil der protestantischen Reichsfürsten die verbindliche Bereitschaft zur Teilnahme; auch die Bedenken der noch abseits verharrenden Stände – unter ihnen immerhin Württemberg, Braunschweig-Wolfenbüttel und Mecklenburg – schienen nicht unüberwindlich.

Der Torgauer Bund zielte primär auf eine Vereinigung nur der deutschen Protestanten. Es stand jedoch zu erwarten, daß die Einung, einmal wirklich ins Leben getreten, über diesen nationalen Rahmen bald hinausgreifen würde. Johann Kasimir und Landgraf Wilhelm von Hessen jedenfalls plädierten seit jeher für ein europäisches Bündnissystem, und auch Kurfürst Christian von Sachsen hatte sich diese Konzeption zu eigen gemacht. Eben diese drei wichtigsten Fürsten des Torgauer Bundes aber wurden jetzt im Abstand weniger Monate vom Tode dahingerafft: im Oktober 1591 der gerade 30jährige Christian, im Januar 1592 Pfalzgraf Johann Kasimir, im September 1592 schließlich Landgraf Wilhelm. Der Tod dieser Protagonisten des Bündnisses und das Aufleben neuer konfessionspolitischer Gegensätze zwischen Kursachsen und der Pfalz – die kursächsische Religionspolitik nahm nach Christians Tod eine scharf anticalvinistische Wendung – ließen den Torgauer Bund zerbrechen, ehe er noch politisch wirksam werden konnte; von einer engeren Kooperation der deutschen Protestanten mit den protestantischen Mächten Europas war vollends jahrelang nicht mehr die Rede.

Noch vor dem Ende des Jahrhunderts kam es jedoch zu einer Neuauflage der Bündnisprojekte von 1590/91. Den Anlaß dazu gaben vor allem wieder die Spanier. Seit 1597 aus den Provinzen der Utrechter Union vollständig vertrieben, bedrängten die Spanier die benachbarten Territorien Nordwestdeutschlands nur um so rücksichtsloser mit militärischen Durchzügen, Besatzungen und Zwangskontributionen, mit Erpressungen, Raub und Mord einer zügellosen Soldateska, mit gewaltsamen Maßnahmen nicht zuletzt zur Rekatholisierung der von ihnen besetzten Gebiete. Im Winter 1598/99 erreichten diese Plagen ein bisher nie gekanntes Maß, und das brachte die Kräfte der Gegenwehr des Reiches doch erneut in Bewegung: wiederum – ähnlich wie 1590/91 – zum einen durch die Aktivierung der Reichskreise, zum anderen durch die Erneuerung protestantischer Bündnisprojekte.

Den Anfang machten, umständlich genug, die Reichskreise. Auf Ansuchen des westfälischen und dann auch der beiden rheinischen Kreise traten im Frühjahr 1599 die Deputierten von fünf Reichskreisen in Koblenz zusammen und beschlossen die Aufstellung eines respektablen Heeres; die Finanzierung der Truppen sollte durch die Gesamtheit der Reichskreise erfolgen. Eine erhebliche Minderheit katholischer Reichsstände, auch die Kommissare des Kaisers, votierten allerdings gegen diesen Beschluß; wie schon 1590 waren sie auch jetzt zu keinem entschiedenen Vorgehen gegen die Spanier bereit. Überdies stellte sich bald heraus, daß die in Koblenz nicht vertretenen Reichskreise die ihnen zugedachten finanziellen Beiträge kaum leisten würden. Damit war das Vorhaben einer Abwehr der Spanier und überhaupt einer Sicherung der Reichsgrenzen mit Hilfe der Reichskreise erneut gescheitert.

Je deutlicher sich die Erfolglosigkeit der Koblenzer Kreisversammlung abzeichnete, desto größer wurden – wiederum wie 1590/91 – die Chancen eines Sonderbündnisses der protestantischen Stände. Zwar die Vorkämpfer des Torgauer Bundes lebten nicht mehr, und Kursachsen blieb jetzt überhaupt abseits. Aber die Kurpfalz setzte die von Johann Kasimir vorgezeichnete Konfessions- und Bündnispolitik unbeirrt fort und fand dafür angesichts der fortdauernden Übergriffe der Spanier im Nordwesten des Reichs erneute Resonanz bei reformierten wie lutherischen Reichsständen. Im Dezember 1598 und wieder im Februar/März 1599 fanden in Frankfurt/Main protestantische Ständeversammlungen statt, auf denen über die Abwehr der Spanier und zugleich über ein dauerndes Bündnis zum gegenseitigen Schutz der Bundesgenossen beraten wurde. Man nahm die Aufstellung eines Heeres von rund 16000 Mann in Aussicht und begann alsbald mit der Anwerbung von Söldnern; den Oberbefehl des Heeres sollte wieder Christian von Anhalt führen. Über diesen eifrigen Beschlüssen und Maßnahmen blieb die politische Grundfrage nach dem eigentlichen Sinn und Ziel des Bündnisses allerdings vorerst in der Schwebe. Sollte es nur darum gehen, die spanische Invasion in Nordwestdeutschland abzuwehren – nach Möglichkeit sogar mit Hilfe auch der katholischen Reichsstände dieser Regionen – oder wollte man auf ein europäisches Bündnis der protestantischen Mächte zur Abwehr der Gegenreformation hinarbeiten? Und wie wollte man sich dann gegenüber dem Kaiser, auch gegenüber den katholischen Mitständen des Reichs verhalten? Es war Christian von Anhalt, der diese einstweilen vertagten Kernfragen des Bündnisses mit schneidender Schärfe zur Diskussion stellte und damit über das Schicksal des Bündnisses entschied.

Der junge Fürst war ein nach Körper und Geist vorzüglich gebildeter Mann, bereits als Jüngling weit gereist – bis in die Türkei –, mit Heinrich IV. von Frankreich befreundet, trotz seines Übertritts zum Calvinismus 1592 auch an den lutherischen Fürstenhöfen Deutschlands wohlgelitten, ein tüchtiger Heerführer und – vor allem – eine politische Natur durch und durch. Noch ohne ein eigenes Fürstentum, bekleidete er seit 1595 doch das wichtige kurpfälzische Amt eines Statthalters der Oberpfalz; das gab seiner Stimme in der kurpfälzischen Politik und über die Pfalz hinaus auch institutionelles Gewicht. Christian war unter hugenottischem Einfluß zu der Überzeugung gelangt, daß das Grundziel der spanischen Weltmacht in der Vernichtung des Protestantismus und in der gerade dadurch dauerhaft zu befestigenden Hegemonie Spaniens über Europa bestehe. Darüber hinaus hielt er für ausgemacht, daß in diesem bevorstehenden Vernichtungskrieg der Kaiserhof wie die katholischen, insbesondere die geistlichen, Reichsstände aus konfessionellen Motiven wie aus Gründen der politischen Selbsterhaltung letztlich auf seiten der Spanier stehen würden; nach seinen Erfahrungen mit den mannigfachen Friedensbrüchen der französischen Religionskriege hielt er die neutralisierende Wirkung auch des Augsburger Religionsfriedens von 1555 für unzureichend und verbraucht. Aus dieser Einschätzung der europäischen Lage ergaben sich für ihn die Bedingungen, an die er die Übernahme der militärischen Führung des Bündnisses knüpfte: Zum ersten verlangte er die Aufstellung eines Heeres, das den kriegserprobten spanischen Armeen – wenigstens den in den Niederlanden und in Norddeutschland stehenden – wirklich gewachsen wäre. Zum andern hielt er ein Kriegsbündnis mit den Generalstaaten, nach Möglichkeit auch mit anderen protestantischen Staaten Europas, für unverzichtbar, um für den Krieg gegen Spanien – und einen solchen ernsthaften Krieg sah er voraus – politische und militärische Rückendeckung zu gewinnen. Zum dritten schließlich hielt er es für geboten, sich auf einen offenen Krieg auch mit dem Kaiser und den geistlichen Reichsfürsten gefaßt zu machen. Es erwies sich bald, daß die Mehrheit der evangelischen Reichsstände nicht bereit war, sich auf eine dermaßen ins Weite der europäischen Politik ausgreifende, auf die inneren Bindungen des Reichs kaum noch Rücksicht nehmende und überdies gewiß risikoreiche politische Konzeption einzulassen. So lehnte Christian den ihm angetragenen Oberbefehl ab und riet überhaupt zum Verzicht auf eine offene Auseinandersetzung mit den Spaniern; damit war auch das Projekt eines umfassenden politischen Bündnisses der Protestanten erneut gescheitert. Mit Mühe und Not gelang es im April 1599, die bereits geworbenen Söldner der eben zu Ende gehenden

Koblenzer Kreisversammlung anzudienen, und die so formierten Kreistruppen hatten das Glück, nur mehr auf Restposten der Spanier zu treffen – die Hauptmasse der spanischen Armee war in der Zwischenzeit in die Niederlande abgezogen –; so blieb ihnen eine spektakuläre Niederlage erspart. Schon der wohlorganisierte Widerstand der kleinen spanischen Besatzung der Stadt Rees genügte freilich, um der Kreisarmee den Schneid abzukaufen, und wenig später tat das Ausbleiben der Besoldung das Übrige: Im September 1599 löste sich das Heer völlig auf. Daß dieser erneute Mißerfolg eines protestantischen Bündnisses von europäischem Zuschnitt nicht das Ende konfessioneller Bündnispolitik im Reich und in Europa bedeuten werde, war freilich abzusehen.

In Osteuropa gelangte Polen-Litauen nach einigen Jahren der Unsicherheit über die Thronfolge unter dem 1575 gewählten König Stefan Bathory noch einmal auf einen Höhepunkt seiner Macht. Es gelang in zeitweiligem Bündnis mit Schweden, die Russen fast vollständig aus Livland hinauszudrängen; nach dem Tode Zar Ivans IV. (1584) eröffneten sich dem polnischen König sogar Aussichten auf die Zarenkrone. Indessen starb Bathory bereits im Dezember 1586, und die daraufhin erneut ausbrechenden Thronstreitigkeiten führten zu einem für Polen-Litauen sehr zwiespältigen Ergebnis.

Im Kampf um die Königswahl standen einander vor allem zwei Parteien gegenüber: Die eine plädierte für den mittlerweile 20jährigen Sigismund Vasa, den – katholischen – Sohn des schwedischen Königs und Neffen des letzten Jagiellonen; die andere setzte sich erneut für die Wahl eines Habsburgers ein, ohne sich freilich von vornherein auf eine bestimmte Person festzulegen – was die habsburgischen Wahlchancen nicht gerade erhöhte. Der Streit um die Königswahl war hart und leidenschaftlich; auf dem Wahlreichstag im Sommer 1587 erschienen die Parteien in Waffen, ein Bürgerkrieg schien nicht fern. Es kam denn auch zu einer Doppelwahl. Die Mehrheit der Wahlversammlung entschied sich für Sigismund, eine Minderheit aber für Erzherzog Maximilian, den dritten Bruder Kaiser Rudolfs. In den anschließenden Machtkämpfen konnte sich die schwedische Partei durchsetzen; die Parteigänger Maximilians wurden Anfang 1588 militärisch geschlagen. Maximilian selbst geriet in Gefangenschaft, aus der ihn der Kaiserhof nur gegen beträchtliche politische Zugeständnisse wieder frei bekam. Die dritte Thronkandidatur der Habsburger seit dem Aussterben der Jagiellonen endete also wiederum mit einem Mißerfolg und zugleich mit einer weiteren Stärkung der Stellung Polen-Litauens in Ostmitteleuropa auf Kosten der Habsburger.

Allerdings führte die durch die Thronfolge Sigismunds eingeleitete Personalunion des Doppelreichs mit Schweden binnen weniger Jahre zu schweren innen- wie außenpolitischen Auseinandersetzungen, die im Ergebnis die Niederlage der Habsburger im polnischen Thronfolgestreit wieder ausglichen. In diesen Auseinandersetzungen spielten konfessionelle Gegensätze zwischen dem überwiegend katholischen Polen und dem lutherischen Schweden, dazu die polnisch-schwedische Konkurrenz um Estland, im übrigen aber auch verfassungs- und sozialpolitische Konflikte innerhalb der beiden Reiche eine wichtige Rolle. Die Einzelheiten können hier auf sich beruhen; es genügt, die wichtigsten Ergebnisse festzuhalten. Sigismund, der 1592 als Nachfolger seines Vaters Johann III. auch in Schweden auf den Thron gelangte, konnte seine Herrschaft dort nur wenige Jahre behaupten; 1599 sagte der schwedische Reichstag ihm den Gehorsam auf und wählte Herzog Karl von Södermanland, den Vater des späteren Königs Gustav Adolf, zum „regierenden Erbfürsten" des Reichs. Damit war die schwedisch-polnische Union faktisch zerbrochen; das Festhalten Sigismunds an seinen schwedischen Thronansprüchen stürzte die beiden Länder obendrein in einen jahrzehntelangen und verlustreichen Krieg, an dessen Ende Polen-Litauen die Vormachtstellung Schwedens im Ostseeraum anerkennen mußte. Aber auch in Polen-Litauen selbst erregte die Herrschaft Sigismunds mit ihren absolutistischen Neigungen wie mit ihrer harten Verfolgung der protestantischen und orthodoxen Minderheiten des Landes gefährliche Reibungen und Widerstände. Angesichts dieser inneren und äußeren Konflikte bemühte sich Sigismund bereits seit dem Ausgang der 80er Jahre um eine außenpolitische Unterstützung durch die katholischen Mächte Europas, um eine deutliche Annäherung auch an den Kaiserhof. Das von Sigismund zeitweilig erwogene Projekt eines Verzichts auf die polnische Krone zugunsten eines habsburgischen Prinzen scheiterte zwar schon an innerhabsburgischen Querelen, aber 1592 kam doch die Heirat Sigismunds mit einer habsburgischen Prinzessin zustande, und aus dieser dynastischen Verbindung erwuchs in der Folge eine dauerhafte Bündniskonstellation. Die für die Geschichte des Dreißigjährigen Kriegs so wichtige politische Verbindung des Kaiserhofs mit Spanien und Polen als den katholischen Vormächten im Südwesten und Nordosten Europas begann sich abzuzeichnen.

Im Abwehrkampf gegen die Türken schließlich war seit dem Waffenstillstand von 1568 für mehr als zwei Jahrzehnte eine gewisse Beruhigung der Verhältnisse eingetreten. Die Osmanen waren zunächst durch innenpolitische Probleme in Anspruch genommen, seit den späten 70er Jahren hinderte sie ein langwieriger Krieg mit den Persern an größeren Unternehmungen in Ungarn. Wirklich sicher war der Friedstand mit den Türken freilich nie, und als es den Osmanen 1590 gelungen war, ihren kräftezehrenden Krieg mit den Persern erfolgreich zu beenden, gewannen am Hofe des Sultans die Befürworter eines weiteren Expansionsstoßes nach Norden die Oberhand. 1593 kam es zu einem neuen, großen Türkenkrieg.

Wiederum fanden sich die Reichsstände zu erheblichen, auch gegenüber den Bewilligungen von 1576 und 1582 noch einmal gewaltig gesteigerten

Finanzhilfen bereit. Darüber hinaus gelang es den Kaiserlichen, zusätzliche finanzielle und organisatorische Hilfen von den einzelnen Reichskreisen zu erlangen; vollends die wirtschaftlichen und militärischen Ressourcen der habsburgischen Erbländer selbst wurden voll mobilisiert. Dazu kamen spanische und päpstliche Subsidien. Die Voraussetzungen für eine erfolgreiche Abwehr der Türken waren insofern nicht ungünstig. Trotzdem nahm der Krieg einen für die kaiserlichen Truppen zunächst wenig günstigen Verlauf; die Kaiserlichen mußten froh sein, durch die Unterstützung des Fürsten der Walachei eine gewisse Entlastung zu bekommen. Seit 1597 jedoch wurde ein allmähliches Nachlassen des türkischen Drucks spürbar. Die Beziehungen der Osmanen zu den Persern verschlechterten sich erneut – persische Gesandte verhandelten im Sommer dieses Jahres sogar am Kaiserhofe wegen eines Bündnisses –; dazu kamen innere Spannungen, die 1599 in Kleinasien zu einem offenen Aufstand gegen die osmanische Herrschaft eskalierten. Vor allem aber: Der junge Fürst von Siebenbürgen, Sigismund Báthory, entschloß sich 1597, gegen ein Jahrgeld und die Belehnung mit zwei schlesischen Fürstentümern sein so viel umkämpftes Land an den Kaiser als König von Ungarn abzutreten. Wäre dieser Herrscherwechsel geglückt, so hätte das wohl schon damals eine grundsätzliche Wende im Kampf um Südosteuropa bedeutet, einen gewaltigen Zuwachs an Macht und Prestige zumindest für Kaiser Rudolf. Diese glänzenden Aussichten erfüllten sich indessen nicht. Vielmehr erwies sich sehr bald, daß der Kaiser zu schwach war, um die Chance eines Erwerbs von Siebenbürgen wirklich nutzen zu können. Gleich 1598 kam es zu einer wirren Vielfalt von Kämpfen um den Thron des Fürstentums, in die sich alsbald auch Türken, Polen und Walachen einmischten; obendrein erschien Sigismund Báthory mehrfach wieder im Lande, um die Herrschaft von neuem an sich zu nehmen. Zu Beginn des neuen Jahrhunderts hatte es dann zwar den Anschein, als gelänge es dem kaiserlichen General Basta, das Fürstentum mit blutiger Gewalt unter seine Kontrolle zu bringen. Das Schrekkensregiment des kaiserlichen Befehlshabers, nicht zuletzt: die gleichzeitig einsetzende gewaltsame Rekatholisierung des Landes, führten jedoch 1604 zu einem Aufstand unter Führung des siebenbürgischen Magnaten Stefan Bocskay, der nach wenigen Wochen auch auf Ungarn übergriff und in der Folge die Staatskrise des habsburgischen Bruderzwists auslöste. Es gehörte zu den Glücksfällen der Geschichte des Hauses Habsburg und auch des Reichs, daß die in dieser Krise zutage tretende Schwäche der habsburgischen Staatsbildung zeitlich mit dem Nachlassen des osmanischen Expansionsdrangs zusammenfiel; die Folgen eines zu Beginn des 17. Jahrhunderts mit wirklich geballter Kraft vorgetragenen türkischen Angriffs in Südosteuropa wären unabsehbar gewesen.

d) Der Verfall der Reichspolitik und die Lähmung der Reichsorgane im letzten Viertel des Jahrhunderts

In der ersten Hälfte des Jahrhunderts waren die großen Entscheidungen der deutschen Geschichte immer wieder auf der politischen Bühne der Reichstage durchgekämpft worden, und auch unter Ferdinand I. und Maximilian II. hatte doch noch eine Vielzahl wichtiger politischer Probleme zur Diskussion und Entscheidung der Reichsversammlungen gestanden. Seit dem Regierungsantritt Rudolfs II. aber wurde der Themenkreis der Reichspolitik immer enger und dürftiger. Die fortdauernde Passivität des Reichs gegenüber dem Verlust der lothringischen Bistümer und Livlands, die Unfähigkeit zur Befriedung oder auch nur zur sicheren Begrenzung des niederländischen Konflikts, dazu das Ausbleiben der vom Reichskammergericht wiederholt angemahnten verbindlichen Interpretation des Religionsfriedens waren nur die wichtigsten Fälle solcher reichspolitischer Abstinenz; aber auch die großen Auseinandersetzungen um Köln und Straßburg, in denen es mit dem Geistlichen Vorbehalt immerhin um eine Grundfrage des Religionsfriedens ging, fanden mehr oder weniger unter Ausschluß des Reichs statt. Von sonstigen politischen Initiativen des Reichs, etwa in der Legislative, war vollends nicht mehr die Rede. Daß 1577 der Reichsdeputationstag eine Neufassung der Reichspolizeiordnung verabschiedete, war schon viel; es war zugleich für lange Zeit der letzte Akt einer Gesetzgebung des Reichs überhaupt, die die gesellschaftliche Ordnung Deutschlands und deren Entwicklung zu gestalten suchte.

Der wichtigste Grund für diese Auszehrung der Reichspolitik – zunächst: der Politik der Reichstage – bestand in dem immer stärker werdenden Einfluß der konfessionellen Konflikte und Konstellationen auf alle Bereiche des gesellschaftlichen Lebens. Die Härte der konfessionellen Konfrontation ließ den Reichsständen nur wenig Chancen einer interkonfessionellen Kooperation und Verständigung über die anstehenden politischen Fragen. In die gleiche Richtung einer Auszehrung der Reichspolitik wirkten aber auch Person und Politik Kaiser Rudolfs. Er war ein gebildeter, insbesondere sprachenkundiger Mann; neben der deutschen Sprache, die er im persönlichen Umgang bevorzugte, beherrschte er Latein, Italienisch, Französisch und Spanisch, weniger gut das Tschechische. Rudolf war des weiteren ein sehr bedeutender Kenner und Mäzen der bildenden Künste wie der Musik; die Kunstsammlungen, die er in seiner Residenz auf dem Hradschin zu Prag zusammentrug, gehören zu den großartigsten Konzentrationen der europäischen Kunst des ausgehenden 16. Jahrhunderts. Auch an politischem Intellekt fehlte es ihm an sich nicht; zumindest bis in die 90er Jahre hinein durchschaute er die politischen Verhältnisse seiner Zeit nicht weniger klar als irgendein anderer Fürst der Epoche. Politisches Handeln aber war seine Sache nicht. Im Gegensatz zu seinem Vater war Rudolf ein grüblerischer, nach innen gekehrter Mann; es fehlte ihm gleichermaßen – und zunehmend – an Entschlußkraft wie an Geschmeidigkeit in der Umsetzung einmal gefaßter Beschlüsse in die so widerspenstige politische Realität hinein. Dem entsprach seine ständige Furcht vor gefährlichen Abhängigkeiten von anderen politischen Mächten Europas oder auch von seinen eigenen Beratern. So weigerte er sich voller Mißtrauen immer wieder und über Monate hinweg, die auswärtigen Gesandten am Hof überhaupt zu empfangen; seine leitenden Beamten aber mußten stets damit rechnen, unvermittelt ihrer Ämter enthoben oder gar eingesperrt zu werden. Ohnehin schätzte Rudolf den Umgang mit Künstlern und Sternkundigen mehr als mit Staatsmännern, rechnete auch wohl mit dem Wirken geheimnisvoller Kräfte in Natur und Geschichte, denen eher durch magische Formeln als durch rationales Handeln beizukommen wäre. Diese problematischen Züge seines Wesens verstärkten sich im Laufe der Zeit in fataler Weise. Bereits 1586 trug sich Rudolf mit Resignationsabsichten; in der außenpolitischen und dynastischen Krise des Jahres 1600 scheint er einen Selbstmordversuch unternommen zu haben, zumindest zeitweise litt er unter manischen Depressionen.

Reichspolitische Initiativen waren von diesem Kaiser je länger desto weniger zu erwarten. Nach dem noch von Maximilian II. einberufenen Reichstag von Regensburg 1576 hielt Rudolf erst 1582 wieder eine Reichsversammlung ab, und mit den folgenden beiden Reichstagen – den letzten des Jahrhunderts überhaupt – ließ er sich gar über ein Jahrzehnt Zeit, bis nämlich der Ausbruch des großen Türkenkriegs 1593 die erneute Bewilligung von Türkensteuern durch die Reichsstände unabweisbar machte. Dieser zögerlichen Haltung bei der Einberufung der Reichstage entsprach die Reduzierung der vom Kaiser vorgeschlagenen Verhandlungsgegenstände der Reichsversammlung: 1582 ging es ihm, abgesehen von der Türkenhilfe, immerhin noch um die Unterstützung der Reichsstände für eine politische Vermittlung und die Wahrung der Reichsinteressen in den Niederlanden; 1594 aber wünschte er den Reichstag überhaupt nur mehr – unter ausdrücklicher Vertagung aller anderen Fragen – mit der Bewilligung von Türkensteuern zu befassen, und 1597 war es nicht anders. Seit 1593 bemühte sich die kaiserliche Politik überdies, sogar das Problem der Türkenhilfe auf die politische Ebene der Reichskreise zu verlagern.

Daß diese Reichstagspolitik Rudolfs II. die ständische Struktur der Reichsverfassung empfindlich tangierte, liegt auf der Hand. Um so erstaunlicher ist deshalb, jedenfalls auf den ersten Blick, daß das kaiserliche Verlangen nach Türkensteuern auf den Reichstagen – wie übrigens auch in den Reichskreisen und bei der Reichsritterschaft – durch die Jahrzehnte hindurch eine überaus positive Resonanz fand. Die konfessionelle Zerrissenheit des Reichs hinderte nicht, daß zwischen 1576 und 1603 von den Reichsständen effektiv nahezu 20 Millionen Gulden als Türkensteuer aufgebracht wurden; allein die Bewilligungen von 1594 und 1598 beliefen sich mit insgesamt 140 Römermonaten auf nahezu das Doppelte der Beträge, zu denen sich die Reichsstände während der gesamten Regierungszeit Karls V. bereitgefunden hatten. Inflationsbereinigt erscheint der Vergleich mit den Zahlen der ersten Jahrhunderthälfte etwas weniger spektakulär, aber immer noch eindrucksvoll genug, zumal da sich die Zahlungsmoral der Reichsstände in der zweiten Jahrhunderthälfte überraschend konsolidierte; von den in diesen Jahrzehnten bewilligten Türkensteuern wurden über 80 Prozent wirklich gezahlt.

Die Gründe für den erstaunlichen Erfolg der Türkensteuerpolitik des Kaisers lagen großenteils in dem wachsenden Gefühl des Bedrohtseins durch die Osmanen und den Islam. Im Osten und Südosten des Reichs war diese Bedrohung schon Jahrzehnte zuvor sehr lebendig empfunden worden; im letzten Viertel des Jahrhunderts weitete sich diese Einstellung auf das ganze Reich aus, gefördert von einer intensiven Propaganda geistlicher wie weltlicher Obrigkeiten. In dieser Propaganda spielten die diffizilen theologischen und Rechtsprobleme eines Kreuzzugs, wie sie zu Beginn des Jahrhunderts die Diskussion über den Türkenkrieg noch wesentlich mitbestimmt hatten, keine Rolle mehr; vielmehr galt der Türkenkrieg als unausweichliche Daueraufgabe zur Verteidigung von Land und Leuten, von Haus und Familie. Mitunter nahm das publizistische Bild der Türken überhaupt pathologische Züge eines Erbfeindes an. Es war aber nicht nur das Gefühl des Bedrohtseins durch die Muslime, das die Reichsstände zu ihren erstaunlichen Türkensteuerbewilligungen brachte; daneben standen vielmehr sehr handfeste steuer- und verfassungspolitische Motive. Zum einen nämlich verfolgten nicht wenige der Reichsfürsten die Absicht, über die Bewilligung immer wiederkehrender Türkensteuern ihre Landstände – und ihre Bevölkerungen – an die Regelmäßigkeit von Steuern überhaupt zu gewöhnen. Dem moralischen Druck der Forderung des Reichs nach Türkenhilfe konnten die Landstände kaum widerstehen, und war erst einmal diese Bresche geschlagen, so mußte es in Zukunft leichter fallen, auch für andere Vorhaben des Landesherrn zum „gemeinen Nutz“ die Bewilligung von Steuern zu erlangen. Zum andern aber hatten sich die Reichsstände – und das war wohl noch wichtiger – das Recht konzediert, die Türkensteuer bei deren Umlage auf die Untertanen höher zu veranschlagen, als es ihrer Zahlungspflicht gegenüber dem Reich entsprach. An sich nur dazu bestimmt, die unvermeidlichen Steuerausfälle im Lande auszugleichen, wurde dieser Zuschlag von vielen Reichsständen stillschweigend dermaßen hoch angesetzt, daß ihnen dabei ein beträchtlicher fiskalischer Gewinn verblieb – mitunter in nicht geringerer Höhe als die tatsächlich geleistete Türkensteuer selbst. Die zunächst so überraschende Türkensteuerpolitik der Reichsstände enthüllt sich von hier aus als wohlkalkuliertes Element landesfürstlicher Staatsräson.

Zur inhaltlichen Auszehrung der Reichspolitik, wie sie sich in den Agenden der Reichstage Kaiser Rudolfs spiegelte, kam die beginnende Lahmlegung wichtiger Reichsorgane selbst – auch sie eine Folge der konfessionellen Gegensätze im Reich, die selbst durch eine irenische Reichspolitik, wie sie zumeist und vor allem von Kursachsen betrieben wurde, auf die Dauer nicht neutralisiert werden konnten. Diese Lähmung betraf zuerst die politisch sehr bedeutsame Visitationskommission, die als Aufsichts- und zugleich Beschwerdeinstanz gegenüber dem Reichskammergericht fungierte. Um die Jahrhundertwende folgten der Deputationstag und das Kammergericht selbst; die Sprengung des Reichstags von 1608 hob die Reichsverfassung dann vollends aus den Angeln. Daneben wurden auch die Reichskreise infolge des konfessionellen Konflikts zunehmend funktionsunfähig; daß sie in den 80er und 90er Jahren nicht imstande waren, den Landfrieden der westdeutschen Territorien gegen die Einfälle von Spaniern, Niederländern oder Franzosen zu sichern, hatte ja nicht so sehr militärische als vielmehr konfessionspolitische Gründe.

Die Lähmung der Reichsjustiz, von der hier etwas genauer zu handeln ist, hatte ihre nächste Ursache im sogenannten Magdeburger Sessionsstreit.

In den der Reformation zugefallenen Bistümern Nord- und Nordostdeutschlands war die traditionelle Verbindung der geistlichen und weltlichen Regierung in der Hand der Bischöfe zumeist aufgehoben worden. Die innerkirchliche Organisation wurde regelmäßig in Analogie zu den evangelischen Landeskirchen geregelt, an die Spitze der weltlichen Regierung aber traten Administratoren aus den Fürstenhäusern der benachbarten evangelischen Territorien. Soweit es sich dabei um landsässige Bistümer handelte, verursachte diese Umgestaltung politisch keine besonderen Schwierigkeiten. Anders dagegen stand es um die Reichsbistümer, deren weltliche Herrschaft mitsamt ihrer reichsständischen Position im wesentlichen auf der Belehnung durch den König beruhte; denn nach dem reichsrechtlichen Herkommen sollten solche Belehnungen ja erst nach einer ordnungsgemäßen Bischofswahl und der Konfirmation des Gewählten durch den Papst vorgenommen werden. Zwar gab es die Möglichkeit einer vorläufigen Belehnung durch ein sogenanntes Lehensindult in Erwartung der päpstlichen Konfirmation, und manche zur Reformation neigende Bischöfe sind auf diese Weise – mit oder ohne folgende päpstliche Bestätigung – in den Besitz ihrer weltlichen Herrschaftsrechte gelangt. Je deutlicher und fester jedoch die konfessionellen Fronten wurden, desto unglaubwürdiger wurde die Erwartung der päpstlichen Konfirmation evangelisch gesonnener Bischöfe, und damit entfiel die notwendige Voraussetzung auch eines Lehensindults; erst recht galt das für die evangelischen Administratoren. Ohne Belehnung oder Lehensindult aber stand die Herrschaft der evangelischen Bischöfe und Administratoren mitsamt ihrer reichsständischen Position rechtlich auf schwankendem Boden.

Von solchen Unsicherheiten war nicht zuletzt Magdeburg betroffen, wo seit 1567 Joachim Friedrich, ein Enkel Kurfürst Joachims II. von Brandenburg, als Administrator amtierte. Immer wieder erneuerte Versuche der Brandenburger, den Kaiserhof zur Erteilung der Lehen oder wenigstens eines Lehensindults zu bewegen, scheiterten; folgerichtig blieben dem Administrator Sitz und Stimme auf den Reichstagen vorenthalten. Eben diese ärgerliche Zurücksetzung beschlossen die Brandenburger schließlich via facti zu beseitigen: 1582 begab sich der Administrator persönlich zum Reichstag und sandte einen seiner Räte in den Fürstenrat, um dort den Magdeburger Sitz einzunehmen. Dieses Vorgehen stieß jedoch sofort auf entschiedenen Widerstand der katholischen Reichsstände. Sie forderten kategorisch, daß der Administrator seinen Sitz im Fürstenrat zu räumen habe; andernfalls würden die Katholiken den Reichstag verlassen. Damit drohte die Sprengung des Reichstags. Indessen ließ Kurfürst August von Sachsen alsbald erkennen, daß ihm die Magdeburger Sessionsansprüche keinen großen reichspolitischen Konflikt wert wären, und dem schloß sich die Mehrheit der evangelischen Reichsstände an. Als auch der Versuch eines vorläufigen, nur für diesen Reichstag geltenden Abkommens gescheitert war, zog der Administrator deshalb vor, für diesmal auf eine Durchsetzung seiner Ansprüche zu verzichten und seinerseits den Reichstag zu verlassen. Auch in der Folge gelang es dem Magdeburger wie den anderen evangelischen Administratoren nicht, die begehrte Session im Fürstenrat zu erlangen; Kursachsen und die von ihm geführte, wenngleich allmählich abbröckelnde Mehrheit der evangelischen Stände waren nicht bereit, die ohnehin bedrohte Funktionsfähigkeit des Reichstags für die Sessionswünsche der Administratoren aufs Spiel zu setzen.

Auch diese Zurückhaltung der evangelischen Stände konnte freilich nicht verhindern, daß aus dem Magdeburger Sessionsstreit ein neuer Verfassungskonflikt erwuchs. Diesmal ging es um die Reichsjustiz, konkret: um die Besetzung der Kommission für die Visitation des Kammergerichts. Von der ordnungsgemäßen Tätigkeit dieser Visitationskommission hing ein gut Teil der Autorität des Gerichts, vor allem aber die Ausführbarkeit seiner Urteile ab; denn vor der Erledigung einmal eingelegter Revisionen wurden die angefochtenen Urteile des Gerichts nicht rechtskräftig, geschweige denn vollstreckbar. Nun rotierte die Mitgliedschaft in der Kommission nach einem seit langem festgelegten Schlüssel unter den Reichsständen, und 1588 stand Magdeburg zur Berufung in die Kommission an. Ein neuer Konflikt schien unvermeidlich, und sein Ausgang war diesmal um so unsicherer, als die kursächsische Politik unter Christian I. eine sehr viel weniger irenische Wendung genommen hatte als unter dem 1586 gestorbenen Kurfürsten August. Auch angesichts des noch nicht endgültig ausgestandenen Kampfs um Köln und der zunehmenden Spannungen im Straßburger Kapitelstreit schien dem Kaiser die Situation so gefährlich, daß er den für die Berufung der Kommission zuständigen Kurfürsten von Mainz veranlaßte, die Visitation für diesmal zu vertagen – und diese Vertagung wiederholte sich auch in den darauffolgenden Jahren, weil die konfessionspolitische Situation im Reich sich ja keineswegs entspannte. Die Folge war, daß die bislang verschwindend geringe Zahl der Revisionsanträge gegen Urteile des Kammergerichts hinaufschnellte und damit die Tätigkeit des Gerichts illusorisch zu machen begann.

Um der drohenden Lähmung der Reichsjustiz – oder doch deren völliger Verlagerung auf den kaiserlichen Hofrat – entgegenzuwirken, beschloß der Reichstag 1594, die Visitation des Kammergerichts wenigstens für einmal und ausnahmsweise dem Reichsdeputationstag zu übertragen, der ohnehin seit Jahren auch mit Anregungen des Gerichts für Verbesserungen im Prozeßrecht befaßt war. Da Magdeburg dem Deputationstag nicht angehörte, hoffte man so das Problem des Sessionsstreits für die Visitation zu umgehen. Allerdings gelang dem Deputationstag, als er 1595 in Speyer zur Visitation des Kammergerichts zusammentrat, die Erledigung nur eines kleinen Teils seiner Aufgaben; vor allem war und blieb schon unter den Mitgliedern des Deputationstags selbst umstritten, ob man auch für die Entscheidung der aufgelaufenen Revisionen zuständig sei. So dauerte es bis zum Reichstag von 1597/98, ehe der Ausschuß einen eindeutigen Auftrag auch für die Revision der Kammergerichtsurteile erhielt, und tatsächlich konnte der Deputationstag überhaupt erst wieder im Juni 1600 zusammentreten. Mittlerweile aber war die konfessionsrechtliche Judikatur des Kammergerichts selbst zum Gegenstand erbitterter Auseinandersetzungen geworden, und so war abzusehen, daß es auch bei der Revision nicht ohne schwere Konflikte abgehen werde.

Die Rechtsprechung des Kammergerichts, die in diesen letzten Jahren des Jahrhunderts den Anlaß zur Verschärfung des konfessionspolitischen Konflikts bildete, betraf die Unterlassungs- bzw. Herausgabeansprüche von vier Klöstern gegen protestantische Stände, die in das Vermögen und die Verwaltung dieser Klöster eingegriffen hatten. Zugleich aber und politisch ging es in diesem sogenannten Vierklosterstreit um eine der offenen Grundfragen des Religionsfriedens, um die Frage nämlich der Rechtmäßigkeit oder Unrechtmäßigkeit der Einziehung reichsmittelbaren Kirchenguts durch protestantische Obrigkeiten nach 1552. Das Kammergericht hatte sich – aus guten rechtlichen wie politischen Gründen – stets gehütet, dieses brisante Problem selbst lösen zu wollen, und statt dessen, obzwar vergeblich, wiederholt eine politische Entscheidung von Kaiser und Reich angemahnt. In den Entscheidungen über die Prozesse der vier Klöster nun schien das Gericht seine bisher gewahrte Reserve zu verlassen und sich der katholischen Auslegung des Religionsfriedens anzuschließen, nach der jene Einziehungen von Kirchengut rechtswidrig waren. So jedenfalls stellten sich die Urteile des Kammergerichts im Vierklosterstreit in ihrer Einschätzung durch die Prozeßunterlegenen dar, und die kurpfälzische Propaganda versäumte nicht, den protestantischen Mitständen die aus einer solchen Wendung des Kammergerichts resultierenden Gefahren für den deutschen Protestantismus eindrücklich vor Augen zu stellen: Wenn die Reichsjustiz sich dafür entschied, das jus reformandi der Reichsstände gegenüber den Klöstern und anderem reichsmittelbaren Kirchengut zu verneinen, dann war ja eine Lawine katholischer Restitutionsansprüche zu erwarten, die die finanzielle und politische Existenz vieler protestantischer Reichsstände ruinieren würde. Ob jene – von der katholischen Publizistik alsbald übernommene – Beurteilung der kammergerichtlichen Judikatur im Falle der vier Klöster als einer grundsätzlichen Wendung wirklich zutraf, ist freilich sehr zweifelhaft. Die zum Vierklosterstreit erhaltenen, allerdings sehr unvollständigen Gerichtsakten legen vielmehr die Vermutung nahe, daß es sich hier durchweg um Grenz- und Sonderfälle handelte, die das Kammergericht sehr wohl entscheiden konnte, ohne sich in der prinzipiellen Frage des jus reformandi gegenüber reichsmittelbarem Kirchengut festzulegen – was hätte den Kammerrichter und seine Assessoren auch bewegen sollen, ihre Neutralität im Konfessionsstreit aufzugeben und damit die politische Existenz des Gerichts aufs Spiel zu setzen? So wenig sicher die Anhaltspunkte für eine wirkliche Wendung in der kammergerichtlichen Judikatur aber auch waren – die Unterstellung dieser Wendung war politisch sehr wirksam. Selbst vom Kammergericht glaubte man fortan keinen Verzicht auf konfessionelle Parteinahme mehr erwarten zu können.

Die Folgen des Vierklosterstreits für den Deputationstag von 1600/01 entsprachen dieser Vergiftung der Situation. Die protestantischen Mitglieder des Deputationstags verlangten die Verweisung der Revision über die vier Urteile an den Reichstag, die katholische Majorität des Ausschusses lehnte das ab. Daraufhin verließen die Protestanten den Deputationstag; die Katholiken sahen danach auch ihrerseits keine Möglichkeit mehr für eine erfolgreiche Arbeit und vertagten sich auf unbestimmte Zeit. Damit waren der Deputationstag und darüber hinaus das Kammergericht selbst lahmgelegt. Ob es dem Reichstag gelingen würde, dieser verfassungspolitischen Paralysierung des Reichs noch einmal Einhalt zu gebieten, war eine offene Frage; die Entwicklung der politischen Ordnung des Reichs während der letzten beiden Jahrzehnte des Jahrhunderts ließ freilich auch für die Zukunft nicht viel Gutes erwarten. Die Zeichen einer tiefgreifenden Krise waren unübersehbar.

III. Bilanz des Jahrhunderts

1. Das Reich und die europäischen Mächte

Das 16. Jahrhundert brachte dem Reich einige Gewinne an festerer, vor allem lehensrechtlicher Zugehörigkeit von Herrschaftsgebieten, die sich im Laufe des späteren Mittelalters schon fast völlig vom Reich gelöst hatten; das gilt insbesondere für die Reichslehen Oberitaliens. Dazu kam der Neugewinn ehemals französischer Lehen in Flandern und im Artois. Es gelang jedoch kaum, solche peripher gelegene Landschaften der durch die Reichsreform verdichteten – in Ansätzen: verstaatlichten – politischen Ordnung des Reichs einzufügen; am weitesten ging noch der Burgundische Vertrag von 1548, der die Einbeziehung der Niederlande in den Reichslandfrieden wie in die Kreisverfassung bestätigte und auch eine finanzielle Beteiligung der Niederlande an den Kosten des Reichs vorsah. Im Gegenteil führte die Intensivierung der Herrschaft des Reichs gerade an dessen Peripherie vielfach zu rechtlichen und politischen Abschichtungen, die langfristig auf die Lösung vom Reich hinausliefen. Das klarste Beispiel dafür lieferte die Schweizer Eidgenossenschaft, die sich letztlich nur deshalb noch immer nicht ganz vom Reichsverband trennte, weil sie selbst den Weg zu einer eigenen, eidgenössischen Staatlichkeit nur zögernd einschlug. Eine für das Reich günstigere Entwicklung nahmen die Dinge nur dann, wenn die fortdauernde Reichszugehörigkeit im eindeutigen politischen Interesse des jeweiligen Landesherrn lag – sei es, daß er auf den Schutz des Reichs gegen mächtige Nachbarn nicht verzichten wollte wie etwa der Herzog von Lothringen, sei es, daß das Reichsrecht überhaupt die Grundlage der eigenen fürstlichen Herrschaft darstellte wie im Falle der habsburgischen Reichslehen in Oberitalien. Die Nichteinbeziehung auch dieser Gebiete in die Institutionen der Reichsreform – Reichstag, Reichskreise, Reichskammergericht, Reichssteuer – ließen ihre Bindungen an das Reich gegenüber denen an ihre fürstlichen Dynastien freilich noch weiter zurücktreten, als es in Deutschland sonst ohnehin der Fall war. Überhaupt konnte die rechtliche Zugehörigkeit zum Reich nach wie vor vielfältig abgestuft und im einzelnen sehr unterschiedlich ausgestaltet sein. Insbesondere verhinderte sie keineswegs, daß manche Glieder des Reichs eine eigene, den politischen Interessen von Kaiser und Reich nicht selten zuwiderlaufende Außenpolitik betrieben. So suchten die spanischen Könige als Lehensleute des Kaisers in Mailand ihre Herrschaft in Oberitalien durchaus auf Kosten auch der Reichslehen zu erweitern; die Herzöge von Lothringen und Savoyen – die letzteren immerhin auch in die Kreisverfassung des Reichs einbezogen –

trieben in der zweiten Jahrhunderthälfte eine wahre Schaukelpolitik zwischen dem Reich und Frankreich. Die Schweizer Eidgenossen aber, deren politische Sympathien als Folge des alten Gegensatzes gegen die Habsburger traditionell zumeist auf seiten der Franzosen lagen, entwickelten allmählich Prinzipien einer helvetischen Neutralität, wie sie im 17. Jahrhundert dann überhaupt zum Grundgesetz der eidgenössischen Politik in Europa werden sollte. Daneben gab es freilich sehr unterschiedliche – wirtschaftlich oder konfessionell begründete – außenpolitische Optionen einzelner Gruppen eidgenössischer Orte.

Noch gravierender als derartige Verdünnungen der Reichszugehörigkeit waren natürlich die erheblichen und totalen Verluste an der Peripherie des Reichs. Im Nordosten lösten zunächst Preußen und später ganz Livland ihre schon längst unsicheren Bindungen an das Reich; hier war Polen-Litauen der Hauptgewinner auf Kosten des Reichs. Im Westen kamen die lothringischen Bischofsstädte unter französische Herrschaft. Ungeachtet der fragwürdigen Rechtsbasis dieses Erwerbs im Vertrag von Chambord 1552 fanden sich Kaiser und Reichsstände allmählich mit dem Faktum der französischen Herrschaft ab; ja: die Franzosen konnten sogar damit beginnen, auch auf die Gebiete der lothringischen Bistümer überzugreifen. Des weiteren gingen – im Gefolge ihrer Trennung von der spanischen Herrschaft – auch die nördlichen Niederlande für das Reich verloren. Die völkerrechtliche Anerkennung der Unabhängigkeit der jungen Republik erfolgte zwar erst im Westfälischen Frieden 1648, aber schon ein halbes Jahrhundert zuvor waren alle früheren Bindungen an das Reich obsolet geworden.

Dazu kam schließlich, daß sich das politische Gewicht des Reichs in Europa seit der Resignation Karls V. empfindlich verringerte. Die mit Abstand bedeutendste europäische Macht des späteren 16. Jahrhunderts war Spanien mit seinen Nebenkönigreichen und Herrschaften in Italien und den Niederlanden. Daneben begann Frankreich seine durch die Religionskriege geschwächten Kräfte neu zu sammeln; in Übersee kündigte sich die britische Dominanz an. Im Osten Europas war Polen-Litauen die führende Macht, hinter der Schweden und Rußland als neue Potenzen bedrohlich aufstiegen. Das Reich spielte demgegenüber eine nur mehr zweitrangige Rolle – nicht aus Mangel an Menschen oder materiellen und geistigen Ressourcen, sondern aus Mangel an Geschlossenheit des politischen Willens. Die große Mehrheit der Reichsstände hatte nur ihre eigenen Interessen im Auge, und die monarchische Gewalt war zu schwach, um diese Interessen auszugleichen und im Interesse des Reichs zu bündeln. Überdies waren Kaiser und Reichsstände je länger desto weniger in der Lage, die anstehenden außenpolitischen Entscheidungen von den sich verschärfenden konfessionellen Konflikten freizuhalten, abgesehen allenfalls von der fortdauernd als gemeinsam empfundenen Aufgabe der Türkenabwehr. Das machte das Reich außenpolitisch erst recht handlungsunfähig; gegen Ausgang des Jahrhunderts verstärkten sich sogar die Ansätze zu einer je eigenen Außenpolitik der konfessionell zerstrittenen Ständegruppen – Vorstufen von Union und Liga, Vorstufen überhaupt der außenpolitischen Katastrophe des Dreißigjährigen Krieges.

2. Bevölkerung und Wirtschaft

Die Bevölkerungsbilanz des Jahrhunderts. Der Umschwung der demographischen Konjunktur, der der Bevölkerungsstagnation des ausgehenden Mittelalters an der Wende des 15. Jahrhunderts ein Ende gemacht hatte, erwies sich als dauerhaft: Das 16. Jahrhundert war im ganzen und bis zu seinem Ende eine Zeit kräftiger Bevölkerungszunahme. Dabei lagen die Wachstumsraten in der ersten Jahrhunderthälfte mit etwa 6 Prozent im Jahrzehnt so hoch, daß die Bevölkerungsverluste des späteren Mittelalters um die Jahrhundertmitte oder bald danach wieder ausgeglichen waren; seitdem verringerte sich das Wachstum der Bevölkerung auf etwa 3 Prozent im Jahrzehnt. Um 1600 dürfte das Reich – ohne Reichsitalien und trotz seiner Gebietsverluste in Ost und West – über 20 Millionen Einwohner gehabt haben, etwa ebensoviel wie das zeitgenössische Frankreich, erheblich mehr als alle anderen europäischen Länder. Zwischen Rückgang und Stagnation der Bevölkerung im späten Mittelalter und der großen, vor allem durch den Dreißigjährigen Krieg verschärften demographischen Krise des 17. Jahrhunderts war damit das 16. Jahrhundert eine Zeit säkularer Bevölkerungshausse.

Dabei blieb das herkömmliche Gefälle der Bevölkerungsdichte von Süd und West nach Nord und Ost im großen ganzen erhalten; die größeren Reserven an landwirtschaftlich nutzbarer Fläche und damit an Nahrungsspielraum im Osten und Norden des Reichs wirkten sich noch kaum aus. Nicht zuletzt das im Osten weitverbreitete System der Gutsherrschaft mit seinen hohen und noch steigenden Belastungen und Beschränkungen der Gutsuntertanen war der Gründung zusätzlicher Familien offenbar nur wenig günstig.

Überhaupt hatte die unterschiedliche Ausgestaltung der Agrarverfassung erhebliche Unterschiede auch der demographischen Entwicklung zur Folge. So war die Bevölkerungszunahme in Regionen schwach ausgeprägten bäuerlichen Erbrechts, aber auch in Gegenden vorherrschenden Anerbenrechts signifikant geringer als in solchen Landschaften, in denen die Realteilung des bäuerlichen Erbes möglich und üblich war. Das machte sich sogar auf engem Raum bemerkbar: Während z.B. die Bevölkerung im Realteilungsgebiet um Weimar zwischen 1555 und 1588 um nicht weniger als 30 Prozent anwuchs, ging sie im benachbarten Gebiet um Altenburg, in dem Anerbenrecht galt, im gleichen Zeitraum um über 3,5 Prozent zurück.

Neben den Bedingungen der Agrarverfassung waren die Unterschiede der ökonomischen Möglichkeiten von maßgebender Bedeutung. Ungeachtet mancher qualitativer Verbesserungen der Landwirtschaft konnte der steigende Nahrungsmittelbedarf der wachsenden Bevölkerung größtenteils doch nur dadurch befriedigt werden, daß man zusätzliche Böden unter den Pflug nahm, und zwar schließlich auch in kargeren Höhenlagen, die man in der Agrarbaisse des späten Mittelalters aufgegeben hatte. Je geringer aber die Landreserven waren, die solcherart und zu noch akzeptablen Kosten ausgenutzt werden konnten, desto früher stieß die Bevölkerungszunahme auf Grenzen des Nahrungsspielraums. Tatsächlich scheint in nicht wenigen Regionen, vor allem in Gebieten vorherrschender Realteilung, die Bevölkerung stärker gewachsen zu sein, als es den Möglichkeiten des Landesausbaus entsprochen hätte. Zahlreiche Höfe wurden im Erbfall ohne Vergrößerung ihrer landwirtschaftlichen Nutzfläche geteilt; die neu entstehenden kleineren Betriebe waren trotz größeren Arbeitsbesatzes zumeist weniger ertragreich; spätestens im Fall erneuter Erbteilung waren die Höfe nicht mehr in der Lage, auch nur die Selbstversorgung der bäuerlichen Familie zu sichern – deutliche Symptome einer relativen Übervölkerung.

Um so wichtiger war natürlich das Angebot von Arbeitskräften in der gewerblichen Wirtschaft, für die der Bevölkerungsanstieg ja ebenfalls eine Steigerung der Nachfrage und damit einen Wachstumsanreiz bedeutete. Der traditionelle Ort dieser gewerblichen Wirtschaft waren die Städte, und so kann der Anstieg auch der städtischen Bevölkerungszahlen nicht verwundern. Indessen nahm der Grad der Verstädterung insgesamt wohl nur in geringem Maße, vielleicht überhaupt nicht, zu. Wenn es namentlich in den Bergbauregionen des Reichs im Zuge der Hochkonjunktur des Berg- und Hüttenwesens zu Beginn des Jahrhunderts noch einmal eine Reihe von Städtegründungen gegeben hatte, so lief diese Welle doch bald aus; seit der Jahrhundertmitte wurden so gut wie keine Städte mehr neu gegründet. Die Einwohnerzahlen der bestehenden Städte aber wuchsen im Durchschnitt nicht schneller als die des platten Landes; das rasche Wachstum mancher Handels- oder Residenzstädte wie etwa Amsterdam, Hamburg, Leipzig, Dresden oder München war eher eine Ausnahme, die die Regel bestätigte. Nicht das städtische Gewerbe war es, das den Bevölkerungsüberschuß des Landes noch am ehesten auffing, sondern das überwiegend ländliche Verlagsgewerbe. Auch hier aber scheint das Angebot an Arbeitsplätzen oft geringer gewesen zu sein als die Nachfrage; unter den gegebenen ökonomischen Bedingungen hatte die Bevölkerungszunahme mithin gravierende soziale Folgen.

So deutlich die Bevölkerungskonjunktur des 16. Jahrhunderts sich von der des späteren Mittelalters unterschied, so wenig veränderten sich die demographischen Strukturen. Nach wie vor lagen die durchschnittlichen Geburten- und Sterbeziffern sehr hoch, viel höher jedenfalls als im 19./20. Jahrhundert, mit erheblichen kurzfristigen Schwankungen, mit einem immer wiederkehrenden plötzlichen Anstieg insbesondere der Mortalität. Die Reihe der großen Epidemien riß lange nicht ab, namentlich die Pest brachte immer wieder schwere Bevölkerungsverluste. In Augsburg z.B., dessen Einwohnerzahl um 1500 bei rund 30000 gelegen haben mag, forderten in der ersten Jahrhunderthälfte acht Pestjahre mehr als 38000 Menschenleben; die Bilanz der zweiten Jahrhunderthälfte mit sieben Pestjahren und 20600 Toten war noch immer schrecklich genug. Und auch die kleinen Städte, Flecken und Dörfer blieben von den Epidemien nicht verschont. Die Akten der Kirchenvisitationen wissen vielfach davon zu berichten, daß der Schulunterricht in kleinen Orten jahrelang ausfallen mußte, weil eine vorangegangene Pest fast alle Kinder dahingerafft hatte. Um so erstaunlicher ist der stets rasche Ausgleich dieser Verluste wie überhaupt die beträchtliche Bevölkerungszunahme durch das ganze Jahrhundert hindurch. Sie beruhte auf einer die hohe Sterblichkeit in der Bilanz immer noch übersteigenden Geburtenfreudigkeit als Folge des vergleichsweise niedrigen Heiratsalters der Frauen – eine elementare Kontinuität des Lebens in den tiefgreifenden Wandlungen und Brüchen des Zeitalters.

Die Landwirtschaft. Das Wachstum der Bevölkerung sorgte durch das ganze Jahrhundert hindurch für eine steigende Nachfrage nach den Produkten der Landwirtschaft; die säkulare demographische Hausse hatte eine säkulare agrarische Hausse zur Folge. An kurzfristigen Einbrüchen dieser guten Konjunktur fehlte es zwar auch jetzt nicht ganz; der Verlauf der Agrarpreiskurve zeigt aber deutlich – in genauem Gegensatz zu den spätmittelalterlichen Verhältnissen – das für eine Hausse typische Bild flacher Täler und ausgeprägter Höhen.

Steigende Nachfrage und gute Preise wirkten als dauerhafter Produktionsanreiz. Dieser Produktionsanreiz führte zu einem kräftigen Intensivierungsschub. In günstig gelegenen Regionen wurde eine vielfältige Fruchtwechselfolge üblich; die Brache verschwand hier allmählich, auch Stallfütterung ist bezeugt. In guten Lagen wie etwa im holländischen Friesland brachte der Weizen das Zehnfache der Aussaat, die Gerste das Neunfache. Diese Erfolge stellten sich freilich nicht von selbst ein, sondern setzten eine genaue Kenntnis der natürlichen und ökonomischen Möglichkeiten der Landwirtschaft voraus, und diese Kenntnis erwuchs in zunehmendem Maße nicht mehr bloß aus Erfahrung, sondern auch aus der Lektüre einschlägigen Schrifttums; das spätere 16. Jahrhundert sah die Anfänge einer eigenen landwirtschaftlichen Literatur in Deutschland. Die bedeutendsten dieser frühen deutschen Landbauschriftsteller waren Conrad Heresbach, ein Jurist und Landwirt vom Niederrhein, der schlesische Pfarrer Martin Grosser und Johann Coler, ebenfalls ein Pfarrer, der lange Jahre in Sachsen und Brandenburg lebte; Colers „Oeconomia ruralis et domestica" (seit 1593) begründete zugleich die Gattung der sogenannten Hausväterliteratur und erlebte bis ins 18. Jahrhundert hinein zahlreiche Auflagen.

Die Möglichkeiten der landwirtschaftlichen Intensivierung blieben freilich fortdauernd durch die Abhängigkeit von Boden und Klima sowie von der Verkehrslage beschränkt. Für die natürlichen Verhältnisse von Boden und Klima versteht sich das von selbst; nicht minder wichtig aber waren die Verkehrsbedingungen. Die Erzeugnisse der intensiv betriebenen Landwirtschaft bis hin zu Gartenfrüchten und Milchprodukten konnten nur in dicht besiedelten, weithin urbanisierten Landschaften mit Erfolg vermarktet werden; so gruppierten sich die Regionen derart intensiver Landwirtschaft nach wie vor um die großen Gewerbezentren. Überhaupt reagierte die Landwirtschaft unbeschadet jener Intensivierung in weiten Teilen des Reichs auf die verstärkte Nachfrage vor allem durch einen fortgesetzten Landesausbau. Der Rekultivierung brachliegenden Ackerlandes, das man in der Agrarbaisse des ausgehenden Mittelalters aufgegeben hatte, folgte die Umwandlung von Wiesen in Ackerland, sodann die Erschließung von Neuland in Wald und Gebirge, auch am Meer. An den Küsten der Niederlande wurden dem Meer zwischen 1565 und 1615 rund 44000 Hektar Land abgerungen; das war hier der größte Landgewinn bis zum 19. Jahrhundert. Ähnliches gilt von den Eindeichungen an der niedersächsischen Küste. Von der Schwäbischen Alb aber wußte der Balinger Stadtschreiber zu Beginn des 17. Jahrhunderts zu berichten, daß „rauhe und felsige sowohl eigene als Gemeinäcker", die man lange Zeit gering geachtet habe, „mehrenteils erst danach bei den angefallenen langwierigen Teuerungsjahren ... ausgereutet und umgerissen" worden seien[76]. Dieses Zeugnis ist typisch: Es zeigt, daß der – überhaupt oder zu noch erträglichen Kosten landwirtschaftlich nutzbare – Boden knapp wurde.

Trotz Intensivierung und Landesausbau blieb die landwirtschaftliche Produktion bis gegen Ende des Jahrhunderts hinter der Nachfrage zurück, und das wiederum war, neben der Vermehrung des umlaufenden Edelmetalls als Folge der Silberimporte aus Amerika, die Ursache eines langfristigen Anstiegs der Preise für die agrarischen Erzeugnisse. Nun darf man das Ausmaß dieser sogenannten „Preisrevolution" des 16. Jahrhunderts nicht überschätzen. Die Preise der landwirtschaftlichen Produkte stiegen in Deutschland vom ersten bis zum letzten Jahrzehnt des Jahrhunderts auf ungefähr das Zweieinhalbfache; das entsprach bei kumulativer Rechnung einem jährlichen Preisanstieg von wenig mehr als einem Prozent. Immerhin: In ihrer Langfristigkeit war diese Preissteigerung eben doch empfindlich, und dies um so mehr, als die gewerblichen Preise und erst recht die Löhne – diese mit einem Anstieg auf wenig mehr als das Eineinhalbfache ihrer Höhe zu Beginn des Jahrhunderts – hinter dem Anstieg der Agrarpreise weit zurückblieben.

Eine sehr unmittelbare Folge dieser Entwicklung von Preisen und Löhnen bestand darin, daß die Nachfrage nach landwirtschaftlichen Produkten sich zugunsten der vergleichsweise billigeren Erzeugnisse des Ackerbaus – Getreide und Hülsenfrüchte – verschob, während der Pro-Kopf-Verbrauch des teureren Fleisches zurückging. Zwar gab es nach wie vor einen, auch grenzüberschreitenden, Ochsenhandel von erstaunlichem Umfang; vor allem das dänische Jütland wurde jetzt zum bedeutenden Viehexporteur, während der relative Anteil der Lieferungen aus Osteuropa zurückging. Die Zeiten des hohen Fleischverbrauchs durch alle Schichten der Bevölkerung hindurch waren aber vorbei; die auch jetzt noch belegten Beispiele von Gastereien mit gewaltigem Fleischverzehr spiegeln nur mehr die Konsumgewohnheiten wohlhabender Gruppen der Bevölkerung. Dem entsprach, daß der Anstieg der Vieh- und Fleischpreise mit dem des Getreides nur ausnahmsweise Schritt halten konnte. Die wichtigste dieser Ausnahmen bildete Schleswig-Holstein, dessen Viehwirtschaft von seiner günstigen Verkehrslage zu den niederländischen Gewerbezentren profitierte. Im großen ganzen war die Agrarhausse des Zeitalters eine Hausse vor allem des Getreidebaus.

Nutznießer dieser Hausse waren alle für den Markt produzierenden Landwirte: Bauern und Adlige bis hinauf zu den Fürsten. Gerade die Landesherren gingen unter dem Eindruck der günstigen Konjunktur verstärkt zum Erwerb von Domänen über; in protestantisch gewordenen Gebieten diente die Einziehung des Landbesitzes aufgehobener Klöster – ökonomisch gesehen – vor allem diesem Ziel. Überhaupt bedeutete die Agrarhausse einen kräftigen Anreiz zur Vergrößerung der adligen Eigenwirtschaft, mit erheblichen Wirkungen vor allem im Osten des Reichs: Hier nämlich kam es im 16. Jahrhundert zu einer Ausweitung der Gutsbetriebe wie nie zuvor oder danach – in der Uckermark mit einem Flächenzuwachs von über einem Prozent pro Jahr –, und zwar nicht nur durch die Neukultivierung wüst gewordenen Landes, sondern auch und in zunehmendem Maße durch systematisches Bauernlegen; die nötigen Arbeitskräfte beschafften sich die ostdeutschen Gutsherren durch zwangsweise durchgesetzte Frondienstverpflichtungen ihrer Untertanen, die jetzt vielfach kaum noch oder gar kein eigenes Land mehr bewirtschafteten.

Zum Teil war der Anstieg der Getreidepreise durch die hohen Kosten des Ackerbaus auf ärmeren Böden oder überhaupt in ungünstigeren Lagen bedingt; insoweit bedeutete der Preisanstieg keinen zusätzlichen Gewinn für die Landwirte. Auch zehrte die Vergrößerung der bäuerlichen Familien sicherlich einen beträchtlichen Teil der Gewinne wieder auf. Trotzdem steht, auf das Ganze des Reichs gesehen, ein deutlicher Anstieg der Grundrente und auch ein wachsender Wohlstand der größeren bäuerlichen wie der adligen Landwirte des Zeitalters außer Frage. Besonders gut waren die Verhältnisse offenbar wiederum in Schleswig-Holstein, von dessen bäuerlichem Reichtum der Epoche noch heute viele prächtige Exponate in den Museen zeugen. Zur gleichen Zeit baute sich der niedersächsische Landadel die prächtigen Herrensitze und Schlösser der Weserrenaissance; neben den Kriegsgewinnen der adligen Herren, insbesondere aus französischen Diensten, dürften ihre Einkünfte aus der Landwirtschaft dafür die finanzielle Grundlage gebildet haben. Und auch im Süden und Südwesten Deutschlands nahm der Wohlstand auf dem Lande zu. In dem württembergischen Kornwestheim z.B. hinterließ ein Bauer bei seinem Tode 1599 ein Vermögen von rund 70000 fl; dazu gehörten neben 424 Morgen Äcker, Wiesen und Weinbergen mehr als 38000 fl in Gestalt von Forderungen, zumeist aus Krediten. Nun war das gewiß ein Extremwert, von dem das Gros der deutschen Bauern nur träumen konnte; daß aber die gute Agrarkonjunktur in einiger Breite auf das Einkommen der Landwirte durchschlug, ist kaum zu bezweifeln. Bezeichnenderweise erhöhten sich auch die Kaufpreise und Pachtzinsen bäuerlicher Wirtschaften im Laufe des Jahrhunderts erheblich, in Erwartung weiterer künftiger Getreidepreissteigerungen sogar noch stärker als die Getreidepreise selbst. Der Kauf von Höfen und Gütern, mitunter durch hohe Kredite finanziert, bekam damit einen geradezu spekulativen Charakter. Als zu Ausgang des Jahrhunderts das steigende Getreideangebot der Nachfrage näherkam und der Anstieg der Preise sich deutlich verlangsamte, hatte das folgerichtig den Zusammenbruch dieser Spekulation und zahlreiche Konkurse zur Folge. Im übrigen darf man über der Steigerung der landwirtschaftlichen Einkommen nicht aus dem Auge verlieren, daß die Agrarhausse des Jahrhunderts, weil die gewerblichen Preise und erst recht die Löhne mit dem Anstieg der Getreidepreise nicht Schritt hielten, zu einem deutlichen Absinken des Lebensstandards der städtischen und auch der lohnabhängigen Bevölkerung auf dem Lande führte. Das war der „Januskopf" (Abel) der säkularen Konjunktur der Landwirtschaft.

Gewerbe und Handel. Die Jahrhundertbilanz von Gewerbe und Handel ist schwerer zu ziehen als die der Landwirtschaft. Manche der traditionellen Zentren von Gewerbe und Handel wie etwa Regensburg und Konstanz oder auch Straßburg und Lübeck mußten einen Rückgang ihrer Wirtschaft hinnehmen, andere dagegen wie Frankfurt/Main, Leipzig, Hamburg oder auch Breslau kamen gerade jetzt in Flor. Dem entsprachen Verschiebungen im Gewicht einzelner Gewerbezweige und in der Bedeutung mancher Güter und Wege des Handels; dem entsprachen auch Auf- und Abstieg der großen Unternehmerfamilien der Epoche. Viele der Kaufmannsdynastien des frühen 16. Jahrhunderts spielten am Ende des Jahrhunderts in Handel und Gewerbe keine Rolle mehr; sie waren, nicht zuletzt infolge der französischen und spanischen Staatsbankrotte seit der Mitte des Jahrhunderts, in Konkurs gegangen oder hatten den erworbenen Reichtum benutzt, um in eine adlige Existenz auf dem Lande überzuwechseln; die Fugger hatten es gar bis zum erblichen Reichgrafenstand gebracht. An ihre Stelle aber waren andere sehr erfolgreiche Unternehmerfamilien getreten, die sich – unter Verzicht auf das risikoreiche Geschäft mit Staatskrediten – vor allem in der Lenkung und Entwicklung zukunftsträchtiger Gewerbe engagierten. Namentlich in Nürnberg gelangten manche der neuen Häuser, gelegentlich mit den alten versippt, zu internationalem Rang: die Viatis vor allem, neben ihnen die Peller und Gewandschneider, die Koch – diese auch in Memmingen und Augsburg tätig – und die Schwendendörfer, die Heugel und Lebzelter. Daneben sind bedeutende Kaufleute auch in Köln und in Norddeutschland zu nennen, unter ihnen übrigens eine ganze Reihe portugiesischer Zuwanderer jüdischen Glaubens; daß das weltoffene Hamburg den aus den Reichen Philipps II. vertriebenen jüdischen Kaufleuten eine Heimstatt bot, trug nicht unwesentlich zum wirtschaftlichen Aufschwung der Stadt bei. Das Beispiel Augsburgs aber lehrt zugleich, daß das Verschwinden der ganz großen Vermögen keineswegs den Rückgang der Wirtschaft und der bürgerlichen Vermögen insgesamt bedeuten mußte: Zwischen 1558 und 1618 vergrößerte sich der Kreis derjenigen Augsburger Bürger, die mehr als 500 fl zu versteuern hatten, von 189 auf 306 Personen, das Steueraufkommen dieser Gruppe wuchs sogar auf mehr als das Doppelte; daß gleichzeitig der Anteil der – gemessen an der Steuerpflicht – ärmsten Bevölkerungsschicht von über 80 Prozent auf kaum mehr als 40 Prozent zurückging, vermittelt vollends den Eindruck einer im ganzen gesunden Entwicklung der Augsburger Wirtschaft. Daß ein solcher Ausgleich keineswegs überall gelang, wo es zum Untergang bedeutender Firmen oder überhaupt zum Niedergang ganzer Branchen kam, ist freilich unbestreitbar.

Der mit Abstand wichtigste Bereich des Gewerbes war nach wie vor die Textilindustrie. Innerhalb dieses bedeutenden Gewerbes kam es jedoch zu folgenreichen Verschiebungen: in der Art der Erzeugnisse, in den Standorten und in der Organisation der Produktion. Wichtig war vor allem die Verschiebung der Nachfrage auf leichtere, auch billigere Qualitäten. Die herkömmlichen schweren Wolltuche waren zu teuer, als daß sie angesichts des Sinkens der Reallöhne in hinreichenden Quantitäten hätten abgesetzt werden können; auch die Chancen des Exports – nach Osteuropa, in den Mittelmeerraum und, seit dem späteren 16. Jahrhundert in zunehmendem Maße, in die amerikanischen Reiche der spanischen Krone – waren für leichte und billige Textilien ungleich besser als für die herkömmlichen schweren Qualitäten. Im Grunde bedeutete schon die Umstellung des oberschwäbischen Textilgewerbes auf die Barchentproduktion im 15. Jahrhundert einen Schritt in diese Richtung; im Laufe des 16. Jahrhunderts folgte dem die Umstellung auf noch billigere, ungekämmte Mischgewebe, die man „Zeuge“ oder „Sayen“ nannte. Diese neue Produktion fand weite Verbreitung, am Niederrhein und in Norddeutschland, in Hessen wie in Sachsen. Zu ihrem wichtigsten Zentrum aber wurde die Gegend um das württembergische Calw; im 17. Jahrhundert wuchs die Calwer Zeughandelscompagnie zum bedeutendsten Unternehmen ihrer Art heran. Neben den Sayen profitierte auch das Leinen von der Verlagerung der Nachfrage. Neben Oberschwaben und Westfalen als den alten Regionen der Leinenproduktion erlebten jetzt Ostmitteldeutschland und Schlesien mit der Lausitz, im Nordwesten Holland – deutlich auf Kosten der südniederländischen Tuchindustrie – als neuere Zentren der Leinenindustrie einen kräftigen Aufschwung.

Wenn schon das Barchent- und das Leinengewerbe des beginnenden 16. Jahrhunderts zum guten Teil in Form des Verlags organisiert gewesen waren, so galt das erst recht für die Produktion der neuen, billigen Qualitäten; sie wurden zur Domäne des verlagsmäßigen Landhandwerks mit angelernten, zumeist gering entlohnten Arbeitskräften. Gutenteils lag die Leitung dieser Verlage wie schon seit den Anfängen des Verlagswesens in der Hand kapitalkräftiger Kaufleute; so wurde die schlesische Leinenindustrie im wesentlichen von Nürnberger Kaufleuten organisiert, gegen Ende des Jahrhunderts bereits in Konkurrenz mit niederländischem und sogar englischem Kapital. Gelegentlich waren es aber auch Handwerker der Endfertigung, die, ohnehin stets dichter am Markt als andere, ein Verlagswesen aufbauten. Das gilt z.B. für die Calwer Zeugindustrie, in der die Färber das Sagen hatten und zu großen Herren wurden, während das Gros der Landhandwerker weit hinter ihnen zurückblieb. An Widerstand von seiten des zünftischen Gewerbes gegen die Verlage fehlte es begreiflicherweise nicht. Auch die zünftischen Handwerker in den Städten konnten sich jedoch auf die Dauer nicht der Erkenntnis verschließen, daß es für ihre herkömmlichen, teuren Produkte einfach nicht genug zahlungskräftige Abnehmer gab; so schwenkten nicht wenige von ihnen auf die neuen Produktionen um und suchten sich im Rahmen des Verlagswesens so gut zu behaupten, wie es eben ging. In Oberdeutschland nahm die städtisch-zünftische Textilproduktion in der zweiten Hälfte des Jahrhunderts um rund die Hälfte ab; auch für Westfalen ist eine Verkümmerung des traditionellen Textilgewerbes der Städte bezeugt.

In Zeiten und Regionen ländlicher Übervölkerung bot das Verlagsgewerbe oft die einzige Chance des Lebensunterhalts. Dieser Situation einer starken Nachfrage nach Arbeitsplätzen entsprach die zumeist ungünstige Lohnsituation des Verlagshandwerks mitsamt ihrer typischen Folge von Frauen- und Kinderarbeit. Immerhin gab es doch auch wirtschaftlich und sozial gut ausgewogene Formen des Verlagswesens wie vor allem den sogenannten Zunftkauf, der sich in Sachsen und Schlesien weithin durchsetzte. Hier wurde der Verlagsvertrag, oft unter Kontrolle der Obrigkeiten, nicht mit den einzelnen Handwerkern, sondern mit einer ganzen Zunft geschlossen, und zwar mit der Maßgabe, daß der einzelne Handwerker frei blieb, einen beliebigen Teil seiner Produktion selbst auf den Markt zu bringen; im übrigen konnte die Zunft ihren Verleger wechseln oder auch mit mehreren Verlegern zu gleicher Zeit abschließen. Der Zunftkauf bedeutete mithin für den einzelnen Handwerker kaum etwas anderes als eine Absatzgarantie zu einem von Zünften und Stadtrat kontrollierten Preis. Daß eine solche Ausgestaltung des Verlagswesens dem Interesse beider Partner gut entsprach – auch dem des Verlegers, der hier vor allem für den Export sorgte –, wird daran sehr deutlich, daß diese sächsischen und schlesischen Verlagsverträge nicht selten ein Jahrhundert oder noch länger Bestand gehabt haben, durch alle Schwankungen der Konjunktur hindurch.

Neben der Textilindustrie waren Bergbau, Hüttenwesen und Metallgewerbe fortdauernd die wichtigsten Bereiche der nichtagrarischen Wirtschaft. Von ihnen erlebte der Silberbergbau seinen Höhepunkt bereits in den 40er Jahren; seitdem verlor er wegen der rasch zunehmenden Silberimporte aus Amerika an Bedeutung. Auch die Kupferproduktion, deren europäische Zentren in Tirol, Oberungarn und Thüringen nach wie vor von oberdeutschen Kapitalgesellschaften beherrscht wurden, ging schon seit dem vierten Jahrzehnt des Jahrhunderts zurück, ohne daß die Gründe dafür voll geklärt wären; daß Anton Fugger 1546 das ungarische Kupfergeschäft aufgab, in dem die Fugger über Jahrzehnte eine dominierende Position innegehabt hatten, war für die Trendwende bezeichnend. Dem entsprach die Entwicklung im verarbeitenden Gewerbe. Immerhin blieb die Verarbeitung von Kupfer – vor allem in der Legierung mit Galmei zu Messing – in Nürnberg und im Aachener Raum ein regional sehr bedeutender Wirtschaftszweig; Nürnberger Messingspangen, -töpfe und -kessel gingen in beträchtlichen Mengen, gelegentlich aufgrund von Großaufträgen über mehrere tausend Zentner, in den Export, vor allem nach Afrika.

Im Gegensatz zu Kupfer und Silber wurde das Eisen in nahezu ständig zunehmendem Umfang gewonnen und verarbeitet. Die europäische Produktion verdoppelte sich im Laufe des Jahrhunderts, ihr wichtigstes Zentrum war und blieb die Oberpfalz, auch wenn daneben andere Reviere an Bedeutung gewannen. In der Eisenverarbeitung nahmen insbesondere die Nürnberger Waffenschmiede, die sogenannten Plattner, eine führende Stellung ein. Bis um die Jahrhundertmitte profitierten sie von den Kriegen Karls V.; in der zweiten Jahrhunderthälfte brachten die Bemühungen um die Abwehr der Türken eine gewaltige Nachfrage, der die Nürnberger Plattner kaum nachkommen konnten. Die Organisation auch dieses eisenverarbeitenden Gewerbes war zunehmend die des Verlagswesens, und gerade in Nürnberg griff das Verlagswesen sogar auf das städtische Gewerbe über. Den Landwebern der Textilverlage entsprachen hier die im Akkord arbeitenden städtischen Stückarbeiter, die jeweils nur einen Teil der in unterschiedliche Produktionsschritte zerlegten Fertigung zu leisten hatten, mitunter sogar in manufakturähnlicher Konzentration. Als Verleger fungierten zumeist organisatorisch und kaufmännisch versierte Meister des Gewerbes, die mit der Menge ihrer Handwerksgenossen bald nur mehr wenig gemein hatten. Ein erheblicher Teil der kleinen Meister wurde sogar selbst in die Verlagsorganisation einbezogen – in übergeordneter Stellung zwar gegenüber den Stückwerkern, aber doch vielfach schon auf spezielle Arbeitsgänge beschränkt und selbst auf dem Höhepunkt der Konjunktur in deutlich sich verschlechternden Einkommensverhältnissen, offensichtlich in hartem Preiskampf mit billigen auswärtigen, wohl auch ländlichen,

Zulieferern. Gewiß dürfte es sich dabei um spezifisch nürnbergische Verhältnisse handeln, bedingt auch dadurch, daß es hier keine Zünfte gab, die den Handwerksmeistern wirtschaftspolitischen Schutz hätten gewähren können. Die grundlegende Tendenz zum Verlag oder gar zur Manufaktur aber war auch im Metallgewerbe allgemein – „die Arbeit ... intensivierend und verbilligend, aber auch arm und reich auf große Distanz trennend" (Bog)[77]. Und selbst wenn die Zünfte politisch stark genug waren, um solche Entwicklungen zu verhindern, führte das langfristig doch nur zur Verlagerung des Gewerbes in andere Regionen; der Aufstieg der Stolberger Kupferindustrie auf Kosten der Aachener Meister seit der Jahrhundertwende ist dafür ein charakteristisches Beispiel.

Die treibende Kraft der gewerblichen Produktion, und zwar gerade in ihren expandierenden Zweigen, war das Handelskapital. Damit aufs engste verbunden aber war die Funktion des Handels im interregionalen und internationalen Güteraustausch, und der expandierte im 16. Jahrhundert überall in Europa: zu Wasser und zu Lande, im Ostseeraum und im Mittelmeergebiet, an den Küsten des Atlantiks wie in Zentraleuropa. Den Bedürfnissen des wachsenden Handels entsprach die Ausweitung des Kreditsystems, vor allem durch die Einführung von Inhaberschuldscheinen und durch die Anerkennung des Indossaments beim Wechsel, der damit voll negotiabel wurde; die Diskontierung beider Wertpapiere wurde üblich. Messen und Börsen nahmen einen steilen Aufstieg: zunächst Antwerpen und Lyon, nach dem Fall Antwerpens dann die genuesischen Messen. In Deutschland waren Frankfurt/Main und Leipzig die bedeutendsten Zentren des Waren- und Kapitalverkehrs.

Ein wesentlicher Anreiz für die Ausdehnung des Handels bestand in der zunehmenden Arbeitsteilung zwischen vorwiegend gewerblichen und agrarischen Regionen. Dabei war der Handelsverkehr zwischen den nordwesteuropäischen Gewerbezentren und den Getreideregionen des Ostseeraums von hervorragender, immer noch wachsender Bedeutung; sein mengenmäßiger Umfang dürfte im Laufe des Jahrhunderts um rund 700% zugenommen haben. An diesen Nord-Ostseehandel kristallisierte sich ein weitgespannter Güteraustausch an, der von Portugal und Spanien bis zum Finnischen Meerbusen reichte: mit Getreide, Holz und anderen Naturprodukten des europäischen Ostens und Nordens – übrigens auch mit Eisen und Kupfer aus Schweden – auf der einen Seite, mit westeuropäischen Textilien und Metallen, dazu mit dem Baiensalz von der anderen Seite. Daneben nahm der Überseehandel mit Asien und Amerika kräftig zu, ebenfalls auf rund das Achtfache der Jahrestonnagen vom Anfang des Jahrhunderts. Mengenmäßig waren das zwar bloß sechs bis sieben Prozent des Nord-Ostseehandels; der Wert der im Überseehandel umgeschlagenen Güter aber mit ihrem hohen Anteil an teuren Gewürzen und Edelmetallen überstieg den des nordeuropäischen Handels bei weitem. Im übrigen wurden die amerikanischen Reiche der spanischen Krone zunehmend zum Ziel europäischer Warenexporte; schon in den 70er Jahren erreichte der Wert dieser Exporte nahezu die Hälfte des aus Amerika nach Spanien verschifften Silbers.

Demgegenüber trat der durch Venedig vermittelte Nord-Süd-Handel mit den Luxusartikeln des Mittelmeerraums und des Orients allmählich zurück: wenn nicht absolut – da erfolgten die großen Einbrüche erst im 17. Jahrhundert –, so doch relativ zu den beiden anderen großen Handelsströmen der Epoche. Der auf dem Landweg betriebene Handel mit Osteuropa konnte wiederum kräftig zulegen; sein wichtigstes Zentrum war Leipzig, deutsche Kaufleute spielten hier fortdauernd eine maßgebende Rolle.

Überhaupt vermochte sich der deutsche Handel das ganze 16. Jahrhundert hindurch recht eindrucksvoll zu behaupten. So hielten die deutschen Kaufleute mit der gewaltigen Expansion des Nord-Ostseehandels durchaus mit: Von den gegen Ende des Jahrhunderts jährlich über 6600 Schiffen, die den Sund passierten, waren rund 20 Prozent deutscher Herkunft; dieser Anteil war kaum geringer als zu Beginn des Jahrhunderts. Auch waren es nach wie vor hansische Kaufleute, die die große Mehrheit dieser Schiffe ausrüsteten. Dieser Erfolg der Hanse konnte freilich nicht darüber hinwegtäuschen, daß der wirtschaftspolitische Druck der nord- und nordwesteuropäischen Staaten auf die Hanse sich nahezu kontinuierlich verstärkte, ohne daß es von seiten des Reichs zu irgendwelchen Gegenwirkungen gekommen wäre; im Gegenteil suchten nicht wenige auch der deutschen Territorialfürsten aus eigenen wirtschaftspolitischen Interessen der Hanse entgegenzuarbeiten. Daß kurz nach der Jahrhundertwende (1603) das Londoner Kontor der Hanse, der sogenannte Stahlhof, geschlossen werden mußte, war ein deutliches Zeichen des Niedergangs. Unter den deutschen Seestädten trat Lübeck, das alte Haupt der Hanse, ganz hinter Hamburg zurück, dessen große Zeit jetzt begann. Zur führenden Stellung im europäischen Handel aber – in Übersee wie im Nord-Ostseehandel – stiegen die Niederländer auf, insbesondere die Holländer. Ihre Handelsflotte war bereits um 1570 mit einer Gesamttonnage von 232000 t mehr als doppelt so groß wie die der Hanse.

Immerhin spielten deutsche Kaufleute nicht nur im europäischen, sondern auch im Asien- und Amerikahandel noch in der zweiten Jahrhunderthälfte eine respektable Rolle. Die von den Fuggern begründete, auf dem Austausch von Gewürzen und Edelmetallen beruhende „portugiesisch-deutsche Handelsallianz“ (van der Wee) verlor mit dem Scheitern des portugiesischen Gewürzmonopols und dem Anstieg der amerikanischen Silberimporte zwar an Bedeutung; gleichwohl war Antwerpen als europäisches Zentrum des Überseehandels bis zu seinem Niedergang eine Domäne des oberdeutschen Handelskapitals. Die Verlagerung der Gewichte des europäischen Handels an die Peripherie des Kontinents, die sich im ausgehenden 16. Jahrhundert mit der Entstehung der niederländischen und englischen joint-stock-companies für den Überseehandel ankündigte, war im wesentlichen eine Entwicklung erst des 17. Jahrhunderts.

Alle positiven Daten der Jahrhundertbilanz von Gewerbe und Handel ändern freilich nichts daran, daß es nicht gelang, den vom säkularen Wachstum der Bevölkerung und dem Anstieg der Agrarpreise ausgehenden Druck auf den Lebensstandard auszugleichen. Im Laufe des Jahrhunderts fielen die Reallöhne – gemessen am Roggenäquivalent der Geldlöhne – im Durchschnitt um wohl mehr als 30 Prozent, in manchen Städten wie z.B. in Augsburg, Würzburg oder Frankfurt/Main sogar über 50 Prozent; nur in dem florierenden Gewerbe der Niederlande scheinen sich die Löhne einigermaßen behauptet zu haben. In Oberdeutschland waren nach vorsichtigen Schätzungen schließlich 20 Prozent der Bevölkerung überhaupt ohne festes Einkommen und qualitativ wie quantitativ unzureichend ernährt. Wenn das beginnende 16. Jahrhundert für die lohnabhängige Bevölkerung ein goldenes Zeitalter gewesen war, so trug der Ausgang des Jahrhunderts für sie alle Zeichen eines wahrhaft eisernen Zeitalters.

3. Die ständische Gesellschaft

Die grundlegenden Strukturen der Gesellschaft blieben das ganze 16. Jahrhundert hindurch erhalten: die korporativen Einbindungen der Menschen in Haus und Verwandtschaft, in Zunft und Gilde, in Dorf und Stadt, aber auch die Gliederung und Schichtung der Gesellschaft in Stände. Die Gefährdung dieser Ordnung durch den Bauernkrieg hatte im Endergebnis nicht zu ihrer Auflösung, sondern zu ihrer Festigung geführt. In diesem allgemeinen Rahmen quasikonstanter Strukturen kam es jedoch – als Folge der ökonomischen, politischen und kirchlichen Wandlungen und Brüche, vielfach auch in Wechselwirkung mit ihnen – zu tiefgreifenden Veränderungen der gesellschaftlichen Verhältnisse. Sie betrafen zumeist die einzelnen Stände und deren Beziehungen zueinander, doch fehlte es auch nicht an ständeübergreifenden Umschichtungen.

Die ständeübergreifenden Veränderungen des Jahrhunderts ergaben sich insbesondere aus dem Glaubensstreit, genauer: aus der Tatsache, daß in weiten Teilen des Reichs evangelische Stadt- und Landeskirchen an die Stelle der katholischen Kirche des Mittelalters traten. Die Kirchenspaltung war ja nicht bloß ein kirchlich-religiöser Bruch; die alte Kirche war vielmehr zugleich – ganz abgesehen noch von ihrer verfassungspolitischen Bedeutung – eine gesellschaftliche Größe ersten Ranges, und die Kirchenspaltung betraf eben auch diese traditionelle Rolle der Kirche. Dabei waren die gesellschaftlichen Folgen der Kirchenspaltung für den Adel gewiß am empfindlichsten; im Unterschied zur katholischen Kirche gewährten die neuen evangelischen Kirchen dem Adel ja kaum irgendwelche Privilegien. Andere Konsequenzen der Kirchenspaltung aber wirkten sich sehr unmittelbar auf die Gesamtheit der Gesellschaft aus. Besonders der Wegfall der Klöster und Stifte in den evangelisch gewordenen Gebieten hatte solche Konsequenzen. Zum einen nämlich entfiel mit ihnen eine Chance sozialen Aufstiegs vom einfachen Bürger- oder Bauernkind bis zum Abt bzw. zur Äbtissin, möglicherweise mit fürstengleichem Rang; zum andern bedeutete der Untergang der Klöster und Stifte den Verlust wichtigster Institutionen zur Versorgung nachgeborener Kinder und überdies den Verlust der wichtigsten traditionellen Möglichkeit, einer ungewollten Ehe zu entgehen – eine besonders für die Frauen aller Stände bis hinauf zu den Töchtern der Reichsfürsten einschneidende Konsequenz der Reformation. Des weiteren war die Ersetzung des katholischen Klerus durch evangelische Pfarrer jedenfalls insofern ein gesamtgesellschaftliches Phänomen, als die evangelischen Pfarrer durchweg sehr viel stärker in die Gesellschaft insgesamt integriert waren, als es der katholische Klerus wegen seiner kirchenrechtlichen und sakramentalen Sonderstellung je sein konnte: Der Kleriker als Bürger – das war stets ein Problem; der protestantische Pfarrer als Bürger – das war von vornherein eine Selbstverständlichkeit. Und schließlich dürfen auch die Abgrenzungen und Konflikte der Konfessionen in ihren Auswirkungen auf Recht und Brauchtum, auf Denken und Fühlen der Gesellschaft durch alle Stände hindurch nicht unterschätzt werden; die Bevölkerung des Reichs begann sich konfessionell aufzuspalten und in dieser Spaltung zu verfestigen.

Für den Adel brachte die sozialgeschichtliche Entwicklung des Jahrhunderts zunächst einmal eine deutlich zunehmende Ausdifferenzierung in Gruppen unterschiedlicher politischer Rechte. Die schmale Gruppe der Landesherren – die Kurfürsten und Fürsten, daneben, wenngleich nur im Westen und Norden des Reichs und auch hier in zuweilen unsicherer Position, die Grafen und Herren – hoben sich zunehmend deutlich von dem nicht zur Landesherrschaft aufsteigenden Adel ab. Im Norden und Osten des Reichs, aber auch in Österreich und Bayern, verband sich damit der verfassungsrechtliche Unterschied von Reichsunmittelbarkeit und Reichsmittelbarkeit; im Westen und Südwesten dagegen gelang es dem niederen Adel weithin, sich dem Sog der landesfürstlichen Territorialisierung zu entziehen und als Reichsritterschaft seine Reichsunmittelbarkeit zu erhalten bzw. neu zu gewinnen, wenngleich mit nur beschränkten Rechten der Landeshoheit und insofern in charakteristischer Zwischenstellung zwischen den Landesherren einerseits, dem landständischen Adel anderseits. Innerhalb des Adels profitierte die Spitzengruppe der weltlichen Kurfürsten und Fürsten am stärksten von den Veränderungen des Jahrhunderts.

Deutlichste Dokumentation und zugleich wichtiges Instrument des fürstlichen Prestigegewinns war der Fürstenhof, dessen große Zeit jetzt begann: als Ort einer zentralen Repräsentation des Fürsten gegenüber den

Untertanen wie gegenüber den adligen Standesgenossen oder sogar gegenüber ausländischen Potentaten, als Ort auch der gesellschaftlichen, politischen und konfessionellen Anbindung des niederen Adels der Region an den Landesherrn – des landständischen Adels wie der reichsritterschaftlichen Klientel der Landesfürsten. Der konfessionelle Einschlag des Hoflebens brachte es mit sich, daß die großen katholischen Höfe wie etwa Prag, Wien und München bevorzugt Anregungen aus Italien und Spanien aufnahmen, während die bedeutenderen protestantischen Höfe, vor allem Heidelberg, stärker an Frankreich und an den Niederlanden orientiert waren. Hier wie dort aber gewann die deutsche Residenzkultur des späteren 16. Jahrhunderts vielfältige und enge Kontakte zur kulturellen Entwicklung auch anderer europäischer Länder.

Die höfische Kultur erfaßte weite Bereiche von Kunst und Wissenschaft. So begann jetzt die Zeit einer blühenden Schloßarchitektur und höfischen Gartenkunst – von den Prachtbauten Herzog Adolfs von Holstein in Schleswig über die zahlreichen Schlösser Kurfürst Augusts von Sachsen bis zur neuen Residenz Erzbischof Wolf Dietrichs in Salzburg oder den Schönbrunner Parkanlagen Maximilians II. in Wien. Auch die Bildenden Künste mitsamt dem Kunsthandwerk und die Musik erfuhren im Dienst fürstlicher Selbstdarstellung und höfischen Glanzes reiche Förderung. Namentlich die Musik als unverzichtbares Element höfischer Geselligkeit galt als so wichtig, daß für sie selbst die konfessionellen Grenzen durchlässig wurden: In Kurfürst Augusts Hofkapelle musizierten katholische Niederländer; Kaiser Rudolf II. zog den Lutheraner Hans Leo Haßler aus Nürnberg immer wieder an seinen Hof und nobilitierte ihn schließlich sogar (1604), zusammen mit seinen Brüdern, die ohnehin am Prager Hof tätig waren; der calvinistische Landgraf Moritz von Hessen-Kassel holte den jungen Heinrich Schütz aus dem lutherischen Weißenfels an seine Hofkapelle nach Kassel und gewährte ihm einige Jahre später ein Stipendium zum Studium bei Giovanni Gabrieli, dem Großmeister der katholischen Kirchenmusik an San Marco in Venedig. Dazu kam fürstliches Interesse und Engagement auch für die Wissenschaft, insbesondere für die Mathematik, die Astronomie, die Geographie und die Botanik. Der Flame Ghislain de Busbecq – ein bedeutender Sammler griechischer Inschriften, Entdecker des „Monumentum Ancyranum" – spielte als kaiserlicher Gesandter in Konstantinopel wie als Erzieher der Söhne Maximilians II. am habsburgischen Hof eine geachtete Rolle. Albrecht V. von Bayern förderte den berühmten Geographen Philipp Apian d.J., und zwar auch dann noch, als Apian wegen seines evangelischen Bekenntnisses nicht länger in Bayern bleiben konnte und an die Universität Tübingen ging. Am Kaiserhof Rudolfs II. wirkten der Astronom Tycho Brahe und, seit 1600, Johannes Kepler.

Mit ihrem kulturellen Niveau wuchs die Bedeutung der Fürstenhöfe auch für den Adel: nicht nur als Kommunikationszentrum mit gelegentlich weitgespannten Angeboten beruflicher Chancen und familiärer Verbindungen, sondern auch als Bildungsstätte – die höfische Bildung wurde allmählich zum Leitbild adliger Erziehung. Vor allem jedoch trug die adlige Hofgesellschaft dazu bei, den Glanz der fürstlichen Repräsentation zu erhöhen; der gesellschaftliche Vorrang des Fürsten wurde solcherart dokumentiert und verstärkt. Die Kehrseite der Medaille bestand in den wachsenden Kosten der Hofhaltung. Bereits beim Regierungsantritt Rudolfs II. verschlang der Kaiserhof jährlich an 90000 fl, und zwar mit hohen Steigerungsraten; die kostspielige Hofhaltung und Bautätigkeit der bayerischen Herzöge brachte die Finanzen des Landes gegen Ende des Jahrhunderts überhaupt an den Rand des Ruins; in der Kurpfalz war es nicht viel anders.

Nach Möglichkeit suchten die Grafen und Herren es den Fürsten in ihrer Repräsentation gleichzutun. Trotz aller Anstrengungen namentlich in der zweiten Jahrhunderthälfte blieben hier jedoch deutliche Abstände. Politisch und finanziell durchweg schwächer fundiert, blieben ihre Höfe bescheidener, von geringerer Ausstrahlungs- und Integrationskraft; die Grafen von Nassau mit ihrer bedeutenden Akademiegründung in Herborn waren doch eine Ausnahmeerscheinung. Daß fürstliche Lehen und Dienste für die Grafen und Herren fortdauernd eine wichtige Rolle der Existenzsicherung und Versorgung spielten, ist für die Rangunterschiede innerhalb des hohen Adels nicht minder bezeichnend.

Auch für den niederen Adel bestand ein erstes grundlegendes Ergebnis der sozialgeschichtlichen Entwicklung des Jahrhunderts in einer verfassungsrechtlichen Ausdifferenzierung: in die reichsunmittelbare Reichsritterschaft im Westen und Südwesten des Reichs einerseits, den landständischen Adel der nord- und ostdeutschen Territorien, aber auch Bayerns und Österreichs, anderseits. Die sozialgeschichtliche Bedeutung dieser verfassungsrechtlichen Ausdifferenzierung war beträchtlich, zumal da das Recht der konfessionellen Selbstbestimmung seit dem Augsburger Religionsfrieden von 1555 an der Reichsunmittelbarkeit hing. Gleichwohl dürfen die Gegensätze hier nicht zu scharf gesehen werden. Zum einen genoß der landständische Adel weithin – im Norden des Reichs wie in den österreichischen Erblanden, weniger allerdings in Sachsen und Bayern – eine nach wie vor weitgespannte Autonomie in seinen ländlichen Lebensbereichen; zum andern begünstigte die wirtschaftliche Entwicklung des Jahrhunderts, vor allem die säkulare Hausse des Ackerbaus, den eigenwirtschaftenden Adel Nord- und Ostdeutschlands sehr viel stärker als den in höherem Maße auf Renteneinkommen angewiesenen reichsritterschaftlichen Adel im Westen und Südwesten des Reichs. Daß auch die Reichsritter von der glänzenden Agrarkonjunktur profitierten, darf darüber freilich nicht übersehen werden.

Zur ökonomischen Konsolidierung als Folge der Agrarhausse kam der Gewinn neuer sozialer Positionen des niederen Adels in Anpassung an das veränderte Gefüge der Reichs- und Territorialverfassung, vor allem durch die Übernahme von Führungsstellen in Militär und Verwaltung der großen Landesfürsten oder womöglich des Kaisers. Die Voraussetzung dafür, namentlich für die Wahrnehmung einer bedeutenderen Verwaltungsaufgabe, bestand in einer hinreichenden Bildung, die – schon wegen der zunehmenden Bedeutung des römischen Rechts für die Gerichts- und Verwaltungspraxis – kaum anders als durch ein juristisches Studium zu erlangen war. Tatsächlich schickte eine immer noch wachsende Zahl adliger Familien ihre Söhne auf die Universitäten, wenngleich in der Regel nicht mit dem Ziel eines förmlichen akademischen Abschlusses. Wenn man es sich leisten konnte, folgte dem Studium noch eine Kavalierstour, zumeist nach West- oder Südeuropa; damit gewann der junge Adlige sogar einen gewissen Bildungsvorsprung vor seinen bürgerlichen Konkurrenten. Dazu kam die Förderung des adligen Nachwuchses von seiten des Landesherrn, vor allem über den Hof. Bei der Vergabe der höheren Verwaltungsstellen wurde vielfach eine ständische Paritätenregelung üblich; die wichtigsten Führungsstellen wurden nicht selten überhaupt zur Domäne des Adels. Allerdings gab es unter den adligen Führungskräften der Verwaltung auch Männer bürgerlicher Herkunft, die ihrerseits erst auf dem Wege über eine Verwaltungskarriere in den Adel aufgestiegen waren. Das Verhältnis dieser neuen noblesse de robe zu den alten Adelsfamilien war mitunter nicht ohne Spannungen; daß der alte ritterschaftliche Adel die Anforderungen der adligen Abkunft als Voraussetzung insbesondere des Zugangs zu den Domkapiteln immer wieder – und im Ergebnis auch erfolgreich – zu erhöhen suchte, gehört in diesen Zusammenhang oligarchischer Abwehr der neu Nobilitierten.

Die sozialen Folgen der Reformation waren für den niederen Adel, insbesondere für seine evangelisch gewordenen Familien, wenig günstig. Wo sich die Reformation durchsetzte, beseitigte sie auch die adelskirchliche Prägung der alten Kirche; wie die Klöster verschwanden ja zumeist auch die Domkapitel und die adligen Herren- und Damenstifte. Daß in den evangelisch gewordenen Territorien des Nordens und Ostens einige der Dom- und Stiftskapitel als adlige Sinekuren erhalten blieben, fiel insgesamt kaum ins Gewicht. Der Fortbestand der katholischen Kirche im Süden und Westen des Reichs perpetuierte demgegenüber zwar auch die sozialen Chancen des Adels; das galt nun aber – und in immer entschiedenerer Ausschließlichkeit – nur mehr für den katholischen Adel, der damit seinen evangelischen Standesgenossen den Rang ablief. Sofern nicht Gewissensgründe oder auch starke Bindungen an einen evangelischen Fürstenhof dagegen sprachen, lag mithin für den Adel eine Option zugunsten des Katholizismus gewiß näher als eine Entscheidung für die Reformation; die nicht seltenen Konversionen west- und süddeutscher adliger Familien zur katholischen Kirche dürften sehr wesentlich vor diesem Hintergrund zu sehen sein. Im übrigen verminderte sich allmählich auch in der alten Kirche der Einfluß des Adels – sei es zugunsten der katholischen Landesherren, sei es zugunsten der durch das Tridentinum gestärkten Bischöfe.

Für das städtische Bürgertum brachten die politischen und ökonomischen Entwicklungen des Jahrhunderts einen unverkennbaren Bedeutungsschwund gegenüber dem Adel wie auch gegenüber dem Bauerntum – jedenfalls, sofern dieses Bauerntum an der Agrarhausse des Zeitalters teilhatte. Religions- und verfassungspolitisch verloren die Städte an Gewicht gegenüber den Fürsten; gleichzeitig verschlechterte sich die Einkommenssituation weiter Kreise der städtischen Bevölkerung. Das Zurückbleiben der gewerblichen hinter den Agrarpreisen und der Reallohnverfall des Jahrhunderts trafen das Bürgertum aufs Ganze gesehen sehr viel stärker als den Adel oder das Bauerntum.

Neben dieser Verschiebung im gesellschaftlichen Status des Gesamtbürgertums vollzogen sich auch innerhalb des Bürgertums, vor allem in dessen Oberschichten, folgenreiche Veränderungen.

Schon im späten Mittelalter war es in einer Vielzahl oberdeutscher Städte, namentlich in den Reichsstädten, zur Sprengung des älteren Patriziats oder doch seiner Alleinherrschaft in der Stadt gekommen; neue Kaufmanns- und auch reichgewordene Handwerkerfamilien hatten ihren Zugang zum Stadtrat, ja selbst zum Bürgermeisteramt, erzwungen. Diese Umstrukturierung der städtischen Oberschichten griff im Laufe des 16. Jahrhunderts, vor allem im Zusammenhang mit den reformatorischen Bewegungen, auch auf den Norden und besonders den Nordwesten des Reichs über. In den Reichs- und Hansestädten dieser Landschaften etablierte sich jetzt nahezu überall eine neue bürgerliche Führungsschicht auf erweiterter sozialer Basis. Gelegentlich kam es dabei, wiederum wie schon zuvor in Oberdeutschland, zu einer sozialen Amalgamierung der alten und neuen Eliten unter gleichzeitiger Abschottung gegenüber anderen aufsteigenden Familien und Gruppen der städtischen Bevölkerung; noch häufiger aber schloß sich das alte Patriziat gesellschaftlich – in exklusiven „Herrentrinkstuben", auch durch Heiratsbeschränkungen – von den Aufsteigern ab. Beide Formen dieser Abschließung führten dann langfristig zu gefährlichen Verkrustungen der bürgerlichen Oberschichten. Freilich unterschieden sich die Verhältnisse von Stadt zu Stadt, von Landschaft zu Landschaft beträchtlich. So scheint in Oberdeutschland der Verfassungsoktroi Karls V. 1548/1552 mit seinem Prinzip erneuter Monopolisierung des Stadtregiments beim Patriziat dessen soziale Abschließung besonders dauerhaft verfestigt zu haben; ähnliche Wirkungen hatte die Katastrophe Wullenwebers in Lübeck, die zu einer langdauernden Restituierung des alten Patriziats führte. Umgekehrt waren die Oberschichten Bremens und vor allem Hamburgs durch eine respektable soziale Offenheit gekennzeichnet, mit positiven Folgen nicht zuletzt für die städtische Wirtschaft.

Zur verstärkten Ablösung oder doch Ergänzung des älteren Patriziats durch neu aufsteigende Schichten reichgewordener Kaufleute und Handwerker kam – als zweites wichtiges Moment langfristiger Umstrukturierungen – die zunehmende Loslösung des maßgebenden Wirtschaftsbürgertums aus den traditionellen sozialen und politischen Ordnungen der Stadt. Die Anfänge auch dieser Entwicklung reichen ins Mittelalter zurück; vor allem durch ihr Engagement im ländlichen Verlagsgewerbe hatten erfolgreiche Kaufleute und Handwerker ihren Berufskreis schon räumlich weit über die Stadt hinaus ausgeweitet und sich zugleich von den herkömmlichen Zunft- und Gildeordnungen der Stadt gelöst. Im 16. Jahrhundert verstärkte sich diese Tendenz, ja: sie gewann durch die beginnende Trennung wirtschaftlicher und politischer Führungspositionen in den bürgerlichen Oberschichten eine neue, typisch neuzeitliche Dimension. Die Gründe dafür lagen zum Teil in der fortschreitenden Ausweitung des Verlagsgewerbes auf dem Land und sogar in den Städten selbst; daneben aber hat man es mit sehr spezifischen Folgen der konfessionellen Verfestigungen des Glaubensstreits zu tun.

Eine erste typische Folge dieser Art bestand darin, daß konfessionell dissidierende Minderheiten der städtischen Kaufleute oder Handwerker angesichts ihrer konfessionellen Zurücksetzung in der Stadt ihre berufliche Tätigkeit auf das Land verlegten und dort neue Wirtschaftszentren schufen, sehr oft in Form des Verlagswesens und in direkter Konkurrenz zum zünftischen Gewerbe der Stadt. Vor allem im Rheinland entstand so ein sehr erfolgreiches protestantisches Wirtschaftsbürgertum, das mehr und mehr auf seine stadtbürgerliche Existenz in den katholisch gebliebenen oder rekatholisierten Städten der Region verzichtete; die Sozial- und Wirtschaftsgeschichte Aachens im 17. Jahrhundert liefert dafür eindrückliche Belege. Etwas anders war die Situation, wenn konfessionelle Minoritäten in der Stadt eine weitgehende Toleranz genossen, wenn insbesondere ihrer wirtschaftlichen Entfaltung keine Hindernisse in den Weg gelegt wurden, wie das für die calvinistischen Minderheiten in offiziell lutherischen Städten Nord- und Nordwestdeutschlands oft bezeugt ist. Hier gelang es den Calvinisten – gutenteils beruflich sehr aktiven Zuwanderern aus den Niederlanden – häufig, in die wirtschaftliche Oberschicht der Stadt vorzudringen. Der trennende Gegensatz der Konfessionen blieb jedoch auch hier wirksam, nicht zuletzt in Form konfessionell geschlossener Heiratskreise; so führte der Aufstieg der konfessionellen Minoritäten zu einer konfessionellen Segmentierung der bürgerlichen Oberschicht. Noch wichtiger aber war, daß in aller Regel die konfessionelle Geschlossenheit des Stadtregiments, vor allem die Verpflichtung des Stadtrats auf das lutherische Bekenntnis, erhalten blieb und also dem konfessionell dissidierenden Teil der wirtschaftlichen Oberschicht den Zugang zu den politischen Führungsstellen der Stadt versperrte. Das bedeutete einen langfristig sehr folgenreichen Schritt auf dem Wege zur Auflösung der älteren Sozialordnung des Bürgertums mit seiner typischen Verbindung wirtschaftlicher und politischer Führungspositionen. Überdies erwies sich bald, daß der Ausschluß von den politischen Ämtern eher eine Entlastung als eine Benachteiligung bedeuten konnte; das neue Wirtschaftsbürgertum ließ die älteren wirtschaftlich-politischen Eliten der Stadt ökonomisch oft weit hinter sich zurück. Das aber hatte seinen Grund nicht zuletzt darin, daß das von den Herrschaftsfunktionen der älteren Oberschicht „befreite" Wirtschaftsbürgertum auf die traditionellen zünftischen Ordnungen der Stadt und – im Falle der Landstädte – auch auf die Wahrung der städtischen Autonomie gegenüber dem Landesherrn nur wenig Rücksicht zu nehmen brauchte und gerade deshalb wirtschaftliche Chancen wahrnehmen konnte, die sich ihm nur im größeren Rahmen des erstarkenden Territorialstaats boten.

Des weiteren gehörte der gesellschaftliche Aufstieg der Juristen zur sozialgeschichtlichen Bilanz der Epoche für das Bürgertum. Einzelne Juristen hatten schon im frühen 16. Jahrhundert, nicht zuletzt im Zusammenhang städtischer oder auch territorialer Reformationsvorgänge, eine erhebliche Rolle gespielt. Zur gesellschaftlichen Oberschicht der Städte aber gehörten die Juristen, wenn sie nicht ohnehin einer Familie des Patriziats angehörten, zunächst nicht. Mit ihrer zunehmenden Bedeutung für die Stadt jedoch war ihr Aufstieg in die bürgerliche Oberschicht einschließlich des Zugangs zum Rat nicht aufzuhalten, und das bedeutete wiederum keinen bloßen Pairsschub: Die Legitimation ihres Aufstiegs lag ja nicht mehr in ihren familiären Zugehörigkeiten und auch nicht in ihrem Vermögen, sondern in ihrer akademischen Ausbildung und fachlichen Leistung. Damit wurden neue, typisch neuzeitliche Kriterien gesellschaftlicher Schichtung wirksam – auch das ein langfristig bedeutsames Element der Umstrukturierung des Bürgertums. Freilich ist nicht zu übersehen, daß die Familien des älteren Patriziats oder auch des neueren Honoratiorentums ihre jüngeren Söhne bevorzugt zum Studium der Jurisprudenz schickten und damit innerhalb der bürgerlichen Oberschicht für den städtischen Juristennachwuchs sorgten; die durch den Aufstieg der Juristen in der Stadtgesellschaft ausgelöste soziale Mobilität hielt sich mithin zumeist in engen Grenzen.

Die bürgerlichen Juristen fanden nun allerdings ihren Wirkungskreis nicht nur im Dienst und im Rahmen der städtischen Gesellschaft; sie waren vielmehr zugleich die wichtigsten Träger des Ausbaus der fürstlichen Territorialherrschaft, nicht zuletzt: die wichtigsten Träger der territorialen Konfessionsbildung neben den Pfarrern. Daß die Landesherren städtearmer Territorien zur Durchsetzung der Reformation immer wieder bürgerliche Juristen aus den Reichsstädten oder aus städtereichen evangelischen Territorien, z.B. aus dem wettinischen Sachsen, ins Land zogen, ist dafür sehr bezeichnend; auch die Förderung evangelischer Landesuniversitäten diente nicht zuletzt dem Zweck, ein politisch wie konfessionell zuverlässiges Beamtentum heranzuziehen. Auf katholischer Seite kam es im Zuge der katholischen Reform und Gegenreformation des späteren 16. Jahrhunderts zu ganz analogen Vorgängen. Soweit nun die Juristen aus den Reichsstädten kamen, bereitete der Übergang in den Fürstendienst und auch die etwaige Rückkehr in ein reichsstädtisches Amt offenbar kaum Probleme. Anders war dagegen die Situation in den Landstädten, zumal wenn sie mit ihren Landesherren in längerdauernden Konflikten um ihre politische Eigenständigkeit standen; hier nämlich mußten – und konnten – die Juristen sich entscheiden, auf welche Seite des Konflikts sie sich schlagen wollten. Regelmäßig scheinen sie sich dabei für den Landesherrn entschieden zu haben, der ihnen innerhalb wie außerhalb der Stadt die größeren Aufstiegschancen zu bieten hatte. In Braunschweig etwa, das einen jahrhundertelangen Kampf um seine Freiheit von der Stadtherrschaft der Herzöge von Braunschweig-Wolfenbüttel führte, waren die Juristen im Stadtregiment seit dem späteren 16. Jahrhundert die eigentlichen Platzhalter des Territorialstaats; in anderen Städten waren die Konstellationen offenbar sehr ähnlich. Daß solche Verhältnisse zu starken inneren Spannungen in der Bürgerschaft führten – und nun eben schon innerhalb der bürgerlichen Oberschicht –, kann nicht wundernehmen.

Unzweifelhaft eröffnete die juristische Laufbahn im Fürstendienst die bedeutendsten Chancen sozialen Aufstiegs für eine bürgerliche Familie der Epoche. Das galt um so mehr, als die immer noch maßgebende Bedeutung des Adels für die – katholische – Reichskirche einerseits, die strikte Unterordnung der neuen evangelischen Kirchen unter ihre fürstlichen oder städtischen Obrigkeiten anderseits für eine bürgerliche Karriere in der Kirche nur wenig Raum ließen. Der Fürstendienst dagegen bot dem bürgerlichen Juristen mit der Ausweitung seines beruflichen Wirkungskreises über die Stadt hinaus zugleich die Möglichkeit gesellschaftlichen Aufstiegs in die politische und soziale Elite des Landes, gelegentlich sogar in den Adel und damit über das Bürgertum hinaus. Auch diese Formierung bürgerlich-juristischer Beamtenaristokratien auf territorialer Ebene scheint im Süden des Reichs früher zum Zuge gekommen zu sein als im Norden; im späteren 16. Jahrhundert war diese neue Elitebildung dann aber eine gesamtdeutsche Erscheinung. Allerdings machten sich in diesen Jahrzehnten – und wiederum zuerst im Süden und Südwesten des Reichs – auch kräftige Gegenwirkungen bemerkbar, und zwar vor allem von seiten des Adels, der seine ökonomische und politische Stellung erfolgreich zu konsolidieren wußte. Die Konkurrenz des Adels im Fürstendienst wurde allmählich schärfer, und in manchen Territorien gerieten die bürgerlichen Juristen gegen Ende des Jahrhunderts deutlich in die Defensive. Vermutlich lag hierin der maßgebliche Grund für die unverkennbaren Oligarchisierungstendenzen auch der bürgerlichen Beamteneliten in den Territorien, für ihren Versuch vor allem der Abschließung gegenüber neu aufsteigenden Familien des Bürgertums.

Die sozialen Folgen des Glaubensstreits für das Bürgertum betrafen insbesondere die evangelisch gewordenen Städte und hier wiederum in erster Linie die traditionellen bürgerlichen Oberschichten, die infolge der Reformation ihre Positionen der Versorgung und des Einflusses in Klöstern und Stiften verloren. Die aus dem Vermögen aufgelöster Klöster finanzierte neue kirchlich-kommunale Armenfürsorge bot dafür keinen Ersatz; sie verfolgte ja auch ganz andere Ziele. Daneben darf jedoch nicht übersehen werden – und das war nun für die Gesamtheit der stadtbürgerlichen Gesellschaft von Bedeutung –, daß mit dem Auszug des Klerus und der Sistierung der geistlichen Jurisdiktion über die Stadt eine Verbürgerlichung der Kirche eintrat, wie sie von den Bürgern seit langem gewünscht, aber nie zuvor erreicht worden war. Das galt prinzipiell für alle evangelisch gewordenen Städte, auch für diejenigen, die einer mehr oder minder intensiven fürstlichen Landesherrschaft unterlagen; das galt aber ganz besonders für die Reichsstädte, in denen die Bürgerschaft jetzt die uneingeschränkte Befugnis zur Verfügung über das Kirchenvermögen und zur Entscheidung über die Besetzung kirchlicher Stellen erlangte. Zur sozialgeschichtlich wichtigsten Ausprägung dieser verbürgerlichten Kirche wurde die evangelische Pfarrerschaft als eine eindeutig bürgerliche, nach unten vergleichsweise offene Schicht gehobenen sozialen Prestiges. Dabei gab es freilich fortdauernd sehr bezeichnende Unterschiede zwischen den großen Reichsstädten und der Masse der landesfürstlichen Städte. Während nämlich in den Reichsstädten die Pfarrer als Diener der reichsstädtischen Obrigkeit galten und deshalb – anders als die in das Stadtregiment vorgedrungenen Juristen – fortdauernd von der bürgerlichen Oberschicht ausgeschlossen blieben, war ihre Zugehörigkeit zu den Patriziern und Honoratioren der Landstädte nahezu selbstverständlich. Der Grund dafür lag nicht nur darin, daß ein erheblicher Teil der Pfarrer selbst dieser landstädtischen Oberschicht entstammte; dazu kam vielmehr, daß die Pfarrer hier – nicht anders als zumeist die Juristen – als Exponenten des Landesherrn in der Stadt galten, dessen Autorität auf ihr Prestige ausstrahlte. Im übrigen waren die evangelischen Pfarrer, selbst in kleineren Städten oder gar auf den Dörfern, durch einen oft beachtlichen Bildungsstand ausgezeichnet, dem der katholische Klerus in seiner Breite noch lange nichts entgegenzusetzen hatte. Daß die evangelischen Pfarrer zumeist verheiratet waren und Kinder hatten, ließ das evangelische Pfarrhaus überhaupt zu einer Bildungsinstitution werden, deren Bedeutung für das deutsche Geistesleben bis tief ins 19. Jahrhundert hinein kaum überschätzt werden kann.

Für die mittleren und unteren Schichten des Bürgertums stellte sich die soziale Bilanz des Jahrhunderts am ungünstigsten dar. Ihr Streben nach stärkerer politischer Partizipation, das in den städtischen Unruhen der Spätzeit Maximilians I. und vielfach auch in der reformatorischen Bewegung der 20er Jahre wirksam geworden war, ermattete bald; die in der Stadtgeschichte seit jeher latente Tendenz zu oligarchischen Regimentsformen setzte sich von neuem bestimmend durch. In der Wirtschaft wirkte die Ausdehnung des Verlagsgewerbes bis in die Städte hinein für die Mehrheit der Handwerker sozial deklassierend. Daß die Zünfte in der Abwehr des Verlagsgewerbes verstärkt auf Abschließung und Restriktion der städtisch-zünftischen Gewerbe setzten, bedeutete überdies eine unfruchtbare Verkrustung des Zunftbürgertums auf Kosten seiner schwächsten Mitglieder, der Gesellen und Lehrlinge vor allem und der Frauen. Dazu kam die in der säkularen Entwicklung der Wirtschaft sich öffnende Schere zwischen den agrarischen Preisen einerseits, den gewerblichen Preisen und erst recht den Löhnen anderseits. Gewiß war die Situation in vielen Gewerben und für den größten Teil der lohnabhängigen Bevölkerung zu Beginn des Jahrhunderts besonders günstig gewesen; die gegenläufige Entwicklung der folgenden Jahrzehnte bedeutete insofern – langfristig gesehen – zunächst einmal eine Art von Normalisierung der Verhältnisse. Aber bis zum Ende des Jahrhunderts schlug das Pendel doch weit in die Gegenrichtung aus. Nicht unerhebliche Teile des Bürgertums wurden überhaupt in die Marginalität städtischer Unterschichten abgedrängt; gegenläufige Entwicklungen kamen vor – vor allem in den Städten der Niederlande – waren aber eher die Ausnahme als die Regel.

In der sozialgeschichtlichen Bilanz des Bauerntums schließlich schlug zunächst und vor allem die zunehmende Ausdifferenzierung der Agrarverfassung zu Buche. Während die Bauern im Bereich der Grundherrschaft – nicht zuletzt im Gefolge des Bauernkriegs – eine gewisse Stabilisierung ihrer agrarverfassungsrechtlichen Lage erreichen konnten, kam es im Bereich der Gutsherrschaft weithin zum Bauernlegen, d.h. zur Einziehung bäuerlichen Landes zugunsten der adligen Gutsherrschaft, überdies zur Belastung der Gutsuntertanen durch Gesindezwangsdienste. Den Landesherren war diese Entwicklung, namentlich das adlige Bauernlegen, aus fiskalischen Gründen unerwünscht, weil ja das bäuerliche Land durch seine Einziehung zum Gutsland der Landessteuer entzogen wurde. Zumeist aber waren die Landesherren zu schwach, um gegenüber ihrem Adel einen wirksamen Bauernschutz durchzusetzen; die Ausnahme Kursachsens bestätigt nur die Regel. Wegen des Vorwiegens der Grundherrschaft im Westen, der Gutsherrschaft im Osten des Reichs bedeutete diese Polarisierung der Agrarverfassung zugleich eine wachsende Kluft in der bäuerlichen Sozialstruktur West- und Ostdeutschlands.

Zur Differenzierung der Agrarverfassung kam eine weitere, ökonomische: Während die für den Markt produzierenden, größeren bäuerlichen Betriebe von der glänzenden Agrarkonjunktur des Jahrhunderts profitierten, blieben die kleineren Bauern weit dahinter zurück oder verloren gar. Zusammen mit dem auch auf dem Lande rapiden Anstieg der Bevölkerung führte das zur Entstehung zahlreicher bäuerlicher Minderstellen sowie überhaupt zum Anwachsen einer unterbäuerlichen Schicht von Gärtnern,

Häuslern, Tagelöhnern usw. Die dörfliche Gesellschaft polarisierte sich stärker denn zuvor in Reiche und Arme.

Der Bauernkrieg hatte für den Westen und Süden des Reichs ein beträchtliches Potential bäuerlichen Widerstands gegen die Steigerung grund- und leibherrlicher Ansprüche wie gegen die wachsenden Ansprüche des Territorialstaats unter Beweis gestellt. Dieses Potential wurde durch die Niederlage im Bauernkrieg selbst zwar geschmälert, aber keineswegs vernichtet, zumal da auch die Institutionen der bäuerlichen Selbst- und Mitbestimmung als Kristallisationskerne des Widerstands bestehen blieben oder gar noch ausgebaut wurden. Allerdings vollzogen sich die Auseinandersetzungen der Bauern mit ihrer Herrschaft jetzt vorwiegend in Form gerichtlicher Prozesse, die nicht selten bis zum Reichshofrat hinaufgetrieben wurden. Diese Justizialisierung der Konflikte schloß jedoch andere, außerjuristische Formen der Auseinandersetzung nicht aus; sie reichten – in durchaus kalkulierter Eskalation – von partieller zu genereller Leistungsverweigerung, von Beschwerden bei Landesfürst und Ständen bis zum bewaffneten Aufstand. Die im Laufe des Jahrhunderts verfestigte Staatsgewalt der Landesherren ließ derartigen Aufständen zwar kaum eine Chance; gleichwohl hatte der bäuerliche Widerstand zumeist – und zumeist schon auf frühen Stufen der Eskalation – einigen Erfolg, weil nämlich weder die Landesfürsten noch auch die ständischen Führungsschichten es auf einen großen Konflikt ankommen lassen wollten. In besonders spannungsreichen Situationen hielten derartige Sicherungen freilich nicht. So schlug in Oberösterreich die Häufung sozialer und konfessioneller Gegensätze, dazu der Druck des Türkenkriegs mit den immensen Anforderungen der Landesherrschaft an Mannschafts- und Steuerleistungen, in den zeitweise sehr bedrohlichen Bauernkrieg der 90er Jahre des Jahrhunderts um.

Die sozialen Folgen des Glaubensstreits für die Bauern lagen vor allem darin, daß die bäuerliche Bevölkerung verstärkt zum Adressaten obrigkeitlicher Bildungsbemühungen wurde, mit deutlichem zeitlichem Vorsprung der protestantischen Gebiete, in denen das Netz dörflicher Schulen im Laufe des Jahrhunderts mitunter eine respektable Dichte gewann. Auch begannen Pfarrer und Visitatoren auf dem Lande systematisch nach „feinen ingenii“ Ausschau zu halten, und eröffneten ihnen, zumeist mit Hilfe fürstlicher Stipendien, zusätzliche Bildungs- und Aufstiegschancen. Der generelle Bildungsrückstand des Landes gegenüber der Stadt wurde dadurch freilich nicht aufgehoben – er ist ja bis heute nicht ganz verschwunden.

4. Die politische Ordnung

Die Geschichte der verfassungspolitischen Ordnung Deutschlands war das ganze Jahrhundert hinweg durch erstaunliche Kontinuitäten, zugleich aber auch durch tiefgreifende Wandlungen und Brüche gekennzeichnet. Zu den

Kontinuitäten gehörte insbesondere die Fortdauer und Verfestigung der spannungsvollen Polarität von fürstlicher und ständischer Gewalt, und zwar auch in ihrer für Deutschland so typischen Doppelstufigkeit von Reich und Territorien; zu den Kontinuitäten gehörte des weiteren die fortschreitende Verdichtung der Herrschaft im Sinne neuzeitlicher Staatlichkeit – namentlich in den Territorien, während die verfassungspolitische Modernisierung des Reichs, wie sich das ebenfalls schon zu Beginn des Jahrhunderts angekündigt hatte, weit zurückblieb oder überhaupt in gegenläufige Strömungen geriet. Mit diesen Kontinuitäten, sie auf vielfältige Weise stützend oder auch störend und überhaupt in Frage stellend, verbanden sich grundlegende Änderungen der politischen Ordnung. Sie ergaben sich vor allem aus dem Zerfall der einen mittelalterlichen Kirche in eine Pluralität von Konfessionskirchen auf der politischen und Rechtsbasis der einzelnen Reichsstände.

Was zunächst die Reichsverfassung betrifft, so blieben – abgesehen von den reichskirchenrechtlichen Problemen – das Verhältnis von Krongewalt und Reichsständen und auch die Verhältnisse zwischen den verschiedenen Gruppen von Reichsständen, wie sie sich bis zur Kaiserwahl von 1519 und dem Wormser Reichstag von 1521 herausgebildet hatten, im wesentlichen erhalten. Allerdings bedeutete die Verfestigung der Reichskreise im ganzen eine Stärkung der ständischen Elemente der Reichsverfassung – eine Stärkung insbesondere der kleineren Reichsstände –; die Neuerrichtung des Hofrats durch Ferdinand I. umgekehrt schlug jedoch kaum weniger stark zugunsten der monarchischen Gewalt zu Buche. Einige Ansätze, die verfassungsrechtliche Präeminenz der Kurfürsten auf den Reichstagen und damit die ständische Hierarchie der Reichsverfassung zu unterlaufen – z.B. in den Reichskreis- und Deputationstagen der 50er und 60er Jahre –, schlugen fehl; selbst an der unsicheren reichsrechtlichen Stellung der Reichsstädte änderte sich trotz aller Bemühungen der städtischen Vertreter, sehr nachdrücklich noch auf dem Reichstag von 1582, bis zum Ende des Jahrhunderts nichts. Daß sich im Laufe des Jahrhunderts, endgültig wiederum 1582, das Prinzip der Territorialisierung der Virilstimmen im Fürstenrat durchsetzte – Länderteilungen führten danach nicht mehr zur Begründung neuer Stimmen, Ländererwerb nicht mehr zum Stimmenverlust –, war zwar für das Zurücktreten der personalen Bezüge zwischen König und Ständen bezeichnend und insofern nicht ohne Bedeutung, stellte aber auf der Grundlage der Reichstagsverfassung, wie sie sich schon zu Jahrhundertbeginn herausgebildet hatte, eher eine Klarstellung als eine wirkliche Änderung dar.

Anders stand es immerhin um die Konsolidierung der Reichsritterschaft, die sich seit den 40er Jahren zu organisieren begann. Den Kern dieser Organisation bildeten die schließlich 14 Kantone als Zwangseinungen der Ritterschaft in quasi-territorialen Formen und mit der Verpflichtung zu „subsidia charitativa“ an das Reich, die in der Sache nichts anderes waren als Reichssteuern. Diese Verfestigung der Reichsritterschaft sicherte ihre Reichsunmittelbarkeit; daß die Ritter weder auf den Reichstagen vertreten waren noch auch den Reichskreisen angehörten, schloß sie freilich fortdauernd von der Willensbildung wichtigster Institutionen des Reichs aus. Auch gelangten die Reichsritter, obwohl sie mit der Zuerkennung der Religionshoheit 1555 ein wichtiges Element der Landeshoheit erhielten, nicht zu voller Landesherrschaft; insbesondere verfügten sie über ein nur untergeordnetes Besteuerungsrecht, nämlich bloß zur Umlage von Reichs- oder Kantonalsteuern auf ihre Untertanen. Allenfalls die Ritterkantone, nicht die einzelnen Ritter, gewannen langfristig eine der Landeshoheit vergleichbare Herrschaft; doch dürfen ihre Hoheitsrechte gegenüber den einzelnen Rittern auch nicht überschätzt werden. Vollends die drei Ritterkreise – in Schwaben, Franken und am Rhein – und erst recht der in den 70er Jahren begründete „Generalkorrespondenztag" der gesamten Ritterschaft des Reichs entfalteten eine nur geringe Wirksamkeit.

Die bei weitem wichtigsten Änderungen der Reichsverfassung ergaben sich aus dem Glaubensstreit. Eine erste wichtige Folge dieser Art bestand schon im Untergang einer Vielzahl von Reichsbistümern und -abteien Nord- und Ostdeutschlands. Ihre weltlichen Herrschaftsrechte gingen in der Regel auf evangelische Fürsten der Region über; ihre reichsrechtlichen Positionen, z.B. auf den Reichstagen, wurden nicht selten zum Gegenstand heftiger konfessioneller und zugleich verfassungspolitischer Auseinandersetzungen – der Magdeburger Sessionsstreit der 80er Jahre leitete überhaupt die Lähmung der Reichsinstitutionen des ausgehenden Jahrhunderts ein.

Von noch prinzipiellerer Bedeutung war, daß das Reich im Augsburger Religionsfrieden 1555 auf die Durchsetzung der Alleingültigkeit katholischen Kirchenwesens verzichtete und statt dessen – unter Ausklammerung der Wahrheitsfrage – eine politische Friedensordnung für die neu entstehenden, jede für sich mit dem absoluten Anspruch der Wahrheit auftretenden Konfessionskirchen schuf. Damit wurden nicht nur die traditionellen Bindungen von Kaiser und Reich an die römische Kirche gelockert, sondern die religiös-kirchlichen Elemente der Reichsverfassung überhaupt in Frage gestellt. Damit gingen auch die universalistischen Bezüge des Kaisertums, die noch für Karl V. so wichtig gewesen waren, weitgehend verloren; seit der Regierungszeit Ferdinands I. war das Kaisertum kaum mehr als ein Annex des Königtums: nahezu ohne eigene politische Bedeutung, fest eingebunden auch in die ständische Verfassungsstruktur des Reichs. Bezeichnenderweise trat an die Stelle der traditionellen Doppelkrönung des deutschen Herrschers in Aachen – zum König – und in Rom – zum Kaiser – seit 1558 bzw. 1562 eine einzige Krönungshandlung und zwar gleich am Wahlort, also in Frankfurt/Main; dabei gingen wichtige Elemente nicht nur der römischen Kaiserkrönung, sondern auch der Aachener Königskrönung verloren. Immerhin hielt man im wesentlichen an der herkömmlichen gottesdienstlichen Ausgestaltung der Krönung fest; daß die protestantischen Kurfürsten die Krönungsmesse während des Meßkanons zu verlassen pflegten, ließ indessen keinen Zweifel an der Brüchigkeit auch dieser Tradition.

Gleichwohl: Alles dies waren erst Anfänge, erste Schritte auf dem Wege zur Säkularisierung der politischen Ordnung des Reichs. Die Lösung des Religionsfriedens war noch immer erst vorläufig gemeint, die herkömmliche advocatia ecclesiae des Kaisers zugunsten der römischen Kirche blieb, wenngleich nicht ohne Vorbehalte der evangelischen Reichsstände, bestehen; vor allem aber erstreckte sich die Friedensgarantie des Reichs lediglich auf die alte Kirche und auf die Kirchen der Confessio Augustana – alle anderen Bekenntnisse blieben ja außerhalb des Religionsfriedens. Jener erste Schritt zur Säkularisierung des Reichsrechts bedeutete mithin zunächst und vor allem eine Friedensgarantie für den doppelt-konfessionellen Charakter des Reichs. Dazu kam, daß der Religionsfriede das Recht zur Wahl der Konfession nicht den einzelnen Untertanen des Reichs konzedierte, sondern – abgesehen von den Reichsrittern – nur den Reichsständen, die zugleich das Recht der Konfessionsbestimmung für die Gesamtheit ihrer jeweiligen Untertanen, gemindert nur durch das Emigrationsprivileg, behaupteten. Gerade dieses jus reformandi der Reichsstände galt aus guten Gründen bald als kostbarstes Stück der Landeshoheit, und das hatte auch zeitlich weitreichende Folgen: „Der deutsche Föderalismus, der die Verfassungsentwicklung Deutschlands bis zur Gegenwart bestimmte, hat eine seiner Hauptwurzeln im Staatskirchenrecht des konfessionellen Zeitalters“ (Martin Heckel)[78].

Das Nebeneinander von konfessioneller Freiheit der Reichsstände und Konfessionszwang gegenüber ihren Untertanen, von – zumindest tendenzieller – Parität der Konfessionen auf der Ebene des Reichs und konfessioneller Geschlossenheit der Territorien, von politischem Frieden und unversöhnlichem religiösem Gegensatz der Glaubensparteien war freilich schon 1555 nur schwer in Balance zu bringen gewesen. Der Religionsfriede hatte viele Lücken offengelassen; überdies enthielt er zahlreiche Unbestimmtheiten und dissimulierende Mehrdeutigkeiten, hinter denen sich sehr gegensätzliche Interpretationsabsichten der Religionsparteien verbargen. Damit war eine Fülle von Konflikten vorprogrammiert. Zwar schrieb der Religionsfriede für den Austrag dieser Konflikte den Rechtsweg vor dem Reichskammergericht vor, und gewiß hat die Reichsjustiz wesentlich zur Eindämmung von Gewalttätigkeit unter konfessionellen Vorzeichen – oder auch nur unter konfessionellen Vorwänden – beigetragen; als Folge dieser Justizialisierung des Glaubenskonflikts aber geriet das Kammergericht selbst zunehmend in die Gefahr, im konfessionellen Streit zerrissen und zerrieben zu werden. Im Grunde wäre eine Entschärfung der konfessionellen Konflikte mit all ihren politischen und sozialen Folgen allenfalls im Rahmen paritätischer Verfahren auf allen wichtigen Ebenen der Legislative, Verwaltung und Justiz möglich gewesen, und immerhin hat es in der Reichsverfassung nicht an Ansätzen dazu gefehlt: So wurden am Reichstag Sonderberatungen der katholischen und protestantischen Stände üblich, die der sogenannten itio in partes des Westfälischen Friedens schon recht nahe kamen; auch waren die in religionsrechtlich relevanten Fällen verhandelnden Senate des Reichskammergerichts seit 1560 stets paritätisch besetzt. Gerade die Geschichte des Reichskammergerichts zeigt freilich, daß solche Parität leicht auch zur Handlungsunfähigkeit führen konnte; denn wenn jede der jeweils gegnerischen Positionen für sich selbst das ausschließliche Recht göttlicher Wahrheit in Anspruch nahm, dann half auch kein paritätisches Verfahren. Und das galt auch vom Reichstag, der sich allen Bitten gerade des Reichskammergerichts, in den strittigen Fragen des Religionsfriedens eine politische Entscheidung zu fällen, versagte. Kaiser und Reichsstände gaben entsprechenden Verhandlungen je länger desto weniger eine Chance; ja: man befürchtete schon vom bloßen Versuch solcher Verhandlungen eine Gefährdung des Religionsfriedens insgesamt und blieb deshalb überhaupt untätig. Der Glaubenskonflikt mitsamt seinen politischen Implikationen war auf diese Weise aber nicht zu neutralisieren; im Gegenteil führte er gegen Ende des Jahrhunderts Stück um Stück zur Lähmung der Reichsverfassung. Seit den 80er Jahren war mit der Visitationskommission für das Reichskammergericht die höchste Gerichtsbarkeit des Reichs bedroht; in den 90er Jahren scheiterten die Reichskreise an der Aufgabe, in den nordwestlichen Landschaften des Reichs den Landfrieden gegen Niederländer und Spanier zu wahren; an der Jahrhundertwende wurde dann der so wichtige Reichsdeputationstag gesprengt und damit zugleich der Reichsjustiz ein weiterer schwerer Schlag versetzt. Abgesehen vom Kaiser und dessen Reichshofrat bestand damit von den Verfassungsorganen des Reichs nur mehr der Reichstag, und auch der war schon seit geraumer Zeit von einer zunehmenden Verengung seines Handlungsspielraums betroffen. Gleichzeitig aber gewannen konfessionelle Ständebünde, die in mancherlei Verbindungen zu den europäischen Mächten und in Abhängigkeit von ihnen standen, an politischer Bedeutung im Reich; die Katastrophe des 30jährigen Kriegs kündigte sich unübersehbar an.

Für die Verfassung der deutschen Territorien brachte das 16. Jahrhundert weniger folgenreiche Umbrüche und Gefährdungen als für die Reichsverfassung. Das gilt selbst für die – obzwar auch hier tiefgreifenden – Folgen des Glaubensstreits.

Das Mit- und Gegeneinander von Landesfürst und Ständen blieb als Grundkonstellation der politischen Ordnung der Territorien zumeist erhalten und verfestigte sich sogar noch. Die Landesherren blieben fortdauernd auf die Gewährleistung ihrer Herrschaft durch die Stände angewiesen; bei vielen wichtigen Entscheidungen der Legislative, z.B. beim Erlaß der jetzt häufiger werdenden umfassenden Landesordnungen, auch bei der Organisation des Wehrwesens, erst recht bei der Erhebung von Steuern war und blieb die Mitwirkung der Stände grundsätzlich unverzichtbar. Zudem kristallisierte sich allmählich die Anerkennung eines Grundbestands ständischer, insbesondere adliger Herrschaftsrechte auf lokaler und regionaler Ebene durch die Fürsten heraus; das trug dazu bei, dem politischen Ständewesen seine soziale Substanz zu sichern.

Mitunter kam es sogar zur Verlagerung der verfassungspolitischen Gewichte im Lande zugunsten der Stände, insbesondere in Situationen einer schwierigen Thronfolge oder der Vormundschaft für einen unmündigen Fürsten, als Folge auch einer längerdauernden Abwesenheit oder eines eklatanten politischen Versagens des Landesherrn, nicht zuletzt: angesichts der Gefahr fürstlicher Landesteilungen. Derartige Verhältnisse waren indessen zumeist bloß transitorisch. Ein dauerndes Übergewicht über die fürstliche Gewalt erlangten die Stände nur ausnahmsweise; die wichtigste dieser Ausnahmen war das Herzogtum Württemberg. Im Gegenteil brachte die verfassungspolitische Entwicklung des Jahrhunderts – im Rahmen der fortbestehenden Bipolarität zwischen Landesfürst und Ständen – für gewöhnlich eine deutliche Stärkung der landesfürstlichen Position. Die Gründe dafür waren vielschichtig; dementsprechend gab es von Territorium zu Territorium erhebliche, auf den ersten Blick mitunter verwirrende Unterschiede der Entwicklung in ihren maßgebenden Impulsen und in ihren Phasen. Immerhin lassen sich doch eine Reihe typischer Gründe und Erscheinungsformen jener Verschiebung der verfassungspolitischen Gewichte ausmachen.

Ein erstes typisches Element dieser Art hing mit der Bedeutung des Adels als eigentlich tragender Basis des politischen Ständewesens zusammen. Wo der Adel einer Landschaft sich der Landeshoheit der Fürsten entzog und im Rahmen der Reichsritterschaft seine Reichsunmittelbarkeit behauptete, wie das weithin im Süden und Westen des Reichs, zuletzt noch in Trier und Fulda, geschah, da minderte sich das Gewicht des solcherart entkernten Ständewesens entscheidend; der Auszug des Adels aus den Landtagen bereitete in aller Regel dem fürstlichen Absolutismus den Weg. Die große Ausnahme bildete wiederum Württemberg, wo sich die in den Ständen dominierende Ehrbarkeit des Landes fortdauernd als stark genug erwies, um den Herzögen Paroli zu bieten.

Neben dem Ausscheiden des Adels aus den Ständen mancher Territorien schlug der Ausbau der fürstlichen Verwaltung wie überhaupt der Aufbau des landesherrlichen Staatswesens zu Buche. Die fürstliche Gesetzgebung, namentlich in Form der landesherrlichen Polizeiordnungen, weitete sich kontinuierlich aus; die Ausfächerung der landesherrlichen Zentralverwaltung in Sachressorts wie ihre zunehmende Präsenz auch auf der unteren Verwaltungsebene ließen die in der Legislative angestrebte Expansion fürstlich-staatlicher Gestaltung und Kontrolle des gesellschaftlichen Lebens allmählich Realität werden. Allerdings wird man die Effektivität dieser Verwaltung auch nicht überschätzen dürfen: Die Verwaltung des platten Landes und weite Bereiche der Finanzverwaltung lagen ja vielfach fortdauernd in ständischer Hand, und selbst in Territorien mit einer besonders gut ausgebauten fürstlichen Verwaltung wie etwa Sachsen und Bayern – hier gab es sogar eine funktionierende Dreistufigkeit des Verwaltungsaufbaus – blieb der Adel von der Gewalt der fürstlichen Behörden zumeist eximiert. Um so wichtiger war, daß es den Fürsten gelang, die dynastische und Außenpolitik des Landes, zumeist auch die wichtigsten Fragen der Finanzpolitik, ihrer eigenen Entscheidung vorzubehalten, insoweit beraten nur von einem engsten, ausschließlich vom persönlichen Vertrauen des Fürsten getragenen Kreis „geheimer" oder Kammerräte. Gelegentlich kam es, sozusagen als institutionelle Verfestigung dieses persönlichen Regiments der Landesfürsten, auch schon zur Ausbildung eines behördlich organisierten Geheimen Rats in bezeichnender Überordnung gegenüber dem Hofrat. Am frühesten sind solche behördliche Verfestigungen in den 20er Jahren des Jahrhunderts unter Erzherzog Ferdinand in Österreich belegt; 1557 bzw. 1574 folgten die Kurpfalz und Kursachsen, 1582 Bayern, kurz nach der Jahrhundertwende dann Brandenburg und Hessen-Kassel. Daß dem Hofrat und selbst dem Geheimen Rat nicht selten adlige Herren angehörten, die zugleich in den ständischen Organisationen des Landes eine wichtige Rolle spielten, bedeutete im übrigen eine bemerkenswerte Neutralisierung der verfassungspolitischen Gegensätze von Fürst und Ständen, zumeist wohl zugunsten des Landesherrn.

Ein weiteres Element allmählichen Bedeutungsschwunds der Stände lag darin, daß die ständischen Steuerbewilligungen – zu Beginn des Jahrhunderts noch eine Ausnahme – allmählich zur Routine wurden. Die Umlage der Türkensteuern des Reichs, denen die Landstände sich kaum entziehen konnten, wirkte dabei offenbar bahnbrechend. Gegen Ende des Jahrhunderts galt die Erhebung von Steuern auch zugunsten des territorialen bonum commune als Selbstverständlichkeit; ihre Bewilligung konnte immer weniger zum Hebel verfassungspolitischer Forderungen gegenüber dem Landesherrn gemacht werden. Daß die politischen Funktionen der Stände zahlreicher Territorien allmählich auf bloße ständische Ausschüsse übergingen, verschob die Gewichte zumeist ebenfalls zugunsten des Landesherrn. An sich nicht nur billiger, sondern auch entscheidungsfähiger als die Gesamtlandtage mit ihrem umständlichen Verfahren, erlagen die Ausschüsse doch leicht der Gefahr einer allzu weitgehenden Interessenidentifikation mit dem Landesherrn oder gar einer politischen Korrumpierung durch fürstliche Gnadenerweise. Nicht ganz selten bedeutete die Verdrängung der Landtage durch die Ausschüsse überhaupt den Anfang vom Ende der landständischen Verfassung, so etwa in Brandenburg; umgekehrt hat freilich die württembergische Landschaft gerade im Ausschuß ein sehr effektives Organ zur dauernden Überwachung ihrer Herzöge gefunden.

Schließlich erwuchs den Landesherren aus dem Ausbau ihres Kirchenregiments ein dauernder Zuwachs an Macht und Autorität. Das gilt nicht nur für die evangelischen Fürsten; insbesondere die bayerischen Herzöge haben ihre staatskirchenrechtlichen Befugnisse im Laufe des 16. Jahrhunderts in einem Maße ausgedehnt, das dem landesherrlichen Kirchenregiment vieler evangelischer Fürsten nicht nachstand. Gleichwohl bedeuteten die weltumspannende Organisation und Lehre der katholischen Kirche stets eine gewisse Beschränkung katholischen Landeskirchenregiments; auch die fortdauernd starke Stellung des Adels in den maßgebenden Institutionen der Reichskirche, insbesondere in den Domkapiteln, zwang die katholischen Landesherren zu stärkerer Rücksichtnahme als ihre evangelischen Mitfürsten. Dazu kam noch, daß in den protestantisch gewordenen Territorien – und nur in ihnen – das Kirchenvermögen größtenteils in die Verfügungsgewalt der Landesherren überging; die Stände konnten demgegenüber allenfalls die Erhaltung einiger Dom- und Kollegiatstifte als Institutionen adliger Pfründen erreichen. Zwar fiel das Kirchengut, insbesondere das Vermögen aufgehobener Klöster, keineswegs generell dem fürstlichen Kammergut der protestantischen Landesherren zu; der größte Teil des Kirchenguts blieb vielmehr zumeist für Zwecke der Kirche, insbesondere für die bessere Ausstattung von Pfarreien, oder für die Neugestaltung des Schul- und Armenwesens erhalten. Die Entscheidungsgewalt in alledem aber ging doch auf die Landesherren über, die insoweit auch jede ständische Mitbestimmung in aller Regel auszuschalten wußten.

Die wichtigste Stütze der Landesherren in ihrer Auseinandersetzung mit den Ständen wie beim Aufbau ihres Staatswesens waren das ganze Jahrhundert hindurch die humanistisch gebildeten bürgerlichen Juristen – Beamteneliten, die im Dienst des Fürstenstaats ihren sozialen Aufstieg gefunden hatten und durch gemeinsame, zumeist an der Landesuniversität erworbene Bildung, durch Familienbeziehungen und soziale Interessen untereinander eng verbunden waren. Daß im Laufe des Jahrhunderts der Adel an politischem Gewicht zurückgewann, ging auf Kosten dieser bürgerlichen Beamteneliten, machte sie aber keineswegs überflüssig; in manchen katholischen Ländern gelangten sie überhaupt erst jetzt – im Zusammenhang der Katholischen Reform und Gegenreformation – auf den Höhepunkt ihrer Bedeutung. Wegen der vielfältigen Verquickungen der Konfessionsbildung mit der staatlichen Durchformung der Territorien kam des weiteren den Geistlichen, vor allem den evangelischen, eine wichtige politische Funktion zu; auch sie wurden, in strikter Abhängigkeit vom Landesherrn, zu einer Kraft nicht nur der konfessionellen, sondern zugleich der politischen Kohäsion des Territoriums. Daß katholische wie evangelische Prälaten auf den Landtagen zumeist als Parteigänger der landesfürstlichen Politik agierten, ließ jene Abhängigkeiten sogar im politischen Ständewesen selbst durchschlagen.

Wenn der Glaubensstreit des 16. Jahrhunderts in der Regel auf beiden Seiten des Streits die Fürstenmacht stärkte – gegenüber Kaiser und Reich wie gegenüber den Ständen und Untertanen der Territorien selbst –, so sah die Bilanz, wenigstens vorläufig, doch anders aus, wenn ein starkes Ständewesen in konfessioneller Opposition zum Landesherrn stand, wie das vor allem in den östlichen der österreichischen Erblande der Fall war. Die Weiträumigkeit und geringe politische Durchdringung dieser Landschaften gab den Großen des Landes, zu denen hier ja auch Grafen und Herren zählten, von jeher ein besonderes Gewicht; ihre Unentbehrlichkeit für die Abwehr der Türken kam verstärkend hinzu. Daß die weltlichen Stände dieser Länder – der Adel wie die Städte – sich in ihrer großen Mehrheit für die Reformation entschieden, war deshalb von seiten der katholisch bleibenden habsburgischen Landesherrschaft weder von vornherein zu verhindern noch ohne weiteres rückgängig zu machen. Der konfessionelle Konflikt wirkte aber auf die verfassungspolitischen Verhältnisse zurück, und zwar als Verschärfung des politischen Dualismus von Landesherren und Ständen. In den daraus resultierenden Kämpfen gewann die habsburgische Landesherrschaft gegen Ende des Jahrhunderts allmählich an Boden. Nach dem Rückschlag des habsburgischen Bruderzwists und des böhmischen Aufstands sollte die Schlacht am Weißen Berge 1620 dann die endgültige Entscheidung gegen den Protestantismus wie gegen das Ständewesen Böhmens und der österreichischen Erblande bringen; damit mündete die Entwicklung in einen konfessionellen Absolutismus, wie ihn in vergleichbarer oder wohl noch härterer Form nur das Bayern des Herzogs und späteren Kurfürsten Maximilian I. (1598–1651) erlebt hat.

Die verfassungsgeschichtliche Bilanz der Reichsstädte schließlich entsprach im wesentlichen den schon zu Beginn des Jahrhunderts maßgebenden Tendenzen der Entwicklung. Das schloß jedoch wiederum gewisse Verschiebungen zugunsten der einen oder anderen zunächst noch offenen Alternative der verfassungspolitischen Strukturen nicht aus; die wichtigsten dieser Verschiebungen waren Folgen des Glaubensstreits sowie der Verfassungsreformen Karls V. in den oberdeutschen Städten nach dem Schmalkaldischen Krieg.

Die Reichsunmittelbarkeit und mit ihr die Reichsstandschaft der Reichsstädte, die sich gegen Ende des 15. Jahrhunderts herausgebildet hatten, blieben unbestritten erhalten. Es gelang den Reichsstädten jedoch nicht, ihre reichsständische Position zur ganzen Fülle der kurfürstlichen oder fürstlichen Reichsstandschaft auszubauen. Das Stimmrecht der Städte auf den Reichstagen war nach wie vor ein Recht nur der Beratung, nicht der wirklichen Entscheidung; auch sonst blieben die Städte im Verfahren des Reichstags gegenüber den oberen Kurien benachteiligt. Diesem minderen Rechtsstatus entsprach die ausdrückliche Beschränkung des jus reformandi der Reichsstädte durch den Augsburger Religionsfrieden: Das volle jus reformandi galt ja sehr bald als Kernstück reichsständischer Landeshoheit, seine Beschränkung bedeutete mithin ein empfindliches verfassungspolitisches Defizit der Städte. Zwar nahm eine ganze Reihe von Reichsstädten auch nach 1555 faktisch ein weitgehendes Reformationsrecht in Anspruch, ohne daß das Reich mit Entschiedenheit dagegen einschritt. Der Fall Aachens zeigte jedoch zu Ausgang des Jahrhunderts sehr deutlich, daß die Reichsstädte hier nicht nur rechtlich, sondern auch politisch auf schwankendem Boden standen – zumal dann, wenn es in der Nachbarschaft mächtige katholische Fürsten gab, die sich von einer Intervention gegen die Stadt im Namen des Reichsrechts politische Vorteile versprechen konnten. Überdies brachte Karl V. mit seinen Verfassungsreformen in den oberdeutschen Reichsstädten 1548 bzw. 1551/52 die alte Rechtsmacht des Kaisers gegenüber den Reichsstädten sehr eindrücklich in Erinnerung und führte damit zugleich aller Welt die reichsrechtliche Minderstellung der Reichsstädte gegenüber dem reichsständischen Adel vor Augen.

In der inneren Ordnung der Reichsstädte blieb überall die Ratsverfassung als verfassungsrechtlicher Rahmen des Stadtregiments erhalten. Die soziale Basis des Rats wurde in vielen Städten erweitert: im Norden und Nordwesten des Reichs, wie früher schon in Oberdeutschland, durch die Aufnahme reichgewordener Kaufleute und Handwerker, dazu in Nord und Süd durch das Eindringen akademisch gebildeter Juristen in den Rat. Eine durchgreifende genossenschaftliche Umstrukturierung der Stadtverfassung, wie sie im Umfeld des Bauernkriegs gelegentlich propagiert wurde, kam aber nirgends zustande. Im Gegenteil: Auch bescheidene Forderungen nach einer breiteren Teilhabe der Stadtbevölkerung am Stadtregiment verstummten schon seit dem Bauernkrieg oder wenig später für lange Jahrzehnte; statt dessen sorgten alte und neue Eliten für eine zunehmende Hierarchisierung und Oligarchisierung der politischen Rechte in der Stadt. Schon die Erteilung des vollen Bürgerrechts wurde restriktiver gehandhabt denn je zuvor. In Nürnberg, Augsburg und Ulm z. B. machten die Vollbürger gegen Ende des Jahrhunderts deutlich weniger als 20 Prozent der erwachsenen männlichen Stadtbevölkerung aus; sofern Frauen das Bürgerrecht erwerben konnten – und das war keineswegs überall der Fall –, blieben sie doch zumeist von wichtigen Abstimmungen, auch von den Zunftwahlen, ausgeschlossen; Angehörigen bestimmter Berufsgruppen wurde im Interesse einer Beschränkung innerstädtischer Konkurrenz für die eingesessenen Meister das Bürgerrecht zeitweise überhaupt versagt.

Erst recht blieb der Zugang zum Rat zumeist bald wieder auf nur wenige Familien beschränkt. In einer traditionell vom Patriziat beherrschten Stadt wie Nürnberg war das schon immer so gewesen; in den von der Verfassungsreform Karls V. betroffenen Städten wurde es von neuem üblich. Aber auch in Köln stellten Generationen hindurch nicht mehr als 17 Familien die Gesamtheit der Ratsmitglieder, und in Lübeck war es lange Zeit kaum anders. Bezeichnenderweise wurden die Ratsgremien zumeist auch nicht mehr durch Wahl aus der Bürgerschaft besetzt, sondern sie ergänzten sich selbst im Wege der Kooptation, und wo man noch an alten Formen der Wahl festhielt, erstarrten diese Formen oft zu leeren Ritualen, deren Ergebnisse von vornherein feststanden. In Ulm z.B. pflegte der Stadtschreiber, um sich durch das formal sehr komplizierte Wahlverfahren nicht verwirren zu lassen, die Listen mit den Wahlergebnissen immer schon vorab fertigzustellen – nachträgliche Korrekturen wurden nur selten erforderlich.

Dem Ausschluß der Bürgerschaft von der Besetzung des Rats entsprach ihr weitgehender Ausschluß vom Stadtregiment überhaupt; die Bürgerschaft der Reichsstädte wurde immer mehr zum Objekt der Ratsherrschaft. Wenn der Rat einiger Städte schon im ausgehenden Mittelalter seine Bürger als Untertanen bezeichnet und behandelt hatte, so wurde das jetzt zur gängigen Praxis; daß die reichsstädtischen Spätreformationen der zweiten Jahrhunderthälfte in aller Regel ohne Zustimmung der Bürgerschaften von den jeweiligen Räten verordnet wurden, war dafür – und zugleich für den Wandel der Dinge seit den 20er und 30er Jahren des Jahrhunderts – bezeichnend. Immerhin fehlte es nicht ganz an Widerständen und Gegenströmungen. So wurde die Fassung des Bürgereids – ob nämlich die Bürger, wenn überhaupt, dem Rat oder der gesamten Stadt Gehorsam zu schwören hätten – vielerorts zum Gegenstand lebhafter Auseinandersetzungen, und die Juristen auf beiden Seiten des Streits stellten mitunter sogar die Regierungsform der Stadt grundsätzlich zur Diskussion. In Lübeck etwa vertrat der Rat um die Jahrhundertwende die Auffassung, daß durch eine eidliche Gehorsamsverpflichtung der Bürger auch gegenüber der Stadt die bestehende „Aristocratia" in eine „hochschädliche Democratia" verwandelt würde; umgekehrt erkannte die Bürgerschaft zwar an, daß die Regierungsform Lübecks von Rechts wegen eine Aristokratie sei, aber doch nur in dem Sinne, daß die Herren des Rats als „rectores civitatis" regierten und nicht als „domini" – dominium und summa potestas stünden vielmehr der Gesamtheit von Rat und Bürgerschaft zu. In der Tat setzte sich in Lübeck die Auffassung der Bürgerschaft durch, und auch andernorts wurde das Verständnis der politischen Ordnung der Stadt als einer aus aristokratischen und demokratischen Elementen „gemischten" Verfassung geläufig; in der Praxis aber überwogen bis auf weiteres in aller Regel die aristokratischen – um nicht zu sagen: oligarchischen – Tendenzen. Am ehesten erhielt sich eine wenigstens kontrollierende Mitwirkung der Bürgerschaft am Stadtregiment dann, wenn es zur Einrichtung besonderer Bürgerausschüsse neben dem Rat gekommen war; diese Bürgerausschüsse erzwangen nicht selten sogar die Offenlegung der städtischen Finanzen, die ansonsten vom Rat als arcanum regiminis behandelt wurden. Daß bei solcher Offenlegung mancherlei Mißstände und Vetterleswirtschaft im Stadtregiment zutage kamen, förderte wie eh und je die bürgerschaftliche Opposition, bewirkte aber kaum irgendwo prinzipielle Reformen.

5. Von der Einheit der Kirche zur Mehrheit der Konfessionen

Die tiefsten Brüche und Wandlungen des 16. Jahrhunderts waren Brüche und Wandlungen des kirchlichen Lebens: Die eine abendländische Kirche des Mittelalters spaltete sich in eine Pluralität von Konfessionen auf. Die wichtigsten dieser Konfessionen waren der Katholizismus, das Luthertum und der Calvinismus. Daneben lebten andere kirchliche Gruppen mit zumeist spiritualistischem oder mystischem Einschlag – vor allem die Täufer – trotz immer wiederkehrender Verfolgungen im Untergrund fort, bis auf weiteres jedoch ohne größere Bedeutung.

Die neuentstandenen Konfessionen waren nach wie vor nicht ohne grundlegende Gemeinsamkeiten in theologischen Grundauffassungen wie Lebenseinstellungen. So blieben die altkirchlichen Symbole überall in Kraft, auch die Taufe wurde hinüber und herüber anerkannt, und ein Vergleich der abendländischen Konfessionen etwa mit der Ostkirche läßt alsbald weitere prinzipielle Gemeinsamkeiten der abendländischen Konfessionskirchen zutage treten. Für die Zeitgenossen selbst standen freilich nicht diese fortbestehenden Gemeinsamkeiten, sondern die Unterschiede und Gegensätze der Konfessionen in Dogma, Kultus, Brauchtum und Recht ganz im Vordergrund. Auch und gerade in diesen gegensätzlichen Positionen aber wiesen die einzelnen Konfessionen wiederum sehr bezeichnende strukturelle Übereinstimmungen auf. Diese strukturellen Übereinstimmungen sind es überhaupt, die es allererst erlauben, die Pluralität der frühneuzeitlichen Kirchen in den Begriff der „Konfessionen" zusammenzufassen.

Ein erstes Grundmerkmal der Konfessionen bestand darin, daß jede von ihnen – nicht anders als die eine mittelalterliche Kirche – gerade für sich und nur für sich den Anspruch des unverkürzten Zeugnisses der göttlichen Wahrheit erhob. Anspruch und Realität standen mithin offensichtlich in harter Spannung, und diese Spannung entlud sich im leidenschaftlichen Streit mit den je anderen, konkurrierenden Konfessionen.

Dieser Streit war primär ein Streit nicht um den Kultus oder um das Recht, sondern um die rechte Lehre, um das Dogma als theoretische Entfaltung des christlichen Glaubens. Der Begriff der Konfession trifft insofern einen zentralen Aspekt der Sache: Die kirchliche Verselbständigung schon der deutschen Reformation knüpfte ja ganz wesentlich an ein dogmatisch durchgearbeitetes Glaubensbekenntnis, nämlich an die Confessio Augustana von 1530, an; ähnliches galt in der Folge für nahezu alle anderen reformatorischen Kirchen von Genf bis nach Schottland, und auch die dogmatischen Dekrete des Tridentinums waren – historisch gesehen – nichts anderes als eine Bekenntnisschrift der katholischen Kirche. Gerade im Bereich dieser dogmatischen Auseinandersetzungen wurden die konfessionellen Konflikte auch mit besonderer Entschiedenheit und Härte ausgefochten. Dabei schoß die grobe Polemik des Streits vielfach über das Ziel hinaus – schon unter den Zeitgenossen gab es manche Klage über die rabies theologorum –, die prinzipielle Intoleranz beider Seiten aber war kaum vermeidbar: Wenn das Bekenntnis einer Kirche wirklich der göttlichen Wahrheit und Offenbarung entsprach, wie man glaubte, dann waren davon eben keine Abstriche und darüber keine Kompromisse möglich – um der Ehre Gottes und auch um des eigenen Seelenheils willen.

Die gelehrten Theologen aller Konfessionen machten es sich zur Aufgabe, die Kirchenlehre in ihrer jeweiligen konfessionellen Ausprägung zu umfassenden, von der Erkenntnistheorie bis zur Sozialethik reichenden Lehrgebäuden auszugestalten; in ihrem wissenschaftlichen Rang, insbesondere in ihrer systematischen Kraft, stehen diese theologischen Werke kaum hinter denen der großen Scholastiker des Mittelalters zurück. Darüber hinaus bemühte man sich, gerade die kirchlichen Unterscheidungslehren auch den Pfarrern in Stadt und Land und selbst dem Kirchenvolk einzuprägen. Der Vermittlung differenzierterer theologischer Zusammenhänge und Dissense an das einfache Kirchenvolk blieben freilich enge Grenzen gesetzt. Über die Grundlehren des Katechismus reichte das religiöse Wissen wohl nur selten hinaus, und oft genug blieb es trotz aller Bemühungen der Theologen weit dahinter zurück. Erhebliche Teile des theologischen Streits um die rechte Auslegung der Heiligen Schrift, um Rechtfertigung und Abendmahl, um Prädestination und freien Willen, um Sakramente und kirchliche Ordnung waren demgegenüber eine ziemlich akademische Angelegenheit, wenngleich gelegentlich auch hier mit grobem Geschütz geschossen wurde. Gerade als Streit um die rechte Lehre führte der Glaubensstreit zu einer Intellektualisierung des Dogmas, dessen feine Distinktionen für die Frömmigkeit und für die praktische Lebensführung der Gläubigen wohl nur in seltenen Fällen von Bedeutung waren.

Um so wichtiger waren andere Gegensätze der Konfessionen in Kultus und Rechtsordnung, Frömmigkeitsformen und kirchlichem Brauchtum, die – zumeist konkreter, auch sinnlich deutlicher faßbar – von der großen Mehrheit der Gläubigen stärker empfunden wurden als die theologischen Dissense, die dem Streit eigentlich zugrunde lagen. Wenn noch um die Jahrhundertmitte in vielen Landschaften des Reichs die Leute von sich selbst nicht zu sagen wußten, ob sie eigentlich evangelisch oder katholisch wären, so änderte sich das in den folgenden Jahrzehnten gründlich; auf allen Seiten entstand ein deutlich ausgeprägtes Konfessionsbewußtsein. Dabei waren sich Luthertum und Calvinismus in ihrer Ablehnung des Katholizismus grundsätzlich einig, wie natürlich auch umgekehrt die katholische Kirche beiden protestantischen Bekenntnissen jede Existenzberechtigung absprach. Darüber dürfen jedoch die tiefgreifenden Gegensätze auch zwischen Luthertum und Calvinismus nicht übersehen werden, die das lutherische Kirchenwesen in den Augen der Calvinisten als halb papistisch erscheinen ließen.

Zur Eigenart der frühen Konfessionskirchen gehörte des weiteren, daß sie die Kirchenreform, und zwar im Sinne einer reformerischen Durchdringung nicht nur der kirchlichen Institutionen, sondern auch des Kirchenvolks, als eine fundamentale und dauernde Aufgabe ansahen. Für die reformatorischen Kirchen war das ein Erbteil schon ihrer Ursprünge als Reformbewegung, aber auch für die katholische Kirche setzte sich dieses Moment im letzten Drittel des Jahrhunderts mehr und mehr durch: ecclesia semper reformanda – das galt jetzt für alle abendländischen Konfessionskirchen. Wiederum wird man die Tiefenwirkung dieser Reformen bei der einfachen Bevölkerung wohl nicht überschätzen dürfen. Noch gegen Ende des Jahrhunderts hatten die Kirchenvisitationen aller Konfessionen neben viel Unwissenheit und hartnäckiger Gleichgültigkeit eine Fülle von konkreten geistlichen und sittlichen Defekten zu beklagen. Selbst wenn man unterstellt, daß die Maßstäbe der Reform sich im Laufe der Zeit verschärften, steht die zähe Langwierigkeit der kirchlichen Reformprozesse außer Frage. Daß die katholische Kirche hier besonders langsam vorankam, hatte seinen Grund nicht zuletzt darin, daß sie – im Widerspruch zu Grundintentionen des Tridentinums, aber mit Billigung Roms – eine Adelskirche blieb, in der spezifisch adlige Interessen noch lange Zeit eine maßgebende Rolle spielten: von den Versorgungsbedürfnissen einer kleinen ritterschaftlichen Familie bis hin zu den Machtinteressen der bayerischen oder auch habsburgischen Bistumspolitik in Lüttich und Köln, Passau und Straßburg.

Die konfessionellen Ausprägungen und Abgrenzungen wirkten, über den engeren kirchlichen Bereich weit hinaus, auf nahezu alle Bereiche des gesellschaftlichen Lebens ein und standen in Wechselwirkung mit ihnen. In besonders hohem Maße galt das natürlich für das Schul- und Bildungswesen. Das Schulwesen der Zeit verdankte dem konfessionell-kirchlichen Interesse an der Erziehung der Jugend überhaupt seine wichtigsten Impulse; am Ende des Jahrhunderts standen sich die protestantische „Gelehrtenschule", die im wesentlichen auf die Konzeptionen Melanchthons zurückging, und das Jesuitengymnasium als die wichtigsten Typen des höheren Schulwesens in Deutschland gegenüber. Und auch die Universitäten wurden im Zuge des Glaubensstreits umgestaltet, zunehmend konfessionell diszipliniert und selbst wieder zum Instrument konfessioneller Durchformung des Landes gemacht, vorab der geistlichen und weltlichen Beamtenschaft; die Neugründungen von Universitäten – Marburg, Jena und Helmstedt auf evangelischer, Dillingen, Würzburg und Graz auf katholischer Seite – standen ohnehin von vornherein im Zeichen des Glaubensstreits. Konfessionelle Prägungen und Ausgrenzungen wurden aber auch für weite Bereiche der Verfassungs-, Innen- und Außenpolitik des Reichs wie der Territorien bestimmend. Die politische Zähmung des Glaubensstreits durch den Augsburger Religionsfrieden von 1555 war gegenüber dieser Konfessionalisierung der Politik vorerst nicht durchzuhalten. Am Ende des Jahrhunderts hatten die konfessionsrechtlichen Spannungen einen solchen Grad erreicht, daß der Religionsfriede selbst und mit ihm die Reichsverfassung an ihnen zerbrachen.PDer Konfessionalisierung der Politik entsprach umgekehrt die maßgebliche Rolle der staatlichen Obrigkeiten, im wesentlichen der Reichsstände, für die Ausbildung der Konfessionen. Überall war die Entscheidung für eine bestimmte Konfession letztlich eine Entscheidung der weltlichen Obrigkeit, überall wirkten die weltlichen Obrigkeiten auch bei der inneren Verfestigung der Konfessionen entscheidend mit: durch den Schutz der Landeskirche nach außen, durch die Beteiligung an Visitationen, durch den Erlaß und die Durchsetzung von Kirchenordnungen wie durch mancherlei sonstige Fürsorge im Innern, weit über den engeren Bereich des landesherrlichen Kirchenregiments hinaus. In alledem zeigt sich zugleich eine tiefe gegenseitige Durchdringung von Prozessen der Konfessionalisierung einerseits, der Territorialisierung anderseits, und auch die tragenden Kräfte der Entwicklung waren hier wie dort dieselben – neben den Reichsständen selbst vor allem deren, zumeist bürgerliche, Beamteneliten. In den evangelischen Territorien läßt sich das schon in den Anfängen der Reformation beobachten; in den katholischen Gebieten kam es im Zusammenhang der Katholischen Reform und Gegenreformation im letzten Drittel des Jahrhunderts zu einer ganz entsprechenden Entwicklung.

An sich waren die konfessionellen Bindungen der weltlichen Obrigkeiten mit einer Politik religionspolitischer Toleranz nicht vereinbar; auch der Augsburger Religionsfriede gab konfessionell dissentierenden Untertanen nur geringe Ansprüche auf Duldung. Gleichwohl gab es doch deutliche Nuancen der konfessionellen Geschlossenheit in Stadt und Land. Diese Unterschiede waren ihrerseits weniger durch Unterschiede der Konfessionen bestimmt als vielmehr durch verfassungspolitische Unterschiede im Verhältnis von Fürst und Ständen oder durch außenpolitische Rücksichten auf mächtige territoriale Nachbarn, mitunter auch durch wirtschaftliche Rücksichten – etwa bei der Duldung solcher andersgläubiger Untertanen, auf deren Berufe man aus wirtschaftspolitischen Gründen nicht verzichten konnte oder doch wollte. Tatsächlich konnten solche Rücksichten, die Schwäche der landesherrlichen Gewalt oder gelegentlich auch prinzipielle Erwägungen dazu führen, daß der Grad konfessioneller Vereinheitlichung und zugleich Durchformung vorerst oder auch auf Dauer bescheiden blieb; das galt insbesondere für einige Territorien im Nordwesten des Reichs, aber auch für Böhmen und seine Nebenländer.

Ohnehin war die zugleich prägende und trennende Kraft der Konfessionen doch nicht für alle Lebensbereiche gleichermaßen und ausschließlich wirksam. Neben höfischen und territorialpolitischen Interessen, die in eine andere Richtung weisen konnten, standen konfessionsübergreifende Gemeinsamkeiten der Reichspolitik – namentlich in der Türkenabwehr –; auch standespolitische Solidaritäten, z. B. der Reichsritterschaft, hielten der trennenden Gewalt des konfessionellen Streits noch immer stand. Vor allem aber blieb die Wirtschaft gegenüber den konfessionellen Verfestigungen und Verengungen weitgehend autark. Daß die protestantischen Kaufleute der Niederlande selbst auf dem Höhepunkt des Konflikts mit König Philipp II. Spanien und Portugal mit osteuropäischem Getreide versorgten – und glänzend dabei verdienten –, ist dafür ein charakteristisches Beispiel; für den internationalen Geschäftskreis des deutschen Exportgewerbes gilt Analoges. Und auch in den Wissenschaften vollzogen sich Entwicklungen, die – oft in Weiterführung von Ansätzen der Renaissance – mit den konfessionellen Interessen und Abgrenzungen der Zeit wenig oder gar nichts zu tun hatten. Schon die fortschreitende Rezeption des römischen Rechts in der Jurisprudenz geschah gleichermaßen an protestantischen wie katholischen Fakultäten und Gerichten; erst recht selbständig verlief die Entwicklung in den Naturwissenschaften, z. B. in der Botanik, in der die aus Süddeutschland stammenden Hieronymus Bock, Otto Brunfels und Leonhard Fuchs, der Schweizer Konrad Geßner, dann die Niederländer Dodonaeus, Lobelius und Clusius eine führende Stellung in Europa einnahmen. Zum Prinzip ihrer Wissenschaft wurde die genaue Beobachtung der Natur: In der kurzen Zeitspanne zwischen 1530 und 1610 wurden rund 6000 Pflanzen zum ersten Mal wissenschaftlich beschrieben.

Neben solchen Formen heller Rationalität, neben dem Aufschwung auch des Schulwesens in Stadt und Land, neben der – wenngleich zunehmend bedrohten – politischen Zähmung des Glaubenskonflikts durch den Religionsfrieden und mancher Vertiefung des Glaubenslebens in allen Konfessionen gab es nun freilich auch düstere Realitäten von Aberglauben, Haß und Verfolgungswut: in den konfessionellen Kämpfen der Zeit, vor allem aber in den jetzt beginnenden großen Hexenverfolgungen, die allein in Deutschland im Laufe eines Jahrhunderts an die 100000 Opfer forderten.

Einzelne Hexenprozesse und -hinrichtungen hatte es schon seit dem 15. Jahrhundert gegeben; seit der zweiten Hälfte des 16. Jahrhunderts kam es dann aber zu wahren Epidemien massenhafter Hexenverfolgungen. Dabei konzentrierten sich die Verfolgungen auffällig auf bestimmte Landschaften: Südwest- und Mitteldeutschland von der Schweiz bis zum Herzogtum Westfalen, von Lothringen bis zu den fränkischen Bistümern, dazu im Süden die österreichischen Alpenländer, im Norden das Herzogtum Mecklenburg; überall scheinen die Dörfer und kleinen Städte schlimmer betroffen gewesen zu sein als die großen Städte. Dagegen war der Unterschied der Konfessionen zunächst kaum von Bedeutung, die Hexenverfolgungen grassierten in katholischen wie in lutherischen oder auch calvinistischen Gebieten; erst gegen Ende des Jahrhunderts verschoben sich die Verhältnisse zugunsten der Protestanten. Im zeitlichen Ablauf des Geschehens lassen sich deutliche Konzentrationen besonders heftiger Verfolgungen auf jeweils eine Reihe von Jahren deutlich erkennen; die erste ganz große Welle der Hexenprozesse fiel in die Jahre um 1590.

Die Hexenprozesse kamen zumeist auf Drängen der Untertanen zustande, die ihren Obrigkeiten mit Gerüchten – oft schon auf bestimmte Personen bezogen – in den Ohren lagen, um sie zum Einschreiten gegen die angeblich Land und Leute verderbenden Hexen zu bewegen. Keineswegs alle Obrigkeiten gaben solchem Drängen nach; daß Jülich-Kleve-Berg, die welfischen Fürstentümer, Kurbrandenburg, Kursachsen, die Kurpfalz und – zunächst – Bayern von den Hexenverfolgungen weniger betroffen wurden als andere Territorien, hatte in der ablehnenden Haltung ihrer Landesherren seinen wichtigsten Grund. Auch fehlte es nicht ganz an literarischen Gegnern der Hexenprozesse, von denen der am Niederrhein wirkende Arzt Johann Weyer (1516–1588) wohl der einflußreichste war. Sobald aber die Obrigkeiten dem Druck von unten nachgaben, lösten sie eine ganze Lawine von Prozessen aus. Zum Gerücht als erstem Indiz der Hexerei kam nämlich jetzt die „Besagung", d.h. die Nennung weiterer Verdächtiger durch die bereits Angeklagten unter dem Druck der Folter. Zum Hexenwahn gehörte ja die fatale Vorstellung ganzer Hexengemeinschaften, konkretisiert im Hexentanz; das veranlaßte die inquirierenden Gerichte zu entsprechenden Befragungen, und aus Angst vor der Folter oder unter den Qualen der Folter selbst bekannten die Opfer, was man von ihnen hören wollte: Selbst unschuldig, zogen sie andere Unschuldige mit ins Verderben. Die Chance, einen einmal eingeleiteten Hexenprozeß zu überleben, war zumeist wohl nur minimal; der Folter folgte das Geständnis, dem Geständnis das Urteil, dem Urteil die Hinrichtung. Diese schreckliche Zwangsläufigkeit der Hexenprozesse wurde noch am ehesten durchbrochen, wenn die Prozeßakten zur Begutachtung an eine Juristische Fakultät gingen; die Marburger Universitätsjuristen z.B. scheinen zeitweise in etwa jedem vierten der ihnen vorgelegten Fälle durch ihr Votum das Leben der Angeklagten gerettet zu haben. Die Gesamtbilanz auch der Universitätsgutachten war jedoch sehr viel ungünstiger; denn selbst unter den humanistisch gebildeten Professoren stand nur eine kleine Mehrheit dem Hexenwahn oder auch bloß den Hexenverfolgungen kritisch gegenüber. Die Forschungen W. Behringers haben neuestens allerdings erwiesen, daß – zumindest regional – ein sehr viel größerer Anteil der Hexenprozesse mit Freispruch oder Einstellung des Verfahrens endete, als man früher angenommen hat; ein abschließendes, generelles Urteil über diese Frage steht noch aus. Unter den Opfern der Verfolgungen befanden sich Frauen und Männer aus allen Ständen, Geistliche und Weltliche, Greise und Kinder. Anscheinend waren die Unterschichten in Stadt und Land besonders stark betroffen, während Angehörige der Oberschichten wohl nur in seltenen Fällen in den Strudel der Verfolgung gerieten.

Die historische Erklärung der Hexenverfolgungen stößt bis heute auf große Schwierigkeiten. Carlo Ginzburg hat anhand eines Beispiels aus

Friaul gezeigt, daß der Vorwurf der Hexerei an das Fortleben heidnischen Brauchtums anknüpfen konnte, etwa eines archaischen Abwehrzaubers gegen Ernteschäden, der zur Hexerei umgedeutet wurde. Ob aber eine solche Uminterpretation agrarischer Kultelemente heidnischen Ursprungs in diabolische Hexerei mehr als bloß regionale Bedeutung hatte, ist zweifelhaft. Die Erklärung der Hexenprozesse als Versuch einer brutalen Sozialdisziplinierung der Untertanen von seiten der geistlichen und weltlichen Obrigkeiten reicht ebenfalls nicht sehr weit, zumal da die Anstöße zu den Hexenverfolgungen in aller Regel gerade nicht von den Obrigkeiten, sondern von den Untertanen selbst ausgingen. Erst recht unbefriedigend erscheint der Versuch, die Hexenverfolgungen insgesamt als Maßnahmen zur Unterdrückung naturheilkundiger „weiser Frauen" zu verstehen – dies schon deshalb, weil solche „weisen Frauen" nur einen kleinen Bruchteil der Verfolgten ausmachten. Und auch die Interpretation der Hexenverfolgungen als „Feldzug gegen das weibliche Geschlecht"[79] dürfte viel zu weit gehen und überhaupt den Kern des Problems verfehlen. Zwar trug ein Teil der zeitgenössischen Hexenliteratur unbestreitbar frauenfeindliche Züge; der berüchtigte „Hexenhammer" von 1487, der seit den 60er Jahren des 16. Jahrhunderts weite Verbreitung fand, liefert dafür krasse Belege. Auch wurden faktisch von den Hexenprozessen überwiegend Frauen betroffen, bei regionalen Unterschieden von etwa 50 bis über 95 Prozent der Opfer. Gleichwohl läßt sich Frauenfeindlichkeit als eigentliche und generelle Triebkraft der Hexenverfolgungen aus den Quellen nicht belegen; sie war kaum mehr als ein Einschlag im Gewebe. Vermutlich wird man überhaupt mit einer Pluralität von gesellschaftlichen Konfliktslagen rechnen müssen, die in die Hexenprozesse umschlugen, wie das ja auch immer wieder in den Judenverfolgungen geschehen ist. Die deutliche Häufung der Hexenverfolgungen in Dörfern und kleinen Ackerbürgerstädten legt im übrigen die Vermutung nahe, daß die aus der Diskrepanz von Bevölkerungs- und Wirtschaftswachstum resultierenden sozialen Spannungen auf dem Lande als auslösendes Moment der Hexenverfolgungen von besonderer Bedeutung waren. Doch sind hier noch viele Fragen offen, die sich erst auf Grund weiterer intensiver und geduldiger Bemühungen um die historischen Quellen werden beantworten lassen.

Nachweise der Zitate

1. Reichsspruch von 1231, Mai 1: Monumenta Germaniae historica, Constitutiones et acta publica imperatorum et regum, Bd. 2, Hannover 1896, Nr. 305, S. 420
2. Hermann Conrad, Deutsche Rechtsgeschichte, Bd. 2: Neuzeit bis 1806, Karlsruhe 1966, S. 69
3. Peter Moraw, Versuch über die Entstehung des Reichstags. In: Politische Ordnungen und soziale Kräfte im alten Reich, hrg. von H. Weber (VeröffInstEurG Mainz, Abt. Universalgeschichte, Beiheft 8, Wiesbaden 1980, S. 1–36), S. 24
4. Leopold Ranke, Deutsche Geschichte im Zeitalter der Reformation, hrg. von P. Joachimsen, Bd. 1, München 1925, Vorrede S. 2
5. Stephan Skalweit, Reich und Reformation, Berlin 1967, S. 56
6. Ebda. S. 57
7. Defensio Joannis Reuchlin Phorcensis L. L. Doctoris contra calumniatores suos Colonienses (1513). Auszüge bei Ludwig Geiger, Johann Reuchlin, sein Leben und seine Werke. Nachdruck der Ausgabe Leipzig 1871, Nieuwkoop 1964, S. 272–278
8. Desiderii Erasmi Roterodami Opera Omnia, hrg. von J. Clericus, Bd. 6, Leiden 1705, S. 2
9. D. Martin Luthers Werke, WA Bd. 6, S. 195
10. Peter Manns, Martin Luther. Mit 96 Farbtafeln von Nils Loose, 2. Aufl. Freiburg – Basel – Wien 1983, S. 61
11. D. Martin Luthers Werke, WA Bd. 1, S. 557f
12. So in einer Predigt aus dem Jahre 1524; D. Martin Luthers Werke, WA Bd. 15, S. 527
13. D. Martin Luthers Werke, WA Bd. 54, S. 179–187, hier S. 185. Neuhochdeutsche Fassung nach: Luther deutsch, hrg. von K. Aland, Bd. 2, Stuttgart 1962, S. 19f
14. D. Martin Luthers Werke, WA Bd. 1, S. 236
15. So z.B. bei Luther in dessen Adelsschrift von 1520; D. Martin Luthers Werke, WA Bd. 6, S. 406
16. „grant argent“: Maximilian an Karl, 18. Mai 1518; M. le Glay (Hrg.), Négotiations diplomatiques entre la France et l'Autriche 1491–1530, Bd. 2, Paris 1845, Nr. 40, S. 125ff
17. B. Greiff, Was Kayser Carolus dem Vten die Römisch Künglich Wal cost im 1520. Jar, zit. nach: Das Buch der Reformation, geschrieben von Mitlebenden, hrg. von Karl Kaulfuß-Diesch, 5. Aufl. Leipzig 1917, S. 402
18. Text der Wahlkapitulation: Deutsche Reichstagsakten, Jüngere Reihe, Bd. 1, bearb. von August Kluckhohn, Gotha 1893, Nr. 387, S. 864–876
19. D. Martin Luthers Werke, WA Bd. 6, S. 408
20. D. Martin Luthers Werke, WA Bd. 7, S. 36
21. Luthers sämmtliche Schriften, hrg. von Joh. G. Walch, Teil 15, Jena 1745, Nr. 489, Sp. 1942

22. Carl Mirbt (Hrg.), Quellen zur Geschichte des Papsttums und des römischen Katholizismus, Bd. 1, 6. Aufl. neu bearb. von K. Aland, Tübingen 1967, Nr. 789, S. 504–513
23. D. Martin Luthers Werke, WA Bd. 7, S. 832–838. Die ursprüngliche – deutsche – Fassung der Rede ist nicht erhalten; die hier gegebene neuhochdeutsche Version folgt im wesentlichen Kurt-Victor Selge, Capta conscientia in verbis Dei. Luthers Widerrufsverweigerung in Worms. In: Der Reichstag zu Worms von 1521. Reichspolitik und Luthersache, hrg. von Fr. Reuter, Worms 1971, S. 180–207
24. Vgl. Anm. 18
25. Deutsche Reichstagsakten, Jüngere Reihe, Bd. 3, bearb. von Adolf Wrede, Gotha 1901, S. 424; entsprechend auch der Reichsabschied, ebda. S. 440
26. Deutsche Reichstagsakten, Jüngere Reihe, Bd. 4, bearb. von Adolf Wrede, Gotha 1905, S. 572–574
27. Emil Egli (Hrg.), Actensammlung zur Geschichte der Zürcher Reformation in den Jahren 1519–1533, Zürich 1879, S. 236
28. Huldreich Zwinglis sämtliche Werke, Bd. 2, hrg. von Emil Egli und Georg Finsler (Corpus Reformatorum Bd. 89), S. 784
29. D. Martin Luthers Werke, WA Tischreden Bd. 2, Nr. 2623b, S. 553f
30. Thomas Müntzer, Schriften und Briefe, hrg. von Günther Franz (QForschRefG 33), Gütersloh 1968, S. 504
31. Ebda. S. 162
32. Ebda. S. 225–240
33. D. Martin Luthers Werke, WA Bd. 15, S. 210–221
34. „Außlegung des andern unterschyds Danielis"; Thomas Müntzer, Schriften und Briefe, hrg. von Günther Franz (QForschRefG 33), Gütersloh 1968, S. 241–263
35. „Außgetrückte emplössung des falschen glaubens der ungetrewen welt durchs gezeugnus des Euangelions luce vorgetragen der elenden erbermlichen Christenheyt zur innerung jres irsals ... Thomas Muntzer mit dem hammer. Mühlhausen, MDXXIIII"; ebda. S. 267B-319B
36. Erasmus von Rotterdam, Ausgewählte Schriften, hrg. und übersetzt von Winfried Lesowsky, Bd. 4, Darmstadt 1969, S. 7
37. D. Martin Luthers Werke, WA Bd. 18, S. 786, 685
38. Günther Franz (Hrg.), Quellen zur Geschichte des Bauernkrieges, Darmstadt 1963, Nr. 43, S. 174–179
39. So in einem Brief an die Allstedter Bundesgenossen; Thomas Müntzer, Schriften und Briefe, hrg. von Günther Franz (QForschRefG 33), Gütersloh 1968, Briefwechsel Nr. 75, S. 454–455
40. Jürgen Bücking, Michael Gaismair: Reformer – Sozialrebell – Revolutionär. Seine Rolle im Tiroler „Bauernkrieg" 1525/32 (Spätmittelalter und Frühe Neuzeit. Tübinger Beiträge zur Geschichtsforschung Bd. 5), Stuttgart 1978, S. 153–162
41. D. Martin Luthers Werke, WA Bd. 18, S. 357–361
42. Abschied des Reichstags von 1526, § 4; Neue und vollständigere Sammlung der Reichsabschiede ..., Teil II, Frankfurt/M. 1747, S. 274
43. Julius Ney (Hrg.), Die Appellation und Protestation der evangelischen Stände auf dem Reichstag zu Speier 1529, Leipzig 1906, S. 58f

44. Karl Eduard Förstemann (Hrg.), Urkundenbuch zu der Geschichte des Reichstags zu Augsburg von 1530, Bd. 1, Halle 1833, S. 2
45. Neue und vollständigere Sammlung der Reichsabschiede ..., Teil II, Frankfurt/M. 1747, S. 340, 342
46. Opus epistolarum Des. Erasmi Roterodami, Bd. 7, hrg. von P.S. Allen, Oxford 1928, Nr. 1977, S. 366
47. Friedrich Hortleder (Hrg.), Der Röm. Keyser – und Königlichen Maiesteten, auch des Heil. Röm. Reichs Geistlicher und Weltlicher Stände, Churfürsten, Fürsten ... Handlungen und Außschreiben ... von den Ursachen deß Teutschen Kriegs ..., Bd. 1, Frankfurt am Main 1617, Buch 1, S. 32
48. D. Martin Luthers Werke, WA Briefe Bd. 9, Nr. 3616, S. 407; Nr. 3637, S. 460
49. Philippi Melanthonis opera, quae supersunt omnia, Bd. 4, hrg. von C.G. Bretschneider (Corpus Reformatorum Bd. 4), Halle 1837, Sp. 623–625
50. Briefwechsel Landgraf Philipp's des Großmüthigen von Hessen mit Bucer, hrg. von Max Lenz, Bd. 3, Berlin 1891, S. 95f
51. Neue und vollständigere Sammlung der Reichsabschiede ..., Teil II, Frankfurt/M. 1747, S. 495–517
52. J. Strieder, Authentische Berichte über Luthers letzte Lebensstunden, 2. Aufl. Berlin 1930, S. 27
53. So nach der Überlieferung Joh. Aurifabers: D. Martin Luthers Werke, WA Tischreden Bd. 5, Nr. 5468, S. 168
54. Bartholomäi Sastrowen Herkommen, Geburt und Lauff seines gantzen Lebens, hrg. von Gottlieb Chr. Fr. Mohnike, Bd. 2, Greifswald 1824, S. 151ff
55. Ebda. S. 202
56. Das Augsburger Interim von 1548. Nach den Reichstagsakten deutsch und lateinisch hrg. von Joachim Mehlhausen (Texte zur Geschichte der evangelischen Theologie, Heft 3), Neukirchen 1970
57. Druck der Formula reformationis: Karl Theodor Hergang (Hrg.), Das Augsburger Interim, ein Bedenken Melanchthons und einige Briefe desselben in Bezug auf das Interim, die Bulla reformationis Pauli III. und die Formula reformationis Caroli V., als Grund für den Religionsfrieden vom 26. September 1555, Leipzig 1855, S. 232–272
58. Ablehnung der „viehischen, unträglichen und ewigen Servitut, wie in Hispania" als Motiv der Fürstenverschwörung bei Karl Brandi, Kaiser Karl V. Werden und Schicksal einer Persönlichkeit und eines Weltreiches, Bd. 1, München 1937, S. 516
59. August von Druffel (Hrg.), Beiträge zur Reichsgeschichte, Bd. 3: 1546–1551, München 1875, S. 340f
60. Karl Brandi, Deutsche Geschichte im Zeitalter der Reformation und Gegenreformation, 3. Aufl. Leipzig 1941, S. 295
61. Karl an Ferdinand, 8. Juni 1554; Correspondenz des Kaisers Karl V. Aus dem Kgl. Archiv und der Bibl. de Bourgogne zu Brüssel, hrg. von Karl Lanz, Bd. 3: 1550–1556, Leipzig 1846, S. 622–628
62. Heinrich Lutz, Christianitas afflicta. Europa, das Reich und die päpstliche Politik im Niedergang der Hegemonie Kaiser Karls V. 1552–1556, Göttingen 1964, S. 333
63. Ebda. S. 368
64. Neue und vollständigere Sammlung der Reichsabschiede ..., Teil III, Frankfurt/M. 1747, S. 14–43

65. Martin Heckel, Deutschland im konfessionellen Zeitalter (Deutsche Geschichte, hrg. von J. Leuschner, Bd. 5), Göttingen 1983, S. 42f
66. Hubert Jedin, Katholische Reformation oder Gegenreformation? Ein Versuch zur Klärung der Begriffe, Luzern 1946, S. 38
67. Moriz Ritter, Deutsche Geschichte im Zeitalter der Gegenreformation und des Dreißigjährigen Krieges, Bd. 1, Stuttgart 1889, S. 130
68. Nuntiaturberichte aus Deutschland. 2. Abteilung: 1560–1572, hrg. von der Hist. Komm. der Ak. d. Wissenschaften in Wien. Bd. 5, bearb. von Ignaz Philipp Dengel, Wien – Leipzig 1926, S. 114
69. Walter Hollweg, Der Augsburger Reichstag von 1566 und seine Bedeutung für die Entstehung der Reformierten Kirche und ihres Bekenntnisses, Neukirchen 1964, S. 363
70. Geoffrey Parker, Der Aufstand der Niederlande. Von der Herrschaft der Spanier zur Gründung der niederländischen Republik 1549–1609, München 1979, S. 217
71. Jan Juliaan Woltjer, Der niederländische Bürgerkrieg und die Gründung der Republik der Vereinigten Niederlande 1555–1648 (Handbuch der europäischen Geschichte, hrg. von Th. Schieder, Bd. 3, Stuttgart 1971, S. 664–690), S. 682
72. Paul Münch, Zucht und Ordnung. Reformierte Kirchenverfassungen im 16. und 17. Jahrhundert (Nassau-Dillenburg, Kurpfalz, Hessen-Kassel) (Spätmittelalter und Frühe Neuzeit. Tübinger Beiträge zur Geschichtsforschung Bd. 3), Stuttgart 1978, S. 83
73. Gustav Reingrabner, Protestanten in Österreich. Geschichte und Dokumentation, Wien/Köln/Graz 1981, S. 86
74. Johann Loserth (Hrg.), Akten und Korrespondenzen zur Geschichte der Gegenreformation in Innerösterreich unter Erzherzog Karl II. 1578–1590 (Fontes rerum Austriacarum 50, Wien 1898), S. 36
75. Gustav Reingrabner, Protestanten in Österreich. Geschichte und Dokumentation, Wien/Köln/Graz 1981, S. 102
76. Wilhelm Abel, Geschichte der deutschen Landwirtschaft vom frühen Mittelalter bis zum 19. Jahrhundert (Deutsche Agrargeschichte, hrg. von G. Franz, Bd. 2), 3. Aufl. Stuttgart 1978, S. 160
77. Ingomar Bog, Wachstumsprobleme der oberdeutschen Wirtschaft 1540–1618. In: JbbNationalökonStat 179, 1966, S. 493–537; S. 531
78. Martin Heckel, Deutschland im konfessionellen Zeitalter (Deutsche Geschichte, hrg. von J. Leuschner, Bd. 5), Göttingen 1983, S. 64
79. Silvia Bovenschen, Die aktuelle Hexe, die historische Hexe und der Hexenmythos (Aus der Zeit der Verzweiflung. Zur Genese und Aktualität des Hexenbildes. Beiträge von Gabriele Becker, Silvia Bovenschen, Helmut Brackert u.a. Frankfurt/M. 1977, S. 259–312), S. 277

IV. Bibliographie

Vorbemerkung

Die deutsche Geschichte des 16. Jahrhunderts gehört zu den am gründlichsten erforschten Epochen der deutschen und europäischen Geschichte. Die Zahl der einschlägigen Quellen- und Forschungspublikationen ist denn auch gewaltig; schon Karl Schottenloher: Bibliographie der deutschen Geschichte im Zeitalter der Glaubensspaltung, 7 Bände, Stuttgart ²1956–1966, verzeichnet bis zum Erscheinungsjahr 1960 über 65 000 Titel, und seitdem sind – bei allerdings ziemlich enger Konzentration auf wenige Themenbereiche insbesondere der Sozial- und Verfassungsgeschichte der ersten Jahrhunderthälfte – Tausende neuer Arbeiten dazugekommen. Natürlich handelt es sich dabei vielfach um Titel von zeitlich oder regional sehr beschränkter Bedeutung; die älteren Arbeiten sind überdies nicht selten, wenigstens partiell, in ihren Fragestellungen überholt. Gleichwohl beträgt die Zahl derjenigen Publikationen, die den heute maßgebenden Stand der Forschung repräsentieren, ein Vielfaches der Titel, die in der hier folgenden Bibliographie Aufnahme finden konnten. Um so nachdrücklicher sei der interessierte Leser auf die – nun wieder gerade für die Geschichte des 16. Jahrhunderts besonders ergiebigen – Bibliographien und Forschungsberichte verwiesen, die zu Beginn des folgenden Verzeichnisses genannt sind.

Wegen der Knappheit des verfügbaren Platzes sind neben den Titeln der besonders wichtigen Sammelbände die in ihnen publizierten Aufsätze und Vorträge in der Regel nicht gesondert aufgenommen; auch sind die Herausgeber geläufiger Reihenwerke nicht eigens genannt. Die verwendeten Abkürzungen entsprechen nach Möglichkeit der Zitierweise der neuesten, 10. Auflage des Dahlmann-Waitz: Quellenkunde der deutschen Geschichte, Stuttgart 1967ff.

I. Bibliographien, Forschungsberichte, Geschichte der Geschichtsschreibung

Archiv für Reformationsgeschichte, Bd. 1ff. [seit 1972 jährlich gesonderte Literaturberichte]. Leipzig/Gütersloh 1903ff.

Bäumer, Remigius: Das Konzil von Trient und die Erforschung seiner Geschichte. In: Concilium Tridentinum, hrg. v. R. Bäumer (Wege der Forschung 313). Darmstadt 1979, S. 3–48.

Bäumer, Remigius: Die Erforschung der kirchlichen Reformationsgeschichte seit 1931. Reformation, katholische Reform und Gegenreformation in der neueren

katholischen Reformationsgeschichtsschreibung in Deutschland (Erträge der Forschung 34). Darmstadt 1975, S. 39–157.
Bibliographie de la Réforme, 1450–1648, hrg. v. d. Commission Internationale d'Histoire Ecclésiastique, bisher 8 Bde. Louvain 1958ff.
Bierbrauer, Peter: Bäuerliche Revolten im Alten Reich. Ein Forschungsbericht. In: Aufruhr und Empörung? Studien zum bäuerlichen Widerstand im Alten Reich, hrg. v. P. Blickle. München 1980, S. 1–68.
Bornkamm, Heinrich: Luther zwischen den Konfessionen. 400 Jahre katholischer Lutherforschung. In: Festschrift Gerhard Ritter, hrg. v. R. Nürnberger. Tübingen 1950, S. 210–231.
Büsser, Fritz: Das katholische Zwinglibild. Von der Reformation bis zur Gegenwart. Zürich 1968.
Dahlmann-Waitz: Quellenkunde der deutschen Geschichte. Bibliographie der Quellen und der Literatur zur deutschen Geschichte, hrg. v. H. Heimpel/H. Geuss. 10. Aufl. im Erscheinen. Stuttgart 1967ff.
Dotzauer, Winfried: Das Zeitalter der Glaubensspaltung (1500–1618) (Quellenkunde zur deutschen Geschichte der Neuzeit von 1500 bis zur Gegenwart, hrg. v. W. Baumgart, Bd. 1). Darmstadt 1987.
Foschepoth, Josef: Reformation und Bauernkrieg im Geschichtsbild der DDR (Historische Forschungen 10). Berlin 1976.
Friesen, Abraham: Die ältere und die marxistische Müntzerdeutung. In: Thomas Müntzer, hrg. v. A. Friesen/H. J. Goertz (Wege der Forschung 491). Darmstadt 1978, S. 447–480.
Friesen, Abraham: Reformation and Utopia. The Marxist Interpretation of the Reformation and its Antecedents (VeröffInstEurG Mainz 71). Wiesbaden 1974.
Gäbler, Ulrich: Huldrych Zwingli im 20. Jahrhundert. Forschungsbericht und annotierte Bibliographie 1897–1972. Zürich 1975.
Goertz, Hans-Jürgen: Schwerpunkte der neueren Müntzerforschung. In: Thomas Müntzer, hrg. v. A. Friesen/H.-J. Goertz (Wege der Forschung 491). Darmstadt 1978, S. 481–536.
Goertz, Hans-Jürgen (Hrg.): Umstrittenes Täufertum 1525 bis 1975. Neue Forschungen. 2. Aufl. Göttingen 1977.
Greyerz, Kaspar von: Stadt und Reformation: Stand und Aufgaben der Forschung. In: ARG 76 (1985) S. 6–63.
Hammer, Wilhelm: Die Melanchthon-Forschung im Wandel der Jahrhunderte, 3 Bde. (QForschRefG 35, 36. 49). Gütersloh 1967–1980.
Hillerbrand, Hans J. (Hrg.): Bibliographie des Täufertums 1520–1630 (Quellen zur Geschichte der Täufer 10 = QForschRefG 30). Gütersloh 1962.
Humanismusforschung seit 1945 (Deutsche Forschungsgemeinschaft. Mitt. der Komm. für Humanismusforschung 2). Bonn/Bad Godesberg 1975.
Janssen, Wilhelm: Die Anfänge des modernen Völkerrechts und der neuzeitlichen Diplomatie. Ein Forschungsbericht. Stuttgart 1965.
Jedin, Hubert: Das Konzil von Trient. Ein Überblick über die Erforschung seiner Geschichte. Rom 1948.
Jedin, Hubert: Die Erforschung der kirchlichen Reformationsgeschichte seit 1876. Leistungen und Aufgaben der deutschen Katholiken (Erträge der Forschung 34). Darmstadt 1975, S. 1–38.
Klaiber, Wilbirgis (Hrg.): Katholische Kontroverstheologen und Reformer des

16. Jahrhunderts. Ein Werkverzeichnis. Mit einer Einführung von R. Bäumer (RefGeschichtlStud 116). Münster 1978.

Köhn, Mechthild: 25 Jahre Bucer-Forschung 1951–1976. In: Horizons européens de la Réforme en Alsace, hrg. v. d. Soc. savante d'Als. et des régions de l'est, Sér. 1, 17, Festschrift Jean Rott. Strasbourg 1980, S. 161–175.

Kopitzsch, Franklin/Wohlfeil, Rainer: Neue Forschungen zur Geschichte des deutschen Bauernkriegs. In: Der Deutsche Bauernkrieg 1524–1526, hrg. v. H. U. Wehler (Geschichte und Gesellschaft, Sonderheft 1). Göttingen 1975, S. 305–354.

Kroker, Werner/Westermann, Ekkehard: Montanwirtschaft Mitteleuropas vom 12. bis 17. Jahrhundert. Stand, Wege und Aufgaben der Forschung (Veröff. aus dem Deutschen Bergbau-Museum Bochum 30. Der Anschnitt, Beiheft 2). Bochum 1984.

Locher, Gottfried W.: Die Wandlung des Zwingli-Bildes in der neueren Forschung. In: Zwingliana 11 (1963) S. 560–585. Abdruck in: Gottfried W. Locher, Huldrych Zwingli in neuer Sicht. Stuttgart/Zürich 1969, S. 137–171.

Loewenich, Walther von: Probleme der Lutherforschung und der Lutherinterpretation (SbbAkad. München 1984, 1). München 1984.

Lutz, Heinrich: Zum Wandel der katholischen Lutherinterpretation. In: Objektivität und Parteilichkeit, hrg. v. R. Koselleck/W. J. Mommsen/J. Rüsen (Beiträge zur Historik 1). München 1977, S. 173–198.

Manns, Peter (Hrg.): Zur Lage der Lutherforschung heute. Wiesbaden 1982.

Niesel, Wilhelm: Calvin-Bibliographie 1901–1959. München 1961.

Nipperdey, Thomas: die Reformation als Problem der marxistischen Geschichtswissenschaft. In: Reformation oder frühbürgerliche Revolution?, hrg. v. R. Wohlfeil. München 1972, S. 205–229.

Pollet, Jacques V.: Huldrych Zwingli et le Zwinglianisme. Essai de synthèse historique et théologique mise à jour d'après les recherches récentes. Paris 1988.

Revue d'Histoire Ecclésiastique. Bibliographie, Bd. 1 ff. Louvain 1900 ff.

Rublack, Hans-Christoph: Forschungsbericht Stadt und Reformation. In: Stadt und Kirche im 16. Jahrhundert, hrg. v. B. Moeller (SchrrVRefG 190). Gütersloh 1978, S. 9–26.

Schnabel, Franz: Deutschlands geschichtliche Quellen und Darstellungen in der Neuzeit. Erster Teil: Das Zeitalter der Reformation 1500–1550, Nachdruck der Ausgabe Leipzig/Berlin 1931. Darmstadt 1972.

Schottenloher, Karl: Bibliographie der deutschen Geschichte im Zeitalter der Glaubensspaltung 1517–1585, 7 Bde. 2. Aufl. Stuttgart 1956–1966.

Smit, J. W.: The Present Position of Studies regarding the Revolt of the Netherlands. In: Britain and the Netherlands, hrg. v. J. S. Bromley/H. E. Kossmann. London 1966, S. 11–28.

Stupperich, Robert: Das Münsterische Täufertum. Ergebnisse und Probleme der neueren Forschung. Münster 1958.

Winterhager, Friedrich: Der Bauernkrieg von 1525 in der historischen Literatur. Positionen der Forschung vom Vormärz bis heute. Diss. phil. Berlin 1979.

Wolf, Gustav: Quellenkunde der deutschen Reformationsgeschichte, 3 Bde., Nachdruck der Ausgabe Gotha 1915–1922. Nieuwkoop/Hildesheim 1966.

Zeeden, Ernst W.: Bibliographie zur Gegenreformation und zur katholischen Reform. In: Gegenreformation, hrg. v. E. W. Zeeden (Wege der Forschung 311). Darmstadt 1973, S. 475–499.

Zeeden, Ernst W./Molitor, Hansgeorg (Hrgg.): Die Visitation im Dienst der kirchlichen Reform, mit einer Bibliographie gedruckter und einem archivalischen Verzeichnis ungedruckter Visitationsquellen (Katholisches Leben und Kirchenreform im Zeitalter der Glaubensspaltung 25/26). 2. Aufl. Münster 1977.

II. Quellen

Aufzeichnungen des Kaisers Karl's des Fünften (1515–1548), hrg. v. Baron Kervyn van Lettenhove. Deutsche Übersetzung der belgischen Ausgabe Brüssel 1862. Leipzig 1862.

Die Bekenntnisschriften der evangelisch-lutherischen Kirche, hrg. v. Rat der Evangelischen Kirche in Deutschland. 10. Aufl. Göttingen 1986.

Bömer, Aloys (Hrg.): Epistolae Obscurorum Virorum (1515–1517), Nachdruck der Ausgabe Heidelberg 1924. Aalen 1978.

Martini Buceri Opera Omnia, Series I: Deutsche Schriften, hrg. v. R. Stupperich, Bd. 1–5, 7, 17. Gütersloh/Paris 1960–1981.

Martini Buceri Opera Omnia, Series II: Opera Latina, hrg. v. F. Wendel, Bd. 1, 15, 1–2. Gütersloh/Paris 1954–1982.

Ioannis Calvini Opera Quae Supersunt Omnia, hrg. v. W. Baum/E. Cunitz/E. Reuss u.a. (Corpus Reformatorum 29–87), Nachdruck der Ausgabe Braunschweig/Berlin 1863–1900. New York 1964.

Johannes Calvins Lebenswerk in seinen Briefen. Eine Auswahl von Briefen in deutscher Übersetzung, hrg. v. R. Schwarz, 3 Bde., Nachdruck der zweibändigen Ausgabe Freiburg 1909. Neukirchen 1961/62.

Beati Petri Canisii Societatis Jesu Epistulae et Acta, hrg. v. O. Braunsberger, 8 Bde. Freiburg 1896–1923.

Clemen, Otto (Hrg.): Flugschriften aus den ersten Jahren der Reformation, 4 Bde., Nachdruck der Ausgabe Leipzig/Halle 1907–11. Nieuwkoop 1967.

Concilium Tridentinum: Diariorum, Actorum, Epistolarum, Tractatuum Nova Collectio, hrg. von der Görres-Gesellschaft, 13 Bde., 1.–2. Aufl. Freiburg 1901–1967.

Corpus Catholicorum: Werke katholischer Schriftsteller im Zeitalter der Glaubensspaltung [u.a. Schriften v. J. Eck, J. Cochlaeus, H. Emser, K. Schatzgeyer, G. Contarini, B. Latomus, J. Fisher, Th. de Vio Caietanus, Augustin von Alfeld, N. Herborn, G. Witzel] bisher 38 Bde. Münster 1919ff.

Deutsche Reichstagsakten. Jüngere Reihe, hrg. durch die Hist. Komm. d. (früher: Königlichen) Bayer. Akad. d. Wiss. Deutsche Reichstagsakten unter Kaiser Karl V., bisher Bd. 1–4, Gotha 1893–1905; Bd. 7, 1–2, Stuttgart 1935; Bd. 8, 1–2, Göttingen 1971.

Druffel, August von (Hrg.): Beiträge zur Reichsgeschichte, Bde. 1–3. Bd. 4 ergänzt u. bearb. v. K. Brandi (Briefe und Akten zur Geschichte des 16. Jahrhunderts mit besonderer Rücksicht auf Bayerns Fürstenhaus, hrg. bei der Königlichen Acad. der Wiss.). München 1873–1896.

Dülmen, Richard van (Hrg.): Das Täuferreich zu Münster 1534–1535. Berichte und Dokumente. München 1974.

Egli, Emil (Hrg.): Actensammlung zur Geschichte der Zürcher Reformation in den Jahren 1519–1533, Nachdruck der Ausgabe Zürich 1879. Aalen 1973.

Desiderii Erasmi Roterodami Opus Epistolarum, hrg. v. P. S. Allen u.a., 12 Bde. Oxford 1906–1965.
Desiderii Erasmi Roterodami Opera Omnia, hrg. v. Joh. Clericus, 10 Bde., Nachdruck der Ausgabe Leiden 1703–1706. Hildesheim 1961–1967.
Franz, Günther (Hrg.): Quellen zur Geschichte des Bauernkrieges (Ausgewählte Quellen zur deutschen Geschichte der Neuzeit 2). München/Wien 1963.
Gattinara: Historia vite et gestorum per dominum magnum cancellarium (Mercurino Arborio di Gattinara), hrg. von C. Bornate. In: Miscellanea di storia italiana, 3. Ser. 17 (1915) S. 231–585.
Gross, Lothar/Lacroix, Robert (Hrgg.): Urkunden und Aktenstücke des Reichsarchivs Wien zur reichsrechtlichen Stellung des Burgundischen Kreises. Bd. 1 (1454–1548) und 2 (1548–1643). Wien 1944/1945.
Gussmann, Wilhelm (Hrg.): Quellen und Forschungen zur Geschichte des Augsburgischen Glaubensbekenntnisses, 2 Bde. Berlin/Kassel 1911/1930.
Das Reichstagsprotokoll des kaiserlichen Kommissars Felix Hornung vom Augsburger Reichstag 1555, mit einem Anhang: Die Denkschrift des Reichsvizekanzlers G. S. Seld für den Augsburger Reichstag, hrg. v. H. Lutz/A. Kohler (Österr. Akad. der Wiss., Phil.-Hist. Klasse, Denkschriften 103). Wien/Köln/Graz 1971.
Kaiser, Jacob (Hrg.): Amtliche Sammlung der älteren Eidgenössischen Abschiede, bearb. v. A. P. Segesser/J. Strickler/K. Deschwander u.a. [für das 16. Jahrhundert: Bd. 3,2 – 5,1]. Luzern/Zürich/Bern/Brugg 1869–1872.
Die Korrespondenz Ferdinands I., bisher 3 Bde. [bis 1532] Bd. 1 bearb. v. W. Bauer, Bd. 2 bearb. v. W. Bauer/R. Lacroix, Bd. 3, 1–2 bearb. v. H. Wolfram/C. Thomas (Veröff. der Komm. für neuere Geschichte Österreichs 11, 30/31, 58). Wien 1912–1984.
Die Korrespondenz Maximilians II., hrg. v. V. Bibl, 2 Bde. (Veröff. der Komm. für neuere Geschichte Österreichs 14, 16), Nachdruck der Ausgabe Wien 1916/21. Nendeln/Liechtenstein 1970.
Lanz, Karl (Hrg.): Actenstücke und Briefe zur Geschichte Kaiser Karl V. (Monumenta Habsburgica, 2. Abt., Bd. 1). Wien 1853.
Lanz, Karl (Hrg.): Correspondenz des Kaisers Karl V., 3 Bde., Nachdruck der Ausgabe Leipzig 1844–46. Frankfurt/M. 1966.
Lanz, Karl (Hrg.): Staatspapiere zur Geschichte des Kaisers Karl V. Stuttgart 1845.
Laube, Adolf (Hrg.): Flugschriften der frühen Reformationsbewegung 1518–1524, 2 Bde. Berlin (O.)/Vaduz 1983.
Loserth, Johann (Hrg.): Acten und Correspondenzen zur Geschichte der Gegenreformation in Innerösterreich unter Erzherzog Karl II. (1578–1590), (FontRer Austr II, 50). Wien 1898.
Loserth, Johann (Hrg.): Akten und Korrespondenzen zur Geschichte der Gegenreformation in Innerösterreich unter Ferdinand II. 2 Teile (FontRerAustr II, 58, 60). Wien 1906/07.
D. Martin Luthers Werke. Kritische Gesamtausgabe [Weimarer Ausgabe, zit. WA]. In 4 Abt: 1. Werke, 2. Tischreden, 3. Die deutsche Bibel, 4. Briefwechsel, bislang 101 Bde. 1–2. Aufl. Weimar 1883ff.
Mehlhausen, Joachim (Hrg.): Das Augsburger Interim von 1548. Nach den Reichstagsakten deutsch und lateinisch (Texte zur Geschichte der evangelischen Theologie 3). Neukirchen 1970.

Opera Philippi Melanthonis, hrg. v. K. G. Bretschneider u. H. E. Bindseil (Corpus Reformatorum 1–28), Nachdruck der Ausgabe Halle/Braunschweig 1834–1860. New York 1963.

Merx, Otto/Franz, Günther/Fuchs, Walther P. (Hrgg.): Akten zur Geschichte des Bauernkrieges in Mitteldeutschland, 2 Bde. in 3 Teilen. Leipzig/Berlin/Jena 1923–1942.

Moritz von Sachsen: Politische Korrespondenz des Herzogs und Kurfürsten, bisher 3 Bde. (1529 1548); Bd. 1 u. 2 hrg. v. E. Brandenburg; Bd. 3 hrg. v. J. Herrmann/ G. Wartenberg. Leipzig 1900–1978.

Thomas Müntzer: Schriften und Briefe. Kritische Gesamtausgabe, hrg. v. P. Kirn/ G. Franz (QForschRefG 33). Gütersloh 1968.

Ney, Julius (Hrg.): Die Appellation und Protestation der evangelischen Stände auf dem Reichstage zu Speyer 1529 (Quellenschriften zur Geschichte des Protestantismus 5), Nachdruck der Ausgabe Leipzig 1906. Darmstadt 1967.

Nuntiaturberichte aus Deutschland:

Erste Abt. (1533–1559), hrg. v. Deutschen [früher: Preußischen] Historischen Institut in Rom, 17 Bde. und 2 Erg.-Bde. Gotha/Tübingen 1892–1981.

Zweite Abt. (1560–1572), hrg. v. der Hist. Komm. der Österr. Akad. der Wiss., 8 Bde. Wien 1897–1967.

Dritte Abt. (1572–1585), hrg. v. Deutschen [früher: Preußischen] Historischen Institut in Rom, bisher 6 Bde. Gotha 1892 ff.

Nuntiaturberichte aus Deutschland, hrg. durch die Görresgesellschaft, bisher 12 Bde.; teilw. i. Halbbänden, teilw. Nachdruck. Paderborn/München/Wien 1895 ff.

Grazer Nuntiatur, hrg. v. Österr. Kulturinstitut in Rom u.d. Österr. Akad. der Wiss., bisher 2 Bde. [1580–1587]. Wien 1973 ff.

Pfeilschifter, Georg (Hrg.): Acta Reformationis Catholicae Ecclesiam Germaniae Concernentia saec. XVI. Die Reformverhandlungen des deutschen Episkopats von 1520–1570, 6 Bde. Regensburg 1959–1974.

Quellen zur Geschichte der Täufer in der Schweiz, Bd. 1, 2, 4. Bd. 1 in 2. Aufl. Zürich 1973/74.

Quellen zur Geschichte der Wiedertäufer, ab Bd. 4: Quellen zur Geschichte der Täufer, bisher 16 Bde. (QForschRefG 13, 16, 20, 22–24, 26, 27, 29–31, 34, 41, 50, 53, 54). Leipzig 1930–1938, Gütersloh 1951 ff.

[Schmauss, Johann J./Senckenberg, Heinrich C. von (Hrgg.)]: Neue und vollständigere Sammlung der Reichsabschiede, welche von den Zeiten Kayser Conrads II. bis jetzo, auf den Teutschen Reichs-Tägen abgefasset worden, sammt den wichtigsten Reichs-Schlüssen ... 4 Teile in 2 Bdn., Nachdruck der Ausgabe Frankfurt/M. 1747. Osnabrück 1967.

Schottenloher, Karl (Hrg.): Flugschriften zur Ritterschaftsbewegung des Jahres 1523 (RefGeschichtlStud 53). Münster 1929.

Sehling, Emil (Hrg.): Die evangelischen Kirchenordnungen des 16. Jahrhunderts, bisher 15 Bde. (ab Bd. 6, 1955, hrg. durch das Institut f. evangelisches Kirchenrecht der evangelischen Kirche in Deutschland in Göttingen). Leipzig 1902–1913., Tübingen 1955 ff.

Strickler, Johannes (Hrg.): Actensammlung zur Schweizerischen Reformationsgeschichte in den Jahren 1521–1532 im Anschluß an die gleichzeitigen eidgenössischen Abschiede, 5 Bde. Zürich 1876–1884.

Stupperich, Robert (Hrg.): Die Schriften der Münsterischen Täufer und ihrer Gegner, Teile 1–3 (VeröffHistKomm. Westfalen 32). Münster 1970–1983.
Valentin von Tetleben: Protokoll des Augsburger Reichstages 1530, hrg. v. H. Grundmann (Schrr. Reihe d. Hist. Komm. bei der Bayer. Akad. der Wiss. 4 = SchrrVRefG 177). Göttingen 1958.
Virck, Hans/Winckelmann, Otto/Gerber, Harry/Friedensburg, Walter (Hrgg.): Politische Correspondenz der Stadt Straßburg im Zeitalter der Reformation, 5 Bde. Straßburg/Heidelberg 1882–1932.
Huldreich Zwinglis sämtliche Werke, hrg. v. E. Egli/G. Finsler/W. Köhler/O. Farner/F. Blanke/L. von Muralt/E. Künzli/R. Pfister/J. Staedtke/F. Büsser (Corpus Reformatorum 88–101). Berlin/Leipzig/Zürich 1905–1968.

III. Darstellungen

1. Allgemeine Geschichte

1.1 Deutschland und das Reich insgesamt

Andreas, Willy: Deutschland vor der Reformation: Eine Zeitenwende. 6. Aufl. Stuttgart 1959.
Angermeier, Heinz (Hrg.): Säkulare Aspekte der Reformationszeit (Schriften des Historischen Kollegs, Kolloquien 5). München 1983.
Engel, Josef (Hrg.): Die Entstehung des neuzeitlichen Europa. Handbuch der europäischen Geschichte, hrg. v. Th. Schieder, Bd. 3. Stuttgart 1971.
Evans, Robert J. W.: Das Werden der Habsburgermonarchie 1550–1700. Gesellschaft, Kultur, Institutionen. Deutsche Übersetzung der englischen Ausgabe Oxford 1979. Wien/Köln/Graz 1986.
Grundmann, Herbert (Hrg.): Handbuch der deutschen Geschichte, begründet von B. Gebhardt, Bd. 2. 9. Aufl. Stuttgart 1970.
Heckel, Martin: Deutschland im konfessionellen Zeitalter (Deutsche Geschichte, hrg. v. J. Leuschner, Bd. 5). Göttingen 1983.
Joachimsen, Paul: Die Reformation als Epoche der deutschen Geschichte, hrg. v. O. Schottenloher. Neudruck der Ausgabe München 1951. Aalen 1970.
Lutz, Heinrich: Das Ringen um deutsche Einheit und kirchliche Erneuerung. Von Maximilian I. bis zum Westfälischen Frieden, 1490–1648 (Propyläen-Geschichte Deutschlands, Bd. 4). Berlin 1983.
Lutz, Heinrich: Reformation und Gegenreformation (Oldenbourg-Grundriß der Geschichte, Bd. 10). 2. Aufl. München 1982.
Moeller, Bernd: Deutschland im Zeitalter der Reformation (Deutsche Geschichte, hrg. v. J. Leuschner, Bd. 4). 2. Aufl. Göttingen 1981.
Ranke, Leopold von: Deutsche Geschichte im Zeitalter der Reformation, 6 Bde., hrg. v. P. Joachimsen. München 1925/26.
Ranke, Leopold von: Zur deutschen Geschichte. Vom Religionsfrieden bis zum Dreißigjährigen Krieg. 3. Aufl. Leipzig 1888.
Ritter, Moriz: Deutsche Geschichte im Zeitalter der Gegenreformation und des Dreißigjährigen Krieges (1555–1648), 3 Bde., Nachdruck der Ausgabe Stuttgart 1889–1908. Darmstadt 1962.

Skalweit, Stephan: Reich und Reformation (Propyläen Bibliothek der Geschichte). Berlin 1967.
Steinmetz, Max: Deutschland von 1476 bis 1648. Von der frühbürgerlichen Revolution bis zum Westfälischen Frieden (Lehrbuch der deutschen Geschichte, hrg. v. J. Streisand, Bd. 3). 2. Aufl. Berlin 1978.
Zeeden, Ernst W.: Das Zeitalter der Gegenreformation. Freiburg/Basel/Wien 1967.
Zeeden, Ernst W.: Deutsche Kultur in der frühen Neuzeit (Handbuch der Kulturgeschichte, hrg. v. H. Kindermann, 1. Abt.: Zeitalter deutscher Kultur). Frankfurt/M. 1968.

1.2 Deutsche Könige und Kaiser

Maximilian I.

Ankwicz-Kleehoven, Hans: Der Wiener Humanist Johannes Cuspinian, Gelehrter und Diplomat zur Zeit Maximilians I. Wien/Graz/Köln 1959.
Huter, Franz: Kaiser Maximilian und die oberdeutsche Wirtschaftsmacht. In: Jakob Fugger, Kaiser Maximilian und Augsburg 1459–1959. Augsburg 1959, S. 41–57.
Legers, Paul: Kardinal Matthäus Lang, ein Staatsmann im Dienste Kaiser Maximilians I. In: MittGesSalzLdKde 46 (1906) S. 437–517.
Maximilian I., Katalog der Ausstellung Innsbruck 1969. Innsbruck 1969.
Maximilian I. 1459–1519, Katalog der Ausstellung Wien. Wien 1959.
Müller, Jan-Dirk: Gedechtnus. Literatur und Hofgesellschaft um Maximilian I. München 1982.
Schröcker, Alfred: Maximilians I. Auffassung vom Königtum und das ständische Reich. In: QForschItalArchBibl 50 (1971) S. 181–204.
Wiesflecker, Hermann: Kaiser Maximilian I. Das Reich, Österreich und Europa an der Wende zur Neuzeit, 5 Bde. München 1971–1986.

Karl V.

Brandi, Karl: Kaiser Karl V. Werden und Schicksal einer Persönlichkeit und eines Weltreiches, 2 Bde., Bd. 1: Frankfurt/M. 8. Aufl. 1986, Bd. 2: München 1941.
Carande, Ramón: Carlos V y sus banqueros, 3 Bde. Madrid 1943–1967.
Fernández Alvarez, Manuel: Imperator Mundi. Karl V., Kaiser des heiligen Römischen Reiches Deutscher Nation. Deutsche Übersetzung der englischen Ausgabe London 1975. Stuttgart/Zürich 1977.
Häpke, Rudolf: Die Regierung Karls V. und der europäische Norden (Veröff. zur Geschichte der Freien und Hansestadt Lübeck 3), Nachdruck der Ausgabe Lübeck 1914. Hildesheim/New York 1976.
Headley, John M.: The Emperor and his Chancellor. A Studie of the Imperial Chancellery under Gattinara. Cambridge/Mass. 1983.
Keniston, Hayward: Francisco de los Cobos. Secretary of the Emperor Charles V. Pittsburgh 1960.
Lapeyre, Henri: Charles Quint. Paris 1971.
Laubach, Ernst: Karl V., Ferdinand I. und die Nachfolge im Reich. In: MittÖsterrStaatsarch 29 (1976) S. 1–51.
Lehmann, Hartmut: Universales Königtum, dynastische Weltmacht oder Imperialismus. Zur Beurteilung der Politik Karls V. In: Beiträge zur neueren Geschichte Österreichs, hrg. v. H. Fichtenau/E. Zöllner (VÖIG 20). Wien/Köln/Graz 1974, S. 1–83.

Ludolphy, Ingetraut: Die Voraussetzungen der Religionspolitik Karls V. (Arbeiten zur Theologie, Reihe 1, Heft 24). Stuttgart 1965.

Lutz, Heinrich: Christianitas afflicta. Europa, das Reich und die päpstliche Politik im Niedergang der Hegemonie Kaiser Karls V. 1552–1556. Göttingen 1964.

Lutz, Heinrich/Müller-Luckner, Elisabeth (Hrgg.): Das römisch-deutsche Reich im politischen System Karls V. (Schriften des Historischen Kollegs. Kolloquien 1). München/Wien 1982.

Rabe, Horst: Reichsbund und Interim. Die Verfassungs- und Religionspolitik Karls V. und der Reichstag von Augsburg 1547–48. Köln/Wien 1971.

Rassow, Peter: Die Kaiser-Idee Karls V., dargestellt an der Politik der Jahre 1528–1540 (HistStudEbering 217), Nachdruck der Ausgabe Berlin 1932. Vaduz 1965.

Rassow, Peter: Die politische Welt Karls V. 2. Aufl. München 1946.

Rassow, Peter/Schalk, Fritz (Hrgg.): Karl V. Der Kaiser und seine Zeit, Kölner Colloquium 26.–29. 11. 1958. Köln/Graz 1960.

Thomas, Christiane: „Moderación del poder“: Zur Entstehung der geheimen Vollmacht für Ferdinand I. In: MittÖsterrStaatsarch 27 (1974) S. 101–140.

Tyler, Royall: Kaiser Karl V., gekürzte deutsche Übersetzung der englischen Ausgabe London 1956. 3. Aufl. Stuttgart 1961.

Ferdinand I.

Bucholtz, Franz Bernhard von: Geschichte der Regierung Ferdinands I., 9 Bde., Nachdruck der Ausgabe Wien 1831–1838, mit einer Einleitung von Berthold Sutter. Graz 1968–1971.

Goetz, Helmut: Die geheimen Ratgeber Ferdinands I. (1503–1564). Ihre Persönlichkeit im Urteil der Nuntien und Gesandten. In: QForschItalArchBibl 42/43 (1963) S. 453–494.

Kohler, Alfred: Antihabsburgische Politik in der Epoche Karls V. Die reichsständische Opposition gegen die Wahl Ferdinands I. zum römischen König und gegen die Anerkennung seines Königtums (1524–1534) (Schrr.Reihe der Hist. Komm. bei der Bayerischen Akad. der Wiss. 19). Göttingen 1982.

Lhotsky, Alphons: Das Zeitalter des Hauses Österreich. Die ersten Jahre der Regierung Ferdinands I. in Österreich (1520–1527) (Österr. Akad. der Wiss. Komm. für Geschichte Österreichs. Veröffentlichungen 4). Wien/Köln/Graz 1971.

Pölnitz, Götz von: Anton Fugger und die Römische Königswahl Ferdinands I. In: ZBayerLdG 16 (1952) S. 317–349.

Rill, Gerhard/Thomas, Christiane: Bernhard Cles als Politiker. Kriterien für das Verhaltensbild eines frühneuzeitlichen Staatsmannes (Kleine Arbeitsreihe zur Europäischen und Vergleichenden Rechtsgeschichte 18). Graz 1987.

Sutter-Fichtner, Paula: Ferdinand I. Wider Türken und Glaubensspaltung. Deutsche Übersetzung der amerikanischen Ausgabe New York 1982. Wien/Köln/Graz 1986.

Maximilian II.

Altfahrt, Margit: Die politische Propaganda für Maximilian II. In: MIÖG 88 (1980) S. 283–312; 89 (1981) S. 53–92

Bibl, Viktor: Maximilian II., der rätselhafte Kaiser. Ein Zeitbild. Hellerau bei Dresden 1929.

Holtzmann, Robert: Kaiser Maximilian II. bis zu seiner Thronbesteigung (1527–1564). Berlin 1903.

Rudolf II.

Evans, Robert J. W.: Rudolf II. Ohnmacht und Einsamkeit. Deutsche Übersetzung der englischen Ausgabe Oxford 1973. Wien/Köln/Graz 1985.
Schulze, Winfried: Das Haus Österreich auf den Reichstagen des späten 16. Jahrhunderts. In: Österreich in Geschichte und Literatur 16 (1972) S. 121–131.
Sturmberger, Hans: Die Anfänge des Bruderzwistes in Habsburg. Das Problem einer österreichischen Länderteilung nach dem Tode Maximilians II. und die Residenz des Erzherzogs Matthias in Linz. In: MittObÖsterrLdArch 5 (1957) S. 143–188.
Vocelka, Karl: Rudolf II. und seine Zeit. Wien /Köln/Graz 1982.

1.3 Einzelne Landschaften, Territorien, Fürsten und Städte

Blaschke, Karlheinz: Moritz von Sachsen. Ein Reformationsfürst der zweiten Generation (Persönlichkeit und Geschichte 113). Zürich/Göttingen 1984.
Blaschke, Karlheinz: Sachsen im Zeitalter der Reformation (SchrrVRefG 185). Gütersloh 1970.
Clasen, Claus-Peter: The Palatinate in European History 1555–1618. 2. Aufl. Oxford 1966.
Franz, Eugen: Nürnberg, Kaiser und Reich. Studien zur reichsstädtischen Außenpolitik. München 1930.
Hillerbrand, Hans J.: Landgrave Philipp of Hesse 1504–1567. Religion and Politics in the Reformation. St. Louis 1967.
Höss, Irmgard: Georg Spalatin 1484–1545. Ein Leben in der Zeit des Humanismus und der Reformation. Weimar 1956.
Houtte, Jan A. van (Hrg.): Algemene geschiedenis der Nederlanden. Bd. 4: De bourgondisch-habsburgse monarchie 1477–1567; Bd. 5: De Tachtigjarige oorlog 1567–1609. Utrecht 1952.
Jahns, Sigrid: Frankfurt, Reformation und Schmalkaldischer Bund: Die Reformations-, Reichs- und Bündnispolitik der Reichsstadt Frankfurt am Main 1525–1536 (Studien zur Frankfurter Geschichte 9). Frankfurt/M. 1976.
Jongh, Jane de: De koningin: Maria van Hongarije, landvoogdes der Nederlanden 1505–1558 (Regentessen der Nederlanden 2). 4. Aufl. Amsterdam 1966.
Ludolphy, Ingetraut: Friedrich der Weise, Kurfürst von Sachsen 1463–1525. Göttingen 1984.
Mentz, Georg: Johann Friedrich der Großmütige 1503–1554, 3 Bde. (BeitrrNeuer GThür 1, 1–3). Jena 1903–1908.
Metzger, Edelgard: Leonhard von Eck (1480–1550). Wegbereiter und Begründer des frühabsolutistischen Bayern. München/Wien 1980.
Muralt, Leonhard von: Renaissance und Reformation. In: Handbuch der Schweizer Geschichte, Bd. 1. Zürich 1972, S. 389–570.
Petri, Franz: Die frühen Habsburger in der niederländischen Geschichte. In: Bijdr MededHistGenootschapUtrecht 72 (1958) S. 11*–46*.
Petri, Franz: Herzog Heinrich der Jüngere von Braunschweig-Wolfenbüttel, ein niederdeutscher Territorialfürst im Zeitalter Luthers und Karls V. In: ARG 72 (1981) S. 122–157.

Petri, Franz: Im Zeitalter der Glaubenskriege 1500–1648. In: Rheinische Geschichte, Bd. 2, hrg. v. F. Petri/E. Boshof. 2. Aufl. Düsseldorf 1980, S. 1–217.
Press, Volker: Calvinismus und Territorialstaat. Regierung und Zentralbehörden der Kurpfalz 1559–1619 (Kieler Historische Studien 7). Stuttgart 1970.
Schultze, Johannes: Die Mark Brandenburg. Bd. 4: Von der Reformation bis zum Westfälischen Frieden 1535–1648. Berlin 1964.
Spindler, Max (Hrg.): Handbuch der bayerischen Geschichte, Bd. 2: Das alte Bayern. Der Territorialstaat vom Ausgang des 12. Jahrhunderts bis zum Ausgang des 18. Jahrhunderts. 2. Aufl. München 1977; Bd. 3,1–2: Franken, Schwaben, Oberpfalz bis zum Ausgang des 18. Jahrhunderts. 2. Aufl. München 1979.
Stadler, Peter: Das Zeitalter der Gegenreformation. In: Handbuch der Schweizer Geschichte, Bd. 1. Zürich 1972, S. 571–672.
Weller, Karl: Württembergische Geschichte im südwestdeutschen Raum. 7. Aufl. Stuttgart 1972.
Wittram, Reinhard: Baltische Geschichte. Grundzüge und Durchblicke. Die Ostseelande, Livland, Estland, Kurland 1180–1918, Nachdruck der Ausgabe München 1954. Darmstadt 1973.
Zöllner, Erich: Geschichte Österreichs von den Anfängen bis zur Gegenwart. 7. Aufl. München 1984.

2. Deutschland, das Reich und Europa

2.1 Reichsgrenzen, -zugehörigkeit

Aretin, Karl O. von: Die Lehensordnungen in Italien im 16. und 17. Jahrhundert und ihre Auswirkungen auf die europäische Politik. Ein Beitrag zur Geschichte des europäischen Spätfeudalismus. In: Politische Ordnungen und soziale Kräfte im alten Reich, hrg. v. H. Weber. Wiesbaden 1980, S. 53–84.
Höss, Irmgard: Das Reich und Preußen in der Zeit der Umwandlung des Ordenslandes in das Herzogtum. In: Aus der Arbeit an den Reichstagen unter Kaiser Karl V. Sieben Beiträge zu Fragen der Forschung und Edition, hrg. v. H. Lutz/A. Kohler (Schrr.Reihe der Hist. Komm. bei der Bayerischen Akad. der Wiss. 26). Göttingen 1986, S. 130–157.
Kirn, Paul: Politische Geschichte der deutschen Grenzen. 4. Aufl. Mannheim 1958.
Liebmann, Hans: Deutsches Land und Volk nach italienischen Berichterstattern der Reformationszeit (HistStudEbering 81). Nachdruck der Ausgabe Berlin 1910. Vaduz 1965.
Mohnhaupt, Heinz: Das Verhältnis des „Corpus Helveticum" zum Reich und seinen Verfassungsinstitutionen. In: Schweizerisch-deutsche Beziehungen im konfessionellen Zeitalter. Beiträge zur Kulturgeschichte 1580–1650, hrg. v. M. Bircher/W. Sparn/E. Weyrauch (Wolfenbütteler Arbeiten zur Barockforschung 12). Wiesbaden 1984, S. 57–76.
Mommsen, Karl: Eidgenossen, Kaiser und Reich. Studien zur Stellung der Eidgenossenschaft innerhalb des heiligen römischen Reiches (BaslerBeitrrGWiss 72). Basel 1958.
Stadler, Peter: Vom eidgenössischen Staatsbewußtsein und Staatensystem um 1600. In: SchweizZG 8 (1958) S. 1–20.

2.2 Diplomatie, Völkerrecht

Lunitz, Martin: Diplomatie und Diplomaten im 16. Jahrhundert. Studien zu den ständigen Gesandten Kaiser Karls V. in Frankreich. Diss. phil. Konstanz 1987.

Mattingly, Garrett: Renaissance Diplomacy (The Bedford Historical Series 8). 2. Aufl. London 1963.

Picard, Bertold: Das Gesandtschaftswesen Ostmitteleuropas in der frühen Neuzeit. Beitrr. zur Geschichte der Diplomatie in der ersten Hälfte des 16. Jahrhunderts nach den Aufzeichnungen des Freiherrn Sigmund von Herberstein (Wiener Archiv für Geschichte des Slaventums und Osteuropas 6). Wien/Köln/Graz 1967.

2.3 Konfliktfelder der Außenpolitik; Türkenabwehr

Bauer, Clemens: Die europäische politische Situation von 1559 und ihre finanziellen Hintergründe. In: HJb 53 (1933) S. 27–44.

Donnert, Erich: Der livländische Ordensritterstaat und Rußland. Der livländische Krieg und die baltische Frage in der europäischen Politik 1558–1583. Berlin 1963.

Glassl, Horst: Das Heilige Römische Reich und die Osmanen im Zeitalter der Reformation. In: Südosteuropa unter dem Halbmond. Untersuchungen über Geschichte und Kultur der südosteuropäischen Völker während der Türkenzeit, hrg. v. P. Bartl/H. Glassl. Festschrift Georg Stadtmüller (Beiträge zur Kenntnis Südosteuropas und des Nahen Ostens 16). München 1975, S. 61–72.

Mariotte, Jean: François Ier et la Ligue de Smalkalde. De la trêve de Nice à la paix de Créspy 1538–1544. In: SchweizZG 16 (1966) S. 206–242.

Potter, David L.: Foreign Policy in the Age of the Reformation: French Involvement in the Schmalkaldic War, 1544–1547. in: HistJourn 20 (1977) S. 525–544.

Rothenberg, Guenther: The Austrian Military Border in Croatia 1522–1747. Urbana/Illinois 1960.

Schulze, Winfried: Reich und Türkengefahr im späten 16. Jahrhundert. Studien zu den politischen und gesellschaftlichen Auswirkungen einer äußeren Bedrohung. München 1978.

Uebersberger, Hans: Österreich und Rußland seit dem Ende des 15. Jahrhunderts. Bd. 1: 1488–1605, Nachdruck der Ausgabe Wien/Leipzig 1906. Nendeln/Liechtenstein 1969.

Zeller, Gaston: La réunion de Metz à la France 1552–1648, 2 Bde. Paris 1926/27.

3. Bevölkerung, Wirtschaft, Gesellschaft

3.1 Allgemeines, Übergreifendes

Abel, Wilhelm: Massenarmut und Hungerkrisen im vorindustriellen Europa. Versuch einer Synopsis. Hamburg 1974.

Aubin, Hermann/Zorn, Wolfgang (Hrgg.): Handbuch der deutschen Wirtschafts- und Sozialgeschichte, Bd. 1. Stuttgart 1971.

Bog, Ingomar: Wachstumsprobleme der oberdeutschen Wirtschaft 1540–1618. In: JbbNationökonStat 179 (1966) S. 493–537. Abdruck in: I. Bog, Oberdeutschland. Das Heilige Römische Reich des 16. bis 18. Jahrhunderts in Funktion. Idstein 1986, S. 1–42.

Endres, Rudolf: Zur wirtschaftlichen und sozialen Lage in Franken vor dem Dreißigjährigen Krieg. In: JbFränkLdForsch 28 (1968) S. 5–52.
Hauser, Albert: Schweizerische Wirtschafts- und Sozialgeschichte. Erlenbach/Zürich/Stuttgart 1961.
Lütge, Friedrich: Deutsche Sozial- und Wirtschaftsgeschichte. Ein Überblick. 3. Aufl. Berlin 1966.
Sigg, Otto: Bevölkerungs-, agrar- und sozialgeschichtliche Probleme des 16. Jahrhunderts am Beispiel der Zürcher Landschaft. In: SchweizZG 24 (1974) S. 1–25.
Tremel, Ferdinand: Wirtschafts- und Sozialgeschichte Österreichs von den Anfängen bis 1955. Wien 1969.

3.2 Bevölkerung

Blaschke, Karlheinz: Bevölkerungsgeschichte von Sachsen bis zur industriellen Revolution. Weimar 1967.
Dupâquier, Jacques: De l'animal à l'homme: le mécanisme autorégulateur des populations traditionelles. In: Revue de l'Institut de Sociologie 45 (1972) S. 177–211.
Endres, Rudolf: Zur Einwohnerzahl und Bevölkerungsstruktur Nürnbergs im 15./16. Jahrhundert. In: MittVGNürnb 57 (1970) S. 242–271.
Klein, Kurt: Die Bevölkerung Österreichs vom Beginn des 16. bis zur Mitte des 18. Jahrhunderts mit einem Abriß der Bevölkerungsentwicklung von 1754–1869. In: Beiträge zur Bevölkerungs- und Sozialgeschichte Österreichs, hrg. v. H. Helczmanovszki. Wien 1973, S. 47–112.
Koerner, Fritz: Die Bevölkerungsverteilung in Thüringen am Ausgang des 16. Jahrhunderts. In: Wiss. Veröff. des deutschen Instituts für Länderkunde NF 15/16 (1958) S. 178–315.
Mattmüller, Markus: Bevölkerungsgeschichte der Schweiz. Teil 1: Die frühe Neuzeit, 2 Bde. (BaslerBeitrrGWiss 154, 154a). Basel 1987.
Slicher van Bath, Bernard H.: De demographische ontwikkeling tijdens de Republiek. In: Vaderlands Verleden in Veelvoud, Deel I: 16e–18e eeuw. Den Haag 1980, S. 1–25.

3.3 Wirtschaft

3.3.1 Allgemeines, Übergreifendes

Blaich, Fritz: Die Wirtschaftspolitik des Reichstags im Hl. Röm. Reich. Ein Beitrag zur Problemgeschichte wirtschaftlichen Gestaltens (Schriften zum Vergleich von Wirtschaftsordnungen 16). Stuttgart 1970.
Helbig, Herbert (Hrg.): Führungskräfte der Wirtschaft in Mittelalter und Neuzeit (1350–1850), Teil I (Deutsche Führungsschichten in der Neuzeit, hrg. v. G. Franz, Bd. 6). Limburg/Lahn 1973.
Houtte, Jan A. van: An Economic History of the Low Countries 800–1800. London 1977.
Kellenbenz, Hermann: Deutsche Wirtschaftsgeschichte, Bd. 1: Von den Anfängen bis zum Ende des 18. Jahrhunderts. München 1977.
Kellenbenz, Hermann: Wirtschaftsgeschichte Kölns im 16. und beginnenden 17. Jahrhundert. In: Zwei Jahrtausende Kölner Wirtschaft, hrg. v. H. Kellenbenz unter Mitarbeit von K. van Eyll, Bd. 1. Köln 1975, S. 321–427.

Kellenbenz, Hermann (Hrg.): Schwerpunkte der Eisengewinnung und Eisenverarbeitung in Europa 1500–1650 (Kölner Kolloquien zur internationalen Sozial- und Wirtschaftsgeschichte 2). Köln/Wien 1974.

Kellenbenz, Hermann (Hrg.): Schwerpunkte der Kupferproduktion und des Kupferhandels in Europa 1500–1650 (Kölner Kolloquien zur internationalen Sozial- und Wirtschaftsgeschichte 3). Köln/Wien 1977.

Kriedte, Peter: Spätfeudalismus und Handelskapital. Grundlinien der europäischen Wirtschaftsgeschichte vom 16. bis zum Ausgang des 18. Jahrhunderts. Göttingen 1980.

Saalfeld, Diedrich: Die Wandlungen der Preis- und Lohnstruktur während des 16. Jahrhunderts in Deutschland. In: Beiträge zu Wirtschaftswachstum und Wirtschaftsstruktur im 16. und 19. Jahrhundert, hrg. v. W. Fischer (SchrrVSozialpol 63). Berlin 1971, S. 9–28.

Stuijvenberg, Jan H. van (Hrg.): De economische geschiedenis van Nederland. Groningen 1977.

3.3.2 Landwirtschaft und Agrarverfassung

Abel, Wilhelm: Agrarkrisen und Agrarkonjunktur. Eine Geschichte der Land- und Ernährungswirtschaft Mitteleuropas seit dem hohen Mittelalter. 3. Aufl. Hamburg 1978.

Abel, Wilhelm: Geschichte der deutschen Landwirtschaft vom frühen Mittelalter bis zum 19. Jahrhundert (Deutsche Agrargeschichte, hrg. v. G. Franz, Bd. 2). 3. Aufl. Stuttgart 1978.

Blaschke, Karlheinz: Das Bauernlegen in Sachsen. In: VjschrSozialWirtschG 42 (1955) S. 97–116.

Blaschke, Karlheinz: Grundzüge und Probleme einer sächsischen Agrarverfassungsgeschichte. In: ZSRG. Germ 82 (1965) S. 223–287.

Heimpel, Christian: Die Entwicklung der Einnahmen und Ausgaben des Heiliggeistspitals zu Biberach an der Riß. Von 1500–1630 (Quellen und Forschungen zur Agrargeschichte 15). Stuttgart 1966.

Henning, Friedrich W.: Landwirtschaft und ländliche Gesellschaft in Deutschland, Bd. 1: 800–1750. Paderborn 1979.

Lütge, Friedrich: Geschichte der deutschen Agrarverfassung. Vom frühen Mittelalter bis zum 19. Jahrhundert (Deutsche Agrargeschichte, hrg. v. G. Franz, Bd. 3). 2. Aufl. Stuttgart 1967.

North, Michael: Untersuchungen zur adligen Gutswirtschaft im Herzogtum Preußen des 16. Jahrhunderts. In: VjschrSozialWirtschG 70 (1983) S. 1–20.

Slicher van Bath, Bernard H.: Een Fries landbouwbedrijf in de tweede helft van de 16e eeuw. In: Agronomisch-historisch bijdr. 4 (1958) S. 67–208.

Strobel, Albrecht: Agrarverfassung im Übergang. Studien zur Agrargeschichte des badischen Breisgaus vom Beginn des 16. bis zum Ausgang des 18. Jahrhunderts (Forschungen zur oberrheinischen Landesgeschichte 33). Freiburg/München 1972.

Vries, Jan de: The Role of the Rural Sector in the Expansion of the Dutch Economy: 1500–1700. Yale University, Ph.D. 1970.

Weis, Eberhard: Ergebnisse eines Vergleichs der grundherrschaftlichen Strukturen Deutschlands und Frankreichs vom 13. bis zum Ausgang des 18. Jahrhunderts. In: VjschrSozialWirtschG 57 (1970) S. 1–14.

3.3.3 Bergbau und Gewerbe; Zünfte, Verlagswesen

Aubin, Gustav/Kunze, Arno: Leinenerzeugung und Leinenabsatz im östlichen Mitteldeutschland zur Zeit der Zunftkäufe. Ein Beitrag zur industriellen Kolonisation des deutschen Ostens. Stuttgart 1940.

Aubin, Hermann: Formen und Verbreitung des Verlagswesens in der Altnürnberger Wirtschaft. In: Beiträge zur Wirtschaftsgeschichte Nürnbergs, hrg. v. Stadtarchiv Nürnberg Bd. 2 (Beiträge zur Geschichte und Kultur der Stadt Nürnberg 11,2). Nürnberg 1967, S. 620–668.

Fröhlich, Sigrid: Die soziale Sicherung bei Zünften und Gesellenverbänden; Darstellung, Analyse, Vergleich. Berlin 1976.

Henschke, Ekkehard: Landesherrschaft und Bergbauwirtschaft. Zur Wirtschafts- und Verwaltungsgeschichte des Oberharzer Bergbaugebietes im 16. und 17. Jahrhundert (Schriften zur Wirtschafts- und Sozialgeschichte 23). Berlin/München 1975.

Kriedte, Peter/Medick, Hans/Schlumbohm, Jürgen (Hrgg.): Industrialisierung vor der Industrialisierung. Gewerbliche Warenproduktion auf dem Land in der Formationsperiode des Kapitalismus (Veröff. des Max-Planck-Instituts für Geschichte 53). Göttingen 1977.

Laube, Adolf: Studien über den erzgebirgischen Silberbergbau von 1470 bis 1546. Seine Geschichte, seine Produktionsverhältnisse, seine Bedeutung für die gesellschaftlichen Veränderungen und Klassenkämpfe in Sachsen am Beginn der Übergangsepoche vom Feudalismus zum Kapitalismus (Forschungen zur mittelalterlichen Geschichte 22). Berlin 1974.

Mitterauer, Michael (Hrg.): Österreichisches Montanwesen. Produktion, Verteilung, Sozialformen. München/Wien 1974.

Posthumus, Nicolaas W.: De geschiedenis van de Leidsche lakenindustrie. 1. De middeleeuwen (14e–16e eeuw). Den Haag 1908.

Proesler, Hans: Das gesamtdeutsche Handwerk im Spiegel der Reichsgesetzgebung von 1530–1806 (Nürnberger Abhandlungen zu den Wirtschafts- und Sozialwissenschaften 5). Berlin 1954.

Redlich, Fritz: Der deutsche fürstliche Unternehmer, eine typische Erscheinung des 16. Jahrhunderts. In: Tradition 3 (1958) S. 17–32.

Strieder, Jakob: Die deutsche Montan- und Metallindustrie im Zeitalter der Fugger (Abhandlungen und Berichte des Deutschen Museums 3,6). Berlin 1931.

3.3.4 Handel und Geldwesen; Hanse; oberdeutscher Handelskapitalismus, Monopolienstreit

Bog, Ingomar (Hrg.): Der Außenhandel Ostmitteleuropas 1450–1650. Die ostmitteleuropäischen Volkswirtschaften in ihren Beziehungen zu Mitteleuropa. Wien/Köln 1971.

Ehrenberg, Richard: Das Zeitalter der Fugger. Geldkapital und Kreditverkehr im 16. Jahrhundert, 2 Bde. Jena 1922.

Kellenbenz, Hermann: Spanien, die nördlichen Niederlande und der skandinavisch-baltische Raum in der Weltwirtschaft und Politik um 1600. In: VjschrSozialWirtschG 41 (1954) S. 289–332.

Kellenbenz, Hermann: Unternehmerkräfte im Hamburger Portugal- und Spanienhandel 1590–1625 (Veröff. der Wirtschaftsgeschichtl. Forschungsstelle 10). Hamburg 1954.

Lütge, Friedrich: Strukturwandlungen im ostdeutschen und osteuropäischen Fernhandel des 14. bis 16. Jahrhunderts (SbbAkad München 1964, 1). München 1964.
Wee, Herman van der: The Growth of the Antwerp Market and the European Economy (Fourteenth-sixteenth Centuries) 3 Bde. Den Haag 1963.
Westermann, Ekkehard (Hrg.): Internationaler Ochsenhandel 1350–1750. 7th International Economic History Congress, Edinburgh 1978 (Beiträge zur Wirtschaftsgeschichte 9). Stuttgart 1979.

Hanse

Beutin, Ludwig: Hanse und Reich im handelspolitischen Endkampf gegen England (StudGWirtschGeistKultur 6). Berlin 1929.
Dollinger, Philippe: Die Hanse. 2. Aufl. Stuttgart 1976.
Häpke, Rudolf: Reichswirtschaftspolitik und Hanse nach den Wiener Reichsakten des 16. Jahrhunderts. In: HansGBll 50 (1925) S. 164–209.
Pitz, Ernst: Steigende und fallende Tendenzen in Politik und Wirtschaftsleben der Hanse im 16. Jahrhundert. In: HansGBll 102 (1984) S. 39–77.
Stromer von Reichenbach, Wolfgang: Der innovatorische Rückstand der hansischen Wirtschaft. In: Beiträge zur Wirtschafts- und Sozialgeschichte des Mittelalters, hrg. v. K. Schulz. Festschrift Herbert Helbig. Köln/Wien 1976, S. 204–217.
Zoellner, Klaus-Peter: Seehandel und Handelspolitik der Hanse in der Zeit ihres Niedergangs 1550 bis 1600. In: Jb. für Wirtschaftsgeschichte 3 (1970) S. 221–238.

Oberdeutscher Handelskapitalismus, Monopolienstreit

Bauer, Clemens: Conrad Peutingers Gutachten zur Monopolfrage. Eine Untersuchung zur Wandlung der Wirtschaftsanschauungen im Zeitalter der Reformation. In: ARG 45 (1954) S. 1–43; 145–196.
Blaich, Fritz: Die Reichsmonopolgesetzgebung im Zeitalter Karls V. Ihre ordnungspolitische Problematik (Schriften zum Vergleich von Wirtschaftsordnungen 8). Stuttgart 1967.
Dietrich, Richard: Untersuchungen zum Frühkapitalismus im mitteldeutschen Erzbergbau und Metallhandel. In: JbGMitteldtld 7 (1958) S. 141–206; 8 (1959) S. 51–119; 9/10 (1961) S. 127–194.
Lutz, Elmar: Die rechtliche Struktur süddeutscher Handelsgesellschaften in der Zeit der Fugger, 2 Bde. (Studien zur Fuggergeschichte 25; Schwäb. Forschungsgemeinschaft bei der Komm. für Bayer. LdG. Reihe 4, Bd. 16). Tübingen 1976.
Pölnitz, Götz Frhr. von: Anton Fugger, 4 Bde. (Studien zur Fuggergeschichte 13, 17, 20, 22). Tübingen 1958–1971.
Pölnitz, Götz Frhr. von: Jakob Fugger. Kaiser, Kirche und Kapital in der oberdeutschen Renaissance, 2 Bde. Tübingen 1949/1951.
Scheuermann, Ludwig: Die Fugger als Montanindustrielle in Tirol und Kärnten. Ein Beitrag zur Wirtschaftsgeschichte des 16. und 17. Jahrhunderts (Studien zur Fuggergeschichte 8). München 1929.
Strieder, Jakob: Zur Genesis des modernen Kapitalismus. 2. Aufl. München/Leipzig 1935.
Tremel, Ferdinand: Der Frühkapitalismus in Innerösterreich. Graz 1954.
Werner, Theodor G.: Bartholomäus Welser. Werden und Wirken eines königlichen Kaufmanns in der Renaissance. In: Scripta mercaturae 1967/1, S. 71–88 1968/1, S. 89–107; 1968/2, S. 75–103.

3.4 Gesellschaft

3.4.1 Allgemeines, Übergreifendes

Bog, Ingomar: Über Arme und Armenfürsorge in Oberdeutschland und in der Eidgenossenschaft im 15. und 16. Jahrhundert. In: JbFränkLdForsch 34/35 (1975) S. 983–1001. Abdruck in: I. Bog, Oberdeutschland. Das Heilige Römische Reich des 16. bis 18. Jahrhunderts in Funktion. Idstein 1986, S. 56–72.

Endres, Rudolf: Die deutschen Führungsschichten um 1600. In: Deutsche Führungsschichten in der Neuzeit. Eine Zwischenbilanz. Büdinger Vorträge 1978, hrg. v. H. H. Hofmann/G. Franz (Deutsche Führungsschichten in der Neuzeit 12). Boppard 1980, S. 79–109.

Händler-Lachmann, Barbara: Die Berufstätigkeit der Frau in den deutschen Städten des Spätmittelalters und der beginnenden Neuzeit. In: HessJbLdG 30 (1980) S. 131–175.

Mitterauer, Michael: Grundtypen alteuropäischer Sozialformen. Haus und Gemeinde in vorindustriellen Gesellschaften (Kultur und Gesellschaft. Neue historische Forschungen 5). Stuttgart 1979.

Press, Volker: Führungsgruppen in der deutschen Gesellschaft im Übergang zur Neuzeit um 1500. In: Deutsche Führungsschichten in der Neuzeit. Eine Zwischenbilanz. Büdinger Vorträge 1978, hrg. v. H. H. Hofmann/G. Franz (Deutsche Führungsschichten in der Neuzeit 12). Boppard 1980, S. 29–77.

Press, Volker: Soziale Folgen der Reformation in Deutschland. In: Schichtung und Entwicklung der Gesellschaft in Polen und Deutschland im 16. und 17. Jahrhundert, hrg. v. M. Biskup und K. Zernack (VjschrSozialWirtschG Beiheft 74). Wiesbaden 1983, S. 196–243.

Weis, Eberhard: Gesellschaftsstrukturen und Gesellschaftsentwicklung in der frühen Neuzeit. In: Die Gesellschaft in Deutschland, hrg. v. K. Bosl/E. Weis, Bd. 1. München 1976, S. 131–287.

Wesoly, Kurt: Der weibliche Bevölkerungsanteil in spätmittelalterlichen und frühneuzeitlichen Städten und die Betätigung von Frauen im zünftigen Handwerk insbesondere am Mittel- und Oberrhein. In: ZGORh NF 89 (1980) S. 69–117.

3.4.2 Adel

Endres, Rudolf: Adelige Lebensformen in Franken zur Zeit des Bauernkriegs (NeujahrsbllGesFränkG 35). Würzburg 1974.

Hahn, Peter-Michael: Struktur und Funktion des brandenburgischen Adels im 16. Jahrhundert (Historische und pädagogische Studien 9). Berlin 1979.

MacHardy, Karin J.: Der Einfluß von Status, Konfession und Besitz auf das politische Verhalten des niederösterreichischen Ritterstandes 1580–1620. In: Spezialforschung und „Gesamtgeschichte“, hrg. v. G. Klingenstein/H. Lutz (Wiener Beiträge zur Geschichte der Neuzeit 8). München 1982, S. 56–83.

Merker, Otto: Die Ritterschaft des Erzstifts Bremen im Spätmittelalter. Herrschaft und politische Stellung als Landstand 1300–1550 (Einzelschrr. des Stader Geschichts- und Heimatvereins 16). Stade 1962.

Pfeiffer, Gerhard: Studien zur Geschichte der fränkischen Reichsritterschaft. In: JbfränkLdForsch 22 (1962) S. 173–280.

Press, Volker: Adel, Reich und Reformation. In: Stadtbürgertum und Adel in der Reformation. Studien zur Sozialgeschichte der Reformation in England und Deutschland, hrg. v. W. J. Mommsen (Veröff. des Hist. Instituts London 5). Stuttgart 1979, S. 330–383.

Press, Volker: Adel im Reich um 1600. In: Spezialforschung und „Gesamtgeschichte", hrg. v. G. Klingenstein/H. Lutz (Wiener Beiträge zur Geschichte der Neuzeit 8). München 1982, S. 15–47.

Press, Volker: Wilhelm von Grumbach und die deutsche Adelskrise der 1560er Jahre. In: BllDtLdG 113 (1977) S. 396–431.

Rößler, Hellmuth (Hrg.): Deutscher Adel 1430–1555 (Schriften zur Problematik der deutschen Führungsschichten in der Neuzeit 1). Darmstadt 1965.

Rößler, Hellmuth (Hrg.): Deutscher Adel 1555–1740 (Schriften zur Problematik der deutschen Führungsschichten in der Neuzeit 2). Darmstadt 1965.

Rosenberg, Hans: Die Ausprägung der Junkerherrschaft in Brandenburg-Preußen 1410–1680. In: H. Rosenberg, Machteliten und Wirtschaftskonjunkturen. Studien zur neueren deutschen Sozial- und Wirtschaftsgeschichte (Kritische Studien zur Geschichtswissenschaft 31). Göttingen 1978, S. 24–82; 298–308.

Ulmschneider, Helgard: Götz von Berlichingen. Ein adeliges Leben der deutschen Renaissance. Sigmaringen 1974.

3.4.3 Bürgertum

Bátori, Ingrid: Das Patriziat der deutschen Stadt. Zu den Forschungsergebnissen über das Patriziat besonders der süddeutschen Städte. In: Zeitschrift für Stadtgeschichte, Stadtsoziologie und Denkmalspflege 2 (1975) S. 1–30.

Endres, Rudolf: Sozial- und Bildungsstrukturen fränkischer Reichsstädte im Spätmittelalter und in der Frühen Neuzeit. In: Literatur in der Stadt, hrg. v. H. Brunner. Göppingen 1982, S. 37–72.

Fischer, Thomas: Städtische Armut und Armenfürsorge im 15. und 16. Jahrhundert (Göttinger Beiträge zur Wirtschafts- und Sozialgeschichte 4). Göttingen 1979.

Franz, Günther (Hrg.): Beamtentum und Pfarrerstand 1400–1800 (Deutsche Führungsschichten in der Neuzeit 5). Limburg 1972.

Füglister, Hans: Handwerksregiment. Untersuchungen und Materialien zur sozialen und politischen Struktur der Stadt Basel in der ersten Hälfte des 16. Jahrhunderts (Basler BeitrrGWiss 143, zugl. Diss. phil. Basel 1981). Frankfurt/M. 1981.

Kaser, Kurt: Politische und soziale Bewegungen im deutschen Bürgertum zu Beginn des 16. Jahrhunderts, mit besonderer Rücksicht auf den Speyerer Aufstand 1512. Stuttgart 1899.

Kramm, Heinrich: Studien über die Oberschichten der mitteldeutschen Städte im 16. Jahrhundert: Sachsen, Thüringen, Anhalt (Mitteldeutsche Forschungen 87) 2 Teilbände. Köln 1981.

Maschke, Erich/Sydow, Jürgen (Hrgg.): Gesellschaftliche Unterschichten in den südwestdeutschen Städten. Protokoll über die 5. Arbeitstagung des Arbeitskreises für südwestdeutsche Stadtgeschichtsforschung, Schwäbisch Hall 1966 (Veröff. der Komm. für geschichtl. Landeskunde in Baden-Württemberg, Reihe B, Bd. 41). Stuttgart 1967.

Petri, Franz (Hrg.): Bischofs- und Kathedralstädte des Mittelalters und der frühen Neuzeit (Städteforschung. Veröff. des Instituts für vergleichende Städtegeschichte in Münster, Reihe A, Bd. 1) Wien/Köln/Graz 1976.

Rausch, Wilhelm (Hrg.): Die Stadt am Ausgang des Mittelalters (Beiträge zur Geschichte der Städte Mitteleuropas 3). Linz 1974.

Schildhauer, Johannes: Soziale, politische und religiöse Auseinandersetzungen in den Hansestädten Stralsund, Rostock und Wismar im ersten Drittel des 16. Jahrhunderts (Abhandlungen zur Handels- und Sozialgeschichte 2). Weimar 1959.

Schilling, Heinz: Wandlungs- und Differenzierungsprozesse innerhalb der bürgerlichen Oberschichten West- und Nordwestdeutschlands im 16. und 17. Jahrhundert. In: Schichtung und Entwicklung der Gesellschaft in Polen und Deutschland im 16. und 17. Jahrhundert, hrg. v. M. Biskup/K. Zernack (VjschrSozialWirtschG Beiheft 74). Wiesbaden 1983, S. 121–173.

Stoob, Heinz (Hrg.): Altständisches Bürgertum, 2 Bde. (Wege der Forschung 352, 417). Darmstadt 1978.

3.4.4 Bauerntum; Bauernkrieg

Blaschke, Karlheinz: Das Bauernlegen in Sachsen. In: VjschrSozialWirtschG 42 (1955) S. 97–116.

Boelcke, Willi A.: Bäuerlicher Wohlstand in Württemberg Ende des 16. Jahrhunderts. In: JbbNationalökonStat 176 (1964) S. 241–280.

Eckhardt, Hans W.: Herrschaftliche Jagd, bäuerliche Not und bürgerliche Kritik. Zur Geschichte der fürstlichen und adeligen Jagdprivilegien vornehmlich im süddeutschen Raum (Veröff. des Max-Planck-Instituts für Geschichte 48). Göttingen 1976.

Franz, Günther: Geschichte des deutschen Bauernstandes vom frühen Mittelalter bis zum 19. Jahrhundert (Deutsche Agrargeschichte, hrg. v. G. Franz, Bd. 4). 2. Aufl. Stuttgart 1976.

Franz, Günther (Hrg.): Bauernschaft und Bauernstand 1500–1970 (Deutsche Führungsschichten in der Neuzeit 8). Limburg 1975.

Grüll, Georg: Der Bauer im Lande ob der Enns am Ausgang des 16. Jahrhunderts. Abgaben und Leistungen im Lichte der Beschwerden und Verträge von 1597–1598 (Forschungen zur Geschichte Oberösterreichs 11). Wien/Köln/Graz 1969.

Öhler, Heinrich: Der Aufstand des Armen Konrad im Jahr 1514. In: WürttVjhefteLdG 38 (1932) S. 401–486.

Rosenkranz, Albert: Der Bundschuh, die Erhebung des südwestdeutschen Bauernstandes in den Jahren 1493–1517, 2 Bde. Heidelberg 1927.

Sabean, David W.: Landbesitz und Gesellschaft am Vorabend des Bauernkriegs. Eine Studie der sozialen Verhältnisse im südlichen Oberschwaben in den Jahren vor 1525 (QForschAgrarG 26). Stuttgart 1972.

Schulze, Winfried: Oberdeutsche Untertanenrevolten zwischen 1580 und 1620. Reichssteuern und bäuerlicher Widerstand. In: Bauer, Reich und Reformation, hrg. v. P. Blickle. Festschrift Günther Franz. Stuttgart 1982, S. 120–147.

Troßbach, Werner: „Südwestdeutsche Leibeigenschaft" in der Frühen Neuzeit – eine Bagatelle? In: Geschichte und Gesellschaft 7 (1981) S. 69–90.

Wunder, Heide: Das Dorf um 1600 – der primäre Lebenszusammenhang der ländlichen Gesellschaft. In: Literatur und Volk im 17. Jahrhundert, hrg. v. W. Brückner/P. Blickle/D. Breuer. Teil 1 (Wolfenbütteler Arbeiten zur Barockforschung 13). Wiesbaden 1985, S. 69–87.

Bauernkrieg

Arnold, Klaus: damit der arm man vnnd gemainer nutz iren furgang haben ... Zum deutschen „Bauernkrieg" als polit. Bewegung: Wendel Hiplers und Friedrich Weygandts Pläne einer „Reformation" des Reiches. In: ZHF 9 (1982) S. 257–313.

Blickle, Peter: Die Revolution von 1525. 2. Aufl. München 1981.

Blickle, Peter (Hrg.): Revolte und Revolution in Europa (HZ, Beiheft 4 NF). München 1975.

Blickle, Peter (Hrg.): Der deutsche Bauernkrieg von 1525 (Wege der Forschung 460). Darmstadt 1985.

Brendler, Gerhard/Laube, Adolf (Hrgg.): Der deutsche Bauernkrieg 1524/25. Geschichte, Traditionen, Lehren (Akad. d. Wiss. der DDR: Schrr. des Zentralinstituts für Geschichte 57). Berlin 1977.

Bücking, Jürgen: Michael Gaismair: Reformer – Sozialrebell – Revolutionär. Seine Rolle im Tiroler „Bauernkrieg" 1525/32. (Spätmittelalter und Frühe Neuzeit. Tübinger Beiträge zur Geschichtsforschung 5). Stuttgart 1978.

Buszello, Horst: Der deutsche Bauernkrieg von 1525 als politische Bewegung. Mit besonderer Berücksichtigung der anonymen Flugschrift an die Versammlung gemayner Pawerschafft (Studien zur europäischen Geschichte 8). Berlin 1969.

Buszello, Horst/Blickle, Peter/Endres Rudolf (Hrgg.): Der deutsche Bauernkrieg (UTB 1275). Paderborn 1984.

Dörrer, Fridolin (Hrg.): Die Bauernkriege und Michael Gaismair. Protokoll des Internationalen Symposiums 1976 in Innsbruck-Vill (Veröff. des Tiroler Landesarchivs 2). Innsbruck 1982.

Franz, Günther: Der deutsche Bauernkrieg. 11. Aufl. Darmstadt 1977.

Klaassen, Walter: Michael Gaismair, Revolutionary and Reformer (Studies in Medieval and Reformation Thought 23). Leiden 1978.

Klein, Thomas: Die Folgen des Bauernkrieges von 1525. In: HessJbLdG 25 (1975) S. 65–116.

Ludwig, Karl-Heinz: Bergleute im Bauernkrieg. In: ZHF 5 (1978) S. 23–47.

Moeller, Bernd (Hrg.): Bauernkriegs-Studien (SchrrVRefG 189). Gütersloh 1975.

Oberman, Heiko A. (Hrg.): Deutscher Bauernkrieg. In: ZKG 85/2 (1974) S. 174–208.

Steinmetz, Max (Hrg.): Der Deutsche Bauernkrieg und Thomas Müntzer. Leipzig 1976.

Struck, Wolf-Heino: Der Bauernkrieg am Mittelrhein und in Hessen. Darstellung und Quellen (VeröffHistKomm. Nassau 21). Wiesbaden 1975.

Vogler, Günter: Der deutsche Bauernkrieg und die Verhandlungen des Reichstags zu Speyer 1526. In: ZGWiss 23 (1975) S. 1396–1410.

Wehler, Hans U. (Hrg.): Der Deutsche Bauernkrieg 1524–1526 (Geschichte und Gesellschaft, Sonderheft 1). Göttingen 1975.

Wohlfeil, Rainer (Hrg.): Der Bauernkrieg 1524–26. Bauernkrieg und Reformation (Nymphenburger Texte zur Wissenschaft 21). München 1975.

3.4.5 Randgruppen der Gesellschaft; Juden

Battenberg, Friedrich: Zur Rechtsstellung der Juden am Mittelrhein in Spätmittelalter und früher Neuzeit. In: ZHF 6 (1979) S. 129–183.

Brilling, Bernhard: Die Entstehung der jüdischen Gemeinde in Emden 1570–1613. In: Westfalen 51 (1973) S. 210–224.

Brilling, Bernhard: Die Prager jüdische Gemeinde als Fürsprecherin und Vertreterin des deutschen Judentums im 16. und 17. Jahrhundert. In: Theokratia 3 (1973) S. 185–198.
Danckert, Werner: Unehrliche Leute. Die verfemten Berufe. Bern 1963.
Deppermann, Klaus: Judenhaß und Judenfreundschaft im frühen Protestantismus. In: Die Juden als Minderheit in der Geschichte, hrg. v. B. Martin/E. Schulin. 2. Aufl. München 1982, S. 110–130.
Haverkamp, Alfred (Hrg.): Zur Geschichte der Juden im Deutschland des späten Mittelalters und der frühen Neuzeit (Monographien zur Geschichte des Mittelalters 24). Stuttgart 1981.
Irsigler, Franz/Lassotta, Arnold: Bettler und Gaukler, Dirnen und Henker. Randgruppen und Außenseiter in Köln 1300–1600. Köln 1984.
Maurer, Wilhelm: Die Zeit der Reformation. In: Kirche und Synagoge, hrg. v. K. H. Rengstorf/S. von Kortzfleisch, Bd. 1. Stuttgart 1968, S. 363–452.
Oberman, Heiko A.: Wurzeln des Antisemitismus. Christenangst und Judenplage im Zeitalter von Humanismus und Reformation. Berlin 1981.
Overdick, Renate: Die rechtliche und wirtschaftliche Stellung der Juden in Südwestdeutschland im 15. und 16. Jahrhundert, dargestellt an den Reichsstädten Konstanz und Esslingen und an der Markgrafschaft Baden. (Konstanzer Geschichts- und Rechtsquellen. NF der Konstanzer Stadtrechtsquellen 15). Konstanz 1965.
Stern, Selma: Josel von Rosheim. Befehlshaber der Judenschaft im Heiligen Römischen Reich Deutscher Nation. Stuttgart 1959.

4. Recht und Verfassung

4.1 Allgemeines, Übergreifendes

Conrad, Hermann: Deutsche Rechtsgeschichte, Bd. 2: Neuzeit bis 1806. Karlsruhe 1966.
Hartz, Werner: Die Gesetzgebung des Reichs und der weltlichen Territorien in der Zeit von 1495 bis 1555. Diss. phil. Marburg 1931.
Jeserich, Kurt G./Pohl, Hans/Unruh, Georg-Christoph von (Hrgg.): Deutsche Verwaltungsgeschichte, Bd. 1. Stuttgart 1983.
Merk, Walther: Der Gedanke des gemeinen Besten in der deutschen Staats- und Rechtsentwicklung. 2. Aufl. Darmstadt 1968.
Mitteis, Heinrich: Deutsche Rechtsgeschichte. Ein Studienbuch, neu bearb. v. H. Lieberich. 17. Aufl. München 1984.
Oestreich, Gerhard: Geist und Gestalt des frühmodernen Staats. Berlin 1969.
Oestreich, Gerhard: Zur Vorgeschichte des Parlamentarismus: Ständische Verfassung, landständische Verfassung und landschaftliche Verfassung. In: ZHF 6 (1979) S. 63–80.
Rausch, Heinz: Die geschichtlichen Grundlagen der modernen Volksvertretung. Die Entwicklung von den mittelalterlichen Korporationen zu den deutschen Parlamenten, 2 Bde. (Wege der Forschung 196, 469). Darmstadt 1974/1980.
Trusen, Winfried: Römisches und partikuläres Recht in der Rezeptionszeit. In: Rechtsbewahrung und Rechtsentwicklung, hrg. v. K. Kuchinke. Festschrift Heinrich Lange. München 1970, S. 97–120.

4.2 Das Reich

Angermeier, Heinz: Die Reichsreform 1410–1555. Die Staatsproblematik in Deutschland zwischen Mittelalter und Gegenwart. München 1984.

Becker, Winfried: Der Kurfürstenrat. Grundzüge seiner Entwicklung in der Reichsverfassung und seine Stellung auf dem Westfälischen Friedenskongreß (Schriftenreihe der Vereinigung zur Erforschung der Neueren Geschichte 5). Münster 1973.

Diestelkamp, Bernhard: Das Reichskammergericht im Rechtsleben des 16. Jahrhunderts. In: Rechtsgeschichte als Kulturgeschichte, hrg. v. H.-J. Becker/G. Dilcher/E. Gudian/W. Kaufmann/W. Sellert. Festschrift Adalbert Erler. Aalen 1976, S. 435–480.

Dotzauer, Winfried: Die deutschen Reichskreise in der Verfassung des Alten Reiches und ihr Eigenleben 1500–1806. Darmstadt 1989.

Dotzauer, Winfried: Die Entstehung der frühneuzeitlichen deutschen Thronerhebung: Säkularisation und Reformation. In: Herrscherweihe und Königskrönung im frühneuzeitlichen Europa, hrg. v. H. Duchhardt (Schriften der Mainzer Philosophischen Fakultätsgesellschaft 8). Wiesbaden 1983, S. 1–20.

Duchhardt, Heinz: Protestantisches Kaisertum und altes Reich. Die Diskussion über die Konfession des Kaisers in Politik, Publizistik und Staatsrecht. Wiesbaden 1977.

Duchhardt, Heinz: Reichsritterschaft und Reichskammergericht. In: ZHF 5 (1978) S. 315–337.

Gschliesser, Oswald von: Der Reichshofrat. Bedeutung und Verfassung, Schicksal und Besetzung einer obersten Reichsbehörde von 1559 bis 1806. Nachdruck der Ausgabe Wien 1942 mit einer „Vorbemerkung" von W. Sellert sowie zahlreichen Korrekturen des Verfassers. Nendeln/Liechtenstein 1970.

Kleinheyer, Gerd: Die kaiserlichen Wahlkapitulationen. Geschichte, Wesen und Funktion (Studien und Quellen zur Geschichte des deutschen Verfassungsrechts, Studien A, Bd. 1). Heidelberg/Karlsruhe 1968.

Laubach, Ernst: „Nationalversammlung" im 16. Jahrhundert. Zu Inhalt und Funktion eines politischen Begriffs. In: MittÖsterrStaatsarch 38 (1985) S. 1–48.

Laufs, Adolf: Der Schwäbische Kreis. Studien über Einungswesen und Reichsverfassung im deutschen Südwesten zu Beginn der Neuzeit (UntersDtStaatsRG, NF 16). Aalen 1971.

Luttenberger, Albrecht P.: Reichspolitik und Reichstag unter Karl V.: Formen zentralen politischen Handelns. In: Aus der Arbeit an den Reichstagen unter Kaiser Karl V., hrg. v. H. Lutz/A. Kohler (Schrr. Reihe der Hist. Komm. bei der Bayer. Akad. d. Wiss. 26). Göttingen 1986, S. 18–68.

Mohnhaupt, Heinz: Die verfassungsgeschichtliche Einordnung der Reichskreise in die Reichsorganisation. In: Der Kurfürst von Mainz und die Kreisassoziationen 1648–1746. Zur verfassungsmäßigen Stellung der Reichskreise nach dem Westfälischen Frieden, hrg. v. K. O. von Aretin (VeröffInstEurG Mainz. Abt. Universalgeschichte Beiheft 2). Wiesbaden 1975, S. 1–29.

Neuhaus, Helmut: Reichsständische Repräsentationsformen im 16. Jahrhundert. Reichstag – Reichskreistag – Reichsdeputationstag (Schriften zur Verfassungsgeschichte 33). Berlin 1982.

Schlaich, Klaus: Die Mehrheitsabstimmung im Reichstag zwischen 1495 und 1613. In: ZHF 10 (1983) S. 299–340.
Schlaich, Klaus: Maioritas – protestatio – itio in partes – Corpus Evangelicorum. Das Verfahren im Reichstag des Hl. Römischen Reiches Deutscher Nation nach der Reformation. In: ZSRG.Kan 94 (1977) S. 264–299; 95 (1978) S. 139–179.
Schröcker, Alfred: Unio atque concordia. Reichspolitik Bertholds von Henneberg 1484–1504. Diss. phil. Würzburg 1970.
Schroeder, Friedrich-Christian (Hrg.): Die Carolina. Die Peinliche Gerichtsordnung Kaiser Karls V. von 1532 (Wege der Forschung 626). Darmstadt 1986.
Schubert, Friedrich H.: Die deutschen Reichstage in der Staatslehre der frühen Neuzeit (Schrr. Reihe der Hist. Komm. bei der Bayer. Akad. d. Wiss. 7). Göttingen 1966.
Schulze, Winfried: Reichstage und Reichssteuern im späten 16. Jahrhundert. In: ZHF 2 (1975) S. 43–58.
Smend, Rudolf: Das Reichskammergericht. Geschichte und Verfassung, Nachdruck der Ausgabe Weimar 1911. Aalen 1965.
Steglich, Wolfgang: Die Reichstürkenhilfe in der Zeit Karls V. In: Militärgeschichtliche Mitteilungen 1 (1972) S. 7–55.

4.3 Die Territorien

Birtsch, Günter: Die landständische Verfassung als Gegenstand der Forschung. In: Ständische Vertretungen in Europa im 17. und 18. Jahrhundert, hrg. v. D. Gerhard (Veröff. d. Max-Planck-Instituts für Geschichte 27). Göttingen 1969, S. 32–55.
Blaschke, Karlheinz: Wechselwirkungen zwischen der Reformation und dem Aufbau des Territorialstaates. In: Der Staat 9 (1970) S. 347–364.
Blickle, Peter: Landschaften im Alten Reich. Die staatliche Funktion des Gemeinen Mannes in Oberdeutschland. München 1973.
Bosl, Karl: Repräsentierte und Repräsentierende. Vorformen und Traditionen des Parlamentarismus an der gesellschaftlichen Basis der deutschen Territorialstaaten vom 16. bis 18. Jahrhundert. In: Der moderne Parlamentarismus und seine Grundlagen in der ständischen Repräsentation, hrg. v. K. Möckl/K. Bosl. Berlin 1977, S. 99–120.
Demandt, Karl E.: Amt und Familie. Eine soziologisch-genealogische Studie zur hessischen Verwaltungsgeschichte des 16. Jahrhunderts. In: HessJbLdG 2 (1952) S. 79–133.
Droege, Georg: Die finanziellen Grundlagen des Territorialstaates in West- und Ostdeutschland an der Wende vom Mittelalter zur Neuzeit. In: VjschrSozialWirtschG 53 (1966) S. 145–161.
Dülfer, Kurt: Fürst und Verwaltung. Grundzüge der hessischen Verwaltungsgeschichte im 16.–19. Jahrhundert. In: HessJbLdG 3 (1953) S. 150–223.
Fellner, Thomas/Kretschmayr, Heinrich: Die österreichische Zentralverwaltung, 1. Abt., Bd. 1 u. 2. Wien 1907.
Helbig, Herbert: Fürsten und Landstände im Westen des Reiches im Übergang vom Mittelalter zur Neuzeit. In: RheinVjBll 29 (1964) S. 32–72. Abdruck in: Die geschichtlichen Grundlagen der modernen Volksvertretung, Bd. 2: Reichsstände und Landstände, hrg. v. H. Rausch, Darmstadt 1974, S. 123–180.

Krüger, Kersten: Finanzstaat Hessen 1500–1567. Staatsbildung im Übergang vom Domänenstaat zum Steuerstaat (VeröffHistKomm. Hessen 24, 5). Marburg 1980.

Lanzinner, Maximilian: Fürst, Räte und Landstände. Die Entstehung der Zentralbehörden in Bayern 1511–1598 (Veröff. d. Max-Planck-Instituts für Geschichte 61). Göttingen 1980.

Lieberich, Heinz: Die Anfänge der Polizeigesetzgebung des Herzogtums Baiern. In: Festschrift Max Spindler, hrg. v. D. Albrecht/A. Kraus/K. Reindel. München 1969, S. 307–378.

Lieberich, Heinz: Die gelehrten Räte. Staat und Juristen in Baiern in der Frühzeit der Rezeption. In: ZBayerLdG 27 (1964) S. 120–189.

Maurer, Hans-Martin: Die Ausbildung der Territorialgewalt oberschwäbischer Klöster vom 14. bis zum 17. Jahrhundert. In: BllDtLdG 109 (1973) S. 151–195.

Peyer, Hans C.: Verfassungsgeschichte der alten Schweiz. Zürich 1978.

Press, Volker: Formen des Ständewesens in den deutschen Territorialstaaten des 16. und 17. Jahrhunderts. In: Ständetum und Staatsbildung in Brandenburg-Preußen, hrg. v. P. Baumgart (VeröffHistKomm. Berlin 55). Berlin/New-York 1983, S. 280–318.

Press, Volker: Herrschaft, Landschaft und „gemeiner Mann“ in Oberdeutschland vom 15. bis zum frühen 19. Jahrhundert. In: ZGORh 123 (1975) S. 169–214.

Press, Volker: Steuern, Kredit und Repräsentation. Zum Problem der Ständebildung ohne Adel. In: ZHF 2 (1975) S. 59–93.

Quarthal, Franz: Landstände und landständisches Steuerwesen in Schwäbisch-Österreich (Schriften zur südwestdeutschen Landeskunde 16). Stuttgart 1980.

Schleif, Karl H.: Regierung und Verwaltung des Erzstifts Bremen am Beginn der Neuzeit (Schriftenreihe des Landschaftsverbandes Stade 1). Hamburg 1972.

Schubert, Ernst: Die Landstände des Hochstifts Würzburg (VeröffGesFränkG, Reihe 9, Bd. 22). Würzburg 1967.

Willoweit, Dietmar: Rechtsgrundlagen der Territorialgewalt. Landesobrigkeit, Herrschaftsrechte und Territorium in der Rechtswissenschaft der Neuzeit (Forschungen zur deutschen Rechtsgeschichte 11). Köln/Wien 1975.

4.4 Die Städte, insbesondere die Reichsstädte

Brady, Thomas A. jr.: Turning Swiss. Cities and Empire 1450–1550. Cambridge/London/New York 1985.

Brunner, Otto: Souveränitätsproblem und Sozialstruktur in den deutschen Reichsstädten der Frühen Neuzeit. In: O. Brunner, Neue Wege der Verfassungs- und Sozialgeschichte. 2. Aufl. Göttingen 1968, S. 294–321.

Ehbrecht, Wilfried (Hrg.): Städtische Führungsgruppen und Gemeinde in der werdenden Neuzeit (Städteforschung. Veröff. des Instituts für vergleichende Städtegeschichte in Münster, Reihe A, Bd. 9). Köln/Wien 1980.

Isenmann, Eberhard: Reichsstadt und Reich an der Wende vom späten Mittelalter zur frühen Neuzeit. In: Mittel und Wege früher Verfassungspolitik, hrg. v. J. Engel (Spätmittelalter und frühe Neuzeit. Tübinger Beiträge zur Geschichtsforschung 9). Stuttgart 1979.

Laufs, Adolf: Reichsstädte und Reichsreform. In: ZSRG.Germ 84 (1967) S. 172–201.

Leiser, Wolfgang: Territorien süddeutscher Reichsstädte. Ein Strukturvergleich. In: ZBayerLdG 38 (1975) S. 967–981.

Moraw, Peter: Reichsstadt, Reich und Königtum im späten Mittelalter. In: ZHF 6 (1979) S. 385–424.

Naujoks, Eberhard: Obrigkeitsgedanke, Zunftverfassung und Reformation: Studien zur Verfassungsgeschichte von Ulm, Esslingen und Schwäbisch Gmünd (Veröff. d. Komm. für geschichtliche Landeskunde in Baden-Württemberg, Reihe B, Bd. 3). Stuttgart 1958.

Schmidt, Georg: Der Städtetag in der Reichsverfassung. Eine Untersuchung zur korporativen Politik der Freien und Reichsstädte in der ersten Hälfte des 16. Jahrhunderts (VeröffInstEurG Mainz, Abt. Universalgeschichte, Bd. 113; Beiträge zur Sozial- und Verfassungsgeschichte des Alten Reiches 5). Wiesbaden 1984.

Specker, Hans E.: Vergleich zwischen der Verfassungsstruktur der Reichsstadt Ulm und anderer oberdeutscher Reichsstädte mit den eidgenössischen Stadtrepubliken. In: Schweizerisch-deutsche Beziehungen im konfessionellen Zeitalter. Beiträge zur Kulturgeschichte 1580–1650, hrg. v. M. Bircher/W. Sparn/E. Weyrauch (Wolfenbütteler Arbb. zur Barockforsch. 12). Wiesbaden 1984, S. 77–99.

4.5 Die Reichsritterschaft

Hellstern, Dieter: Der Ritterkanton Neckar-Schwarzwald 1560–1805. Untersuchungen über die Korporationsverfassung, die Funktionen des Ritterkantons und die Mitgliedsfamilien (Veröff. d. Stadtarchivs Tübingen 5). Tübingen 1971.

Knapp, Theodor: Der schwäbische Adel und die Reichsritterschaft. In: WürttVjhefteLdG 31 (1922/24) S. 129–175.

Press, Volker, Die Reichsritterschaft im Reich der frühen Neuzeit. In: NassAnn 87 (1976) S. 101–122.

Press, Volker: Kaiser Karl V., König Ferdinand und die Entstehung der Reichsritterschaft (InstEurG Mainz, Vorträge Nr. 60). 2. Aufl. Wiesbaden 1980.

5. Heer- und Kriegswesen

Baumann, Reinhard: Georg von Frundsberg. Der Vater der Landsknechte und Feldhauptmann von Tirol. München 1984.

Moeller, Hans-Michael: Das Regiment der Landsknechte. Untersuchungen zu Verfassung, Recht und Selbstverständnis in deutschen Söldnerheeren des 16. Jahrhunderts (Frankfurter Historische Abhandlungen 12). Wiesbaden 1976.

Oestreich, Gerhard: Graf Johann VII. Verteidigungsbuch für Nassau-Dillenburg 1595. Der Unterschied der nassauischen von der oranischen Staats- und Wehridee. In: NassAnn 69 (1958) S. 135–165.

Papke, Gerhard: Von der Miliz zum Stehenden Heer. Wehrwesen im Absolutismus (Handbuch zur deutschen Militärgeschichte, Abschnitt 1, Bd. 1). München 1979.

Redlich, Fritz: The German Military Enterpriser and his Work Force. A Study in European Economic and Social History, 2 Bde. (VjschrSozialWirtschG, Beihefte 47/48). Wiesbaden 1964/1965.

Schulze, Winfried: Landesdefension und Staatsbildung, Studien zum Kriegswesen des innerösterreichischen Territorialstaates (1564–1619) (Komm. f. neuere Geschichte Österreichs, Veröff. 60). Wien/Köln/Graz 1973.

6. Bildungs- und Informationswesen. Humanismus

6.1 Bildungswesen, Universitäten

Baumgart, Peter/Hammerstein, Notker (Hrgg.): Beiträge zu Problemen deutscher Universitätsgründungen der frühen Neuzeit (Wolfenbütteler Forschungen 4). Nendeln/Liechtenstein 1978.

Grenzmann, Ludger/Stackmann, Karl (Hrgg.): Literatur und Laienbildung im Spätmittelalter und in der Reformationszeit. Stuttgart 1984.

Klingenstein, Grete/Lutz, Heinrich/Stourzh, Gerhard (Hrgg.): Bildung, Politik und Gesellschaft. Studien zur Geschichte des europäischen Bildungswesens vom 16. bis zum 20. Jahrhundert (Wiener Beiträge zur Geschichte der Neuzeit 5). Wien 1978.

Moeller, Bernd/Patze, Hans/Stackmann, Karl (Hrgg.): Studien zum städtischen Bildungswesen des späten Mittelalters und der frühen Neuzeit (AbhhGesWiss Göttingen, Phil.-Hist. Klasse, Nr. 137). Göttingen 1983.

Müller, Rainer: Universität und Adel. Eine soziokulturelle Studie zur Geschichte der bayerischen Landesuniversität Ingolstadt 1472–1648 (Ludovico-Maximilianea, Forschungen 7). Berlin 1974.

Paulsen, Friedrich: Geschichte des gelehrten Unterrichts auf den deutschen Schulen und Universitäten. Vom Ausgang des Mittelalters bis zur Gegenwart. Mit besonderer Rücksicht auf den klassischen Unterricht, Bd. 1. 3. Aufl. Leipzig 1919.

Rößler, Hellmuth/Franz, Günther (Hrgg.): Universität und Gelehrtenstand 1400–1800 (Deutsche Führungsschichten in der Neuzeit 4). Limburg 1970.

Schindling, Anton: Humanistische Hochschule und freie Reichsstadt: Gymnasium und Akademie in Straßburg, 1538–1621 (VeröffInstEurG Mainz 77). Wiesbaden 1977.

Schwinges, Rainer C.: Universitätsbesucher im Reich vom 14. zum 16. Jahrhundert. Wachstum und Konjunkturen. In: Geschichte und Gesellschaft 10 (1984) S. 5–30.

6.2 Buchdruck, Publizistik, Nachrichtenwesen

Bietenholz, Peter: Der italienische Humanismus und die Blütezeit des Buchdrucks in Basel. Die Basler Drucke italienischer Autoren von 1530 bis zum Ende des 16. Jahrhunderts (Basler BeitrrGWiss 73). Basel/Stuttgart 1959.

Blühm, Elgar: Die ersten Zeitungen Deutschlands und der Schweiz und der Beginn der europäischen Pressegeschichte. In: Schweizerisch-deutsche Beziehungen im konfessionellen Zeitalter, hrg. v. M. Bircher/W. Sparn/E. Weyrauch (Wolfenbütteler Arbeiten zur Barockforschung 12). Wiesbaden 1984, S. 101–117.

Eisenstein, Elizabeth: The Printing Press as an Agent of Change. Communications and Cultural Transformations in Early-modern Europe, 2 Bde. Cambridge 1979.

Kleinpaul, Johannes: Das Nachrichtenwesen der deutschen Fürsten im 16. und 17. Jahrhundert. Ein Beitrag zur Geschichte der Geschriebenen Zeitungen. Leipzig 1930.

Köhler, Hans-Joachim: Flugschriften als Massenmedium der Reformationszeit (Spätmittelalter und Frühe Neuzeit. Tübinger Beiträge zur Geschichtsforschung 13). Stuttgart 1981.

Schottenloher, Karl: Der Buchdrucker als neuer Berufsstand des 15. und 16. Jahrhunderts (Kleiner Druck der Gutenberg-Gesellschaft 23). Mainz 1935.

6.3 Humanismus, auch: Verhältnis des Humanismus zum Glaubensstreit

Augustijn, Cornelis: Die Stellung der Humanisten zur Glaubensspaltung 1518–1530. In: Confessio Augustana und Confutatio. Der Augsburger Reichstag 1530 und die Einheit der Kirche, hrg. v. E. Iserloh. Münster 1980, S. 36–48.
Augustijn, Cornelis: Erasmus. Vernieuwer van kerk en theologie. Baarn 1967.
Buck, August (Hrg.): Zu Begriff und Problem der Renaissance (Wege der Forschung 204). Darmstadt 1969.
Eckert, Willehad P.: Erasmus von Rotterdam. Werk und Wirkung, 2 Bde. (Zeugnisse der Buchkunst 4,1.2). Köln 1967.
Eckert, Willehad P./Imhoff, Christoph von: Willibald Pirckheimer. Dürers Freund im Spiegel seines Lebens, seiner Werke und seiner Umwelt (Zeugnisse der Buchkunst 5). Köln 1971.
Enno van Gelder, Herman A.: The Two Reformations in the Sixteenth Century. A Study of the Religious Aspects and Consequences of Renaissance and Humanism. 2. Aufl. Den Haag 1964.
Grandes figures de l'humanisme alsacien. Courants, milieux, destins (Soc. savante d'Als. et des régions de l'Est. Coll.: Grandes publ. 14). Strasbourg 1978.
Grimm, Heinrich: Ulrich von Hutten. Wille und Schicksal (Persönlichkeit und Geschichte 60/61). Göttingen 1971.
Herding, Otto/Stupperich, Robert (Hrgg.): Die Humanisten in ihrer politischen und sozialen Umwelt (Deutsche Forschungsgemeinschaft. Mitt. der Komm. für Humanismusforschung 3). Bonn-Bad Godesberg 1976.
Huizinga, Johan: Erasmus. Deutsche Übersetzung der niederländischen Ausgabe Haarlem 1924. Basel 1928 [zahlreiche Nachdrucke].
Kohls, Ernst-Wilhelm: Luther oder Erasmus. Luthers Theologie in der Auseinandersetzung mit Erasmus, 2 Bde. Basel 1972.
Krebs, Manfred (Hrg.): Johannes Reuchlin 1455–1522. Festgabe seiner Vaterstadt Pforzheim zur 500. Wiederkehr seines Geburtstags. Pforzheim 1955.
Kristeller, Paul O.: Humanismus und Renaissance, 2 Bde. (Humanistische Bibliothek Reihe 1,21.22) Neudruck der Ausgabe München 1974/1976, deutsche Übersetzung der amerikanischen Ausgabe: Renaissance Thought, 2 Bde., New York 1961/1965. München 1980.
Lutz, Heinrich: Conrad Peutinger, Beiträge zu einer politischen Biographie (Abhandlungen zur Geschichte der Stadt Augsburg 9). Augsburg 1958.
Maurer, Wilhelm: Offenbarung und Skepsis. Ein Thema aus dem Streit zwischen Luther und Erasmus. In: W. Maurer, Kirche und Geschichte. Gesammelte Aufsätze, Bd. 2. Göttingen 1970, S. 366–402.
Moeller, Bernd: Die deutschen Humanisten und die Anfänge der Reformation. In: ZKG 70 (1959) S. 46–61.
Overfield, James H.: Scholastic Opposition to Humanism in Pre-Reformation Germany. In: Viator 7 (1976) S. 391–420.
Pfeiffer, Rudolf: Erasmus und die Einheit der klassischen und der christlichen Renaissance. In: HJb 74 (1955) S. 175–188.
Reicke, Emil: Willibald Pirckheimer. Leben, Familie und Persönlichkeit. Jena 1930.
Reinhard, Wolfgang (Hrg.): Humanismus und Bildungswesen des 15. und 16. Jahrhunderts (Deutsche Forschungsgemeinschaft. Mitt. der Komm. für Humanismusforschung 12). Bonn-Bad Godesberg 1984.

Spitz, Lewis W.: The Religious Renaissance of the German Humanists. Cambridge/Mass. 1963.

Spitz, Lewis W./Büsch, Otto/Rollka, Bodo (Hrgg.): Humanismus und Reformation als kulturelle Kräfte in der deutschen Geschichte. Ein Tagungsbericht (VeröffHistKomm. Berlin 51). Berlin/New York 1980.

7. Religion und Kirche

7.1 Gesamtdarstellungen und Übergreifendes

Andresen, Carl (Hrg.): Handbuch der Dogmen- und Theologiegeschichte, Bd. 2: Die Lehrentwicklung im Rahmen der Konfessionalität. Göttingen 1980.

Bäumer, Remigius/Ganoczy, Alexandre/Moeller, Bernd: Geschichte der Reformation, der katholischen Reform und Gegenreformation. In: Ökumenische Kirchengeschichte, hrg. v. R. Kottje/B. Moeller, Bd. 2. 2. Aufl. München/Mainz 1978, S. 277–438.

Fuchs, Walther P. (Hrg.): Staat und Kirche im Wandel der Jahrhunderte. Stuttgart/Berlin/Köln/Mainz 1966.

Iserloh, Erwin/Glazik, Josef/Jedin, Hubert: Reformation, katholische Reform und Gegenreformation (Handbuch der Kirchengeschichte, Bd. 4). 2. Aufl. Freiburg 1975.

Lecler, Joseph: Geschichte der Religionsfreiheit im Zeitalter der Reformation, 2 Bde., deutsche Übersetzung der französischen Ausgabe Paris 1955. Stuttgart 1965.

Lutz, Heinrich (Hrg.): Zur Geschichte der Toleranz und Religionsfreiheit (Wege der Forschung 246). Darmstadt 1977.

Moeller, Bernd: Das religiöse Leben im deutschen Sprachgebiet am Ende des 15. und am Ende des 16. Jahrhunderts. In: (12e Congrès international des sciences historiques, Vienne 1965, Rapports 3). Wien 1965, S. 129–151.

Schmidt, Kurt D./Wolf, Ernst (Hrgg.): Die Kirche in ihrer Geschichte. Ein Handbuch, Bd. 3 [darin insbesondere: Reinhard Schwarz, Luther; Gottfried W. Locher, Zwingli und die schweizerische Reformation; Franz Lau, Reformationsgeschichte bis 1532; Ernst Bizer, Reformationsgeschichte 1532–1555; Kurt D. Schmidt, Die katholische Reform und die Gegenreformation] 1.–2. Aufl. Göttingen 1969–1986.

Wolgast, Eike: Die Religionsfrage als Problem des Widerstandsrechts im 16. Jahrhundert. (SbbAkadHeidelberg, Abh. 9). Heidelberg 1980.

7.2 Die Kirche am Vorabend der Reformation

Hashagen, Justus: Staat und Kirche vor der Reformation. Eine Untersuchung der vorreformatorischen Bedeutung des Laieneinflusses in der Kirche. Essen 1931.

Kießling, Rolf: Bürgerliche Gesellschaft und Kirche in Augsburg im Spätmittelalter. Ein Beitrag zur Strukturanalyse der oberdeutschen Reichsstadt (Abhandlungen zur Geschichte der Stadt Augsburg, Schriftenreihe 19). Augsburg 1971.

Kurze, Dietrich: Pfarrerwahlen im Mittelalter. Ein Beitrag zur Geschichte der Gemeinde und des Niederkirchenwesens (Forschungen zur kirchlichen Rechtsgeschichte und zum Kirchenrecht 6). Köln/Graz 1966.

Moeller, Bernd: Frömmigkeit in Deutschland um 1500. In: ARG 56 (1965) S. 5–31.
Moeller, Bernd: Kleriker als Bürger. In: Festschrift H. Heimpel, Bd. 2. Göttingen 1972, S. 195–224.
Oediger, Friedrich W.: Über die Bildung der Geistlichen im späten Mittelalter (Studien und Texte zur Geistesgeschichte des Mittelalters 2). Köln/Leiden 1953.
Post, Regnerus R.: The Modern Devotion Confrontation with Reformation and Humanism (Studies in Medieval and Reformation Thought 3). Leiden 1968.
Rankl, Helmut: Das vorreformatorische landesherrliche Kirchenregiment in Bayern 1378–1526 (Miscellanea bavarica monacensia 34). München 1971.
Rapp, Francis: Réformes et réformation à Strasbourg. Eglise et société dans la diocèse de Strasbourg 1450–1525 (Collection de l'Institut des Hautes Etudes Alsaciennes 23). Paris 1974.
Staber, Joseph: Volksfrömmigkeit und Wallfahrtswesen des Spätmittelalters im Bistum Freising (Beiträge zur altbayerischen Kirchengeschichte 20/1). München 1955.
Vasella, Oskar: Über das Konkubinat des Klerus im Spätmittelalter. In: Mélanges d'histoire et de littérature, offerts à Charles Gilliard. Lausanne 1944, S. 269–283.

7.3 Die Reformation im Rahmen der Reichsgeschichte 1517–1555

7.3.1 Allgemeines, Übergreifendes

Dülmen, Richard van: Reformation als Revolution. Soziale Bewegung und religiöser Radikalismus in der deutschen Reformation. München 1977.
Fendt, Leonhard: Der lutherische Gottesdienst des 16. Jahrhunderts. Sein Werden und sein Wachsen (Aus der Welt christlicher Frömmigkeit 5). München 1923.
Graff, Paul: Geschichte der Auflösung der alten gottesdienstlichen Formen in der evangelischen Kirche Deutschlands, Bd. 1. 2. Aufl. Göttingen 1937.
Heckel, Martin: Reformation, rechtsgeschichtlich (Evangelisches Staatslexikon. 3. Aufl. Stuttgart 1987, Spalte 2897–2931).
Hoyer, Siegfried (Hrg.): Reform, Reformation, Revolution. Leipzig 1980.
Hubatsch, Walther (Hrg.): Wirkungen der deutschen Reformation bis 1555 (Wege der Forschung 203). 2. Aufl. Darmstadt 1970.
Lortz, Joseph: Die Reformation in Deutschland, 2 Bde. 5. Aufl. Freiburg 1962.
Oberman, Heiko A.: Reformation: Epoche oder Episode. In: ARG 68 (1977) S. 56–111.
Oberman, Heiko A.: Werden und Wertung der Reformation. Vom Wegestreit zum Glaubenskampf (Spätscholastik und Reformation 2). 2. Aufl. Tübingen 1979.
Pfister, Rudolf: Reformation, Türken und Islam. In: Zwingliana 10 (1956) S. 345–375.
Rublack, Hans-Christoph: Gescheiterte Reformation: Frühreformatorische und protestantische Bewegungen in süd- und westdeutschen geistlichen Residenzen (Spätmittelalter und frühe Neuzeit. Tübinger Beiträge zur Geschichtsforschung 4). Stuttgart 1978.
Rückert, Hanns: Die geistesgeschichtliche Einordnung der Reformation. In: ZTheolK 52 (1955) S. 43–64.
Schlink, Edmund: Theologie der lutherischen Bekenntnisschriften. Einführung in die evangelische Theologie. 3. Aufl. München 1948.
Stern, Leo/Steinmetz, Max (Hrgg.): 450 Jahre Reformation. Berlin 1967.

Strauss, Gerald: Success and Failure in the German Reformation. In: Past and Present 67 (1975) S. 30–63.
Stupperich, Robert: Die Reformation in Deutschland. 2. Aufl. Gütersloh 1980.
Wohlfeil, Rainer (Hrg.): Reformation oder frühbürgerliche Revolution? (Nymphenburger Texte zur Wissenschaft 5). München 1972.

7.3.2 Deutsche Reformatoren

Luther

Bornkamm, Heinrich: Martin Luther in der Mitte seines Lebens. Das Jahrzehnt zwischen dem Wormser und dem Augsburger Reichstag, aus dem Nachlaß hrg. v. K. Bornkamm. Göttingen 1979.
Brecht, Martin: Martin Luther, 3 Bde. 1.–2. Aufl. Stuttgart 1983–1987.
Ebeling, Gerhard: Luther. Einführung in sein Denken. 4. Aufl. Tübingen 1981.
Franzen, August (Hrg.): Um Reform und Reformation. Zur Frage nach dem Wesen des „Reformatorischen" bei Martin Luther (Katholisches Leben und Kirchenreform im Zeitalter der Glaubensspaltung 27/28). 2. Aufl. Münster 1972.
Hermann, Rudolf: Luthers Theologie, hrg. v. H. Beintker. Göttingen 1967.
Junghans, Helmar: Der junge Luther und die Humanisten (ArbbKG 8). Weimar 1984.
Lau, Franz: Luther. 2. Aufl. Berlin 1966.
Lohse, Bernhard: Martin Luther. Eine Einführung in sein Leben und sein Werk. 2. Aufl. München 1982.
Lohse, Bernhard (Hrg.): Der Durchbruch der reformatorischen Erkenntnis bei Luther (Wege der Forschung 123). Darmstadt 1968.
Martin Luther und die Reformation in Deutschland. Katalog der Ausstellung zum 500. Geburtstag Martin Luthers, veranstaltet vom Germanischen Nationalmuseum Nürnberg in Zusammenarbeit mit dem Verein für Reformationsgeschichte. Frankfurt/M. 1983.
Manns, Peter: Martin Luther. Mit Farbtafeln von H. N. Loose. 2. Aufl. Freiburg/Basel/Wien/Lahr 1983.
Schrey, Heinz H. (Hrg.): Reich Gottes und Welt. Die Lehre Luthers von den zwei Reichen (Wege der Forschung 107). Darmstadt 1969.
Wolf, Gunther (Hrg.): Luther und die Obrigkeit (Wege der Forschung 85). Darmstadt 1972.

Melanchthon

Greschat, Martin: Melanchthon neben Luther. Studien zur Gestalt der Rechtfertigungslehre zwischen 1528 und 1537 (Untersuchungen zur Kirchengeschichte 1). Witten 1965.
Maurer, Wilhelm: Der junge Melanchthon zwischen Humanismus und Reformation, 2 Bde. Göttingen 1967/1969.
Maurer, Wilhelm: Melanchthon-Studien (SchrrVRefG 181). Gütersloh 1964.
Neuser, Wilhelm: Die Abendmahlslehre Melanchthons in ihrer geschichtlichen Entwicklung (1519–1530) (Beiträge zur Geschichte und Lehre der Reformierten Kirche 26). Neukirchen 1968.
Stupperich, Robert: Der unbekannte Melanchthon. Wirken und Denken des Praeceptor Germaniae in neuer Sicht. Stuttgart 1961.
Stupperich, Robert: Melanchthon. Berlin 1960.

Butzer

Bornkamm, Heinrich: Martin Bucers Bedeutung für die europäische Reformationsgeschichte (SchrrVRefG 169). Gütersloh 1952.
Kittelson, James M.: Martin Bucer and the Sacramentarian Controversy. The Origins of his Policy of Concord. In: ARG 64 (1973) S. 166–183.
Kroon, Marijn de/Krüger, Friedhelm (Hrgg.): Bucer und seine Zeit. Forschungsbeiträge und Bibliographie (VeröffInstEurG Mainz 80). Wiesbaden 1976.

Sonstige

Delius, Walter: Justus Jonas 1493–1555. Lehre und Leben. Gütersloh 1952.
Lau, Franz: Georg III. von Anhalt, 1507–1553, erster evangelischer „Bischof" von Merseburg. Seine Theologie und seine Bedeutung für die Geschichte der Reformation in Deutschland. In: WissZUnivLeipzig. Gesellschafts- und sprachwiss. Reihe 3,2.3 (1953/54) S. 139–151.
Moeller, Bernd (Hrg.): Der Konstanzer Reformator Ambrosius Blarer 1492–1564, Gedenkschrift zu seinem 400. Todestag. Konstanz/Stuttgart 1964.
Schäfer, Gerhard/Brecht, Martin (Hrgg.): Johannes Brenz 1499–1570. Beiträge zu seinem Leben und Wirken (BllWürttKG 70). Stuttgart 1970.
Seebaß, Gottfried: Das reformatorische Werk des Andreas Osiander (Einzelarbeiten aus der Kirchengeschichte Bayerns 44). Nürnberg 1967.
Sprengler-Ruppenthal, Anneliese: Bugenhagen und das protestantische Kirchenrecht. In: ZSRG.Kan 88 (1971) S. 196–233.
Wolf, Ernst: Johannes Bugenhagen, Gemeinde und Amt. In: E. Wolf, Peregrinatio Bd. 1. 2. Aufl. München 1962, S. 257–278.

7.3.3 Die causa Lutheri 1517–1521

Aland, Kurt (Hrg.): Die 95 Thesen Martin Luthers und die Anfänge der Reformation. Gütersloh 1983.
Bäumer, Remigius (Hrg.): Lutherprozess und Lutherbann. Vorgeschichte, Ergebnis, Nachwirkung (Katholisches Leben und Kirchenreform im Zeitalter der Glaubensspaltung 32). Münster 1972.
Iserloh, Erwin: Luther zwischen Reform und Reformation. Der Thesenanschlag fand nicht statt (Katholisches Leben und Kämpfen im Zeitalter der Glaubensspaltung 23/24). 3. Aufl. Münster 1968.
Kirn, Paul: Friedrich der Weise und die Kirche. Seine Kirchenpolitik vor und nach Luthers Hervortreten im Jahre 1517 (BeitrrKulturgMARenaiss 30). Nachdruck der Ausgabe Leipzig 1926. Hildesheim 1972.
Müller, Gerhard: Die römische Kurie und die Anfänge der Reformation. In: ZReligGeistG 19 (1967) S. 1–32.
Reuter, Fritz (Hrg.): Der Reichstag zu Worms von 1521. Reichspolitik und Luthersache. Worms 1971.
Selge, Kurt-Victor: Das Autoritätengefüge der westlichen Christenheit im Lutherkonflikt 1517–1521. In: HZ 223 (1976) S. 591–617.
Selge, Kurt-Victor: Der Weg zur Leipziger Disputation zwischen Luther und Eck im Jahr 1519. In: Festschrift H. von Campenhausen, hrg. v. B. Moeller/G. Ruhbach. Tübingen 1973, S. 169–210.

Selge, Kurt-Victor: Die Augsburger Begegnung von Luther und Kardinal Cajetan im Oktober 1518. Ein erster Wendepunkt auf dem Weg zur Reformation. In: JbHessKGeschtlVereinig 20 (1969) S. 37–54.

7.3.4 Zwingli und die Reformation in der Schweiz

Farner, Oskar: Huldrych Zwingli: Der Schweizerische Reformator, 4 Bde. Zürich 1943–1960.

Gäbler, Ulrich: Huldrych Zwingli. Eine Einführung in sein Leben und sein Werk. München 1983.

Gäbler, Ulrich (Hrg.): Heinrich Bullinger 1504–1575. Gesammelte Aufsätze zum 400. Todestag, 2 Bde. (Zürcher Beiträge zur Reformationsgeschichte 7,8). Zürich 1975.

Jacob, Walter: Politische Führungsschicht und Reformation. Untersuchungen zur Reformation in Zürich 1519–1528 (Zürcher Beiträge zur Reformationsgeschichte 1). Zürich 1970.

Köhler, Walther: Zürcher Ehegericht und Genfer Konsistorium. 2 Bde. (Quellen und Abhandlungen zur Schweizerischen Reformationsgeschichte, Bd. 7,10). Leipzig 1932/1942.

Locher, Gottfried W.: Die Zwinglische Reformation im Rahmen der europäischen Kirchengeschichte. Göttingen/Zürich 1979.

Moeller, Bernd: Zwinglis Deputationen. Studien zu den Anfängen der Kirchenbildung und des Synodalwesens im Protestantismus. In: ZSRG.Kan 56 (1970) S. 275–324; 60 (1974) S. 213–364.

Staehelin, Ernst: Das theologische Lebenswerk Johannes Oekolampads (QForsch RefG 21). Nachdruck der Ausgabe Leipzig 1939. New York 1971.

Vasella, Oskar: Reform und Reformation in der Schweiz. Zur Würdigung der Anfänge der Glaubenskrise (Katholisches Leben und Kämpfen im Zeitalter der Glaubensspaltung 16). 2. Aufl. Münster 1965.

7.3.5 Die reformatorische Bewegung bis 1525

Conrad, Franziska: Reformation in der bäuerlichen Gesellschaft. Zur Rezeption reformatorischer Theologie im Elsaß (VeröffInstEurG Mainz 116). Wiesbaden 1984.

Geisberg, Max: Die Reformation in den Kampfbildern der Einblatt-Holzschnitte aus der ersten Hälfte des 16. Jahrhunderts. München 1927.

Göller, Emil: Sickingen und seine Beziehungen zur Reformation. In: BllPfälzKG 2 (1926) S. 36–46.

Goertz, Hans-Jürgen: Aufstand gegen den Priester. Antiklerikalismus und reformatorische Bewegungen. In: Bauer, Reich und Reformation, hrg. v. P. Blickle, Festschrift Günther Franz. Stuttgart 1982, S. 182–209.

Moeller, Bernd: Stadt und Buch. Bemerkungen zur Struktur der reformatorischen Bewegung in Deutschland. In: Stadtbürgertum und Adel in der Reformation. Studien zur Sozialgeschichte der Reformation in England und Deutschland, hrg. v. W. J. Mommsen/P. Alter/R. W. Scribner (Veröff. d. Hist. Instituts London 5). Stuttgart 1979, S. 25–39.

Moeller, Bernd: Was wurde in der Frühzeit der Reformation in den deutschen Städten gepredigt? In: ARG 75 (1984) S. 176–193.

Preus, James S.: Carlstadt's Ordinaciones and Luther's Liberty. A Study of the Wittenberg Movement 1521–22. Cambridge/Mass. 1974.
Scheible, Heinz: Reform, Reformation, Revolution. Grundsätze zur Beurteilung der Flugschriften. In: ARG 65 (1974) S. 108–134.
Seebaß, Gottfried: Dürers Stellung in der reformatorischen Bewegung. In: Albrecht Dürers Umwelt. Festschrift zum 500. Geburtstag (Nürnberger Forschungen 15). Nürnberg 1971, S. 101–131.
Stirm, Margarete: Die Bilderfrage in der Reformation (QForschRefG 45). Gütersloh 1977.

7.3.6 Thomas Müntzer

Elliger, Walter: Thomas Müntzer. Leben und Werk. 2. Aufl. Göttingen 1976.
Friesen, Abraham/Goertz, Hans-Jürgen (Hrgg.): Thomas Müntzer (Wege der Forschung 491). Darmstadt 1978.
Hinrichs, Carl: Luther und Müntzer. Ihre Auseinandersetzung über Obrigkeit und Widerstandsrecht (ArbKG 29). 2. Aufl. Berlin 1962.
Lohse, Bernhard: Luther und Müntzer. In: Luther 45 (1974) S. 12–32.
Nipperdey, Thomas: Theologie und Revolution bei Thomas Müntzer. In: ARG 54 (1963) S. 145–179; Abdruck in: Thomas Nipperdey, Reformation, Revolution, Utopie. Studien zum 16. Jahrhundert. Göttingen 1975, S. 38–76.
Wolgast, Eike: Thomas Müntzer, ein Verstörer der Ungläubigen (Persönlichkeit und Geschichte 111/112). Göttingen/Zürich 1981.

7.3.7 Das Täufertum. Das Täuferreich von Münster 1534/35. Spiritualisten

Blanke, Fritz: Brüder in Christo. Die Geschichte der ältesten Täufergemeinde Zollikon 1525 (Zwingli-Bücherei 71). Zürich 1955.
Brandsma, Jan A.: Menno Simons von Witmarsum, Vorkämpfer der Täuferbewegung in den Niederlanden. Deutsche Übersetzung der niederländischen Ausgabe Drachten 1960. Kassel 1962.
Brendler, Gerhard: Das Täuferreich zu Münster 1534/35 (Leipziger Übersetzungen und Abhandlungen zum Mittelalter, Reihe B, Bd. 2). Berlin 1966.
Clasen, Claus-Peter: The Anabaptists in South and Central Germany, Switzerland, and Austria. Ann Arbor/Mich. 1978.
Deppermann, Klaus: Melchior Hoffman. Soziale Unruhen und apokalyptische Visionen im Zeitalter der Reformation. Göttingen 1979.
Goertz, Hans-Jürgen: Die Täufer, Geschichte und Deutung. München 1980.
Kirchhoff, Karl-Heinz: Die Täufer in Münster 1534/35. Untersuchungen zum Umfang und zur Sozialstruktur der Bewegung (Geschichtliche Arbeiten zur Westfälischen Landesforschung 12). Münster 1973.
Krahn, Cornelius: Dutch Anabaptism. Origin, Spread, Life, and Thought 1450–1600. Den Haag 1968.
Littell, Franklin H.: Landgraf Philipp und die Toleranz. Bad Nauheim 1957.
Maron, Gottfried: Individualismus und Gemeinschaft bei Caspar von Schwenckfeld. Seine Theologie dargestellt mit besonderer Ausrichtung auf seinen Kirchenbegriff (Kirche im Osten, Beiheft 2). Stuttgart 1961.
Oyer, John S.: Lutheran Reformers against Anabaptists. Luther, Melanchthon, and Menius, and the Anabaptists of Central Germany. Den Haag 1964.

Peachey, Paul: Die soziale Herkunft der Schweizer Täufer in der Reformationszeit. Eine religionssoziologische Untersuchung (Schrr. Reihe des Mennonitischen Geschichtsvereins 4). Karlsruhe 1954.
Rammstedt, Otthein: Sekte und soziale Bewegung. Soziologische Analyse der Täufer in Münster 1534–1535 (Dortmunder Schriften zur Sozialforschung 34). Köln/Opladen 1966.
Stalnaker, John C.: Anabaptism, Martin Bucer, and the Shaping of the Hessian Protestant Church. In: JournModHist 48 (1976) S. 601–643.
Weigelt, Horst: Sebastian Franck und die lutherische Reformation (SchrrVRefG 186). Gütersloh 1972.
Wolgast, Eike: Herrschaftsorganisation und Herrschaftskrisen im Täuferreich von Münster 1534/35. In: ARG 67 (1976) S. 179–202.
Yoder, John H.: Täufertum und Reformation im Gespräch. Dogmengeschichtliche Untersuchungen der frühen Gespräche zwischen Schweizer Täufern und Reformatoren (Basler Studien zur historischen und systematischen Theologie 13). Zürich 1968.
Zschäbitz, Gerhard: Zur mitteldeutschen Wiedertäuferbewegung nach dem großen Bauernkrieg (Leipziger Übersetzungen und Abhandlungen zum Mittelalter, Reihe B, Bd. 1). Berlin 1958.

7.3.8 Kirchliche und politische Abgrenzungen und Verfestigungen der Reformation 1525–1546

Augustijn, Cornelis: De godsdienstgesprekken tussen roomskatholieken en protestanten van 1538 tot 1541. Haarlem 1967.
Bornkamm, Heinrich: Das Ringen reformatorischer Motive in den Anfängen der sächsischen Kirchenverfassung. In: ARG 41 (1948) S. 93–115.
Brunner, Peter: Nikolaus von Amsdorf als Bischof von Naumburg. Eine Untersuchung zur Gestalt des evangelischen Bischofsamtes in der Reformationszeit (SchrrVRefG 179). Gütersloh 1961.
Fabian, Ekkehart: Die Entstehung des Schmalkaldischen Bundes und seiner Verfassung 1529–1531/33. Brück, Landgraf Philipp von Hessen und Jakob Sturm. Mit archivalischen Beilagen und einer Brück-Bibliographie (Schriften zur Kirchen- und Rechtsgeschichte 1). 2. Aufl. Tübingen 1962.
Grane, Leif: Die Confessio Augustana. Einführung in die Hauptgedanken der lutherischen Reformation. Aus dem Dänischen von Eberhard Harbsmeier. 3. Aufl. Göttingen 1986.
Hauswirth, René: Landgraf Philipp von Hessen und Zwingli. Voraussetzungen und Geschichte der politischen Beziehungen zwischen Hessen, Straßburg, Konstanz, Ulrich von Württemberg und reformierten Eidgenossen 1526–1531 (Schriften zur Kirchen- und Rechtsgeschichte 35). Tübingen/Basel 1968.
Immenkötter, Herbert: Um die Einheit im Glauben. Die Unionsverhandlungen des Augsburger Reichstages im August und September 1530 (Katholisches Leben und Kirchenreform im Zeitalter der Glaubensspaltung 33). 2. Aufl. Münster 1974.
Iserloh, Erwin (Hrg.): Confessio Augustana und Confutatio. Der Augsburger Reichtstag 1530 und die Einheit der Kirche. Internationales Symposium der Gesellschaft zur Herausgabe des Corpus Catholicorum in Augsburg 1979 (RefGeschichtlStud 118). Münster 1980.

Köhler, Walther: Zwingli und Luther. Ihr Streit über das Abendmahl nach seinen politischen und religiösen Beziehungen. Bd. 1: Leipzig 1924; Bd. 2: aus dem Nachlaß hrg. v. E. Kohlmeyer/H. Bornkamm. Gütersloh 1953.

Kühn, Johannes: Die Geschichte des Speyrer Reichstags 1529 (SchrrVRefG 146). Leipzig 1929.

Lehnert, Hans: Kirchengut und Reformation. Eine kirchenrechtsgeschichtliche Studie (Erlanger AbhhMittlNeuerG 20). Erlangen 1935.

Luttenberger, Albrecht P.: Glaubenseinheit und Reichsfriede. Konzeptionen und Wege konfessionsneutraler Reichspolitik 1530–1552. Kurpfalz, Jülich, Kurbrandenburg (Schrr.Reihe der Hist. Komm. bei der Bayer. Akad. der Wiss. 20). Göttingen 1982.

Maurer, Wilhelm: Franz Lambert von Avignon und das Verfassungsideal der Reformatio ecclesiarum Hassiae von 1526. In: ZKG 48, NF. 11 (1929) S. 208–260.

Müller, Gerhard (Hrg.): Die Religionsgespräche der Reformationszeit (SchrrVRefG 191). Gütersloh 1980.

Press, Volker: Stadt und territoriale Konfessionsbildung. In: Kirche und gesellschaftlicher Wandel in deutschen und niederländischen Städten der werdenden Neuzeit, hrg. v. F. Petri (Städteforschung. Veröff. des Instituts für vergleichende Städtegeschichte in Münster. Reihe A, Bd. 10). Köln/Wien 1980, S. 251–296.

Schubert, Hans von: Bekenntnisbildung und Religionspolitik 1529/30 (1524–1534). Gotha 1910.

Seebaß, Gottfried: Die reformatorischen Bekenntnisse vor der Confessio Augustana. In: Kirche und Bekenntnis, hrg. v. P. Meinhold. Wiesbaden 1980, S. 26–55.

Wohlfeil, Rainer: Der Speyerer Reichstag von 1526. In: BllPfälzKG 43 (1976) S. 5–20.

Wolgast, Eike: Das Konzil in den Erörterungen der kursächsischen Theologen und Politiker 1533–1537. In: ARG 73 (1982) S. 122–152.

Wolgast, Eike: Die Wittenberger Theologie und die Politik der evangelischen Stände. Studien zu Luthers Gutachten in politischen Fragen (QForschRefG 47). Gütersloh 1977.

7.3.9 Krise und Rettung des deutschen Protestantismus: Vom Interim zum Religionsfrieden 1546–1555.

Bellardi, Werner: Bucer und das Interim. In: Horizons européens de la Réforme en Alsace, hrg. v. M. de Kroon/M. Lienhard. Festschrift Jean Rott. Straßburg 1980, S. 267–311.

Bossert, Gustav: Das Interim in Württemberg (SchrrVRefG 46/47). Halle 1895.

Hauschild, Wolf-Dieter: Zum Kampf gegen das Augsburger Interim in norddeutschen Hansestädten. In: ZKG 84 (1973) S. 60–81.

Manschreck, Clyde L.: The Role of Melanchthon in the Adiaphora Controversy. In: ARG 48 (1957) S. 165–182.

Pfeiffer, Gerhard: Der Augsburger Religionsfrieden und die Reichsstädte. In: ZHistV Schwaben 61 (1955) S. 211–320.

Simon, Matthias: Der Augsburger Religionsfriede. Ereignis und Aufgabe. Augsburg 1955.

Wartenberg, Günther: Philipp Melanchthon und die sächsisch-albertinische Interimspolitik. In: Lutherjahrbuch 55 (1988) S. 60–80.

Weyrauch, Erdmann: Konfessionelle Krise und soziale Stabilität. Das Interim in Straßburg (1548–1562) (Spätmittelalter und Frühe Neuzeit. Tübinger Beiträge zur Geschichtsforschung 7). Stuttgart 1978.

7.3.10 Reformation und städtische Gesellschaft

Bátori, Ingrid (Hrg.): Städtische Gesellschaft und Reformation (Spätmittelalter und Frühe Neuzeit. Tübinger Beiträge zur Geschichtsforschung 12, Kleine Schriften 2). Stuttgart 1980.

Brady, Thomas A.: Ruling Class, Regime and Reformation in Strasbourg 1520–1555 (Studies in Medieval and Reformation Thought 22). Leiden 1978.

Eitel, Peter: Die Auswirkungen der Reformation auf die Stadtrepubliken Oberschwabens und des Bodenseeraumes. In: Die Stadt an der Schwelle zur Neuzeit, hrg. v. W. Rausch (Beiträge zur Geschichte der Städte Mitteleuropas 4). Linz 1980, S. 53–74.

Korell, Günter: Jürgen Wullenwever. Sein sozialpolitisches Wirken in Lübeck und der Kampf mit den erstarkenden Mächten Nordeuropas (Abhandlungen zur Handels- und Sozialgeschichte 19). Weimar 1980.

Moeller, Bern: Stadt und Kirche im 16. Jahrhundert (SchrrVRefG 190). Gütersloh 1978.

Moeller, Bernd (Hrg.): Reichsstadt und Reformation (SchrrVRefG 180). Gütersloh 1962.

Mörke, Olaf: Rat und Bürger in der Reformation. Soziale Gruppen und kirchlicher Wandel in den welfischen Hansestädten Lüneburg, Braunschweig und Göttingen (Veröff. des Instituts für Hist. Landesforschung der Universität Göttingen 19). Hildesheim 1983.

Petri, Franz (Hrg.): Kirche und gesellschaftlicher Wandel in deutschen und niederländischen Städten der werdenden Neuzeit (Städteforschung. Veröff. des Instituts für vergleichende Städtegeschichte in Münster. Reihe A, Bd. 10). Köln/Wien 1980.

Schilling, Heinz: Die politische Elite nordwestdeutscher Städte in den religiösen Auseinandersetzungen des 16. Jahrhunderts. In: Stadtbürgertum und Adel in der Reformation. Studien zur Sozialgeschichte der Reformation in England und Deutschland, hrg. v. W. J. Mommsen/P. Alter/R. W. Scribner (Veröff. des Deutschen Hist. Instituts London 5). Stuttgart 1979, S. 235–308.

7.4 Der Protestantismus im Reich 1555–1600

7.4.1 Das deutsche Luthertum seit dem Augsburger Religionsfrieden

Bizer, Ernst: Frühorthodoxie und Rationalismus (Theologische Studien 71). Zürich 1963.

Brecht, Martin/Schwarz, Reinhard (Hrgg.): Bekenntnis und Einheit der Kirche. Studien zum Konkordienbuch. Stuttgart 1980.

Ebel, Jobst: Jacob Andreae (1528–1590) als Verfasser der Konkordienformel. In: ZKG 89 (1978) S. 78–119.

Mathias Flacius Illyricus 1575–1975, mit Beiträgen von Jörg Baur, Hermann Bürckstümmer u.a. (Schrr. Reihe des Regensburger Osteuropainstituts 2). Regensburg 1975.

Greyerz, Kaspar von: The Late City Reformation in Germay. The Case of Colmar 1522–1618 (VeröffInstEurG Mainz 98). Wiesbaden 1980.
Heckel, Martin: Staat und Kirche nach den Lehren der evangelischen Juristen Deutschlands in der ersten Hälfte des 17. Jahrhunderts. In: ZSRG Kan 42 (1956) S. 117–247 und 43 (1957) S. 202–308; Abdruck als: Jus ecclesiasticum, Bd. 6, München 1968.
Lohse, Bernhard: Das Konkordienwerk von 1580. In: Kirche und Bekenntnis, hrg. v. P. Meinhold. Wiesbaden 1980, S. 94–122.
Reingrabner, Gustav: Adel und Reformation. Beiträge zur Geschichte des protestantischen Adels im Lande unter der Enns während des 16. und 17. Jahrhunderts (Forschungen zur Landeskunde von Niederösterreich 21). Wien 1976.
Reingrabner, Gustav: Ständische Libertät und kirchliche Ordnung. Die niederösterreichischen Stände als Träger evangelischen Kirchenwesens. In: Österreich in Geschichte und Literatur 14 (1970) S. 342–457.
Schäfer, Walter: Eberhard von Holle, Bischof und Reformator (JbGesNdSächsKG 65. Beiheft). Verden 1967.
Spitz, Lewis/Lohff, Wenzel (Hrgg.): Widerspruch, Dialog und Einigung. Studien zur Konkordienformel der Lutherischen Reformation. Stuttgart 1977.
Winterfeld, Luise von: Der Durchbruch der Reformation in Dortmund. In: BeitrrGDortmund 34 (1927) S. 53–146.

7.4.2 Calvin und der Calvinismus in Deutschland; die „Zweite Reformation"

Cohn, Henry J.: The Territorial Princes in Germany's Second Reformation. In: International Calvinism 1541–1715, hrg. v. M. Prestwich. Oxford 1985, S. 139–165.
Dankbaar, Willem: Calvin, sein Weg und sein Werk. Deutsche Übersetzung der niederländischen Ausgabe Nijkerk 1957. 2. Aufl. Neukirchen 1966.
Glawischnig, Rolf: Niederlande, Kalvinismus und Reichsgrafenstand (1559–1584). Nassau-Dillenburg unter Graf Johann VI. (Schriften des hessischen Landesamtes für geschichtliche Landeskunde 36). Marburg 1973.
Imbart de la Tour, Pierre: Calvin. Der Mensch. Die Kirche. Die Zeit. München 1936.
Klein, Thomas: Der Kampf um die zweite Reformation in Kursachsen 1586–1591 (Mitteldeutsche Forschungen 27). Köln/Graz 1962.
Moltmann, Jürgen: Christoph Pezel (1539–1604) und der Calvinismus in Bremen (Hospitium Ecclesiae. Forschungen zur Bremischen Kirchengeschichte, Bd. 2). Bremen 1958.
Münch, Paul: Zucht und Ordnung. Reformierte Kirchenverfassungen im 16. und 17. Jahrhundert (Nassau-Dillenburg, Kurpfalz, Hessen-Kassel) (Spätmittelalter und Frühe Neuzeit. Tübinger Beitr. zur Geschichtsforschung 3). Stuttgart 1978.
Niesel, Wilhelm: Die Theologie Calvins. 2. Aufl. München 1957.
Press, Volker: Die Grafen von Erbach und die Anfänge des reformierten Bekenntnisses in Deutschland. In: Aus Geschichte und Hilfswissenschaften. Festschrift Walter Heinemeyer, hrg. v. H. Bannasch/H. P. Lachmann (Veröff. d. Hist. Komm. für Hessen 40). Marburg 1979, S. 652–685.
Schilling, Heinz: Konfessionskonflikt und Staatsbildung. Eine Fallstudie über das Verhältnis von religiösem und sozialem Wandel in der Frühneuzeit am Beispiel der Grafschaft Lippe (QForschRefG 48). Gütersloh 1981.

Schilling, Heinz (Hrg.): Die reformierte Konfessionalisierung in Deutschland – Das Problem der „Zweiten Reformation". Wissenschaftliches Symposion des Vereins für Reformationsgeschichte 1985 (SchrrVRefG 195). Gütersloh 1986.

Wolf, Erik: Theologie und Sozialordnung bei Calvin. In: ARG 42 (1951) S. 11–31.

7.5 Die katholische Kirche

7.5.1 Allgemeines, Übergreifendes; Papsttum, Konzil von Trient, Jesuiten

Bäumer, Remigius (Hrg.): Concilium Tridentinum (Wege der Forschung 313). Darmstadt 1979.

Becher, Hubert: Die Jesuiten. Gestalt und Geschichte des Ordens. München 1951.

Duhr, Bernhard: Geschichte der Jesuiten in den Ländern deutscher Zunge im 16. Jahrhundert (Geschichte der Jesuiten in den Ländern deutscher Zunge, Bd. 1). Freiburg/Regensburg 1907.

Franzen, August: Innerdiözesane Hemmungen und Hindernisse der kirchlichen Reform im 16. und 17. Jahrhundert. In: Festgabe Wilhelm Neuß, hrg. v. E. Hegel. Köln 1947, S. 163–201.

Jedin, Hubert: Geschichte des Konzils von Trient, 4 Bde. 1–3. Aufl. Freiburg 1949–1978.

Jedin, Hubert: Katholische Reformation oder Gegenreformation. Ein Versuch zur Klärung der Begriffe nebst einer Jubiläumsbetrachtung über das Trienter Konzil. Luzern 1946.

May, Georg: Die deutschen Bischöfe angesichts der Glaubensspaltung des 16. Jahrhunderts. Wien 1983.

Meyer, Helmut: Die deutschen Protestanten an der Zweiten Tagungsperiode des Konzils von Trient 1551/52. In: ARG 56 (1965) S. 166–209.

Müller, Gerhard: Die römische Kurie und die Reformation 1523–1534. Kirche und Politik während des Pontifikates Clemens' VII. (QForschRefG 38). Gütersloh 1969.

Müller, Joachim: Die Politik Karls V. am Trienter Konzil im Jahre 1545. In: ZKG 44 (1925) S. 225–275 und 338–427.

Pastor, Ludwig von: Geschichte der Päpste seit dem Ausgang des Mittelalters, 16 Bde. 1.–7. Aufl. Freiburg 1886–1933.

Rahner, Hugo: Ignatius von Loyola. Briefwechsel mit Frauen. Freiburg 1956.

Rahner, Hugo: Ignatius von Loyola als Mensch und Theologe. Basel/Freiburg/Wien 1964.

Repgen, Konrad: Die römische Kurie und der Westfälische Friede. Idee und Wirklichkeit des Papsttums im 16. und 17. Jahrhundert. Bd. 1 (2 Teile): Papst, Kaiser und Reich 1521–1644. Tübingen 1962/1965.

Schreiber, Georg (Hrg.): Das Weltkonzil von Trient. Sein Werden und Wirken, 2 Bde. Freiburg 1951.

Seppelt, Franz Xaver: Geschichte der Päpste von den Anfängen bis zur Mitte des 20. Jahrhunderts. Bd. 4: Das Papsttum im Spätmittelalter und in der Renaissance. Von Bonifaz VIII. bis zu Klemens VII.; Bd. 5: Das Papsttum im Kampf mit Spätabsolutismus und Aufklärung. Von Paul III. bis zur französischen Revolution. 2. Aufl. München bearb. v. G. Schwaiger. München 1957/1959.

Stupperich, Robert: Die Reformatoren und das Tridentinum. In: ARG 47 (1956) S. 20–63.

7.5.2 Die katholische Kirche in Deutschland bis zum Tridentinum

Bäumer, Remigius: Johannes Cochlaeus 1479–1552. Leben und Werk im Dienst der katholischen Reform (Katholisches Leben und Kirchenreform im Zeitalter der Glaubensspaltung 40). Münster 1980.

Chaix, Gérald: Réforme et Contre-Réforme catholiques. Recherches sur la Chartreuse de Cologne au 16e siècle, 3 Bde. (Anal. Cartusiana 80). Salzburg 1981.

Dolan, John P.: The Influence of Erasmus, Witzel and Cassander in the Church Ordinances and Reform Proposals of the United Duchees of Cleve during the Middle Decades of the 16th Century (RefGeschichtlStud 83). Münster 1957.

Franzen, August: Das Schicksal des Erasmianismus am Niederrhein im 16. Jahrhundert. Wende und Ausklang der erasmischen Reformbewegung im Reformationszeitalter. In: HJb 83 (1964) S. 84–112.

Iserloh, Erwin: Johannes Eck 1486–1543. Scholastiker, Humanist, Kontroverstheologe (Katholisches Leben und Kirchenreform im Zeitalter der Glaubensspaltung 41). Münster 1981.

Jedin, Hubert: Das konziliare Reformprogramm Friedrich Nauseas. In: HJb 77 (1957) S. 229–253.

Jedin, Hubert: Die geschichtliche Bedeutung der katholischen Kontroversliteratur im Zeitalter der Glaubensspaltung. In: HJb 53 (1933) S. 70–97.

Jedin, Hubert: Kardinal Contarini als Kontroverstheologe (Katholisches Leben und Kämpfen im Zeitalter der Glaubensspaltung 9). Münster 1949.

Kötter, Franz J.: Die Eucharistielehre in den katholischen Katechismen des 16. Jahrhunderts bis zum Erscheinen des Catechismus Romanus 1566 (RefGeschichtlStud 98). Münster 1969.

Lauchs, Joachim: Bayern und die deutschen Protestanten 1534–1546. Deutsche Fürstenpolitik zwischen Konfession und Libertät (Einzelarbeiten aus der Kirchengeschichte Bayerns 56). Neustadt/Aisch 1978.

Lutz, Heinrich: Bayern und der Laienkelch 1548–1556. In: QForschItalArchBibl 34 (1954) S. 203–235.

Pollet, Jacques V.: Johann Gropper und Julius Pflug nach ihrer Korrespondenz. In: Paderbornensis Ecclesia. Festschrift für Lorenz Kardinal Jaeger, hrg. v. P.-W. Scheele. Paderborn 1972, S. 223–244.

Schrader, Franz: Kardinal Albrecht von Brandenburg, Erzbischof von Magdeburg, im Spannungsfeld zwischen alter und neuer Kirche. In: Von Konstanz nach Trient. Festschrift August Franzen, hrg. v. R. Bäumer. München/Paderborn/Wien 1972, S. 419–445.

Trusen, Winfried: Um die Reform und Einheit der Kirche. Zum Leben und Werk Georg Witzels (Katholisches Leben und Kämpfen im Zeitalter der Glaubensspaltung 14). Münster 1957.

Vossler, Otto: Herzog Georg der Bärtige und seine Ablehnung Luthers. In: HZ 184 (1957) S. 272–291.

Ziegler, Walter: Die Bursfelder Kongregation in der Reformationszeit. Dargestellt an Hand der Generalkapitelsrezesse der Bursfelder Kongregation (Beiträge zur Geschichte des alten Mönchtums und des Benediktinerordens 29). Münster 1968.

7.5.3 Katholische Reform und Gegenreformation seit dem Tridentinum

Brodrick, James: Petrus Canisius 1521–1597. Deutsche Übersetzung der englischen Ausgabe London 1935, 2 Bde. Wien 1950.
Dölle, Adalbert: Erzbischof Daniel Brendel von Homburg und die Gegenreformation auf dem Eichsfeld. In: Aus Kirche, Kunst, Leben. Festschrift Albert Stohr, hrg. v. L. Lenhart, Bd. 2. Mainz 1960, S. 110–125.
Fischer, Rainald: Die Gründung der Schweizer Kapuzinerprovinz 1581–1589. Ein Beitrag zur Geschichte der katholischen Reform (ZSchweizKG Beiheft 14). Freiburg i. Ü. 1955.
Heckel, Martin: Autonomia und Pacis Compositio. Der Augsburger Religionsfriede in der Deutung der Gegenreformation. In: ZSRG. Kan 45 (1959) S. 141–248.
Krasenbrink, Josef: Die Congregatio Germanica und die katholische Reform in Deutschland nach dem Tridentinum (RefGeschichtlStud 105). Münster 1972.
Lojewski, Günther von: Bayerns Weg nach Köln. Geschichte der bayerischen Bistumspolitik in der zweiten Hälfte des 16. Jahrhunderts (Bonner historische Forschungen 21). Bonn 1962.
Lortz, Josef (Hrg.): Kardinal Stanislaus Hosius. Gedenkschrift zum 350. Todestag. Braunsberg 1931.
Lossen, Max: Der Kölnische Krieg, 2 Bde. Gotha 1882 und München/Leipzig 1897.
Mayer, Johann G.: Das Konzil von Trient und die Gegenreformation in der Schweiz, 2 Bde. Stans 1901/03.
Molitor, Hansgeorg: Kirchliche Reformversuche der Kurfürsten und Erzbischöfe von Trier im Zeitalter der Gegenreformation (VeröffInstEurG Mainz 43). Wiesbaden 1967.
Reinhard, Wolfgang: Gegenreformation als Modernisierung? Prolegomena zu einer Theorie des konfessionellen Zeitalters. In: ARG 68 (1977) S. 226–252.
Schaffrath, Otto: Fürstabt Balthasar von Dernbach und seine Zeit. Studien zur Geschichte der Gegenreformation in Fulda (Fuldaer Geschichtsverein, Veröff. 44). Fulda 1967.
Schellhass, Karl: Der Dominikaner Felician Ninguarda und die Gegenreformation in Süddeutschland und Österreich 1560–1583, Bd. 1 (Bibliothek d. Preußischen Historischen Instituts in Rom 17). Rom 1930.
Schilling, Heinz: Bürgerkämpfe in Aachen zu Beginn des 17. Jahrhunderts. Konflikte im Rahmen der alteuropäischen Stadtgesellschaft oder im Umkreis der frühbürgerlichen Revolution? In: ZHF 1 (1974) S. 175–231.
Siebert, Ferdinand: Zwischen Kaiser und Papst. Kardinal Truchseß von Waldburg und die Anfänge der Gegenreformation in Deutschland. Berlin 1943.
Specker, Hans E.: Die Reformtätigkeit der Würzburger Fürstbischöfe Friedrich von Wirsberg (1558–1573) und Julius Echter von Mespelbrunn (1573–1617). In: Würzburger DiözGBl 27 (1965) S. 29–125.
Vasella, Oskar: Klerus und Volk im Kampf um die tridentinische Reform in der Schweiz. In: HJb 84 (1964) S. 86–100.
Wolf, Karl: Der Straßburger Kapitelstreit (1584–1604) und der Wetterauer Grafenverein. In: NassAnn 68 (1957) S. 127–155.
Zeeden, Ernst W. (Hrg.): Gegenreformation (Wege der Forschung 311). Darmstadt 1973.

7.6 Konfessionsbildung. Die Konfessionen in Verfassung, Justiz und Politik des Reichs 1555–1600

Bornkamm, Heinrich: Die religiöse und politische Problematik im Verhältnis der Konfessionen im Reich. In: ARG 56 (1965) S. 209–218.
Franzen, August: Die Herausbildung des Konfessionsbewußtseins am Niederrhein im 16. Jahrhundert. In: AnnHistVNdRh 158 (1956) S. 164–209.
Hollweg, Walter: Der Augsburger Reichstag von 1566 und seine Bedeutung für die Entstehung der reformierten Kirche und ihres Bekenntnisses (Beiträge zur Geschichte und Lehre der Reformierten Kirche 17). Neukirchen 1964.
Lau, Franz: La vie réligieuse dans les pays protestants de langue allemande à la fin du XVIe siècle. In: Colloque d'histoire réligieuse, Lyon 1963, Commission internationale et sous-commission française d'histoire ecclésiastique comparée. Grenoble 1963, S. 101–115.
Nottarp, Hermann: Das katholische Kirchenwesen der Grafschaft Ravensberg im 17. und 18. Jahrhundert (Studien und Quellen zur westfälischen Geschichte 2). Paderborn 1961.
Rabe, Horst: Der Augsburger Religionsfriede und das Reichskammergericht 1555–1600. In: Festschrift für Ernst Walter Zeeden, hrg. v. H. Molitor/H. Rabe/H. Chr. Rublack (RefGeschichtlStud Suppl. Bd. 2). Münster 1976, S. 260–280.
Schmitz, Walter: Verfassung und Bekenntnis. Die Aachener Wirren im Spiegel der kaiserlichen Politik (1550–1616) (Europäische Hochschulschriften, Reihe 2, Bd. 202). Frankfurt/M. 1983.
Vogler, Bernard: Vie réligieuse en pays rhénan dans la seconde moitié du 16e siècle, 3 Bde. Paris/Lille 1972.
Westphal, Gudrun: Der Kampf um die Freistellung auf den Reichstagen zwischen 1556 und 1576. Diss. phil. Marburg 1975.
Zeeden, Ernst W.: Die Entstehung der Konfessionen. Grundlagen und Formen der Konfessionsbildung im Zeitalter der Glaubenskämpfe. München 1965.
Zeeden, Ernst W.: Katholische Überlieferungen in den lutherischen Kirchenordnungen des 16. Jahrhunderts (Katholisches Leben und Kirchenreform im Zeitalter der Glaubensspaltung 17). Münster 1959.
Zeeden, Ernst W.: Konfessionsbildung. Studien zur Reformation, Gegenreformation und katholischen Reform. Stuttgart 1985.

7.7 Hexenwahn und Hexenverfolgung

Behringer, Wolfgang: Hexenverfolgung in Bayern, Volksmagie, Glaubenseifer und Staatsräson in der Frühen Neuzeit. München 1988.
Ginzburg, Carlo: Die Benandanti. Feldkulte und Hexenwesen im 16. und 17. Jahrhundert. Deutsche Übersetzung der italienischen Ausgabe 3. Aufl. Turin 1979. Frankfurt/M. 1980.
Hansen, Joseph: Zauberwahn, Inquisition und Hexenprozeß im Mittelalter und die Entstehung der großen Hexenverfolgung. Nachdruck der Ausgabe München 1900. Aalen 1964.
Hansen, Joseph (Hrg.): Quellen und Untersuchungen zur Geschichte des Hexenwahns und der Hexenverfolgung im Mittelalter. Nachdruck der Ausgabe Bonn 1901. Hildesheim 1963.

Lehmann, Hartmut: Hexenverfolgungen und Hexenprozesse im Alten Reich zwischen Reformation und Aufklärung. In: Jb. d. Instituts f. Deutsche Geschichte 7 (1978) S. 13–70.
Midelfort, H. C. Erik: Witch Hunting in Southwest Germany 1562–1648, the Social and Intellectual Foundations. Stanford 1972.
Schormann, Gerhard: Hexenprozesse in Deutschland. 2. Aufl. Göttingen 1986.
Trevor-Roper, Hugh R.: Der europäische Hexenwahn des 16. und 17. Jahrhunderts. In: H. R. Trevor-Roper: Religion, Reformation und sozialer Umbruch. Frankfurt/M. 1970, S. 95–179.

8. Der Aufstand der Niederlande

Berkelbach van der Sprenkel, Jan W.: Oranje en de vestiging van de Nederlandse staat. 2. Aufl. Amsterdam 1960.
Delfos, Leo: Die Anfänge der Utrechter Union 1577–87. Ein Beitrag zur Geschichte der niederländischen Erhebung. Nachdruck der Ausgabe Berlin 1941. Vaduz 1965.
Deursen, A. Th. van: Maurits. In: Nassau en Oranje in de Nederlandse geschiedenis, hrg. v. C. A. Tamse. Alphen aan den Rijn 1979, S. 85–109. Abbdruck in: Vaderlands Verleden in Veelvoud, Deel I: 16e–18e eeuw. Den Haag 1980, S. 133–159.
Duke, Alastair C.: From King and Country to King or Country? Loyalty and Treason in the Revolt of the Netherlands. In: TransactHistSocLondon, Ser. 5, Bd. 37 (1982) S. 113–135.
Duke, Alastair C./Kolff, D.: The Time of Troubles in the County of Holland, 1566–67. In: TGGroningen 82, 3 (1969) S. 316–337.
Enno van Gelder, Herman A.: Getemperde vrijheid (Historische Studies 26). Groningen 1972.
Essen, Léon van der: Alexandre Farnèse, prince de Parme, gouverneur général des Pays-Bas (1545–1592), 5 Bde. Brüssel 1933–1937.
Geurts, P. A.: De Nederlandse opstand in de pamfletten, 1566–1584. Nijmegen/Utrecht 1956.
Geurts, P. A.: Het beroep op de Blijde Incomste in de pamfletten uit de Tachtigjarige Oorlog. In: Standen en landen 16 (1958) S. 1–15.
Groeneveld, S./Leeuwenberg, H. L.: De Unie van Utrecht. Wording en werking van een verbond en een verbondsacte (Geschiedenis in veelvoud 6). Den Haag 1979.
Groeneveld, S./Leeuwenberg, H. L./Mout, Nicolette/Zappey, W. M.: De kogel door de kerk? De Opstand in de Nederlanden en de rol van de Unie van Utrecht 1559–1609. Zutphen 1979.
Herwerden, P. J.: Bij den oorsprong van onze onafhankelijkeid. Een studie over het aandeel van de standen aan het verzet tegen Spanje in de jaren 1559–1572. Groningen 1947.
Iongh, Jane de: Margaretha van Oostenrijk, Hertogin van Parma en Piacenza 1522–1586 (Jane de Iongh, Regentessen der Nederlanden 3). 2. Aufl. Amsterdam 1967.
Lademacher, Horst: Die Stellung des Prinzen von Oranien als Statthalter in den Niederlanden von 1572 bis 1584. Ein Beitrag zur Verfassungsgeschichte der Niederlande (RheinArch 52). Münster 1958.

Maltby, William S.: Alba. A biography of Fernando Alvarez de Toledo, Third Duke of Alba 1507–1582. Berkeley/Calif. 1983.

Parker, Geoffrey: Der Aufstand der Niederlande. Von der Herrschaft der Spanier zur Gründung der Niederländischen Republik 1549–1609. Deutsche Übersetzung der englischen Ausgabe London 1977. München 1979.

Parker, Geoffrey: The Dutch Revolt and the Polarization of International Politics. In: TGGroningen 89, 3 (1976) S. 429–444.

Petri, Franz: Die Kultur der Niederlande. Frankfurt/M. 1972.

Press, Volker: Wilhelm von Oranien, die deutschen Reichsstände und der niederländische Aufstand. In: Bijdr. en mededeelingen betreffende de geschiedenis der Nederlanden 99 (1984) S. 677–707.

Roosbroeck, Robert van: Wilhelm von Oranien, der Rebell (Persönlichkeit und Geschichte 15). Göttingen 1959.

Schilling, Heinz: Der Aufstand der Niederlande: Bürgerliche Revolution oder Elitenkonflikt? In: Geschichte und Gesellschaft. Sonderheft 2: 200 Jahre amerikanische Revolution und moderne Revolutionsforschung. Göttingen 1976, S. 177–231.

Schilling, Heinz: Religion und Gesellschaft in der calvinistischen Republik der Vereinigten Niederlande. In: Kirche und gesellschaftlicher Wandel in deutschen und niederländischen Städten der werdenden Neuzeit, hrg. v. F. Petri (Städteforschung. Veröff. d. Instituts für vergleichende Städtegeschichte in Münster. Reihe A, Bd. 10). Köln/Wien 1980, S. 197–250.

Smit, J. W.: The Netherlands Revolution. In: Preconditions of Revolution in Early Modern Europe, hrg. v. J. P. Greene. Baltimore/London 1970, S. 19–54; Abdruck in: Vaderlands Verleden in Veelvoud, Deel I: 16e–18e eeuw. Den Haag 1980, S. 26–54.

Swart, K. W.: Willem de Zwijger. In: Nassau en Oranje in de Nederlandse geschiedenis, hrg. v. C. A. Tamse. Alphen aan den Rijn 1979, S. 47–82; Abdruck unter dem Titel: Willem van Oranje en de Nederlandse Opstand, in: Vaderlands Verleden in Veelvoud, Deel I: 16e–18e eeuw. Den Haag 1980, S. 99–132.

Tex, J. den: Oldenbarnevelt, 5 Bde. Haarlem 1966–1972.

Wee, Herman van der: De economie als factor bij het begin van de Opstand in de Zuidelijke Nederlanden. In: Bijdr. en mededeelingen betreffende de geschiedenis der Nederlanden 83 (1968) S. 15–32; Abdruck in: Vaderlands Verleden in Veelvoud, Deel I: 16e–18e eeuw. Den Haag 1980, S. 55–70; engl. Übersetzung in: Acta Hist. Neerlandica 5 (1971). S. 52–67.

Register

Das Register umfaßt Orts-, Länder-, Landschafts- und Personennamen. Von diesen Namen abgeleitete, insbesondere adjektivische Wortbildungen (z. B. „fränkisch" von „Franken", „lübisch" von „Lübeck") wurden nicht eigens aufgenommen, auch nicht – wegen der allzu großen Dichte der Belegstellen – die Stichworte „Deutschland", „Luther", „Karl V." und „Ferdinand I.".

Karte

Das Reich um

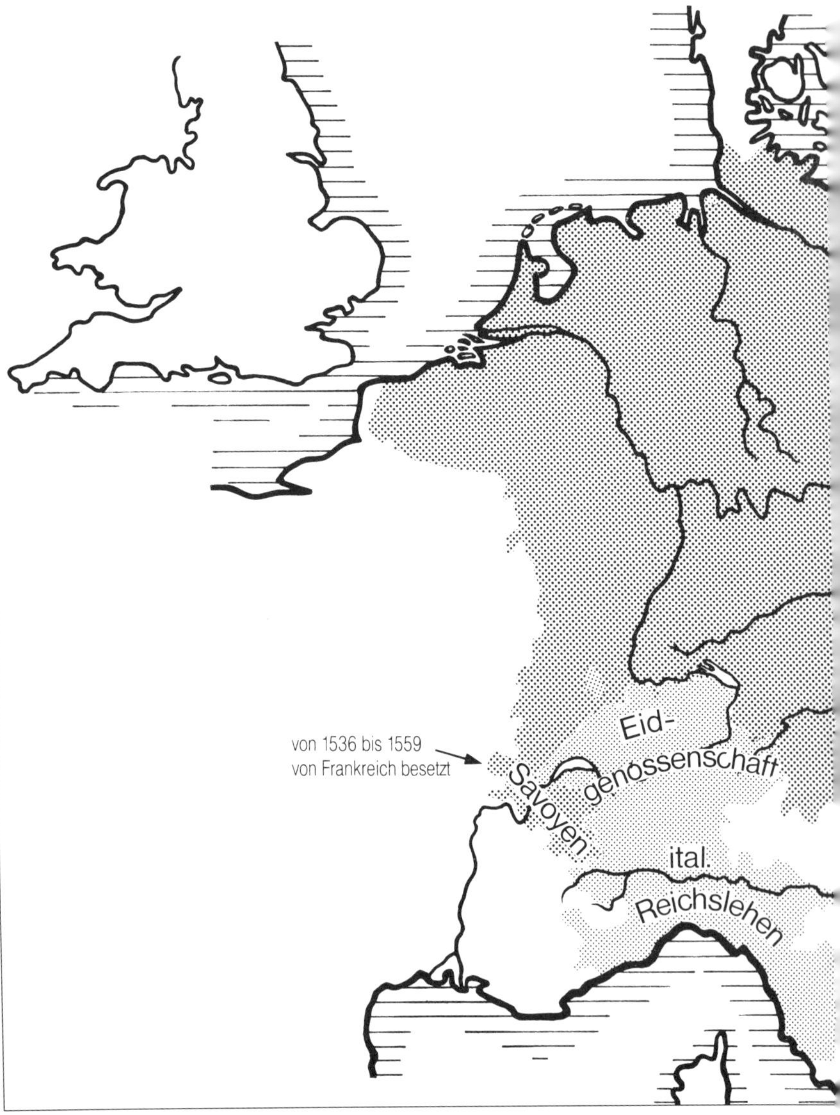
von 1536 bis 1559
von Frankreich besetzt
Eid-
genossenschaft
Savoyen
ital.
Reichslehen

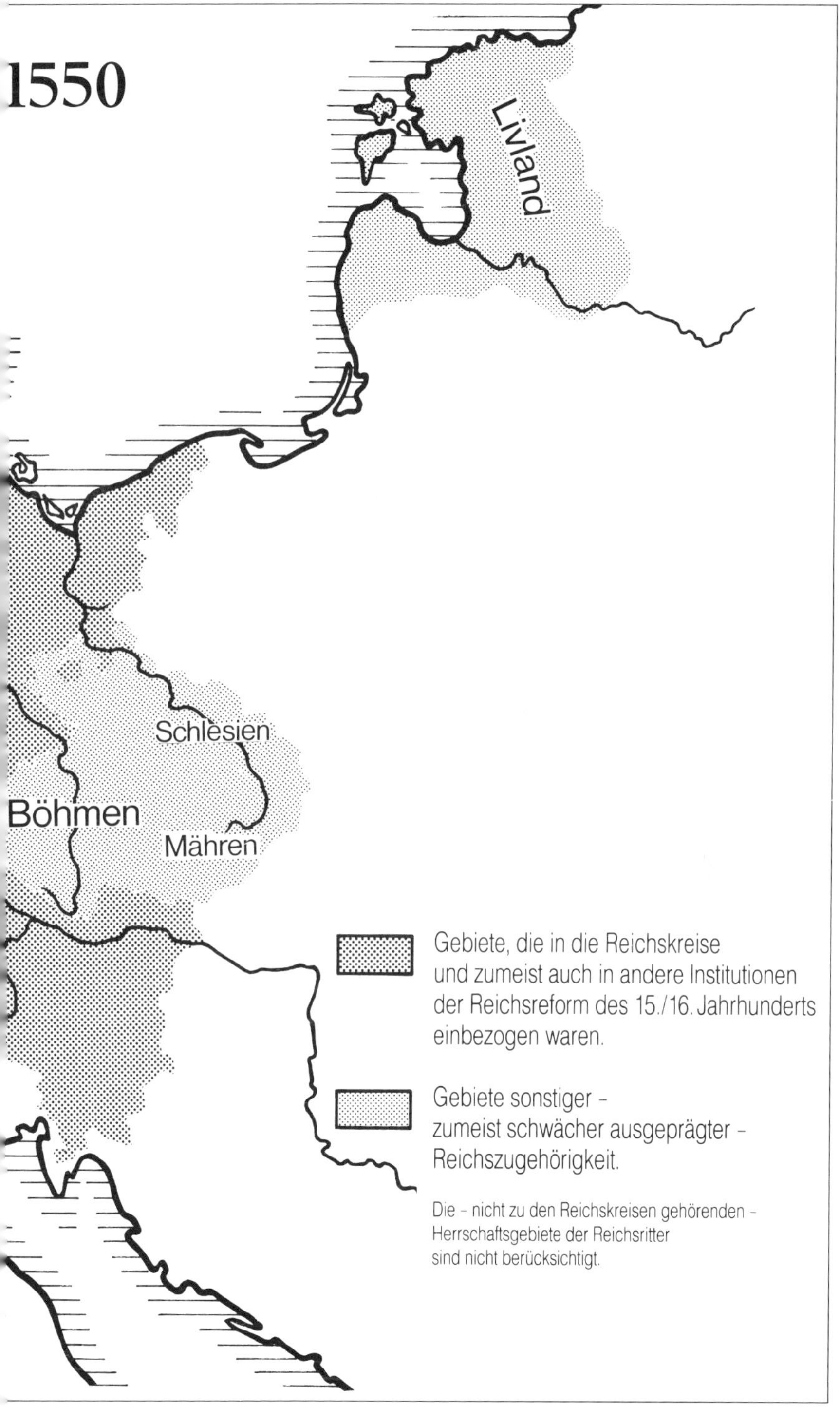
1550
Livland
Schlesien
Böhmen
Mähren
Gebiete, die in die Reichskreise und zumeist auch in andere Institutionen der Reichsreform des 15./16. Jahrhunderts einbezogen waren.
Gebiete sonstiger - zumeist schwächer ausgeprägter - Reichszugehörigkeit.
Die - nicht zu den Reichskreisen gehörenden - Herrschaftsgebiete der Reichsritter sind nicht berücksichtigt.